Schupp
Schöpfung und Sünde

Franz Schupp
unter Mitarbeit von Martin Günther und Hanjo Sauer

Schöpfung und Sünde

Von der Verheißung einer wahren und gerechten Welt,
vom Versagen der Menschen
und vom Widerstand gegen die Zerstörung

Patmos Verlag Düsseldorf

CIP-Titelaufnahme der Deutschen Bibliothek

Schupp, Franz:
Schöpfung und Sünde : von der Verheißung
einer wahren und gerechten Welt, vom Versagen der Menschen
und vom Widerstand gegen die Zerstörung / Franz Schupp. –
Düsseldorf : Patmos, 1990
ISBN 3-491-77789-5

 1. Auflage 1990
Typoskript: Helga Rheker
Umschlaggestaltung: Peter J. Kahrl, Neustadt/Wied
Gesamtherstellung: Lengericher Handelsdruckerei, 4540 Lengerich
3-491-77789-5

Inhaltsverzeichnis

Vorwort

Ein Glaube besteht in praktischen, das Handeln orientierenden Grundüberzeugungen. Das Weltverhältnis ist in diesen Grundüberzeugungen enthalten; es ist in ihnen eingeschlossen in einer der Unterscheidung von Sein und Sollen vorausliegenden Einheit. Solche Grundüberzeugungen so zum Ausdruck zu bringen, daß diese Einheit nicht verlorengeht, dazu ist als einziger der Mythos in der Lage. Er liegt vor der Differenzierung in Metaphysik, Ethik und Kunst. In erzählender Form begründet er ein axiologisches System. Die Bilder, die einen Mythos prägen, stellen keine Momentaufnahmen dar, sondern repräsentieren einen erfahrungsgesättigten Prozeß, in welchem solche Grundüberzeugungen bearbeitet, verändert, sogar teilweise verworfen und gelegentlich auch erneut aufgenommen werden.

In einem ersten Schritt versucht die Theologie, die begriffliche Struktur eines Mythos explizit zu machen, wobei sie nicht ohne die problematische Trennung in metaphysische, ethische und ästhetische Elemente auskommt. Damit aber kommt die Theologie nicht einfach nach dem Mythos, und sie löst ihn auch nicht ab. Nicht selten treten einzelne Elemente der Theologie selbst in den Mythos ein und werden Teil desselben. In anderen Fällen wiederum führt die theologische Analyse dazu, daß bestimmte Elemente des Mythos ihren Stellenwert verändern oder ganz verlieren. In einem zweiten Schritt erfolgt dann der Nachweis der Rationalität der theologischen Aussagen. Er besteht darin, daß aufgrund einer Analyse eines Mythos in seinen vielfältigen historischen Formen ein gegenwärtiger Gebrauch gerechtfertigt wird. Mit anderen Worten: Es wird gezeigt, daß er als Beitrag zur Lösung gegenwärtiger Probleme angesehen werden kann. In diesem Vorgang liegt die Struktur von Verstehen und Applikation, von Analyse und pragmatischer Rechtfertigung.

Die biblische Schöpfungsaussage hat die Struktur einer *Verheißung*. Sie drückt nicht die Sehnsucht nach einem verlorenen Paradies aus, sondern die Hoffnung auf eine wahre, gerechte Welt. Als solche ist sie erinnerte Zukunft. In diese erinnerte Zukunft geht jedoch immer auch die Erinnerung an geschichtliches *Versagen* ein - und somit das Bewußtsein, daß dieses Versagen total und irreversibel werden könnte. Die geforderte Praxis liegt daraufhin im *Widerstand* gegen das Chaos, d.h. gegen jene Kräfte, die eine Hoffnung auf eine wahre, gerechte Welt zerstören. Schöpfungs- und Erbsündenlehre stehen somit in einem systematischen Zusammenhang, in dem nicht die Frage zur Diskussion steht, wie die Welt entstanden ist, sondern wie wir mit der durch schuldiges Handeln beschädigten Welt verantwortlich umgehen können und sollen. Das Dogma ist Pragma.

Die Erzählungen von Schöpfung und erster Sünde sind unselbständige Elemente des christlichen Mythos. Dasselbe gilt von der späteren Transformation der Vorstellung der ersten Sünde in die neue mythologische Vorstellung der Erbsünde. Dieser ganze Vorstellungskomplex ist letztlich nur verstehbar als Voraussetzung der Erlösungsvorstellung, des zentralen Mythos von Jesus als dem Christus. Theologisch ausgedrückt: Die Christologie ist eine Implikation der Soteriologie; und die Lehre von der Schöpfung und der Erbsünde stellt eine Voraussetzung dieser Soteriologie/Christologie dar. Da jedoch die entsprechende Soteriologie/Christologie nicht vorliegt, impliziert diese systematische These auch eine erhebliche Grenze der Verstehbarkeit des vorliegenden Traktats. Ursprünglich - als Vorlesung im Jahr 1972 an der Universität Innsbruck - folgte er jenem über die Soteriologie/Christologie, so daß durch den direkten Zusammenhang weniger Begründungsdefizite auftraten. Aber auch in der vorliegenden Form dürfte die zugrundegelegte Auffassung genügend deutlich werden.

Überlegungen zur Lehre von Schöpfung und Erbsünde müssen selbstkritisch sein. Zur Geschichte der Schöpfungslehre gehört der schwierige Prozeß des Verzichts auf jeden Anspruch einer wissenschaftlichen Kosmologie - ein Verzicht, der vielen Theologen noch immer schwerfällt. Zur Geschichte der Lehren von Schöpfung und Erbsünde gehört auch die Erinnerung an Gewalt und Leid. Die Schöpfungslehre fand ihre dogmatische Formulierung im Zusammenhang der grausamen und blutigen Vernichtung der Katharer. Die Geschichte des Schöpfungsdogmas berichtet somit auch von vielen Toten, die für die Lehre von der guten Schöpfung Gottes ermordet wurden. Und die Erbsündenlehre fand ihre dogmatische Formulierung zunächst im Zusammenhang der Eliminierung der vernünftig-humanistischen (Semi-)Pelagianer, deren wichtiges Korrektiv später fehlte. Doch auch in weiteren langen Jahrhunderten hat das Erbe der augustinischen (Erb-)Sündenlehre und die damit verbundene Anthropologie unüber-

sehbar viel Leid produziert. Bei der Behandlung der Lehre von Schöpfung und Erbsünde darf die Trauer über geschichtliche Schuld nicht fehlen. Zumindest durch äußerste Zurückhaltung bei allen theologischen Behauptungen muß sie praktisch werden.
Die Überarbeitung einer Vorlesung nach mehr als fünfzehn Jahren ist ein problematisches Unternehmen. Die Anregung dazu ging von Teilnehmern dieser Vorlesung aus. Ob die mit ihr verbundenen Erwartungen durch die vorliegende Arbeit eingelöst werden, muß sich zeigen. Der Stil der Vorlesung - die Kommentierung von Texten - ist beibehalten worden, auch wenn im einzelnen vieles verändert wurde. Die Problematik, daß der Verfasser eines solchen Traktats eigentlich bei fast allen behandelten historischen Problemen nicht genügend kompetent ist, kann auch eine Fülle von Material nicht beheben. Sich aber deshalb etwa nur auf biblische und auf Gegenwartsfragen zu beschränken, wie es nicht selten geschieht, wäre dennoch verfehlt. Erst die - wenn auch nicht erschöpfende - Kenntnis der historischen Problemkonstellationen zeigt Möglichkeiten und Grenzen gegenwärtig verantwortbarer Aussagen auf.
Der Beitrag meiner beiden Mitarbeiter Martin Günther und Hanjo Sauer ging weit über technische Hilfen hinaus. Wenn der Text lesbar und verstehbar wurde, so ist dies ihren kritischen Vorschlägen und Korrekturen zu verdanken. Die Verantwortung für den Inhalt der vorliegenden Arbeit liegt jedoch ausschließlich bei mir. Die mühsame Arbeit der EDV-Bearbeitung des Manuskripts hat Frau Helga Rheker mit großer Geduld geleistet. Allen drei Beteiligten sei an dieser Stelle Dank ausgesprochen.

Franz Schupp

Teil 1

Einleitungsfragen

I Die Problematik der Schöpfungsaussagen

Um eine bestimmte Fragestellung deutlicher in den Blick zu fassen, empfiehlt es sich, von der Negation auszugehen.[1] Eine solche Zugangsweise verweist auf eine bewährte philosophische und theologische Tradition. In dieser Denkweise geschieht im Grunde nichts anderes, als daß man von außen her fragen läßt, ob wirklich reflex bewußt ist, was die eigene Aussage meint und wie sie begründet wird.[2] Insofern nun bei den Schöpfungsaussagen die gewählten Formen der Kritik gerade nicht der innertheologischen Diskussion selbst entstammen, führen sie möglicherweise näher an die eigentlichen Fragepunkte der Schöpfungstheologie heran, als es Formen rein theologieimmanenter Kritik vermögen. Denn dadurch können auch theologische Grundsätze in Frage gestellt werden, die in einer innertheologischen Auseinandersetzung immer schon als selbstverständlich vorausgesetzt sind.

Die in dieser Vorgangsweise enthaltene - und keineswegs von allen geteilte - Voraussetzung muß allerdings klargemacht werden. Sie bestreitet, daß es so etwas wie einen besonderen theologischen Vernunft- oder Wahrheitsbegriff gibt, und postuliert somit eine prinzipielle Kommunikationsgemeinschaft zwischen Gläubigen und Nicht-Gläubigen.[3]

1 Ob eine solche Negation im kontradiktorischen oder konträren Sinn der in Frage stehenden Aussage gegenübersteht, oder ob es sich möglicherweise nur um einen Scheingegensatz handelt, soll in dieser ersten schrittweisen Annäherung noch gar nicht endgültig geklärt werden.

2 Diesen Weg des Denkens beschreibt Sokrates ebenso wie das theologische Denken der Scholastik, die in einem streng durchgeführten Prozeß von der Negation her die Sinnhaftigkeit ihrer eigenen Aussagen prüft. So beginnt z.B. Thomas von Aquin seine Quaestiones der "Summa Theologiae" konsequent mit dem *sed contra videtur*, also mit einer Argumentation von der Negation her.

3 Es ist hier nicht der Ort, diese Problematik explizit zu diskutieren. Im Prinzip handelt es sich dabei um die seit den Apologeten diskutierte Frage des Verhältnisses von christlichem Glauben und "profaner" Kultur, Sprache, Philosophie usw. - eine

In einer ähnlichen heuristischen Funktion wie bei den später darzustellenden alternativen Denkmodellen der Schöpfungstheologie in der ägyptischen und in der mesopotamischen Kultur sollen die folgenden prinzipiellen Infragestellungen der theologischen Schöpfungsaussage dazu dienen, den eigenen Frage- und Ausgangspunkt präziser in den Blick zu fassen.[4]

1. Kein logischer Sinn?
"Schöpfung aus dem Nichts" als logischer Un-Sinn
(Carnap, Ayer, Wittgenstein)

Das Sätzesystem der Theologie umfaßt zweifellos auch Aussagen, die ihrer Struktur nach als Sätze der Metaphysik erscheinen, z.B. die Aussage "Gott hat die Welt aus Nichts erschaffen". (Dieser Satz erklärt sich - wie der historische Überblick noch deutlich machen soll - gerade aus seiner theologischen Herkunft; das ändert jedoch nichts an seiner metaphysisch erscheinenden Struktur.) Insofern stehen solche Aussagen unter der von der logischen Analyse der Sprache herkommenden Kritik metaphysischer Sätze. Diese Kritik soll nun kurz anhand von Rudolf Carnap und Alfred J. Ayer dargestellt werden. Dabei muß vor-

Problematik also, die viel weiter ist als die der "natürlichen Theologie", an der sich der Streit allerdings immer wieder besonders scharf kristallisiert hat.

4 Wenn diese prinzipielle Infragestellung theologischer Schöpfungsaussagen nun von spezifisch philosophischer Seite her geschehen soll, stellt sich damit freilich in eins die Frage des Verhältnisses von Philosophie und Theologie generell. Diese Verhältnisbestimmung muß insofern als eine problematische im Auge behalten werden, als die folgenden Überlegungen nicht unter dem Verdacht stehen sollen, daß das eigentlich theologische Anliegen vom ursprünglichen Ansatz her bereits verfehlt sei. Ohne daß diese Verhältnisbestimmung in vorliegendem Zusammenhang auch nur ansatzhaft erörtert werden könnte, darf doch als selbstverständlich vorausgesetzt werden, daß sich die Theologie philosophischer Denkweisen bedienen muß. Vgl. *K. Rahner*, Philosophie und Philosophieren in der Theologie, in: ders., Schriften zur Theologie, Bd. 8, Einsiedeln - Zürich - Köln 1967, 66ff. Die Fragestellung verschärft sich insofern noch, als es ja die Theologie nicht bloß mit der Philosophie im technischen Sinn des Wortes zu tun hat, sondern ebenso mit "Weltanschauungen", die oft gar nicht zur expliziten philosophischen Form ausgestaltet werden. "Der entscheidende Gesprächspartner der Theologie, von dem her und auf den hin sie 'philosophieren' muß (...), wird in Zukunft gar nicht mehr die Philosophie im traditionellen Sinne, sondern die 'unphilosophisch' pluralistisch existierenden Wissenschaften und das durch sie selbst direkt begründete oder indirekt geförderte Daseinsverständnis sein." Ebd. 83f. Ähnlich auch sein Gedankengang im Aufsatz: Die Zukunft der Theologie, in: ders., Schriften zur Theologie IX, Einsiedeln - Zürich - Köln 1970, 148ff.

weggeschickt werden: Die logische Analyse der Sprache wurde seit den dreißiger Jahren in vielen Punkten differenziert, modifiziert - und so auch entschärft. Deshalb läßt sich die gegenwärtig noch nachwirkende Position der logischen Sprachanalyse in ihrer vollen Schärfe am besten von den Arbeiten der Frühzeit[5] her verdeutlichen. Die beabsichtigte erste Konfrontation der theologischen Aussagen mit der logischen Sprachanalyse soll sich daher an diesem ersten Ansatz orientieren.

a. Der Ausgangspunkt der logischen Sprachanalyse

Im Unterschied zur Kritik Kants, die davon ausgeht, nach den Möglichkeiten und Grenzen der Erkenntnis zu fragen, kommt in der logischen Sprachanalyse die Frage nach Wahrheit, Falschheit oder Unentscheidbarkeit metaphysischer Sätze überhaupt nicht in den Blick. Kant selbst leugnet ja keineswegs die Möglichkeit metaphysischer Aussagen als solcher; er stellt lediglich fest, daß sie in Anbetracht der uns zur Verfügung stehenden Erkenntnismöglichkeiten faktisch unmöglich sind, insofern uns nämlich eine "intellektuelle Anschauung" fehlt. Die logische Sprachanalyse stellt demgegenüber die Sinnhaftigkeit metaphysischer Sätze überhaupt in Frage. Während also für die transzendentale Kritik Kants die Frage nach metaphysischen Sätzen eine Frage nach Tatsachen, nach Gegebenheiten darstellte, ist sie für die Sprachanalyse zur logischen Frage geworden. Wenn wir davon ausgehen, daß diese Frage nach der logischen Möglichkeit metaphysischer Sätze negativ beantwortet wird, so können überhaupt metaphysische Fragestellungen gar nicht erst sinnvoll gestellt werden.[6] Diese Auffassung wird von Rudolf Carnap vertreten.

> Auf dem Gebiet der Metaphysik (einschließlich aller Wertphilosophie und Normwissenschaft) führt die logische Analyse zu dem negativen Ergebnis, daß die vorgeblichen Sätze dieses Gebietes gänzlich sinnlos sind. Damit ist eine radikale Überwindung

5 *B. Russell,* Probleme der Philosophie, erschien in erster Auflage bereits im Jahre 1912.

6 Vgl. *A.J. Ayer,* Sprache, Wahrheit und Logik, Stuttgart 1981, 43: "Unser Angriff gegen den Metaphysiker richtet sich nicht dagegen, daß er versucht, den Verstand in einem Felde anzuwenden, in dem er nichts Nutzbringendes leisten kann, sondern, daß er Sätze bildet, die nicht den Bedingungen entsprechen, unter denen allein ein Satz wissenschaftlich von Bedeutung sein kann."

der Metaphysik erreicht, die von den früheren antimetaphysischen Standpunkten aus noch nicht möglich war.[7]

In der logischen Sprachanalyse geht es also nicht darum, aufzuzeigen, daß metaphysische Aussagen die Grenzen uns möglicher Erkenntnis überschreiten, sondern daß solchen metaphysischen Sätzen überhaupt kein logischer Sinn zugeschrieben werden kann, d.h., daß solche Sätze im Grunde keine wirklichen Sätze, denen eine Erkenntnisbedeutung zukommen könnte, sondern nur Scheinsätze darstellen (die insofern noch gefährlich sind, als sie eine Erkenntnis vortäuschen, welche überhaupt nicht gegeben ist).[8]

Wann aber kann ein Satz als sinnvoll bezeichnet werden? Die Antwort der Sprachanalyse heißt: immer dann, wenn auch angegeben werden kann, unter welchen Bedingungen dieser Satz wahr und unter welchen er falsch ist. Für Carnap bedeutet dies: Der Sinn eines Satzes besteht in der Methode seiner Verifikation. "Ein Satz besagt nur das, was an ihm verifizierbar ist. Daher kann ein Satz, wenn er überhaupt etwas besagt, nur eine empirische Tatsache besagen. Etwas, das prinzipiell jenseits des Erfahrbaren läge, könnte weder gesagt, noch gedacht, noch erfragt werden."[9] Indem er diese Erkenntnis auf die Metaphysik bezieht, kommt Carnap zu folgendem Urteil: "Da die Metaphysik weder analytische Sätze sagen, noch ins Gebiet der empirischen Wissenschaft geraten will, so ist sie genötigt, entweder Wörter anzuwenden, für die keine Kriterien angegeben werden und die daher bedeutungsleer sind, oder aber bedeutungsvolle Wörter so zusammenzustellen, daß sich weder ein analytischer (bzw. kontradiktorischer) noch ein empirischer Satz ergibt. In beiden Fällen ergeben sich notwendig Scheinsätze."[10] Die Erkenntnis von Wahrheit beruht also auf der Denkbarkeit des Gegenteils, nämlich der Falschheit einer Aussage.[11]

Aus dieser Einsicht folgt, daß eine Aussage, zu der keine Falsifikationsbedingungen angegeben werden können, notwendig sinnlos ist.

7 *R. Carnap*, Überwindung der Metaphysik durch logische Analyse der Sprache, in: Erkenntnis II, Leipzig 1931, 220.

8 So entgeht die Sprachanalyse auch dem philosophischen Einwand, daß die Behauptung einer Grenze immer schon impliziert, diese Grenze bereits überschritten zu haben!

9 Vgl. *Carnap*, a.a.O. 236.

10 Ebd.

11 Vgl. *Russell*, Probleme der Philosophie, Frankfurt 1967, 106. Russell behauptet jedoch keineswegs eine strenge Symmetrie von Wahrheit und Falschheit.

Eine Aussage der Theologie der Schöpfung, die mit jedem beliebigen Geschehen der Vergangenheit oder der Zukunft konsistent wäre - also im logisch strengen Sinn prinzipiell nicht in Frage gestellt werden könnte -, könnte weder wahr noch falsch sein, sondern wäre schlichtweg sinnlos. Im logischen Sinn würde es sich dabei um keine eigentliche Aussage handeln, der irgendeine Erkenntnisbedeutung zugeschrieben werden könnte, sondern um einen Satz, der nur eine Aussage mit Erkenntniswert vortäuscht, also einen bloßen Scheinsatz darstellt.

Diese Ansicht wird deutlich in dem Artikel, den Antony Flew 1955 über "Schöpfung" geschrieben hat und in dem er erörtert, daß es zwei Ansichten darüber gebe. In der einen Ansicht - die der populär verbreiteten Auffassung von "Schöpfung" entspricht - seien die neuesten Ergebnisse naturwissenschaftlicher Forschung für die Vorstellung einer "Schöpfung" jeweils wesentlich (insofern nämlich von solchen naturwissenschaftlichen Forschungsergebnissen Wahrheit oder Falschheit der Schöpfungssaussage abhängt). Demgegenüber vertrete eine zweite Ansicht ein theologisches Verständnis der Schöpfung, dem es um eine absolute ontologische Abhängigkeit der Welt von Gott dergestalt gehe, daß dafür alle einzelnen wissenschaftlichen Aussagen schlechterdings irrelevant seien.[12] Insofern nun die einzelnen Wissenschaftszweige nichts anderes wiedergeben als unsere Erfahrung von Welt, wäre jedoch ein solches theologisches Verständnis, das mit jeder beliebigen Erfahrung zusammen bestehen könnte (also von keiner wie irgend gearteten Erfahrung bzw. ihrer wissenschaftlichen Objektivation in Frage gestellt oder gar falsifiziert werden könnte), logisch sinnlos, weil aussageleer und ohne Bedeutung für Erkenntnis.

Auf den nämlichen Sachverhalt weist Charles B. Martin hin: Er nimmt als Beispiel die Frage nach den Kriterien einer möglichen Aussage über die "Güte" Gottes. Martin veranschaulicht den Sachverhalt, indem er eine Aussage über das Wohlwollen eines bestimmten Individuums macht; sein Name sei John. Dem Satz "John ist wohlwollend" kommt dann und nur dann ein Sinn zu, wenn angebbar ist, unter welchen Bedingungen in der Zukunft (bzw. auch entsprechend welcher Erfahrungen der Vergangenheit) ausgesagt werden kann, daß John tatsächlich wohlwollend ist - und unter welchen Bedingungen die Aussage zurückgenommen werden müßte. Erst mit dieser Voraussetzung

12 Vgl. *A. Flew - D.M. MacKinnon*, Creation, in: A. Flew - A. MacIntyre, New Essays in Philosophical Theology, London [8]1972, 170ff.

kann dann auch davon gesprochen werden, daß der Aussage "John ist wohlwollend" eine tatsächliche Bedeutung für Erkenntnis zukommt (wir also tatsächlich wissen, was wir mit ihr meinen).

Hat aber eine Aussage überhaupt noch einen Erkenntniswert, wenn sie z.B. folgende Form hat: "Ich habe ein unbegrenztes Vertrauen in John"? Oder sprachlich anders formuliert: "Ganz gleich, wie sich John mir gegenüber benimmt, ich habe in jedem Fall Vertrauen in ihn." Nun sagt dieser Satz sehr wohl etwas über meine eigene Haltung aus, doch hat er noch irgendeinen Aussagewert in bezug auf den Charakter von John? Hat in diesem sprachlichen Zusammenhang das Wort "Freund" noch irgendeinen angebbaren und so mitteilbaren Sinn? Verschärft gefragt: Kann einer solchen "Letztgültigkeit" einer Aussage noch ein tatsächlicher Sinn hinsichtlich des Charakters von John entsprechen? An diesem Punkt taucht nämlich die Vermutung auf, daß bei einer solchen (persönlich durchaus anerkennenswerten und ehrenwerten) Ausdehnung des Begriffs von "Wohlwollen" eben dieser Begriff, indem ihm solche "Letztgültigkeit" zugeschrieben wird, am Ende völlig sinnentleert erscheinen muß. Die Sicherheit der Aussage - nämlich die Tatsache, daß alles, was auch immer geschehen möge, den Sachverhalt in jedem Fall bestätigen muß - ist um den Preis der logischen Leere dieses Begriffs erkauft; er sagt also nichts Erkenntnisrelevantes mehr aus.[13]

So sehen die Vertreter der Sprachanalyse nicht die Durchführung der Verifikation bzw. Falsifikation bestimmter Sätze eines Aussagekomplexes als ihre Aufgabe an, sondern vielmehr die logische Ermöglichung eines solchen Verifikations- bzw. Falsifikationsverfahrens. Dabei kann durchaus auch Unklarheit darüber herrschen, ob nun eine bestimmte Erfahrung die ihr korrespondierende Aussage bestätigt oder ausschließt. Entscheidend ist innerhalb der logischen Analyse der Sprache vielmehr nur der Verständniszusammenhang: ob eine allgemeine Übereinstimmung erzielt werden kann, bei Eintreffen von welchen - zumindest prinzipiell möglichen - Ereignissen ein Satz als wahr und bei welchen er als falsch zu qualifizieren ist. Auf einen kurzen Nenner gebracht ergibt die sprachanalytische Betrachtung: Ein Satz, der nicht falsch sein kann, kann ebenso auch nicht wahr sein.

13 Diesen Sachverhalt faßt C.B. Martin in dem Urteil zusammen: "(...) this logical security has led to logical vacuity. The 'faith' (...) is 'ultimate' indeed". *C.B. Martin*, The Perfect God, in: Flew - MacIntyre, a.a.O. 225.

Soll einer theologischen Aussage, wie etwa folgender: "Die Welt ist als Schöpfung das Reich Gottes; dieses Reich Gottes ist dauernd im Kommen", im logischen Sinn ein Wahrheitsanspruch zugeschrieben werden, so müssen vor allem die Bedingungen seiner Geltung geklärt werden. Wir müßten also denjenigen, der diese Aussage macht, fragen: Kannst du dir eine Zukunft vorstellen, unter der dieser Satz keine Geltung mehr hätte? Dann könnte ich meinerseits auch annehmen, daß du mit der Aussage "Das Reich Gottes kommt" einen bestimmten Sinn verbindest. Der Befragte könnte nun antworten: Ich projiziere eine mögliche Zukunft der Welt, die eine so radikale Herrschaft des Bösen darstellt, einen so vollständigen Triumph der Zerstörung, der dazu noch absolut unumkehrbar wäre (also prinzipiell nicht mehr aufgehoben werden könnte); unter dieser Annahme wäre die Aussage "Das Reich Gottes ist im Kommen" als falsch erwiesen. Vor dem Hintergrund dieser grauenvollen Vorstellung kann das logische Gegenteil als "Reich Gottes" wahrheits- und erkenntnisfähig gedacht werden.[14]

Entsprechend den Prinzipien der dargestellten Sprachanalyse darf also festgehalten werden: Sätze, die Begriffe beinhalten, welche so weit gefaßt sind, daß sie grundsätzlich nicht an der Erfahrung scheitern können, die also in jedem Fall wahr zu sein beanspruchen - ganz gleich, welche Ereignisse auch immer eintreten mögen -, sind als logisch "leer" zu bezeichnen.

b. Das Prinzip

Ohne nun auf bestimmte Einzelunterschiede einzugehen, können vom Ausgangspunkt der logischen Sprachanalyse her zwei Arten sinnvoller Sätzen unterschieden werden:

a. Die erste Art dieser sinnvollen Sätze bilden die "Apriori-Sätze". Insbesondere handelt es sich dabei um Sätze der Logik und der Mathematik. Im Hinblick auf die Logik kann gesagt werden, daß deren

[14] Vgl. dazu *J. Wisdom*, The Logic of God, in: ders., Paradox and Discovery, Berkeley - Los Angeles 1970, 16. Freilich bleibt in dieser sprachanalytischen Zugangsweise noch offen, ob damit der "Reich Gottes"-Begriff adäquat erfaßt wäre, ob er nämlich auf solche empirischen, als wahr und falsch feststellbaren Bedingungen zu reduzieren sei. Eine etwaige differenziertere Fassung des Begriffs kann jedoch nicht in der Weise geschehen, daß er damit prinzipiell Aussagen mit empirischen Falsifikationsbedingungen enthoben wäre - sonst würde der Begriff dem Verdikt der logischen Aussagenleere verfallen.

Gewißheit darauf beruht, daß sie es in ihren Aussagen mit Tautologien zu tun hat. Damit sind analytische Sätze gemeint, die die Gesetze angeben, nach denen sich der Wahrheitswert von Sätzen auf andere, die durch Umformung entstanden sind, überträgt. Diese analytischen Sätze enthalten selbst keinen faktischen, empirischen Inhalt; sie können daher auch durch keinerlei Erfahrung widerlegt oder bestätigt werden. Obwohl nun diese Sätze der Logik keine empirisch-inhaltliche Information vermitteln, sind sie deswegen doch nicht wertlos. Ihre Funktion besteht nämlich darin, Anweisungen zu geben, wie wir unsere Sprache richtig zu gebrauchen haben. Diese analytischen Sätze vermitteln also keine neue Erkenntnis.[15]

Die unbezweifelbare Sicherheit solcher analytischen Sätze hat ihnen im Rahmen der Philosophie ein hohes Maß an Attraktion verliehen, jedoch ist diese Sicherheit eben um den Preis ihres tautologischen Charakters erkauft. Deshalb beweisen solche Sätze von sich selbst her gar nichts, sondern dienen lediglich zum Beweis, d.h. zur geordneten Darlegung des bereits Erfahrenen oder des noch zu Erfahrenden.

b. Die zweite Art der sinnvollen Sätze stellen die "synthetischen Sätze" dar. Diese Sätze nun drücken Erfahrungen aus; sie sind im eigentlichen Sinn Basissätze und haben im Unterschied zu den logischen Tautologien einen faktischen Inhalt. Dieser Inhalt macht sie zu Aussagen über Tatsachen. Solche Erfahrungssätze müssen in eine Theorie eingebettet sein, die selbstverständlich immer nur hypothetischen Charakter hat. Den Hypothesen in Form von Komplexen synthetischer Sätze kommt die doppelte Funktion zu, einerseits zu erklären und andererseits die Antizipation zukünftiger Erfahrung zu ermöglichen. Theorien als geordnete Zusammenfassungen synthetischer Basissätze

15 Solche analytischen Sätze basieren nach Ayer auch nicht auf sogenannten notwendigen "Denkgesetzen", die man im Gesetz der Identität, des ausgeschlossenen Dritten und in dem Satz vom Widerspruch zu fassen sucht. Vgl. dazu *Ayer*, a.a.O. 106; ebenso *Russell*, a.a.O. 78f. - Es wurden hier Ayer und Russell mit deren Auffassung von Logik angeführt, da diese in der theologischen Diskussion eine gewisse Rolle gespielt hat. Die gelegentlich feststellbare Hilflosigkeit von Theologen gegenüber Vertretern der logischen Analyse der Sprache beruhte leider auch auf der Tatsache, daß diese die sehr differenzierte mittelalterliche Sprachlogik nur sehr unzureichend oder gar nicht kannten. In verschiedenen wichtigen Punkten (z.B. der deontischen Logik) hat die mittelalterliche Logik bereits Probleme behandelt, die in der Diskussion nach Russell eine große Rolle spielten. Auch das Verhältnis von formaler Logik und natürlicher Sprache kann heute nicht mehr so einfach gesehen werden, wie dies bei Ayer und Russell der Fall war; auch in diesem Punkt hätte es weiterführend sein können, die Auffassung von Logik, wie sie von mittelalterlichen Autoren vertreten worden ist, kritisch in die Diskussion einzubringen.

besitzen freilich nicht die Sicherheit der Tautologien; sie bedürfen vielmehr einer Bestätigung durch die Erfahrung. Damit für diese Theorien Wahrheitsgehalt beansprucht werden kann, müssen Bedingungen angegeben werden, unter welchen sie falsifiziert werden können.[16]

c. Die Anwendung als Kritik metaphysischer Sätze

Mit diesen beiden Arten sinnvoller Sätze, den Apriori-Sätzen und den synthetischen Sätzen, ist nach Ansicht von Carnap, Ayer und des logischen Positivismus der gesamte Bereich sinnvoller Sätze ausgeschöpft. Damit stellt sich die Frage, ob metaphysische Sätze noch als sinnvoll bezeichnet werden können. Ein Satz kann nun sinnlos sein,

a. wenn im Satz sinnlose Begriffe vorkommen, d.h. Begriffe, die weder rein logischer Natur sind noch auch empirischen Begriffsinhalt haben, die also in keinen empirisch überprüfbaren Aussagen verwendet werden können. (Ein Beispiel eines solchen sinnlosen Begriffes ist nach R. Carnap das "Nichts", insofern es als hypostasierter Gegenstandsname verwendet und dadurch sinnlos wird.[17])

b. wenn die im Satz gebildete Wortreihe syntaxwidrig ist. So muß z.B. der Satz "Cäsar ist und" deshalb als sinnlos bezeichnet werden, weil entgegen den Regeln der Syntax an dem Ort, an welchem ein logisches Prädikat stehen sollte - also entweder ein Substantiv oder auch ein Adjektiv -, eine Konjunktion (nämlich das "und") steht.

c. wenn in der Aussage des Satzes die syntaktische Kategorie verwechselt wird. So kann der Satz "Cäsar ist eine Primzahl" zwar als syntaktisch richtig konstruiert bezeichnet werden, in ihm wird aber dem

16 Vgl. *K. Popper*, Logik der Forschung, Tübingen 1971, Kap. IV, VI, X. Die Diskussion zwischen Popper (Falsifikation) und Carnap (Verifikation) ist in diesem Zusammenhang nicht besonders erheblich. Anders ist die Sachlage allerdings, wenn wir, wie ich meine, mit Recht, mit W. Stegmüller annehmen, daß die Theorien Poppers und Carnaps überhaupt keine Berührungspunkte haben. Vgl. *W. Stegmüller*, R. Carnap: Induktive Wahrscheinlichkeit, in: J. Speck (Hrsg.), Grundprobleme der großen Philosophen, Philosophie der Gegenwart I, Göttingen 1972, 90: "Popper geht es um eine *Klärung der Prüfung und theoretischen Beurteilung unverifizierbarer Hypothesen*, also um eine *Metatheorie der Theorienbildung*. Carnap geht es um eine *Begründung von Rationalitätskriterien von menschlichen Entscheidungen unter Risiko*, also um eine *Metatheorie der Praxis*." - Unter Voraussetzung dieser Interpretation ist, nehmen wir die im folgenden zugrundegelegte Auffassung von Theologie als Theorie einer bestimmten Praxis dazu, für den vorliegenden Zusammenhang allein die Theorie Carnaps relevant.

17 Vgl. dazu *Carnap*, a.a.O. 230.

Satzsubjekt (das zur Wortart der Eigennamen gehört) eine Eigenschaft zugeschrieben, die zu einer anderen Wortart (nämlich den Zahltypen) gehört. Daß solche Sätze, obwohl sie offensichtlich sinnlos sind, grammatikalisch möglich und korrekt konstruiert sind, weist darauf hin, daß im logischen Sinn die grammatikalische Syntax sich als unzureichend erweist.[18]

Entsprechend diesem sprachanalytischen Ansatz liegt nun ein logischer Irrtum dort vor, wo etwa der Begriff des "Seins" in der üblichen metaphysischen Verwendung vorkommt. Eine der gebräuchlichen scholastischen Definitionen der Schöpfung, die die Verwendung des "nihil" zu umschreiben sucht, lautet: *productio entis in quantum est ens* oder: *productio entis qua entis* ("Hervorbringung des Seienden, insoweit es Seiendes ist" oder "Hervorbringung des Seienden als Seienden").

Bereits Kant hatte in der Kritik des ontologischen Gottesbeweises darauf hingewiesen, daß "Sein" nicht als echtes Prädikat begriffen werden kann.[19] Der logische Positivismus führt diese Kritik Kants nun weiter, indem er das Existenzzeichen in einer solchen Weise in die Sprache einführt, daß es nicht wie ein Prädikat auf Gegenstandszeichen bezogen werden kann, sondern nur auf das Zeichen eines Prädikats.[20] Mit dieser logischen Regelung wird die Täuschung vermieden, die in der Sprache dadurch auftritt, daß Sätze, die Existenzprädikate machen, die gleiche grammatikalische Struktur aufweisen wie Sätze, die prädikative Aussagen machen.[21] Logisch korrekte Aussagen, in denen die Existenzprädikate "sein", "ist" usw. vorkommen, müssen daher so darstellbar sein, daß dieses "ist" als Existenzoperator vor (oder hinter) den Satz tritt, aber nicht als Prädikat innerhalb des Satzes

18 Vgl. ebd. 227f., woher die angeführten Beispiele stammen.

19 "Sein ist offenbar kein reales Prädikat, d.i. ein Begriff von irgend etwas, was zu dem Begriffe eines Dinges hinzukommen könne. Es ist bloß die Position eines Dinges, oder gewisser Bestimmungen an sich selbst." *I. Kant*, Kritik der reinen Vernunft, hrsg. von W. Weischedel, Kant-Werke Bd. 4, Darmstadt 1975, 533.

20 "Der Umstand, daß unsere Sprachen die Existenz durch ein Verbum ('sein' oder 'existieren') ausdrücken, ist an sich noch kein logischer Fehler, sondern nur unzweckmäßig, gefährlich. Durch die verbale Form läßt man sich leicht zu der Fehlauffassung verführen, als sei die Existenz ein Prädikat; man kommt dann zu solchen logisch verkehrten und daher sinnlosen Ausdrucksweisen". *Carnap*, a.a.O. 234.

21 Vgl. *Ayer*, a.a.O. 53f. - Auch an diesem Punkt muß allerdings daran erinnert werden, daß die mittelalterliche Logik genau diese Unterscheidung in der Terminologie der Aussagen *secundi adiecti* und *tertii adiecti* zum Ausdruck gebracht hatte.

steht. Mit dieser Regelung kann eine Ausdrucksweise wie *entis qua entis* ("des Seienden als Seienden") nicht mehr auftreten.

Eine ähnliche Konsequenz betrifft natürlich auch die Aussagen, in denen das "Nichts" als logisches Subjekt oder logisches Prädikat vorkommt. Somit fallen die scholastische Begrifflichkeit des *ex nihilo* ("aus dem Nichts") ebenso wie bestimmte Ausdrucksweisen Heideggers unter das Verdikt der Sprachanalyse.[22] Nach Carnaps Sichtweise beruht die Bildung solcher Scheinsätze einfach auf dem Fehler, daß "Nichts" als hypostasierter Gegenstandsname Verwendung findet, während in einer korrekt aufgebauten logischen Sprache für die Negation nicht ein besonderer Name, sondern nur eine bestimmte logische Form dienen darf.[23] Die Unzulässigkeit solcher Ausdrücke kann folgendermaßen einsichtig gemacht werden: In unserer Sprache verwenden wir eine Anzahl von Wörtern, denen der logische Stellenwert von logischen Operatoren zukommt. Solche Operatoren sind etwa: "alle", "ein", "etwas", "kein", "nichts". Diesen kommt nun nicht die Funktion des Benennens zu, d.h. sie lassen sich nicht mit einem bestimmten Artikel versehen,[24] sonst würden wir sie dadurch zu einem Namen (im logischen Sinn dieser Bezeichnung) machen. "Das Nichts" ist also eine solche logisch unzulässige Zusammensetzung.[25]

22 Eine für sprachanalytische Ohren schauderhafte Sprachform demonstriert R. Carnap in einem Zitat aus Heideggers "Was ist Metaphysik?": "Erforscht werden soll das Seiende nur und sonst - nichts; das Seiende allein und weiter - nichts; das Seiende einzig und darüber hinaus - nichts. Wie steht es um dieses Nichts? - - Gibt es das Nichts nur, weil es das Nicht, d.h. die Verneinung gibt? Oder liegt es umgekehrt? Gibt es die Verneinung und das Nicht nur, weil es das Nichts gibt?" *Carnap*, a.a.O. 229. - Ob die sprachanalytische Sichtweise dem philosophischen Anliegen Heideggers in dieser Analyse gerecht wird, braucht hier nicht gefragt zu werden, da es in vorliegendem Zusammenhang ja darum geht, vom Anliegen des logischen Positivismus her ein sprachliches Problembewußtsein zu entwickeln.

23 Vgl. *Carnap*, a.a.O. 230, und *Ayer*, a.a.O. 55.

24 Im metasprachlichen Gebrauch ist dies natürlich möglich, so daß dort legitimerweise über das "nichts" gesprochen werden kann.

25 "Diese logische Überlegung hinsichtlich des Wortes 'nichts' dürfte insbesondere angesichts der metaphysischen Spekulationen angebracht sein, zu denen das Wort jahrtausendelang verleitet hat (Platonismus, Augustinische Theologie - Gott hat die Welt 'aus dem Nichts' geschaffen -, Heidegger u.a.). Sprachlich ist es möglich, dem Wort 'nichts' den bestimmten Artikel voranzustellen, so daß es sich nun anhört wie ein Eigenname, der einen Gegenstand benennt (...). Jedoch ein Quantor benennt nicht, die logischen Partikel stellen eine von den Eigennamen und auch von den Prädikatoren durchaus verschiedene Wortart dar." *W. Kamlah - P. Lorenzen*, Logische Propädeutik, Mannheim 1967, 165. - Auch hier ist daran zu erinnern, daß die mittelalterliche Sprachlogik dies genau wußte und in der Unterscheidung

Vergegenwärtigen wir uns nochmals die Problemstellung der logischen Sprachanalyse im Hinblick auf die hier zur Diskussion stehenden systematischen theologischen Aussagen. Solche Aussagen über Gott und Gottes Verhältnis zur Welt (und umgekehrt) sollen nicht im Sinne analytischer Sätze verstanden werden (ihnen würde dann kein Erkenntniswert zukommen, und sie könnten somit auch über Wirklichkeit nichts aussagen). Werden aber theologische Aussagen in der Form synthetischer Sätze vorgestellt, so scheinen sie sinnlos zu werden, weil in ihnen häufig syntaktische Fehler vorkommen oder weil in ihnen mit Begriffen gearbeitet wird, deren Gehalt so weit ist, daß sie mit allen möglichen empirischen Erfahrungen schlechthin kompatibel sind und somit die Qualifikation wahr/falsch wegfällt.

Arthur N. Prior hat in einem Artikel mit dem Titel "Can Religion be discussed?" die hier angesprochene Problematik anschaulich verdeutlicht, insofern er einen Logiker von sich sagen läßt:

> Ich war nie besonders beunruhigt über die Frage des 'Beweises' der Wahrheit des christlichen Glaubens. Auch darin würde ich zustimmen, daß die meisten unserer grundlegenden Überzeugungen auf Vertrauen hin angenommen werden müssen. Die wirkliche intellektuelle Schwierigkeit für den Glaubenden oder den, der ein Glaubender sein möchte, ist nicht die des Beweises, sondern der sinnvollen Bedeutung (*meaning*) des Glaubens. Die charakteristischen Sätze der Religion scheinen mir sinnlos zu sein. Wenn ihr Christen mir genau sagen könntet, was das ist, was ihr glaubt - und ich nehme an, dies versteht ihr unter 'Bekenntnis des Glaubens' -, so wäre ich euch mehr als dankbar.[26]

d. "Nicht wie die Welt ist, ist das Mystische, sondern daß sie ist."[27]

In der Absicht der Vertreter der logischen Sprachanalyse liegt es nun keineswegs, anzunehmen, daß sich die denkende Menschheit in ihren religiösen und spekulativen Gedankenkomplexen, die auch ihren sprachlichen Niederschlag fanden, schlichtweg jahrtausendelang auf einem Irrweg befunden habe. Der logische Positivismus darf auch nicht einfach in der Nachfolge von Auguste Comte gesehen werden, der tatsächlich noch der Meinung gewesen war, die Entwicklung

kategorematischer und synkategorematischer Begriffe zum Ausdruck brachte (letztere entsprechen den logischen Operatoren, erstere den Namen).

26 *A.N. Prior*, Can Religion be discussed? in: Flew - MacIntyre, a.a.O. 1. Übers. von mir.

27 *L. Wittgenstein*, Tractatus logico-philosophicus 6.44, in: ders., Schriften I, Frankfurt 1969, 81.

müsse damit enden, daß der (positiven) Vernunft ein immer deutlicherer Vorrang vor der spekulativen Einbildungskraft eingeräumt werde, da die theologische Philosophie immer nur ein Notbehelf gewesen sei:

Indem die öffentliche Vernunft täglich in der einen und in der anderen Hinsicht ihre glückliche und fruchtbare Fähigkeit, die dringendsten intellektuellen Bedürfnisse der Menschheit immer besser zu befriedigen, mit der offenbaren radikalen Unfruchtbarkeit der leeren Vorstellungen der Theologie verglich, hat sie sich, von jedem direkten Kampfe abgesehen, nicht enthalten können, jene chimärischen Erklärungen unwillkürlich zu einem immer vollständigeren Verschwinden zu verdammen, das allmählich ihren unwiderruflichen Verfall herbeiführen mußte, in dem Maße als eine rationelle Erörterung ihre notwendige Leerheit direkt hervortreten ließ. Das ist der Hauptgesichtspunkt, unter dem sich die schließliche Tendenz des Menschen zu einer vollkommenen positiven Philosophie fortschreitend (...) hat offenbaren müssen, (...) bis sie (sc. die theologische Philosophie) durch die unvermeidliche, völlige Systematisierung des positiven Geistes auch diese letzte Eigenschaft, das einzige legitime Recht, das ihr jetzt auf die soziale Vorherrschaft bleibt, verloren hat.[28]

Ein solches Entwicklungsschema liegt den Sprachanalytikern ganz fern. Für die meisten Sprachanalytiker zeigt sich mit der dargestellten Satzanalyse das Problem einer theologischen Metaphysik keineswegs behoben. Woher nämlich ließe sich die geschichtlich so eindeutige Effizienz solcher Glaubenssysteme begründen? So faßt Carnap die Sätze der Metaphysik (die als Scheinsätze seiner Überzeugung nach keinesfalls zur Darstellung von Sachverhalten dienen können) als Ausdruck eines Lebensgefühls auf. Als Wurzel metaphysichen Denkens sieht Carnap den Mythos an; aus dem Mythos sei einerseits die Dichtung hervorgegangen, andererseits sei in der Theologie der Mythos zum System entwickelt worden.[29] Carnap fordert nun keineswegs die ersatzlose Abschaffung der Metaphysik, denn an und für sich könne jedes beliebige Ausdrucksmittel dazu verwendet werden, ein solches Lebensgefühl zu vermitteln. Gefährlich sei nur, wenn die Sätze der Metaphysik einen theoretischen Gehalt vortäuschten, der in ihnen gar nicht vorhanden sei. Der Metaphysiker jedoch macht nach Carnaps Auffassung keine theoretischen Aussagen und beschreibt auch keine Sachverhalte, sondern bringt nur etwas zum Ausdruck.

Vielleicht ist die Musik das reinste Ausdrucksmittel für das Lebensgefühl, weil sie am stärksten von allem Gegenständlichen befreit ist. (...) Und wenn der Metaphysiker sein dualistisch-heroisches Lebensgefühl in einem dualistischen System ausspricht, tut er

28 *A. Comte*, Soziologie I, Jena ²1923, 509f.

29 Vgl. *Carnap*, a.a.O. 239.

es nicht vielleicht nur deshalb, weil ihm die Fähigkeit Beethovens fehlt, dieses Lebensgefühl im adäquaten Medium auszudrücken? Metaphysiker sind Musiker ohne musikalische Fähigkeit.[30]

So sei auch Nietzsche jener Metaphysiker gewesen, der deswegen, weil ihm die größte künstlerische Begabung zur Verfügung stand, am wenigsten der Versuchung erlegen sei, Metaphysik in ein logisches Aussagen-System zu bringen, sondern sich der Dichtung bedienen konnte.[31]

Diese Sätze Carnaps sind zunächst polemisch gemeint. Wir sollten uns aber doch daran erinnern, daß seit den Pythagoräern der Zusammenhang von Mythos-Metaphysik-Kosmologie-Musik-Lebensform sehr ausgeprägt war.[32] Auch im Zusammenhang mit den kosmologischen Vorstellungen Israels wird auf den dichterisch-hymnischen Kontext hinzuweisen sein.

Eine ähnliche Auffassung wie Carnap teilt auch Ayer, der den Metaphysiker als eine Art Dichter bezeichnet, der seinen richtigen Platz nicht gefunden hat.[33] Was Metaphysiker ausdrücken wollten - und was auch tatsächlich von erheblichem Wert sei -, seien ethische und ästhetische Haltungen. So lasse sich in metaphysischen Werken eine ganze Anzahl von Abschnitten finden, die Ausdruck eines echten mystischen Gefühls seien. Es sei jedoch wichtig zu unterscheiden, ob Aussagen vorliegen, die den strengen Kriterien von "wahr" und "falsch" zu unterwerfen seien, oder ob es nicht vielmehr um die Schöpfung eines Kunstwerks gehe.[34] So kommt Ayer zu dem Schluß, daß es keinen Grund für einen logischen Antagonismus zwischen Religion und Wissenschaft gebe, weil eben gar kein logischer Bezug zwischen ihnen bestehe.[35] In der logischen Analyse würden nur die Sätze der Metaphysik jedweder Grundposition als Scheinsätze in bezug auf wahr und falsch aufgewiesen und diese somit samt und sonders als in den Sprachbe-

30 Ebd. 240.

31 Vgl. ebd. 241.

32 Auffälligerweise haben diese Zusammenhänge in unserem Jahrhundert mehr Beachtung bei Musikwissenschaftlern als bei Philosophen und Theologen gefunden. Vgl. z.B. die klassische Arbeit von *H. Abert*, Die Lehre vom Ethos in der griechischen Musik, Leipzig 1899.

33 Er spricht vom Metaphysiker "als einer Art Dichter am falschen Platze" (*as a kind of misplaced poet*). *Ayer*, a.a.O. 55.

34 Vgl. ebd. 55f.

35 Vgl. ebd. 155.

reich des Lebensgefühls oder des ästhetischen Ausdrucks gehörend aufgezeigt.[36]

Auch Russell behauptet in ähnlicher Weise, daß die Antworten der spekulativen Philosophie auf die traditionell "großen Fragen" des Menschen durchweg als nicht wahrheitsfähig ausweisbar sind. So sollten wir auch besser die Hoffnung aufgeben, philosophische Beweise für religiöse Lehren finden zu können.

> Und doch, so gering die Hoffnung, Antworten zu finden, auch sein mag: es bleibt Sache der Philosophie, weiter an diesen Fragen zu arbeiten, uns ihre Bedeutung bewußt zu machen, alle möglichen Zugänge zu erproben, und jenes spekulative Interesse an der Welt wachzuhalten, das wahrscheinlich abgetötet würde, wenn wir uns ausschließlich auf abgesicherte Erkenntnisse beschränkten. (...) Der Wert der Philosophie besteht im Gegenteil gerade wesentlich in der Ungewißheit, die sie mit sich bringt. Wer niemals eine philosophische Anwandlung gehabt hat, der geht durchs Leben und ist wie in ein Gefängnis eingeschlossen. (...) Der betrachtende Geist gewinnt einen Anteil an der Unendlichkeit der von ihm betrachteten Welt.[37]

Diese Sätze schrieb bereits der "junge" Russell im Jahre 1912 (wobei er natürlich einen weiten Begriff von "Philosophie" voraussetzte), also zu der Zeit, als er zusammen mit Whitehead die "Principia mathematica" (1910-1913) verfaßte. Whitehead selbst wandte sich später ganz der spekulativen Metaphysik und Fragen der Religion zu.[38]

Hatte Carnap in der Metaphysik den Ausdruck eines Lebensgefühls gesehen, Ayer den Ausdruck ethischer und ästhetischer Haltungen, Russell bereits die bleibende Bedeutung der Philosophie für das Offenhalten der Unendlichkeit der Welt betont, so sieht Wittgenstein (von dem in diesem Zusammenhang ausschließlich die frühe Periode in Betracht gezogen wird) sehr nüchtern die Grenzen der logischen Sprachanalyse. In dem berühmten Satz 6.52 des "Tractatus" schreibt er:

> Wir fühlen, daß selbst, wenn alle möglichen wissenschaftlichen Fragen beantwortet sind, unsere Lebensprobleme noch gar nicht berührt sind. Freilich bleibt dann eben keine Frage mehr; und eben dies ist die Antwort.[39]

Nicht nur hinsichtlich der Reichweite der logischen Sprachanalyse, sondern prinzipiell zeigt sich Wittgenstein noch vorsichtiger als Rus-

[36] Vgl. ebd. 153f.

[37] *Russell*, a.a.O. 137ff.

[38] Vgl. z.B. *A.N. Whitehead*, Wie entsteht Religion? Frankfurt 1985.

[39] *Wittgenstein*, a.a.O. 82.

sell. Er weist der Philosophie die Aufgabe zu, zu unterscheiden zwischen dem, was gesagt - d.h. in Sätzen ausgedrückt -, und dem, was nur "gezeigt" werden kann. Was nicht gesagt werden kann, ist das Unaussprechliche; eben dieses aber zeigt sich, es ist das Mystische (6.522). "Das Gefühl der Welt als begrenztes Ganzes ist das mystische" (6.45).[40]

Es kann nun nicht angehen, an diesem mystischen "Daß" der Welt nahtlos mit einer theologischen "Erklärung" anzusetzen. Sicher hat jede Frage nach diesem "Daß" der Welt aufs engste etwas mit den "Lebensproblemen" zu tun. Aber die Schwierigkeiten einer logisch auf ihren Bedeutungsgehalt hin überprüfbaren Sprache sind damit noch keineswegs aus dem Weg geräumt. Diese Hinweise auf die logische Sprachanalyse sollten ja erst einmal auf Probleme aufmerksam machen, die mit den Aussagen des Glaubens verbunden sind. Welche Bedeutung ist mit der Aussage verbunden: "Gott hat die Welt aus Nichts erschaffen"? Wie läßt sich eine "Bedeutung" dieses Satzes angeben? Oder ist vielleicht gar damit zu rechnen, daß dieser Satz überhaupt keine Bedeutung hat, sondern nur eine Scheinaussage darstellt? Und wenn dieser Satz vielleicht wirklich keine echte Aussage mit einem erkenntnisrelevanten Inhalt ist, "zeigt" sich dann vielleicht gerade darin etwas (in Hinsicht auf "Lebensprobleme"?), oder "zeigt" dieser Satz auf "etwas" hin? Oder "zeigt" sich etwa die Lösung des Problems an dessen Verschwinden?[41]

Muß etwa am Ende der Theologie, wenn sie alles gesagt hat, was ihr zu sagen möglich ist, die Feststellung des "Tractatus" stehen: "Wovon man nicht sprechen kann, darüber muß man schweigen"[42]? Es geht nicht um Wittgenstein-Interpretation (ob auch um diese, mag hier offenbleiben), wenn gesagt wird: Die - häufig späte - Einsicht, daß, wenn alles gesagt ist, was gesagt werden kann, das für die Probleme des Lebens Entscheidende gerade nicht gesagt worden ist und auch nicht gesagt werden kann, daß also gerade hier das Schweigen eintritt, ist ein alter theologischer Topos. Die "Bekehrung" (*conversio*) war für viele Menschen der christlichen Antike und des Mittelalters fast identisch mit dem Eintritt ins Schweigen (und ins Singen). An diesem Punkt treffen sich Sprachkritik und Mystik (und mit Carnap: Sprachkritik und Musik).

40 Ebd.

41 Vgl. ebd. (Tractatus 6.521).

42 Ebd. 83 (Tractatus 7).

Zusammenfassung

1. Carnap und Ayer geht es in ihrer logischen Sprachanalyse primär nicht um die faktische Frage der Wahrheit bzw. Falschheit metaphysischer Aussagen, sondern um deren prinzipielle logische Möglichkeit.

2. Prinzipiell nicht verifizierbare bzw. falsifizierbare Sätze sind daher auch nicht wahrheitsfähig und so sinnlos, ohne erkenntnisrelevanten Inhalt.

3. Die logische Sprachanalyse geht von zwei Arten von sinnvollen Sätzen aus:

a. Apriori-Sätzen, die definitionsgemäß Tautologien sind, ihren Wert aber als Anweisungen haben, wie die Sprache zu gebrauchen ist, und

b. synthetischen Sätzen als Aussagen über Tatsachen, die sich in einer Theorie fassen lassen und so Wert für die Erklärung gegenwärtiger (oder vergangener) Ereignisse sowie für die Prognose zukünftiger Ereignisse haben.

4. Metaphysische Sätze, die insbesondere "das Sein" oder "das Nichts" als logisches Subjekt oder logisches Prädikat einführen und sich damit der unzulässigen Umwandlung einer logischen Partikel in einen Gegenstandsnamen schuldig machen, verfallen dem Verdikt logischer Sinnlosigkeit.

5. Ayer und Carnap sehen den Sinn der Metaphysik im Ausdruck eines Lebensgefühls bzw. ethischer und ästhetischer Haltungen; Russell anerkennt den Wert spekulativen Interesses, das über abgesicherte Erkenntnis hinausgeht; Wittgenstein zeigt an, daß, wenn alle wissenschaftlichen Fragen beantwortet sind, die Lebensprobleme noch gar nicht berührt sind - und fordert dann Schweigen.

2. Kein existentialer Ort?
Bedingung der Freiheit: Die Welt ist nicht geschaffen, sie wird erst geschaffen (Sartre)

Absicht der ersten Überlegung nach dem möglichen logischen Sinn der Schöpfungsaussage war es, die theologische Fragestellung von der sprachanalytischen Position her zu verschärfen, ohne daß es doch darum gehen konnte, bereits jetzt die Infragestellung metaphysischer Sätze innerhalb eines so strengen (und sicher auch zu engen) Erkenntnisbegriffs auszudiskutieren: die Frage also zu klären, ob metaphysische Sätze grundsätzlich Scheinaussagen darstellen, jedoch einen bestimmten ästhetischen, ethischen oder emotionalen Wert besitzen. Eine ganz andere Absicht steht hinter dieser zweiten Infragestellung der Schöpfungsaussage, die sich mit dem existentialen Ort beschäftigt, der der Schöpfungsaussage innerhalb des gegenwärtigen Erfahrungshorizonts zukommen mag. Auch diese zweite Infragestellung läßt sich wieder am besten von einer ganz bestimmten Denkposition her, nämlich der Jean-Paul Sartres, zeigen. Die Position von Sartre erweist sich als sehr aufschlußreich hinsichtlich zweier negativer Feststellungen, die von Anfang an einen Maßstab für schöpfungstheologische Aussagen überhaupt darstellen können.

So läßt sich von Sartre her zeigen:

a. Die existentiale Ortsbestimmung der Schöpfungsaussage weist nicht auf eine kosmogonische Fragestellung hin. (Das "Wie" einer Weltentstehung bleibt für den Menschen in seiner Existenz irrelevant.)

b. Die existentiale Ortsbestimmung von Welt expliziert sich nicht schon als Schöpfungsaussage. (Vielmehr kann das Thema "Schöpfung" als mythologischer Ballast einer die Existenz letztlich entfremdenden Denkstruktur erscheinen.)

Daß es Sartre in seinem Denken überhaupt um einen Zusammenhang - einen "existentialen Ort" - geht, der sich mit der schöpfungstheologischen Fragestellung sachlich koextensiv erweist, läßt sich daraus zeigen, daß Sartre die Bestimmung eines "Ganzen" (also auch des "Nichts") anstrebt.[43]

a. Das Nichts und das Ganze

Für Sartre gilt es als selbstverständliche Denkvoraussetzung, daß die logische Negation nicht als das Erste oder das Grundlegende angese-

[43] Daß die Position Sartres nichts mit der des logischen Positivismus zu tun hat und mit ihr unvereinbar ist, bedarf in diesem Zusammenhang keiner weiteren Erörterung. Die stillschweigende Voraussetzung für die Beschäftigung mit den beiden genannten Positionen besteht darin, daß hier wie dort legitime und notwendige Ansätze zur Klärung des Existenzverständnisses bzw. des sprachlichen Aufbaus der Welt vorliegen.

hen werden darf; sie verweist ihrerseits vielmehr auf das "Nichts" als ihren Ursprung.[44] Dieser Ursprung erklärt sich daher, daß jede Frage bereits eine Negation enthält, die Frage aber ein primär menschlicher Prozeß ist, also von einem Wesen stammt, das sich loslösen, das sich in Distanz zum Gegebenen als dem Unmittelbaren zu stellen vermag.

> Der Mensch stellt sich, wenigstens in diesem Falle, als ein Seiendes dar, das das Nichts (*le néant*) in der Welt anbrechen läßt, insofern es sich selbst zu diesem Zwecke mit Nicht-Sein (*non-être*) belastet.[45]

Alle diese Distanzierungen zu dem unmittelbar Gegebenen bezeichnen eine wesentliche Beziehung des Menschen zur Welt und leiten ihren Ursprung jeweils aus einem Akt des Menschen her. Ein solcher Akt des Menschen besteht z.B. in einer Erwartung oder auch in einem Entwurf. Gerade in solchen Negationen, die notwendig mit jeder Erwartung oder jedem Entwurf gegeben sind - d.h. in dem darin enthaltenen Noch-nicht-Sein, in dem Vielleicht-Sein, in dem Hoffentlich-Sein usw. -, bestimmt der Mensch seinen Ort in der Welt; er "setzt" sich in die Welt ein - so aber setzt er auch die Welt in ihren Zusammenhang.

> Damit die Gesamtheit des Seienden sich um uns herum als Zeug ordnet, damit sie in differenzierte Zusammengesetzte unterteilt werden kann, die aufeinander hinweisen und dienlich sein können, muß die Negation auftauchen nicht als eine Sache unter anderen Sachen, sondern als ein kategorialer Titel, unter dem sich die Ordnung und Verteilung der großen Massen dinglichen Seins vollzieht.[46]

Ordnung, Zusammensetzung geht aus einer Tätigkeit des Negierens hervor, aus Negation als Handlung (*opération*) des Menschen, die wiederum eine Wahl, einen Entwurf bedeutet. Daher überschreitet dieser Entwurf, den der Mensch mit seiner Existenz setzt, die Gegenstände auch nicht auf eine nur logische Universalität hin, sondern auf eine Ganzheit, die "ein konkretes-Sein-jenseits-des-existierenden-konkreten-Seins"[47] ist. Diese "Welt" kann es also erst und nur durch die Tätigkeit des Bewußtseins geben; das Bewußtsein aber ist durch eine in-

44 Vgl. *J.-P. Sartre*, Das Sein und das Nichts, Hamburg 1962, 62.

45 Ebd. 64.

46 Ebd. 64f.

47 Ebd. 750. - Mit dem "konkreten Sein" meint Sartre in diesem Zusammenhang nicht eine "objektivierte" Form des Seins, sondern denkt vom ursprünglichen Sinn des lateinischen *con-crescere* her, das ein Zusammenwachsen und Zusammengesetztsein andeutet.

nere Beziehung an das An-sich (*en-soi*) gebunden und bildet so - in dieser ursprünglichen Verbindung - jene Ganzheit, die wir als Realität bezeichnen. Ein Bewußtsein, das nicht zugleich Bewußtsein von etwas wäre, müßte ein absolutes Nichts (*rien*) sein. Für-sich allein (*pour-soi*) ist das Bewußtsein notwendig Nichtung; insofern es aber mit dem An-sich eine apriorische Einheit bildet, entsteht so die Ganzheit von "Welt" (als An-sich und Für-sich).

In dieser Weise pflegten die Griechen die kosmische Realität, die sie *tò pân* nannten, zu unterscheiden von der durch diese und durch das sie umgebende unendliche Leere konstituierten Ganzheit - in einer Ganzheit, die sie *tò hólon* nannten. (...) Aber hier wie in der griechischen Philosophie erhebt sich eine Frage: was nennen wir *real*, wem erteilen wir das *Sein* zu? Dem Kosmos oder dem, was wir eben *tò hólon* nannten? Dem reinen An-sich oder dem von jener Hülse aus Nichts umgebenen An-sich, das wir mit dem Namen Für-sich bezeichneten?[48]

Welt, Realität *ist* somit in dieser synthetischen Tätigkeit, ist Entwurf, durch den diese Welt erst konstituiert wird; Welt-Sein ist "in seiner ursprünglichen Kontingenz ein individuelles Abenteuer"[49], das durch die Freiheit der Wahl erst konstituiert wird. Der Übergang von der Gesamtheit der Dinge zur Ganzheit geschieht durch die Vermittlung des Nichts als Tätigkeit des Bewußtseins. Zunächst also stellen wir fest: Der Mensch ist jenes Seiende, durch das das Nichts in die Welt kommt. Aus dieser Feststellung resultiert die Frage: Was muß der Mensch in seinem Wesen sein, damit durch ihn das Nichts in die Welt kommen kann? Die Antwort darauf: Der Mensch muß frei sein, um dieses Nichts in der Welt zu setzen; und das führt zur weiteren Frage: Worin liegt das Wesen menschlicher Freiheit, wenn durch sie das Nichts in die Welt kommen soll?[50]

b. Die Angst und das Nichts

Für Sartre macht nun die Freiheit nicht eine Eigenschaft des Wesens des Menschen aus, sondern ermöglicht überhaupt das Wesen des Menschen. Die Nichtung - das Setzen des Nichts in die Welt - ist dann aber als Ermöglichung jeder Wahl und jedes Entwurfs nicht erst ein

48 Ebd. 778. (Der sinnstörende Fehler der zitierten Ausgabe - die Verwechslung des *tò hólon* mit dem *tò pân* - ist hier berichtigt.)

49 Ebd. 750.

50 Vgl. ebd. 65.

Produkt der Freiheit, sondern macht die Möglichkeit der Freiheit selbst aus.

> Das Sein, durch das das Nichts in die Welt kommt, ist ein Sein, dem es in seinem Sein um das Nichts des Seins geht: *das Sein, durch das das Nichts in die Welt gelangt, muß sein eigenes Nichts sein.*[51]

So kann der Mensch auch nicht als einfache Identität von Existenz und Essenz verstanden werden, da das "Für-sich ein *effektiv* fortlaufender Entwurf ist, sich selbst zu begründen, insofern es ein Seiendes ist und ein fortwährendes Scheitern dieses Entwurfes"[52]. Diese Situation wird dem Menschen durch die Angst bewußt; "in der Angst befindet sich die Freiheit in ihrem für sich selbst Infragestehen"[53].

Mit Kierkegaard nimmt Sartre einen tiefgreifenden Unterschied zwischen Angst und Furcht an. Furcht erfährt der Mensch angesichts der Welt, Angst aber meint immer die Angst vor sich selbst. Angst erfahre ich[54] als Mensch nicht dort, wo ich mich davor fürchte, in den

51 Ebd. 63. Hervorhebung im Original. - In der scholastischen Schöpfungskonzeption wird Gott als *summum esse* bestimmt (vgl. z.B. *Thomas von Aquin*, STh I, qu.3, a.4). So wurde also in Gott kein realer Unterschied zwischen Existenz und Essenz angenommen, Gottes Essenz ist seine Existenz. Diese Unterscheidung von *esse* und *essentia* wurde aber von der Scholastik in der Absicht verwendet, über eine geeignete Begrifflichkeit zu verfügen, die die Differenz zwischen Schöpfer und Geschöpf aussagbar macht. Hier bei Sartre geschieht nun unter der Umkehrung von Essenz und Existenz einerseits und Sein und Nichts andererseits die Zurücknahme dieser Schöpfungsterminologie in die ursprüngliche Konstitution von Welt als *pân* in der Freiheit. Die Existenz geht also in ähnlicher Weise der Essenz voraus wie das Nichts dem Sein: Damit aber wird die Frage nach dem Ursprung des Seins - oder auch nach dem Ursprung der Welt im Sinn des *tò hólon* - sinnlos, "oder wenn sie (sc. die Fragen nach dem Ursprung des Seins) eine Antwort gerade im Bereich der Ontologie erhalten, so gilt das nicht für den Ursprung des Für-sich" (ebd. 776). In dieser Freiheit als Entwurf übersteigt der Mensch die jeweilige Faktizität. Die Freiheit, wie sie in "L'être et le néant" ("Das Sein und das Nichts") dargestellt ist, kann nur absolut verstanden werden, insofern sie jede mögliche Faktizität übersteigt. Diese Freiheit des Menschen muß auch insofern als absolut verstanden werden, als sie ihm durch keine Situation, durch keine wie immer geartete Vorgegebenheit genommen werden kann. Der Mensch *pour-soi* gilt daher als Schöpfer seiner selbst. Dieser Entwurf des Menschen bleibt als Handlung immer strukturidentisch; jede Verwirklichung muß wieder transzendiert werden. Es gibt also Schöpfung im Sinn eines "An-sich" (also des *en-soi*). Das Ziel schlechthin könnte nur eine umgreifende Synthese von Für-sich und An-sich sein; gerade diese Synthese aber entzieht sich prinzipiell dem Menschen.

52 Ebd. 776f.

53 Ebd. 70.

54 Das "ich" legt sich in diesem Zusammenhang als adäquates Stilmittel eines Referats nahe.

Abgrund zu fallen; sondern mich selbst in diesen hinabzustürzen - davor habe ich Angst.[55] Wo Furcht auftritt, habe ich die Möglichkeit, mich gegen *etwas* zu wehren; wo aber Angst erfahren wird, wird diese Differenz - die es mir möglich macht, mich gegen etwas zu wehren - aufgehoben. In der Angst zeigen sich mir die Möglichkeiten (und Unmöglichkeiten) als meine eigenen. In der Furcht sind Motive vorhanden, gegen die daher andere, sie möglicherweise überwindende Motive gestellt werden können; in der Angst aber sind solche Motive letztlich nicht determinierend.

> Wenn *nichts* mich zwingt, mein Leben zu bewahren, hindert mich *nichts*, mich in den Abgrund zu stürzen. Die endgültige Verhaltensweise wird aus einem Ich hervorgehen, das ich noch nicht bin.[56]

So erfährt gerade im Phänomen der Angst der Mensch die Freiheit als Tat seines eigenen Entwurfs. Damit aber kommt erst durch die Freiheit der Sinn in die Welt.[57]

Damit erfasse ich mich als Ursprung meiner eigenen Möglichkeiten. Als Möglichkeiten tauchen diese gerade dadurch auf, daß sie durch ein Nicht-Sein von meinem gegenwärtigen Bewußtsein getrennt sind. In jedem Fall vermittelt die Negation das offene Moment der Freiheit. Die Entscheidung besteht dann im Ausschluß bestimmter Möglichkeiten. Die Konstitution solcher Möglichkeiten darf aber nicht als Hervorbringen rein logischer Entitäten verstanden werden; als solche hätten die den meinen feindlichen Möglichkeiten - die jedoch nicht zugleich die feindlichen Möglichkeiten der anderen sind, sondern eben meine - ihre Wirksamkeit verloren.[58]

Für die Analyse der menschlichen Freiheit und so auch für die Konstitution von Welt nimmt bei Sartre das Sein für andere (*être pour autrui*) eine zentrale Stellung ein. Der andere ist zunächst die Grenze meiner Freiheit - und zwar die einzige reale Grenze. Der Blick des anderen bedeutet die Erfahrung, daß ich von ihm beurteilt werde. Nur indem ich durch den anderen objektiviert und d.h. entfremdet werde, kann ich auch mir selbst gegenständlich werden. In dieser Vergegen-

55 Vgl. ebd. 71.

56 Ebd. 74.

57 Vgl. ebd. 84.

58 Vgl. ebd. 86. - Diese Möglichkeiten, die, obwohl die meinen, dennoch feindlich sein können und auch tatsächlich sind, stellen ein Problem dar, das Sartre in vielen seiner Dramen darzustellen versucht hat. So z.B. auch in "Hinter verschlossenen Türen", "Das Spiel ist aus", "Im Räderwerk" u.a.

ständlichung liegt aber gleichzeitig der Grund des Konflikts mit dem anderen. Wenn der andere mich in seiner Welt einzuordnen vermag, mich also zum Moment an seiner Welt machen kann, so kann ich auch meinerseits dieses Verhältnis umkehren. Ich kann mich seinem Urteil, seiner Objektivierung verweigern, kann mich der Festlegung auf ein bestimmtes *en-soi* entziehen. Dies ändert jedoch nichts daran, daß der Blick des anderen mich vergegenständlicht, in ein Ding verwandelt - ein Ding unter den anderen Dingen. Er entfremdet meine Möglichkeiten und macht damit meine Existenz zur Natur. Indem er mich aber zur Natur macht, stiehlt er mir meine Welt. Diese Angst davor, zur Natur zu werden und so keine Welt mehr zu haben, bleibt auch in Sartres Schrift "L'Existentialisme est un humanisme" allgegenwärtig.

Endgültig und unumkehrbar Natur wären wir dann, wenn es einen Gott gäbe, der uns erschaffen hätte, dessen Welt wir also wären. Diesem Vorgang totaler Entfremdung hält Sartre das Postulat entgegen: "Also gibt es keine menschliche Natur, da es keinen Gott gibt, um sie zu entwerfen."[59] Mit diesem Postulat wird ein total vergegenständlichender Blick eliminiert, der mich endgültig zum Ding machen würde, indem ich schon im voraus zu jeder Entscheidung gesehen, also ein für allemal auf Natur festgelegt wäre. Würden wir meinen, "daß diese Zukunft im Himmel verzeichnet ist, daß Gott sie sieht", dann gäbe es überhaupt keine Zukunft mehr, keinen Entwurf und so auch keine Welt des Menschen.[60] Diesem Blick gegenüber wäre dann auch kein Konflikt mehr denkbar.

Die Möglichkeit des Konflikts mit dem verobjektivierenden Blick des anderen schafft aber erst die Ermöglichung meiner Welt. Nur insofern es einen solchen Konflikt geben kann, wird überhaupt eine Differenz von Natur und Welt möglich, wird es möglich, nicht nur *en-soi*, sondern *pour-soi* zu sein, und zwar in der Weise, daß jede (vergegenständlichende und somit meine Existenz aufhebende) Prä-Definition eines *en-soi* negiert werden kann und muß. Dieser Konflikt mit dem verobjektivierenden Blick des anderen macht daher auch den Schlüssel dazu aus, was Existenz bedeutet, und ist Schlüssel auch zu der Frage, wieso es überhaupt Welt geben kann und der Mensch nicht einfach von vornherein auf Natur reduziert ist. Ob ich meinerseits entfremdet bin, ob ich mir meine Möglichkeiten nehmen lasse, ob ich

59 *J.-P. Sartre*, Ist der Existentialismus ein Humanismus? in: ders., Drei Essays, Frankfurt - Berlin - Wien 1975, 11.

60 Vgl. ebd. 17.

mich auf Natur, in der ich für den anderen dessen Ding bin, fixieren lasse, das steht nach Sartre einzig bei der Existenz, die somit versucht, ihre Welt wiederzugewinnen - was der Existenz angesichts solcher Entfremdung und Verobjektivierung nur in einem neuen Entwurf gelingen kann. Die Frage der Beziehung zum anderen nun, d.h. der Selbstbestimmung dieser Relation, entscheidet so über Welt oder Natur - wobei beides in eins wieder jene umfassende Synthese von *pour-soi* und *en-soi* wäre, die sich dem Menschen entzieht.

So ergeben sich im Prinzip zwei Möglichkeiten, zwei Grundweisen der zwischenmenschlichen Beziehung:

1. der Versuch, die Herrschaft des anderen zu negieren und ihn nun meinerseits zu einem Ding zu machen;
2. der Versuch, sich seiner Freiheit anzugleichen, sie als die Begründung der eigenen Freiheit anzuerkennen und dadurch das freie *ego* wiederzugewinnen.

Gegenüber dem zweiten Versuch kann jedoch eine resignative Selbstbescheidung bei Sartre nicht übersehen werden: Das wesentliche Scheitern, das alle existentiellen Entwürfe kennzeichnet, betrifft auch diesen Versuch. Die Verdinglichung des anderen vernichtet ihn als den unabhängigen anderen, also auch als den, der mich anerkennen, mir meinen Wert geben könnte. Die völlige Unterwerfung unter den anderen vernichtet das freie Subjekt und vernichtet so auch die eigene Welt.

So kann der Mensch weder seiner Freiheit noch deren Scheitern entrinnen; die Welt bleibt in dauernder Schwebe. Das Verschwinden, die Vernichtung von Natur, läßt die Welt der Freiheit erst entstehen:

> Geht tatsächlich die Existenz der Essenz voraus, so kann man nie durch Bezugnahme auf eine gegebene und feststehende menschliche Natur Erklärungen geben; anders gesagt, es gibt keine Vorausbestimmung mehr, der Mensch ist frei, der Mensch ist Freiheit.[61]

Diese Erfahrung ruft Angst hervor.

Wie aber mit der Angst umgehen? Da ich als Mensch selbst Angst bin, kann ich sie auch nicht unterdrücken. Doch kann die Angst vielleicht verborgen oder verschleiert werden? Als Mensch kann ich nur etwas verschleiern, was ich nicht selbst bin; doch wenn ich zu verschleiern suche, was ich selbst bin, bekommt das Problem eine neue

[61] Ebd. 16.

Dimension: Ich kann wohl versuchen, nicht an die Angst zu denken, bin aber doch unaufhörlich auf sie fixiert.

> Darunter darf man nicht nur verstehen, daß ich genötigt bin, das, vor dem ich fliehen will, ständig mit mir herumzutragen, sondern auch, daß ich das Wovor meiner Flucht anvisieren muß, um es fliehen zu können, was wiederum bedeutet, daß die Angst selbst, dann ein intentionales Anvisieren der Angst und endlich eine Flucht vor der Angst in Richtung auf beruhigende Mythen in der Einheit ein und desselben Bewußtseins gegeben sein müssen.[62]

Eben diese Haltung nennt Sartre Unwahrhaftigkeit (*insincérité*): ein Verhalten, das nicht in der Lüge besteht (die Lüge würde der Furcht entsprechen), sondern in dem Versuch, nicht das zu sein, was ich bin. Diese Haltung besteht im permanenten Selbstwiderspruch, insofern sie gerade wieder das Nichts, das sie doch zu beseitigen sucht, in sich enthält.[63] So zielt diese Haltung der Unwahrhaftigkeit auf den Versuch, mich selbst zu einer Sache zu machen. Indem ich jedoch den Versuch unternehme, meine Freiheit aufzugeben, wird gerade darin nochmals diese Freiheit vorausgesetzt. In diesem Sinn der Unüberholbarkeit der eigenen Freiheitsentscheidung kann Sartre auch sagen: "Wir sind zur Freiheit verdammt."

c. Das Nichts und die Zeitlichkeit

Alle Zentralbegriffe Sartres: Angst, Freiheit, Möglichkeit, Welt und Nichts, hängen im Bewußtsein als einem zeitlichen zusammen - in einem Bewußtsein also, das darum weiß, daß seine Vergangenheit nicht mehr ist, und seine Zukunft darin erfährt, daß in dieser das Mögliche durch ein Nicht von ihm getrennt ist. Diese zeitliche Struktur des Bewußtseins prägt sich also sowohl in der Angst vor der Zukunft als auch vor der Vergangenheit aus. Zeitlichkeit ist das Bewußtsein, daß die Vergangenheit eben gewesen ist, daß ich sie zwar mit mir herumtrage, aber doch als solche, die mir dauernd entrissen wird, und daß sich auch die Zukunft - gerade dort, wo sie in ihrer Offenheit als mögliche ergriffen wird - als Angst zeigt, als "die Besorgnis, mich an diesem

62 *Sartre*, Das Sein und das Nichts, a.a.O. 88.

63 Vgl. ebd. 89.

Treffpunkt nicht anzutreffen oder gar nicht mehr hingehen zu wollen".[64]

Zeitlichkeit muß also verstanden werden als das in jeder Erwartung, in jedem Entschluß, in jedem Entwurf schon immer anwesende Nichts: "das Bewußtsein steht vor seiner Vergangenheit und vor seiner Zukunft wie vor einem Selbst, das es in der Weise ist, es nicht zu sein. Das weist uns auf eine nichtende Struktur der Zeitlichkeit hin"[65]. Die endgültige Erklärung der Negation kann nur innerhalb einer Beschreibung des Bewußtseins und der Zeitlichkeit gegeben werden. So zeigt sich das Bewußtsein des Menschen gerade in seiner Freiheit und Zeitlichkeit als jene ursprünglich in Entwurf und Entscheidung nichtende Tätigkeit.

Die Schwierigkeit bleibt aber, daß ich die Freiheit nur wählen kann, indem ich sie auch für den anderen wähle, indem ich also "meine Welt" "seiner Welt" potentiell gegenübersetze, aber gleichzeitig die Synthese fordere. Muß aber die Entscheidung, meine Transzendenz zu behaupten, notwendig die Objektivierung des anderen implizieren? Gibt es kein "Für-andere-Sein", in dem der Konflikt versöhnt und aufgehoben wäre? Mit anderen Worten: Ist kein Entwurf von Welt möglich und vorstellbar, die eine *gemeinsame* Welt wäre, die also nicht die Entfremdung und Verobjektivierung des einen oder des anderen enthält? In "Das Sein und das Nichts" erscheint jede Vermittlung ausgeschlossen. Eine Welt freier Übereinstimmung scheint gänzlich undenkbar. Am Ende des Abschnitts über den anderen, der keine andere Möglichkeit als Herrschen oder Beherrschtwerden, Vernichtung der Welt des anderen oder Ding-Werden in der Welt des anderen übrig läßt, heißt es jedoch in einer Fußnote:

> Diese Betrachtungen schließen die Möglichkeit einer Erlösungs- und Heilsmoral nicht aus. Zu einer solchen gelangt man aber erst am Schluß einer radikalen Umkehr, von der wir hier nicht sprechen können.[66]

In "Das Sein und das Nichts" ist nicht angezeigt, wie eine solche Umkehr aussehen könnte, und schon gar nicht, wie denn eine Welt ohne Konflikt entworfen werden könnte. Von der Wirklichkeit des Menschen heißt es dort, daß sich diese, wenn sie zur Existenz kommt, als unvollständiges Sein erfaßt:

[64] Ebd. 79.
[65] Ebd. 77.
[66] Ebd. 527.

> Die menschliche Wirklichkeit ist dauernder Überstieg zu einer Koinzidenz mit sich, die niemals gegeben ist.[67]

Das Für-sich-Sein strebt also danach, zum An-sich zu werden; dies gelingt ihm jedoch weder in sich noch gegenüber dem anderen. Darin liegt das fundamentale Scheitern des Menschen, dem Welt nur in dieser brüchigen Zugangsform eröffnet ist:

> Die menschliche Wirklichkeit ist leidend in ihrem Sein, weil sie zum Sein kommt, indem sie dauernd besessen ist von der Vorstellung einer Totalität, die sie ist, ohne sie sein zu können, da sie eben das An-sich nicht erreichen könnte, ohne sich als Für-sich zu verlieren. Von Natur aus ist sie somit unglückliches Bewußtsein, ohne mögliche Überwindung des unglücklichen Zustandes.[68]

Das Postulat der Negation einer absoluten Voraussetzung von Welt führt nicht schon dazu, dem Bewußtsein im Entwurf von Freiheit und Welt eine Möglichkeit zu geben, sich nicht als unglückliches Bewußtsein zu erweisen. Um das zu ermöglichen, müßte nicht die Aufgabe gelöst werden, eine solche absolute ontologische Voraussetzung zu erneuern - dafür gibt es tatsächlich keinen existentialen Ort mehr -, sondern es wäre die Frage zu stellen, wie ein Entwurf von Welt strukturell beschaffen sein müßte, damit er nicht von vornherein als unausweichliche Folge unglückliches Bewußtsein mit sich bringt. Sartre bleibt, trotz der fundamentalen Bedeutung der Negation, in der Affirmation stehen. Er stellt sich die Frage, ob nicht solcher Primat der Affirmation und unglückliches Bewußtsein in Korrespondenz miteinander stehen. Die Freiheit ist bei Sartre konzipiert in derselben Weise wie das *cogito* bei Descartes und die freie und vernünftige Bestimmung des Menschen bei Hegel.[69] Diese Freiheit ist nicht der Ausgangspunkt für die Umwandlung der Situation in ihrer Faktizität, sondern für deren ontologische Umbenennung, sie ist also letzter Zufluchtspunkt des Individuums angesichts einer aussichtslos absurden Welt, die ihm die permanente Demütigung des Scheiterns zufügt.[70] Gegen Sartres Intention fallen damit empirische und ontologische Freiheit wieder unvermittelt und unvermittelbar auseinander; die Synthese kommt auch als möglicher Fluchtpunkt nicht in Frage, da es aus dem beschriebenen Zirkel kein Ausbrechen mehr gibt.

67 Ebd. 144.

68 Ebd. 145.

69 Vgl. *H. Marcuse*, Kultur und Gesellschaft 2, Frankfurt 1968, 66f.

70 Vgl. ebd.

In Herbert Marcuses Interpretation (in einem kurzen Nachwort zur Besprechung von "Das Sein und das Nichts") wird nun die These aufgestellt, daß Sartres Schriften in den letzten zwei Jahrzehnten von der reinen Phänomenologie und der reinen Ontologie zurückweichen und den Begriffen realer Geschichte Platz machen:

> Philosophie wird Politik, weil kein philosophischer Begriff mehr gedacht und entfaltet werden kann, ohne daß er die Unmenschlichkeit in sich aufnimmt, die heute von den Regierenden organisiert und von den Regierten akzeptiert wird.[71]

Stimmt diese These, so wäre damit ein Ort für die *conversion* angezeigt, die Sartre in "Das Sein und das Nichts" anmerkt, aber von seinen dort gemachten Voraussetzungen her nicht durchführen konnte. Damit wäre aber vielleicht auch ein möglicher Weg gewiesen, den eine christliche Theorie des Entwerfens von Welt gehen könnte. Bei einem solchen Entwurf einer christlichen Theorie muß jedoch bedacht werden, daß nicht der - aus einer Umkehrung theologischer Modelle hervorgegangenen - abstrakten Negation durch eine nochmalige Umkehrung eine ebensolche abstrakte Affirmation entgegengesetzt werden kann. Wird also bei Sartre mit "Gott" die Unmöglichkeit der existentiellen Freiheit des Menschen und seines Entwurfs von Welt bezeichnet, so darf dem keine abstrakte Affirmation von "Gott" als Ermöglichung der existentiellen Freiheit des Menschen und der "weltlichen" Welt des Menschen gegenübergestellt werden.

Der Weg, den Sartre später ging, bestand darin, die Konkretheit der geschichtlichen Erfahrung in den Begriff der Freiheit und des möglichen Entwurfs von Welt hineinzunehmen. Diese Situation macht jenen gemeinsamen Raum des Entwurfs aus, von dem sich der Einzelne nicht in seine Freiheit zurückziehen kann, sondern in den er durch seine Aktion hineingebunden bleibt und bleiben muß. Freiheit als Praxis wird nun von Sartre deutlich in ihrem hypothetischen und gesellschaftlichen Charakter aufgefaßt; denselben Charakter enthält auch der Entwurf von Welt. Nur mehr eine unbedingte Voraussetzung enthält dieser Entwurf - wie dies in der Überlegung über die *Cité des fins* in "Qu'est-ce que la littérature"[72] ausdrücklich gemacht wird: Der einzige Sinn geschichtlicher Praxis kann nur die Freiheit *aller* sein - dieser Sinn aber ist nicht versichert, sondern der Praxis selbst anheimgestellt. Dies ist schöpferische Aktion angesichts geschichtlicher Entfremdung.

[71] Ebd. 84.

[72] *J.-P. Sartre*, Was ist Literatur? Ein Essay, Hamburg 1950.

So heißt es dann in "Materialismus und Revolution", wo auch das Verhältnis von Freiheit und Weltentwurf neu bestimmt wird:

> Es handelt sich nicht darum, einen kosmogonischen Mythos auszudenken, der sinnbildlich das Denken = Handeln darstellt, sondern alle Mythen aufzugeben und auf das wahre, revolutionäre Erfordernis zurückzukommen, nämlich Handeln und Wahrheit, Denken und Wirklichkeit zu vereinigen. Mit einem Wort: es ist eine philosophische Theorie notwendig, die zeigt, daß die Wirklichkeit des Menschen Handeln ist und daß das Handeln gegenüber dem Weltall mit dem Verständnis dieses Weltalls, so wie es ist, eines ist - anders gesagt, daß das Handeln Enthüllung der Wirklichkeit *und zugleich* Abänderung dieser Wirklichkeit ist.[73]

Damit wird nochmals die Frage nach dem Sinn einer Existenz, die als zeitliche dauernd unter dem Nichts steht, deren Möglichkeit des Entwerfens von Welt aber gerade von diesem Nichts herkommt, in aller Schärfe aufgeworfen. Gegenüber einer christlichen Theologie, die diesen Sachverhalt mit dem Verweis auf den transzendenten Schöpfergott deutet, verlegt Sartre diesen "Ort" in die Existenz des Menschen, der aber gleichwohl "Transzendenz" zugeschrieben wird:

> Der Mensch ist dauernd außerhalb seiner selbst; indem er sich entwirft und indem er sich außerhalb seiner verliert, macht er, daß der Mensch existiert, und auf der andern Seite, indem er transzendente Ziele verfolgt, kann er existieren; der Mensch ist diese Überschreitung und erfaßt die Gegenstände nur in Beziehung auf diese Überschreitung, und so befindet er sich im Herzen, im Mittelpunkt dieser Überschreitung. Es gibt kein anderes All als ein menschliches All, als das All der menschlichen Ichheit.[74]

Zusammenfassung

1. Sartre geht es in seinem Denken um einen Entwurf der Welt aus der menschlichen Freiheit (und damit dem Nichts), also um das Ganze. Jeder solche ursprüngliche Entwurf zeigt sich durch die Negation, also vom Ursprung des Nichts her vermittelt; erst durch den Entwurf des Menschen konstituiert sich Welt.

2. Das Nichts kommt durch den Menschen in die Welt, insofern er sich selbst als das Wesen der Freiheit konstituiert. Die Freiheit manifestiert sich in der Erfahrung der Angst als der Freiheit des Für-sich-selbst-

[73] *J.-P. Sartre*, Materialismus und Revolution, in: ders., Drei Essays, a.a.O. 81f.

[74] *Ders.*, Ist der Existentialismus ein Humanismus? a.a.O. 35.

Infragestehens. Diese Freiheit ist dem Menschen wesensnotwendig aufgegeben (die Flucht vor ihr wäre Unwahrhaftigkeit).

3. Im Bewußtsein als einem freien und zeitlichen vollzieht der Mensch in jedem Entwurf seiner Welt und in jeder Entscheidung eine nichtende Tätigkeit.

4. Im Sein-für-den-anderen zeigt sich das wesentliche Scheitern, das alle existentiellen Entwürfe kennzeichnet, insofern daraus Natur und Verdinglichung - und damit Entfremdung - resultieren.

5. Die Ortsbestimmung des Menschen macht die ihm eigene Transzendenz deutlich: In seiner Existenz überschreitet er dauernd sich selbst und zeigt sich von einer Ganzheit heimgesucht, die er selbst ist, ohne sie doch sein zu können. Dies macht sein unglückliches Bewußtsein aus.

6. Über alles Beherrscht-Werden, alle Verdinglichung und Objektivierung des anderen hinaus rechnet Sartre dennoch mit der Möglichkeit einer radikalen Umkehr, die über die Erfahrung der scheiternden Synthese des Für-sich und des An-sich hinausführt - ohne daß es doch dafür einen angebbaren existentialen Ort gäbe.

II Weltverständnis als pragmatischer Entwurf

1. Die Welt des Mythos - eine von vielen Welten

Die Problemkreise von Schöpfung und Ursünde begegnen uns in Mythen, die in der Bibel enthalten sind. Die Frage der Erbsünde kommt auf in einem Mythos, den wir in dieser Form im Bereich christlichen Denkens erst im spätantiken augustinischen Mythos vorfinden. Wir können nun mythologische Aussagen von verschiedenen Seiten her sehen, von denen beispielhaft nur einige aufgezählt werden sollen - wobei es für uns hier nicht wichtig ist, ob die herangezogenen Autoren ihre Mythosinterpretation ausdrücklich mit Theologie in Verbindung bringen: wir werden bei oder mit allen zu dem Ergebnis kommen, daß die Theologie im Bannkreis des Mythos verbleibt. Theologie kann als sprachliche Form an einem bestimmten Punkt der Dialektik des mythischen Bewußtseins verstanden werden (Ernst Cassirer), sie kann als Produkt der Theoretisierung eines Mythos aufgefaßt werden (Peter Berger), sie kann ganz allgemein als Arbeit am Mythos begriffen werden (Hans Blumenberg) oder als Suche nach der Wahrheit des Mythos (Karl Kerényi), sie kann als Untersuchung der Strukturgesetze, der "Logik" des Mythos unternommen werden (Claude Lévi-Strauss), sie kann auch als transzendentale oder existenziale Interpretation des Mythos unternommen werden (Karl Rahner, Rudolf Bultmann), oder sie kann sich als gebrochener Mythos begreifen (Paul Tillich); und diese Liste ließe sich noch lange fortsetzen.[1]

Es liegt nun dieser Einleitung weder die Absicht zugrunde, alle diese Zugangsweisen in ihrer Tragfähigkeit zu untersuchen, noch auch die Absicht, diesen und den nicht aufgeführten eine weitere hinzuzu-

[1] Vgl. *F. Schupp*, Mythos und Religion, Düsseldorf 1976.

fügen.[2] Es können und sollen hier also nur einige Bemerkungen zum Problem des Mythos vorgelegt werden, die für das Verständnis des Umgangs mit dem Mythos im weiteren Verlauf der Überlegungen hilfreich sein können.

Wir können in der Gegenwart wohl unbefangener an das Problem des Mythos herangehen, als dies zur Zeit der Entmythologisierungsdiskussion möglich war. Damals blickten die wachsten Vertreter der Theologie, Vertreter eines durchaus (protestantischen wie katholischen) dogmatischen Glaubensverständnisses, wie gebannt auf ihren (vermeintlichen) Widerpart, nämlich auf ein ebenso dogmatisches Wissenschaftsverständnis. Von dort her meinte man ablesen zu können, was für den "modernen Menschen" inakzeptabel und unzumutbar sei. Inzwischen ist wohl eine Ernüchterung eingetreten. Von seiten der Wissenschaftstheorie sind etwa von Thomas S. Kuhn und - in noch wesentlich schärferer Form - von Paul Feyerabend (um nur zwei bekannte Namen zu nennen) sehr eindringliche Fragen zu der in der Naturwissenschaft wirksamen "kritischen Rationalität" gestellt worden.[3] Im Bewußtsein vieler Menschen der Gegenwart ist das Vertrauen darauf, daß durch die technische Verwertung der Wissenschaft die meisten Probleme gelöst werden könnten, erschüttert. Die Behauptung, etwas sei "wissenschaftlich gesichert", funktioniert nicht mehr so einfach als Autoritätsargument, wie dies (ganz und gar nicht im Sinne der vorherrschenden Wissenschaftstheorie) bis vor einigen Jahren häufig der Fall war. Wir können beobachten, daß neben der wissenschaftlich-technischen "Welt" alternative "Welten" eine wachsende Anziehungskraft gewinnen. Wenn uns also die gegenwärtige kulturelle und gesellschaftliche Situation vielleicht (ganz so sicher sind wir dabei ja doch nicht, es gibt immer wieder auch geradezu erschrekkende Beispiele unverantwortlicher Wissenschaftsgläubigkeit und Propaganda in dieser Richtung) die Möglichkeit einer unbefangenen Diskussion des Mythos bietet, so darf dies keineswegs dazu gebraucht werden, nun zu einem unkritischen, fundamentalistischen oder gar autoritär mythologischen Reden zurückzukehren. Wie immer auch das Resultat aussehen mag, in dem Augenblick, in dem wir uns fragen,

2 Wenn jemand in dieser Richtung etwas vom Autor dieser Abhandlung erfahren will, sei er verwiesen auf *ders.*, Mythos und Religion: Der Spielraum der Ordnung, in: H. Poser (Hrsg.), Philosophie und Mythos, Berlin - New York 1979, 59-74.

3 Vgl. *Th. S. Kuhn*, Die Struktur wissenschaftlicher Revolutionen, Frankfurt 1973; *P. Feyerabend*, Wider den Methodenzwang, Frankfurt 1981.

durch welche Bedürfnisse ein Mythos hervorgebracht wird, nach welchen Regeln er funktioniert, wie seine Zeichen und Symbole zu analysieren sind usw., sind wir aus dem Bannkreis des ungebrochenen Mythos herausgetreten und können ohne Aufgeben des kritischen Denkens nicht wieder dahin zurückkehren. Und auch dann, wenn wir meinen, der Mythos habe weiterhin einen sinnvollen Gebrauch, bedeutet doch die kritische Distanz, die gewonnen wurde, daß ein wesentliches Element des Mythos, nämlich gerade das Nichtvorhandensein einer solchen kritischen Distanz, nicht mehr zurückgewonnen werden kann und auch gar nicht zurückgewonnen werden soll. Die "Sprache der glücklichen Klarheit"[4] des Mythos kann und darf nicht die Sprache der Theologie sein.

Es war die Voraussetzung Carnaps, daß es *eine* Welt gebe, die richtig oder falsch beschrieben und erklärt werden könne. Und im Grunde bewegte sich der alte Streit zwischen Theologie und Naturwissenschaft genau auf dieser Ebene der "einzig richtigen" Beschreibung und Erklärung der *einen* Welt, und dies natürlich schon lange vor Carnap, der selbst an solchen theologischen Fragen gar nicht interessiert war. Auch der frühe Wittgenstein ging von einer solchen Voraussetzung aus und mußte deshalb, genau weil er eben die genannte Voraussetzung machte, allen anderen Redeweisen oder Sprachen für "andere" Welten Schweigen verordnen. Leibniz rechnete mit vielen möglichen Welten (vgl. Teil 2, Kap. XV); aber nur *eine*, nämlich die beste aller möglichen Welten wurde geschaffen, und somit war alle Erkenntnis auf diese *eine* Welt fixiert und mußte an ihr gemessen werden. Kant nahm an, daß die Konstitutionsprinzipien von "Welt" im Bereich der theoretischen und der praktischen Vernunft, und eigentlich auch die im Bereich der Urteilskraft, nicht nur verschieden, sondern auch (wegen des prinzipiellen Unterschiedes von theoretischer und praktischer Vernunft) letztlich unvergleichbar sind (vgl. Teil 2, Kap. XVII). In neukantianischer Weiterführung transzendentaler Analyse führte Cassirer Mythos, Kunst, (wissenschaftliche) Erkenntnis und Sprache als die vier Urphänomene des Geistes auf, die nicht aufeinander rückführbar sind.[5] In jedem dieser Bereiche wird eine symbolische Sinnwelt geschaffen: "Unter diesem Gesichtspunkt betrachtet wird der Mythos, wird die Kunst, werden die Sprache und die Erkenntnis zu Symbolen:

4 Vgl. *F. Schupp*, Die Sprache der glücklichen Klarheit. Zur Semiotik des Mythos, in: Entschluss 9(1976), 471-479.

5 Vgl. *E. Cassirer*, Wesen und Wirkung des Symbolbegriffs, Darmstadt [4]1969, 82.

nicht in dem Sinne, daß sie ein vorhandenes Wirkliches in der Form des Bildes, der hindeutenden und ausdeutenden Allegorie bezeichnen, sondern in dem Sinne, daß jede von ihnen eine eigene Welt des Sinnes erschafft und aus sich hervorgehen läßt. In ihnen allein stellt sich die Selbstentfaltung des Geistes dar, kraft deren es für ihn allein eine 'Wirklichkeit', ein bestimmtes und gegliedertes Sein gibt."[6] Das Problem, das Kant und Cassirer im Rahmen transzendentaler Reflexion analysiert hatten, wurde im Rahmen der Semiotik (meist ohne transzendentalen Anspruch)[7] als Analyse verschiedener Zeichensysteme und verschiedener Diskurstypen aufgenommen. So gelangte etwa Charles W. Morris durch die Einführung verschiedener Parameter zu einer systematischen Einteilung der hauptsächlichsten Diskurstypen, die sechzehn solcher Typen enthält, unter denen sich auch die für unser Thema besonders interessanten Typen des kosmologischen, mythischen und religiösen Diskurses befinden.[8] Die Typen sind aber nicht streng voneinander trennbar. Darauf werden wir noch zurückkommen. In diesem Zusammenhang ist natürlich auch an die verschiedenen Sprachspiele, zwischen denen Familienähnlichkeiten bestehen können, zu erinnern, von welchen Wittgenstein in den "Philosophischen Untersuchungen" spricht.[9]

Wir finden uns also inmitten einer Vielzahl von "Welten". Allerdings entspricht es den uns anerzogenen Denkgewohnheiten, zu meinen, es gebe eben doch nur *eine* Welt, die von der Naturwissenschaft erforscht wird, während der Gebrauch von "Welt" in anderem Zusammenhang metaphorisch sei. Die eben kurz angedeuteten philosophischen Konzeptionen ebenso wie auch die vorher angeführten wissenschaftstheoretischen Diskussionen und die kulturellen sowie die gesellschaftlichen Entwicklungen dürften jedoch deutlich machen, daß diese Denkgewohnheit keineswegs zwingend ist. Es handelt sich auch keineswegs um theologische Apologetik, wenn wir uns der Auffassung von einer Pluralität von Welten anschließen. Es ist damit ja noch nicht gesagt, daß es eine eigene "theologische Welt" gebe, und auch wenn es

6 Ebd. 79.

7 Es gibt allerdings, vor allem im deutschen Sprachbereich, auch bedeutende Versuche einer transzendentalen, nun transzendentalpragmatischen Fundierung der Semiotik. Vgl. dazu bes. *K.-O. Apel*, Transformation der Philosophie I u. II, Frankfurt 1973.

8 Vgl. *Ch. W. Morris*, Zeichen, Sprache, Verhalten, Düsseldorf 1973, 218.

9 Vgl. *L. Wittgenstein*, Schriften I, Frankfurt 1960, 324f. u.ö.

eine solche gäbe, wäre damit nicht gesagt, daß sie mit anderen Welten prinzipiell inkommensurabel sei (also etwa eine Karl Barth-Tangentenwelt, in der das Wort Gottes die Sprache der Welt wie eine Tangente berührt, es aber eben keinen gemeinsamen Bereich gibt).

Nelson Goodman hat in bewußter Fortführung von Cassirers Auffassung die These der Pluralität der Welten nachdrücklich vertreten: "Ich glaube (...), daß viele verschiedene Welt-Versionen unabhängig voneinander von Interesse und Wichtigkeit sind, ohne daß wir dabei im mindesten zu fordern oder vorauszusetzen hätten, sie ließen sich alle auf eine einzige, grundlegende reduzieren. Der Pluralist, alles andere als antiwissenschaftlich gesonnen, akzeptiert die Wissenschaften in ihrem ganzen Umfang. Sein typischer Gegner ist der monopolistische Materialist oder Physikalist, der behauptet, ein einziges System, nämlich die Physik, sei vorrangig und allumfassend, weshalb jede andere Version letztlich auf diese reduziert und andernfalls als falsch oder bedeutungslos verworfen werden müsse. (...) Eine Reduktion von einem System auf ein anderes kann einen echten Beitrag zum Verständnis der Wechselbeziehungen von Welt-Versionen leisten; doch Reduktion in einem einigermaßen strengen Sinn ist selten, fast immer partiell und, wenn überhaupt, selten eindeutig."[10]

Der Theologe fühlt sich hier möglicherweise an die berühmt-berüchtigte Lehre von der doppelten Wahrheit erinnert, wie sie Averroes und Vertretern eines lateinischen Averroismus im 13. und 14. Jh. zugeschrieben wurde. Diese Lehre wird normalerweise so verstanden, daß damit behauptet werde, es könne eine Aussage in der Philosophie - damals ging es um aristotelische Naturphilosophie, die mit Naturwissenschaft eng verbunden war - als wahr gelten, obwohl gleichzeitig eine gegenteilige Aussage innerhalb des Glaubens bzw. der Theologie als wahr angenommen wird. Das bekannteste Beispiel dafür ist die aristotelische Lehre von der "Ewigkeit" der Welt, der die Glaubenslehre von der "Zeitlichkeit" der Welt entgegensteht (wie man meinte). Gegen diese Lehre von der doppelten Wahrheit wird von theologischer Seite mit der "analogen Einheit des Seins", die keine doppelte Wahrheit zuläßt, argumentiert.[11] Der Ausdruck "Analogie" täuscht jedoch über den Sachverhalt hinweg, daß hier ein univoker Begriff von "Welt" (und damit ein "monopolistischer" Begriff) und ebenso ein univoker Begriff von "Wahrheit" vorliegt. Beides ist unhaltbar. Und damit stellt

10 *N. Goodman*, Weisen der Welterzeugung, Frankfurt 1984, 16f.

11 Vgl. *H. Gabel*, Art. Doppelte Wahrheit, in: LThK^2 III, 515.

sich die Frage, ob wir nicht bei Averroes und seinen lateinischen Anhängern die frühe Form einer sehr vernünftigen Ansicht über die Pluralität von "Welten" vor uns haben (vgl. auch Teil 2, Kap. XI), die mit einer Inkommensurabilität zentraler Aussagen von mindestens zwei "Welten" rechnet, also keine Reduzierbarkeit der einen auf die andere annimmt und damit die Möglichkeit offenläßt, jeder der beiden *ihre* Wahrheit zuzusprechen.

Fahren wir fort mit dem Referat von Goodmans Auffassung: "Daß es viele richtige Versionen und wirkliche Welten gibt, verwischt nicht die Unterscheidung zwischen richtigen und falschen Welten (...) und impliziert nicht, daß alle richtigen Alternativen für jeden Zweck gleich gut oder überhaupt für irgendeinen Zweck geeignet wären."[12] Wir werden also bei jeder Beurteilung einer "Welt" untersuchen müssen, für welchen Zweck sie erzeugt wurde, und werden dann fragen müssen, in welcher Weise sie diesem Zweck genügt - wobei dann auch schwierige Probleme auftreten, wie etwa die Frage nach "Eigenschaften wie Triftigkeit, Bündigkeit, Reichweite, Informationsgehalt und der organisierenden Kraft des gesamten Systems"[13].

Bevor einige Anmerkungen über die "Welt" des Mythos gemacht werden, bedarf es noch einer Bemerkung über die Wahl einer oder mehrerer "Welten". Da die Brauchbarkeit einer "Welt" von den Zielen abhängt, für die sie hervorgebracht wurde, hängen auch die konkreten Kriterien der Beurteilung ihrer Brauchbarkeit von diesen Zielen ab. So kann etwa die Bündigkeit in einer "Welt" - z.B. einer wissenschaftlichen - durch die Formulierung eines Allsatzes erreicht werden, in einer anderen - einer mythologischen - "Welt" dagegen durch ein prägnantes Symbol.[14] Diese Beurteilung bleibt jedoch innerhalb der Mittel-Ziel-Relation. Eine übergeordnete Theorie, von der her noch einmal die Ziele beurteilt werden könnten, gibt es nicht. Und schließlich ist auch die Mittel-Ziel-Beurteilung nie eindeutig und definitiv klärbar. Die Diskussionen über die Aufgabenprinzipien der wissenschaftlichen "Welt", die in der Wissenschaftstheorie geführt werden, geben darüber beredte Auskunft. Dies hindert uns allerdings nicht, uns für bestimmte Ziele etwa für die wissenschaftliche "Welt" zu entscheiden und diese Wahl auch für rational zu halten. Nur darf *diese* Rationalität eben

12 *Goodman*, a.a.O. 35.

13 Ebd. 34.

14 Damit soll nicht gesagt sein, daß es im Mythos nicht auch eine Form von Allsätzen gilt, wie noch deutlich werden wird.

nicht mit jener Rationalität verwechselt oder gar gleichgesetzt werden, die *aufgrund* dieses Zieles *innerhalb* der Mittel-Ziel-Relation gilt (und deren Struktur auch dort wieder, wie gesagt, verschiedenste Interpretationen zuläßt). In der Wahl eines Zieles und in der Wahl einer für dieses Ziel als adäquat angesehenen "Welt" kommen wir einfach nicht über die Situation der Wette hinaus, wie sie von Pascal beschrieben wurde (vgl. Teil 2, Kap. XVI). Dies setzt selbstverständlich schon eine kritische Distanz zum Mythos voraus, während es ursprünglich für den Mythos charakteristisch ist, daß eine solche kritische Distanz nicht besteht. Wenn wir also auf einen Mythos "wetten" - was eine existentiell sehr ernste und für das konkrete Leben weitreichende Entscheidung darstellt -, so wetten wir auf einen "gebrochenen Mythos"; ein anderer ist uns nicht mehr verfügbar (vgl. auch unten Abschnitt 3).

Der Mythos ist in erster Linie und in seinem Ursprung ein Wert- und Handlungssystem, und er ist dies in einem und durch ein Ausdruckssystem.[15] Der Begriff "System" ist dabei in einem wenig anspruchsvollen Sinn genommen; es soll dadurch nur angedeutet werden, daß der Mythos nicht als bloße Aneinanderreihung von Präferenzen und Normen verstanden wird, die im Prinzip auch widersprüchlich sein könnten, sondern als ein Zusammenhang von Wertvorstellungen und Handlungsanweisungen,[16] denen eine bestimmte Ordnung, eine Struktur zukommt, so daß es auch berechtigt ist, von einer "Logik des Mythos" zu sprechen. Der Mythos liefert also einen Rahmen, eine maßgebende Orientierung für das Handeln. Ohne einen solchen Orientierungsrahmen ist die Erfahrung von Sinn - wie auch immer wir "Sinn" genauer verstehen wollen - nicht möglich.

Diese Auffassung vom Mythos als Wert- und Handlungssystem entspricht auch der zeichentheoretischen Analyse, wie sie z.B. von Morris vorgelegt wird. Morris reiht den mythischen Diskurs der Gruppe der appreziativen Modi zu,[17] wobei nach ihm ein appreziatives Zeichen dadurch bestimmt ist, daß es "seinen Interpreten zu einem Vorzugs-

15 Vgl. *K. Kerényi*, Was ist Mythologie? in: ders. (Hrsg.), Die Eröffnung des Zugangs zum Mythos, Darmstadt 1976, 219. 221.

16 Vgl. *C. Lévi-Strauss*, Die Struktur der Mythen, in: Strukturale Anthropologie, Frankfurt 1971, S. 232: "Wir behaupten nunmehr, daß die wirklichen konstitutiven Einheiten des Mythos keine isolierten Beziehungen sind, sondern *Beziehungsbündel*, und daß jene nur in Form von Kombinationen solcher Bündel eine Bedeutungsfunktion erlangen."

17 *Morris*, a.a.O. 218.

verhalten bezüglich irgendeines Etwas disponiert"[18], also in unserer Terminologie: zu einem Wertverhalten. Die Nähe von appreziativen zu präskripten Zeichen wird dabei von Morris betont,[19] so wie ja auch der Zusammenhang von Werten und Normen offensichtlich ist. Entsprechend wird der religiöse Diskurs den präskriptiven Modi zugeordnet. "Religiöser Diskurs legt die Verhaltensmuster fest, die bei der Gesamtorientierung der Persönlichkeit dominant gemacht und nach denen jedes andere Verhalten bewertet werden soll."[20] Und wiederum weist Morris auf den Zusammenhang der präskriptiven mit den appreziativen Zeichen hin.[21]

Eine solche Zeichenanalyse ist nicht an den Behaviorismus von Morris gebunden und soll auch in unserem Zusammenhang nicht in diesem Sinn Anwendung finden. Es geht hier nur darum, aufzuzeigen, was der spezifische Gebrauch mythischer und religiöser Zeichen ist, von welchen Zeichenkategorien her sich also die mythische und religiöse "Welt" aufbaut. Daß es hier tatsächlich um den Aufbau einer "Welt" im umfassenden Sinn geht, wird daraus ersichtlich, daß die meisten (wenn nicht überhaupt alle) mythischen und religiösen "Welten" eine mehr oder weniger ausgebaute Kosmologie enthalten. Die Wertsymbolik mythischer Welten hebt partikuläre Wert- und Weltbereiche auf und gründet einen universellen Bereich, einen heiligen Kosmos, an dem der Mensch selbst teilhat, ohne daß hier eine Subjekt-Objekt-Beziehung besteht.[22] Der heilige Kosmos liefert somit eine "letzte" Verankerung für die Werte und Normen, er bietet eine Kosmo*logie* im genauen Sinn des Wortes, also eine Sinn-Lehre des Kosmos, auch dann, wenn diese als Kosmo*gonie*, als Bericht von der Weltentstehung wiedergegeben wird. In der Kosmologie sind letzte Sinn-Orientierungen veranschaulicht, die dem metaphysischen Zeichensystem wesentlich näher stehen als dem naturwissenschaftlichen. Die Darstellungsart der Kosmologien des Mythos führt jedoch dazu, daß ihr Zeichensystem leicht mit dem der Naturwissenschaft verwechselt werden kann.[23] Die primäre Funktion der Kosmologien ist es jedoch, Grundanschauungen

18 Ebd. 164.

19 Vgl. ebd. 165.

20 Ebd. 242.

21 Vgl. ebd. 171.

22 Vgl. *G. van der Leeuw*, Phänomenologie der Religion, Tübingen ^{2}1956, 614-617.

23 Vgl. *Morris*, a.a.O. 226.

über die Beschaffenheit der Welt zu organisieren (so Morris)[24], und dies *kann* naturwissenschaftliche Theorien einschließen, *muß* es aber nicht. Ebenso *können* naturwissenschaftliche Theorien über das Universum solche kosmologische Grundanschauungen einschließen, *müssen* dies aber nicht. So hat es z.B. auch Newton eher widerstrebt, solche metaphysisch-kosmologischen Konsequenzen zu ziehen (vgl. Teil 2, Kap. XVI). Es ist auch nicht selten der Fall, daß ein und dieselbe naturwissenschaftliche Theorie mit alternativen Kosmologien verbunden wird.[25] Ebenso gilt das Umgekehrte: Eine bestimmte Kosmologie kann mit alternativen naturwissenschaftlichen Theorien kompatibel sein.

Dies kann wieder an einem schon berühmten Beispiel expliziert werden. In der mythischen Kosmologie der Bibel ist die Vorstellung angelegt, daß der gesamte Kosmos von Gott stammt. Wenn wir nun die spätere Auslegung Augustins hinzunehmen, die besagt, daß die Schöpfung nicht ein Ereignis *in* der Zeit ist, sondern vielmehr die Zeit erst mit der Schöpfung konstituiert ist (vgl. Teil 2, Kap. IX), so ist eine solche Grundanschauung über den Kosmos kompatibel mit der Vorstellung einer endlichen Zeit ebenso wie mit der einer unendlichen Zeit. Zu Recht sagt Carl Friedrich v. Weizsäcker: "(...) so scheint es keine Notwendigkeit zu geben, warum Gott eher eine endliche als eine unendliche Zeit schaffen sollte"[26]. Ein Widerspruch an diesem Punkt zwischen dieser kosmologisch-theologischen "Welt" und der naturwissenschaftlichen "Welt" kann also gar nicht auftreten (vgl. vorher das zur "doppelten Wahrheit" Gesagte).

Der Mythos organisiert also den Handlungsraum des Menschen, in diesem Sinn seine "Welt"; er hat demnach eine eminent pragmatische Funktion. Ein Mythos als Kosmologie kann somit, da ja auch Wissenschaft eine Handlung darstellt, Wissenschaft fördern oder hemmen.[27] Er kann sehr wohl zu wertbestimmten Anwendungen (technischer Art) in Widerspruch treten, er kann auch mit der mit einer bestimmten naturwissenschaftlichen Theorie vertretenen Metaphysik in Konflikt geraten, nicht aber kann die "Welt" des Mythos einfach und un-

24 Vgl. ebd. 227.

25 Vgl. ebd.

26 *C.F.v. Weizsäcker*, Die Tragweite der Wissenschaft, Stuttgart ^{5}1976, 171.

27 Vom biblischen Schöpfungsmythos wird bekanntlich etwa behauptet, er habe durch seine "Entgötterung", "Profanisierung" der Welt in Hinsicht auf die Entwicklung der Naturwissenschaft fördernd gewirkt (Säkularisierungsthese).

mittelbar als kommensurabel oder inkommensurabel mit einer naturwissenschaftlichen "Welt" angesehen werden. Obwohl dies alles bekannte Thesen sind, mußten sie doch wiederholt werden, da physikotheologische Unternehmungen immer wieder auftauchen ("und die Bibel hat doch recht" - sie mag durchaus recht haben, aber jedenfalls nicht deshalb, weil gerade irgendeine naturwissenschaftliche Theorie zur Verfügung steht, die so ähnlich aussieht wie etwas, was in der Bibel gesagt wird). Dabei muß aber berücksichtigt werden, daß die Abgrenzung von Mythos und Logos und ebenso die von Mythos und Wissenschaft nie schon eine historisch oder systematisch erledigte Frage darstellt, sondern in jeder Periode erneut ausgegriffen und beantwortet werden muß.

Der Glaube ist dann eine Wette auf eine "Welt", die sich aus einem Mythos ableitet; eine Wette in pragmatischer Absicht, d.h. eine, die unser Handeln beeinflußt - allerdings so, daß durch dieses Handeln die Gewinnchancen größer werden könnten (falls das Ergebnis "zutrifft"), ohne daß aber die Risikosituation je aufgehoben würde. William James schildert in amüsanter Weise (aber sehr ernst zu nehmen, denn er will ja keine "tote" Hypothese vorlegen) in Kombination eines Prä-Genesis-Mythos und einer bedingt guten möglichen Welt von Leibniz, wie wir einen Schöpfungsglauben pragmatisch auffassen könnten:

Betrachten Sie diese Hypothese in allem Ernst als eine lebendige Hypothese. Nehmen Sie an, der Urheber der Welt lege Ihnen vor der Erschaffung der Welt die Sache vor und spräche zu Ihnen. "Ich bin im Begriffe, eine Welt zu machen, deren Erlösung keine Gewißheit ist, eine Welt, deren Vollkommenheit nur eine bedingte sein wird, wobei die Bedingung die ist, daß jeder, der mittut, sein Bestes tut. Ich biete euch die Gelegenheit, an einer solchen Welt teil zu nehmen. Ihre Sicherheit ist, wie ihr sehet, nicht gewährleistet. Es ist ein wirkliches Abenteuer mit wirklicher Gefahr, aber der Sieg ist möglich. Die Welt ist eine Stätte für gemeinsame soziale Arbeit, die ehrlich getan werden muß. Wollt ihr euch der Prozession anschließen? Habt ihr zu euch selbst und zu den andern Mitarbeitern so viel Vertrauen, um die Gefahr auf euch zu nehmen?"

Würden Sie nun in allem Ernste, wenn Ihnen die Teilnahme an einer solchen Welt angeboten würde, sich verpflichtet fühlen, dieses Anerbieten zurückzuweisen, weil es zu wenig Sicherheit bietet? Würden Sie wirklich sagen, Sie wollten lieber in den Schlummer des Nichtseins zurückfallen, aus dem des Versuchers Stimme Sie für einen Augenblick aufgerüttelt hat, ehe Sie sich dazu entschlössen, ein Teil und ein Stück einer Welt zu werden, die so durchaus pluralistisch und so ganz und gar nicht rationalisiert sei?

Wenn Sie normal konstituiert sind, so würden Sie natürlich nichts dergleichen tun. In den meisten von uns ist soviel gesunde Schwungkraft da, für die eine so geschaffene Welt gerade die richtige wäre. Wir würden also das Angebot annehmen. "Topp und Schlag auf Schlag." Es wäre ja eine Welt ganz ähnlich der, in welcher wir wirklich leben, und die treue Anhänglichkeit an unsere alte Amme Natur würde es uns verbieten, "nein" zu sagen. Die vorgeschlagene Welt würde uns in sehr lebendiger Weise "rational" erscheinen.[28]

2. Die Signalfunktion von "Chaos"

Der Mythos bietet dem Menschen einen Handlungsrahmen, eine Orientierung für sein Tun und sein Lassen.[29] Der Mythos stellt damit eine Ordnung her und ermöglicht somit die Erfahrung von Sinn. Diese Ordnung ist aber nicht schon gegeben, sie ist selbst ein Tun, ein Pragma, und als solches bedeutet es Ab- und Aufarbeiten des Widerständigen. Der Kosmos der Ordnung muß dem Chaos abgerungen werden. Aber erst der Versuch, eine geordnete Welt zu entwerfen, gibt dem Chaos überhaupt einmal einen Namen. Das benannte Chaos ist bereits eines, dem der totale Schrecken genommen ist. Durch eine solche Benennung hat der Mensch bereits einen Standort erlangt, eine Standortbestimmung vorgenommen. Die Ausgrenzung des Chaos von seiner "Welt" durch die Benennung ist eine Sprachhandlung größter Tragweite. Das "Chaos" ist dabei nicht inhaltlich bestimmt und kann nicht inhaltlich bestimmt werden, es bezeichnet nur die Grenze dessen, was als die "Welt" angesehen und aufgebaut wird. Der Begriff des Chaos ist daher gar kein Gegenstandsbegriff, sondern hat die pragmatische Funktion eines Hinweiszeichens, oder besser: Zurückweiszeichens, das anzeigt: "Halt! Jenseits dieser Grenze garantiere ich für nichts, dort kenne ich keine Regeln, keine Ordnung; dort stürzt du in Sinnlosigkeit!" Nicht das Wasser oder die Wüste kann als Annäherungszeichen für "Chaos", das selbst kein Bezeichnetes hat, gebraucht werden, sondern das Wasser ohne den Sternenhimmel, die Wüste ohne Wege und Wegmarken, also ein X ohne Referenzpunkte, ohne Orientierungsrahmen und somit ohne Syntax und ohne Semantik.

Es "gibt" daher das Chaos überhaupt nicht, es zeigt sich nur an als Grenz- und Gegenbegriff von "Kosmos". "Kosmos" ist dabei nicht im speziell griechischen Sinn verstanden, sondern allgemein als Ordnungsgefüge, in dem und durch das der Mensch seinen "Ort" hat und so "Sinn" erfahren kann. Das Chaos ist jedoch gleichzeitig der Stimulus im Aufbau eines Kosmos, denn die verschiedensten Erfahrungen rüt-

[28] Vgl. *W. James*, Der Pragmatismus, Hamburg 1977, 186f.

[29] Daher sind mit jedem Mythos Tabus verbunden.

teln an diesem Ordnungsgefüge, drohen es aus den Fugen geraten zu lassen: Es gibt Leiden, Tod, Natur- und Geschichtskatastrophen (eine allerdings erst spätere Unterscheidung), es gibt nicht wiedergutzumachendes Fehlverhalten (in manchen Kulturen als "Schuld" bezeichnet). Ein Kosmos "besteht" daher nicht einfach, sondern muß in ständiger Ausgrenzung, Bannung des Chaos aufrechterhalten werden. Aber ebenso "bestehen" nicht die Erschütterungen, sie werden vielmehr schon vom Ordnungsgefüge des jeweiligen Kosmos her erfahren. D.h., wir müssen damit rechnen, daß im einen Kosmos "Naturkatastrophe" oder "Tod" anderes bedeutet, anderes anzeigt als in einem anderen Kosmos - und somit diese Worte in einem Kosmos möglicherweise inkommensurabel mit ähnlichen Worten im anderen Kosmos sind.

Kosmologien sind daher primär Sinnmodelle. Es geht um den Logos, um den Aufbau einer sinnvoll geordneten Welt, die also das "Ganze" strukturiert. Das Ganze läßt keinen Raum für etwas "daneben", wohl aber hat das Ganze (gleichgültig ob endlich oder unendlich aufgefaßt) Sinngrenzen, die durch seinen eigenen Aufbau konstituiert sind. Wird diese Sinnganzheit, diese Kosmologie, durch eine Erzählung dargestellt - und Erzählung (Epos) ist ja eine der ersten Darstellungsformen einer Ganzheit -, so erhält sie die Form einer Kosmogonie. Die Werte des Lebens, die als entscheidend gegenüber dem Chaos angesehen werden, sollen daher die sein, die schon "am Anfang" der Welt da waren, während die die Werte und so die Welt bedrohenden Erfahrungen, das Chaos, vorgestellt werden als "vorher", "bevor" die geordnete Welt wurde, und öfters auch als "daneben" weiterexistierend, insofern die Ordnung der Welt als noch nicht endgültig feststehend, als weiterhin bedroht gedacht wird. In der weiter bestehenden Relevanz von "Chaos" drückt sich die Vermutung und Befürchtung oder Hoffnung aus, daß die erfahrene Welt nicht einfach identisch ist mit der Welt, die sein sollte. Und in dieser praktischen Relevanz als Bedrohung, Gefahr, In-Frage-Stellen der Sinnprinzipien der Welt ist das Chaos auch "real", "existierend" und "mächtig". Dem muß ein kosmologischer Mythos begegnen, d.h., er muß, soweit dies möglich ist, die daraus herrührenden Einwände entschärfen. Dazu sind im Prinzip zwei "Strategien" möglich. *Entweder* wird dem Chaos schon zu Beginn der Welt ein bestimmter, begrenzter "Raum" gegeben; die Sinnwelt ist also nur beschränkt gültige Sinnwelt. Am radikalsten führen dies bestimmte gnostische Mythologien durch, vor allem der Manichäismus. Hier tritt der werthaft begriffenen (geistigen) Sinnwelt eine negativ werthaft besetzte (materielle) Gegen-Sinnwelt entgegen, und die konkrete Welt wird dann als das Resultat eines Unfalls hingestellt, durch welchen diese beiden Bereiche in Berührung gekommen sind (und daher auch wieder getrennt werden sollen). *Oder* es wird der Sinnwelt des Kosmos eine "Zusatzhypothese" hinzugefügt, die den sinnvoll geordneten Kosmos als durch einen Einbruch des Chaos gestört ansieht. Dies ist in all den Mythen vom verlorenen Paradies der Fall. Es ist offensichtlich, daß diesen beiden mythologischen "Strategien" ganz verschiedene pragmatische Modelle entsprechen, daß sie also ein ganz unterschiedliches praktisches Verhalten im Verhältnis zur Welt beinhalten.

3. Der mythologische Prozeß

Ein Mythos stellt das jeweils erreichte Resultat einer Kommunikationsgemeinschaft dar. Er hat sich durch die Zustimmung der Zuhörer (zu denen auch der Erzähler gehört) bewährt, er wird gleichsam durch die wiederholte Akklamation für gültig erklärt.[30] Diese Zustimmung beruht darauf, daß der Mythos eine "adäquate" Interpretation der Erfahrung der Zuhörer liefert und ihnen die Möglichkeit gibt, durch die Orientierung des Mythos auch dann Sinn zu erfahren, wenn dieser Sinn als durch bedrohende Erfahrungen in Frage gestellt erscheint. Eine solche Akklamation kann in besonderen Momenten ausdrücklich werden, so etwa beim Neujahrsfest der Mesopotamier oder bei der Darstellung einer Sophokles-Tragödie im griechischen Theater. Wie immer der Zusammenhang von Mythos und Kult gesehen wird (wahrscheinlich ist die Frage nach der Priorität von einem der beiden schon im Ansatz falsch gestellt)[31], ausdrückliche Momente festlicher Akklamation dürften für die Erhaltung jedes Mythos notwendig sein.[32] Dies liefert jedoch keinerlei Garantie für die Fortdauer der Überzeugungskraft. Es entspricht einfach nicht den Tatsachen, wenn manchmal behauptet wird, der Mythos sei, wie die Metaphysik - und im Unterschied zur Naturwissenschaft -, dadurch gekennzeichnet, daß er unwi-

30 Damit soll selbstverständlich nicht gesagt werden, daß dem in frühen Mythologien ein tatsächlicher Vorgang entsprochen hätte, in welchem auch die Ablehnung möglich gewesen wäre.

31 Vgl. die Diskussionen im Zusammenhang der Thesen der Myth and Ritual School und der Uppsala-Schule.

32 Dies gilt bis zu den modernen Mythen in Politik, Sport und sogar im mythischen Gebrauch der Wissenschaft (Verleihung von Nobelpreisen usw.).

derlegbar sei. Der Mythos hat vielmehr eine logische Struktur, die der der Wissenschaft gar nicht so unähnlich ist.[33] Wenn etwa Moses behauptet, Jahwe sei eifersüchtig und lasse keinen Götzendienst seines erwählten Volkes zu, er werde also in einem solchen Fall strafen (vgl. Ex 20, 5), dann *muß* eine Strafe erfolgen, wenn das Volk um das goldene Kalb tanzt. Tritt dies nicht ein, so muß eine Zusatzhypothese[34] eingeführt werden, um den Mythos aufrechtzuerhalten: das Bitten des Moses für sein Volk (Ex 32, 14). Zu dem strengen Allsatz: "Jahwe straft *immer* Götzendienst seines Volkes" wird also die zusätzliche Bedingung eingeführt: "falls nicht ein von Jahwe akzeptierter Fürsprecher das Eintreten der Strafe aufhält". Zur Stützung dieser Theorie wird noch das goldene Kalb verbrannt, um ein Erfahrungsdatum dafür zu liefern, daß der konkurrierende Mythos (bei dem wohl die Rache des Gottes angesichts der Zerstörung seines Bildes angenommen werden muß) keine Tragfähigkeit beanspruchen kann. Im weiteren aber könnte aus dem Satz: "Jahwe straft immer die Sünde" (in logisch nicht korrekter Weise) abgeleitet werden: "Wo Leid ist, muß eine Sünde vorliegen, die Jahwe bestraft hat." Dies wäre nur dann korrekt, wenn behauptet würde, daß Leid *keine anderen* Ursachen als Sünde haben kann.

Dies sind Fragen, die etwa bei Ijob behandelt werden. Ijob stellt fest, daß durch eine Erfahrung (seine moralische Unschuld) die mythologische These seiner Gegner: "Leid setzt Sünde voraus" widerlegt ist. Und so muß Ijob eine neue Antwort versuchen (vgl. Teil 2, Kap. III). Der späte Redaktor des Buches fügte jedoch wieder eine neue Interpretation hinzu in der Form: "Leid geht *entweder* auf Sünde zurück *oder* stellt eine Prüfung dar; da das Leid Ijobs *nicht* auf Sünde zurückgeht, *muß* es eine Prüfung sein. Weiterhin: eine Prüfung muß vorübergehend, zeitlich begrenzt sein; folglich *muß* das Glück Ijobs wiederhergestellt werden."

Solche Zusammenhänge ließen sich in beliebiger Zahl aufzeigen, und sie ließen sich auch mit logischem Formalismus symbolisieren. Worauf es hier jedoch nur ankommt, ist der Hinweis, daß der Mythos keineswegs einer "prälogischen Mentalität" zuzurechnen ist. Die Logik des Mythos ist durchaus korrekt, und Claude Lévi-Strauss hat vollkommen recht, wenn er sagt: "Vielleicht werden wir eines Tages entdecken, daß im mythischen und im wissenschaftlichen Denken diesel-

[33] Vgl. *W. Hübner*, Die Wahrheit des Mythos, München 1985, 258-260.

[34] Ein mythologischer "Epizyklus".

be Logik am Werke ist und daß der Mensch allzeit gleich gut gedacht hat."[35] Natürlich ist die Argumentationsstruktur der Mythen viel komplizierter, als es diese kurzen Beispiele erkennen lassen, und es ist uns manchmal nicht gleich einsichtig, wie dort argumentiert wird. Aber wir sollten dabei nicht vergessen, daß bis in die Gegenwart darüber diskutiert wird, was nun eigentlich die genauen Kriterien einer korrekten Argumentation in der Naturwissenschaft sind - ganz abgesehen davon, daß wir sogar sehr formale Argumentationstheorien wie die in den mittelalterlichen Traktaten "De obligationibus" bis heute noch nicht wirklich genau nachzukonstruieren in der Lage sind. Jedenfalls können wir im Mythos selbst, veranlaßt durch immanente Schwierigkeiten, durch unerwartete Erfahrungen, durch Zusammentreffen mit alternativen Mythen usw. durchaus von einem Prozeß zunehmender "Theoretisierung" sprechen, und wir können auch feststellen, daß Mythen im Verlauf dieses vielschichtigen Prozesses sich wandeln, daß der Konsensus oder die Akklamation immer wieder neu erarbeitet werden muß.

Thomas S. Kuhn versucht den Prozeß des Fortschreitens der Wissenschaft durch das Aufeinanderfolgen von Perioden "normaler" Wissenschaft und durch Krisen hervorgerufener "revolutionärer" Wissenschaft zu beschreiben.[36] Ähnliche Prozesse lassen sich auch in der Abfolge mythologischer Vorstellungskomplexe beobachten. Cassirer nimmt eine "Dialektik des mythischen Bewußtseins" an, die durch Aufbau der mythischen Bilderwelt und Hinausdrängen über sie gekennzeichnet ist. "Die einzelnen Stufen seiner Entwicklung schließen sich nicht einfach aneinander an, sondern sie treten sich vielmehr, oft in scharfer Gegensätzlichkeit, einander gegenüber. Der Fortgang besteht darin, daß gewisse Grundzüge, gewisse geistige Bestimmtheiten der früheren Stufen nicht nur weitergebildet und ergänzt, sondern daß sie verneint, ja daß sie schlechthin vernichtet werden. Und diese Dialektik läßt sich nicht nur in der Umbildung der *Inhalte* des mythischen Bewußtseins aufweisen, sondern sie beherrscht auch dessen 'innere Form'. Auch die *Funktion* des mythischen Gestaltens als solche wird durch sie ergriffen und von innen her umgewandelt."[37] Der Mythos

35 *Lévi-Strauss*, a.a.O. 245.

36 Vgl. *Kuhn*, a.a.O. passim.

37 *E. Cassirer*, Philosophie der symbolischen Formen II, Darmstadt [5]1964, 281. - Vgl. *K. Kerényi*, Was ist Mythologie? a.a.O. 216: Mythologie ist "etwas Festes und zugleich Bewegliches, ja bis zu jener Grenze Verwandlungsfähiges, wo sophistische

wird dadurch nicht aufgehoben, doch es wird ein kritisches Potential - "kritisch" im Sinn von "scheidend" - im Mythos aufgedeckt. "Diese Erfüllung, die zugleich Überwindung ist, ergibt sich aus der Stellung, die der Mythos gegenüber der eigenen *Bildwelt* einnimmt. Er kann sich nicht anders als in ihr offenbaren und äußern - aber je weiter er fortschreitet, um so mehr beginnt für ihn diese Äußerung selbst zu etwas 'Äußerlichem' zu werden, das seinem eigentlichen Ausdruckswillen nicht völlig adäquat ist. Hier liegt der Grund eines Konflikts, der allmählich immer schärfer hervortritt und der, indem er das mythische Bewußtsein in sich selbst spaltet, doch in eben dieser Spaltung zugleich seinen letzten Grund und seine Tiefe erst wahrhaft aufdeckt."[38]

Was Cassirer hier in beinahe idealistischer Sprache als Prozeß des mythischen Bewußtseins beschreibt, kann auch (und eine solche Interpretation lag Cassirer vermutlich gar nicht fern) als faktischer historischer Prozeß angesehen werden. Dies bedeutet dann, daß wir damit rechnen müssen, daß im Verlauf der Geschichte nicht nur einzelne Gehalte oder "Theorieteile" eines Mythos zur Diskussion stehen und modifiziert werden können, sondern daß auch bestimmte Grundzüge des Mythos überhaupt negiert werden, woraufhin der Mythos funktional anders - und damit im Prinzip inkommensurabel mit der früheren Stufe - aufgefaßt wird. Theologie gehört dann als jeweilige Auslegung des Mythos selbst in diesen Prozeß hinein, ist eine Stufe des mythologischen Prozesses, über den als ganzen sie weder hinausgelangen kann noch auch soll. Sie entfaltet ihre Rationalität innerhalb des im Mythos aufgedeckten kritischen Potentials, sie arbeitet innerhalb eines "gebrochenen Mythos" - eines Mythos, der in seiner Funktion ein anderer geworden ist; eines Mythos, *dem gegenüber* der Mensch frei geworden ist, was aber *nicht* heißt: *von dem* der Mensch frei geworden ist.

In diesem Sinn ist auch der berühmte sogenannte Übergang vom Mythos zum Logos bei den Griechen zu verstehen. Xenophanes hat in dem Moment, als er ein "Gesetz" der Mythenbildung entdeckt hat - "Doch wähnen die Sterblichen, die Götter würden geboren und hätten Gewand und Stimme wie sie"[39] -, ein neues, freieres Verhältnis zum

Kunstwerke und die 'Endmythen' platonischer Dialoge eine Wandlung nicht mehr des Stoffes, sondern des Geistes ankündigen."

38 *Cassirer*, Philosophie der symbolischen Formen II, a.a.O. 282.

39 *H. Diels - W. Kranz*, Die Fragmente der Vorsokratiker, Dublin - Zürich [17]1974, I, 132 (Fragm. 14).

Mythos gewonnen. Dasselbe ist der Fall, wenn in Platons "Phaidros" an Sokrates die Frage gerichtet wird, ob er einen bestimmten Mythos, den des Boreas, "glaube".[40] Es ist gar nicht entscheidend, ob die Antwort positiv oder negativ ausfällt; entscheidend ist, daß diese Frage überhaupt gestellt wird und gestellt werden kann. Mit ihr ist eine "neue geistige Lage" eingetreten.[41] Zu Recht sagt Kerényi, daß in solchen Fällen auch dort, wo der Stoff des Mythos gleich bleibt, eine radikale Veränderung vor sich geht: "Der Übergang von dem einen Verhalten zu dem anderen kommt immer einer Weltveränderung gleich."[42] Welten sind als verschiedene eben grundsätzlich nicht durch verschiedene Einzelgehalte gekennzeichnet, sondern durch Unterschiede in den formalen Aufbauprinzipien.

Es ist daher naiv, anzunehmen, es gebe eine Anzahl von Lehren, also mythologischen Vorstellungen, die während der gesamten Geschichte der christlichen Theologie in gleicher oder ähnlicher Weise gelehrt worden wären. Eine solche Auffassung von Tradition ist völlig unbrauchbar. Auch wenn ein Glaubensbekenntnis über beinahe zweitausend Jahre in derselben *Wortform* gebraucht wird, hat sich seine *Funktion* doch in entscheidender Weise gewandelt, und zwar so, daß wir mit radikalen Brüchen zu rechnen haben. Mit Cassirer (vgl. oben) müssen wir damit rechnen, daß bestimmte Grundzüge "verneint, ja daß sie schlechthin vernichtet werden". Es kann also z.B. nicht ausgeschlossen werden, daß eine mythische Kosmogonie über lange Zeit tatsächlich als deskriptives System der Weltentstehung angesehen wurde, daß aber in durchaus krisenhaften, von innen und von außen bewirkten Umbrüchen eine Entwicklung einsetzt, die diese deskriptive Funktion vernichtet, die also in ein neues Verhältnis gegenüber dieser Bilderwelt führt: etwa ein metaphysisches, ethisches oder ästhetisches. In einem solchen Fall ändert sich die "Welt" des Mythos radikaler als die "Welt" der Wissenschaft in einem Kuhnschen Paradigmenwechsel. Deshalb ist es auch nicht möglich, wie Lévi-Strauss vorschlägt, "jeden Mythos durch die Gesamtheit seiner Fassungen zu definieren"[43]. Wenn wir in der Kuhnschen Terminologie bleiben und diese auf die Entwicklung eines Mythos anwenden, so könnten wir höchstens innerhalb der "normalen" Entwicklung eines Mythos eine Definition durch die

40 *Platon*, Phaidros, 229b-230a.

41 *Kerényi*, Was ist Mythologie? a.a.O. 220.

42 Ebd. 222.

43 *Lévi-Strauss*, a.a.O. 238f.

Gesamtheit der Fassungen versuchen.[44] Cassirer stellt jedoch zu Recht vom Mythos fest: "(...) aber indem er seinen eigenen Kreis vollständig erfüllt, zeigt es sich, daß er ihn zuletzt sprengen muß"[45].

Häufig ist es auch der Fall, daß die *formale, funktionale* Auffassung eines Mythos nicht durch interne Entwicklung an eine Grenze geführt wird, jenseits deren dann eine neue formale und funktionale Bestimmung des Mythos liegt, sondern daß eine solche formale Neubestimmung durch externe Faktoren hervorgerufen wird. So kann etwa kaum ein Zweifel daran bestehen, daß aus der Auseinandersetzung um das Verhältnis der christlichen Schöpfungsmythologie zur aristotelischen Naturphilosophie im 13. und 14. Jh. eine formal neue Auffassung der "Schöpfung aus Nichts" (*creatio ex nihilo*) hervorgegangen ist, die in ihrem metaphysischen Rahmen nicht mit jener des Schöpfungshymnus des Boethius verglichen werden kann, die für die früheren Jahrhunderte des Mittelalters den allgemeinen Rahmen der Kosmologie geliefert hatte (vgl. Teil 2, Kap. XI). Ebenso kann kein Zweifel daran bestehen, daß der formale Wahrheitsbegriff, der die christliche Kosmologie der folgenden Jahrhunderte bestimmte, durch die Auseinandersetzung mit der beginnenden naturwisschenschaftlichen Kosmologie (repräsentiert durch Kopernikus und Galilei) einer grundlegenden Revision bedürftig wurde (vgl. Teil 2, Kap. XIV). Ganz ähnliches ließe sich im Zusammenhang der Diskussion um die Evolution im Anschluß an die Abstammungslehre Darwins sagen.

Die Geschichte des biblischen und christlichen Schöpfungsmythos wird nur ganz unzureichend verstanden, wenn sie als stückweises Aufgeben einzelner "wissenschaftlich nicht mehr haltbarer" Positionen beschrieben wird. Viel entscheidender ist es, zu begreifen, daß dahinter eine *Diskontinuität* der formalen Bestimmung der Schöpfungsaussage zutage tritt.[46] Dasselbe könnte auch an der Erbsündendiskussion der letzten Jahrzehnte gezeigt werden, in der deutlich wurde, daß nicht

44 Auch diese Annahme ist aber problematisch, da bei einem solchen Verfahren die spezifischen Adaptationsleistungen der einzelnen Versionen nicht ausreichend zur Geltung gebracht werden.

45 *Cassirer*, Philosophie der symbolischen Formen II, a.a.O. 282.

46 Unter diesem Aspekt sind die Analysen in Schellings Philosophie der Mythologie und Offenbarung sicher äußerst interessant. Vgl. Schellings Äußerungen zum "theogonischen Prozeß", zur "mythologischen Succession", zur "Alteration des Bewußtseins" usw., bes. in *Schelling*, Philosophie der Mythologie I: Einleitung in die Philosophie der Mythologie, Ausg. Schröter, Bd. XI.

etwas *anderes* als früher gesagt wurde, sondern etwas (formal) *anders* bestimmt wurde (vgl. Teil 3, Kap. II).

Cassirer sah es als entscheidende Aufgabe an, "die mythisch-religiöse Begriffsbildung nicht nur in ihren Resultaten, sondern in ihrem Prinzip zu verstehen"[47]. Allerdings ist dieses Prinzip - und hier trennen wir uns von Cassirers Auffassung - nicht durch transzendentale, sondern nur durch konkret-historische Analyse der Zeichensysteme erhebbar, die dann nach Klassen von Zeichentypen unterschieden werden können. Krisenhafte Umbrüche können, wie eben ausgeführt, formal neue Bestimmungen hervorrufen, ohne daß deshalb die mythische Symbolwelt selbst verlassen wird. Aufgabe der Theologie wäre es dann, nicht nur die mythisch-religiösen Begriffe und Sätze in ihren Resultaten hermeneutisch zu explizieren, sondern sie aus ihrem konkret-historischen Prinzip heraus zu analysieren und damit auch die Diskontinuität der formalen Prinzipien zu begreifen. Die formalen Prinzipien aber sind aus den Handlungszielen zu verstehen.[48] Diese Handlungsziele sind beim Schöpfungs- und Erlösungsmythos durch das Interesse an der Ausgrenzung oder Bannung des Chaos bestimmt. Da nun die Erfahrung der Negativität, des drohenden Chaos, die Furcht vor Vernichtung (*annihilatio* gegen *creatio ex nihilo*) nicht nur im historischen Verlauf, also diachron, grundlegend variieren kann und auch tatsächlich variierte, sondern auch zu ein und derselben Zeit, also synchron, in verschiedenen Kulturen und Gesellschaften stark bis grundsätzlich variieren kann - trotz der nicht unberechtigten Feststellung, daß die Menschheit heute von Gefahren bedroht ist, die sie zu einer Handlungseinheit zusammenschließen müßten -, ist damit zu rechnen, daß der christliche Mythos in formal verschiedenen Weisen nicht nur faktisch bestimmt wird, sondern bestimmt werden *muß*.[49] Die Pluralität

47 *Cassirer*, Wesen und Wirkung des Symbolbegriffs, a.a.O. 93.

48 Auch dies hat Cassirer genau gesehen, vgl. ebd. 107f.: "Und auch hier geht die Bestimmung und Besonderung des Wirkens der Bestimmung des Seins vorauf. Die Zuordnungen im Sein vollziehen sich nach Maßgabe des Tuns, also nicht nach der 'objektiven' Ähnlichkeit der Dinge, sondern nach der Art, wie die Inhalte durch das Medium des Tuns erfaßt und miteinander in einen bestimmten Zweckzusammenhang eingeordnet werden."

49 Die Bedrohung durch das Chaos ist offenkundig verschieden in einer Gesellschaft A, in der die Menschen vom Hungertod oder vom Tod durch Gewaltherrschaft bedroht sind, und in einer anderen Gesellschaft B, die sich durch rücksichtslose Zerstörung der Natur zu vernichten droht. Auch wenn in A zusätzlich die Bedrohungen aus B vorhanden sind, werden doch in A die primären, maßgebenden Ziele anders gesteckt werden müssen als in B.

der Welten ist also nicht nur ein historisches Problem und nicht nur ein Problem der formalen Abgrenzung gegenüber anderen synchronen Welten mythologischer oder nicht-mythologischer Art, sondern ebenso ein internes synchrones Problem der Theologie(n). Die Handlungsziele, die in ein pragmatisches Modell einer "wahren" Welt eingebettet sind, sind diachron und synchron diskontinuierlich, auch wenn sie im semantischen Raum ein und desselben mythischen Zeichensystems entworfen werden. Darin liegt die pragmatische Fruchtbarkeit der "großen" Mythen.

Zusammenfassung

1. Der Mythos stellt ein symbolisch repräsentatives Wert- und Handlungssystem dar.

2. Im Mythos kommt dem "Chaos" eine spezifische Signalfunktion zu.

3. Das Verhältnis, in welchem der Mensch im und später zum Mythos steht, läßt pragmatisch variierende Bestimmungen zu.

4. Die Theologie kann ihre mythologischen Voraussetzungen nicht "übersteigen", sie arbeitet aber durch ihre pragmatische(n) Bestimmung(en) innerhalb eines "gebrochenen Mythos".

5. Die "Welt" des Mythos stellt die erste Konstruktion einer "Welt" dar, aus der später andere "Welten" ausdifferenziert werden.

6. Die Bestimmung des Verhältnisses verschiedener "Welten" zueinander stellt ein semiotisch schwieriges und nicht immer eindeutig lösbares Problem dar - worin somit auch ein (in der Geschichte nicht selten akut gewordenes) Konfliktpotential mitgegeben ist.

Teil 2

Reflexion über einige historische Problemkonstellationen

I Bewahrung der Ordnung - Sehnsucht nach dem Ursprung Ägypten

1. Die Weltordnung

In Ägypten gab es (im Unterschied zu Mesopotamien und Israel, wie wir sehen werden) keinen offiziellen Zentralmythos. Verschiedene mythische Traditionen bestanden nebeneinander, und es wurde nicht der Versuch unternommen, sie in eine Einheit oder ein System zu bringen. Die mythologischen Überlieferungen wurden auch nicht systematisch gesammelt und niedergeschrieben. Dies hängt unter anderem damit zusammen, daß vermutlich kein Mythos als ganzer im Rahmen des Kults rezitiert wurde, was in anderen Kulturen zu kanonischen Formen geführt hat. Dieses Nebeneinander verschiedener Mythen erklärt, warum in Ägypten die Schöpfung verschiedenen Göttern zugeschrieben werden konnte und trotzdem die Überzeugung bestand, die Schöpfung sei in ihrem Beginn durch *einen* Gott und nicht durch mehrere geschehen. Der einzige Versuch, eine einzelne Schöpfungstheologie unter Ausschluß aller anderen durchzusetzen, wie es das Ziel Echnatons war, scheiterte (vgl. Abschnitt 4). Trotz der Vielzahl mythologischer Traditionen gab es jedoch eine Anzahl grundlegender Überzeugungen, die all diesen Traditionen zugrunde lagen.

Die Ägypter begegnen dem Göttlichen primär in der Natur - wobei hier kein Unterschied zwischen Natur und Kosmos vorgenommen wird. Die gesamte Natur ist ein göttlicher Handlungszusammenhang. Das Göttliche wird also nicht als Handlung jenseits der Natur oder des Kosmos aufgefaßt, sondern als deren immanenter Handlungszusammenhang. Entscheidend dabei ist, daß die Ägypter dem Göttlichen nicht in außergewöhnlichen Ereignissen der Natur begegneten, sondern in deren regelhafter Erscheinung.[1] Der Ordnungszusammenhang der Natur ist theophan; die Welt ist göttlich, weil sie geordnet, nach Regeln bestimmt ist. Ordnung und Regel aber bedeuten Ausgleich der Kräfte, Harmonie - und zwar nicht als Voraussetzung, sondern als Resultat, in welchem Gegensätze nicht abgeschafft, wohl aber unter Kontrolle gebracht sind.

Ordnung ist Sinnordnung und in eins damit Schöpfungsordnung. Sie wird von den Ägyptern in dem zentralen Begriff der *Maat* erfaßt. Diese kosmische Ordnung Maat kann auch als Tocher des Re aufgefaßt werden, insofern Re einer der wichtigsten Götter ist, dem die Schöpferrolle zugesprochen wird. Die Vorstellung der Maat ist aber an keinen einzelnen Mythos gebunden, sie ist als der Gedanke einer ursprünglichen Ordnung in allen ägyptischen Schöpfungsmythen enthalten. Ohne Maat ist Leben unmöglich; aber die Ägypter gehen dort, wo sie diese Maat explizieren, immer schon davon aus, daß diese Ordnung nicht mehr jene ist, die einmal bestand:

> Seit die großen Mächte, die ihm im Anfang entstanden waren, hervorgekommen sind, damals als das Licht gemacht wurde dank der Arbeit ihrer Hände, seit der Zeit ist das Land erleuchtet. Die kosmische Ordnung (= Maat) stieg vom Himmel herab zur Erde und verbrüderte sich mit allen Göttern. Nahrung und Speise gab es im Überfluß ohne Einschränkung. Es gab kein Unrecht im Lande, kein Krokodil raubte, es gab keinen Schlangenbiß zur Zeit der Göttervorfahren.[2]

Entscheidend für die Explikation dieses Zusammenhangs war die Erfahrung des Zusammenbruchs der Ordnung des Alten Reichs, der die erste Zwischenzeit (2134 - um 2040 v. Chr.) folgte. Trauer und Klage über die tatsächliche Welt, in der Anarchie und Chaos ausgebrochen waren, wurde jedoch zu einem Topos, der sich auch über die Wiederherstellung der Ordnung seit dem Beginn des Mittleren Reichs (um 2040 v. Chr.) hinaus hielt. Der Gedanke, daß die Weltordnung ständig ein Gefälle auf Verfall hin hat, war nicht mehr zu beseitigen, er blieb zumindest als mögliche Bedrohung eine gegenwärtige Realität. Die Weltordnung mußte ständig erneuert werden - und so gaben Unheil und Unrecht den dunklen Hintergrund jeden Neubeginns ab, besonders bei der Thronbesteigung eines neuen Königs, die auch dort als Wiederherstellung der Ordnung aufgefaßt und kultisch gefeiert wurde,

1 Vgl. *J. Assmann*, Ägypten. Theologie und Frömmigkeit einer frühen Hochkultur, Stuttgart 1984, 79.

2 Zit. nach *M. Eliade*, Die Schöpfungsmythen, Darmstadt 1980, 74.

wo die geschichtliche Realität dies gar nicht erforderte.[3] Die Ordnung sollte Bestand haben.

Das Streben nach dem Bewahren der Form gehörte zu den grundlegenden Intentionen ägyptischer Kultur. Das Paradigma für sie lieferte die Geometrie,[4] auch wenn diese nur als sakraler Formbegriff überhaupt faßbar war. In der ägyptischen Kultur ging es immer darum, ein Resultat zu erreichen, welches eine Form aufwies, die Gültigkeit beanspruchen konnte. Darin lag das grundlegende Weltverhältnis der Menschen dieser Kultur, das sich in der monumentalen Architektur wie in der Mumifizierung äußerte. Entgegen einem ersten Eindruck wurde diese gültige Form aber nicht als statische Unbeweglichkeit gesehen, sondern sie wurde im Ineinandergreifen verschiedener, einander entgegengesetzter Prinzipien erreicht. Dies gilt für Licht - Finsternis, fruchtbares Land - Wüste, Leben - Tod usw.[5] Jan Assmann hat herausgestellt, daß das ägyptische Weltverhältnis durch die beiden Prinzipien des Solaren und des Osirischen tiefer geprägt ist als das griechische durch die Prinzipien des Apollinischen und des Dionysischen. Im Osirischen drückt sich das Streben nach dem Bleibenden, Verwirklichten, nach der Unsterblichkeit und Gültigkeit als Resultat aus; im Solaren kommt die Unsterblichkeit als das Unaufhörliche zum Ausdruck. Im ersteren liegt die Gültigkeit im Verwirklichten, im letzteren im ständig Möglichen. Die beiden Prinzipien liefern keine Alternative, sondern konstituieren in gegenseitigem Bezug das Weltverhältnis.[6] Der Kosmos hat Bestand nur durch das Aufrechterhalten beider Prinzipien, mythologisch ausgedrückt: durch das Wirken des Sonnengottes wie des Gottes Osiris. Wirklichkeit und Möglichkeit sind hier keine ontologischen Gegensätze, sondern stellen Aspekte der Form und der Ordnung dar. Soll die Ordnung bewahrt bleiben, muß sie immer wieder als Resultat erreicht werden. Die vorrangige Furcht der Ägypter war die des Zerfalls der realen Welt als geordneter und damit

3 Vgl. *E. Hornung*, Verfall und Regeneration der Schöpfung, in: Eranos-Jahrbuch 46(1977), 424f. Vgl. *H. Brunner*, Grundzüge der altägyptischen Religion, Darmstadt 1983, 67.

4 Vgl. *I.A. Wilson*, Egypt, in: H. Frankfort, Before Philosophy, Baltimore 1968, 51. - Deutsche Übers. unter dem Titel "Frühlicht des Geistes", Stuttgart 1954. Im folgenden wird jedoch nach der englischen Originalausgabe zitiert.

5 Deshalb entspricht in der Gesamtheit der Welt dem Jenseitsglauben auch eine ziemlich ausgearbeitete Kosmographie. Diese komplizierten Lehren hier auch nur andeutungsweise darzustellen, würde zu weit führen. Vgl. dazu z.B. *H. Kees*, Totenglauben und Jenseitsvorstellungen der alten Ägypter, Berlin [3]1977.

6 Vgl. *Assmann*, Ägypten, a.a.O. 95f.; zum Verhältnis von Re und Osiris vgl. auch *H. Kees*, Der Götterglaube im alten Ägypten, Berlin 1977, 264-270.

der Welt überhaupt.[7] Der Stimulus dieser Furcht kam von der Erfahrung, daß das Chaos immer in den Raum der Ordnung hereinreicht, daß es - wie es die Erfahrung der ersten Zwischenzeit unübersehbar gemacht hatte - jederzeit das Übergewicht erlangen und die Welt in Anarchie versinken lassen konnte. Was aber ist dieses Chaos? Was ist der dunkle Untergrund dieser Welt, das Andere der Ordnung?

2. Das Ungeformte

Die Welt, d.h. das Geordnete und Geformte, ist endlich. Raum und Zeit gehören als Form- und Ordnungsregeln der Welt an. Die Frage, was "außerhalb" dieser Welt oder "vor" dieser Welt liegt, führt uns in uneigentliche Sprache, denn auch die Sprache ist ein Regelsystem und somit nur innerhalb dieser Welt im eigentlichen Sinn anwendbar. Die Ägypter wußten dies, und so hatten sie in ihrer Sprache zwei verschiedene Wörter für "Grenze": eines für die Grenzen innerhalb der Welt, die also veränderbar sind und im Prinzip von beiden Seiten her angeschaut werden können, und ein anderes für jene Grenze, die zur Struktur der Welt gehört und deren äußersten Horizont darstellt, die also nicht in der Verfügung des Menschen steht.[8] Diese Grenze ist nur negativ bestimmbar; was jenseits dieser Grenze liegt, ist das Grenzenlose, das Ungeformte. Die Ägypter nannten dieses vor der Schöpfung Liegende *Nun*. Obwohl also ein Grenzbegriff, ist jedoch das Nun nicht Nichts, sondern Etwas, auch wenn wir dieses Etwas kaum begrifflich fassen können. Eine Schöpfung aus Nichts war für die Ägypter nicht denkbar. In einem der Pyramidentexte (um 2500-2300 v. Chr.) heißt es:

> Dieser König wurde im Nun geboren, als der Himmel noch nicht entstanden war, als die Erde noch nicht entstanden war, als noch nichts errichtet worden war, als selbst die Unordnung noch nicht entstanden war, als jener Schrecken, der aus dem Auge des Horus entstehen sollte, (noch nicht entstanden war).[9]

Wie aus anderen Texten hervorgeht, bezieht sich die Unordnung auf den Aufruhr der Menschen, der durch das furchtbare Auge des Horus niedergeworfen wurde.[10] Es ist also auch hier nicht ein Zustand vor

[7] Vgl. *Assmann*, Ägypten, a.a.O. 88.

[8] Vgl. *E. Hornung*, Von zweierlei Grenzen im Alten Ägypten, in: Eranos-Jahrbuch 49(1980), 393-427.

[9] Zit. nach *Eliade*, a.a.O. 66.

[10] Vgl. ebd. 235, Anm. 61.

der Entstehung des Urstoffs gemeint. Die Beschreibung des Urzustands durch "Als X, Y, Z usw. noch nicht war" ist eine typische Aussageform dieser Texte, die das Ungeformte nur durch Abgrenzung vom Geformten beschreiben kann. Das Ungeformte wird auch als "Urwasser" oder "Urfinsternis" bezeichnet, doch auch diese Bezeichnungen liefern keine im echten Sinn positiven Kennzeichnungen, sie drükken keinen Gegenstand der Erkenntnis aus. Erkenntnis ist erst dort möglich, wo etwas ausdifferenziert oder ausgegrenzt ist. Wo also von "Urfinsternis" vor der Differenzierung in Licht - Finsternis gesprochen wird, ist die Rede von "Urfinsternis" eine uneigentliche, und dasselbe gilt vom "Urwasser". Die ägyptischen Texte unterstreichen dies, wenn sie sagen, daß die Urfinsternis selbst den Göttern "unbekannt" ist. Dies wird im Nutbuch, einem kosmologischen Text aus der Zeit um 1210 v. Chr. (d.h. um diese Zeit aufgezeichnet, aber auf älteren Quellen basierend), deutlich:

> Die fernen Gegenden dieses Himmels sind in der Urfinsternis.
> Ihre Grenzen sind unbekannt gegen Süden, Norden, Westen und Osten.
> Diese (Himmelsrichtungen) bleiben im Urgewässer als 'Müde'.
> Dort gibt es kein Leuchten des Ba (der Sonne),
> unbekannt ist sein Reich für Götter und Geister
> gegen Süden, Norden, Westen und Osten.
> Nicht gibt es irgendein Licht dort.[11]

An diesem Text ist zu sehen, daß Urfinsternis und Urwasser keinerlei positive Bestimmungen abgeben: daß sie zwar das Ungeformte sind, aber gleichzeitig jenes Etwas sind, das die Potentialität für alles in sich enthält. Die Form der Welt, die durch die Himmelsrichtungen gegeben ist, ist als "Müdes" im Urwasser enthalten. Daher ist auch Regeneration nur möglich durch "Eintauchen" in dieses alle Möglichkeiten in sich enthaltende Urwasser, in diese alle Virtualität bereitstellende Urfinsternis. Jeder Sonnenaufgang, jeder Jahresbeginn, jede Thronbesteigung eines neuen Königs (vgl. den Text mit Anm. 9) wird als eine Neuschöpfung verstanden, deren regenerative Kräfte aus dem Eingehen oder aus der Rückkehr in diese Urvirtualität gewonnen werden.[12] Das Urwasser hat daher untrennbar einen doppelten Aspekt: Es ist als das Formlose die Bedrohung der Form, es ist als das Ungeformte die unbegrenzte Potentialität jeder Form.

11 Zit. nach *E. Hornung*, Ägyptische Unterweltsbücher, Zürich - München 1972, 485f.

12 Vgl. *ders.*, Verfall und Regeneration, a.a.O. 438f.

Wie sehr auch immer die Ägypter an der Bewahrung der Form interessiert sein mochten, eine absolute Grenze gegenüber dem Ungeformten konnte für sie weder als möglich noch auch als wünschenswert erscheinen. Diese Sicht stellt allerdings ein Ergebnis dar, in das die Erfahrung von Anarchie und Wiederherstellung der Ordnung (erste Zwischenzeit - Mittleres Reich) schon eingegangen war. Die ältere Vorstellung einer unbedroht stabilen Ordnung der Welt war nicht mehr haltbar. In der neueren Sicht bot die Welt zwar eine stabile Ordnung, diese war aber nicht streng abgrenzbar gegen Urwasser und Urfinsternis. Chaotische Elemente blieben in dieser Ordnung enthalten und stellten sogar eine notwendige Bedingung der Regeneration dar. Es ging also nicht um den Ausschluß der chaotischen Macht, sondern um einen Ausgleich, der zerstörerische und regenerative Kräfte im Gleichgewicht hält.[13]

Mythisch dargestellt finden wir dies im Gott Seth, dem Gegenspieler des Horus. Seth bringt den Streit und den Kampf in die Welt, er stellt aber auch das Prinzip der Unruhe und der Verunsicherung dar, das die Welt vor der Erstarrung bewahrt. Auf der politischen Ebene stellen Horus und Seth den Gegensatz von Recht und Macht dar. Auch im Hinblick auf diesen Gegensatz kann und darf nicht die Eliminierung eines der beiden Opponenten gesucht werden, sondern ein Ausgleich dieser Kräfte - so wie es auch der Mythos erzählt, der zwar Horus den Sieg zuspricht, aber Seth nicht vernichtet.[14] Seth steht selbstverständlich nicht für Nun, das Urwasser - er gehört ja bereits der geformten Welt an -, aber er steht in dieser Welt für den "ungelösten Rest der Schöpfung"[15], dem man überall begegnet, wo man die gesicherte Welt verläßt. Seine Symbole sind Fabelwesen, die zoologisch nicht eingeordnet werden können, und sein Ort ist die Wüste,[16] doch diese gehört ebenfalls zu der Welt, auch wenn sie nur als Grenze des Lebensbereichs erfaßbar ist.

13 Vgl. ebd. 447-449, vgl. *Assmann*, Art. Schöpfung, in: Lexikon der Ägyptologie V, Wiesbaden 1984, 685.

14 Vgl. *Brunner*, a.a.O. 58f.; *Assmann*, Ägypten, a.a.O. 167.

15 *Hornung*, Verfall und Regeneration, a.a.O. 431.

16 Vgl. ebd. 430f.

3. Das Hervorgehen der Welt

Allen ägyptischen Mythen ist die Auffassung gemeinsam, daß es zum Entstehen der Welt eines Gottes bedurfte, daß dieser Gott selbstentstanden ist und daß den ersten Anstoß nur ein einziger Gott gegeben hat;[17] und schließlich ist allen gemeinsam, daß der Schöpfergott die Welt entstehen läßt, ohne sie einem widerständigen Chaos abringen zu müssen, obwohl auch ihm das Nun, das Etwas vor der Schöpfung "vorausgeht". Unter diesen gemeinsamen Voraussetzungen gab es dann jedoch in den - oft lokal gebundenen - Mythen sehr verschiedene Darstellungsformen. Die Schöpfung konnte verschiedenen Göttern zugeschrieben werden (vor allem Re und Ptah), und die Schöpfung selbst konnte mit verschiedenen Vorstellungen (Emanation oder Wort bzw. Handlung) in Verbindung gebracht werden. Es wäre allerdings verfehlt, anzunehmen, die Ägypter hätten in den genannten gemeinsamen Voraussetzungen den "eigentlichen" Glaubensinhalt gesehen und die verschiedenen mythischen Ausformungen als unwesentlich angesehen. Eine solche Unterscheidung wurde nicht vorgenommen. Wir müssen eher annehmen, daß die Ägypter auch geradezu entgegengesetzte Vorstellungen in irgendeiner Weise als komplementär angesehen haben. Dieser Grundzug ägyptischen Denkens wurde sogar selbst noch einmal mythologisch in einigen hermopolitanischen Schöpfungserzählungen expliziert, die schon auf das Alte Reich zurückgehen. Dort wird in der Welt vor der Schöpfung eine Achtheit angenommen, deren acht "Mitglieder" dann in Quellen der Spätzeit eigene Namen erhalten, so daß die Achtheit in symmetrisch männlich-weiblichen Gegensatzpaaren konzipiert ist: Nun-Naunet, Huh-Hauhet (Unendlichkeit), Kuk-Kauket (Finsternis), Niau-Niaut (Leerheit); hinzu kommt noch ein die Summe der Acht ausdrückendes fünftes Paar: Amun-Amaunet (Unbekanntheit).[18] Es scheint sich hier auszudrücken, daß das Ganze nur in symmetrischen Gegensätzen gedacht oder vorgestellt werden kann. Aber auch dort, wo keinerlei Systematik aufgezeigt werden kann, können wir feststellen, daß die Ägypter unterschiedliche Auffassungen nebeneinander stehenließen, also keine von ihnen als Dogma betrachteten - so als ob sie zum Ausdruck bringen wollten, daß man von der

[17] Dies darf nicht als Monotheismus interpretiert werden. Die ägyptische Religion war mit Ausnahme der Amarna-Religion (eines aber fehlgeschlagenen Religionsgründungsversuchs) polytheistisch.

[18] Vgl. *Eliade*, a.a.O. 72f.; *Brunner*, a.a.O. 51; *H. Altenmüller*, Art. Achtheit, in: Lexikon der Ägyptologie I, Wiesbaden 1975, 56f.

Entstehung der Welt am besten dadurch sprechen könne, daß man verschiedene Versionen erzählt, ohne sich auf eine festzulegen.[19]

Wir nehmen nun aus den verschiedenen Schöpfungsvorstellungen, die auch im Lauf der langen Geschichte Ägyptens nicht unwesentliche Modifikationen erfahren haben, jene beiden heraus, die unter systematischer Absicht besonders interessant sind: den Hervorgang als Prozeß und den Hervorgang als Handlung bzw. Wort. Dabei ziehen wir vor allem Texte aus der späteren Zeit heran, da diese gewöhnlich expliziter sind. Die Vorstellungen, die sich am Prozeß, am Werden orientieren, sind vor allem in der Tradition enthalten, die sich von Heliopolis (in der Nähe des heutigen Kairo) ableitet. Diese Tradition findet sich schon in den ältesten Pyramidentexten und wurde bis in die späte Zeit Ägyptens verwendet und ausgebaut. In einem Pyramidentext (um 2500-2300 v. Chr.) heißt es:

> Gruß dir, Atum; Gruß dir Chepri, Selbstentstandener! Du bist hoch in deinem Namen: "Hügel". Du entstehst in diesem deinem Namen: "Entstehender" (Chepri)![20]

Chepri bringt zum Ausdruck, was Atum, der Schöpfergott ist, er ist der Selbstentstandene. Chepri ist das vom Verb *cheper* abgeleitete Substantiv und besagt "Emanation, Verkörperung, Entfaltung".[21] Erster Ursprung des Schöpfers wie Hervorgehen der Welt sind ein Werden als Entfaltungsprozeß, als Emanation, als Sich-Ausdifferenzieren. Das Anschauungsmodell dafür liefert das Auftauchen des Landes aus dem Nilwasser nach der Überschwemmung, also der Urhügel.[22] Assmann

19 Vgl. *Brunner*, a.a.O. 50.

20 Zit. nach *Eliade*, a.a.O. 66.

21 Vgl. *Assmann*, Ägypten, a.a.O. 146. - Das Wort *cheper* wurde mit dem Bild des Skarabäus geschrieben. Der Skarabäus lieferte nach ägyptischer Auffassung ein augenfälliges Beispiel für Spontanentstehung. Die Bedeutung dieser Vorstellung zeigt sich darin, daß der Skarabäus zum beliebtesten Amulett der Ägypter wurde, das Abwehr von Unheil (Chaos) und regenerative Kraft in eins ausdrückte (vgl. Nun im vorausgegangenen Abschnitt). Der Skarabäus fand weiteste Verbreitung in den antiken Kulturen des Mittelmeerraums und war noch im frühen Christentum ein Symbol der Auferstehung. Vgl. *Hornung*, Verfall und Regeneration, a.a.O. 443f.; *H. Kees*, Der Götterglaube im alten Ägypten, a.a.O. 215f.

22 In der hermopolitanischen Kosmologie wurde derselbe Gedanke durch den Lotos ausgedrückt, vgl. z.B. *Eliade*, a.a.O. 79: "Empfanget den Lotos, der im Anfang entstand, der vertrieb die finstere Wolke, ohne daß jemand ihn erkennen konnte." Die Lotos-Blüte lieferte ein Symbol des steten Werdens, da sie sich täglich öffnet und wieder schließt. Die Urhügel-Vorstellung wurde auch mit der Urei-Vorstellung, die von der ersteren unabhängig ist, verknüpft; vgl. ebd. 81: "Deine Wohnstätte, im Anfang, war der Hügel von Hermopolis. Du kamst ans Land auf der Insel der beiden Messer. Du erhobst dich aus den Wassern, aus einem geheimnisvollen Ei, Amaunet war hinter dir."

sagt von der heliopolitanischen Konzeption des Ur- und Schöpfergottes, daß sie "weniger eine Mythologie, als eine Philosophie in nuce" sei.[23] Wenn wir den folgenden Text heranziehen, sehen wir diese Auffassung bestätigt. Es könnte jedoch im Prinzip auch die umgekehrte Folgerung gezogen werden: Philosophien, die diesem Schema der Selbstentfaltung einer unbestimmten (vgl. im folgenden Text "schlaftrunken") Einheit in eine bestimmte Dreiheit usw. folgen, sind nichts anderes als eine abstrakte Mythologie.

Der Text in der vorliegenden Form stammt erst aus dem 4. Jh. v. Chr., er dürfte jedoch einige Jahrhunderte älter sein:

> Buch zur Erkenntnis der Erscheinungsformen des Re, um (so) die Schlange Apophis[24] zu stürzen.
>
> Also sprach der Herr des Alls:
>
> Als ich sichtbar geworden war in der Existenz, existierte die Existenz. Ich entstand in der Gestalt des Entstehenden, der beim Ersten Mal entstand. Da ich in der Existenz des Entstehenden entstanden war, existierte ich also. Und so entstand das Entstehen; denn ich war früher als die früheren Götter, denn mein Name war früher als der ihre, denn ich schuf das Vorzeitalter ebenso wie die Göttervorfahren. Ich schuf alles, was ich wünschte in dieser Welt, und ich dehnte mich darin aus. Ich knüpfte meine eigene Hand, ganz allein, bevor sie entstanden, bevor ich Schu ausgespien und Tefnut als Speichel ausgeworfen hatte. Ich bediente mich meines Mundes, und Magie[25] war mein Name. Ich bin es, der entstand in meiner Existenzweise als Entstehender. Ich entstand in der Urzeit, und eine Menge von Existenzweisen entstanden seit (diesem) Anfang; (denn vorher) war keine Existenzweise entstanden in dieser Welt. Ich schuf alles, was ich schuf, als ich allein war, bevor ein anderer als ich sichtbar geworden war in der Existenz, um mit mir an diesen Orten zu wirken. Dort schuf ich die Existenzweisen, aus jener Kraft (die in mir ist). Ich erschuf dort im Nun, als ich (noch) schlaftrunken war und noch keinen Ort gefunden hatte, um mich aufzurichten.[26]

In der vollständig ausgeführten Form dieses Entfaltungsprozesses wird in Götternamen ein Gesamtzusammenhang von Präexistenz, Urzeit und Geschichte zum Ausdruck gebracht, also ein Gesamtzusammenhang von Kosmos und Politik, von kosmischer und politischer Ord-

23 *Assmann*, Ägypten, a.a.O. 146.

24 Apophis, die Urschlange, steht für das Ungeformte; vgl. *Hornung*, Verfall und Regeneration, a.a.O. 434-437.

25 Der Zauberer identifiziert sich mit dem Weltschöpfer, um die Macht des Urgottes gegen den kosmischen Feind Apophis aufzubieten. Vgl. *Eliade*, a.a.O. 69. - Magie steht im ägyptischen Bereich in der Nähe des Ritualwortes. Das Schöpfungswort (das eher aus der Ptah-Tradition stammt, vgl. weiter unten) spielt dabei eine zentrale Rolle. Wie beim "ersten Mal", so soll auch jetzt die Ordnung der Welt erhalten werden. Vgl. *Brunner*, a.a.O. 101.

26 Zit. nach *Eliade*, a.a.O. 69f.

nung. In der Kurzfassung des eben zitierten (und noch längeren) Textes wird der weitere Hervorgang, nachdem Atum Schu und Tefunt hervorgebracht hat, in folgender Weise beschrieben:

> Schu und Tefunt brachten Geb und Nut zur Welt, Geb und Nut brachten aus ihrem Leibe nacheinander Osiris, Hor-Mechentiirti, Seth, Isis und Nephthys zur Welt, und diese brachten eine Menge (von Dingen) zur Welt.
>
> Ihre Kinder (nun) waren es, die eine Menge von Daseinsformen in dieser Welt schufen in Gestalt von Kindern und Enkeln! Sie sollen in meinem Namen beschwören! Sie sollen ihre Feinde niederwerfen! Sie sollen die Zauberkraft erschaffen, um Apophis niederzuwerfen.[27]

Die Entfaltung geht also in folgenden Schritten vor sich:[28] Atum steht innerhalb der Kosmogonie für das, was alles (noch) nicht ist und alles werden kann. Als solcher rerpäsentiert er das Stadium der Präexistenz. In und mit seiner Selbstentstehung bringt er Schu = Luft und Tefnut = Feuchte hervor. Dies ist die erste Ausdifferenzierung, mit ihr beginnt die Urzeit. Aus der Vereinigung der beiden geht eine neue Ausdifferenzierung, ein neues Götterpaar hervor: Geb = Himmel und Nut = Erde. Die folgenden fünf Götter, die als Nachkommen von Geb und Nut aufgezählt werden, stellen eigentlich vier plus eins dar, wobei der letzte (Horus) bereits die nächste Generation und den Übergang zur Geschichte repräsentiert. Die in diesem Text vorliegende Fünfzahl ergibt sich daraus, daß nach dem ihm zugrundeliegenden (aber nicht allgemeinen) Mythos Horus das Kind des schon im Mutterleib vereinigten Götterpaares Isis und Osiris ist.[29] Horus muß die Herrschaft erst in Auseinandersetzung mit Seth, der Horus' Vater Osiris ermordet hat, gewinnen (vgl. Abschnitt 2). Horus aber steht auch für den jeweiligen Pharao, der nach dem Tod seines Vaters die Herrschaft gegen die drohende Unordnung erringen muß. Es besteht in diesem Mythos also eine deutliche Kontinuität von Kosmogonie und Geschichte. Beim "ersten Mal" (vgl. den Text mit Anm. 26) wird mit und in Atum die Welt hervorgebracht in einem spontanen Werden, das durch keinerlei Widerstand gehindert ist, in dem keinerlei Gegenmacht überwunden werden muß.[30] Mit der Ausdifferenzierung tre-

27 Zit. nach ebd. 71.

28 Zur Bedeutung von Zahlengruppen als Ausdruck einer Ganzheit vgl. *H. Kees*, Der Götterglaube im alten Ägypten, a.a.O. 161-171.

29 Vgl. *Assmann*, Ägypten, a.a.O. 147.

30 Auch an dieser Stelle wird der Unterschied der ägyptischen Auffassung zur mesopotamischen deutlich: Es gibt keinen Kampf gegen ein negatives Prinzip bei der Schöpfung. Vgl. dagegen die *Tiamat* (Kap. II); vgl. auch das *Chaos* (Kap. III).

ten auch (wenngleich immer mit einem doppelten Gesicht) die zerstörerischen Kräfte hervor: Mit Seth beginnen Streit, Kampf und Tod. Dies ist der Punkt, an dem die Urzeit in Geschichte umschlägt.[31] Die Ordnung, die Maat, muß immer wieder erneut hergestellt werden. In der Geschichte bedeutet jedoch diese Wiederholung im Unterschied zum "ersten Mal" immer Überwindung der antagonistischen Kräfte; die Feinde müssen niedergeworfen werden (geschichtlich), seitdem in der Urzeit solche antagonistischen Kräfte, Apophis (kosmisch) hervorgetreten sind. Die zentrale Rolle hierbei spielt der Pharao, der immer der Horus ist. "Indem der Mythos die Distanz aufzeigt, in der die gegenwärtige Welt zur ursprünglichen Ganzheit steht, weist er zugleich den Rückweg und hält die Verbindung zum Ursprung aufrecht."[32]

Wir wenden uns nun jener Konzeption zu, die bei der Schöpfung das Handeln vor allem im wirksamen Wort in den Vordergrund stellt. Diese finden wir vornehmlich in der memphitischen Tradition. Memphis war die Hauptstadt des Alten Reichs und blieb auch später ein einflußreiches kulturelles Zentrum. In der memphitischen Kosmogonie spielt der Gott Ptah die zentrale Rolle. Ptah war der Schutzgott der Handwerker und der Beherrscher der Materie.[33] In einer Kosmogonie, die diesen Gott als Schöpfergott auffaßt, legte sich also die Vorstellung der Schöpfung als Handlung nahe, wobei diese Handlung im Herzen (als dem Sitz von Verstand und Willen) geplant und entworfen wurde. In einem Text, dessen Ursprung um 2500 v. Chr. angenommen wird, heißt es:

> Es hat etwas Gestalt als Herz, als Sinnbild Atums,
> es hat etwas Gestalt als Zunge,
> Es ist Ptah,
> der "sehr Große", da er [Leben] überwiesen hat
> allen Göttern und Kas (Geistern)
> durch dieses Herz,
> durch diese Zunge,
> aus dem (der) Horus (Thot) hervorgekommen war
> als Ptah.[34]

Auf die komplizierten Götteridentifikationen dieses Textes brauchen wir nicht einzugehen. Entscheidend ist hier die Hervorbringung der

31 Vgl. ebd. 148f.

32 Ebd. 149.

33 Vgl. *H. te Velde*, Art. Ptah, in: Lexion der Ägyptologie IV, Wiesbaden 1982, 1177-1180.

34 Zit. nach *Eliade*, a.a.O. 84.

Schöpfung im Herzen und durch die Zunge. Es handelt sich also um ein Schöpfungswort. Der Ausspruch des Wortes ist souveränes Hervorbringen, auch hier liegt folglich keinerlei Kampf gegen antagonistische Mächte vor. Das souveräne Schöpfungswort hat sein Anschauungsmodell im souveränen Herrscherwort des Pharao, gegen das es keinen Widerspruch gibt (jedenfalls dem Anspruch und dem offiziellen Hofritual nach). Das Wort ist schöpferisch, da Dinge, die keinen Namen haben, auch kein Welt-Sein haben. Auch Ptah aber schafft nicht aus dem Nichts, er selbst entsteht aus dem Nun (wie Atum in der heliopolitanischen Kosmogonie). In einer Tempelinschrift aus dem 3. bis 1. Jh. v. Chr. wird Ptah in der folgenden Weise angesprochen:

> Ptah, der aus dem Nun kam (...) bevor der Himmel und die Erde aus dem Nun hervorgegangen waren.
>
> Ptah (...) der das Sein im Anfang erschuf, als er allein war, ohne irgendeinen anderen als er, der aus sich selbst entstand, der im Anfang gestaltete, ohne Vater, ohne Mutter, die seinen Leib geschaffen hätten, allein und einzig, der die Götter machte, der erschuf, ohne selbst erschaffen worden zu sein (...).[35]

Die Handwerksvorstellung in der Hervorbringung der Welt ist klar herausgestellt in einem Hymnus, der aus der Zeit des Neuen Reichs (nach 1400 v. Chr.) stammt. Die gleiche Vorstellung wird auch auf die Selbsthervorbringung Ptahs angewandt.

> Gegrüßt seist du, o Ptah, angesichts deiner Urgötter,
> die du gemacht hast, nachdem du entstanden warest als Gott.
> Leib, der seinen Leib selbst gebaut hat,
> bevor der Himmel entstand, bevor die Erde entstand,
> als die wachsende Flut noch nicht anstieg.
> Du hast die Erde geknotet,
> Du hast dein Fleisch zusammengefügt
> du hast deine Glieder gezählt,
> Du hast dich als Einziger gefunden, der seine Stätte geschaffen hat.
> Du Gott, der die beiden Länder geformt hat.
> Du hast keinen Vater, der dich gezeugt hat, als du entstandest,
> Du hast keine Mutter, die dich geboren hat,
> Du, dein eigener Chnum![36]
> Du Gerüsteter, der gerüstet hervorkam!
> Du bist aufgestanden auf dem Lande während seiner Müdigkeit (...)
> in dem du warst in deiner Gestalt des,

35 Zit. nach ebd. 86f.

36 Chnum, der Schutzherr des Tempels von Esne in Oberägypten, war auch Schöpfergott. Ursprünglich Widdergott (Herr der Zeugungskräfte), war er auch Töpfergott, Schöpfer der Formen (hier geschieht also Schöpfung aus Lehm, der geformt wird).

der-die-Erde-hebt (des Ta-tenen),[37]
in deinem Wesen des Zusammenfügers der beiden Länder.
Was dein Mund gezeugt hat und deine Hände geschaffen haben,
Du hast es aus dem Urwasser herausgenommen.
Das Werk deiner Hände ist deiner Schönheit angeglichen.
Dein Sohn, alt in seiner Gestalt (die Sonne),
Du hast die Dunkelheit und Finsternis vertrieben
durch die Strahlen deines Augenpaars.[38]

Bemerkenswert ist, daß mit dem Handwerksmodell auch das Modell der Ruhe nach getaner Arbeit verbunden sein könnte. Dies wird allerdings nicht ausgesprochen. Wohl aber findet sich im Zusammenhang der Kosmogonie, die Ptah zum Zentrum hat, der sonst in der ägyptischen Kosmogonie nicht vorhandene Gedanke, Ptah sei nach getanem Werk zufrieden gewesen:

So war Ptah zufrieden, nachdem er alle Dinge und alle Gottesworte gemacht hatte.[39]

Es ist verständlich, daß in dieser Schöpfungstheologie, die am Herstellen orientiert ist, Ptah auch als jener erscheint, der den Menschen die Arbeit gibt; und dieser Auftrag gehört zur ursprünglichen Schöpfungsordnung (hat also überhaupt nichts mit Strafe zu tun):

Es wurde das Brot geschaffen,
von welchem das Leben in den beiden Ländern abhängig ist.
Er gab ihnen (den Menschen) die Arbeit, von der sie
auch leben werden.[40]

Seit der Zeit der Ramessiden (19.-21. Dynastie, seit 1304 v. Chr.) war die Vorstellung der Schöpfung durch das Wort in Ägypten allgemein verbreitet.[41] Sie wurde dann auch in Konzeptionen integriert, die ursprünglich von dem an Atum orientierten Emanations-Modell ausgingen. So finden wir z.B. in der Fortsetzung des späten (oben mit Anm. 26 zitierten) Textes die folgende kombinatorische Form:

Dann erwies sich mein Herz als wirksam, der Schöpfungsplan lag klar vor mir, und ich schuf alles, was ich schaffen wollte, als ich allein war. Ich ersann Pläne in meinem

37 Tatenen = Erd-Tiefe, eine Bezeichnung wie das Urwasser oder die Urfinsternis. Vgl. *H.A. Schlögl*, Der Gott Tatenen. Nach Texten und Bildern des Neuen Reiches, Fribourg - Göttingen 1980.

38 Zit. nach *Eliade*, a.a.O. 85f.

39 Ebd. 85.

40 Zit. nach ebd. 88.

41 Vgl. *Assmann*, Art. Schöpfung, a.a.O. 684.

Herzen, und ich erschuf eine neue Existenzweise, und der aus dem Entstehenden hervorgehenden Existenzweisen waren viele. Ihre Kinder taten sich kund in ihrer Existenzweise als Kinder.[42]

Daß die Vorstellung der Schöpfung durch das Wort in der Ramessidenzeit als allgemein bekannt vorausgesetzt werden kann, ist in unserem Zusammenhang auch deshalb wichtig, weil unter Ramses II. Moses in Ägypten war. In welchem Maß ägyptische Schöpfungsvorstellungen aber auf die biblischen Schöpfungserzählungen Einfluß gehabt haben, ist umstritten.[43]

4. Der entmythisierte Kosmos

Der Pharao Amenophis IV. (1372-1355 v. Chr.), der sich selbst den Namen *Echnaton* gab, versuchte eine radikale und mit allen politischen Machtmitteln durchgesetzte - und schließlich nach seinem Tod gescheiterte - Reform der ägyptischen Religion. Es handelte sich bei der Religion, die Echnaton durchsetzen wollte, um einen strengen Monotheismus; einzig die Sonne sollte als Manifestation Gottes zugelassen werden. Diese Konzeption wurde als ausdrücklicher Gegensatz zum überlieferten Polytheismus angesehen, der mit Hilfe von Zwangsmaßnahmen unterdrückt werden sollte. Um dem Widerstand der Priester der traditionellen Religion zu entgehen, verlegte Echnaton die Hauptstadt nach Amarna.

Es spricht vieles für die These, daß es sich jedoch bei der Amarna-Religion nicht um eine Neuschöpfung handelt, sondern um eine radikalisierte Position einer schon vorhandenen Theologie.[44] Die Einheit Gottes war schon vor Echnaton gedacht worden, und sie mußte in ihrem Verhältnis zur Vielheit der Götter problematisch erscheinen. In der Amarna-Religion wurde nun versucht, diese Problematik durch die (gewaltsame) Abschaffung der Vielheit zu lösen.[45] Insofern aber die Amarna-Religion an eine schon zumindest implizit vorhandene Theologie anknüpfte, blieb die darin enthaltene Position auch nach dem Zusammenbruch der Reform Echnatons lebendig. Im vorliegen-

42 Zit. nach *Eliade*, a.a.O. 70.

43 Vgl. *V. Notter*, Biblischer Schöpfungsbericht und ägyptische Schöpfungsmythen, Stuttgart 1974.

44 Ich übernehme diese These aus *Assmann*, Ägypten, a.a.O. 232ff.

45 Vgl. ebd. 234f.

den Zusammenhang ist vor allem danach zu fragen, ob in dieser Entwicklung auch eine neue Schöpfungstheologie enthalten ist.

Die Bewegung, aus der die Amarna-Religion durch Radikalisierung hervorgegangen war, wird als die "Neue Sonnentheologie" bezeichnet, die in der Zeit kurz von Amenophis IV. entwickelt wurde. Diese Theologie setzt sich deutlich von dem mythologischen Vorstellungmodell ab, das in kosmischen Phänomenen göttliche Handlungen einzelner Götter erblickt. Damit wird den polytheistischen Identifikationen der Boden entzogen. Die gesamte Wirklichkeit wird in ihrem "empirischen" Charakter, d.h. so wie die Phänomene der Welt sich darbieten, als Manifestation des Göttlichen angesehen. Dies gibt einen unverstellten und unverformten Blick auf die Wirklichkeit frei. In der Kunst führt dies in der Zeit Echnatons zu den bekannten realistischen Darstellungen.

Alle theologischen Aussagen der "Neuen Sonnentheologie" stellen eine Interpretation der Sonne und ihrer Bewegung und ganz allgemein eine Interpretation der sich im Licht zeigenden Phänomene dar. Diese Abkehr von mythologischen Bildern und diese beinahe naturphilosophisch-theologische Auslegung des Kosmos wird zu Recht als "kognitive Revolution" bezeichnet.[46] Die Sonne, ihre Bewegung und das Licht sind aber nicht Gott, sondern Manifestationen des Gottes, der allem Leben und Licht gibt. Gott und Welt treten einander gegenüber, der einsame Gott wird aus dem Entstehungszusammenhang der Welt gelöst. Er ist nicht mehr der Urgott der früheren Schöpfungstheologien, die ihn in einen durch Emanation oder Herstellung gedachten Entstehungszusammenhang mit der Welt brachten.[47] Diese Position in radikalisierter Form bestimmt die Religion Echnatons, wie sie in seinem berühmten Sonnenhymnus zum Ausdruck kommt, der hier auszugsweise wiedergegeben sei:

> Schön erstrahlst Du im Horizonte des Himmels,
> Du lebendiger Aton, Du Anfang des Lebens.
>
> Wenn Du am Osthorizont aufgegangen bist,
> Dann erfüllst Du jedes Land mit Deiner Vollkommenheit.
> Du bist schön und groß, licht und hoch über jedem Lande.
> Deine Strahlen umarmen die Länder bis ans Ende Deiner ganzen Schöpfung.
> Bist Du selbst auch fern, so sind Deine Strahlen doch auf Erden.
> Obwohl Du auf der Menschen Antlitz scheinst, ist Dein Lauf unerforschlich.
> (...)

46 *Assmann*, Ägypten, a.a.O. 239.
47 Vgl. ebd. 242.

Hell wird die Erde, denn Du bist aufgegangen am Horizont.
Du erstrahlst als Aton am Tage.
Du vertreibst das Dunkel und schenkst Deine Strahlen (...)
Die Menschen sind erwacht und stehen auf den Füßen,
Denn Du hast sie aufgerichtet. (...)

Wie mannigfaltig sind doch Deine Werke
Und wie verhüllt dem (menschlichen) Einblick!
Du einziger Gott, der nicht seinesgleichen hat.

Du hast die Erde erschaffen nach Deinem Wunsch, Du allein,
Mit Menschen, Vieh und allem Wild,
(Mit) allem, was auf der Erde ist und auf Füßen läuft,
(Allem) was in der Luft ist und mit Flügeln fliegt,
Und die Fremdländer Syrien und Nubien und das Land Ägypten.
Du stellst jedermann an seinen Platz und sorgst für seinen Unterhalt.
Ein jeder hat zu essen und seine Lebenszeit ist festgesetzt.
Unterschieden sind die Zungen beim Sprechen,
Ihres Wesensart desgleichen.
Auch ihre Hautfarbe ist verschieden.
Du unterscheidest die Völker.

Du schaffst den Nil in der Unterwelt
Und bringst ihn herauf nach Deinem Belieben,
Um die Menschen am Leben zu erhalten, wie Du sie geschaffen hast.
Du bis ihrer aller Herr, der sich abmüht mit ihnen,
Du Herr aller Lande, der aufgeht für sie.
Du Sonne des Tages von großer Hoheit!

Wie wohltätig sind doch Deine Pläne, Du Herr der Ewigkeit! (...)

Die Welt entsteht auf Deinen Wink.
Bist Du aufgegangen, so leben sie,
Gehst Du unter, so sterben sie.

Du bist die Lebenszeit selbst, man lebt (nur) durch Dich.
Die Augen sind auf (Deine) Vollkommenheit gerichtet, bis Du untergehst.
Alle Arbeit wird niedergelegt, wenn Du im Westen sinkst.

Du läßt die Welt erstehen für Deinen Sohn,
Der aus Deinem Leib hervorgegangen ist,
Den König von Ober- und Unterägypten . . . Echnaton.[48]

[48] Übers. nach *E. Brunner-Traut*, Lebensweisheit der alten Ägypter, Freiburg 1985, 41-46. - Die Beziehung von Ps 104 zu den Hymnen Echnatons ist umstritten. *Assmann*, Ägypten, a.a.O. 247, nimmt an, daß Ps 104, 20-30 auf den großen Hymnus zurückgehen. *K. Seybold*, Die Psalmen, Stuttgart 1986, 168f., nimmt zwar einen ähnlichen weisheitlichen, aufgeklärten Hintergrund an, schließt jedoch eine literarische Abhängigkeit aus.

Der Ausdruck "Schöpfer" wird hier zwar verwendet, er steht aber außerhalb eines kosmogonischen Modells, und wir können wohl zu Recht sagen, daß mit ihm gar keine Kosmogonie mehr verbunden werden kann. Mit einer solchen Konzentrierung auf das im Licht Sichtbare ist eine physikalische Auffassung der Welt gegeben, die zwar von dem dieser Welt gegenüberstehenden Schöpfer sprechen kann, die diese Beziehung aber nicht nochmals in Modellen, die aus dieser nun entgötterten Welt stammen (Urhügel, Urei, Töpferform usw.), aussagen kann. Assmann stellt zur Amarna-Religion fest: "Die Beschränkung auf das Sichtbare verbietet alle schöpfungstheologischen Spekulationen."[49] Wenn es erlaubt ist, eine spätere Terminologie hier zu verwenden, so können wir sagen, daß eine Entwicklung stattgefunden hat, die keine Transformation der mythologischen Kosmogonie mehr zuläßt, sondern nur noch die einfache metaphysische Kontingenzaussage erlaubt, die mit einer physikalischen Weltbeschreibung verknüpft wird.[50] In einem Hymnus der Amarna-Zeit heißt es:

> Die Erde entsteht auf deinen Wink, wie du sie geschaffen hast:
> du gehst auf für sie - sie leben,
> du gehst unter, sie sterben,
> du bist die Lebenszeit selbst, man lebt durch dich.[51]

In der Zeit der 18. Dynastie (um 1551 - um 1304), bereits vor der Reform des Echnaton und dann nach deren Scheitern fortgesetzt, begann eine neue Entwicklung (die allerdings in Ansätzen auch schon im Mittleren Reich vorhanden gewesen war). Diese Entwicklung ist hauptsächlich, aber nicht ausschließlich in Aussagen enthalten, die um den Gott Amun-Re gruppiert sind. Der Ausgangspunkt dieser Theologie ist die Vorstellung der Schöpfung im Wort (vgl. oben Abschnitt 3). Diese Vorstellung wird jedoch jetzt weiterentwickelt in Richtung auf den Einzelnen hin. Hinter dieser Entwicklung scheint der Eindruck zu stehen, daß der Einzelne in der Welt einsam und verlassen ist. Welche gesellschaftlichen Bedingungen diese Entwicklung hervorgerufen haben, ist nicht geklärt.[52] Jedenfalls suchten nun die einzelnen Menschen das Göttliche nicht mehr im Kosmos oder im Tempelkult - ohne zu diesen traditionellen Orten der Gotteserfahrung schon in Gegensatz

49 *Assmann*, Ägypten, a.a.O. 246.

50 Vgl. *J. Assmann*, Re und Amun. Die Krise des polytheistischen Weltbilds im Ägypten der 18.-20. Dynastie, Göttingen 1983, 221.

51 Zit. nach *Assmann*, Ägyptische Hymnen und Gebete, Zürich 1975, 221.

52 Vgl. *Brunner*, a.a.O. 103.

zu treten -, sondern in ihrem eigenen, persönlichen Leben. Gott ist ein sprechender Gott, aber es steht nicht das weltschöpferische Wort im Vordergrund, vielmehr geht es um das lebenschöpfende Wort Gottes, das an den Einzelnen gerichtet ist. Nicht mehr die universelle Weltordnung interessiert hier den Menschen, sondern seine eigene Lebensordnung. Gott wird zur ethischen Instanz, und damit wird er auch zum Gott der Geschichte, der Lebensgeschichte des Einzelnen.[53] Von Amun wird gesagt:

> Amun, Vater der Götter,
> Herr des Himmels, Herr der Erde, Herr des Wassers,
> der das Seiende erschafft, die Gewächse entstehen läßt und alles, was ist, hervorbringt.
> Der Lebenshauch gibt dem, der ihn verehrt,
> und die Lebenszeit trefflich macht dessen, der "auf seinem Wasser" handelt.[54]

In bezug auf diese Entwicklung war das Reformunternehmen Echnatons restaurativ. Hier sollte der Kosmos als exklusiver Ort der Gotteserfahrung etabliert werden. Aton spricht nicht, und so spricht er auch nicht Recht über die Handlung des Einzelnen, wie dies von Amun angenommen wurde. Gott als Richter manifestiert sich einzig im Pharao, in Echnaton. Dem fernen Gott entspricht ein unbeschränkter Herrschaftsanspruch des Pharao, da dieser - wie in der Tradition - auch der einzige autonome Träger religiösen kultischen Handelns ist. Dem einzelnen Menschen wird jede Form der "Gottunmittelbarkeit" abgesprochen.[55] Somit ist auch der Bereich der Geschichte des Einzelnen ohne jede theologische Bedeutung.

Es ist jedoch anzunehmen, daß die Gewaltmaßnahmen der Religionspolitik Echnatons die schon vorhandene Tendenz zur persönlichen Frömmigkeit faktisch nicht unterdrückt, sondern gerade verstärkt haben.[56] Jedenfalls ist die Periode nach dem Zusammenbruch der Amarna-Reform genau durch diese persönliche Frömmigkeit geprägt. Die Entmythisierung des Kosmos, die schon in der der Amarna-Reform vorausgegangenen "Neuen Sonnentheologie" begonnen hatte, war somit - obwohl durch die Reform verstärkt - nicht wieder rückgängig zu

53 Vgl. *Assmann*, Ägypten, a.a.O. 230f.; *S. Morenz*, Gott und Mensch im alten Ägypten, Zürich - München [2]1984, 172.

54 Zit. nach *Assmann*, Ägyptische Hymnen und Gebete, a.a.O. 196.

55 Die Gottunmittelbarkeit ist ethisch, nicht mystisch zu verstehen. Auch in dieser späten Entwicklung der persönlichen Frömmigkeit gab es keine Mystik. Vgl. *Brunner*, a.a.O. 105.

56 Vgl. *Assmann*, Ägypten a.a.O. 261.

machen. Die Reaktion auf die Reform Echnatons ging daher auch nicht in die Richtung einer Remythisierung des Kosmos und eines Wiederauflebens der alten kosmogonischen Vorstellungen, sondern verstärkt in die Richtung der Erfahrung Gottes in der Geschichte, im Leben und Herzen[57] des Einzelnen. Die kosmologischen Ausdrücke sind hier ein allgemeiner Rahmen ohne Einbettung in kosmogonische Vorstellungen.

Amun-Re, der Herr von Karnak, der Große Gott, der Erste von Theben, der heilige Gott, der die Bitten erhört, der auf die Stimme des betrübten Armen hin kommt, der Atemluft gibt dem, der elend ist.

Den Amun lobpreisen

Ich mache Hymnen auf seinen Namen,
Ich gebe ihm Lobpreis bis zur Höhe des Himmels
und bis zur Weite der Erde.
Ich erzähle von seiner Macht dem, der hinauffährt,
und dem, der stromabfährt:
Hütet euch vor ihm!
Wiederholt es dem Sohn und der Tochter,
den Großen und den Kleinen,
Erzählt es Geschlecht um Geschlecht,
das noch nicht entstanden ist;
Erzählt es den Fischen in der Flut
und den Vögeln im Himmel,
Wiederholt es dem, der es noch nicht weiß,
und dem, der es weiß:
Hütet euch vor ihm! (...)
Du, Amun, bist der Herr für den Scheuen,
Der kommt auf den Ruf des Armen.
Ich rufe zu dir, da ich bedrückt bin,
Und schon bist du gekommen, um mich Elenden zu retten,
Um mich zu retten, der ich gebunden bin (?).[58]

Wenn auch die kosmogonischen Vorstellungen in dieser persönlichen Frömmigkeit keinen Ort mehr hatten (was nicht schon heißt, daß sie nicht weiterhin tradiert wurden), so bleibt doch der Kosmos mit seinen allgemeinen Bestimmungen Luft, Licht und Wasser eine Manifestation des Göttlichen:

57 Vgl. *H. Brunner*, Das hörende Herz, Göttingen 1988, 3-41.

58 Ein Teil des Hymnus des Malers Neb-Re für Amun-Re; zit. nach W. Beyerlin, (Hrsg.), Religionsgeschichtliches Textbuch zum Alten Testament, Göttingen 1975, 59 (ebd. 60f. der zweite Teil des Hymnus).

Dir gehört das Leben, kein anderer wird sein,
der Leben gibt jedem Gesicht.
Du bist das Licht, das das Böse vertreibt,
kein Auge lebt, das dich nicht sieht.
Du bist die Luft, die die Kehle atmen läßt,
kein Tier lebt, das deiner entbehrt.
Du bist die Nilüberschwemmung, die die Menschheit am Leben erhält,
kein "Gesicht" lebt, wenn du nicht in ihm bist.[59]

Im Gottesbegriff der Ramessidenzeit waren also die Bereiche des Kosmos und der Ethik vereint. Der Lebensgott des Einzelnen war gleichzeitig der Lebensgott der Welt. Das Pantheon der ägyptischen Götterwelt kann hier nur noch als vielfacher Ausdruck des einen Gottes erscheinen, der selbst (wie es in der Sonnentheologie und in der Amarna-Religion angenommen worden war) verborgen ist. Die Forderung der Amarna-Religion, mit der Behauptung der Einheit die Vielheit auszuschließen, wurde jedoch nicht akzeptiert. Eine Grundintention ägyptischen Denkens bestand eben darin, die Frage von Einheit und Vielheit offenzuhalten.[60] Der Kosmos war entgöttert, war zur "reinen" Natur geworden, aber die ganze Natur war eine Manifestation des Göttlichen, wie das Herz des Menschen. Wir begegnen hier, am Ende der ägyptischen Religionsgeschichte, dem *hèn kaì pân*, dem Einen in Allem.[61] Wie auch immer der Weg der historischen Vermittlung verlaufen ist, an diesem Punkt jedenfalls kann die griechische Philosophie weiterarbeiten.

Zusammenfassung

1. Der Schöpfung liegt nach ägyptischer Vorstellung etwas voraus: das Urwasser, die Urfinsternis. Im Lauf des Ausdifferenzierungsprozesses zeigt sich dieses Vorausliegende in seinem Doppelaspekt des alles Ermöglichenden und des alles Bedrohenden.

2. Der Schöpfergott ist immer einer, er ist der Selbstentstandene.

[59] Zit. nach *Assmann*, Ägypten, a.a.O. 271.

[60] Vgl. *Kees*, Der Götterglaube im alten Ägypten, a.a.O. 159.

[61] Vgl. *Assmann*, Ägypten, a.a.O. 278f.

3. Der Hervorgang der Schöpfungswelt durch den Schöpfer wurde im Mythos entweder durch Entfaltung oder durch Handlung bzw. Wort beschrieben.

4. Es bestand eine Kontinuität von Kosmogonie und Geschichte (inkarniert im Machtzentrum des Pharao).

5. Das Böse hatte sowohl eine transhistorische wie eine historische Seite.

6. In der Spätphase wurden die kosmogonischen Vorstellungen "aufgehoben" in Richtung auf eine Das-Eine-in-Allem-Konzeption.

7. Der Wunsch nach Bewahrung der Weltordnung drückte sich in einer Sehnsucht nach dem Ursprung aus.

II Ohnmacht, Willkür und das Ordnungsprinzip des Kosmos

Mesopotamien

Eine von Ägypten verschiedene und weitaus ältere Hochkultur liegt uns in Mesopotamien vor. Wenn wir die religiöse Denkweise der Babylonier und Assyrer richtig verstehen wollen, so ist es unumgänglich, bis zur Kultur der Sumerer und Akkader zurückzugehen.[1] Damit kommt ein Zeitraum in den Blick vom Ausgang des 5. Jahrtausends bis zum Beginn des 2. Jahrtausends v. Chr. Die Umsetzung der sumerisch-akkadischen Mythologie in die babylonisch-assyrische stellt einen sehr komplexen Vorgang dar, der hier nicht entfaltet werden kann. Wesentlich ist die Feststellung, daß es sich bei der sumerischen Religion um eine der ältesten uns historisch greifbaren Religionen handelt. Insofern muß es für den Horizont unserer Fragestellung von äußerstem Interesse sein, den Konstitutionsprozeß dieser religiösen Vorstellung kennenzulernen, insoweit er überhaupt hypothetisch rekonstruierbar ist.

Bei den nicht-semitischen Sumerern handelte es sich, aus der Perspektive Mesopotamiens betrachtet, um Einwanderer;[2] woher sie kamen, läßt sich nicht mit Sicherheit feststellen. Kulturgeschichtlich be-

1 Vgl. dazu *N. Schneider*, Die Religion der Sumerer und Akkader, in: Christus und die Religionen der Erde, hrsg. v. F. König, Bd. II, Wien 1951, 438: "Das ursprüngliche Siedlungsgebiet der Sumerer und Akkader war auf einen verhältnismäßig engen Raum beschränkt: auf das Mündungsgebiet der beiden Ströme Euphrat und Tigris, d.h. das Land von der Mündung beider Ströme in den Perischen Meerbusen bis in die Gegend des heutigen Bagdad, wo nämlich beide Ströme in ihrem Laufe nach Süden sich am meisten näherten. Es handelt sich demnach um den südlichen Teil jenes Landstreifens, den die Griechen Mesopotamien, d.h. Zwischenstromland, bezeichneten und der später Babylonien genannt wurde. Sumerien bildete den südlichsten Teil, der ans Meer grenzt, während Akkadien sich nördlich davon anschließt." - Für das Verständnis der Kultur der Sumerer und Akkader ist im vorliegenden Zusammenhang besonders wichtig *G. Pettinato*, Das altorientalische Menschenbild und die sumerischen und akkadischen Schöpfungsmythen, Heidelberg 1971.

2 Vgl. *Schneider*, a.a.O. 389f.

deutsam wurden sie durch die Gründung von Stadtstaaten und die Ausbildung einer Bilderschrift, die sich als Vorstufe der Keilschrift darstellt. Etwa um das Jahr 2360 v. Chr. setzte sich in Akkad - dem Gebiet also, wo sich die Sumerer niedergelassen hatten - ein semitisches Volk fest, das für zwei Jahrhunderte die Herrschaft übernahm, um sie dann wieder für weitere 150 Jahre an die Sumerer abzugeben. Dieses Zusammentreffen sumerischer (nicht-semitischer) und akkadischer (semitischer) Elemente ergab eine der bedeutensten Kultursynthesen in der Geschichte der Menschheit; die Kultur der Sumerer kann dabei als die überlegene und dominierende angesehen werden. Aufschluß über die kosmologischen Auffassungen der Sumerer geben uns Texte, die um die Zeit von 2000 v. Chr. zu datieren sind.[3] Bis etwa zum Jahr 1960 v. Chr. regierte die sogenannte 3. Dynastie von Ur, die dann von einer semitisch-akkadischen Dynastie abgelöst wurde. Unter akkadischem Einfluß wurde das ursprünglich sumerische Gilgamesch-Epos umgearbeitet. Die ursprüngliche sumerische Aufzeichnung ist um die Zeit von 1900 v. Chr. anzusetzen, die erste akkadische epische Bearbeitung um die Mitte des 2. Jahrtausends v. Chr. Derselben Zeit entstammt auch das Enuma-elisch, ein Schöpfungsepos, das nach den ersten beiden Worten des akkadischen Textes benannt ist (wörtlich: "Als droben"). Im Mittelpunkt dieses Lehrgedichtes steht Marduk, der aus dem getöteten Chaos-Drachen Tiamat die Welt erschafft. Das Ziel des Enuma-elisch ist es, Marduk als den höchsten Gott darzustellen. (Es handelt sich dabei um eine Ätiologie des Aufstiegs und des Machtanspruchs Babylons, dessen Gott Marduk war.)

1. Die Ordnung des Lebens

Der Lebensraum Mesopotamiens, von dem Ägyptens deutlich verschieden, stellte den äußeren Rahmen für die Vorstellungswelt der Menschen jener Zeit dar. Der große kosmische Rhythmus - die Abfolge der Jahreszeiten, der Wechsel von Licht und Finsternis - war Mesopotamien mit Ägypten gemeinsam, die klimatischen und geophysikalischen Verhältnisse wichen jedoch deutlich voneinander ab. Der Nil vermittelte den Eindruck sicherer Unveränderlichkeit eines jährlich sich wiederholenden Ablaufs; Euphrat und Tigris waren demgegenüber unberechenbare und heimtückische Ströme. In beiden Kultu-

3 Ediert wurden diese Texte von: *S.N. Kramer*, Enki und die Weltordnung, in: Wissenschaftliche Zeitschrift, Jena 1959/60, 231-256.

ren galt das Wasser als Ursymbol des Lebens und seiner Strukturen. Die Jahreszeiten gaben in Ägypten die Möglichkeit einer sicheren Berechnung beim Ackerbau, während in Mesopotamien unvorhersehbare Gewitter den bebauten Boden ganz plötzlich in Schlamm verwandeln konnten und Stürme immer wieder das Land verwüsteten. Ein Text sagt uns:

> Die tobende Flut, der kein Mensch Widerstand leisten kann,
> Die die Himmel erschüttert und die Erde erbeben läßt,
> Drückt wie in einer entsetzlichen Decke Mutter und Kind zusammen,
> Schlägt die üppigen Gewächse nieder,
> Und ersäuft die Ernte zur Zeit der Reife.
> Die steigenden Wasser, bedrückend für die Augen der Menschen,
> Die allmächtige Flut, welche die Dämme bezwingt
> Und mächtige Bäume niedermäht,
> Der Sturm, der alle Dinge ins Durcheinander stürzt
> In herausstürzender Geschwindigkeit.[4]

Der Mensch, der unter solchen Bedingungen lebt, erfährt seine eigene Ohnmacht gegenüber der weithin willkürlich scheinenden Gewalt der Natur. Die Menschen Mesopotamiens erlebten daher den Kosmos als eine Wirklichkeit, die nicht annähernd so sicher gegründet war wie die der Ägypter. Die Welt bot sich zwar nicht als eine Anarchie dar, es gab durchaus eine Ordnung; diese war aber nicht einfach vorgegeben, sondern mußte immer wieder von neuem durch die Integration von verschiedenen oft sehr kontrastierenden Kräften hergestellt werden. Der Versuch, solche sich widerstrebenden Kräfte in einer letzten Einheit zusammenzuführen, brachte den Menschen allerdings auch an die letzte Grenze möglicher bzw. unmöglicher Synthese der Wirklichkeit. Das Vorstellungsschema, von dem aus die Menschen Mesopotamiens dachten und ihre Bilder ausbildeten, war ein soziales: die staatliche Gemeinschaft. Der gesamte Kosmos wurde als eine Art Staat begriffen, als verschiedene Willensmächte, ständig bedroht von der Gefahr, miteinander in Streit zu geraten, und so immer zu dem Versuch gezwungen, eine gemeinsame Entscheidung zu finden.

In einem verhältnismäßig kurzen Zeitraum entwickelte sich die frühe sumerische Kultur. Ein System von Kanälen machte durch künstliche Bewässerung die Nutzung des Bodens möglich. Die technischen Schwierigkeiten, die bei der Anlage dieser Kanalsysteme auftraten, konnten nur von einer organisierten Gemeinschaft überwunden

4 *T. Jacobsen*, Mesopotamia, in: Before Philosophy, Baltimore 1968, 139 (Übers. von mir).

werden. Ein sprunghaftes Ansteigen der Bevölkerung ging mit den fortgeschrittenen technischen und wirtschaftlichen Bedingungen einher. Ursprünglich kleine Dörfer dehnten sich zu Städten aus. Die gesellschaftliche Ordnungsstruktur dieser Städte kann bereits als eine Art "primitiver" Demokratie bezeichnet werden. Nur in Zeiten außergewöhnlicher Gefahr übergab die Versammlung des Volkes einem einzelnen besondere Autorität. Diese Erfahrungsgegebenheit der staatlichen Gemeinschaft, der gemeinsamen Willensbildung, der Auseinandersetzung und Übertragung besonderer Autorität bildete das Erklärungsmodell für die Ordnung des Kosmos: Die Versammlung der Götter ist verantwortlich für das Geschehen der Menschen. Daß sich diese Götterversammlung von fundamentalen Spannungen bestimmt zeigt, erklärt sich ganz deutlich, wenn wir uns den Konstitutionsprozeß dieser Vorstellungswelt vergegenwärtigen. Hinter allem, was dem Menschen begegnet, steht der Wille der Götter. Die Erschaffung des Menschen selbst steht im Zusammenhang mit der Entlastung der Götter von der Arbeit an den Bewässerungsanlagen. In einem Text lesen wir: "die Arbeitsaufgabe der Götter sei *ihre* Arbeitsaufgabe"[5]. Wir müssen uns vergegenwärtigen, daß die Sumerer nicht einfach in den Dingen und Naturphänomenen selbst Götter sahen, sondern vielmehr die Manifestationen göttlicher Willensentschlüsse. So kann es keine klar abgegrenzten Bereiche verschiedener einzelner Götter geben; hinter sich wiederholenden Phänomenen können ja verschiedene Gottheiten stehen, und diese Gottheiten können sich ebenso unter ganz verschiedenen Phänomenen manifestieren.[6]

Angesichts dieser verwirrenden Auseinandersetzung um die göttliche Willensbildung war die religiöse Haltung der Sumerer auch davon bestimmt, auf die Götterversammlung Einfluß zu nehmen, d.h. den eigenen Willen dort bemerkbar zu machen. Die Grundlage hierfür lag darin, daß die Menschen die Arbeit der Götter übernommen hatten, die Götter aber dadurch in eine gewisse Abhängigkeit von den Menschen getreten waren.[7]

5 Übers. nach *Pettinato*, a.a.O. 74.

6 Vgl. *Jacobsen*, a.a.O. 145. Vgl. zum ganzen Zusammenhang: *I. Engnell*, Studies in Divine Kingship in the Ancient Near East, Oxford [2]1967.

7 Vgl. *J. Ebach*, Weltentstehung und Kulturentwicklung bei Philo von Babylos. Ein Beitrag zur Überlieferung der biblischen Urgeschichte im Rahmen des altorientalischen und antiken Schöpfungsglaubens, Stuttgart 1979, 364: "Dieser Gedanke einer gewissen Abhängigkeit der Götter vom Menschen ist deutlicher in den akkadischen Texten zu greifen (ähnlich im hethitischen Bereich), in denen auch die Möglichkeit

Zu dieser Einflußnahme bedurfte es - wie wohl in jeder Gesellschaftsordnung - der Beziehung; jeder suchte also ein persönliches Verhältnis zu "seinem" Gott, der für ihn bei den höheren Göttern eintreten sollte. Diese Vertrauensbeziehung erweist sich auch für den Gott als Vorteil: Auch ein Gott muß froh sein, gute Verehrer zu finden. So schreibt ein Sumerer von seinem Gott:

> Wieso hast Du mich (so) vernachlässigt?
> Wer wird Dir jemanden vermitteln, der meinen Platz einnimmt?
> Schreibe Du dem Gott Marduk, der etwas auf dich hält,
> Daß er mich von meinen Fesseln befreit.
> Dann werde ich Dein Antlitz sehen und Deine Füße küssen!
> Zieh' auch in Betracht, daß ich doch eine Familie habe, erwachsene und kleine Kinder,
> Habe Mitleid mit mir wegen ihrer und laß Deine Hilfe mich erreichen.[8]

Gehorsam gegen Gott ist deshalb das oberste Gebot; ein ankünftiges "goldenes Zeitalter" wird daher beschrieben als Epoche des Gehorsams. Der Gehorsam erweist sich als das Grundgesetz der Staatsordnung und so auch der kosmischen Ordnung, denn "Soldaten ohne König sind wie Schafe ohne Hirten"[9]. Ordnung jedoch ist kein bestehender Zustand, Ordnung muß vielmehr erst hergestellt werden, und zwar durch Autorität: "Der Befehl des Palastes ist unabänderlich wie der Befehl Anus[10]. Das Wort des Königs ist recht; seine Äußerung kann wie die Gottes nicht geändert werden."[11] Im Vergleich mit der Ordnungsstruktur Ägyptens kann - vereinfachend gesagt - der Unterschied so beschrieben werden: In der ewigen Ordnung Ägyptens ist die Autorität des Pharao auf seiner Funktion als Hüter der Ordnung aufgebaut; in Babylonien baut sich umgekehrt die Ordnung auf die Autorität auf, und die Befehle dieser Autorität sind nicht von einer vorgegebenen, sondern erst noch zu erstellenden Ordnung normiert.[12] Trotz aller

des Konflikts unter den Göttern und zwischen Göttern und Menschen thematisiert werden kann."

8 *Jacobsen*, a.a.O. 221 (Übers. von mir). Der Text stammt aus späterer, möglicherweise babylonisch-assyrischer Zeit.

9 Ebd. 217.

10 Der sumerische Gott *An* wird in der babylonischen Religion zum ersten der drei großen Götter des Weltalls: *Anu* (wörtlich "Himmel"). Neben Enlil, dem Gott des Luftraumes, und Ea, dem "Herrn der Tiefe", nämlich des Wasserreiches, erscheint Anu als der Göttervater an erster Stelle. Vgl. *Liagre Böhl*, Die Religion der Babylonier und Assyrer, in: Christus und die Religionen der Erde, Bd. II, a.a.O. 458f.

11 *Jacobsen*, a.a.O. 218.

12 Zum sumerischen Ordnungsbegriff *me* vgl. *H.H. Schmid*, Gerechtigkeit als Weltordnung. Hintergrund und Geschichte des alttestamentlichen Gerechtigkeitsbegrif-

ordnungschaffenden Autorität erfährt sich jedoch der Mensch auch von der Willkür der Götter abhängig.

So ergibt sich als Problem der Sprache und der Benennung das Problem der Absetzung vom Unbestimmten, vom Unbenannten, nämlich vom Chaos: "Als droben der Himmel noch nicht benannt war - drunten das Land noch nicht benannt ward - als die Götter einen Namen nicht bezeichnet hatten" (so der Anfang des Enuma-elisch). Das Wort ist in dieser impliziten Sprachtheorie nicht am Modell der Beschreibung abgelesen, sondern am autoritativ-setzenden, d.h. "bestimmenden" Werk normiert. Das Wort ist sachlich Ausdruck von Wille. Benennung bezieht sich daher auch gar nicht sogleich auf Einzeldinge, sondern zunächst auf die "Ordnung". Wird somit in der Sprache Verständigung über solche Ordnung erreicht, so bedeutet dies Zustimmung in solcher Benennung. Wie schwer solche Zustimmung zu erzielen war, zeigte sich auch in der Geschichte der babylonischen Mythen, die etwa in der Einordnung der Macht Marduks beinahe die Konsistenz des ganzen Sprachgefüges sprengte. Die "Übertragung" von Macht geriet dabei in verschiedenste Konflikte mit der "Ursprünglichkeit", die mit autoritativem, schaffendem Werk verbunden war.

Eine gewisse Änderung solcher durch göttliche Willkür mitbestimmter Lebensverhältnisse trat schrittweise im 2. Jahrtausend ein. Die staatliche Autorität des Königs konnte sich stärker durchsetzen, und damit wurde auch die soziale Ordnung stabiler. Dieser neue Erfahrungshorizont ermöglichte nun auch den Gedanken, daß die Gerechtigkeit nicht auf Gunst basiert, sondern mit dem Wert des Menschen selbst zusammenhängt. Der Mensch hatte so ein Anrecht auf Gerechtigkeit. Die Sprengwirkung dieses Gedankens läßt sich heute kaum noch vergegenwärtigen, sie hatte ungeheure Konsequenzen für das Problembewußtsein der Menschen. Erst vor diesem Hintergrund, daß nämlich der Wille der Götter nicht fraglos hingenommen wird, konnten Fragen entstehen wie: "Warum muß der Gerechte leiden?" und "Warum muß der Gerechte sterben?" In diesen Fragen, insbesondere der Auflehnung gegen Leiden und Tod, die nicht mehr als

fes, Tübingen 1968, 61-65, bes. 65, wo Schmid darauf hinweist, "in welcher Weise die Sumerer - im einzelnen anders als die Ägypter - die Weltordnung erfahren haben: als einen durch Gesetze, Gebote und Regeln von göttlicher Qualität und Macht durch und durch geordneten Kosmos. Dem bisherigen Befund entspricht es, wenn auch die durch den Begriff der *me* gekennzeichnete Ordnung als die (Schöpfungs-)Ordnung des höchsten Gottes dargestellt wird, als dessen irdischer Garant in erster Linie der König erscheint, insofern er sein Königtum als Ausfluß dieser *me* (Ordnungs-Regeln) von An bekommt."

fraglose Schicksalsbestimmungen hingenommen wurden, artikulierte sich ein neues menschliches Selbstbewußtsein.

Die Auflehnung gegen den Tod ist das Thema des Gilgamesch-Epos.[13] In ersten Ansätzen der Reflexion wird in dichterisch-mythischer Sprache die Todesfrage behandelt. Der Tod wird als Strafe nicht mehr schlichtweg und ungefragt hingenommen. Das Epos greift bis an die letzte menschliche Grenze: Es sucht in seinem Helden nach einer Möglichkeit, der Schicksalhaftigkeit des Todes zu entkommen.

Das Epos schildert Gilgamesch, den Herrn von Uruh, in aller nur erdenklichen Macht. Gilgamesch schließt Freundschaft mit dem aus ferner Steppe gekommenen wilden "Tiermenschen" Enkidu, der sich unter Anleitung einer Tempeldirne Schritt für Schritt in die Menschenwelt einfügt.[14] Zusammen mit Enkidu bricht Gilgamesch zu Heldentaten auf, die selbst vor der Grenze der Götterwelt nicht Halt machen. Von Maßlosigkeit und unersättlicher Ehrsucht des Gilgamesch zugrunde gerichtet, findet schließlich Enkidu sein Ende. Dem Freund Gilgamesch bricht eine Welt zusammen. Durch den frühen Tod des Gefährten völlig verstört, macht er sich auf, Unsterblichkeit zu suchen. Jenseits der Todeswasser wohnt Utnapischtim[15], ein Ahne, dem Unsterblichkeit nachgesagt wird. Utanpischtim muß also um das Geheimnis des Lebens wissen. Nach langer gefährlicher Reise trifft Gilgamesch Utanpischtim an. Dieser erzählt ihm seine Geschichte: Als die Götter vor langer Zeit einmal die Menschen vernichten wollten, sand-

13 Mit H. Schmökel können wir davon ausgehen, daß die uns überlieferte Fassung des Gilgamesch-Epos aus der letzten Blütezeit Sumers unter der dritten Dynastie von Ur um das Jahr 2000 stammt, in der große Teile mündlicher Überlieferung keilschriftlich fixiert wurden. Die umfangreichsten uns erhaltenen epischen Texte handeln von dem berühmten Helden namens Gilgamesch (etymologisch wohl "der Alte ist ein Held"), dem König von Uruh. Uruh lag an einem Arm des Euphrat und war in den Jahren 3000 bis 2700 v. Chr. die Hauptstadt Babyloniens. Endgültig wurde die Stadt erst im 5. Jh. n. Chr. wegen einer Verlagerung des Euphrat aufgegeben. Erst seit der Mitte des 19. Jh.s wurde die Stadt Gegenstand systematischer archäologischer Forschung. Charakteristisch ist eine gigantische, etwa 9 km lange Stadtmauer, die unter der Herrschaft des Gilgamesch in der Zeit zwischen 2700 und 2600 v. Chr. entstanden und im Gilgamesch-Epos als ewige Dauer verleihende Heldentat bezeugt ist. Vgl. *H. Schmökel*, Das Gilgamesch Epos, Stuttgart 1966.

14 Die Sumerer waren der Meinung, daß der Mensch erst durch Kultur und Zivilisation zum Menschen wird. Vgl. *Ebach*, a.a.O. 362.

15 Utnapischtim erscheint im babylonischen Mythos als Noe (Noah), der nach der Sintflut zur Insel der Seligen entrückt wird. Vgl. *Liagre Böhl*, a.a.O. 487. Der Name "Utnapischtim" kann etwa gedeutet werden: "ich habe mein Leben gefunden". Vgl. *H. Schmid*, Die Steine und das Wort, Zürich 1975, 63.

ten sie die "große Flut"[16]. Von einem Gott gewarnt, baut Utnapischtim eine Arche und rettet so sich, seine Frau und jeweils ein Paar aller lebenden Wesen von der Flut.

(All meine Habe) bracht' ich nun an Bord:
Was ich an Silber hatte, lud ich ein,
Was ich an Gold besaß, das nahm ich mit,
Ließ einziehn aller Lebewesen Samen,
Hieß alle gehn auf's Schiff, die mir verwandt,
Und nahm an Bord auch alles Vieh des Feldes.[17]

Als Enlil[18], der Gott der Flut, später das große Wasser und sein vernichtendes Werk bereut, schenkt er Utnapischtim als Dank für die Rettung aller lebenden Wesen auf der Erde Unsterblichkeit. Doch dieses göttliche Geschenk ist ein einmaliges und unwiederholbares Privileg. So kann Utnapischtims Privileg Gilgamesch nicht helfen. Erschüttert hält er Klage über seine vergebliche Lebenssuche:

Wo soll ich hingehn noch?
Er, der da wegholt, hält meine Glieder (nun bereits) gepackt,
Es hockt der Tod in meinem Schlafgemach,
Wohin (den Fuß) ich setze, ist der Tod![19]

Von dieser Klage erschüttert, setzt sich die Frau Utnapischtims - wie überhaupt die Frauen im Epos als Hüterinnen der Barmherzigkeit in Erscheinung treten - für Gilgamesch ein:

Da ist (nun) Gilgamesch
Erschöpft, nach großer Mühsal, hergekommen -
Was gibst Du ihm für seinen Heimweg mit?[20]

So weiß Utnapischtim schließlich Rat:

16 Die Sintfluterzählung gehört wohl nicht ursprünglich zum Gilgamesch-Epos; sie ist zwar aus sumerischer Zeit belegt, wird jedoch erst in einer späteren mittelbabylonischen Fassung des Epos von einem genialen Dichter eingefügt. In dieser späten Version liegt uns das Epos als sogenanntes "Zwölftafelwerk" vor. Auf den Zusammenhang zwischen Sintfluterzählung und Schöpfungsvorstellung macht *Schmid*, a.a.O. 59, aufmerksam: "Es ist nicht weniger als Chaoswasser, das in den Kosmos eindringt. Das Chaos droht, den Kosmos zu überwältigen."

17 Zit. nach *Schmökel*, a.a.O. 99f.

18 Der Gott Enlil nimmt im sumerisch-akkadischen Götterhimmel den hervorragendsten Platz aller Gottheiten ein; er gehört zu den kosmischen Gottheiten, die menschliche Angelegenheiten zum Eingreifen veranlassen. Vgl. *Schneider*, a.a.O. 403.

19 Zit. nach *Schmökel*, a.a.O. 108.

20 Zit. nach ebd. 109.

Verborgenes will, Gilgamesch, ich künden,
Werd' ein (Geheimnis) dir (der Götter) sagen:
Da gibt es eine Pflanze, stechdornähnlich (...),
Sie sticht dich gleich der Rose in die Hand.
Wenn deine Hände diese Pflanze heben,
So findest Du (durch sie) ein (neues) Leben![21]

Voll Freude macht sich Gilgamesch auf, das Kraut des Lebens in der Tiefe des Wassers zu suchen. So findet er das Kraut, das Unsterblichkeit verheißt und ewige Jugend wiederbringt, und macht sich auf, nach Uruh zurückzukehren. Doch auf der Rückkehr naht sich das Verhängnis in der Gestalt einer Schlange:

Als einen Teich mit kühler Flut er sah,
Stieg Gilgamesch hinein und nahm ein Bad.
(Doch) eine Schlange roch des Krautes Duft,
Still stieg sie auf und raubte das Gewächs.
(Kaum) kehrt' sie um, warf schon die Haut sie ab.
Da hockte Gilgamesch sich weinend nieder,
Die Tränen flossen über sein Gesicht.
Er (faßt') des Fährmanns Urschanabi (Hände):
"Wofür, o Urschanabi, haben nun gemüht sich meine Arme, und wofür
Hat aufgebraucht sich meines Herzens Blut?"[22]

Das Epos endet in einer tiefen Resignation:

Wär' müßig doch geblieben meine Hand
Und hätt' gelassen ich das Boot am Strand![23]

Der nüchterne Realismus der Schänkin, der Gilgamesch im Epos begegnet, soll so letztendlich recht behalten:

O Gilgamesch, wohin (noch) wirst Du laufen?
Das Leben, das du suchst, wirst nicht du finden!
(Denn) als die Götter (einst) die Menschen schufen,

21 Zit. nach ebd. 110.

22 Zit. nach ebd. 111.

23 *Schmökel*, ebd., kommentiert das Ende des Epos: "Die in verzweifelter Hoffnung begonnene Fahrt ist zu Ende; der Held steht mit leeren Händen da, erkennt aber nun die dem Irdischen zustehende Haltung - weise Resignation - und ringt sich zu ihr durch." Es fragt sich jedoch, ob die bewußte Einwilligung in die "dem Irdischen zustehende Haltung" vom Epos her zu belegen ist. Eher scheint nahezuliegen, daß spätere Überarbeitung an dieser offenen Resignation Anstoß nahm und durch die Erweiterung des Gilgamesch-Epos einen dem mythologischen Helden gemäßeren Abschluß suchte.

Da teilten sie den Tod der Menschheit zu,
Das Leben aber nahmen sie für sich![24]

So läßt das Gilgamesch-Epos nicht den Weg einer Versöhnung durch Katharsis - wie in der späteren griechischen Tragödie - oder eine letzte Annahme des Unausweichlichen zu. In einer späteren Fassung wird das Gilgamesch-Epos um "Enkidus Kunde aus der Unterwelt" erweitert.[25] Gilgamesch selbst erscheint schließlich als Herrscher und Richter des Totenreiches. Dies ändert jedoch nichts daran, daß das Totenreich selbst ein Reich der Schatten ist, ein nur dürftiger Abglanz des Lebens.[26]

Sollte das Gilgamesch-Epos in unvergleichlich emphatischer Weise die Auflehnung des Menschen gegen den Tod darstellen, so finden sich auch Zeugnisse der Auflehnung gegen das Leiden des Gerechten. Die Legitimität dieser - in mythologischen Kategorien gestellten - Frage wird verständlich auf dem Hintergrund des sich etablierenden Rechtsstaates, der seine Bürger zunehmend mehr gegen die Überfälle von Banden schützt. Vor diesem Hintergrund können auch die drohenden Vorstellungen mächtiger Unheilsdämonen zurückgewiesen werden; der Gläubige verläßt sich darauf, daß "sein" Gott doch die Macht besitzen müsse, ihn vor seinen Feinden und vor allem Übel zu schützen. Verantwortlich für das Übel in der Welt werden so letztendlich die Götter. Mit der kulturgeschichtlichen Entwicklung der Ordnungsvorstellung ergibt sich ein paradoxes Gesetz: Je mehr der Lebensraum des Menschen einem geordneten Gefüge gleicht, desto deutlicher wird dem Menschen, wo sein eigener Ort unsicher wird. So ist wirkliche Skepsis nur auf dem Hintergrund einer vernünftig gedachten - oder zumindest als vernünftig postulierten - Welt möglich. Das Theodizeeproblem bricht damit in voller Schärfe auf: Wenn Rechtschaffenheit in einem als Rechtsstaat vorgestellten Kosmos keine Garantie für das Wohlergehen der Menschen darstellt, welchen Sinn haben dann die Götter noch für den Menschen?

24 Zit. nach ebd. 88.

25 Vgl. ebd. 113ff.

26 Ein anderer Ausweg stellt sich in dem Versuch dar, durch Mysterienriten sich mit dem Gott Tammuz zu identifizieren, der durch die Tiefe des Todes zu einem geheimnisvollen Leben gelangt ist; vgl. ebd. 63, Anm. 1. In den Fruchtbarkeitsriten wird der Kreislaufgedanke des sterbenden und wiederauferstehenden Vegetationsgottes in den Mittelpunkt des religiösen Denkens gestellt: Als eine dieser Erscheinungsformen ist in der Religion der Babylonier und Assyrer Tammuz (wörtlich "der wahre Sohn der Tiefe") bekannt. Vgl. *Liagre Böhl*, a.a.O. 452.

Die Antwort der babylonischen Theodizee kommt - ähnlich dem Gilgamesch-Epos - einer resignativen Selbstbeschränkung der Vernunft gleich: "Wie das Innere des Himmels ist das Planen der Götter unergründlich; der Ausspruch von Gott und Göttin wird nicht begriffen"[27]. Ebenso werden auch die Kriterien menschlichen Denkens zur Frage: "Wüßte ich doch, was bei Gott gut ist! Ist etwa das, was den Menschen gut erscheint, für Gott schlecht, und was in des Menschen Herz schlecht ist, für seinen Gott gut? (...) Wer kennt den Willen der himmlischen Götter und begreift Gottes Rat? Wo haben die blöden Menschen Gottes Weg erkennen gelernt?"[28] Damit wird auch die menschliche Ordnungssetzung fragwürdig: Ist sie vielleicht nur ein Zerrbild der von den Göttern gesetzten Ordnung? Langt die Einsicht der Vernunft nicht hin zu den wahren Prinzipien der Rechtssetzung des Menschen?[29]

So tauchte im 1. Jahrtausend v. Chr. in Mesopotamien die Skepsis gegenüber allen Werten auf. Ein uns überlieferter Dialog zwischen Herr und Sklave macht dies deutlich. Dieser Dialog spielt alle Lebenswerte hinsichtlich ihrer Gültigkeit durch (die Liebe, den Erfolg, den Reichtum, den Gottesdienst); keiner dieser Werte zeigt sich als letztgültig haltbar. Der Sklave vermag die kontradiktorischen Vorschläge (Lieben ist genauso gut wie Nicht-Lieben, etc.) gleich gut zu begründen. So kommt der Herr schließlich zu dem Ergebnis:

27 *Liagre Böhl*, a.a.O. 494.

28 Ebd. 495.

29 Die Frage nach dem Sinn von Leiden und Tod, die Theodizeefrage also, kann in verschiedenen Modellen gedacht werden. Immer wieder werden in ganz unterschiedlichen geschichtlichen Formen und Bedingungen Denkmöglichkeiten durchgespielt: Da gibt es etwa die Lösung, die immer zu einem guten Ende führt (auch im später angefügten Schlußkapitel des Gilgamesch-Epos läßt sich aufzeigen, wie eine spätere Zeit die ursprünglich quälende Frage nicht offen lassen will). So ergibt sich in diesem Modell etwa die Konsequenz: Was wir jetzt als Qual erfassen, ist bei Gott (d.h. vor der letzten Wirklichkeit) das eigentlich Gute. Dieses muß sich freilich erst noch in einem guten Ausgang bzw. in einer Wiedereinsetzung ins Glück herausstellen. Die Mysterienlösungen suchen nach einem im Vergleich zum Diesseits besseren Jenseits bzw. nach einer ekstatischen Vereinigung mit diesem Jenseits. - Entgegengesetzt dazu taucht freilich auch das Denkmodell des skeptischen Pessimismus auf, der sich durchaus auch pragmatisch-hedonistisch artikulieren kann. Dieses Denkmodell läßt sich ebenfalls in der mesopotamischen Kultur belegen. - Mit Recht kann gefragt werden, ob es ein Indiz einer sich erschöpfenden Kultur und Religion darstellt, wenn die quälende Frage nach dem Sinn von Leiden und Tod nicht mehr offengelassen und durchgehalten wird. Sowohl die glatte Antwort durch das Versprechen des guten Ausgangs wie die indifferente Ablehnung der Fragestellung, die die offene Problematik überhaupt nicht als relevant zuläßt, versuchen die Radikalität der Fragestellung zu mildern und so zu umgehen.

"Sklave, stimme mir zu!" - "Ja, mein Herr!"
"Was ist nun eigentlich gut?
Mein Genick und dein Genick zu brechen, in den Fluß zu stürzen - das ist gut."

Der Sklave antwortet darauf:

"Wer ist groß genug, um zum Himmel hinaufzugelangen?
Wer ist breit genug, um die Erde zu umfassen?"[30]

Wenn alle Werte, die das Leben bietet, eitel und nichtig sind, so gibt es ebenso viele Gründe auch für das Leben selbst wie für seine Negation, den Tod. Die größte Form von Eitelkeit und Nichtigkeit ist es freilich, zu versuchen, das eigentlich Gute wissen zu wollen. Damit stehen wir an der letzten Grenze des Denkens: der Resignation als einer Form, die Sinnfrage aufzugeben und damit jeden Versuch fallenzulassen, eine - wenn auch immer nur vorläufige - schöpferische Bewältigung der Lebensfrage zu wagen.

2. Das Weltwerden aus der Krisis

Würden wir der Fragestellung, wie das Werden der Welt im mesopotamischen Kulturraum gedacht wurde, differenziert nachgehen, so müßten wir die ganze Entwicklung von der sumerischen Kultur über das Zusammentreffen mit den Akkadern bis in den komplexen Prozeß der Übernahme, Ausgestaltung und Modifikation dieser Überlieferung in den babylonisch-assyrischen Mythen genau verfolgen. In unserem Zusammenhang soll die Fragestellung nach dem Werden der Welt im mesopotamischen Kulturraum in nur einigen Akzentsetzungen verdeutlicht werden.

Vergegenwärtigen wir uns, daß die Mesopotamier vom Hintergrund ihrer Erfahrungen im sozialen Lebensbereich her die Götterwelt und deren Funktionen konstituierten. In dieser Vorstellungsform stand der gesamte Kosmos unter der Leitung einer Götterversammlung. Nun konnten einzelne Götter im Hinblick auf ihre Macht und ihre Funktion unterschieden werden. So wurde Anu als der Himmelsgott und Führer

[30] *Jacobsen*, a.a.O. 233 (Übers. von mir). *Liagre Böhl*, a.a.O. 493f., deutet diesen Text als Parodie einer Theodizee, nämlich als spöttische Ablehnung aller sittlichen und religiösen Werte. Eine solche Verspottung sittlicher Werte paßt am ehesten in den Mund eines weiblichen Clowns (des sogenannten *aluzinnu*) in dem echtes religiöses Leben und Denken karikiert wird. *G. v. Rad*, Weisheit in Israel, Neukirchen 1970, 396, Anm. 28, lehnt diese Deutung "als arges Mißverständnis dieser bitterernsten Dichtung" ab.

der sumerischen Götterversammlung bezeichnet; Enlil als der Gott des Sturmes stand ihm nach. Von der Eigenart der mesopotamischen Denkstruktur her wird deutlich, daß in den frühesten uns erreichbaren Vorstellungen nicht die Frage des Ursprungs von Göttern und Menschen im Vordergrund stand, sondern vielmehr die der Zusammenordnung der Götter untereinander und der Beziehungen von Göttern und Menschen.

Als Himmelsgott wird Anu als Vorsitzender der gesamten Götterversammlung vorgestellt. Der Mensch der Antike versteht den Himmel als den Inbegriff des Erhabenenen und der Majestät. Der Himmel ist schlechthin das dem Menschen nicht Erreichbare. Anu ist daher, wie er der Vater aller Götter ist, auch der Ursprung aller Autorität unter den Göttern und im Kosmos. Die Götter rufen daher aus:

> O Anu, Deine große Befehlsgewalt hat Vorrang,
> Wer könnte Nein (dazu) sagen?
> O Vater der Götter, Dein Befehl,
> Die eigentliche Gründung von Himmel und Erde,
> Wer könnte (ihn) verächtlich ablehnen?[31]

Dem Befehl und der Autorität Anus entstammt die Ordnung der Natur. Doch Anu, der Ursprung aller Autorität, erscheint dem Menschen unendlich weit entfernt; der Zwischenraum, der Abstand zu ihm erscheint unüberbrückbar. So wird der Raum zwischen Himmel und Erde von einem niederen Gott beherrscht: Enlil. Während Anu die Macht der Autorität repräsentiert, führt Enlil die Befehle der Götterversammlung aus; er repräsentiert die Gewalt. Tritt eine Krisensituation ein, so führt er die Götter in den Kampf. Dabei wird deutlich, daß sich der Mythos ursprünglich um Enlil formiert hat. Dies zeigt sich besonders dort, wo seine Funktion gegenüber dem auch die Götter bedrohenden Chaos beschrieben wird. Angesichts solcher Bedrohung erwählen die Götter Enlil, der als einziger Tiamat, das Chaos, zu besiegen vermag.

Hinter diesem Handeln der Götter wird ganz deutlich die Ordnung der menschlichen Gesellschaft transparent: Autorität ist notwendig, um überhaupt eine Gesellschaftsordnung erstellen zu können; diese aber ist immer bedroht, wenn nicht auch Macht zur Verfügung steht, um sich mit Gewalt gegen die Anarchie durchzusetzen. Gewalt aber ist stets ambivalent: Sie kann die Ordnung durchsetzen und sichern, sie kann aber auch ins Gegenteil umschlagen. Auch diese dunkle Seite der

31 *Jacobsen*, a.a.O. 153 (Übers. von mir).

Gewalt repräsentiert Enlil; sie kann unberechenbar und unvorhersehbar in ihm hervorbrechen. So kann sich der Bewohner Mesopotamiens unter der Gewalt von Enlil nie ganz sicher fühlen; die Haltung ihm gegenüber ist daher nicht die der Ehrfurcht - wie bei Anu -, sondern immer auch der Furcht. In dieser Haltung kommt die Unsicherheit der Lebensbedingungen Mesopotamiens zum Ausdruck:

> O Vater Enlil, dessen Augen (wild) glühen,
> Wie lang - bis sie wieder Frieden ausdrücken?[32]

Ähnlich drückt sich die Abhängigkeit von den klimatischen Lebensbedingungen in einem anderen epischen Gedicht aus:

> Er rief den Sturm, der das Land vernichten wird.
> Das Volk klagt.
> Er rief vernichtende Winde.
> Das Volk klagt.
> Enlil - indem er Gibil als Helfer rief -
> Rief den großen Hurrikan des Himmels.
> Das Volk klagt.[33]

Neben dem Ursprung der Autorität - verkörpert in Anu -, der exekutiven Gewalt - verkörpert in Enlil -, stellt das dritte wichtige Element des mesopotamischen Weltbildes die Erde dar: Als die "Mutter Erde" wird Ki bezeichnet. Sie drückt die unerschöpfliche Fruchtbarkeit aus, den Ursprung des sich stets erneuernden Lebens. So ist Ki die Inkarnation aller reproduktiven Kräfte. Eine Fülle verschiedener Bezeichnungen kann für diese Gottheit stehen.[34] Einen der wesentlichen Aspekte besitzt die lebenspendende Erde im Wasser, d.h. im Süßwasser, ohne welches Vegetation und Reproduktion des Lebens überhaupt unmöglich ist. Aufgrund seiner lebenspendenden Bedeutung emanzipiert sich nun das Wasser als eigene, männliche Gottheit: En-Ki, der Herr der Erde. In der geschlechtsspezifischen Gegenüberstellung von Ki und En-Ki, der Mutter Erde und der lebenspendenden männlichen Gottheit, spiegelt sich die Erfahrung der Mesopotamier wider, die in der Erde die passive Fruchtbarkeit, im Wasser aber die aktive Produktivität sahen. Dieses Quell- und Flußwasser bahnt sich

32 Ebd. 157 (Übers. von mir).

33 Ebd. 154 (Übers. von mir).

34 Dabei bleibt oft unklar, ob es sich um verschiedene Prädikate ein und derselben Gottheit handelt oder ob verschiedene göttliche Subjekte gedacht sind - soweit diese Fragestellung auf die mesopotamische Grammatik überhaupt als anwendbar und nicht vielmehr von unserem Denken her hineingetragen erscheint.

seinen Weg, indem es Widerstände umgeht, und so verkörpert En-Ki auch die Schlauheit, die überlegene Intelligenz.[35] An En-Ki wenden sich die Menschen, wenn sie Rat in schwierigen oder ausweglos erscheinenden Situationen brauchen, in denen schöpferische, situationsgerechte Intelligenz erfordert ist.

Diese Zusammenordnung der Göttergestalten zeigt, wie die frühen Bewohner Mesopotamiens ihre kosmologische Ordnung konstituierten und dabei auch eine gewisse Systematisierung versuchten (so z.B. in Göttergenealogien, die Prioritäten, Abhängigkeiten und Machtverhältnisse ausdrücken). Die Frage der Existenz des Kosmos wurde dabei einfach vorausgesetzt.[36] Verschiedene Mythen stellen zwar die Frage des Ursprungs in Hinsicht auf einzelne Lebenswirklichkeiten, doch die Frage nach dem Ursprung des Kosmos als ganzem taucht nicht auf. Eine Gesamtkonzeption, die alle Einzelfragen zu umkreisen sucht, wurde erst später ausgearbeitet im Enuma-elisch.

Das große Schöpfungsepos des Enuma-elisch entstammt der ersten Hälfte des 2. Jahrtausends v. Chr. und ist in Akkadisch abgefaßt.[37] Die uns zugänglichen Texte stammen aus dem 9. Jh. v. Chr. und wurden bei der Ausgrabung der Bibliothek des assyrischen Königs Assurbanipal (669-627 v. Chr.) gefunden. Die Komposition des Epos läßt sich deswegen verhältnismäßig genau datieren, weil Marduk, der Stadtgott Babylons, die Zentralfigur darstellt, das Epos also um die Zeit entstanden sein dürfte, als Babylon das politische und kulturelle Zentrum Mesopotamiens wurde. Wie im Gilgamesch-Epos sind auch hier ältere Elemente mitenthalten. Möglicherweise war der ganze Mythos des Enuma-elisch ursprünglich um die Gottheit Enlil konzentriert, an dessen Stelle dann später Marduk trat. Diese Vermutung legt sich nahe, da Enlil, der nach Anu zweitbedeutendste Gott der sumerischen Götterwelt, im Enuma-elisch überhaupt keine Rolle mehr spielt, wogegen die Trennung von Himmel und Erde, die für den Sturmgott Enlil ty-

35 Vgl. *Jacobsen*, a.a.O. 160.

36 Vgl. ebd. 164.

37 Dazu *Liagre Böhl*, a.a.O. 482: "Das Epos der Weltschöpfung und Weltordnung, wie wir dieses aus der Bibliothek Assurbanipals in sieben Gesängen besitzen, ist das große Textbuch des babylonischen Neujahrsfestes, welches vom Oberpriester am Abend des dritten Festtages vollständig rezitiert wurde. Es wurde nach den Anfangsworten Enuma elis ("Als droben") genannt. Es beginnt nämlich mit der Theogonie: als droben der Himmel noch nicht benannt war und das Festland drunten noch keinen Namen hatte, entstanden in der Tiefe die ersten Götterpaare. Der Gedanke, daß das Wasser der Ursprung aller Dinge sei, lag in der Ebene, die ihr Entstehen und ihre Fruchtbarkeit den Überschwemmungen verdankt, nahe."

pisch ist, nun Marduk zugeschrieben wird, obwohl dieser ursprünglich eine solare Gottheit darstellt.[38]

Das Epos umfaßt zwei nicht streng voneinander getrennte Teile. Der erste Teil hat zum Inhalt den Ursprung des Universums in seiner Grundform; der zweite Teil befaßt sich mit dem Ursprung der Welt in ihrer gegenwärtigen Ordnung. So beschreibt der Beginn des Epos den Ursprung:

> Als droben die Himmel nicht genannt waren,
> Als unten die Erde keinen Namen hatte,
> Als selbst Apsu, der uranfängliche, der Erzeuger der Götter,
> Mummu Tiamat, die sie alle gebar,
> Ihre Wasser in eins vermischten,
> Als das abgestorbene Schilf sich noch nicht angehäuft hatte,
> Rohrdickicht nicht zu sehen war,
> Als noch kein Gott erschienen,
> Mit Namen nicht benannt, Geschick ihm nicht bestimmt war,
> Da wurden die Götter aus dem Schoß von Apsu und Tiamat geboren.[39]

Auch bei diesem Schöpfungsepos können wir davon ausgehen, daß Weltbild und Lebenserfahrungen der Mesopotamier prägend sind für die Schöpfungsvorstellungen: Grundstufe allen Werdens ist das Wasser. Apsu repräsentiert dabei das fruchtbare Süßwasser, Tiamat das unfruchtbare Meerwasser.[40] In dieser Differenzierung wird die Vorstellung wirksam, daß das Fluß- und Quellwasser aus einem unterirdischen Ozean hervorkommt, die Erde aber als Scheibe auf den verschiedenen Wassern schwimmt. Aus den Wassern des Chaos entstanden die Götter und entstand auch die Erde. In naturmythischen mesopotamischen Spekulationen wird die Entstehung des Landes aus der Vermischung von Salz- und Süßwasser gedeutet. Mesopotamien selbst ist ja angeschwemmtes Land, entstanden durch den Schlamm, der über Jahrhunderte von den beiden großen Flüssen Euphrat und Tigris herangespült und im Persischen Golf abgelagert wurde. Gerade im Mündungsgebiet von Euphrat und Tigris vermischen sich jedoch auch die beiden Wasser, das süße und das salzige.[41] So entspringt die Erde

38 Vgl. *Jacobsen,* a.a.O. 183f.

39 *M. Eliade,* Die Schöpfungsmythen, Darmstadt 1980, 134.

40 *Mummu* erscheint in einer Doppelbedeutung: hier im Enuma-elisch als böses und satanisches Prinzip, das den Apsu aufhetzt und ihm den bösen Rat gibt, die junge Götterwelt zu vernichten, um damit die Ruhe wiederherzustellen; andererseits erscheint Mummu später jedoch auch als Name für die göttliche Vernunft. Vgl. *Liagre Böhl,* a.a.O. 483.

41 Vgl. *Jacobsen,* a.a.O. 185f.

durch die Vermischung der Wasser. Der Himmel, festgegründet wie die Erde, konnte auch nicht anders entstanden sein als durch Ablagerungen, die dann später in die Höhe emporgehoben wurden. Wie sich in der Erklärung der göttlichen Weltordnung der Reflex der eigenen sozialen Ordnung Mesopotamiens findet, so spiegelt auch die Entstehung der Erde das Bewußtsein um die Entstehung des eigenen Landes wider. Die Welt entspringt im ständigen Konflikt der beiden Prinzipien von Aktivität und Passivität.[42] Den ersten Sieg über das Chaos erreicht allein die Autorität: Im Akt der Benennung wird Aktives von Inaktivem unterschieden und durch Aussonderung überwunden. Zum zweiten Sieg bedarf es außer der Autorität noch der Gewalt.[43] Jedes Werden ruft nämlich die Krisis hervor. Noch ehe das Werden der Welt vollendet ist, zeigt sich bereits eine Störung des Gleichgewichts zwischen den Urgewalten und den entstandenen neuen Kräften:

> Es kamen zusammen die Brüder, die Götter,
> Zu stören Tiamat durch ungeordnetes Treiben,
> Sie verwirrten tatsächlich Tiamats Gemüt,
> Da sie tanzend umhersprangen inmitten der Himmelswohnung.
> Sie dämpften ihr Geschrei nicht einmal inmitten des Apsu.[44]

Die trägen Urwasser fühlen sich durch das Geschrei der jungen Generation in ihrem Gleichgewicht bedroht. Um das verlorene Gleichgewicht wiederherzustellen, spricht daher Apsu:

> Unerträglich ist mir ihr Verhalten.
> Tagsüber kann ich nicht ruhen, nachts kann ich nicht schlafen.
> Ich will sie vernichten, um ihrem Treiben ein Ende zu machen.
> Stille soll herrschen, damit wir (endlich) schlafen können![45]

Damit ist die neue Göttergeneration vom Chaos der Vernichtung bedroht; nur einer der jungen Götter, Ea[46], zeigt sich der Situation gewachsen. Er nimmt den Kampf gegen die Gottheiten des Ursprungs Apsu, Mummu und Tiamat auf. Apsu wird von ihm getötet, Mummu angekettet. Am Ort des Sieges, nämlich in der Tiefe des Apsu, wird von Ea und dessen Gemahlin Damkina Marduk (sumerisch "Jungstier

42 Diese beiden Prinzipien lassen sich nicht problemlos mit dem Prinzip des Guten und des Bösen identifizieren; die beiden Seiten können gegeneinander ausgetauscht werden.

43 Vgl. *Jacobsen*, a.a.O. 187.

44 *M. Eliade*, a.a.O. 135.

45 Ebd.

46 *Ea* (akkadisch) entspricht *En-Ki* (sumerisch).

des Sonnengottes") geboren, der eigentliche Held des Epos. Seine Qualitäten prädestinieren ihn zum zukünftigen Herrscher. Mit Marduks Unterstützung nimmt Anu, der Himmelsgott, den Kampf gegen Tiamat, das weiterhin gegenwärtige Chaos wieder auf. Das Epos schildert in verschiedenen Episoden die Dramatik des Kampfes, der sich zuweilen so zuspitzt, daß die jungen Götter ganz entmutigt sind. Tiamat bringt eine Anzahl von Ungeheuern zu ihrer Unterstützung hervor. Angesichts dieser äußersten Bedrohung übergeben die Götter Marduk die Führung; dieser tritt schließlich zum Kampf gegen Tiamat an. Tiamat wird besiegt, und aus den beiden Teilen des gespaltenen Körpers entstehen Himmel und Erde.[47] Im Himmel erbaut sich Marduk einen Palast; er regelt den Gang der Sterne.[48] Schließlich schafft er Ordnung auf der Erde. Mit der Vollendung dieses Werkes wird auch die Stellung der Götter entsprechend ihrem Verhalten neu geregelt. Den Göttern, die auf Marduks Seite gekämpft haben, werden Verehrer geschaffen; den anderen auf der Seite der besiegten Tiamat muß Bestrafung zuteil werden. Marduk verzichtet auf die allgemeine Bestrafung - unter der Bedingung, daß einer der besiegten Götter die Strafe auf sich nimmt und an Stelle aller umkommt. So wird Kingu (die Gegenfigur zu Marduk, in der alle zerstörerischen Kräfte personifiziert werden) getötet; aus seinem Blut sind die Menschen erschaffen:

> "Ein Gewebe von Blut will ich machen, Gebein will ich bilden,
> Um ein Wesen entstehen zu lassen: Mensch sei sein Name.
> Erschaffen will ich ein Wesen, den Menschen.
> Ihm auferlegt sei der Dienst der Götter zu ihrer Erleichterung. (...)"
> Es antwortete ihm Ea, indem er zu ihm das Wort sprach;
> Zur Erleichterung der Götter, teilte er ihm seinen Plan mit:
> "Einer von ihren Brüdern soll ausgeliefert werden.
> Dieser soll sterben, damit die Menschheit entsteht. (...)"
> "Wer ist es, der den Krieg erregt,

47 Anschaulich schildert *H.H. Schmid*, a.a.O. 33f., den Kampf Marduks gegen Tiamat: "Dann trifft er (sc. Marduk) seine Vorbereitungen, schafft sich Bogen, Pfeil, Keule und ein Netz, um Tiamat darin zu fangen. Er ergreift die vier Winde und besteigt seinen Kriegswagen, den Sturm. Mit einer breit angelegten Schmährede provoziert er Tiamat, die, außer sich vor Wut, ihm entgegentritt. Doch Marduk gelingt es, das Netz über sie zu werfen. Wie Tiamat ihren Rachen aufreißt, um Marduk zu verschlingen, läßt dieser die vier Winde los. Tiamat wird aufgeblasen wie ein Luftballon. Marduk ersticht sie und schneidet sie horizontal entzwei (...). Was ist damit geschehen? Das Urwasser ist 'aufgeblasen' worden, inmitten des Wassers hat sich ein Luftraum gebildet, der Raum für die Welt ist entstanden."

48 In die breite Abhandlung fließen hier die astronomischen Kenntnisse des damaligen Babylon ein; Marduks eigene Gestirne sind die Planeten Jupiter und Merkur, die in seinem Heiligtum in Babylon besondere Verehrung fanden.

Tiamat zur Revolte aufgereizt, den Kampf begonnen hat?
Wenn der am Kriege Schuldige mir ausgeliefert wird,
Will ich ihm seine Strafe auferlegen,
Ihr aber sollt in Frieden bleiben."
Da antworteten ihm die Igigi, die großen Götter (...):
"Kingu war's, der den Krieg erregt,
Tiamat zur Revolte aufgereizt, den Kampf begonnen hat."
Als sie ihn gebunden hatten, brachten sie ihn vor Ea.
Sie ließen ihn seine Strafe erleiden,
Seine Adern durchschnitten sie.
Aus seinem Blute erschuf er die Menschheit.[49]

Im Unterschied zur älteren sumerischen Mythologie wird im akkadischen Enuma-elisch der Mensch von seinem Ursprung her nicht als unschuldiges Wesen begriffen: Er trägt das Blut eines rebellischen und gestraften Gottes in sich. Der Existenz des Menschen vorgelagert ist also die Folge einer Schuld, die er selbst nicht auf sich geladen hat. Als ganzer ist der Mensch geschaffen zur Arbeit, zur Verehrung der siegreichen und zur stellvertretenden Sühne für die gefallenen, aufrührerischen Götter.[50] Vollkommenheit und Verfehlung sind gegenwärtig, sowohl auf der Ebene der Götter wie auch auf der Ebene der Menschen. Die dunkle Seite der menschlichen Existenz spiegelt so die dunkle Seite des Kosmos selbst wider; aus dieser Verflechtung in die Dualität der Kräfte des Kosmos vermag sich der Mensch aufgrund seines Wesens nicht zu lösen. So enthält auch die Einschätzung der Arbeit, für die die Menschen zur Entlastung der Götter geschaffen sind, im Enuma-elisch einen deutlich negativen Aspekt - was im sumerischen Mythos nicht der Fall gewesen war.[51]

Die Menschen Mesopotamiens fanden in dieser Deutung der Weltschöpfung ihre eigene Lebensform wieder - so sehr, daß sie diese Deutung auch dann noch aufrechtzuerhalten suchten, als die deutende Kraft längst verloren gegangen war. Zu Beginn jeden Jahres wurde die Thronbesteigung Marduks aufs neue gefeiert und so sein Sieg über das Chaos kultisch repräsentiert. Rituell wiederholte sich der Ruf der Götter, wie er auf der vierten Tafel des Enuma-elisch steht: "Marduk ist König". Der Kampf des Lichtes gegen die Finsternis hat nicht ein für allemal stattgefunden, sondern ist eine bleibende und sich ständig wiederholende Struktur. Die rituelle Vergegenwärtigung dieses

49 *Eliade*, a.a.O. 145.
50 Vgl. ebd. 130.
51 Vgl. *Ebach*, a.a.O. 365f.

Kampfes sichert so das Weiterbestehen der Welt.[52] "Es handelt sich ja nicht nur um ein Fest, das einen 'ewigen Augenblick' sakraler Zeit in den profanen Zeitablauf einfügt, sondern um eine völlige Aufhebung der abgelaufenen profanen Zeit, um das Schließen eines Zyklus. In dem Sehnen nach Neubeginn, nach einem neuen Leben im Schoß einer neuen Schöpfung - ein Drang, der in den Zeremonien zum Jahreswechsel offenbar wird - ist auch der paradoxe Wunsch, eine ahistorische Existenz anzuheben, ein Leben, das sich nur in einer heiligen Zeit abspielt. Das läuft wiederum auf eine Erneuerung der Zeit hinaus, auf eine Umwandlung der Zeitdauer in 'Ewigkeit'."[53]

Als stärker denn in Ägypten erweist sich in den sumerisch-akkadisch-babylonischen Mythen die Präsenz des Chaos, wie auch die Fragwürdigkeit der *condition humaine* im babylonischen Lebensbereich viel stärker als in Ägypten erfahren wurde. Diese Fragwürdigkeit menschlicher Existenz gibt der Frage nach dem Warum und Wozu des Menschen, nach seiner Herkunft, einen viel breiteren Raum als in Ägypten, wo diese Fragen - wenigstens in der frühen Zeit - mit unbekümmerter Selbstverständlichkeit positiv beantwortet wurden.

Die mesopotamische Kultur konzipiert die Ambivalenz der menschlichen Existenz - und so auch die Ambivalenz des Kosmos und seines Grundes - nicht von der sichtbaren und ständig erfahrbaren Grenze von Leben und Tod, Licht und Finsternis her (wie in Ägypten), vielmehr wird diese Ambivalenz seit dem Enuma-elisch in die menschliche Existenz selbst mit hineingenommen - auch um den Preis, daß diese dann dunkel und undurchsichtig erscheint. Im ägyptischen Denken scheint das Chaos deutlicher ausgegrenzt; dennoch hat es eine Rückkehr, einen neuen Einbruch des Chaos zu befürchten, das den Tag wieder zur undifferenzierten, bewußtlosen Nacht werden läßt. In der Denkfigur der Mesopotamier steht ständig ein erneuter Ausbruch des Chaos zu erwarten, der das Leben im plötzlich ausbrechenden Sturm und im unberechenbar anschwellenden Wasser verschlingt.

Zusammenfassung

1. Sowohl die geo-klimatischen Lebensbedingungen des Kulturlandes zwischen Euphrat und Tigris wie die sozial-gesellschaftlichen Ord-

[52] Vgl. *Eliade*, a.a.O. 25f.

[53] *M. Eliade*, Die Religionen und das Heilige, Salzburg 1954, 455.

nungsprinzipien der Stadtkultur waren für kosmische Ordnungs- und Schöpfungsvorstellungen prägend.

2. Entsprechend der Götterversammlung bedurfte auch die Welt des Menschen der ordnungschaffenden Autorität.

3. Ein Aufbrechen der Theodizee-Frage und mit ihr eine Auflehnung gegen die Schicksalsverfügtheit des Todes ist im Gilgamesch-Epos greifbar; die Antwort führt freilich in eine resignative Selbstbegrenzung menschlicher Vernunft.

4. Explizit kosmogonische Vorstellungen entwickelt das Enuma-elisch; der Kosmos erweist sich ständig aufs neue in seinem Gleichgewicht bedroht. Jedes Werden ruft eine Krisis hervor und muß sich in gewaltsamem Kampf gegen die Urmächte des Chaos durchsetzen.

5. Die Anthropologie des Enuma-elisch weist den Menschen als ambivalente Existenz aus, die die Prinzipien des Chaos und der Ordnung gleichermaßen in sich trägt.

III Schöpfung als Verheißung

Das Alte Testament

1. Schöpfungswort und Schöpfungsweisheit
Biblische Ausdrucksformen

a. Die Gerechtigkeit Jahwes

Bei der Frage nach Sinn und Funktion der biblischen Schöpfungsaussagen können wir davon ausgehen, daß diese funktional auf Lebenswerte hin zu verstehen sind. Sicher heben sich die biblischen Schöpfungsaussagen in der ihnen eigenen charakteristischen Form von den besprochenen außerbiblischen Vorstellungen ab; diese Verschiedenheit vom außerbiblischen Vorstellungshintergrund ergibt sich aber nicht aufgrund der formalen Struktur (der Funktionalität auf Lebenswerte hin), sondern der inhaltlichen Wertsetzung.[1] Ist diese Voraussetzung der Funktionalität biblischer Schöpfungsaussagen im Hinblick auf Lebenswerte richtig, so muß für die nähere Bestimmung angesetzt werden beim alttestamentlichen Zentralbegriff der Gerechtigkeit.[2] "Es

1 Vgl. *H.H. Schmid,* Die Steine und das Wort. Fug und Unfug biblischer Archäologie. Zürich 1975, 28f., bringt die Abhängigkeit der biblischen Texte von den altorientalischen Vorstellungen auf den kurzen Nenner: "Man weiß heute, daß die biblischen Schöpfungstexte eingebettet sind in ein verzweigtes Netzwerk verbreiteter altorientalischer Vorstellungen, Berichte und Mythen. Das spezifisch Biblische wird sich daran erweisen müssen, in welcher Weise hier das altorientalische Material Gestalt angenommen hat, wo das gemeinorientalische Erbe zurückgewiesen oder modifiziert worden ist."

2 Vgl. *W. von Soden,* Die Frage nach der Gerechtigkeit Gottes im Alten Orient, in: Mitteilungen der Deutschen Orientgesellschaft 96(1955), 41-59. v. Soden zeigt, daß das Problem der Gerechtigkeit Gottes für die babylonische und israelitische Religion charakteristisch ist.

gibt im Alten Testament keinen Begriff von so zentraler Bedeutung schlechthin für alle Lebensbeziehungen des Menschen wie den der *sedakah*. Er ist der Maßstab nicht nur für das Verhältnis des Menschen zu Gott, sondern auch für das Verhältnis der Menschen untereinander (...) *sedakah* kann man ohne weiteres als den höchsten Lebenswert bezeichnen, als das, worauf alles Leben, wenn es in Ordnung ist, ruht."[3] Dient diese zentrale Vorstellung der Gerechtigkeit als Ausgangspunkt, so zeigt sich: Sie umfaßt verschiedene Dimensionen oder Aspekte der einen Wirklichkeit in dem Sinn, daß sie diese verschiedenen Dimensionen sowohl zusammenschließt als auch gegeneinander aufschließt. Was angesprochen und vorgestellt ist mit der Gerechtigkeit, legt den Grund für die Form des Gemeinschaftsverständnisses des Volkes Israel. Ebenso stellt sie die Grundlage der zwischen Gott und den Menschen aufgerichteten Gemeinschaft dar. In dieser Gemeinschaft, mit der zentralen Kategorie "Bund", ist auch die Basis der Gottesvorstellung Israels erreicht; von dieser Basis her wird die Existenzform des Volkes Israel in Natur und Geschichte konstituiert, und von dieser Basis her steckt sich Israel in seinen Schöpfungsvorstellungen den Ort und die Form seiner Existenz ab.[4]

Wer den genauen Sinn des Begriffs "Gerechtigkeit" zu bestimmen sucht, stößt freilich schon rein sprachlich auf erhebliche Schwierigkeiten. Dies zeigt sich bereits im Übersetzungsproblem: *sedakah* wird im Griechischen der Septuaginta gewöhnlich mit *dikaiosýne*, *díke*, *díkaios* und *dikaioûn* wiedergegeben. Gleichzeitig geben die nämlichen griechischen Begriffe aber auch eine ganze Reihe anderer hebräischer Wörter wieder. Schon dieser Sachverhalt weist darauf hin, daß die Vorstellungskreise des griechischen und des hebräischen Gebrauchs von "Gerechtigkeit" nicht zur Deckung gebracht werden können. Zudem ist - im Unterschied zu unserer modernen Ausdrucksweise - zu beachten, daß auch im Griechischen nicht ein ethisch-rationaler Begriffsinhalt von "Gerechtigkeit" im Vordergrund der Vorstellung steht, sondern vielmehr der religiöse Begriffsinhalt der mythischen Gestalt der Göttin Dike. So stellt das Recht in der Polis Solons ein von Menschen unabhängiges Gesetz dar, das - mag es wie auch immer verletzt werden - sich letztlich trotz allem durchsetzt. *Díke* bezeichnet somit das göttliche Gesetz. Ausgehend von diesem politischen Begriffsgebrauch wird *díke* bei den Vorsokratikern auch zum "Gesetz des Kos-

3 *G. von Rad*, Theologie des Alten Testaments I, München [4]1966, 382.

4 Vgl. *G. Quell*, Art. Díke, in: ThW II, 176.

mos", prägnanter noch: gerade die *díke* konstituiert den Kosmos als solchen. Von Anaximander stammt das Fragment:

Woraus aber das Werden ist den seienden Dingen, in das hinein geschieht auch ihr Vergehen nach der Schuldigkeit, denn sie zahlen einander gerechte Strafe (*díke*) und Buße für ihre Ungerechtigkeit (*adikía*) nach der Zeit Anordnung.[5]

Die Wirklichkeit ist also durch eine notwendige Ordnung (*anánke, moîra*) bestimmt, die sich Anaximander nach der Vorstellung der Rechtsordnung denkt. Diese Ordnung besteht in einem sich immanent herstellenden und unausweichlichen Gesetz, das sich mit Notwendigkeit durchsetzt. Bei Parmenides wird die *díke* zur Instanz, die über das Sein und seine Struktur entscheidet.

Auch wird ja die Kraft der Überzeugung niemals einräumen, aus Nichtseiendem könnte irgend etwas anderes als eben dieses hervorgehen. Um dessen Willen hat weder zum Werden noch zum Vergehen die Rechtsgottheit (*Díke*) das Sein freigegeben, es in den Fesseln lockernd, sondern sie hält es fest. Die Entscheidung aber hierüber liegt in folgendem: IST oder NICHT IST! Entschieden ist aber nun, wie notwendig, den einen Weg als undenkbar, unsagbar beiseite zu lassen (es ist ja nicht der wahre Weg), den anderen aber als vorhanden und wirklich-wahr zu betrachten.[6]

"Denn die machtvolle Notwendigkeit hält es in den Banden der Grenze, die es rings umzirkt, weil das Seiende nicht ohne Abschluß sein darf"[7]. Die *díke* ist also der nicht mehr hinterfragbare Grund der Form des Seins.

Bei Platon erscheint dann der Begriff der *dikaiosýne* als die Grundstruktur des Staates wie auch der menschlichen Seele. Gerechtigkeit bedeutet nach Platons Lehre in der "Politeia": "das Seinige tun"[8], womit die Gerechtigkeit als Zentrum und Struktur aller Tugenden in Erscheinung tritt.

Auch Aristoteles geht in der "Nikomachischen Ethik" von dieser Rolle der Gerechtigkeit aus: "Die Gerechtigkeit ist also nicht ein Teil der Tugend, sondern die ganze Tugend."[9] Das Besondere der Gerechtigkeit besteht darin, daß sie auf den anderen bzw. auf die Gemeinschaft bezogen ist. "Sie tut nämlich, was einem anderen zuträglich ist,

5 *Anaximander*, Fragm 1, in: *H. Diels - W. Kranz*, Die Fragmente der Vorsokratiker I, Dublin - Zürich [17]1974, 89.

6 *Parmenides*, Fragm. 8, 12-18; ebd. 236.

7 *Parmenides*, Fragm. 8, 30f.; ebd. 237.

8 *Platon*, Politeia 433a.

9 *Aristoteles*, Nikomachische Ethik V 3, übers. von O. Gigon, Zürich - München [3]1978, 156.

sei es dem Regenten oder jenem, der derselben Gemeinschaft angehört."[10] Neben dieser Gerechtigkeit im allgemeinen Sinn spricht Aristoteles dann noch von der besonderen Gerechtigkeit, die sich auf einzelne auf eine Rechtsordnung bezogene Fragen bezieht, z.B. auf Kauf, Verkauf, Darlehen usw.[11] Alle diese Fragen behandelt Aristoteles rein gesellschaftsimmanent, nach Regeln der Mitte, der Proportionalität, der Billigkeit.[12] Es steht für ihn fest (d.h., es gibt darüber bei ihm gar keine Diskussion und kann keine geben), daß "Gerechtigkeit" ohne Bezugnahme auf einen Gott oder Götter bestimmt werden muß, daß es sich hier um einen Begriff handelt, der ausschließlich im Rahmen einer autonomen Ethik und Gesellschaftstheorie behandelt werden kann.

Ein Sprachgebrauch von *díke* als naturgesetzlicher Notwendigkeit trat später in der Stoa wieder auf und wurde hier zum beherrschenden Gedanken: Alles folgt in der Welt mit strenger und unerbittlicher Notwendigkeit. Nur im Zeichen dieser Notwendigkeit ist es möglich, über die Welt vernünftig zu denken (gemäß dem *orthòs lógos*, dem richtigen Wort). Wenn auch die Notwendigkeit im Leben des Einzelnen als *heimarméne*, als unerbittliches Schicksal auftritt, so ist doch in der *dikaiosýne* die Möglichkeit gegeben, sich der ewigen Notwendigkeit, dem göttlichen Logos in freier Selbstbestimmung zu unterwerfen.[13]

Ganz gleich nun, ob wir den naturmythologischen Hintergrund, der noch bei den Vorsokratikern durchscheint, nehmen oder den ethisch-gesellschaftstheoretischen des Aristoteles oder den ethisch-naturphilosophischen der Stoiker: In keinem Fall gibt es irgendeinen Gebrauch von *dikaiosýne*, der für eine Wiedergabe des hebräischen *sedākah* wirklich in Frage käme. Mit *díke* wurde im Griechischen tatsächlich ebenso eine "Welt" aufgebaut wie im Hebräischen mit *sedakah*; es sind beides Worte, die eine Grundortientierung, ein "Weltmuster" zum Ausdruck bringen, aber eben ein ganz und gar verschiedenes. Die Griechen suchten in der *díke* eine letzte Norm, an der sie ihr Verhalten orientieren konnten. Die *díke* selbst konnte dann als göttlich bezeichnet werden, mit den Göttern selbst hatte die Gerechtigkeit aber

10 Ebd.

11 Vgl. ebd. V 4. 5.

12 Vgl. ebd. V 6-15.

13 Für die Frage, wie die stoische Forderung der Freiheit mit einem solchen Weltbild vereinbar ist, wurde in der Stoa keine wirkliche "Lösung" gefunden. Vgl. *M. Hossenfelder*, Stoa Epikureismus und Skepsis, München 1985, 87-94.

nicht das geringste zu tun, wie es der Sophist Thrasymachos deutlich zum Ausdruck gebracht hatte:

> Die Götter haben das menschliche Treiben nicht im Auge; denn sonst hätten sie nicht das größte unter den Gütern der Menschen außer acht gelassen, die Gerechtigkeit; denn wir sehen die Menschen diese nicht anwenden.[14]

Die Gerechtigkeit strukturierte also den ethisch-politischen Bereich, und sie wurde in früher wie in später Zeit sogar als ontologische, den Kosmos begründende und bestimmende Macht angesehen. Die Gerechtigkeit ist immer der höchste Wert, und als solcher ist sie göttlich. Diese Gerechtigkeit ist im ethisch-politischen wie im ontologischen Sinn als nicht leicht erkennbar gedacht; dort jedoch, wo sie erkannt wird, ist durch sie eine Norm erfaßt, nach der sich sittlich-gesellschaftliches Handeln oder sogar die Form des Kosmos bemißt.

Wurde dann die *sedakah* im Griechischen mit *díke* oder *dikaiosýne* und später im Lateinischen mit *iustitia* wiedergegeben, so mußte dies fast mit Notwendigkeit zu Mißverständnissen führen.[15] In Israel wie bei den Griechen strukturiert die Gerechtigkeit eine "Welt", aber es sind jeweils ganz verschiedene "Welten". Die Gerechtigkeit bei den Griechen kann ontologischen und kosmologischen Rang erhalten; die Gerechtigkeit in Israel ist immer auf konkrete Geschichte bezogen, sie kann also im äußersten Fall eschatologischen Rang erhalten wie in der Gerechtigkeit, die im Weltgericht zu Tage treten wird. Die Gerechtigkeit bei den Griechen formt eine "Welt" dessen, was immer sein soll; die Gerechtigkeit in Israel qualifiziert das jeweilige Geschehen als gültig, sie formt eine Welt als gültige (oder verfehlte) Geschichte, als Kairos oder unwiederbringlich verlorenen Kairos. Die Gerechtigkeit bei den Griechen ist göttlich, aber auf keinen Gott (oder keine Götter) bezogen; die Gerechtigkeit in Israel ist immer bezogen auf den Gott Israels, auf die "Gerechtigkeit Jahwes", die sich dort ereignet, wo das Volk, "sein Volk", dem jeweils geforderten Schritt auf dem Weg entspricht, den Jahwe ihm vorzeichnet. Dieses Geschehen begründet die "Welt" Israels, seinen Himmel und seine Erde. So wird die Gerechtigkeit Jahwes in einem der ältesten Hymnen, im Deboralied, gespriesen:

> Herr, als du auszogst aus Seïr,
> Als du vom Grünland Edoms heranschrittest,

[14] *Thrasymachos*, Fragm. 8, in: *Diels - Kranz* II, Dublin - Zürich [16]1972, 326. - Die ethische Position des Thrasymachos ist umstritten. Vgl. dazu *A. Graeser*, Sophistik und Sokratik, Plato und Aristoteles, München 1983, 77-80.

[15] Vgl. *v. Rad*, a.a.O. 382f.

Da bebte die Erde, die Himmel ergossen sich,
Ja, aus den Wolken ergoß sich das Wasser.
Die Berge wankten vor dem Blick des Herrn,
Vor dem Blick des Herrn, des Gottes Israels. (...)
Mein Herz gehört Israels Führern.
Ihr, die ihr bereit seid im Volk,
Preist den Herrn! (...)
Horch, sie jubeln zwischen den Tränken;
Dort besingt man die rettenden Taten des Herrn,
Seine hilfreiche Tat an den Bauern in Israel.
Damals zog das Volk des Herrn hinab zu den Toren. (Ri 5, 4f. 9. 11)[16]

Die Gerechtigkeit Jahwes ist ein Ereignis, das die Welt Israels hevorbringt, erschafft. Die Sprachform, die der Akklamation zu diesem Ereignis entspricht, ist der Hymnus, eigentlich eine ausgebreitete Interjektion[17] (vgl. auch den folgenden Abschnitt b). Zu allen Zeiten war dies die Weise, wie Israels "Welt" sich ereignete, geschah und so wirklich und wirksam wurde. Es ist immer ein konkretes Ereignis, dessen Lob sich in die gesamte Welt in deren umfassendster Dimension ausweitet. Die größte Emphase erhält dieser Vorgang bei Deuterojesaja:

Ich bin der Herr, und sonst niemand;
Außer mir gibt es keinen Gott.
Ich habe dir den Gürtel angelegt,
Ohne daß du mich kanntest,
Damit man vom Aufgang der Sonne bis zu ihrem Untergang erkennt,
Daß es außer mir keinen Gott gibt.
Ich bin der Herr, und sonst niemand.
Ich erschaffe das Licht und mache das Dunkel,
Ich bewirke das Heil und erschaffe das Unheil.
Ich bin der Herr, der das alles vollbringt.
Taut, ihr Himmel, von oben,
Ihr Wolken, laßt Gerechtigkeit regnen!
Die Erde tue sich auf und bringe das Heil hervor,
Sie lasse Gerechtigkeit sprießen.
Ich, der Herr, will es vollbringen. (Jes 45, 5-8)

16 Diese und alle folgenden Übersetzungen folgen der Einheitsübersetzung der Heiligen Schrift, Stuttgart 1981.

17 Solche mythischen Urbegriffe sind keine Beschreibungsbegriffe im Sinne der *theoria* der späteren griechischen Philosophie. Sie sind nach *E. Cassirer*, Wesen und Wirkung des Symbolbegriffs, Darmstadt [4]1969, 134, zu verstehen "als ein Ausruf, der nicht sowohl ein Ding, als vielmehr einen bestimmten Eindruck bezeichnet, und der sich bei allem Ungewöhnlichen, Staunenswerten, Bewunderung- oder Furcht-Erregenden einstellt".

Wir haben eben von "Dimension" gesprochen. Ist dies nicht auch schon wieder ein unangemessener Ausdruck für das Geschehen, das durch die Gerechtigkeit Jahwes konstituiert ist? Wir müssen hier an "Lebensraum", "Handlungsraum" denken, um dem sprachlichen Befund des Hebräischen in etwa gerecht zu werden. Es gibt allerdings tatsächlich zahlreiche Belege von Stellen, an denen *sedakah* in Verbindung mit der Präposition *be* (vor, davor, darin) auftritt. Gerhard von Rad bemerkt dazu, "daß *sedakah* auch merkwürdig räumlich verstanden worden zu sein scheint; etwa wie ein Bereich, ein Kraftfeld, in das Menschen einbezogen und dadurch zu besonderen Taten ermächtigt werden. 'Sie erheben sich in deiner Gerechtigkeit' (Ps. 89, 17); ja sogar 'die Berge werden dem Volke Heil tragen und die Hügel in Gerechtigkeit' (Ps. 72, 3)."[18] Im "Raum" der Gerechtigkeit Jahwes findet Israel das Heil: Sie "bildet" seine "Welt".

In diesen geschichtlichen Ereignissen zeigt sich Jahwe gegenwärtig. Solche Erweise der Gerechtigkeit Jahwes müssen allerdings nicht notwendigerweise außergewöhnliche, besondere Ereignisse sein, obwohl natürlich der Exodus und das Ereignis des Bundesschlusses am Sinai immer als grundlegend gelten. Auch in der "Normalität" des Alltags weiß der Israelit seinen Lebensraum durch die Gerechtigkeit Jahwes ermöglicht; deshalb ist dieser Lebensraum Ereignis der Gegenwart Jahwes, d.h. keine apersonal-selbstverständliche, "normale", "natürliche" Voraussetzung.

> Aber der Herr tritt für das Recht ein in ihrer Mitte,
> Er tut kein Unrecht.
> Morgen für Morgen fällt er das Urteil,
> Es fehlt nie beim Aufgang des Lichts. (Zef 3, 5)

Der "Raum" der Gerechtigkeit ist durch ein Geschehen eröffnet. Es macht also die Grundauffassung Israels aus, die Wirklichkeit in Natur und Geschichte als freies Geschenk Jahwes zu begreifen, durch welches Jahwe seine Gerechtigkeit aufrichtet und durchsetzt. Reden wir von der Gerechtigkeit, so macht den unbestreitbaren Schwerpunkt die Tätigkeit Jahwes selbst aus.

In den älteren Texten des Alten Testaments finden sich nur wenige Belege, die von der Gerechtigkeit des Menschen reden. Anders stellt sich uns die Situation in der exilischen und nachexilischen Literatur dar. Zunächst war der "Raum" der Gerechtigkeit eben einfach der Lebens- und Existenzraum der Gemeinschaft. Erst im Laufe der Zeit und

[18] *v. Rad*, a.a.O. 388.

besonders durch die gewaltsame Zerstörung des gemeinsamen Lebensraums durch das Exil sah sich der Einzelne (der erst dadurch eigentlich zum Einzelnen wurde) gezwungen, seinen individuellen Lebensraum als durch die Gerechtigkeit Jahwes ermöglicht zu verstehen. Der Verlust des "normalen" Lebensraumes ging einher mit dem wachsenden Bewußtsein der Individualität. Die nun weniger an die Gemeinschaft und den gemeinsamen Lebensraum gebundene Gerechtigkeit Jahwes machte jedoch auch diese selbst prekärer. Es trat nun die Möglichkeit des Verlustes von Jahwes Gerechtigkeit für den Einzelnen stärker ins Bewußtsein. Als Kernproblem religiöser Existenz stellte sich daher in der nachexilischen Zeit das Halten der Gebote dar. Ein Ausdruck dieses Verständnisses der Gerechtigkeit findet sich im Psalm 119:

> Wohl denen, deren Weg ohne Tadel ist,
> Die leben nach der Weisung des Herrn.
> Wohl denen, die seine Vorschriften befolgen
> Und ihn suchen von ganzem Herzen,
> Die kein Unrecht tun
> Und auf seinen Wegen gehen.
> Du hast deine Befehle gegeben,
> Damit man sie genau beachtet.
> Wären doch meine Schritte fest darauf gerichtet,
> Deinen Gesetzen zu folgen!
> Dann werde ich niemals scheitern,
> Wenn ich auf all deine Gebote schaue.
> Mit lauterem Herzen will ich dir danken,
> Wenn ich deine gerechten Urteile lerne.
> Deinen Gesetzen will ich immer folgen.
> Laß mich doch niemals im Stich! (Ps 119, 1-8)

Wer aus dem Raum der Gerechtigkeit Jahwes herausgefallen ist, dem bleibt nur der Weg der Um- und Rückkehr. Obwohl in der nachexilischen Zeit der Geschichtsbezug zurücktrat, wurde doch die Lebensordnung des Menschen nie als ewige, notwendige Naturordnung verstanden, sondern immer als von Jahwe gesetzte Ordnung der "Welt" als des Raums seines Wirkens. Daß die Erfahrung der Zerstreuung in andere Länder und Lebensbereiche die "Dimension" der Reichweite der Gerechtigkeit Jahwes sogar ungeheuer erweitert hat, wird noch gezeigt werden. Daß der "innere" Lebensraum durch die Gesetzesfrömmigkeit sich gleichzeitig verengte, ist durchaus als möglich anzusehen.

Der Lebensraum Israels ist also durch und durch bestimmt von Ereignis, Geschehen, Handlung. Die Ordnungen, die diesen Raum des

Geschehens erfüllen, sind wesentlich Pragma, dem ein Pragma des Volkes und später verstärkt des Einzelnen entspricht. Wo das Volk diesem Handeln entspricht, erweist sich die Gerechtigkeit Jahwes als lebenssichernd, denn Jahwe ist zuverlässig. Wo das Volk in Not gerät, wo sein Lebens- und Existenzraum in Gefahr gerät, erschüttert oder gar zu einem großen Teil zerstört wird, liegt dies nicht an der Gerechtigkeit Jahwes, sondern an dem Versagen des Volkes, das der Forderung des geschichtlichen Kairos nicht entspricht, das selbst die Desintegration dieses Lebensraumes hervorbringt. Dies stellt die durchgängige Interpretationsweise besonders der deuteronomistischen Geschichtsschreiber dar, die damit auch wieder ein eminent praktisches Interesse verbinden: das Festhalten an der Ordnung als der Lebensvoraussetzung Israels. Auf die Rechtsordnung Jahwes ist unbedingter Verlaß; sie ist nicht "krumm" und "hinterhältig", sondern "gerade" ist Jahwes Sinn, wie der des "Gerechten" sein soll.[19] Darin ist eigentlich auch schon die gesamte Theologie der Schöpfung enthalten. Welche Breite der Auslegungsmöglichkeiten jedoch darin liegt, wird sich am Weg zeigen, der über das Schöpfungslob zu Skepsis, Anfechtung und Zweifel und schließlich doch wieder zum Schöpfungslob führen wird.

b. Das Lob der Schöpfung

Ihren stärksten Ausdruck findet die emphatische Affirmation der Gerechtigkeit Jahwes in den Psalmen. Im Lob der Psalmen, das Jahwe als den Herrn anerkennt, liegt uns der Schöpfungsglaube in seiner wohl ursprünglichsten Form vor. Claus Westermann drückt diesen Sachverhalt so aus: "Als den Schöpfer lobten sie ihn, sie sangen im Lob des Schöpfers ihre Freude am Dasein, ihre Freude an der Weite und Schönheit der Welt. In den Schöpfungspsalmen, wie wir sie an vielen Stellen im Psalter, aber auch im Buch Hiob und an anderen Stellen finden, begegnet uns das eigentliche, den Menschen der Bibel aus dem Herzen kommende Reden vom Schöpfer. Um die Schöpfungsgeschichte am Anfang der Bibel recht zu verstehen, müssen wir eigentlich vorher die Schöpfungspsalmen nachgesprochen und in uns aufgenommen haben. Das Lob Gottes, des Schöpfers, setzt die Schöpfungsgeschichte nicht voraus, sondern es ist umgekehrt: Die Schöpfungsgeschichte kommt vom Gotteslob her und setzt dieses voraus. Diese Geschichten sind eigentlich ein entfaltetes, ein ausgebreitetes, lobendes

[19] Vgl. *Quell*, a.a.O. 178.

Bekenntnis zu Gott, dem Schöpfer, das so zur Erzählung geworden ist".[20]

Dieses Lob des Schöpfers findet sich ebenso wie in den Psalmen auch in anderen Liedern des Alten Testaments. Die ältesten dieser Lieder, das Schilfmeerlied (Ex 15) und das Deboralied (Ri 5), setzen bei den Geschichtstaten Jahwes an, die als Heilstaten erfahren werden. Eine einfache Form des literarischen Lobpreises, die wir in den Psalmen finden, ist die Aufzählung der Heilstaten Jahwes in Schöpfung und Geschichtswirken. Wir dürfen jedoch die theologische Relevanz auch solcher additiver Formen nicht unterschätzen, auch sie stellten eine Form der Systematik dar. Klaus Seybold stellt zu den Hymnen, die eine solche systematische Absicht zum Ausdruck bringen, fest: "Da sie vielfach grundsätzliche Themen (Schöpfung, Mensch, Geschichte, Offenbarung) behandeln, sind sie das Medium eigentlich theologischer Arbeit mit doxologischem Charakter, einer Arbeitsform, die zum Muster aller theologischen Arbeit geworden ist."[21] Ein Beispiel dafür bietet der Psalm 136:

> Danket dem Herrn, denn er ist gütig,
> Denn seine Huld währt ewig!
> Der allein große Wunder tut,
> Denn seine Huld währt ewig,
> Der den Himmel geschaffen hat in Weisheit,
> Denn seine Huld währt ewig,
> Der die Erde über den Wassern gegründet hat,
> Denn seine Huld währt ewig. (Ps 136, 1. 4-6)

Des theologischen Problems, das in der doppelten Bezeugung der Großtaten Jahwes "in Natur und Geschichte" liegt, ist sich dieser frühe Lobpreis noch nicht bewußt.[22] Seinen Ausgang nimmt der Lobpreis vom Wirken Jahwes in der Geschichte her. Daß sich Jahwe selbst in der Natur die Voraussetzung seines geschichtlichen Wirkens schafft, wird noch nicht zum Gegenstand einer ausdrücklichen theologischen Reflexion. Der literarischen Form nach kann sogar die Schöpfung selbst in den Lobpreis Jahwes einstimmen, d.h., sie bleibt nicht nur Objekt des Schöpfungslobes, sondern wird als Subjekt selbst aktiver Träger dieses Lobpreises. So verkündet die Schöpfung selbst das Lob Jahwes, wie es der Psalm 19 ausdrückt:

[20] *C. Westermann*, Tausend Jahre und ein Tag, Stuttgart ^{6}1965, 8f.

[21] *K. Seybold*, Die Psalmen, Stuttgart 1986, 125.

[22] Vgl. *v. Rad*, a.a.O. 373.

Die Himmel rühmen die Herrlichkeit Gottes,
Vom Werk seiner Hände kündet das Firmament.
Ein Tag sagt es dem andern,
Eine Nacht tut es der andern kund,
Ohne Worte und ohne Reden,
Unhörbar bleibt ihre Stimme.
Doch ihre Botschaft geht in die ganze Welt hinaus,
Ihre Kunde bis zu den Enden der Erde. (Ps 19, 2-5)

Die Auffassung von der Welt, die sich hier in den Psalmen artikuliert, läßt sich in ihrer einfachsten Aussage als eine Weitung des Ortes der Gerechtigkeit Jahwes begreifen. Sie zeigt sich als der universale Ort des Menschen, der sich nun seinerseits nach der eigenen Gerechtigkeit, also nach seiner Entsprechung in diesem ihm so eröffneten Lebensraum fragen muß. Dieser Zusammenhang von eröffnetem Lebensraum und sachgemäßem Verhalten drückt sich im Psalm 24 aus:

Wer darf hinaufziehn zum Berg des Herrn,
Wer darf stehn an seiner heiligen Stätte?
Der reine Hände hat und ein lauteres Herz,
Der nicht betrügt und keinen Meineid schwört.
Er wird Segen empfangen vom Herrn
Und Heil von Gott, seinem Helfer. (Ps 24, 3-5)

Den Grund dieser Frage nach menschlicher Gerechtigkeit in richtigem Verhalten geben die ersten Verse dieses Psalms an: das zum Tempel, dem Ort der Feier der Herrschaft Jahwes, pilgernde Volk erinnert sich des Ortes der eigenen Existenz:

Dem Herrn gehört die Erde und was sie erfüllt,
Der Erdkreis und seine Bewohner.
Denn er hat ihn auf Meere gegründet,
ihn über Strömen befestigt. (Ps 24, 1f.)

Es fällt auf, daß die Ausdrucksweise der Psalmen, die von der Schöpfungstätigkeit Jahwes sprechen, einen viel weniger vorsichtigen Gebrauch mythologischer Bilder und Motive erkennen läßt als die theologisch weitaus reflektiertere Form des priesterschriftlichen Schöpfungsberichts in Gen 1. Unbekümmert etwa der Psalm 104:

Einst hat die Urflut sie bedeckt wie ein Kleid,
Die Wasser standen über den Bergen.
Sie wichen vor deinem Drohen zurück,
Sie flohen vor der Stimme deines Donners. (Ps 104, 6f.)

Während hier bloß die Drohung Jahwes aufscheint, wird dieser im Psalm 74 als der siegreiche König im Kampf gegen die Mächte und Ungeheuer des Meeres gezeichnet:

> Doch Gott ist mein König von alters her,
> Taten des Heils vollbringt er auf Erden.
> Mit deiner Macht hast du das Meer zerspalten,
> Die Häupter der Drachen über den Wassern zerschmettert.
> Du hast die Köpfe des Leviatan zermalmt,
> Ihn zum Fraß gegeben den Ungeheuern der See. (Ps 74, 12-14)

Ein ähnliches Motiv vom Kampf gegen die chaotischen Ungeheuer der Wasser taucht im Psalm 89 auf:

> Du beherrschst die Empörung des Meeres;
> Wenn seine Wogen toben - du glättest sie.
> Rahab hast du durchbohrt und zertreten,
> Deine Feinde zerstreut mit starkem Arm.
> Dein ist der Himmel, dein auch die Erde;
> Den Erdkreis und was ihn erfüllt hast du gegründet. (Ps 89, 10-12)

In Rahab personifiziert sich eine der Chaosmächte; sie ist in Gestalt eines sich gegen Gott aufbäumenden Urmeers gedacht. Durch seinen Sieg über die Mächte des Chaos und der Finsternis schafft Gott die Grundlagen des Kosmos und prägt der Welt ihre Ordnung auf.[23] Die kanaanäische mythologische Kosmologie ist hier stark gegenwärtig. Klaus Seybold stellt zu Recht fest: "Das dualistische Grundprinzip einer Gegenmacht hat Israels Weltauffassung nie ganz verloren. Immer gab es sie, die urfeindliche Macht, die Macht des Chaos, die den Kosmos der geschaffenen Welt bedroht. Zwar ist sie nur als überwundene Macht präsent, doch ihre Urgewalt bleibt eine ständige Bedrohung der kosmischen Ordnung und des labilen Gleichgewichts, in welchem diese Welt existiert."[24] Allerdings wird in "aufgeklärteren" Hymnen festgehalten, daß die Urwasser letztlich gegen die Macht Jahwes nicht mehr den Sieg erringen können:

23 Rahab heißt von seiner etymologischen Wurzel her "aufgeregt, ungestüm sein", vergleichbar dem Kampf zwischen Marduk und Tiamat (vgl. Kap. II). In der babylonischen Mythologie bezeichnet Rahab ein mythologisches Meeresungeheuer, das neben dem Drachen Leviatan in der Urflut wohnt und das Chaos versinnbildlicht. Vgl. dazu: *O. Kaiser*, Die mythische Bedeutung des Meeres in Ägypten, Ugarit und Israel, in: BZAW 78(1959), bes. 140-152. - Ein neutestamentlicher Reflex dieser Chaosmacht und ihrer Überwindung findet sich noch in der Seesturmerzählung (Mk 4, 35-41 par.).

24 *Seybold*, a.a.O. 150.

Fluten erheben sich, Herr,
Fluten erheben ihr Brausen,
Fluten erheben ihr Tosen.
Gewaltiger als das Tosen vieler Wasser,
Gewaltiger als die Brandung des Meeres
Ist der Herr in der Höhe. (Ps 93, 3f.)

Primär geht es also immer um das Lob der Herrschaft Jahwes. Die kosmologischen Vorstellungen, die in diesem Zusammenhang herangezogen werden, werden kaum präzisiert. Angedeutet wird die Vorstellung von drei Teilen: Himmel, Erde und Meer. Die "Berge" stellen die äußerste Grenze der Welt dar (vgl. Jes 41, 5; Ps 90, 2), sie stehen wie Säulen im Meer, und auf ihnen ruht das Himmelsgewölbe (Ps 136; Ps 104, 5). Im großen und ganzen dürften diese kosmologischen Vorstellungen jenen recht ähnlich gewesen sein, die aus einer babylonischen Weltkarte aus dem 6. Jh. bekannt sind.[25] Wie der Psalm 95 zeigt, wird aber diese Kosmologie nicht eigentlich thematisiert, sie bleibt Hintergrund der zentralen Aussage: "Wir sind von seiner Hand geführt, denn er ist unser Fels":

Kommt, laßt uns jubeln vor dem Herrn
Und zujauchzen dem Fels unsres Heiles!
Laßt uns mit Lob seinem Angesicht nahen,
Vor ihm jauchzen mit Liedern!
Denn der Herr ist ein großer Gott,
Ein großer König über allen Göttern.
In seiner Hand sind die Tiefen der Erde,
Sein sind die Gipfel der Berge.
Sein ist das Meer, das er gemacht hat,
Das trockene Land, das seine Hände gebildet.
Kommt, laß uns niederfallen, uns vor ihm verneigen,
Laßt uns niederknien vor dem Herrn, unserm Schöpfer!
Denn er ist unser Gott,
Wir sind das Volk seiner Weide,
Die Herde, von seiner Hand geführt.
Ach, würdet ihr doch heute auf seine Stimme hören! (Ps 95, 1-7)

Natur und Geschichte sind in ihrer verschiedenen theologischen Bedeutung noch nicht unterschieden (erst die Weisheitsspekulation wird sich ausdrücklich mit dieser Problematik beschäftigen). Im kultischen Bereich wird als entscheidendes Moment der Sieg Jahwes gefeiert, sei

[25] Vgl. *O. Keel*, Die Welt der altorientalischen Bildsymbolik und das Alte Testament, Zürich - Einsiedeln - Köln [4]1984, 17. *Seybold*, a.a.O. 146, vermutet, daß am Hof und am Tempel in Jerusalem ähnliche Weltkarten vorhanden waren.

es über die Bedrohung feindlicher Völker im geschichtlichen Raum Israels oder über die Mächte des Chaos im kosmischen Bereich.[26] In jedem Fall ist die Welt der Ort, an dem sich Jahwes Gerechtigkeit als die sich letztlich durchsetzende Macht erweist. Dieser besonders im kultischen Lob hervorgehobene Aspekt kann dem Menschen einerseits die Erhabenheit Gottes vermitteln, andererseits aber auch die eigene Unbedeutendheit, wie dies der bekannte Psalm 8 ausdrückt:

> Seh' ich den Himmel, das Werk deiner Finger,
> Mond und Sterne, die du befestigt:
> Was ist der Mensch, daß du an ihn denkst,
> Des Menschen Kind, daß du dich seiner annimmst? (Ps 8, 4f.)

Diese kosmische Sicht könnte den Eindruck erwecken, daß die Handlung des Menschen völlig bedeutungslos sei - führte ja nicht selten das Hervortreten kosmologischer Elemente zum Zurücktreten der Verantwortung und der Tragweite menschlichen Handelns. Doch der Psalm hebt sofort die Würde und Bedeutung des Menschen hervor, denn diese Welt ist eine Welt für ihn:

> Du hast ihn als Herrscher eingesetzt über das Werk deiner Hände,
> Hast ihm alles zu Füßen gelegt. (Ps 8, 7)

Die Bedeutung menschlichen Handelns wird auch besonders in einer bestimmten, in den Psalmen auffindbaren Form der Doxologie zur Sprache gebracht: in der Gerichtsdoxologie. Die Absicht in dieser literarischen Gattung ist es, das Volk zur Umkehr zu bewegen und in Entsprechung zur Gerechtigkeit Jahwes sich von den eigenen ungerechten Taten abzukehren. Ein eindrucksvolles Bekenntnis des Versagens Israels liegt im Psalm 79 vor:

> Wie lange noch, Herr? Willst du auf ewig zürnen?
> Wie lange noch wird dein Eifer lodern wie Feuer? (Ps 79, 5)

Die Gerichtsdoxologie verdeutlicht einen entscheidenden Unterschied zu anderen altorientalischen Völkern: Leid und Elend werden nicht auf eine metaphysische Unvollkommenheit der Welt, nicht auf einen unhinterfragbaren Unwillen der Götter, sondern auf Israels eigenes Versagen und Jahwes Gericht zurückgeführt. In einem Lied auf die Gerechtigkeit Gottes drückt Jesaja diesen Gedanken aus:

26 *Seybold*, a.a.O. 152, zieht die Möglichkeit in Betracht, daß im vorexilischen Jerusalem ein mythologischer Gesamtkomplex bestanden habe, in dem Schöpfung, Königtum Jahwes, Zionsheil und der Kampf Jahwes mit dem Drachen die wesentlichen Momente darstellten.

Herr, auf das Kommen deines Gerichts
Vertrauen wir.
Deinen Namen anzurufen und an dich zu denken
Ist unser Verlangen.
Meine Seele sehnt sich nach dir in der Nacht,
Auch mein Geist ist voll Sehnsucht nach dir.
Denn dein Gericht ist ein Licht für die Welt,
Die Bewohner der Erde lernen deine Gerechtigkeit kennen. (Jes 26, 8f.)

In Israel gibt es also keinerlei Vorstellung eines tragischen und unausweichlichen Geschicks. In diesem Punkt unterscheidet sich die Glaubenswelt Israels deutlich von der der meisten Völker des alten Orients wie auch der Griechen und Römer. Zwar kann sich die "Schuld der Väter" an den Kindern austragen, zwar wird auch mit einer Bedrohung durch Feinde gerechnet, die gegenüber der aktuellen Schuld übermächtig erscheint, dennoch ist die Zuversicht nie gänzlich ausgeschlossen. Als bezeichnendem Indiz dieses Gedankens begegnen wir der adversativen Denkform in den Klagepsalmen. Dieser literarisch bewußt eingesetzte Gegensatz drückt sich in Wendungen aus wie:[27]

Du aber, Herr, halte dich nicht fern! (Ps 22, 20),
Du aber, Herr, bist ein barmherziger und gnädiger Gott. (Ps 86, 15)
Du aber, Herr und Gebieter,
Handle an mir, wie es Deinem Namen entspricht. (Ps 109, 21)

In dieser Zuversicht drückt sich eine Überzeugung Israels aus, die sich auch in der Bundes- und Erwählungstheologie verfolgen läßt.

Mit einem Bundesbruch von seiten des Volkes muß allerdings gerechnet werden. So sind für diesen Fall bei dem Ritus des Bundesschlusses manchmal Verwünschungen ausgesprochen (in Ez 17, 18ff. wird das babylonische Exil als Straffolge des Bundesbruchs angesehen), die auch einen kultisch-formelhaften Hintergrund haben. Die Möglichkeit des Bundesbruchs übergreift jedoch souverän das Motiv der Erwählung durch den Bundesgott, der allein in unableitbarer Freiheit Garant der Bundestreue ist und unverbrüchlich zu seinen Verheißungen steht.[28] Das Motiv der Erwählung kann daher nicht bedingt verstanden werden - also nicht als Korrespondenzbegriff zu seiner möglichen Verwerfung. Erwählung und Verwerfung stehen einander nicht symmetrisch gegenüber, vielmehr begründet die Erwählung erst

27 Vgl. dazu *C. Westermann*, Das Loben Gottes in den Psalmen, Göttingen 1968, 52ff.

28 Vgl. dazu *W. Eichrodt*, Theologie des Alten Testaments, Bd. I, Stuttgart ^{5}1957, 13. 18. 158.

ein mögliches Gerichtshandeln Jahwes.[29] Jeremia und Ezechiel haben mit ihrer prophetischen Botschaft vom neuen Bund und dem neuen Herzen deutlich gemacht, wie sehr für sie die Möglichkeit des Versagens der Bundestreue Israels eine reale geschichtliche Bedrohung darstellt. Im Deuteronomium wird ausdrücklich die Frage gestellt, inwieweit die Fähigkeiten des Menschen überhaupt ausreichen, um die Bundestreue zu halten. Der großartige Geschichtsentwurf des Deuteronomium, der dem systematischen Interesse entspringt, das Volk aufs neue vor die "Entscheidung über Leben und Tod" (Dtn 30, 19) zu stellen, basiert jedoch auf der Annahme einer bleibenden Möglichkeit der Umkehr. Die deuteronomistische Botschaft also, daß es jetzt die Zeit des Heiles, die Zeit der Umkehr zu begreifen und zu nutzen gilt, begründet sich in der Verheißung, deren Gültigkeit von seiten Jahwes immer noch nicht aufgekündigt ist:

> Denk an deine Knechte, an Abraham, Isaak und Jakob! Beachte nicht den Starrsinn dieses Volkes, sein Verschulden und seine Sünde, damit man nicht in dem Land, aus dem du uns geführt hast, sagt: Offenbar kann der Herr sie nicht in das Land führen, das er ihnen zugesagt hat, oder er liebt sie nicht; also hat er sie nur herausgeführt, um sie in der Wüste sterben zu lassen. Sie sind aber doch dein Volk und dein Erbbesitz, die du mit großer Kraft und hoch erhobenem Arm herausgeführt hast. (Dtn 9, 27ff.)

Wird diese heilsgeschichtliche Asymmetrie von Erwählung und Verwerfung, Heil und Unheil, Bundestreue Jahwes und Bundesbruch Israels schöpfungstheologisch konzipiert, so gilt: Der Vorrang des Lebens und des von Jahwe eingeräumten Lebenraumes steht in Israel immer fest, obwohl die dauernde Bedrohung durch das Chaos nicht übersehen wird. Diese Hoffnungsstruktur angesichts der erlebten Bedrohung durch die Mächte des Chaos drückt sich noch in einem hymnischen Gebet aus, das uns im Jonabuch enthalten ist:

> In meiner Not rief ich zum Herrn,
> Und er erhörte mich.
> Aus der Tiefe der Unterwelt schrie ich um Hilfe,
> Und du hörtest mein Rufen.
> Du hast mich in die Tiefe geworfen,
> In das Herz der Meere;
> Mich umschlossen die Fluten,
> All deine Wellen und Wogen
> schlugen über mir zusammen.
> Ich dachte: Ich bin aus deiner Nähe verstoßen.

[29] Eine sprachliche Entsprechung von Erwählungs- und Verwerfungsmotiv läßt sich nur in wenigen propethischen Drohreden finden, so in Jes 7, 15f.; Jer 33, 24; 2 Kön 23, 27.

Wie kann ich deinen heiligen Tempel wieder erblicken?
Das Wasser reichte mir bis an die Kehle,
Die Urflut umschloß mich;
Schilfgras umschlang meinen Kopf.
Bis zu den Wurzeln der Berge,
Tief in die Erde kam ich hinab;
Ihre Riegel schlossen mich ein für immer.
Doch du holtest mich lebendig aus dem Grab herauf,
Herr, mein Gott.
Als mir der Atem schwand, dachte ich an den Herrn,
Und mein Gebet drang zu dir,
Zu deinem heiligen Tempel.
Wer nichtige Götzen verehrt,
Der handelt treulos.
Ich aber will dir opfern
Und laut dein Lob verkünden.
Was ich gelobt habe, will ich erfüllen.
Vom Herrn kommt die Rettung. (Jona 2, 3-10)

Das Chaoswasser bedroht den Beter, der sich schon im Raum des Nicht-Lebens, dem Grab, der Unterwelt fühlt.[30] Allein die Macht Gottes vermag die Gewalt des Chaos zu bannen und dem Bedrohten einen Lebensraum zu eröffnen - und die Antwort ist wieder das Lob.

Im Rahmen der Psalmen wird die Schöpfungssouveränität Jahwes besonders in den sogenannten Thronbesteigungspsalmen akklamiert.[31] Diese Psalmen charakterisiert der Ruf: "Jahwe ist König geworden!" Der besondere Akzent liegt dabei auf der Akklamation Jahwes, nicht auf seinem König-geworden-sein.[32] Ähnliche Inthronisationsrufe finden sich in verschiedenen altorientalischen Kulturen, etwa in Ägypten im Sonnengebet des Brüderpaares Horus und Suti, "Preis des Amon, wenn er aufgeht als Horus vom Lichtberg":

Horus der Ältere am Himmel, dem man zujubelt von seinem Aufgang bis zu seinem Untergang - Schöpfer dessen, was die Erde hervorbringt, gütige Mutter der Götter und Menschen - (...)

30 Es ist unklar, wie die Unterwelt den anderen Weltteilen zugeordnet wird. Dies beruht nicht zuletzt darauf, daß von ihr in den Klageliedern, nicht aber in den Schöpfungshymnen (die auch von den Weltteilen sprechen) die Rede ist. Vgl. *Seybold*, a.a.O. 148.

31 Es handelt sich dabei insbesondere um die Psalmen 47, 93, 96 bis 99.

32 Vgl. *O. Keel*, Art. Thronbesteigungsfest Jahwes, in: Bibellexikon, hrsg. von H. Haag, Einsiedeln 1968, Sp. 1747ff. - Die Übersetzung ist insofern umstritten, als grammatikalisch sowohl eine präsentische wie eine perfektische Bedeutung möglich ist. Vgl. *O. Eissfeldt*, Einleitung in das Alte Testament, Tübingen [3]1964, 147f., mit weiteren Literaturangaben.

Einziger Herr, der täglich bis zu den Enden der Erde zieht, im Anblick derer, die auf ihnen wandeln. Der die Jahreszeiten mit den Monaten macht - Hitze, wann er will, Kälte, wann er will.[33]

Ein ähnliches Thronbesteigungsmotiv findet sich auch im Enuma-elisch; dort steht auf der vierten Tafel: "Marduk, du bist unser Helfer. Wir haben dir das Königtum gegeben, die Gesamtheit des Alls."[34] Ähnliche Thronbesteigungsmotive lassen sich auch aus dem kanaanäischen Bereich finden: So zeigen die Ras-Schamra-Texte, daß auch dort das Thronbesteigungsfest eines Gottes gefeiert wurde. Für unseren Zusammenhang[35] stellt sich nun die Frage nach der Interpretation des Königtums Jahwes und so der Funktion dieser Aussage für das Verständnis der Schöpfungstheologie. Dazu muß die Nähe dieser Thronbesteigungspsalmen zu Deuterojesaja beachtet werden. Die Ankunft des neuen Heils wird bei Deuterojesaja unter anderem so geschildert:

Wie willkommen sind auf den Bergen
Die Schritte des Freudenboten,
Der Frieden ankündigt,

33 Zit. nach *H. Junker*, Die Religion der Ägypter, in: Christus und die Religionen der Erde, hrsg. v. F. König, Bd. II, Wien 1951, 575f.

34 Enuma-elisch IV, Z. 13ff. Vgl. Ancient Near Eastern Texts, hrsg. v. J.B. Pritchard, Princeton 1955, 66.

35 In unserem Zusammenhang braucht nicht erörtert zu werden, ob - wie S. Mowinckel und H. Schmidt vermuten - in Israel ein Thronbesteigungsfest Jahwes mit der Feier des Neujahrsfestes verknüpft gewesen sei. Diese Annahme geht davon aus, daß dieses Fest sogar den eigentlichen Mittelpunkt des israelitischen Kultlebens dargestellt habe. Zu diesem Fest habe auch ein Kultmythos gehört, in dem das Schöpfungsmotiv als eigentliche Grundlage des Königtums Gottes den wichtigsten Platz gehabt habe. Vgl. *S. Mowinckel*, Psalmenstudien II. Das Thronbesteigungsfest Jahwäs und der Ursprung der Eschatologie, Amsterdam 1961; *ders.*, Zum israelitischen Neujahr und zur Deutung der Thronbesteigungspsalmen, Oslo 1952. Zu einer ähnlichen Ansicht kam unabhängig *P. Volz*, Das Neujahrsfest Jahwes, Tübingen 1912. Weitergeführt wurde dieser Ansatz von *H. Schmidt*, Die Thronfahrt Jahwes am Fest der Jahreswende im alten Israel, Tübingen 1927. Diese Annahme stieß auf breite Ablehnung; vgl. *H.-J. Kraus*, Die Königsherrschaft Gottes im A.T., Tübingen 1951; *H. Groß*, Läßt sich in den Psalmen ein Thronbesteigungsfest nachweisen? in: Trierer Theologische Zeitschrift 65(1956), 24-40; *D.M. Michel*, Studien zu den sogenannten Thronbesteigungspsalmen, in: VT 6(1956), 40-68. Ein wichtiges Argument gegen die Annahme eines Thronbesteigungsfestes ist das Fehlen eindeutiger Spuren eines solchen Festes in der Festgesetzgebung, die wohl bei einem Fest von solcher Bedeutung vorhanden sein müßten. Das entscheidende Argument gegen die Annahme eines solchen Thronbesteigungsfestes babylonischer Prägung dürfte jedoch der Umstand sein, daß Jahwe nicht im Sinn eines zyklisch wiederkehrenden Naturgottes verstanden werden darf, dessen Herrschaft mit dem Absterben der Vegetation zu Ende geht und die im Kult aufs neue realisiert werden müßte. Vgl. *O. Keel*, Art. Thronbesteigungsfest Jahwes, a.a.O. Sp. 1747ff.

Der eine frohe Botschaft bringt und Rettung verheißt,
Der zu Zion sagt: Dein Gott ist König.
Horch, deine Wächter erheben die Stimme,
Sie beginnen alle zu jubeln.
Denn sie sehen mit eigenen Augen,
Wie der Herr nach Zion zurückkehrt. (Jes 52, 7f.)

Das Königtum Jahwes hat hier universalen Charakter. Daß diese Heilsankündigung bei Deuterojesaja literarisch möglicherweise an einen babylonischen Königsruf anknüpft, muß nicht ausgeschlossen werden. Der Rahmen jedoch, in den dieser Ruf hier gestellt wird, kann nicht als Kult gedeutet werden, vielmehr handelt es sich um die Verkündigung des eschatologischen Heils, des endzeitlichen Kommens Jahwes im zweiten Exodus, das bei Deuterojesaja im Mittelpunkt steht. "Die Bedeutung dieser Thronbesteigungspsalmen liegt dann darin, daß ein seinem Ursprung nach prophetisches Motiv, der eschatologische Königsruf, in das beschreibende Lob der Psalmen aufgenommen wurde (...). Der Ruf sollte den Verbannten ihre kommende Befreiung gewiß machen, (...) 'denn er kommt, die Erde zu richten' (Ps 96, 13). In dieser prophetischen Vorausnahme der kommenden Königsherrschaft Jahwes hat die Entfaltung des Lobes Jahwes als des Herrn der Geschichte die für das ohnmächtig gewordene und den Großmächten unterlegene Israel bezeichnende Gestalt angenommen. Es ist ein Lob der Geschichte im Warten."[36] Deuterojesaja weitet so den Bund von Israel auf alle Völker aus, so daß schließlich alle Menschen Jahwe als König anerkennen werden (Ps 48, 9-11). Mit dieser Universalisierung des Jahweglaubens erhalten somit auch die Schöpfungsaussagen ihre Funktion: Die ganze Welt wird zum Ort der Erscheinung Gottes.

So scheint in den Psalmen auch eine für Israel eigene und charakteristische Ästhetik auf. Während im Vergleich mit den anderen Kulturvölkern des alten Orients Israel auf vielen Kulturgebieten (z.B. auch der Architektur) unterlegen war, lag sein eigenes "künstlerisches Charisma (...) auf dem Gebiete der erzählerischen und dichterischen Darstellung"[37]. Wegen der in der souveränen Schöpfungstätigkeit Gottes akklamierten Schönheit der Welt, wegen der reinen, frei schöpferischen Tat der Erwählung konnte Israel im Lob Gottes auch zu einer echt ästhetischen Erfahrung gelangen: "In dieser Schöpfung ist alles herrlich, zwecklos herrlich. Diese Dichtungen quellen geradezu über

36 *Westermann*, a.a.O. 114f.

37 *v. Rad*, a.a.O. 376.

von einer Schönheitstrunkenheit, die keiner Steigerung mehr fähig war."[38] Alles ist da für den Menschen, so daß sich dessen freies Lob daran entzünden kann und soll:

> Groß ist der Herr und hoch zu loben,
> Seine Größe ist unerforschlich.
> Ein Geschlecht verkünde dem andern den Ruhm deiner Werke
> Und erzähle von deinen gewaltigen Taten.
> Sie sollen vom herrlichen Glanz deiner Hoheit reden;
> Ich will deine Wunder besingen. (Ps 145, 3-5)

Gerhard von Rad weist zu Recht darauf hin, daß für den Israeliten das Schöne "mehr etwas Geschehendes als etwas Seiendes" war, "weil es ihm als ein Ausfluß von Gottes Handeln und nicht von Gottes Sein galt"[39]. So wie der "Raum" der Gerechtigkeit ein durch Handeln in der Geschichte entworfener "Raum" ist, so wird dieser "Raum" in der Antwort Israels durch Hymnen und Gesang, also durch ein Tun, ein Geschehen repräsentiert. Diese Grundform der Ästhetik Israels gibt uns Aufschluß für die Hermeneutik der Schöpfungsaussagen.

Die ästhetische Erfahrung der Griechen war anders. Für die griechische Vorstellung liegt das entscheidende Moment der Erfahrung von Schönheit im Anschauen dessen, was sich im Maßvollen, Harmonischen zum Ausdruck bringt (vgl. Kap. IV). Ästhetische Erfahrung orientiert sich hier deshalb an der plastischen Form, am architektonischen Raumempfinden und weniger am Geschehen. Das Ziel der Repräsentation ist die Ein-Bildung als Zeitenthobenes, als Über- oder Nichtzeitliches. Ein sich Veränderndes, nicht Gleichbleibendes, dem zeitlichen Ablauf Unterworfenes als schön zu empfinden, muß daher für unvernünftig gehalten werden. Deshalb kann zwar die künstlerische Darstellung von Geschichte, etwa im Epos als in sich ruhender Sprachform, als künstlerisches Gebilde angesehen werden, die Geschichte selbst aber kann nicht Gegenstand der Ästehtik sein, so wie sie auch nicht Gegenstand der Theorie sein kann. Das ästhetische Ideal führt den Griechen so weit, daß er sich über die Schönheit des Körperhaften zu erheben sucht in den Bereich der Schönheit ewiger, unveränderlicher Ideen, die er in der *theoría* bewundernd anzuschauen vermag. Die ästhetische Erfahrung geht daher über in religiöse Erfahrung. Platon hat dieser Bewegung im "Symposion" Ausdruck verliehen, wenn er von dem die wahre Schönheit Liebenden sagt:

[38] Ebd. 377.

[39] Ebd. 379.

Noch auch wird ihm dieses Schöne unter einer Gestalt erscheinen, wie ein Gesicht oder Hände oder sonst etwas, was der Leib an sich hat, noch wie eine Rede oder eine Erkenntnis, noch irgendwo an einem andern seiend, weder an einem einzelnen Lebenden, noch an der Erde, noch am Himmel; sondern an und für und in sich selbst ewig überall dasselbe seiend, alles andere Schöne aber an jenem auf irgendeine solche Weise Anteil habend, daß, wenn auch das andere entsteht und vergeht, jenes doch nie irgendeinen Gewinn oder Schaden davon hat, noch ihm sonst etwas begegnet.[40]

Der Aufstieg zum wahren Schönen geht dann über das körperlich Schöne, das einzelne Schöne, stufenweise hinauf zu den schönen Gestalten, den schönen Sitten und Handlungsweisen, den schönen Kenntnissen, um schließlich bei dem, was an sich schön ist, anzulangen.[41]

Ganz anders als in dieser ästhetischen Erfahrung der Griechen vermitteln den Israeliten nicht Form und Gestalt das Erlebnis der Schönheit, sondern Bewegung, Rhythmus und Anmut, auch Kraft und Gewalt. Einige Verse des Hohenliedes können dies veranschaulichen:

Horch! Mein Geliebter!
Sieh da, er kommt.
Er springt über die Berge,
Hüpft über die Hügel.
Der Gazelle gleicht mein Geliebter,
Dem jungen Hirsch.
Ja, draußen steht er
An der Wand unsres Hauses;
Er blickt durch die Fenster,
Späht durch die Gitter.
Der Geliebte spricht zu mir:
Steh auf, meine Freundin,
Meine Schöne, so komm doch!
Denn vorbei ist der Winter,
Verrauscht der Regen.
Auf der Flur erscheinen die Blumen;
Die Zeit zum Singen ist da. (Hld 2, 8-12)

Der von Jahwe eröffnete Lebensraum wird einfach und unmittelbar als schön erfahren. Diese Welt wird aber nicht als Sinnbild, als Symbol eines Urschönen aufgefaßt. Erst sehr spät und nur am Rande (unter griechischem Einfluß?) treffen wir auf die schon theoretisierende Aussage, daß Gott Urheber aller Schönheit ist (Weish 13, 3). Ursprünglich aber richtet sich das Lob der Schönheit unmittelbar auf die - vor allem

40 *Platon*, Symposion 211 a-b, in: Platons Sämtliche Werke, übers. von F. Schleiermacher, 2, Hamburg 1979, 239.

41 Vgl. ebd. 211 b-c.

in Bewegung - erfahrene Welt, und es wird nicht versucht, neben oder hinter diesem Geschehen ein sich gleichbleibendes, unwandelbares Schönes zu finden. Da das Schöne *in* der Bewegung erfahren wird, ist der entsprechende Ausdruck *im* gesprochenen (oder gesungenen) Wort. In dieser Weise werden das verheißene Land, die Welt, der Mensch, die Wege Gottes erfahren und gepriesen. Darüber hinaus wurde keine ästhetische Reflexion unternommen: "Israel verharrte bis zuletzt in einer großen Naivität des reinen Erlebens."[42]

Auch das für alle Erfahrung von Schönheit so wichtige Licht begegnet dem Israeliten als Geschehen, wiederum als Eröffnung des Lebensraumes. Tritojesaja beschreibt so die künftige Herrlichkeit Zions:

> Auf, werde licht, denn es kommt dein Licht,
> Und die Herrlichkeit des Herrn geht leuchtend auf über dir. (Jes 60, 1)

Kabod ("die Herrlichkeit") steht als Prädikat Jahwes und macht offensichtlich, daß für den Israeliten das Schöne nicht nur in der Harmonie besteht, sondern sich in einer Erfahrung vermitteln kann, die die Elemente des Erhabenen, des Erschreckenden, des Gebanntseins (wie sie Rudolf Otto klassisch beschrieben hat) in einer ursprünglichen Einheit umgreift.

> Mich umfingen die Fesseln des Todes,
> Mich erschreckten die Fluten des Verderbens.
> Die Bande der Unterwelt umstrickten mich,
> Über mich fielen die Schlingen des Todes.
> In meiner Not rief ich zum Herrn
> Und schrie zu meinem Gott.
> Aus seinem Heiligtum hörte er mein Rufen,
> Mein Hilfeschrei drang an sein Ohr.
> Da wankte und schwankte die Erde,
> Die Grundfesten der Berge erbebten,
> Sie wankten, denn sein Zorn war entbrannt. (Ps 18, 5-8)

Als schön vermag der Israelit daher nicht allererst die unveränderliche Harmonie (die *proportio* der Scholastik) zu erfahren, sondern die Intensität überwältigender Kraft.[43] Der Inbegriff der Schönheit freilich, die *kabod Jahwe* kann überhaupt nicht dargestellt (diese Erfahrung manifestiert sich im Bilderverbot), sondern nur sprachlich mit immer neuen und wechselnden hymnisch-dichterischen Ausdrücken umschrieben werden. Das Entscheidende dieser hymnischen Vergegen-

[42] *v. Rad*, a.a.O. 376.

[43] Vgl. *R. Otto*, Das Heilige, München [35]1963, 22-26.

wärtigung liegt dabei nicht in den wechselnden bildhaften Objektivationen, sondern im Geschehen des Lobens oder Erzählens als solchem.

c. Der Weg zu Aufklärung und Skepsis

Die "Gerechtigkeit Jahwes" bestimmte als ein Schlüsselbegriff das Denken Israels. Der Glaube an die absolute Souveränität Jahwes einerseits und die Bedeutung seiner "Gerechtigkeit" andererseits mußte nun im Rahmen einer theologischen Reflexion die Erfahrung des Leidens in irgendeine Verbindung mit Jahwe und dessen Tätigkeit bringen.[44] Eine ausdrückliche Reflexion über das Problem des Leidens setzte allerdings erst verhältnismäßig spät ein. Für die frühe Periode Israels gilt, daß das Volk in der Lage war, in der Erfahrung von Leid und Not durchzuhalten und keine Ausflüchte ideologischer Art zu suchen, obwohl keinerlei ausreichende theologische "Antworten" auf die Frage des Leids - vor allem des unverschuldeten - vorhanden waren.[45] Dabei muß natürlich die allgemeine ethnologische Beobachtung berücksichtigt werden, daß die Erfahrung des Leidens des Einzelnen um so eher "aufgefangen" werden kann, als dieser sich in einer Gemeinschaft "aufgehoben" weiß. Dies gilt nun auch für Israel, wo jedenfalls in der frühen Periode der Einzelne sich in hohem Maß in die Gemeinschaft seines Volkes hineingebunden wußte, dieses Volk als ganzes jedoch einen dauernden Weg von Abfall und Umkehr ging, an dem so auch der Einzelne teilhatte. Ferner war eine Vorstellung lebendig (ohne eine spätere christliche Erbsündentheologie in diese frühe Zeit zu projizieren!), daß das Volk als ganzes sowohl an den Verheißungen wie auch an den Verfehlungen vergangener Generationen zu tragen hatte. Jahwe hatte das Recht, für eine unabgegoltene Schuld Sühne einzufordern, auch wenn er auf dieses Recht verzichten und Gnade üben konnte. Auf diesen Erweis seiner Huld gab es jedoch nicht den geringsten Rechtsanspruch. Auch dann, wenn von Jahwe gilt: "Bei denen, die mir feind sind, verfolge ich die Schuld der Väter an den Söhnen, an der dritten und vierten Generation" (Ex 20, 5), erweist sich noch seine Gerechtigkeit. Im Glauben an das Wirken Jahwes waren für den Israeliten die böse Tat und ihre Strafe im Grunde identisch;

44 Vgl. *J.J. Stamm*, Das Leiden der Unschuldigen in Babylon und Israel, Zürich 1946, 33f.

45 Vgl. *v. Rad*, a.a.O. 396.

sie sahen sich in einer "schicksalswirkenden Tatsphäre"[46], die immer das Wirken Jahwes mit einschloß. Die Sentenzen der Weisheit stellen den Zusammenhang zwischen Tun und Ergehen dann dar im Sinn einer "immanenten Nemesis"[47], die Tat und Vergeltung für den Frevler ursprünglich zusammenbindet. In der ersten Rede des Elifas im Buch Ijob klingt diese Auffassung an:

> Bedenk doch! Wer geht ohne Schuld zugrunde?
> Wo werden Redliche im Stich gelassen?
> Wohin ich schaue: Wer Unrecht pflügt,
> Wer Unheil sät, der erntet es auch. (Ij 4, 7f.)

Hinter Leid und Unheil steht also keine Willkür Gottes, vielmehr entspringt beides gleichsam dem immanenten Zusammenhang menschlicher Tat und Verfehlung. Der ganze Lebensraum - einschließlich dieses Tun-Ergehen-Zusammenhangs - wird jedoch auf Jahwe selbst zurückgeführt; so können auch die Propheten im 8. Jh., die den unmittelbaren Bezug allen Geschehens von Jahwe her und auf ihn hin herausstellen, ohne daß damit der Jahweglaube problematisch würde, sagen: "Geschieht ein Unglück in einer Stadt, ohne daß der Herr es bewirkt hat?" (Am 3, 6) Schon in der Richterzeit gehört dieser Tun-Ergehen-Zusammenhang zum Grundverständnis Israels: Auf den Abfall folgt das Gericht, und das ganze Volk hat daran Anteil.[48]

Die Erfahrung des Leids radikalisiert sich in der Erfahrung des Todes. Ist damit der Glaube nicht in einer Weise herausgefordert, die über all das Gesagte hinaus den Jahwegläubigen Halt und Sicherheit entbehren läßt? Hier muß die Problematik bedacht werden, vor dem Hintergrund eines völlig anderen Lebensverständnisses die hebräische Auffassung vom Tod nachzuvollziehen. Bemerkenswert erscheint, wie wenig der Jahweglaube über das Phänomen des Todes auszusagen hat. Das Israel der Frühzeit "kannte ja weder die moderne Verabsolutierung des Lebens und seiner Inhalte, noch einen faustischen Unendlichkeitsanspruch, der vom Menschen her Jahwe gegenüber hätte geltend gemacht werden können"[49]. Im Gegensatz zu seinen Nachbarvölkern hat sich Israel gegen jede Sakralisierung des Todes und gegen jeden Totenkult gewehrt, die beide die Bedrohung durch den Tod zu

46 *K. Koch*, Gibt es ein Vergeltungsdogma im Alten Testament? in: ZThK 52 (1955), 1ff.

47 *v. Rad*, a.a.O. 398.

48 Vgl. *Stamm*, a.a.O. 37.

49 *v. Rad*, a.a.O. 402.

mildern suchten. Trotzdem erfuhr Israel den Gedanken des Todes und die Auffassung der *scheol* nicht als Bedrohung oder radikale Infragestellung des Lebens und seiner Werte. Im Lob der Schöpfung und in der damit ausgesprochenen Wertung des Lebens und der Welt drückt sich auch die Erfahrung aus, daß das Leben als begrenzt begriffen und akzeptiert werden muß, also auch ein Punkt erreicht wird, an dem der Mensch "betagt und lebenssatt" (Gen 25, 8) das Geschick seiner Vorfahren teilt und der im Leben erfolgreich gewesene in seinen Kindern weiterlebt.[50]

Gegenüber diesem "ungebrochenen" Verhältnis zu Leben und Tod tritt uns in der Geschichte der ersten Sünde in Gen 2 und 3 ein "gebrochenes" Verhältnis zu Leben und Tod entgegen. Obwohl das Material, mit dem der Jahwist hier arbeitet, sehr alt ist,[51] zeigt doch dessen Verarbeitung, daß hier auf dem Hintergrund einer begonnenen Aufklärung gedacht wird.[52] Einen abstrakten Begriff von Schuld können wir beim Jahwisten nicht annehmen. Und doch ist es seine Absicht, durch die Zusammenstellung der einzelnen Erzählungen von Gen 2-11 die Dimensionen von Schuld auszuloten: der Brudermord (Kain), eine allgemeine Verderbnis (Sintflut), die Überschreitung der technischen Möglichkeiten des Menschen (Turmbau).[53] Für diese Ur-Fakten als Ur-Möglichkeiten, die immer schon realisiert sind, kann der Jahwist keine andere als eine mythologische Sprache verwenden. Die Grenzüberschreitungen des (der) Menschen und die unausweichlichen Folgen eines solchen Handelns sind das Problem des Jahwisten, und unter diesen Grenzüberschreitungen spielt die dem Gebot Gottes gegenüber eine besondere, fundamentale Rolle. Die Ausdrucksform des Verbots ist ein Tabu: ein Baum, der nicht berührt werden darf (Gen 3, 3). Das Verbot steht im Zusammenhang der Eröffnung eines Lebensraumes,

50 Vgl. *Th. Vriezen*, Theologie des Alten Testaments, Neukirchen 1957, 171-173.

51 Vgl. *C. Westermann*, Genesis (Biblischer Kommentar I, 1), Neukirchen ^{3}1983, 76: "Es ist keineswegs zufällig, daß gerade bei dieser Gruppe der Erzählungen von Schuld und Strafe (abgesehen von der Sintflutgeschichte) eine unmittelbare Vorgeschichte in ägyptischen oder mesopotamischen Mythen kaum zu finden ist, aber diese auffällige Entsprechung zu einer großen Gruppe von Erzählungen in primitiven Kulturen vorliegt. Dieses Sondergut des J in der biblischen Urgeschichte setzt eine Vorgeschichte voraus, die von den umgebenden Hochkulturen relativ unbeeinflußt war."

52 Vgl. *v. Rad*, a.a.O. 171.

53 Besondere Schwierigkeiten bereitet in diesem Zusammenhang die Interpretation von Gen 6, 1-4 (die Verbindung der Göttersöhne mit den Menschentöchtern, die *Westermann*, a.a.O. 516, als "Übersteigerung des Menschlichen durch eine genealogische Überhöhung, die Verbindung mit göttlicher Lebenskraft" interpretiert.

in dem der Mensch beinahe göttliche Macht hat - er ist es, der den Tieren einen Namen gibt (Gen 2, 19). Und der Mensch hat diesen Lebensraum, um ihn zu "bebauen und zu bewahren" (Gen 2, 15). Macht und Besitz ohne das Bewußtsein von Grenzen ist nicht möglich, und dieses Bewußtsein der Grenze kann hier eben keine andere Form als die eines Tabus haben.[54] Die Überschreitung der Grenze bedeutet Vertreibung aus dem Garten, Schmerzen bei der Weitergabe des Lebens, Mühe bei der Sicherung des Lebensunterhaltes auf dem Acker (Gen 3, 16-19. 24). Durch die Überschreitung schlägt die Situation des Menschen um in das Gegenteil dessen, was er sich erhofft. Nicht das menschliche Leben als solches bedeutet eine Vertreibung aus dem Garten, sondern nur jenes, in welchem die Grenzen nicht akzeptiert werden. Sterblichkeit und Begrenztheit trägt der Mensch schon immer an sich - auch der biblische Bericht enthält keine Lehre von der physischen Unsterblichkeit.[55] Aber dort, wo der Mensch seine Grenzen zu überschreiten sucht, werden ihm seine natürlichen Grenzen, die er in seiner Natur und der von ihm bearbeiteten Natur vorfindet, zum Schmerz und zur Angst. Sein Verhältnis zu sich, zur Natur und zu Gott ist gestört, wenn er eine "göttliche Lebenssteigerung jenseits seiner geschöpflichen Grenzen"[56] zu erlangen sucht.

Das großartige Panorama der vom Jahwisten in eine Einheit gebrachten mythologischen Bilder kreist immer wieder um dieses Thema im Versuch, auf diese Weise ätiologisch seine Gegenwart zu entschlüsseln. Er geht dabei zurück auf eine Ur-Geschichte, die nur mythologisch dargestellt werden kann, die aber doch als echte Vorgeschichte der aktuellen Geschichte verstanden wird, nicht als Periode, die vor aller Geschichte liegt. Mit dieser Deutung von Leid und Unheil setzt sich der Jahwist deutlich von babylonischen Vorstellungen ab,[57] welche die Gebrochenheit menschlicher Existenz bereits in die Struktur des Menschen vor seiner Freiheitsentscheidung verlegen - und somit als Existential des Menschen selbst definieren -, während der Jahwist diese Dissonanz des Menschen als ein Geschehen seiner geschichtlichen Existenz begreift. Die Nähe Gottes als die grundlegende Beziehung, die sich in allen Bezügen zu Mitmensch und Welt ausdrückt, ist gestört. In seiner Geschichtsdarstellung legt der Jahwist Wert darauf,

[54] Vgl. *Westermann*, a.a.O. 305.

[55] Vgl. *H. Haag*, Biblische Schöpfungslehre und kirchliche Erbsündenlehre, Stuttgart 1966, 52-55.

[56] *v. Rad*, a.a.O. 169.

[57] Vgl. *Vriezen*, a.a.O. 175.

zu zeigen, daß die Folgen dieser am Anfang der Geschichte liegenden Schuld nicht bloß weitergegeben, sondern immer aufs neue ratifiziert werden. Wie die Kainerzählung berichtet, beginnt sich der Bruderhaß sogar körperlich zu manifestieren ("Darauf machte der Herr dem Kain ein Zeichen . . .", Gen 4, 15). Die schuldhafte Tat des Menschen läßt ihn ungesichert und heimatlos werden. Hier in der Kainerzählung sind die Folgen dieser schuldhaften Tat vielleicht noch unmittelbarer ausgedrückt als in der Geschichte der ersten Sünde:

> Du hast mich heute vom Ackerland verjagt, und ich muß mich vor deinem Angesicht verbergen; rastlos und ruhelos werde ich auf der Erde sein, und wer mich findet, wird mich erschlagen. (Gen 4, 14)

Die Ortlosigkeit des Menschen, der seiner Lebensbezüge verlustig gegangen ist, wird ihm zur Todesgefahr, die er ständig mit sich herumtragen muß. Das physische Überleben hat er sich um den Preis der Heimatlosigkeit erkauft.

Der Jahwist unternimmt noch einmal von anderer Seite her den Versuch, zu zeigen, wie der Mensch eine Selbstbestimmung unter Leugnung der ihm gegebenen Grenzen zu unternehmen sucht. Die Erzähung des Turmbaus in Gen 11 betrachtet nicht schon das Kultur-Schaffen des Menschen überhaupt aus kritischer Distanz, wohl aber die Meinung, Technologie als solche könne menschliche Gemeinschaft bilden: "Auf, bauen wir uns eine Stadt und einen Turm mit einer Spitze bis zum Himmel, und machen wir uns damit einen Namen, dann werden wir uns nicht über die ganze Erde zerstreuen." (Gen 11, 4)[58] Auch in dieser Geschichte des Turmbaus wird der Mensch durch einen Eingriff Gottes wieder auf seine ursprünglichen Grenzen zurückgeworfen: Keiner versteht mehr die Sprache des anderen, und so werden die Menschen über die Welt zerstreut. Wiederum erweist sich eine grundlegende Beziehungsmöglichkeit des Menschen als gestört, nämlich die Sprache; sprachliche Differenz fällt in der Folge mit örtlicher Distanz zusammen.

In der ätiologischen Rekonstruktion der Vorgeschichte führt der Jahwist eine kritische Selbstaufklärung des historischen "Wesens" des Menschen durch. Schon Wellhausen sagte dazu: "Es steckt eine Art antiker Geschichtsphilosophie darin, die nahe an Pessimismus

[58] Mit dieser Deutung soll keineswegs ausgeschlossen werden, daß der Turmbaubericht von Gen 11 zudem noch eine kultkritische Spitze hat und sich damit gegen den Anspruch babylonischer Hochtempel in Form von Stufentürmen (Zikurrat) wendet, die eine Verbindung zwischen der himmlischen und der irdischen Welt darstellen. Vgl. *Westermann*, a.a.O. 728.

streift."[59] Am Anfang der jahwistischen Ätiologie steht zwar die souveräne Schöpfungstat Gottes (Gen 2, 4b-15), dennoch ist die "Weltwirklichkeit" eine, in der der Mensch dauernd mit seinen Grenzen ringt und von sich aus die grundlegenden Relationen seines Menschseins immer wieder beschädigt. Der Jahwist schildert daher die geschichtlich gewordene "Welt" und den "Lebensraum" des Menschen als zwar nicht von ihrem Wesen her oder notwendigerweise, doch in ihrer faktischen geschichtlichen Form zutiefst ambivalent.

Die Epoche der zu Ende gehenden Königszeit an der Wende vom 7. zum 6. Jh. bedeutete für die Geschichtserfahrung des alten Israel einen tiefen Einschnitt. Die Erfahrungen dieser Umbruchszeit gruppieren sich besonders um die davidische Königsstadt Jerusalem, wobei sich auch zeigt, daß der Jahweglaube nur die Oberfläche älterer - keineswegs schon überwundener - Überlieferungen bildete und nicht jene Einwurzelung erfahren hat, die Krisenfestigkeit garantiert. Eindrucksvolle Zeugnisse der Situation in dieser Zeit geben die Klagen der Propheten. Ezechiel etwa mußte sich mit den skeptischen Einwänden gegen Gottes Heilsplan auseinandersetzen: "Das Verhalten des Herrn ist nicht richtig" (Ez 18, 25; ähnlich Ez 18, 29). In dieser Umbruchszeit erschien der immanente Tun-Ergehen-Zusammenhang, der von den Propheten als Jahwes Wirken verkündet wurde, vor dem Hintergrund einer korrupten Gesellschaftsordnung mehr als fragwürdig:

> Kein Unheil kommt über uns,
> Weder Schwert noch Hunger werden wir spüren.
> Doch diese Propheten werden zunichte;
> Das Gotteswort ist nicht bei ihnen. (Jer 5, 12f.)

Seit der Zeit Salomos war die Kultur des Königshofes mit verschiedenartigen ausländischen Elementen durchsetzt, und die Beamten und Prinzen, die zum Ärgernis der Propheten Selbstsicherheit wie fremde Tracht gleichermaßen zur Schau trugen (Zef 1, 8), stellten der prophetischen Drohpredigt die indifferent-distanzierte Relativierung der Macht Jahwes gegenüber: "Der Herr tut weder Gutes noch Böses." (Zef 1, 12)

Hatte in der Zeit der Landnahme und des Aufbaus des Reiches ein bestimmtes Zuordnungsschema von Individuum und Gemeinschaft die Realität Israels bestimmt, so war dieses Einbezogensein in die Sozialgemeinschaft des Volkes nun zusammengebrochen oder hatte zumindest seine prägende Kraft verloren. Damit "war der Blick frei gewor-

[59] *J. Wellhausen*, Prolegomena zur Geschichte Israels, Berlin ^{4}1895, 320.

den auf die undurchdringlichen überpersönlichen Verstrickungen, in denen das sich seiner Vereinzelung bewußt gewordene Individuum keinen Ausweg sah"[60]. In diesem Umbruchsprozeß war eine aufgeklärte Geistigkeit am Werk, die sich mit der nun für das Individuum aufgetretenen Problematik des Leidens und Todes in neuer Weise auseinanderzusetzen hatte. Deutlich wird dieses Problem anhand der offensichtlichen Infragestellung des Tun-Ergehen-Zusammenhangs, nämlich am "Glück des Gottlosen". Mit dieser offensichtlichen Herausforderung stand die Annahme der Sinnhaftigkeit einer Schöpfungsordnung überhaupt auf dem Spiel. Welches denn ist der "Anteil", den jeder Einzelne an der Schöpfung erhält? Offensichtlich ließen sich die traditionellen Heilsgüter (Land, Nachkommenschaft), die ja in erster Linie das Volk als ganzes betrafen, nicht ohne weiteres auf den Einzelnen übertragen. Jahwe schien sich in eine undurchdringliche und unerträgliche Verborgenheit zurückgezogen zu haben.[61] Ein in seiner Ausdrucksweise radikales Zeugnis der Erfahrung von Verlorenheit des Einzelnen findet sich im Psalm 22:

> Dir haben unsre Väter vertraut,
> Sie haben vertraut, und du hast sie gerettet.
> Zu dir riefen sie und wurden befreit,
> Dir vertrauten sie und wurden nicht zuschanden.
> Ich aber bin ein Wurm und kein Mensch,
> Der Leute Spott, vom Volk verachtet.
> Alle, die mich sehen, verlachen mich,
> Verziehen die Lippen, schütteln den Kopf:
> "Er wälze die Last auf den Herrn,
> Der soll ihn befreien!
> Der reiße ihn heraus,
> Wenn er an ihm Gefallen hat." (Ps 22, 5-9)

In der Sprachform der Klage wird hier das Verhältnis von Schuld und Not, die nicht kausal-kurzschlüssig miteinander zu vermitteln sind, wahrgenommen und offengehalten. Leid kann nicht mehr als gottgewollte Heimsuchung hingenommen werden; das Individuum tritt in den Konflikt mit dem Gott seines Lebens und dem Gott der Schöpfung überhaupt ein. "So wird der Sprechakt der Klage auch zu einer scharfen Kritik für eine Spiritualität, in der menschliche Geschichte und Emotionalität auf die synchrone Einheitsfigur einer falsch verstandenen Gottergebenheit reduziert worden sind. Der Mensch kann

60 *v. Rad*, a.a.O. 407.

61 Vgl. ebd. 410.

sich nicht in jeder Sekunde seines Lebens spontan und unmittelbar in die 'Vorsehung' hineinbegeben. Diese Karikatur eines 'geistlichen Menschen' nimmt nicht mehr ernst, daß zum menschlichen Sein, zu jeder menschlichen Beziehung immer beides gehört: 'Widerstand und Ergebung', Distanz und Nähe, Klage und Hingabe. Erst das erstere gibt dem zweiteren die nötige Kraft und dramatische Energie und erlöst es von einer blutleeren Schemenhaftigkeit."[62]

Zwei mögliche Lösungen, das Leid zur Sprache zu bringen, treten in dieser Umbruchszeit besonders hervor:

a. Leid kann gewertet werden als von Gott gewirktes Zerbrechen menschlicher Selbstsetzung, so daß Gott gerade dem Leidenden nahe ist. So verheißt Tritojesaja dem frommen Israeliten:

> Denn so spricht der Hohe und Erhabene,
> Der ewig Thronende, dessen Name "Der Heilige" ist:
> Als Heiliger wohne ich in der Höhe,
> Aber ich bin auch bei den Zerschlagenen und Bedrückten,
> Um den Geist der Bedrückten wieder aufleben zu lassen
> Und das Herz der Zerschlagenen neu zu beleben. (Jes 57, 15)

Ähnlich bekennt der Fromme in seiner Sehnsucht nach Gott: "deine Huld ist besser als das Leben" (Ps 63, 4). Damit treten hier im Kontrast zu Gotteserfahrung und Lebenswerten des alten Israel erstmals Gnade und Leben auseinander; es findet eine Spiritualisierung der Heilserwartung statt, die Jahwes Gerechtigkeit aus der Welt in die Innerlichkeit hineinverlegt. Jahwe, dessen Handeln früher unmittelbar am Ort von Geschichte und Natur erfahren wurde, offenbart sich nun in der inneren Erfahrung des Menschen:

> Denn bei dir ist die Quelle des Lebens,
> In deinem Licht schauen wir das Licht. (Ps 36, 10)

Die Schöpfungs- und Weltwirklichkeit tritt als der eigentlich relevante Lebensraum zurück; Jahwe, der Ursprung des Lebens, und das Licht, das sonst in sinnenhafter Erfahrbarkeit Werk der ersten Schöpfungstat Gottes ist, werden nunmehr in eine religiöse, fast mystische Innerlichkeit verlegt. Damit hat sich eine entscheidende Wende vollzogen: Erstmals werden nun auch Aussagen über ein Leben nach dem Tod möglich - auch wenn diese zunächst noch sehr vage sind.

b. Verflochten mit dieser Deutung des Leids als Aufhebung menschlicher Selbstsetzung kann auch noch von einer zweiten Deutungsrichtung gesprochen werden - wenngleich hierzu die Aussagen

[62] *O. Fuchs*, Die Klage als Gebet, München 1982, 359.

seltener sind -, die im Leid eine pädagogische Wirkung sieht, also eine mit dem Leid verbundene Läuterungsabsicht Jahwes. In dieser Sichtweise des Leids steckt insofern ein neuer Ansatz, als nun Leid in sich positiv gewertet werden kann - abgehoben vom Hintergrund eines Tun-Ergehen-Zusammenhangs. Ausdrücklich artikuliert sich diese Sichtweise in einem Zusatz zum Buch Ijob, auf das noch einzugehen sein wird.

Durch das Problem des Leidens, der Unordnung in der Erfahrung sowohl der eigenen als auch der sozialen Geschichte sah sich der Jahweglaube Israels radikal herausgefordert. Als wesentlich bleibt festzuhalten, daß sich das Alte Testament auf vielfache und oft dramatische Weise mit dem Problem der Übermacht und Undurchsichtigkeit des Chaotischen in der Welterfahrung auseinandergesetzt hat. Dabei rühren Schärfe und Ernst dieser Fragestellung gerade daher, daß Israel vor dem Hintergrund des Glaubens an die Macht Jahwes es immer zurückgewiesen hat, den Ausweg einer ontologischen Dualität in der Weltkonstitution (die auf gedanklich einfache Weise eine Zuordnung von Gut und Böse möglich macht) anzunehmen - obwohl manche Zeugnisse darauf hinweisen (vgl. den vorhergegangenen Abschnitt), daß es in Israel durchaus Traditionen gab, die in eine solche Richtung wiesen.

Soll von Aufklärung und Skepsis im Rahmen des alttestamentlichen Denkens die Rede sein, so können zwei literarische Komplexe nicht umgangen werden, die in radikaler Weise um die Fragen von Leiden und Tod kreisen: einerseits das Buch Ijob, das zweifellos auch einen Höhepunkt der Weltliteratur darstellt, andererseits das Buch Kohelet, das ebenso als Ausdruck einer radikalen Skepsis unübertroffen ist.

Zunächst zu Ijob: Literarkritisch müssen die ältere Prosa-Rahmennovelle (Kap. 1 u. 2 sowie 42, 7-17) und der jüngere Dichtungsteil dazwischen (Kap. 3, 1 - 43, 6) voneinander unterschieden werden. In der Rahmenerzählung liegt eine alte Volksüberlieferung vom vorbildlichen Leben eines Gerechten vor. Dieser wird nicht als Stoiker vorgestellt, sondern einfach als ein Mensch, der in seinem Glauben Halt findet: "Nehmen wir das Gute an von Gott, sollen wir dann nicht auch das Böse annehmen?" (Ij 2, 10) Diese Rahmenerzählung hat jedoch eine wichtige Funktion für die gesamte Interpretation: Es soll daran deutlich werden, daß es sich beim ganzen Ijobbuch um die Schilderung eines individuellen Ereignisses, eines Geschehens handelt. Die Frage ist allerdings, ob das Ijobbuch *nur* dieses einzelne Geschehen schildern will, so daß es sich nicht um die Diskussion eines Problems handelt,[63] oder ob Ijob als "Problemträger" aufgefaßt werden muß, so daß *mit* diesem individuellen Geschehen eine prinzipielle Frage, die Frage nach der Art der Weltordnung und des Weltregiments, gestellt ist.[64] Dieser grundsätzlich verschiedene Ausgangspunkt der Deutung wird besonders bei der Einschätzung der Schöpfungsreden wichtig werden.

Zunächst handelt es sich um ein Drama,[65] das aus der Form von Klage und erwarteter Tröstung heraus entwickelt wird. Allerdings wird wegen der unzureichenden bzw. unzutreffenden Tröstung der Freunde Ijobs aus der Trostrede ein Streitgespräch.[66] Auf diese Weise kommt dann doch eine Argumentationsform in das Klagedrama, wobei aber die "Antwort" Ijobs jeweils nicht darin besteht, daß er die Argumente widerlegt, sondern darin, daß er auf seiner Klage - und damit auf dem Recht seiner Klage - besteht. Ein solches Streitgespräch ist in der Form von Anklage und Verteidigung vor Gericht bestimmt[67] - es ist ein Streit um Recht und Gerechtigkeit, ausgetragen vor der Instanz Jahwe, von dem dann schließlich ein richterliches Machtwort erwartet wird, das den Streit beendet. Allerdings wird dabei Jahwe selbst in die Frage von Recht und Gerechtigkeit hineinverwickelt. Und so tritt neben einen in den Schöpfungsreden "aufgeklärt argumentierenden" Jahwe[68] doch auch wieder jener Jahwe, dessen Stimme wie Donner aus der Wetterwolke tönt:[69]

> Willst du wirklich mein Recht zerbrechen,
> Mich schuldig sprechen, damit du recht behältst?
> Hast du denn einen Arm wie Gott,
> Dröhnst du wie er mit Donnerstimme? (Ij 40, 8f.)

63 So *C. Westermann*, Der Aufbau des Hiobbuches, Stuttgart 1977, 33f.

64 So *O. Keel*, Jahwes Entgegnung an Ijob, Göttingen 1978, 15-24.

65 Vgl. *P. Humbert*, Le modernisme de Job, in: VT Suppl. III (1969), 154.

66 Vgl. *Westermann*, a.a.O. 30f.

67 Vgl. *J. Lindblom*, La composition du livre de Job, Lund 1944, 40f.

68 So lehnen sich etwa die Aufzählungen des Schöpfungswerkes Gottes in Kap. 38 an die in Ägypten üblichen Onomastiken, d.h. die weisheitliche Listenwissenschaft an. Vgl. *G. v. Rad*, Hiob 38 und die altägyptische Weisheit, in: Gesammelte Studien zum Alten Testament, München 1965, 263f.

69 Es wurde häufig vermutet, daß die zweite Gottesrede (Kap. 40) später eingefügt wurde. So meint etwa *H. Schmid*, Wesen und Geschichte der Weisheit, Berlin 1966, 184, sie könnte dazu gedient haben, das Buch in der Zeit der beginnenden Synagoge kanonfähig zu machen. Die neuere Forschung nimmt allerdings eine *sachliche* Einheit der Gottesreden an; vgl. *Westermann*, a.a.O. 111f.

Es ist klar, daß eine solche "Antwort" nicht als "Lösung" der Frage nach der Ordnung in der Welt oder als "Lösung" des Theodizeeproblems angesehen werden kann, da hier von einer reinen Autoritätsposition her gesprochen wird. Ist aber damit alles, was der argumentierende Jahwe sagt, letztlich überflüssig? Kommt es wirklich nur auf das *Daß* der Theophanie an, wie Westermann meint: "Die Breite, in der diese Frage entfaltet wird (von 38, 1 - 41, 26), kann nicht verbergen, daß es nur *eine* Frage ist. Gott weist Hiob zurecht, indem er ihn fragt: bist du der Schöpfer?"[70] Ist nicht doch auch in der existentiellen Not Ijobs eine "These" enthalten? Sicher ist - trotz der Tradition der Klagepsalmen - bereits das Ausmaß und die Vehemenz des Verzweiflungsausbruchs Ijobs, das *Daß* desselben, innerhalb der israelitischen Überlieferung etwas Unerhörtes. Aber in ihm dürfte doch auch ein - nicht weniger unerhörtes - Argument enthalten sein: *Wenn* in Gottes Schöpfung ein solches Schicksal wie das Ijobs möglich ist, *dann* wäre es besser, wenn die Schöpfung rückgängig gemacht würde! Ijob kehrt das Schöpfungslob um und fordert, daß in einem Fall wie dem seinen das Chaos dieses Geschöpf wieder in seinen dunklen Grund aufnehme, die Schöpfung also annihiliert werde:

> Ausgelöscht sei der Tag, an dem ich geboren bin,
> Die Nacht, die sprach: Ein Mann ist empfangen.
> Jener Tag werde Finsternis,
> Nie frage Gott von oben nach ihm,
> Nicht leuchte über ihm des Tages Licht.
> Einfordern sollen ihn Dunkel und Finsternis,
> Gewölk über ihn sich lagern,
> Verfinsterung am Tag mache ihn schrecklich.
> Jene Nacht, das Dunkel raffe sie hinweg,
> Sie reihe sich nicht in die Tage des Jahres,
> Sie füge sich nicht zur Zahl der Monde.
> Ja, diese Nacht sei unfruchtbar,
> Kein Jubel komme auf in ihr. (Ij 3, 3-7)

Dieser Revolte halten nun die Freunde Ijobs, Elifas und Zofar, die Lehren des traditionellen Jahweglaubens und der israelitischen Weisheitslehre entgegen, in der Meinung, diese könnten und müßten Ijob Trost vermitteln. Elifas greift dabei auf die alte Lehre der immanenten Tun-Ergehen-Abfolge zurück; wo der Mensch Leid erfährt, muß Schuld vorausgesetzt werden:

[70] Ebd. 110.

Bedenk doch! Wer geht ohne Schuld zugrunde?
Wo werden Redliche im Stich gelassen?
Wohin ich schaue: Wer Unrecht pflügt,
wer Unheil sät, der erntet es auch. (Ij 4, 7f.)

In einem solchen Ableitungszusammenhang hat die Vorstellung eines Gerechten, der trotzdem leiden muß, einfach keinen Platz. Angesichts dieses Zusammenhangs von Leid und Schuld wird Ijob daher zur Buße aufgefordert. Dann werde er auch erfahren, daß die wirksame Gerechtigkeit Jahwes ihm wieder von neuem Glück verschafft:

Du wirst erfahren, daß dein Zelt in Frieden bleibt;
Prüfst du dein Heim, so fehlt dir nichts.
Du wirst erfahren, daß deine Nachkommen zahlreich sind,
Deine Sprößlinge wie das Gras der Erde.
Bei voller Kraft steigst du ins Grab,
Wie man Garben einbringt zu ihrer Zeit.
Ja, das haben wir erforscht, so ist es.
Wir haben es gehört. Nimm auch du es an! (Ij 5, 24-27)

Geschichtlich kommt dieser Gedankengang jedoch zu spät. Ijob akzeptiert dieses Schema eines Tun-Ergehen-Zusammenhangs nicht mehr, zu fragwürdig ist es ihm geworden angesichts des Leidens der Gerechten und des Glücks von Gottlosen. Die Freunde haben sich auf eine Argumentation eingelassen - so haben sie die Beweislast. Ijob bestreitet nicht direkt das Schema, er gibt jedoch zu erkennen, daß es sich als unbrauchbar erweist, wenn es die hier in seiner Klage formulierte Situation nicht aufschlüsseln kann:

Belehrt mich, so werde ich schweigen,
Worin ich fehlte, macht mir klar!
Wie wurden redliche Worte verhöhnt,
Was kann euer Tadel rügen? (Ij 6, 24f.)

Angesichts der offenkundigen Schwäche der Freunde, ihrem Schema eine brauchbare empirische Stütze zu geben, wendet sich Ijob auch schon jetzt an die übergeordnete Instanz:

Ich sage zu Gott: Sprich mich nicht schuldig,
Laß mich wissen, warum du mich befehdest. (Ij 10, 2)

Doch die Freunde wollen - unter Einführung eines weiteren Lehrsatzes - eine solche Berufung zurückweisen. Der Tun-Ergehen-Zusammenhang soll aufrechterhalten bleiben, nur soll nach Elifas die Erkennbarkeit und Durchsichtigkeit des Zusammenhangs eingeschränkt werden:

Die Tiefen Gottes willst du finden,
Bis zur Vollkommenheit des Allmächtigen vordringen?
Höher als der Himmel ist sie, was machst du da?
Tiefer als die Unterwelt, was kannst du wissen?
Länger als die Erde ist ihr Maß,
Breiter ist sie als das Meer. (Ij 11, 7-9)

Ijob läßt solche Ausflüchte nicht zu; er beansprucht, Verstand zu haben wie seine Freunde auch, denen er aber in Wirklichkeit die Weisheit abspricht (Ij 12, 2f.). In Kap. 21 tritt er dann schließlich den Argumenten seiner Freunde direkt entgegen. Er ist sich dabei bewußt, daß er ihnen Entsetzliches zumutet:

Wendet euch mir zu und erstarrt,
Und legt die Hand auf den Mund!
Denk' ich daran, bin ich erschreckt,
Und Schauder packt meinen Leib. (Ij 21, 5f.)

Ijob bestreitet in diesem Kapitel offen den Zusammenhang von Tun und Ergehen; er erklärt den Freunden kategorisch, daß die beobachtbare Welt mit ihrer Theologie nicht übereinstimmt, daß diese also falsch ist. "Die uralte, für das AT grundlegende Gleichung von Segen und Glück ist ihm zerbrochen."[71] Dies muß von den Freunden als Blasphemie aufgefaßt werden, sie können nicht weiter argumentieren, sondern müssen von ihrem Standpunkt aus zu Anklägern werden. Und nun wendet sich Ijob an Jahwe, denn er hält an seiner Unschuld fest (Ij 27, 6). Die Antwort Jahwes besteht in einem Lob der Schöpfung: Er hat die Welt geschaffen, er allein kennt die ganze Schöpfung, er ist der Herr der Schöpfung und der Geschichte.[72] Ijob soll anerkennen, daß er Geschöpf ist:

Wo warst du, als ich die Erde gegründet?
Sag es denn, wenn du Bescheid weißt.
Wer setzte ihr Maße? Du weißt es ja.
Wer hat die Meßschnur über ihr gespannt?
Wohin sind ihre Pfeiler eingesenkt?
Oder wer hat ihren Eckstein gelegt,
Als alle Morgensterne jauchzten,
Als jubelten alle Göttersöhne?
Wer verschloß das Meer mit Toren,
Als schäumend es dem Mutterschoß entquoll,

71 *Westermann*, a.a.O. 100.

72 Möglicherweise benennen in Ij 40, 15 - 41, 16 Behemot und Leviatan, die mythischen Chaosmächte, die der Schöpfergott besiegt hat, nun die Mächte der Geschichte, über die der Schöpfergott auch Herr ist. Vgl. *Westermann*, a.a.O. 113.

Als Wolken ich zum Kleid ihm machte,
Ihm zur Windel dunklen Dunst,
Als ich ihm ausbrach meine Grenze,
Ihm Tor und Riegel setzte
Und sprach: Bis hierher darfst du und nicht weiter,
Hier muß sich legen deiner Wogen Stolz? (Ij 38, 4-11)

Darin ist also eine breite Entfaltung des Wirkens des Schöpfers enthalten (wobei die Verben zentral sind, also das *Handeln* Gottes), die im Grunde den Elementen entspricht, welche auch sonst im Alten Testament das Lob der Schöpfung bestimmen.[73] Der Form nach entspricht diese Darlegung der Schöpfung der Naturschilderung in der Weisheitsliteratur.[74] Obwohl es sich dabei um dichterisch eindrucksvolle Kapitel handelt, bleibt doch die Frage, welche Funktion sie eigentlich in Ijobs Drama haben. Westermann meint dazu: "Das aber ist der Sinn des in der Gottesrede Gesagten: das freie Lob des freien Gottes, Befreiung des Gotteslobes von der Weltanschauung, der Hiobs und der seiner Freunde."[75] Damit aber wäre klar, daß die Schilderung der Schönheit und Ordnung der Schöpfung *keine* Antwort gegenüber Ijobs Klage über sein Leiden ist, daß sie somit auch kein Argument im Streitgespräch darstellt.[76] Eine "Lösung" eines theoretischen Problems wäre hier überhaupt nicht gegeben. Die "Erlösung" für Ijob ergäbe sich rein aus der Theophanie: aus dem Geschehen, daß Jahwe sich *ihm* gezeigt hat, so wie er sich in der ganzen Schöpfung zeigt (ohne daß aber eben letzteres für sich allein ausreichend sein könnte):

Ich hab' erkannt, daß du alles vermagst;
Kein Vorhaben ist dir verwehrt.
Wer ist es, der ohne Einsicht den Rat verdunkelt?
So habe ich denn im Unverstand geredet über Dinge,
Die zu wunderbar für mich und unbegreiflich sind.
Hör doch, ich will nun reden,
Ich will dich fragen, du belehre mich!
Vom Hörensagen nur hatte ich von dir vernommen;
Jetzt aber hat mein Auge dich geschaut.

73 Vgl. ebd. 115.

74 Vgl. *H. Richter*, Die Naturweisheit des Alten Testaments im Buch Hiob, in: ZAW 70(1958), 1-20.

75 *Westermann*, a.a.O. 111.

76 *W. Lillie*, The religious significance of the theophany in the Book of Job, in: The Expository Times (Edinburg) 68(1957), 355-358, meint, daß es die Funktion dieser Rede sei, den Leidenden von seiner Fixierung auf sich selbst wegzuführen hin auf das Wunder der Natur. Ähnlich *Schmid*, a.a.O. 181.

Darum widerrufe ich und atme auf,
In Staub und Asche. (Ij 42, 2-6)

Daß diese "Lösung" nicht als Antwort auf das Theodizeeproblem verstanden werden darf, meint v. Rad: "Das eigentlich Fesselnde dieser Dichtung liegt in ihrer theologischen Randsituation: Wie wird sich Jahwe da, wo nicht das Gottesvolk, nicht der Kultus oder die Heilsgeschichte noch theologische Relevanz hatten, überhaupt noch aussprechen können? Aber Jahwe war auch da draußen auf den Plan getreten und hatte sich dem, der ihn bisher nur vom Hörensagen kannte (Hi. 42, 5), persönlich und tröstlich offenbart. Wenn diese 'Lösung' in etwas hinter den Erwartungen des modernen Lesers zurückbleibt, so liegt das an einer Eigenart der Theologie des Dichters, die sich, wie die Theologie der Weisheit überhaupt, eigentlich nur in Schöpfungsaussagen bewegen konnte, freilich in Schöpfungsaussagen, die bis an die äußerste Grenze ihrer Tragkraft die Heilsgedanken Gottes aussprechen sollten."[77]

Wie jedoch, wenn wir Behemot und Leviatan im traditionell "realistischen" Sinn als wahre Gegenmacht Jahwes auffassen? Dann entfernt sich das Ijobbuch natürlich von der Weisheitsliteratur, es geht wiederum ganz massiv um Jahwes Kampf mit den Chaosmächten, und Jahwe muß den Vorwurf zurückweisen, daß die Welt in der Hand eines Verbrechers, der Macht des Bösen sei (Ij 9, 24). Jahwe "spielt" hier nicht mit den Chaos-Tieren, sondern kämpft, d.h., es wird sowohl die Herrschaft Jahwes als auch die Macht des Chaos anerkannt. "Diese Herrschaft ist allerdings keine ruhige, friedliche, sondern, wie vor allem das bei den kämpferischen Assyrern des neu-assyrischen Reiches beliebte Bild vom 'Herrn der Tiere' dartut, Herrschaft über eine vitale, widerspenstige, wild sich wehrende Welt."[78] Othmar Keel vertritt also die Ansicht, daß die Schöpfungsreden Jahwes durchaus argumentativ auf eine im Ijobbuch mit allem existentiellen Ernst aufgeworfene Problemsituation (die wir ruhig das "Theodizeeproblem" nennen können) Antwort geben sollen: "Neben Gott, dem Ijob die ganze Schuld zuschiebt, und neben dem Menschen, dem die Freunde Ijobs die ganze Verantwortung für jegliches Unheil anlasten, bringen die Gottesreden Unheilsmächte außerhalb Gottes und des Menschen ins Spiel."[79]

77 *v. Rad*, Theologie des Alten Testaments I, a.a.O. 430.
78 *Keel*, a.a.O. 156.
79 Ebd. 157.

Die später hinzugefügten Elihu-Reden[80] (Ij 32, 1 - 37, 24) versuchen eine "Rechtfertigung Gottes": Leid wird verstanden als Erziehungsmaßnahme und Warnung Gottes. Damit taucht der in Israel spät aufgetretene Gedanke eines pädagogischen und läuternden Sinnes von Leid auf. Elihus Argumentation will folgendes sagen: Die Frage nach dem "Warum" des Leidens geht am gestellten Problem vorbei, vielmehr geht es in der Problematik des Leidens um das "Wozu". Wer diese Erziehungsabsicht Gottes nicht versteht, sie nicht akzeptiert und sich ihr verschließt, verstrickt sich gerade dadurch in Schuld. So kann das Leiden gerade aufgrund dieser Uneinsichtigkeit nicht aufgehoben werden.[81] Prinzipiell führt diese "Rechtfertigung" nicht über das Tun-Ergehen-Schema hinaus; sie verschiebt nur die aktuell auftretende Frage nach dem Leiden des Gerechten in die Zukunft. Diese "Lösung" braucht daher für den Gerechten ein "glückliches Ende" (und wenn dies in diesem Leben nicht eintritt, so kann in der Konsequenz dieser "Lösung" nichts anderes getan werden, als einen Himmel zu postulieren, in dem der Gerechte seinen "Lohn" erlangt).

Wichtiger als diese "Lösung" ist die Frage nach der Interpretation des ursprünglichen Ijob-Textes. In der vorangegangenen Darstellung wurden zwei sehr verschiedene Interpretationen aufgezeigt, zwischen denen bewußt keine Entscheidung getroffen wurde. Beide Interpretationen sind nicht neu, und beide sind sich der Schwierigkeiten bewußt, die mit der eigenen Position wie mit der der Alternative verbunden sind.[82] Möglicherweise zeigen die beiden (immer wiederkehrenden) Interpretationen eine prinzipielle und auch schon mit dem Ijobbuch selbst gegebene Problematik auf, die tatsächlich weit in die Metaphysik der Schöpfungslehre reicht. Wenn wir mit Ijob davon ausgehen, daß es in der Welt neben Ordnung und Sinn auch Chaos und Absurdität gibt (wofür das Leiden des Gerechten das evidenteste Zeugnis ist), denen nicht einfach ein metaphysisches Nichts, sondern eine reale Macht entspricht, so gibt es für den an Jahwe Glaubenden letztlich nur zwei Möglichkeiten. Die erste rechnet mit dem Chaos, dem Bösen als einer Macht neben Gott (und dem Menschen),[83] die zweite trägt diese Problematik des Chaos in Gott selbst hinein. Die erste Lösung - die ohne Zweifel auf eine gute religionsgeschichtliche Basis verweisen

80 Zur textkritischen Frage vgl. *Westermann*, a.a.O. 133-141.

81 Vgl. *Schmid*, a.a.O. 178f.

82 Vgl. die Übersicht von J. Kegler, in: *Westermann*, a.a.O. 17-25, und bei *Keel*, a.a.O. 44-51.

83 Vgl. *Keel*, a.a.O. 158.

kann - arbeitet mit dem auch in Israel nie ganz überwundenen Dualismus;[84] die andere denkt eher aus den theologischen Intentionen heraus, die im Glauben an Jahwe enthalten waren und die gegen die Annahme solcher von Jahwe letztlich unabhängiger Unheilsmächte gerichtet waren, wenn diese auch am Ende von ihm besiegt wurden. Die Konsequenzen einer solchen Konzeption (die dann auch auf die Interpretation zurückwirken) hat v. Rad eindrücklich aufgezeigt: "Israel hat, wenn man es so ausdrücken darf, für seine Weigerung, sich auf irgendeine Form von metaphysischem Dualismus einzulassen, einen hohen Preis gezahlt, denn in demselben Maß, in dem es die Welt aus jedem theomachischen Dualismus heraushielt, war seinem Glauben die Last auferlegt, diesen 'Dualismus' als ein innergöttliches Phänomen zu verstehen und zu tragen. Tatsächlich redet das Alte Testament in dieser Hinsicht eine Sprache, die das Fassungsvermögen des Lesers manchmal bis an die Grenze des Erträglichen hin belastet."[85] Spuren solchen innergöttlichen Dualismus' finden sich selbst noch bei Deuterojesaja:

> Ich erschaffe das Licht und mache das Dunkel,
> Ich bewirke das Heil und erschaffe das Unheil.
> Ich bin der Herr, der das alles vollbringt. (Jes 45, 7)

Ob das Ijobbuch in der einen oder der anderen Weise richtig interpretiert ist, sei hier offengelassen. Im Vorblick auf die weitere Geschichte sei allerdings die Vermutung geäußert, daß wir hier zwei "Basismodellen" begegnen. Als Augustinus sich vom dualistischen Manichäismus lossagte, kam er schließlich zu der Konsequenz, eine "dunkle" Seite in Gott selbst anzunehmen (vgl. Kap. IX). Im Mittelalter begegnen wir - in zeitlicher und räumlicher Nähe - bei den Katharern einem ausgeprägten Dualismus, während die Kabbala gegen den Rationalismus der jüdischen Religionsphilosophie die "dunkle" Seite in Gott zur Geltung brachte (vgl. Kap. XII). Und in der Neuzeit versuchte Schelling (mit Rückgriff auf Jakob Böhme), sich einer solchen Dialektik in Gott selbst nicht zu verschließen (vgl. Kap. XVIII). Nicht zuletzt hat in unserem Jahrhundert Carl Gustav Jung auf solche Konsequenzen des Ijobbuches hingewiesen.[86] Schließlich bedeutet es ja auch eine Zen-

84 Keel sagt allerdings ebd., daß sich diese Lösung später als Sackgasse erwies.

85 *v. Rad*, Aspekte alttestamentlichen Weltverständnisses, a.a.O. 318.

86 Vgl. *C.G. Jung*, Antwort auf Hiob, Zürich 1953, 18f. 30: "Das ist wohl das Größte in Hiob, daß er angesichts dieser Schwierigkeit nicht an der Einheit Gottes irre wird, sondern klar sieht, daß Gott sich in Widerspruch mit sich selber befindet und zwar dermaßen total, daß er, Hiob, gewiß ist, in Gott einen Helfer und Anwalt gegen

tralfrage christlicher Theologie, ob nicht hier die (beinahe notwendige) Konsequenz der Christologie grundgelegt ist: Wenn das Unerklärliche, Chaotische des Leidens des Gerechten in Gott selbst hineingetragen wird, so ist die eigentliche, letztgültige und unüberholbare Theophanie das Leiden des Gerechten, der Gott selbst ist.

Kehren wir von diesem Aufblitzen einer "gefährlichen" Einsicht zurück zur "normalen" Weisheit. Die Weisheit in Israel war eine Form der Aufklärung. Perioden der Aufklärung dauern jedoch häufig nicht allzu lange. Dies kann aus verschiedenen Gründen geschehen: einmal, wenn die Aufklärer *zu wenig* rational verfahren und somit Aufklärung überfordern und damit zersetzen, was dann zur Skepsis führen kann; ein andermal, wenn die Aufklärer (oder ihre Umgebung) der Anstrengung, die Aufklärung mit sich bringt, müde werden, wenn sie größere Sicherheiten und mehr Trost erwarten, als erreichbar ist, und sie (oder ihre Umgebung) sich somit wieder sichereren, "leistungsfähigeren" Konzeptionen zuwenden.

In Israel läßt sich nun in der zweiten Hälfte des 3. Jh.s eine "Krise der Aufklärung" feststellen.[87] Sie spiegelt sich vor allem im Buch Kohelet wider.[88] Zwar kann dieses Buch der Weisheitsliteratur zugerechnet werden, seine Eigenart besteht jedoch gerade darin, daß es sich kritisch zu ihr verhält. Daß dies der Fall ist, zeigt schon der Nachtrag des Buches, der versucht, Kohelet "kanonisch" akzeptabel zu

Gott zu finden. So gewiß ihm das Böse, so gewiß ist ihm auch das Gute in Jahwe. In einem Menschen, der uns Böses antut, können wir nicht zugleich den Helfer erwarten. Jahwe aber ist kein Mensch; er ist beides, Verfolger und Helfer in Einem, wobei der eine Aspekt so wirklich ist wie der andere. Jahwe ist nicht gespalten, sondern eine *Antinomie*, eine totale innere Gegensätzlichkeit, die unerläßliche Voraussetzung seiner ungeheueren Dynamik, seiner Allmacht und Allwissenheit. Aus dieser Erkenntnis heraus hält Hiob daran fest, ihm 'seine Wege darzutun', d.h. ihm seinen Standpunkt klarzumachen, denn ungeachtet seines Zornes ist er sich gegenüber auch der Anwalt des Menschen, der eine Klage vorzubringen hat. (...) - Hiob erkennt die innere Antinomie Gottes, und damit erlangt das Licht seiner Erkenntnis selber göttliche Numinosität. Die Möglichkeit einer derartigen Entwicklung beruht, wie zu vermuten, auf der Gottebenbildlichkeit, die man wohl kaum in der Morphologie des Menschen suchen darf. Diesem Irrtum hat Jahwe selber durch das Bilderverbot vorgebeugt. Indem sich Hiob nicht davon abbringen läßt, seinen Fall, auch ohne Hoffnung auf Erhörung, vor Gott darzulegen, hat er sich ihm gestellt und damit jenes Hindernis geschaffen, an dem das Wesen Jahwes offenbar werden muß. Auf diesem dramatischen Höhepunkt bricht dieser das grausame Spiel ab."

87 Vgl. *K. Galling*, Die Krise der Aufklärung in Israel. Rede geh. anlässl. d. Übernahme d. Rektorates am 28. Nov. 1951, Mainz 1952.

88 Vgl. *ders.*, Kohelet-Studien, in: ZAW 50(1932), 276-299.

machen. Mit dem Hinweis auf das Vergeltungsdogma wird die Gottesfurcht eingeschärft:

> Hast du alles gehört, so lautet der Schluß: Fürchte Gott, und achte auf seine Gebote! Das allein hat jeder Mensch nötig.
>
> Denn Gott wird jedes Tun vor das Gericht bringen, das über alles Verborgene urteilt, es sei gut oder böse. (Koh 12, 13f.)

Mit dieser Sentenz wird das Buch Kohelet als ganzes annehmbar - gleichzeitig wird aber gerade das entscheidende Problem, das den Kern der Auseinandersetzung ausmacht, harmonisierend überspielt.[89]

Kohelet waren Grundannahmen der Weisheit fraglich geworden, weil sie mit der Erfahrung einfach nicht übereinstimmten. Maßgebend für die gesamte Weisheitsliteratur war die Schöpfungstheologie gewesen. Die Frage, die die Schöpfungstheologie immer und in allen Ausprägungen beschäftigt hatte, war die nach der "Welt", die dem Menschen seinen "Anteil" gibt, die ihm also seinen "Ort" vermittelt. Die ursprüngliche Intention der Weisheit bestand nun gerade darin, den Blick auf das Weltganze auszurichten und so dem Menschen lebenspraktische Weisungen zu geben, wie er sich im Blick auf das Ganze im Konkreten zu verhalten habe. Während bei der älteren Weisheit noch die optimistische Sicht vorherrschte, dem Menschen tatsächlich Lebensregeln an die Hand geben zu können, die den Zusammenhang von Tun und Ergehen begreifbar und handhabbar machen sollten, so daß er sich lebenspraktisch richtig verhalten könne, war dieser Zusammenhang nun - wie bereits das Buch Ijob deutlich machte - zweifelhaft geworden. Diese Fraglichkeit wird jedoch gleichzeitig für den Glaubenden zum quälenden Erkenntnisproblem. Kohelet sieht diesen Sachverhalt nüchtern und setzt damit an, daß die Ungültigkeit der generellen Annahme dieses Tun-Ergehen-Zusammenhangs ihm zur Tatsache geworden ist:[90]

> Doch es gibt etwas, das auf der Erde getan wurde und Windhauch ist: Es gibt gesetzestreue Menschen, denen es so ergeht, als hätten sie wie Gesetzesbrecher gehandelt; und es gibt Gesetzesbrecher, denen es so ergeht, als hätten sie wie Gesetzestreue gehandelt. Ich schloß daraus, daß auch dies Windhauch ist. (Koh 8, 14)

Die Auflösung des Tun-Ergehen-Zusammenhangs läßt auch die ethischen Konsequenzen unabsehbar werden:

89 Vgl. *Schmid*, a.a.O. 196.

90 Vgl. *A. Lauha*, Krise des Glaubens bei Kohelet, in: VT Suppl. III (1969), 185.

Wo keine Strafe verhängt wird, ist die Bosheit schnell am Werk. Deshalb wächst im Herzen der Menschen die Lust, Böses zu tun. (Koh 8, 11)

Vor dem Hintergrund dieser Faktizität kann die Frage nach dem "Anteil" des Einzelnen an der Schöpfung keine Antwort mehr finden. Angesichts einer solchen Welterfahrung fällt hier auch eine Frage wie die Ijobs nach seinem Anteil an der Welt weg. Kohelet läßt kritisch-distanziert die Weltgeschehnisse an seinen Augen vorbeiziehen. Aus dem qualitativen Weltbegriff, der die Schöpfung als ganze auf den Schöpfer bezog und so sinnstiftend dem Einzelnen seinen Ort vermitteln konnte, wird ein additiver Weltbegriff, bei dem sich der Beobachter mit der bloßen Feststellung von Faktizitäten begnügt.[91]

Nun entbehrt aber diese Weltsicht Kohelets keineswegs aller Wertung, denn er weiß um den Ausfall dieser Lebenswerte. Gerade so aber wird Jahwe nochmals präsent: "Und nun - das ist die Tragödie, von der das Buch berichtet - sucht Kohelet in dieser von allem Geschichtswalten Jahwes entleerten Welt Gott."[92] Beruht es auf einer Inkonsequenz seines Denkens, oder liegt es am unreflektierten Nachwirken einer noch immer lebendigen Glaubensatmosphäre, daß Kohelet nicht letztlich doch beim Nihilismus landet? Diese Konsequenz des Nihilismus zu erwarten, hieße im geistesgeschichtlichen Sinn anachronistisch denken. Kohelet konnte nicht aus einer gott-los-gewordenen Welt die Konsequenz ziehen, daß *diese* "Welt" nicht die Welt des Menschen sein könne. Die Möglichkeit eines Begriffes von Welt, der nicht nur summierend die Gesamtheit all der von ihm skeptisch beurteilten Tatsachen umfaßt, sondern der vom Menschen und seiner Geschichte her kritisch zu bestimmen ist, war ihm nicht zugänglich. Dafür fehlten ihm die Begriffe, dafür fehlte ihm das Verständnis einer Vermittlung von Natur und Geschichte. Die Erfahrung der Zeit las Kohelet vom Zyklus der Natur ab; so geriet sie ihm zum Kreislauf aller Dinge. Eine Sinnfindung durch vergegenwärtigendes Erinnern früherer "Heilstaten" ist hier unmöglich geworden:

Fern ist alles, was geschehen ist,
Und tief, tief versunken -
Wer könnte es wiederfinden? (Koh 7, 24)

Tatsächlich fehlt bei Kohelet jeder Verweis auf die früheren "Heilstaten" Jahwes in der Geschichte, ja sogar der mit solchem geschichtlichen Handeln verbundene Name "Jahwe" wird nicht gebraucht; an sei-

91 Vgl. *Schmid*, a.a.O. 188f.

92 *v. Rad*, Theologie des Alten Testaments I, a.a.O. 469.

ner Stelle wird das allgemeine "Elohim" verwendet. Weder Natur noch Geschichte vermitteln dem Menschen einen "Ort"; was bleibt, ist das unvermittelte Auseinanderklaffen von Mensch und Welt. Der Sinn des Ganzen fällt weg; die Partikularität alles nunmehr Vereinzelten kann nicht mehr in eine Ganzheit gebracht werden. So kann alles nur mehr - in völliger Konsequenz dieses Gedankengangs - "Windhauch" sein. Die so entscheidend reduzierte Rationalität ursprünglicher Weisheit scheitert nunmehr an einer "Ortsbestimmung" gläubiger Vernunft oder denkenden Glaubens. Die radikale Immanenz hat sich selbst durch die radikale Transzendenz immunisiert: "Welt" vermittelt nichts mehr, ihr kommt keine Transparenz im Hinblick auf einen Schöpfergott zu. Daß bei Kohelet trotz aller Unerforschlichkeit der Weltlenkung Gottes ein Schöpfungsglaube noch weiterhin besteht, beruht auf einer letztlich unvermittelten und daher bezug-losen Setzung, der nicht einmal mehr - wie bei Ijob - Erlebnischarakter zugeschrieben werden kann, sondern die auf reiner, unbegründbarer Dezision beruht.

Der so angenommene Schöpfergott steht jedoch der Welt unvermittelt gegenüber, beziehungslos zu geschichtlichen und individuellen Ereignissen. Alles ist schon von Ewigkeit her; es läuft ab, und der Mensch ist nur Zuschauer dieses ihm unverständlichen Ablaufs:

> Jetzt erkannte ich: Alles, was Gott tut, geschieht in Ewigkeit. Man kann nichts hinzufügen und nichts abschneiden, und Gott hat bewirkt, daß die Menschen ihn fürchten. Was auch immer geschehen ist, war schon vorher da, und was geschehen soll, ist schon geschehen, und Gott wird das Verjagte wieder suchen. (Koh 3, 14f.)

Der Abstand von Mensch und Welt zu diesem Gott ist unüberbrückbar, der religiösen Sprache bleiben hier nur noch wenige Worte:

> Sei nicht zu schnell mit dem Mund, ja selbst innerlich fiebere nicht, vor Gott das Wort zu ergreifen. Gott ist im Himmel, du bist auf der Erde, also mach wenig Worte! (Koh 5, 1)

So wird der Mensch als "ortlos" geschildert, sowohl im Hinblick auf die Natur als auch auf die Geschichte; hilflos ist er der Zeit und dem Zufall verfallen:

> Der Mensch kennt seine Zeit nicht. Wie Fische, die ins Unglücksnetz geraten sind, wie Vögel, die ins Klappnetz geraten sind, ebenso verfangen sich die einzelnen Menschen in ihre Unglückszeit, wenn sie plötzlich über sie herabfällt. (Koh 9, 12)

Die Unglückszeit wird hier als reines Faktum hingenommen. Die Weisheit besteht gerade in der Einsicht in die Notwendigkeit dieses Hinnehmens, in der Einsicht, daß jede weitere Frage (auch die Ijobs) sinnlos ist und scheitern muß. Der Zufall wird hier maßgebend für die

Einsicht in die nun sehr eng gesteckten Grenzen der Erfahrbarkeit von Sinn im Weltablauf. "So lebt Kohelet in einer regellosen Welt, die von einem Gott ohne erkennbare Prinzipien gesteuert wird."[93] Die frühere Weisheit, die ein Regelsystem vorausgesetzt hatte, dem sich der Mensch durch Klugheit angleichen kann, um seinen Anteil an der Welt zu gewinnen, ist damit verabschiedet. Zeit ist nur erfahrbar in isolierten Momenten, die als freudige oder trostlose erfahren werden; und die Erfahrung weist darauf hin, daß wenigen freudvollen viele dunkle Tage gegenüberstehen. Dies ist jedenfalls angesichts des Todes, der nur dunkle Tage beinhaltet, unwiderlegbar.

> Denn selbst wenn ein Mensch viele Jahre zu leben hat, freue er sich in dieser ganzen Zeit, und er denke zugleich an die dunklen Tage: Auch sie werden viele sein. Alles, was kommt, ist Windhauch. (Koh 11, 8)

Was bleibt, ist eine sich schonungslos der Erfahrung stellende "Theorie", welche darauf verzichtet, die Welt in eine Formel zu bringen, eine "Theorie", die mit keiner "theologischen Logik" mehr rechnet.[94] Alles, was überhaupt noch möglich ist, zieht sich zusammen in eine "Philosophie der Hilflosigkeit"[95]. Der einzige Trost, der bleibt, ist es, die Feste zu feiern, wenn sich die - unberechenbare und nicht verfügbare -[96] Gelegenheit dazu bietet. Dies ist der Sinn der häufigen Aufforderung: "iß und trink (denn morgen bist du tot)". Auch die hier angefügte Klammer gehört zu dem Imperativ; über der Festesfreude des Kohelet liegt immer schon der Schatten der Melancholie, das Wissen (vielleicht das einzige Wissen überhaupt) darum, wie vorübergehend auch dieses momentane Vergessen ist, denn letztlich gilt immer: "... alles ist Windhauch".[97]

93 *B. Lang*, Ist der Mensch hilflos? Zum Buch Kohelet, Zürich - Einsiedeln - Köln 1979, 14.

94 Vgl. *v. Rad*, a.a.O. 472; *Schmid*, a.a.O. 191.

95 *Lang*, a.a.O. 14; vgl. ebd. 59: "Seine Philosophie ermöglicht zwar eine gewisse Orientierung, aber sie ist mehr von Hilflosigkeit als von helfender Wegweisung gekennzeichnet."

96 Es handelt sich bei Kohelet nicht um die traditionellen kultischen Feste; auf sie findet sich keinerlei Hinweis.

97 *N. Lohfink*, Kohelet (Die Neue Echter Bibel), Würzburg 1980, sucht (ziemlich durchgängig) eine "positive Deutung", so z.B. ebd. 16: "Der jeweilige jetzige Augenblick bekommt unendlichen Wert, der aber nur ergriffen werden kann im Vertrauen auf den unbegreiflichen Gott." Diese wohlmeinende Auslegung hält jedoch dem Text nicht stand. Es gibt für Kohelet keinen unendlichen Wert, der ergriffen werden könnte, alles ist flüchtiger Augenblick.

Wir müssen jedoch genau zusehen, *was* nun eigentlich Kohelet bestreitet. Bernhard Lang stellt präzise fest: "Kohelet bestreitet die ethische Weltformel grundsätzlich. (...) Das bedeutet gleichzeitig: Gott hat keine Harmonie, sein Weltregiment geschieht nach keiner erkennbaren Formel."[98] Gleichzeitig hält er aber am Schöpfungsglauben fest. Die systematische und philosophische Frage, die sich von daher stellt - und Kohelet wird auch von Exegeten zu Recht als Philosoph bezeichnet -, ist daher die, ob der Schöpfungsglaube an eine solche ethische Weltformel gebunden ist oder gebunden sein muß. Diese Frage wird die gesamte aus biblischer Denkform herkommende Geschichte weiter beschäftigen, und im Prinzip ist noch die Theodizee von Leibniz ein Versuch, diese Frage affirmativ zu beantworten: Durch die Konstruktion der möglichen Welten und die Auswahl der besten aller möglichen Welten soll eine ethische Weltformel gefunden werden, die die Harmonie in Gott, in der Welt und in Gottes Weltregiment wiederherstellt (vgl. Kap. XV). Und Kant antwortet darauf nochmals mit der Schrift "Über das Mißlingen aller philosophischen Versuche in der Theodizee". Diese über den unmittelbaren Zusammenhang hinausgreifenden Bemerkungen sind deshalb erfordert, weil damit deutlich wird, daß Kohelet zwar im Rahmen des Alten Testaments als "Außenseiter" betrachtet werden kann, daß er (oder jedenfalls die von ihm aufgeworfene Problematik) aber als geradezu zentral für den gesamten weiteren Verlauf der Auseinandersetzung um den Schöpfungsglauben angesehen werden muß. "Kohelet + Leibniz + Kant = der Schöpfungsglaube" (falls aus *anderen* Gründen daran festgehalten werden soll) muß ohne die ethische Weltformel des weltimmanenten Tun-Ergehen-Zusammenhangs auskommen.[99] In diesem Punkt gibt es kein Zurück, Kohelet markiert hier eine Grenze.

d. Die Umkehrung von Geschichte und Natur

Die ältere Weisheitsliteratur Israels hatte sich damit begnügt, Erfahrungsergebnisse zu sammeln und zu tradieren, die der Bewältigung der Probleme des alltäglichen Lebens dienen sollten. Mit diesem Anspruch hatte sie sich ihre eigene Grenze gesetzt, die von der späteren

98 *Lang*, a.a.O. 14.

99 Eine Verlängerung der Verifikationsperiode in ein Jenseits (ein Gedanke, der letztlich auch bei Kant noch auftritt) ist ebenfalls äußerst problematisch. Kohelet jedenfalls gibt keinen solchen Ausweg zu.

Weisheit - wie sie uns vor allem in den Kapiteln 1 bis 9 des Buches der Sprichwörter erhalten ist - ausdrücklich und bewußt überschritten wurde. In dieser jüngeren Weisheitsliteratur trat ein universaler rationaler Erkenntniswille zutage. Diese Erkenntnis suchte sich nicht vom Jahweglauben zu emanzipieren und in einem anderen Bereich anzusiedeln, vielmehr wollte sie sich als Funktion an jenem selbst verstehen. Die entscheidende Änderung des Denkens zeigt sich darin, daß die Aufforderung zum Glauben an Jahwe nicht mehr aus der Heilsgeschichte, sondern von der Schöpfung her legitimiert wurde.[100] Mit diesem Umschwung verbindet sich auch ein Zurücktreten des Kultes, der ja Feier und Erinnerung der Heilsgeschichte bedeutete. Zwar wurde er nicht ausdrücklich einer Kritik unterzogen, doch schwand seine Bedeutung.

Der Weisheit kommt deswegen eine so große Bedeutung zu, weil sich in der Stellung zu ihr die Teilhabe am "Leben" entscheidet:

> Laß sie nicht aus den Augen,
> Bewahre sie tief im Herzen!
> Denn Leben bringen sie dem, der sie findet,
> Und Gesundheit seinem ganzen Leib. (Spr 4, 21f.)

Die Identifikation von Leben und Weisheit wird ausdrücklich vollzogen, wenn die Weisheit von sich sagt:

> Wer mich findet, findet Leben ... (Spr 8, 35)

Leben wird im alttestamentlichen Verständnishorizont nicht reduziert auf physiologisch-organisches Funktionieren, sondern hängt vom Schlüsselbegriff der Gerechtigkeit ab; in der Weisheit findet sich daher auch der universale Grund aller Gerechtigkeit (Spr 8, 15f.). Gehen wir noch einen Schritt weiter und verstehen diese Gerechtigkeit als Anteil an der Gerechtigkeit Jahwes, so muß die Weisheit als Mittlerin der Offenbarung verstanden werden - in einer Weise freilich, die alle älteren Vorstellungen und Formen von Offenbarung hinter sich läßt. Der Offenbarungsbegriff wird hier aus dem geschichtlichen Horizont gelöst und wird als ein - vor aller Welt seiendes - in Welt und Schöpfung eingegebenes göttliches Prinzip verstanden.[101]

Auf einer tieferen Ebene bleibt allerdings auch diese Konzeption der Weisheitsliteratur mit Grundvoraussetzungen des Jahweglaubens verbunden, wie sich gerade aus der Gegenüberstellung zu Kohelet er-

[100] Vgl. *v. Rad*, Theologie des Alten Testaments I, a.a.O. 466.
[101] Vgl. ebd. 455.

gibt. Im Unterschied zu Kohelet rechnet die Weisheitsliteratur mit dem "Normalgott" des Alten Testaments, von dem angenommen wird, daß er in geregelter und vernünftiger (weiser) Weise die Welt und ihren Lauf regelt.[102] Nur unter dieser Voraussetzung ist der Verweis auf die Schöpfungsweisheit möglich. Dennoch ist - trotz dieser grundlegend gemeinsamen Voraussetzung - die Änderung der Gesamtkonzeption durch die Orientierung an der Natur anstelle der Orientierung an der Geschichte weitreichend. Offenbar wird die aus der Geschichte abgeleitete Begründung für Offenbarung von dem auf sich selbst gestellten Individuum nicht mehr als tragfähig angesehen. Im Mittelpunkt des Denkens steht daher als eigentliches, zentrales und fast einziges theologisches Problem der Schöpfungsbegriff, insofern er sich von der Natur her begründen läßt.

Diese Umkehrung des theologischen Denkens Israels kann deutlich gemacht werden in der Gegenüberstellung zur Schöpfungstheologie der Priesterschrift, die zwar weisheitliche Elemente enthält, dennoch aber eine andere Reflexionsrichtung einschlägt. Sie macht es sich zur Zielsetzung, die Geschichte in ihren Ursprung hinein zu verfolgen, die Schöpfung als Ursprung und Anfang der Geschichte zu begreifen. Die Schöpfung Israels, die im Ereignis des Exodus erfahren wurde, soll hier auf ihre geschichtstheologischen Implikationen befragt und auf ihren letzten universalen Grund zurückgeführt werden. "Die Schöpfung der Welt durch Gott ist im AT keine für sich bestehende, an sich wichtige Tatsache, sondern die Schöpfung ist gemeint als die Eröffnung der Geschichte. Die Schöpfungsgeschichte des AT antwortet nicht auf die Frage: Wie kam es zur Welt? mit der Antwort: Gott hat sie geschaffen, sondern sie antwortet auf die Frage: Woher hat die Geschichte des Gottesvolkes ihren Sinn? mit der Antwort: Gott hat durch die Schöpfung der Geschichte des Gottesvolkes ihren Sinn gegeben."[103]

Dieser Zusammenhang drückt sich auch in den angewandten Stilmitteln aus, die eine für die Geschichte typische Erzählungsform erkennen lassen, insofern mit einer unumkehrbaren Satzfolge gearbeitet wird.[104] Gegenüber einer material ausgesagten Ordnung des Raumes steht ein in der Schöpfungsgeschichte sich ausdrückendes Zeit- und Geschichtsbewußtsein im Vordergrund. In der frühen Form der

102 Vgl. *Lang*, a.a.O. 12. - Unter anderen Voraussetzungen als Kohelet rechnete auch schon die ältere Tradition damit, daß die Vorstellung des "Normalgottes" an Grenzen stoßen kann (vgl. den Gott Abrahams, der das Opfer Isaaks fordert).

103 *L. Köhler*, Theologie des Alten Testaments, Tübingen ^{2}1947, 70.

104 Vgl. *L. Burke*, The Rhetoric of Religion, Berkeley - Los Angeles 1970, 4.

Jahwereligion kommt dem Schöpfungsglauben zwar durchaus eine Bedeutung zu, jedoch eine sekundäre:[105] Der Schöpfungsglaube wird dem Geschichtsglauben funktional zugeordnet. Deutlich wird dieser Zusammenhang in der geschichtlichen Periodisierung, die die Priesterschrift vornimmt: Schöpfung - Noahbund - Abrahamsbund - Bundesschluß am Sinai. Daß die priesterschriftliche Theologie bei dieser geschichtlichen Periodisierung nicht bei der Schöpfung ansetzt, um sie dann in den Raum der Geschichte hinein zu verlängern, sondern umgekehrt vom zentralen geschichtlichen Ereignis von Exodus und Bundesschluß am Sinai her rückfragt nach Ursprung und Anfang der Geschichte überhaupt, zeigt den hier angesprochenen Sachverhalt: daß der Schöpfungsglaube funktional dem Geschichtsglauben untergeordnet wird.

Ein in der Struktur ähnliches Konzept der Schöpfungstheologie liegt bei Deuterojesaja vor, wenngleich die Schöpfungsaussage hier vor allem in den Zusammenhang des zweiten, neu zu erwartenden Exodus gestellt ist. So sieht Deuterojesaja die Schöpfung als den eigentlichen Grund der Erlösungshoffnung:

> So spricht der Herr, dein Erlöser,
> Der dich im Mutterleib geformt hat:
> Ich bin der Herr, der alles bewirkt,
> Der ganz allein den Himmel ausgespannt hat,
> Der die Erde gegründet hat aus eigener Kraft (...)
> Der zu Jerusalem sagt: Du wirst wieder bewohnt!
> Und zu den Städten Judas: Ihr werdet wieder aufgebaut werden,
> Ich baue eure Ruinen wieder auf!,
> Der zum tiefen Meer sagt: Trockne aus,
> Ich lasse deine Fluten versiegen!, (...)
> Der zu Jerusalem sagt: Du wirst wieder aufgebaut werden!
> Und zum Tempel: Du wirst wieder dastehen. (Jes 44, 24. 26-28)

Sowohl die Priesterschrift als auch Deuterojesaja begreifen die Schöpfung als Jahwes erste Heilstat; sie kommt erst von der Erfahrung Jahwes im Raum der Geschichte her in den Blick. Damit rückt freilich in der prophetischen Verkündigung die Schöpfungstheologie als Protologie immer stärker in das Spannungsfeld zu ihrem theologischen Gegenpol, zur Eschatologie; beide bedingen einander. Der letzten entscheidenden Heilstat Jahwes, die im Mittelpunkt einer Erlösungshoffnung steht, entspricht als ihr Grund und ihre Voraussetzung die Schöpfung als Jahwes erste Heilstat. Die spätere theologische Refle-

[105] Vgl. *B. W. Anderson,* Creation versus Chaos, New York 1967, 49ff.

xion (z.B. Jer 27, 4ff.; Jes 45, 12f.) leitet die Geschichtsmächtigkeit Jahwes aus seiner Schöpfervollmacht ab.[106]

Vor dem Hintergrund dieser Geschichtstheologie wird die Umkehr der Denkrichtung in der späteren Weisheitsliteratur offensichtlich. Keine Geschichtserfahrung vermittelt mehr den Schöpfungsglauben, sondern allein die Weisheit:

> Der Herr hat die Erde mit Weisheit gegründet
> Und mit Einsicht den Himmel befestigt. (Spr 3, 19)

Damit stellt sich die Weisheit als jenes Prinzip dar, das allein es vermag, den Menschen zur Erkenntnis Jahwes und seines Willens zu leiten. Die Weisheit ist die ursprünglichste Schöpfung Gottes:

> Der Herr hat mich geschaffen im Anfang seiner Wege,
> Vor seinen Werken in der Urzeit;
> In frühester Zeit wurde ich gebildet,
> Am Anfang, beim Ursprung der Erde.
> Als die Urmeere noch nicht waren,
> Wurde ich geboren,
> Als es die Quellen noch nicht gab, die wasserreichen.
> Ehe die Berge eingesenkt wurden,
> Vor den Hügeln wurde ich geboren.
> Noch hatte er die Erde nicht gemacht und die Fluren
> Und alle Schollen des Festlands.
> Als er den Himmel baute, war ich dabei,
> Als er den Erdkreis abmaß über den Wassern, (...)
> Als er die Fundamente der Erde abmaß,
> Da war ich als geliebtes Kind bei ihm.
> Ich war seine Freude Tag für Tag
> Und spielte vor ihm allezeit.
> Ich spielte auf seinem Erdenrund,
> Und meine Freude war es, bei den Menschen zu sein. (Spr 8, 22-27. 30-31)

Gegenüber der Geschichtstheologie des Alten Testaments zeigt sich hier nun ein gänzlich neuer Gedanke: Die kosmische Weisheit stellt den an den Menschen ergehenden Offenbarungswillen Gottes

[106] Vgl. v. *Rad*, a.a.O. 151: "In Jes 51, 9 kommt es fast zu einer Koinzidenz beider Schöpfungswerke. Der Prophet apostrophiert die Weltschöpfung; aber er redet zugleich von der Erlösung Israels aus Ägypten, denn kaum hat er in der Sprache des Chaosdrachenkampfmythus von der Zurückdrängung der Wasser gesprochen, so springt er auf das Schilfwunder über, wo Jahwe wieder die Wasser zurückgehalten hat, 'daß hindurchzögen die Erlösten'. Hier fallen also Schöpfung und Erlösung fast zusammen und werden beinahe als *ein* Akt dramatischen göttlichen Heilshandelns in dem Bild vom Chaosdrachenkampf anschaubar."

schlechthin dar.[107] Die neue Dimension der Weisheitsliteratur liegt nicht so sehr in ihrer Sicht der Welt als Schöpfung (die Welt erschließt sich dem, der fähig ist zu sehen); das wirklich Neue in der Sicht der Weisheitsliteratur liegt vielmehr darin, daß nunmehr die Welt in ihrer ganzen unmythologischen Welthaftigkeit und ohne jeden spezifischen Bezug zur Geschichte als theologische Größe auftritt, welche Jahwes Heil zu vermitteln und zu offenbaren hat.

Sehr deutlich macht diese Umkehr der Denkrichtung das Buch Jesus Sirach, und zwar gerade dadurch, daß in ihm wieder ein Bezug zur Geschichte hergestellt wird. Es wird nun nicht von der Geschichte zurückgedacht auf die Schöpfung, sondern es wird im Ausgang von der Schöpfung und der Schöpfungsweisheit ein Ort für die geschichtliche Erfahrung von Erwählung und Bund gesucht. Der Schöpfung entspricht der universale Horizont der Völker, und erst auf diesem universalen Hintergrund wird nun - in einem zweiten Schritt - ein partikulärer historischer Ort festgemacht:

> Da gab der Schöpfer des Alls mir Befehl;
> Er, der mich schuf, wußte für mein Zelt eine Ruhestätte.
> Er sprach: In Jakob sollst du wohnen,
> In Israel sollst du deinen Erbbesitz haben. (Sir 24, 8)

Auch dort, wo in der Weisheitsliteratur die Betrachtung der Welt der Erfahrung der Geschichte prinzipiell vorgeordnet oder sogar von dieser überhaupt abgelöst wird, bedeutet dies aber nicht, daß es zu einer objektivierenden und "interessefreien" Erkenntnis von Welt gekommen wäre. Die Erkenntnis der Schöpfungsweisheit ist unzweifelhaft pragmatisch auf Lebenswerte hin orientiert:

> Wer auf mich hört, wird nicht zuschanden,
> Wer mir dient, fällt nicht in Sünde. (Sir 24, 22)

Es ist klar, daß "Welt minus Heilsgeschichte" nicht schon "naturwissenschaftliche Weltbetrachtung" ergibt. Gerhard v. Rad betont zu Recht: "Haben wir es hier ohne Frage mit einer sich auf rationaler Basis ausbreitenden wissenschaftlichen Betrachtungsweise zu tun, so ist es jedoch von größter Wichtigkeit, sich darüber im klaren zu bleiben, daß Israel weder unseren Begriff 'Natur' noch den griechischen von einem 'Kosmos' gekannt hat. (...) 'Welt' war für Israel wohl überhaupt mehr

107 Vgl. dazu *v. Rad*, a.a.O. 464: "Das Wort, das den Menschen zum Heil und zum Leben ruft, ist dasselbe, das schon bei der Schöpfung als Weisheit die Kreaturen umspielt hat; es ist dasselbe, dessen sich als eines Planes Gott selbst bei seiner Weltschöpfung bedient hat."

ein Geschehen als ein Sein. (...) zu der Vorstellung von einem von unveränderlichen Gesetzen durchwalteten Kosmos hat Israel nie hingefunden."[108]

Wie prekär die Vermittlung eines Handelns Jahwes in einer unmythologischen, von allem Geschichtsbezug entblößten Welt wird, veranschaulicht das Denken der Apokalyptik. Sie steht hinsichtlich ihrer Denkweise eher in der Linie der Weisheitsliteratur als der prophetischen Tradition. Dieser Unterschied im Denken läßt sich insbesondere daran deutlich machen, wie die Eschata von der Apokalyptik konzipiert werden: Seit Urzeit steht die Vollendung der Welt fest, doch diese Vollendung erfolgt in einer Weise, die jedes entscheidende Mittun des Menschen ausschließt. Seine Rolle wird zu der eines Zuschauers, vor dessen Augen das Weltdrama sich entfaltet. Damit verliert auch der geschichtliche Ort des Betrachters seine Relevanz. Jahwes Pläne mit der Welt gelten als unabänderlich und von jeher feststehend; diese Sicht führt zu einem strengen Geschichtsdeterminismus. Die Vision Daniels eröffnet und umfaßt einen in ihrer Weite im Alten Testament sonst nirgends angestrebten Raum: vom Urbeginn der Schöpfung bis zum eschatologischen Kommen des Gottesreiches. Diese Form apokalyptischer Weisheit unterscheidet sich deutlich von der älteren, auf praktisches Lebenswissen ausgerichteten Erfahrungsweisheit. Sie versteht sich als Eröffnung geheimnisvoller, aller menschlichen Reflexion unzugänglicher Weisheit des Himmels. Die vielen, oft phantastisch differenzierten und symbolisch verschlüsselten Bilder der Apokalyptik lassen sich jedoch auf eine für ihr Weltbild typische Zweiteilung zurückführen: Die Weltzeit zerfällt in die "jetzige" und in die "kommende", in alten Aion und neuen Aion.[109]

Diese Aionenlehre, der iranische Vorstellungen zugrunde liegen, führt zu einem durchgängigen Dualismus. Dabei wird angenommen, daß das gegenwärtige Zeitalter weithin unter der Herrschaft des Bösen steht. Einmal muß dieser Kampf in einem konzentrischen Angriff aller bösen Mächte, der die gesamten Kräfte der Natur in Unordnung geraten läßt, seinen Höhepunkt erreichen; diese als Weltkatastrophe oder auch Weltenbrand geschilderte Situation läßt die Leiden der Gerechten den höchsten Grad erreichen. Im Rahmen dieses Geschichtsdeterminismus wird also das Leiden des Gerechten hinsichtlich seiner Verursachung aus dem früheren altisraelitischen Zusammenhang von Tun und Ergehen herausgelöst und in einen letztlich transhistorischen,

[108] Ebd. 439f.

[109] Vgl. *H. Ringgren*, Art. Apokalyptik, in: RGG^3 I, 465f.

dem Menschen gänzlich uneinsichtigen Machtbereich versetzt. Damit gerät das apokalyptische Denken in eine gefährliche Nähe zur Hypostasierung böser Mächte. In objektivierter Form stellen sie im dualistischen Sinn einen Gegenkosmos des Bösen dar (vgl. auch Kap. VII). Wenn wir versuchen, die Denkweise der Apokalyptik auf einen einfachen Nenner zu bringen, so können wir sagen: Während die altisraelitische Sicht den Kosmos in einer historischen Perspektive betrachtet - und so nie eine eigentlich von Geschichte unabhängige Kosmosvorstellung entwickeln kann -, betrachtet die Apokalyptik die Geschichte unter kosmischer Perspektive; sie kann deshalb zu keiner echten Geschichtsverantwortung gelangen. Die Macht des Bösen übersteigt nicht nur das individuelle Leben, sondern auch das soziale Leben der Gemeinschaft. Der Mensch und seine individuelle ebenso wie seine soziale Geschichte erscheinen in einen Konflikt von kosmischer Dimension einbezogen.[110] Der eschatologische Sieg Gottes, von dem die endgültige Überwindung der Kräfte des Bösen erhofft wird, hat dann aber ebenso kosmische Dimensionen.[111] So stellt sich auch der messianische Mittler der neuen Welt mit kosmischen Zügen dar; er bricht als Weltenrichter die Macht der Dämonen und bringt die "neue Schöpfung", so daß die Toten auferstehen und die Ewigkeit die Geschichte als den Ort des Konflikts aufhebt in den Aion des ewigen Friedens hinein. Mit dem Anbruch des neuen Aion hört damit die Vergänglichkeit selbst auf. So kann auch im Verhältnis von alter und neuer Schöpfung von einer echten Kontinuität keine Rede sein.[112]

Dieses Thema der Vollendung des Kosmos in geschichts-transzendenter Perspektive, das bei Daniel anklingt, wird in den späteren Apokalypsen zum Zentralthema überhaupt.[113] Ebenso verstärkt sich die enzyklopädische Tendenz, die immer stärker versucht, das gesamte verfügbare Wissen in diese kosmologisch-weltgeschichtliche Perspektive hinein zu integrieren. Trotz allen Wissens um die Grenzen menschlicher Erkenntnis liegt hier ein Versuch vor, ein universales Wissen zu erstellen und von diesem her die Frage des Menschen zu beantworten. Im Schema der Analogie von göttlichem Heilshandeln und natürlicher Schöpfungsordnung kann etwa auf die Frage, warum unter den vielen Menschen nur so wenige des Heils teilhaftig werden,

110 Vgl. *Anderson*, a.a.O. 167.

111 Ein Niederschlag dieser Vorstellung findet sich noch in Röm 8.

112 Vgl. *R. Bultmann*, Geschichte und Eschatologie im Neuen Testament, in: ders., Glauben und Verstehen III, Tübingen ^{3}1965, 93f.

113 Vgl. *v. Rad*, Theologie des Alten Testaments II, München ^{4}1960, 334.

von der Apokalyptik her geantwortet werden: Die Erde bringt Gold und Silber, Eisen, Blei und Ton hervor; das Kostbarere aber ist offensichtlich viel seltener.

Unter der Voraussetzung dieser geschichtstheologischen Implikationen kann die Botschaft der Apokalyptik auf die Frage des Einzelnen angesichts seiner Situation nur lauten: Ausharren! Jede Einflußnahme auf den Zeitpunkt des Kommens der Vollendung erscheint von vornherein unmöglich; der Lauf der Welt ist von Urzeit her determiniert, er gehorcht kosmo-theologischen Gesetzen.

2. Geschichtserfahrung und Glaubensreflexion Systematische Voraussetzungen

Die Theologie der letzten Jahrzehnte hat völlig zu Recht erkannt, daß das biblische Glaubensverständnis in zentraler Weise um das Problem der Geschichte kreist. Für unseren schöpfungstheologischen Kontext ergibt sich aus dieser Einsicht das bereits bekannte Axiom: Die Schöpfung muß als Voraussetzung des Bundes (als einer geschichtlichen Kategorie) gedacht werden. So wird Schöpfung zur Voraussetzung der Geschichte als jenes Erfahrungsraumes, in dem das Volk Israel von Jahwe und seinem Handeln sprechen kann. Mit dieser Erkenntnis erledigt sich auch die Auseinandersetzung um immer wieder neu versuchte naturwissenschaftliche Interpretationen der biblischen Schöpfungsberichte. Dieser Versuch erweist sich vom Ansatz her als verfehlt, indem er den biblischen Schöpfungsberichten naturwissenschaftlich verwendbare Informationen über die Entstehung der Welt zu entnehmen sucht. Der Glaube aber bietet keine wissenschaftliche Theorie über die Weltentstehung; dazu ist er nicht in der Lage, und dies kann auch nicht sein Anliegen sein.[114] Unter Anerkennung des geschichtlichen Ansatzes stellt sich dennoch die Frage, wie Glaube und Weltverständnis aufeinander bezogen sind.

Schöpfungsberichte sind Legitimationstheoreme realer oder potentieller Lebensformen. In ihnen ist die Erfahrungswirklichkeit derart strukturiert, daß vom Fluchtpunkt eines Uranfangs her die gegenwärtig erfahrene Wirklichkeit als sinnhaft bewertet werden kann. Eine sol-

[114] In einem durchaus vergleichbaren Sinn kann auf die Überlegungen Rahners, "Theologische Prinzipien der Hermeneutik eschatologischer Aussagen", verwiesen werden, die in entsprechender Weise auch auf die Protologie anzuwenden wären. Vgl. dazu: *K. Rahner*, Schriften zur Theologie IV, Einsiedeln ^{4}1964, 401-428.

che Bewertung bedarf einer mythologischen Legitimation. Bei der Frage nach den biblischen Schöpfungsvorstellungen in diesem Kontext kann es nicht um eine fachexegetische Aufarbeitung der alttestamentlichen Schriftzeugnisse gehen. Eine systematische Theologie hat vielmehr aus der Kenntnis der gesamten Denkgeschichte von den Anfängen des Alten Testaments bis zur Gegenwart heraus zu arbeiten.[115] Über die exegetische Fragestellung hinaus muß es bei der systematischen Analyse der biblischen Ausdrucksformen von Schöpfung darum gehen, im Sinn einer Modellanalyse Überlegungen zur Relevanz der biblischen Vorstellungen anzustellen. Dabei geht es zunächst darum, den oft wenig ausdrücklichen historischen Prozeß der Aus- und Umbildung der Konstitutionsprinzipien biblischer Sinnmodelle etwas expliziter zu machen. Es steht also nicht die theoretische Legitimation erfahrener Lebenswerte in ihrer objektiv-vergegenständlichten Form im Mittelpunkt der Überlegung, vielmehr geht es um die Erhebung eines Prozesses, der eben jene Werte in seinen Repräsentationen zur Geltung zu bringen sucht. Spezifikum einer systematischen Überlegung muß es allerdings sein, aus dem Bewußtsein der gegenwärtigen Denksituation (bzw. aus deren Bewertung) heraus die Frage nach der Relevanz, d.h. der Deutungskraft traditioneller Denkformen zu stellen. "Relevanz" fungiert also als dauernd kritische Instanz; sie ist nicht immanent in Texten zu suchen, sondern in deren geschichtlicher Vermittlung. Indem etwa biblische Denkformen die ideologische Selbstabgeschlossenheit des Denkens aufbrechen, indem anhand alter Schöpfungsmythen die gegenwärtige Frage nach Welt, Sinn und Freiheit neu artikuliert werden kann, zeigt sich die Effizienz solcher Überlegungen in der Eröffnung eines theologischen Denkraumes. Systematische Überlegungen haben daher immer den Charakter eines schöpferischen Umgangs mit der Tradition. Biblische Schöpfungsaussagen interessieren daher nicht "um ihrer selbst willen", sondern als Anschauungsmodell theologischen Umgangs mit der Welt, wobei dann gefragt wird, ob diesem Modell mit seiner Wirkungsgeschichte Relevanz in der Gegenwart zugeschrieben werden kann.

[115] Zur systematischen Fragestellung gehört also wesentlich auch die Wirkungsgeschichte der biblischen Texte.

a. Die Subjekt-Objekt-Einheit

Unserem heutigen Weltverständnis liegt das Subjekt-Objekt-Schema zugrunde, in dem sich das erkennende Subjekt der Welt der Gegenstände gegenübersetzt. Die israelitische Vorstellungswelt der frühen Zeit kennt, wie mythisches Denken ganz im allgemeinen, diese Trennung nicht, d.h., sie liegt vor einer solchen Trennung. Im Hebräischen gibt es überhaupt kein Wort, das unserem "Ding" im Sinne eines Gegenstands entspricht. Suchen wir nach möglichen Äquivalenten, so bietet sich das Wort *dabar* an, also der Ausdruck für "Wort"; dieser Begriff drückt in einem auch die Tatsache eines Geschehens aus. Im Umkreis dieses Wortfeldes kommt weiterhin auch der Begriff *keli* in Frage, der für ein Ding oder eine Sache steht - im Sinn eines Werkzeugs oder eines Instruments. In erster Linie zielt dieser Ausdruck nicht eine Sache als solche an, sondern ihren Gebrauch zu einem Zweck bzw. ihre Verwendung zu einer Handlung. Auch das Wort *hefas* zielt nicht auf ein Ding als solches, sondern auf den Aspekt seines Gefallens, insofern ein Ding Wertschätzung erhält und diese besonders ausgedrückt werden soll.[116]

Eine wichtige Rolle zur Klärung der israelitischen Vorstellungs- und Sprachstruktur spielt die Bedeutung des Ausdrucks *hajah* sowie die Funktion des hebräischen Nominalsatzes (also eines Satzes ohne eigenes verbales Prädikat, bei dem die Hauptglieder nur durch die "ist"-Kopula verbunden sind, diese aber auch fehlen kann). In der Diskussion zwischen Thorleif Boman und James Barr geht Boman von einer hermeneutisch geprägten Theorie aus und macht auf den dynamischen Charakter von *hajah* aufmerksam. "Sein" versteht er im Rahmen des hebräischen Denkens als abhängig vom Menschen wirkendes, das also vorgängig unsere Begriffe "Sein" und "Werden" umgreift. Nach ihm bedeutet für den Hebräer das Sein der Dinge und der Welt etwas Lebendiges, Tätiges und Wirksames. Barr stimmt insofern mit Boman überein, als auch er feststellt, daß *hajah* einen Sinn erfährt, dem unsere Begriffsbedeutung von "Werden" oder "Geschehen" sehr nahe kommt. Allerdings wendet er sich gegen ein primär dynamisches Verständnis des hebräischen Denkens.[117] Dabei müssen wir allerdings sehen, daß das Begriffspaar "statisch - dynamisch" kein besonders hilf-

116 Vgl. *T. Boman*, Das hebräische Denken im Vergleich mit dem griechischen, Göttingen [4]1965, 161f.; *J. Barr*, Bibelexegese und moderne Semantik, München 1965, 133-143.

117 Vgl. *Boman*, a.a.O. 33ff.; *Barr*, a.a.O. 65ff.

reiches Interpretationsmittel für mythologische Sprache darstellt. Der Vorrang des Wirkens gilt ganz allgemein im Mythos, wie Ernst Cassirer feststellt: "Hierin erfassen wir zugleich eines der Grundmotive, kraft dessen sich das mythische Denken aus der ersten Unbestimmtheit der 'komplexen' Anschauung löst und zu konkret-bestimmten, scharf gegeneinander abgegrenzten Einzelbildungen fortgeht. Die Richtung dieses Fortganges wird auch hier, wie es scheint, in erster Linie durch die Richtung des Tuns bestimmt; derart, daß sich in der Form der mythischen Gestaltung nicht sowohl die objektive Form der Dinge als vielmehr die Form des menschlichen Wirkens widerspiegelt."[118] So ist auch die hebräische Form der Wirklichkeitsauffassung an Aussagen, die situationsenthoben etwas abstrakt Allgemeines anzielen, im Grunde uninteressiert; "es gibt"-, "es ist"-Aussagen entsprechen nicht dem hebräischen Erkenntnisinteresse. Der Hebräer erfährt sich vielmehr in einem Geflecht vielfältiger Bezugsverhältnisse, in denen er einmal Wirkender, einmal Ziel einer Wirkung ist. Gegenstände, sowohl als einzelne als auch im Rahmen ihrer Gesamtheit (wobei das hebräische Denken eben nicht zwischen Gegenständen im Sinne von einzelnen Sachen und Tat-Sachen unterscheidet, sondern jeden Gegenstand in ein Geschehen miteinbezieht), wirken einerseits auf den Menschen ein und können andererseits ebenso auch als Werkzeug verwendet werden, also ihrerseits zum Wirken gebracht werden. Die "Welt" erscheint dem Hebräer daher nicht als die Gesamtheit von isolierten Einzeldingen, sondern als lebendige Vielfalt des Wirkens, das mit dem Menschen mitwirkt, wenn er auf die äußere Einwirkung dieses Lebendigen hin entsprechende Gestaltungsnormen seines Lebens entwirft. Gerade die Weisheitsliteratur ist sich der stetigen Veränderungen und der Mehrdeutigkeit der Wirkungsverhältnisse und so der dahinterstehenden Phänomene stark bewußt.[119]

b. Die Auffassung von Wahrheit

Setzen wir den weiten und fundamentalen Gebrauch des Schlüsselbegriffs der "Gerechtigkeit" voraus, dann wird deutlich, daß auch der Wahrheitsbegriff innerhalb dieses Begriffsfelds bestimmt werden muß. Die Deutung und Zuordnung der zentralen Begriffe von Wahrheit, Gerechtigkeit, Glauben, Verantwortung, Wohlgefallen usw. erschließt

118 *E. Cassirer*, Wesen und Wirken des Symbolbegriffs, Darmstadt [4]1956, 109f.

119 Vgl. *v. Rad*, Weisheit in Israel, Neukirchen 1970, 395.

den Horizont des israelitischen Selbst- und Weltverständnisses. Nur auf diesem Hintergrund läßt sich auch verdeutlichen, was Vernunft sucht: die Wahrheit (*emet*) als jene lebendige und entscheidende Instanz von Gewißheit und Zuverlässigkeit im Leben. Erkenntnis hebt in diesem Zusammenhang nicht auf einen abstrakten Begriff von Wahrheit und Falschheit (im Sinne einer rein theoretischen, zutreffenden oder nicht zutreffenden Satzaussage) ab, vielmehr geht es in der Suche nach der Wahrheit in eminentem Sinn um Leben und Tod.[120] So macht die spätere Weisheit deutlich, daß Vernunft keineswegs nur zum Mittel der Gerechtigkeit im Sinn eines richtigen und situationsgemäßen Verhaltens instrumentalisiert werden darf, sondern vielmehr in einem ganz unmittelbaren Verhältnis zur Weisheit selbst steht: Leben hängt nicht einfach vom weisen Verhalten ab, sondern davon, daß man die Weisheit selbst "findet".[121] Die Suche nach der Weisheit wird so zum Synonym des um seine Identität wissenden und seine Existenz begreifenden Menschen; Leben und Suche nach Weisheit sind aufs engste verflochten. "Die Existenz der erkennenden Menschen in der Welt steht im Zeichen eines Liebesverhältnisses zu dem Ordnungsgeheimnis. Sie steht im Spannungsfeld eines Umworbenseins, eines Suchens und eines Gesuchtwerdens, eines Wartenmüssens und in der Ausschau auf köstliche geistige Erfüllungen."[122]

Den Formen solcher Weisheit sind keine Grenzen gesetzt. Ebenso wie der Jahweglaube in allen seinen geschichtlichen Ausprägungen können auch die Sätze, in denen die Weisheit formuliert wird, in kein umgreifendes System gebracht werden. Dennoch läßt sich eine all diesen verschiedenen weisheitlichen Reflexionen eigene Gemeinsamkeit aufzeigen. Es geht darum, in die Vielzahl der Erfahrungen eine Ordnung zu bringen, um das Leben sicherer gestalten zu können. In vielen Sprüchen kommt die Sehnsucht zum Ausdruck, eine Welt annehmen zu können, in der mit Hilfe von allgemein anerkannten Regeln ein Mindestmaß an Geborgenheit möglich ist, in der der Mensch ein Ordnungsgefüge erfassen kann, das ihn nicht wie einen Fremdling durch die Wüste irren läßt. Die "Zuverlässigkeit", die Wahrheit und Weisheit wurde nun nicht einfach aus geschichtlichen Heilstaten Jahwes gewonnen, sondern aus der "Zuverlässigkeit" der Schöpfung. Damit tritt die Natur stärker in den Vordergrund der Beobachtung und Überlegung.

120 Vgl. Spr 8, 35: "Wer mich findet, findet Leben."

121 Vgl. Spr 1, 28; 2, 5; 3, 13; 4, 22; 8, 12. 17. Vgl. *v. Rad*, a.a.O. 224.

122 Ebd. 225.

In dieser Hinsicht kann gerade die Weisheitsliteratur für die systematische Theologie eine wichtige Korrektur einbringen, was besonders für die Schöpfungstheologie zur Kenntnis genommen werden muß. Gerhard v. Rad hat zu Recht gesagt: "Aber mit dem Hinweis auf die Geschichtsbezogenheit ist das Weltverständnis des alttestamentlichen Israel noch lange nicht erschöpfend bestimmt. Der große Sektor all jener Aussagen über den Bereich, den wir 'Natur' nennen, ist damit noch nicht zur Sprache gekommen. Sehe ich recht, so sind wir heute in der Gefahr, die theologischen Probleme des Alten Testaments zu einseitig im Bereich des Geschichtstheologischen zu sehen."[123]

Der Schöpfungsglaube dient hier als äußerster Legitimationsrahmen für die Suche nach Ordnung und Sicherheit. Das Finden der "rechten Zeit" für rechtes Handeln bewegt sich damit an einem "allgemeinen Ort" (vgl. dazu auch unten Abschnitt c.), der der Vernunft zugänglich ist. Die weisheitliche Vernunft fragt nicht nur nach diesem oder jenem, sondern sie fragt nach der Legitimation der Erkenntnis überhaupt. Hier geht es in einem Maß um Argumentation - auch in der Reflexion ihrer selbst -, wie sie sich in früheren Denkformen Israels nicht findet. In eins mit der Fragwürdigkeit, vor die sie die Welt stellt, wird die Vernunft gerade aufgrund dieser universalen Erkenntnisbemühung sich ihrer Grenzen hinsichtlich der Erfaßbarkeit von Welt und ihrer selbst in einem steigenden Maß bewußt. Im Ijobbuch wird die Begrenztheit der Tragfähigkeit der Naturweisheit ganz deutlich: Auch der weitest ausgebreitete Schöpfungshymnus hilft dort nicht weiter, wo die Normalität gestört ist; der Verweis auf die Ordnung der Natur ist überhaupt kein Argument dort, wo kontingentes Geschehen sich der Einsicht entzieht. Und so versucht die Weisheitsliteratur nicht, ihr Weltverständnis in ein System zu bringen. Wenn überhaupt, so hat der aphoristische und nicht selten aporetische Charakter der Spruchsammlungen "System": Es wird kein Versuch unternommen, alle erreichbare Erkenntnis zu harmonisieren.[124] Diese Aporetik hält an grundsätzlich Unbewältigtem, das sich in keiner Weise systematisch verrechnen läßt, fest. Sie verzichtet sogar darauf, eine höhere göttliche Vernunft der Art zu postulieren, daß darin alle Wahrheit systematisch verrechenbar wäre. So bleibt auch das Buch Ijob in seinem argumentativen Teil unabgeschlossen.[125] Es gibt keine "höhere Weisheit", in der

[123] *G. v. Rad*, Aspekte alttestamentlichen Weltverständnisses, in: ders., Gesammelte Studien zum Alten Testament, München [3]1965, 311.

[124] Vgl. *v. Rad*, Weisheit in Israel, a.a.O. 394f.

[125] Vgl. ebd. 396.

das Schicksal Ijobs - wie es die Elihu-Reden wollen - doch noch seinen guten Sinn erhielte. Dies verhindert keineswegs die Anstrengung der Redaktoren der Weisheitssprüche, der Welt ein erträgliches Maß von Ordnung abzuringen, das im "Normalfall" Regeln für vernünftiges Handeln liefert. Dieses Denken bleibt aber offen sowohl für Alternativen wie auch für Aporien, d.h. Ausweglosigkeiten. Zur Weisheit gehört die Skepsis nicht als Appendix, der in einem als göttliche Wahrheit betrachteten Buch als letztlich unpassend angesehen werden müßte. Im Buch Ijob ist die Einsicht aufgetaucht, daß die Ratschlüsse Jahwes antinomisch sein, sich also den Gesetzen "vernünftigen" Denkens entziehen könnten. Wahrheit muß daher selbst antinomisch konzipiert werden, Vernunft mußte skeptisch mit unauflösbaren Widersprüchen rechnen.

Das Denken der Weisheit setzte sich mit der Erfahrung einer weniger mythologisch werdenden Welt auseinander; die Vernunft mußte in ihren Kategorien den Raum mythischer Geborgenheit verlassen - gerade deswegen auch durchzieht diesen Versuch des denkenden Umgangs mit der weniger mythologischen Welt der Unterton der Resignation an der Erkenntnis von Welt. Aufklärung, die sich eben erst von mythologischen Sicherheiten entfernt, ist weniger in Gefahr, sich selbst mythologisch zu überhöhen. Die Weisheit erfährt hier in sich jene Grenzen, die früher Jahwes machtvolles Eingreifen deutlich gemacht hatte. Auch Resignation und Skepsis können Zeichen der Vernunft sein.

Die Last, die mit solchem Denken verbunden war, ist nicht zu übersehen. Auch in Israel fehlten nicht die Versuche, zu einer geschlossenen Gesellschaft und zu einer gesicherten Wahrheit zurückzukehren. Abgrenzung von allem "Fremden" war dafür erfordert, so wie wir es in der Synagoge sehen, die sich als die Versammlung der ausschließlich jüdischen Gemeinde verstand und die sich - vor allem in der ägyptischen Diaspora - scharf von ihrer nicht-jüdischen Umwelt abgrenzte. Wahrheit konnte so auch wieder dogmatisch und autoritativ definiert werden.

Dieser Vorgang in Israel ist natürlich nicht schlechthin einmalig. Die "Dialektik des mythologischen Bewußtseins" (Cassirer) hat ihre bestimmten formalen Gesetzlichkeiten, auch wenn der historische Prozeß im einzelnen sehr verschieden verlaufen kann. Auch in Griechenland hatten die Vorsokratiker und die Sophisten sich von der Macht mythischer Vorstellungen zu befreien versucht. Gesetze wurden als historisch-kontingent erkannt, der Rückgriff auf Natur erwies sich aber als äußerst ambivalent: Er konnte zu Humanismus und zur Forderung der Gleichheit der Menschen (Alkidamas) führen, konnte aber auch zur Begründung des Rechtes des Stärkeren (Kallikles) herangezogen werden. Skepsis gegenüber Tradition und Gesetz, besonders wenn dies mit militärischen Niederlagen verbunden war, konnten dann als Gründe des Verfalls angesehen werden. Und so proklamierte schließlich ein (von der sokratischen Aufklärung und der Einsicht in das Nicht-Wissen) "bekehrter" Platon in der "Politeia" eine zu den "alten Werten" zurückgekehrte und geschlossene Gesellschaft, die einer von den Philosophen verkündeten absoluten Wahrheit gehorcht.

Die Frage, wie Wahrheit und Leben vereinbar seien, hatte Sokrates beschäftigt, und sie wird später Jesus von Nazareth beschäftigen. Wir dürfen aber über diesen beiden großen Gestalten der Kulturgeschichte nicht die anderen vergessen, ohne die sie nicht möglich geworden wären: die Sophisten und die Weisheitslehrer Israels. Nicht zu übersehen ist allerdings, daß weder Sokrates noch Jesus von Nazareth die Frage nach Wahrheit und Leben mit irgendwelchen Ambitionen kosmologischer Aussagen verbanden.

c. Partikulärer Geschichtsglaube und universales Weltverständnis

In einem weiteren Schritt der systematischen Entfaltung des alttestamentlichen Schöpfungsverständnisses soll nun der Zusammenhang des partikulären Geschichtsglaubens und des - gerade im Denken der Weisheit Israels aufgebrochenen - universalen Weltverständnisses reflektiert werden. Seinen Ausgangspunkt hatte der Glaube Israels in einem bestimmten Geschichtsverständnis: Die Vorstellungen von Bund und Erwählung zielten darauf ab, die Schaffung Israels als des Jahwe eigenen Volkes aus dem Nichts zur Geltung zu bringen. Erst in einem zweiten Schritt konnte dieser auf bestimmten, konkreten und partikulären Tatsachen der Geschichte gründende Glaube Israels sich nun begründend und ätiologisch einen Schöpfungsglauben voraus-setzen: Die Schöpfungstheologie erweist sich als transzendentale Bundestheologie, als Reflexion auf die Bedingung der Möglichkeit, wie sich Jahwe sein eigenes Volk schafft. Es bleibt aber festzuhalten, daß zwischen den beiden Vorstellungskreisen von Geschichte einerseits und Schöpfung andererseits ein unaufhebbarer Spannungsgegensatz bestand, der in der theologischen Reflexion mehr oder weniger stark bewußt wurde. Im Schöpfungsglauben wurden Sinn und Bedeutung des Exodus als eines partikulären, historischen Ereignisses in einer Weise universalisiert, daß der Schöpfungsglaube den Sinn und die Bedeutung von Natur überhaupt konstituierte.[126] Die Problematik, die dieses Konstitutionsverhältnis enthält, wird deutlich, wenn wir fragen: Wie kann der Sinn eines partikulären Ereignisses den Sinn eines Ganzen konstituieren, derart, daß dieses Ganze überhaupt erst durch eine solche Universalisierung ins Bewußtsein tritt? Läßt sich dieser Vorgang der Universalisierung dann so verselbständigt denken, daß der universale Sinnhorizont in der Folge zur Deutung und Erklärung beliebiger anderer Phänomene herangezogen werden kann - konkret also bei der Schöpfungsaussage zur Erklärung und Deutung der Wirklichkeit der Welt überhaupt (ohne daß der ursprünglich partikuläre Geschichtsglaube mehr im Bewußtsein stünde)? Ferner ergibt sich aus dieser Problematik die Frage: Welche Funktion kommt der "Zuordnungsregel" der beiden Komplexe von Geschichte und Schöpfung zu?, konkret also: Welche Funktion hat der soteriologische Zusammenhang als vermittelndes Prinzip von Geschichts- und Schöpfungstheologie? Die biblischen Hinweise suchen diesen Fragen geschichtlich nachzugehen.

In der Priesterschrift geschieht der Übergang vom Partikulären zum Universalen so bruchlos, daß das Problem eines möglichen Spannungsverhältnisses nicht ausdrücklich in den Blick kommt und auch nicht explizit formuliert wird. Vom theologischen Standort des priesterschriftlichen Autors ist dieser Sachverhalt verständlich: Er steht nicht am partikulären Anfang, sondern an dem universale Geltung beanspruchenden Ende der Heilsordnungen Jahwes, der nun als der Herr der ganzen Welt gilt. "Die Kapitel von der Weltschöpfung und der Völkertafel sind also nicht so sehr im Interesse einer allgemeinen Welterkenntnis, sondern vielmehr im Interesse der theologischen Selbsterkenntnis Israels entfaltet. Der universalistische Teil der Urgeschichte enthält einen ungeheuren Anspruch: wer Israel und sein Gottesverhältnis recht verstehen will, der muß mit seinem Geschichtsdenken schon bei der Weltschöpfung einsetzen. Israel hat in den Weltgedanken Gottes seinen Platz."[127] Damit vermittelt der priesterschriftliche Verfasser in seiner monumentalen Geschichtsdarstellung, die von der Weltschöpfung bis zur Gegenwart des Heils Jahwes in der Stiftshütte führt, das partikuläre Selbstverständnis auf dem Horizont eines universalen göttlichen Planes, der bis zur Schöpfung der Welt zurückreicht.

126 Vgl. *B. W. Anderson*, Creation vesus Chaos, New York 1967, 36.

127 *v. Rad*, Aspekte alttestamentlichen Weltverständnisses, in: ders., Gesammelte Studien zum Alten Testament, München ^{3}1965, 323.

Der Jahwist hingegen deutet den Übergang von der Universalität der Heilsgeschichte des Anfangs zur Partikularität der Gegenwart in einem schrittweisen Zerbrechen des ursprünglichen Verhältnisses des Menschen zu Gott. Im Gegenzug zu dieser um sich greifenden Unheilsgeschichte beginnt mit dem Einsatz der Abrahamsgeschichte - und der ihr innewohnenden Segnung aller Völker - eine neue, ins Universale sich ausweitende Heilsverheißung Gottes. Dem Schöpfungsglauben kommt eine begründende, die Heilsgeschichte ermöglichende Funktion zu. Ähnlich läßt sich auch bei Deuterojesaja nachweisen, daß dem Schöpfungsglauben keine selbständige Stellung zukommt; vielmehr hat er die Funktion, als letzter, Sicherheit vermittelnder Hintergrund der aktuellen Botschaft zu dienen. Eine ähnliche Funktion übernehmen die Doxologien des Buches Amos (Am 4, 13; 5, 8f.; 9, 5f.), die keine selbständige, um ihrer selbst willen erzählte Botschaft vermitteln, sondern die dienende Funktion haben, daß in ihnen das auf Israel bezogene, partikuläre, prophetische Wort vor der Breiten- und Tiefendimension des Universalen aufscheint.[128]

Das Wort des Schöpfers macht also jene verbindende Klammer aus, welche die partikuläre Geschichte Israels und die Schöpfung der Welt als ganzer zusammenhält. In seiner zentralen Schlüsselstellung reflektiert das deuteronomistische Geschichtsdenken das die Geschichte Israels richtende und rettende Schöpferwort Jahwes. Das eigentlich Relevante in der Geschichte, das über Leben und Tod entscheidet, ist das Wort, welches Gott spricht. Und somit ist dieses Wort das, was überhaupt die Welt als sinnhafte konstituiert. Das Zentrum dieser theologischen Reflexion über das geschichtlich-schöpferische Wort Jahwes liegt nun darin, daß diese Theologie nicht zu einer universalen (quantitativen) Aussage über die ursprüngliche Schöpfung als ganze (im Sinne einer summativen Aufreihung aller Wirklichkeit) kommt, sondern vielmehr zu einer Aussage über die grundsätzlichfreie Souveränität Jahwes in seiner erschaffenden Heilstätigkeit, also zu einer qualitativen Aussage über die Wirklichkeit. Diese Wirklichkeit kann daher nicht in einer enzyklopädischen Aufhäufung aller Einzelerkenntnisse begriffen werden, sondern nur in der theologischen Reflexion auf ihre Grundbedingungen und Voraussetzungen. Solche Reflexion aber geschieht in der Schöpfungstheologie. Jahwes Wort ist

[128] Vgl. *ders.*, Das theologische Problem des alttestamentlichen Schöpfungsglaubens, ebd. 139.

jener souveräne Ausdruck des Heilsgeschehens, das Wirklichkeit nicht "repariert", sondern konstituiert.[129]

Israel wird durch das Wort Gottes immer wieder vor die Entscheidung über Leben und Tod gestellt, es muß in seinem Handeln diesem Wort entsprechen, will es nicht vernichtet werden, also ins Nichts zurückfallen. Religionsgeschichtlich steht diese Konzeption Israels von der zentralen Bedeutung des Wortes in einem weiteren Kontext, auf den schon Ernst Cassirer hingewiesen hat: "Diejenigen Religionen, die ihr Weltbild und ihre Kosmogonie vor allem auf einen fundamentalen ethischen Gegensatz, auf den Dualismus zwischen dem Guten und Bösen gründen, verehren im Wort der Sprache die Urkraft, durch die allein das Chaos sich zu einem sittlich-religiösen Kosmos zu bilden vermochte."[130] Daß diese Urkraft des Wortes selbst als göttlich angesehen wird, ergibt sich dann von selbst. Das Spezifische der biblischen Religion findet sich also nicht in dieser zentralen Bedeutung des Wortes für die Schöpfung, sondern darin, daß der Begründungszusammenhang von geschichtlich-konkreten und praktischen Forderungen und Hoffnungen einerseits sowie kosmologischen Bildern andererseits immer deutlich im Bewußtsein steht. Es liegt bei Aussagen darüber kein Übergang von einem Bereich in einen anderen vor, beide werden in eins gesehen.[131] Die Schöpfungsaussage dient gleichsam als der Rahmen des Bildes, das eine konkrete Situation darstellt, wobei diese auch erst in diesem Rahmen richtig zur Geltung kommt. Der Rahmen für sich selbst genommen läßt jedoch den Blick fast ins Leere gehen. Damit wird auch verständlich, daß die Weisheitslehre Israels - vom traditionellen Standpunkt des Jahweglaubens aus betrachtet - als fast häretisch erscheinen mußte. Zwar beansprucht diese Weisheit Israels alle Merkmale einer Heilslehre, kann aber wohl doch nicht eigentlich als

[129] Sowohl in der deuteronomistischen Theologie wie auch bei Deuterojesaja kommt dieser Wort-Gottes-Theologie eine zentrale Rolle zu. Vgl. Jes 40, 8: "...das Wort unseres Gottes bleibt in Ewigkeit" oder Dtn 8, 3: "Er wollte dich erkennen lassen, daß der Mensch nicht nur von Brot lebt, sondern daß der Mensch von allem lebt, was der Mund des Herrn spricht." Ebenso prägnant auch Dtn 32, 47: "Das ist kein leeres Wort, das ohne Bedeutung für euch wäre, sondern es ist euer Leben."

[130] *E. Cassirer*, Wesen und Wirkung des Symbolbegriffs, Darmstadt ^{4}1956, 114.

[131] Das erlösende Heilshandeln Jahwes am Schilfmeer kann in einem Atemzug mit seinem weltschöpfenden Handeln der Vorzeit genannt werden: "Wach auf, wach auf, bekleide dich mit Macht, Arm des Herrn! Wach auf wie in den früheren Tagen, wie bei den Generationen der Vorzeit! Warst du es nicht, der die Rahab zerhieb und den Drachen durchbohrte? Warst du es nicht, der das Meer austrocknen ließ, die Wasser der großen Flut, der die Tiefen des Meeres zum Weg gemacht hat, damit die Erlösten hindurchziehen konnten?" (Jes 51, 9f.) Vgl. *v. Rad*, a.a.O. 140f.

"Erlösungslehre" im klassischen Sinn des Alten Testaments bezeichnet werden. Das Heil kann nicht mehr aus dem Wirken Jahwes in der Geschichte hergeleitet werden, nicht mehr von irgendeiner konkret greifbaren menschlichen Vermittlung (eines Propheten, eines Königs oder Priesters - auch nicht eines der Urväter) her, sondern es wird als Urgegebenheit der Schöpfung selbst verstanden, so daß dieses Schöpfungsdogma isoliert und abgeschnitten von jeder konkret-gesellschaftlichen und geschichtlichen Vermittlung im Raum steht. Die Schöpfungsweisheit wird zum ungreifbaren Ausgangspunkt schlechthin; ihre Ungreifbarkeit macht aber zugleich auch ihre Problematik aus: die Spannung dieser Universalität der Schöpfungsaussage zu jedem partikulär-geschichtlichen Geschehen.

Was bereits viele Psalmen zur Sprache bringen, wird nun ausdrücklich reflektiert: Die Welt als ganze beinhaltet eine Aussage! Diese Aussage wohnt ihr nicht inne als Welt im Sinne einer summativen Gesamtheit alles Wirklichen, sondern durch die ihr immanente Weisheit. Die Präsenz der Weisheit in ihr macht es überhaupt erst möglich, von der Welt als der Schöpfung zu reden. Die Weisheit spricht eine qualifizierende Eigenschaft der Welt an: "Die Schöpfung wurde durch Gott in den Zustand der Weisheit, der Vernünftigkeit erhoben."[132] Mit "Weisheit" wird jener "Sinn" des Erfahrungsbereiches, jene qualifizierende Eigenschaft der Welt als ganzer angesprochen, die die Erfahrungswelt erst zur Schöpfung macht, Welt also als ganze in Beziehung zu Gott setzt. Die "Weisheit" vermittelt so der Welt jene Ganzheit und Sinnhaftigkeit, die die Erfahrungswirklichkeit der Welt als solche und aus sich allein nicht vermitteln kann. Die "Weisheit" muß also notwendig mißverstanden werden, wo sie als partikuläre Wirklichkeit erscheint oder mit einer solchen identifiziert würde. Mißverstanden ist sie auch als abstrakte Universalisierung partikulärer Sinn- oder Ordnungserfahrung. Die "Weisheit" ist aber auch keine hypostasierte Eigenschaft Jahwes - und insofern von ihm prinzipiell ablösbar -, sie kann deswegen auch nicht personifiziert und damit verselbständigt werden. "Diese Weisheit ist irgendwo in der Welt zu suchen; sie ist da, aber nicht zu fassen. Wäre sie nichts Innerweltliches, so wäre ja der Hinweis auf den die Erde durchwühlenden Menschen ohne Sinn. Andererseits ist sie - und das ist freilich merkwürdig - auch wieder etwas von den Schöpfungswerken Abgehobenes. Diese 'Weisheit', 'Vernunft'

[132] *v. Rad*, Weisheit in Israel, Neukirchen 1970, 203.

muß also etwas wie den von Gott der Schöpfung eingesenkten 'Sinn', ihr göttliches Schöpfungsgeheimnis bedeuten"[133].

Es wäre eine grobe Verkennung des sprachlichen Genus der israelitischen Weisheitsliteratur, wollten wir versuchen, diese Aussagen der Weisheit in ein starres Schema zu pressen; versteht sich doch die Weisheitsliteratur im besten Sinn des Wortes als Dichtung und muß folglich mit Kategorien der Ästhetik beurteilt werden. Andererseits berechtigt das weithin unmythologische Selbst- und Weltverständnis dieser Weisheitsliteratur, nach der ihr immanenten "Logik" zu fragen. Bei dem Versuch, die gedankliche Arbeitsweise dieser Weisheitsliteratur zu verstehen, zeigt sich dieses Welt-Schöpfungsverständnis in seiner prekären Problematik. In der Weisheitsliteratur tritt uns ein durchaus rationaler Erkenntniswille entgegen, der gegründet ist im Vertrauen auf die in der Welt "vorhandene" Weisheit. Gerade dort aber, wo die Bemühung um eine rationale - fast "wissenschaftlich" zu nennende - Erkenntnis der Welt in ihren partikulären Ordnungen auftritt, kann und muß der "Sinn" des Ganzen abgesetzt und vorausgesetzt werden; dieser Sinn läßt sich eben nicht innerhalb der Erkenntnisordnung als solcher auffinden. So sind die "Fundorte" der beiden Bereiche voneinander verschieden, wie das Lied über die Weisheit im Buch Ijob ausdrückt:[134]

> Wohl gibt es einen Fundort für das Silber,
> Eine Stätte für das Gold, wo man es läutert.
> Eisen holt man aus der Erde,
> Gestein wird zu Kupfer geschmolzen.
> Es setzt der Mensch dem Finstern eine Grenze;
> Er forscht hinein bis in das Letzte,
> Ins düstere, dunkle Gestein.
> Stollen gräbt ein fremdes Volk;
> Vergessen, ohne Halt für den Fuß,
> Hängt es, schwebt es, den Menschen fern. (...)
> Die Weisheit aber, wo ist sie zu finden,
> Und wo ist der Ort der Einsicht?
> Kein Mensch kennt die Schicht, in der sie liegt;
> Sie findet sich nicht in der Lebenden Land.
> Die Urflut sagt: Bei mir ist sie nicht.
> Der Ozean sagt: Bei mir weilt sie nicht. (Ij 28, 1-4. 12-14)

[133] Ebd. 193f.

[134] Das Kap. 28 ist die einzige reine Weisheitsrede des Ijobbuchs, vgl. *C. Westermann*, Der Aufbau des Buches Hiob, Stuttgart 1977, 131.

An keiner anderen Stelle der Weisheitsliteratur, nicht einmal bei Kohelet, findet sich eine so radikale Infragestellung der menschlichen Möglichkeit, die Weisheit zu finden. Alle technische Weltbemächtigung, alle Anhäufung enzyklopädischen Wissens kann nicht darüber hinwegtäuschen, daß dem Menschen der entscheidende Zugang zur Weisheit letztlich verschlossen bleibt. So führt alle Erkenntnis der Welt und aller Erfolg in der Bemächtigung der Welt doch nur zu der Einsicht, daß die Weisheit verborgen bleibt. Da aber die Weisheit eben die Schöpfungsweisheit ist (Ij 28, 24-27), verbietet sich von da aus jeder Versuch, aus der Welterkenntnis eine theologische Kosmologie oder Kosmogonie zu entwerfen. Die ursprünglich angezielte kosmologische Weisheit kann also nicht in einem spekulativ-theoretischen Ausgriff eingeholt werden. Der Anteil des Menschen an der Weisheit ist das Wissen um seine Beschränkung.[135]

In einem späteren Zusatz wird versucht, eine Korrektur dieser Konsequenz anzubringen.[136] Ist schon der "theoretischen" Vernunft der Zugang zur Weisheit verschlossen, so soll wenigstens der "praktischen" Vernunft die Weisheit erreichbar sein:

> Seht, die Furcht vor dem Herrn, das ist Weisheit,
> Das Meiden des Bösen ist Einsicht. (Ij 28, 28)

Auch kritische Korrekturen haben jedoch ihr Recht und ihre Bedeutung. Aus der Einsicht, daß der menschlichen Vernunft die Nachkonstruktion der Schöpfungsweisheit und so jede theologische Kosmologie unmöglich ist, folgt nicht schon, daß auch eine praktische Sinn-Welt unmöglich ist. Der spätere Zusatz zum Ijobbuch will auf diesen traditionellen Ort hinweisen, von dem her sich die Welt innerhalb der Gerechtigkeit Jahwes aufbaut. Selbst der große Schöpfungshymnus, der Jahwe im Ijobbuch in den Mund gelegt wird, konnte ja genau auf Ijobs Frage nach der Geltung seines Tuns keine Antwort liefern; der Hiatus theoretischer (Offenbarungs-)Vernunft und praktischer Vernunft blieb auch dort unüberbrückbar.

Die spätere Entwicklung der Apokalyptik - vor allem in ihren nichtkanonischen Ausprägungen - belegt, daß dort, wo dieser Verzicht auf eine Hypostasierung und Verselbständigung der Weisheit nicht mehr durchgehalten wird, wo die "Weisheit" also theoretisch verobjektiviert und kosmologisch wie geschichtstheologisch verrechnet wird, die Zuordnung von theoretischer und praktischer Weisheitsfindung

135 Vgl. *v. Rad*, Aspekte alttestamentlichen Weltverständnisses, a.a.O. 325f.

136 Vgl. *Westermann*, a.a.O. 133, Anm. 1.

vollends zerbricht und sich immer haltlosere Spekulationen ergeben. Insbesondere weisen diese späteren Theorien eine unaufhebbare Inkonsistenz darin auf, daß die Grundvoraussetzung des israelitischen Glaubens - nämlich die Freiheit des Menschen - im Rahmen eines solchen spekulativen, apokalyptischen Systems nicht mehr festgehalten werden kann. Diese spätere Entwicklung der Apokalyptik verfällt so einem kosmologischen und geschichtstheologischen Determinismus, in dem die individuell-menschliche Interdeterminiertheit nur mehr die Rolle eines unvermittelt-inkonsequenten Relikts spielt. Ein Denkhorizont, der in den Geschichtssummarien (der Assumptio Mosis, der Apokalypse Abrahams, des Äthiopischen Henochbuches u.a.) davon ausgeht, daß jedes Geschehen in der Welt bereits von Gott vorherbestimmt und vorhergesehen ist und auch dementsprechend eintreten muß, kann nicht mehr an den Entscheidungsspielraum des Einzelnen appellieren, sondern zeigt sich einzig an dem geheimen Schlüssel der Offenbarung interessiert, die ihm dieses zukünftige Geschehen entschlüsselt und visionär zugänglich macht. In der Erwartung einer universalen Geschichtsvollendung, die in göttlichem Vorauswissen bereits festgelegt ist, vereinnahmt der universale Horizont jede partikuläre, geschichtliche Konkretheit. Die Resignation des Denkens hebt sich in einer Art Flucht nach vorn selbst auf. Ohne daß dies ausdrücklich zum Thema der Reflexion würde, zeigt sich auch darin nochmals der soteriologische Ansatz dieses Denkens.[137]

d. Die Welt als ästhetische Wirklichkeit

Ein entscheidender Aspekt der Welt- und Wirklichkeitsauffassung Israels muß noch ausdrücklich zur Sprache kommen, nämlich das ästhetische Moment, dem wir bereits im Zusammenhang des Schöpfungslobes der Psalmen begegnet sind. Es muß jedoch bedacht werden, daß das ästhetische Moment des Schöpfungslobes, wie es in den Psalmen zum Ausdruck kommt, das Grundmoment aller Schöpfungsaussagen

137 Vgl. *v. Rad*, Weisheit in Israel, a.a.O. 362: "Damit aber wurde der Bruch mit der gesamten älteren Geschichtsbetrachtung Israels vollkommen, denn während für die ältere Geschichtsbetrachtung das von Gott den Menschen zugewendete Heil in der Vergangenheit lag und gegenwartsbestimmend war, wurde es jetzt von der Zukunft, eben von dem Anbruch des neuen Äons, erwartet. Im Zuge dieser völlig veränderten Vorstellung vom göttlichen Heil wurde die Deutung der Geschichte sozusagen einer Drehung um 180 Grad unterworfen, denn nun wurde sie nicht von der Vergangenheit, sondern von den Eschata her interpretiert."

überhaupt ausmacht, so daß es also nicht auf die hymnische Sprachform allein beschränkt ist. So findet sich ein ähnliches ästhetisches Element auch in den beiden Schöpfungsberichten der Genesis. Der doxologische Charakter des rhythmisch wiederholten "Gott sah, daß es gut war" bringt dies ebenso zum Ausdruck wie die bildhafte Beschreibung des "Gartens" als des ursprünglichen Lebensraumes des Menschen im jahwistischen Bericht.[138]

In der ästhetischen Auffassung der Welt wird die Schönheit der Schöpfung gerühmt, so daß die Welt eben deshalb als Schöpfung besungen werden kann, weil sie als herrlich erlebt wird. Die Gottesvorstellung selbst ist daher ästhetisch bestimmt. So kann die "Herrlichkeit", der Inbegriff ästhetischer Anschauung, als *kabod Jahwe* zum Terminus technicus der theologischen Sprache des Alten Testaments werden. Das sprachliche Herkunftsfeld dieses Begriffs läßt sich mit Begriffen wie "Gewichtigkeit", auch "Reichtum", "Ansehen", "Glanz", "Bedeutung" umschreiben. Ursprünglich stand hinter der *kabod Jahwe* wohl die Vorstellung einer "strahlenden Feuersubstanz", die die Hebräer sich von einer verhüllenden Wolke abgeschirmt vorstellten.[139] Neben der strengen theologischen Verwendung dieses Begriffs der *kabod Jahwe* in der Priesterschrift und bei Ezechiel findet sich die "Herrlichkeit Gottes" auch als perspektivischer Fluchtpunkt vieler hymnischer Texte des Alten Testaments. Insbesondere wird die *kabod Jahwe* dort zum festen Bestandteil der eschatologischen Hoffnung, wo im Mittelpunkt der Thematik nicht mehr ein Offenbarwerden des Wesens Gottes steht, sondern vielmehr die Endgültigkeit seiner Herrschaft über die ganze Welt. Die "Kraft" Jahwes, die in diesem Herrschaftsanspruch zur Geltung kommt, entspricht einer ästhetischen Grundvorstellung Israels. Der Psalm 72 endet mit dieser eschatologischen Hoffnung, in der sich die ästhetische Erwartung Israels vollendet:

> Seine Herrlichkeit erfülle die ganze Erde. (Ps 72, 19)

[138] Der "Garten" stellt ein grundlegendes Symbol einer menschlichen Welt dar. Vgl. *C.F. v. Weizsäcker*, Der Garten des Menschlichen, München 1977, 15: "Geschichtliche Anthropologie kann sich konkret nicht in einem System des Menschlichen, sondern nur in einem 'Garten des Menschlichen' darstellen."

[139] Ebenso kommt noch die Hypothese von M. Noth in Betracht, der im Berg Sinai ursprünglich einen Vulkan vermutet, dessen Rauch und Feuer mit einer Theophanie in Verbindung gebracht wurden. Vgl. *F. Hesse*, Art. Herrlichkeit Gottes, in: RGG[3] III, 273, und *G. v. Rad*, Art. kabod, in: ThW II, 240-245.

Die dem Menschen, der diese *kabod Jahwe* erfährt, angemessene Antwort greift ihrerseits auf eine Kategorie der Ästhetik zurück: auf Lob und Gesang.

> Ich singe dem Herrn ein Lied,
> denn er ist hoch und erhaben. (Ex 15, 1)

Ohne einen solchen ästhetischen Kontext ist auch die Weisheit Israels nicht zu denken. Sie qualifiziert die Welt als Schöpfung Gottes gerade dadurch, daß sie sie als "schön" bezeichnet. Die Voraussetzung einer solchen ästhetischen Kategorie kann dann nur theologisch begriffen werden. Dort, wo die theoretische Vernunft an ein Ende ihrer Aussagekraft gelangt, kann nur mehr die ästhetische Vernunft jene Bestimmung zum Ausdruck bringen, die das Wort "Weisheit" anzielt. Die Welt, in der die *kabod Jahwe* die äußerste und innerste Wirklichkeit ausmacht, offenbart sich so als Schöpfung. Insofern entstammt die Welt einzig und allein dem souveränen Ausdruckswillen Gottes, der in keiner Weise von außergöttlichen Bedingungen oder einem ihm widerstrebenden Chaos abhängig gedacht werden darf. Diese Souveränität des göttlichen Willens und Wirkens bringt die Weisheitsliteratur ästhetisch zum Ausdruck:

> Denn die Weisheit ist beweglicher als alle Bewegung;
> In ihrer Reinheit durchdringt und erfüllt sie alles.
> Sie ist ein Hauch der Kraft Gottes
> Und reiner Ausfluß der Herrlichkeit des Allherrschers;
> Darum fällt kein Schatten auf sie.
> Sie ist der Widerschein des ewigen Lichts,
> Der ungetrübte Spiegel von Gottes Kraft,
> Das Bild seiner Vollkommenheit.
> Sie ist nur eine und vermag doch alles;
> Ohne sich zu ändern, erneuert sie alles.
> Von Geschlecht zu Geschlecht tritt sie in heilige Seelen ein
> Und schafft Freunde Gottes und Propheten;
> Denn Gott liebt nur den,
> der mit der Weisheit zusammenwohnt.
> Sie ist schöner als die Sonne
> Und übertrifft jedes Sternbild.
> Sie ist strahlender als das Licht;
> Denn diesem folgt die Nacht,
> Doch über die Weisheit siegt keine Schlechtigkeit.
> Machtvoll entfaltet sie ihre Kraft von einem Ende zum andern
> Und durchwaltet voll Güte das All.
> Sie habe ich geliebt und gesucht von Jugend auf,

Ich suchte sie als Braut heimzuführen
Und fand Gefallen an ihrer Schönheit. (Weish 7, 24 - 8, 2)

Diese Weisheit zu thematisieren und somit Wahres auszusprechen stellt für Israel - wenn auch keineswegs ausschließlich - eine ästhetisch zu bewältigende Aufgabe dar. Solche Ästhetik tritt besonders dann ins Blickfeld, wenn nicht mehr eine partikuläre Wirklichkeit allein Gegenstand des Ausdrucks sein soll, sondern das Ganze in seiner qualitativen Besonderheit. Von dieser Erfahrung her erklärt es sich, daß die erste Form der Schöpfungsaussage im Hymnus geschieht. So ist auch im Buch Jesus Sirach, das in seiner ihm immanenten Konsequenz die Welt als Schöpfung versteht, über die Gottes Herrlichkeit ausgegossen ist, der Abstand von theoretischer Lehre und ästhetischem Hymnus fast aufgehoben.[140] Ebenso wird auch für den Autor des Buchs der Weisheit Gott als der Schöpfer und sein Wirken nicht durch die Existenz der Dinge als solche transparent gemacht, sondern nur durch die als schön erfaßte Welt.[141]

Wenn wir die Eigenart der hebräischen Vorstellungswelt begreifen wollen, so dürfen wir dieses Ineinanderwirken der beiden Dimensionen von theoretischer Welterkenntnis einerseits und ästhetischer Wirklichkeitsbetrachtung andererseits niemals außer acht lassen. So läßt sich diese "Denkform" nicht dadurch erfassen, daß lediglich jene Ausdrücke und Aussagen analysiert werden, die - nach unserer Vorstellung - ausdrücklich ästhetische Termini zur Sprache bringen. Es hat sich ja bereits gezeigt, daß auch Begriffe wie "Macht" und "Kraft" im Zentrum dieses ästhetischen Sprachfeldes stehen, was unserer Vorstellung zunächst durchaus fremd erscheint. Vielmehr gilt es, die Sprachbewegung selbst zu erfassen (die sich primär bei Gesang und Harfenspiel vollzieht). Diese Sprachbewegung zeigt, daß häufig, und zwar in spezifischer Weise gerade im Fall der Schöpfungsaussagen, theoretische Aussagen und hymnische Formen ineinander übergehen, so daß (wie es der eben zitierte weisheitliche Text zeigt) erst innerhalb der ästhetischen Betrachtung auch Erkenntnis erreicht wird - und nicht umgekehrt. Wie sich später zeigen wird, daß in der hebräischen Vorstellungsweise Ontologie und Deontologie in eins gebracht sind, so kann hier ähnliches gesagt werden vom Verhältnis der ästhetischen Wirklichkeitsbetrachtung und der theoretischen Erkenntnis. Der logi-

140 Vgl. *v. Rad*, Weisheit in Israel, a.a.O. 402.

141 Falls wir von einer "natürlichen Gotteserkenntnis" sprechen wollen, die im 13. Kapitel des Buches der Weisheit zur Sprache kommt, so dürfen wir dabei keinesfalls den ästhetischen Begriff dieser "Natur" übersehen.

sche Zusammenhang stellt sich daher nicht so dar: "Weil die Welt als Schöpfung Gottes bezeichnet wird, deswegen ist sie auch schön", sondern gerade umgekehrt: "Weil die Welt im ursprünglichen Sinn als schön erfahren wird, deswegen kann sie als Schöpfung Gottes bezeichnet werden".

e. Das Bilderverbot und die Unabbildbarkeit Gottes in der Welt

Wenn von der ästhetischen Dimension der Weltbetrachtung die Rede ist, so muß das Weltverständnis Israels in seiner spezifischen Eigenart noch von einer Seite her gesehen werden, die die Priorität des Wortes gegenüber dem Bild festhält. Das Bilderverbot grenzt die Ästhetik Israels in eindeutiger Weise ab; Wort, Hymnus und Epos - überhaupt der sprachliche Zugang zur Welt - erscheinen als die adäquatere Weise, mit der Wirklichkeit und ihrem Grund umzugehen, als die bildhafte Veranschaulichung. Vor dem Hintergrund des sakralen Weltverständnisses kommt dem Götterbild eine eigenartige Funktion zu: Es steht in enger Beziehung zum sakralen Raum selbst bzw. schafft erst durch seine Präsenz diesen sakralen Raum. Ein solcher sakraler Raum verdankt seine "Entdeckung" einer aufleuchtenden Hierophanie oder kosmologischen Prinzipien, auf denen Orientierung und Ordnung der Welt beruhen[142] und die sich an bestimmten privilegierten Orten der Welt manifestieren.[143] In religionsphänomenologischer Sicht zeigt es sich, daß das Götterbild nicht primär mit der sinnenhaften Vorstellung des Göttlichen zu tun hat - auf eine solche Vorstellung greift auch der sprachliche Umgang mit dem Göttlichen zurück -, sondern vor allem mit der Präsenz und Repräsentation göttlicher Macht vermittels eines bestimmten Kultbildes und seines Raumes. Das Bilderverbot darf daher entsprechend seiner ursprünglichen Intention nicht als Indiz einer "geistigen" Gottesvorstellung, die alle anthropomorphe Sinnenhaftigkeit hinter sich gelassen hat, begriffen werden. Bildlosigkeit als solche kann nicht als Wertmaßstab angesehen werden. Den eigentlichen Ort des Bilderverbots in Israel macht vielmehr der Ausschließlichkeitsanspruch seines Bundesgottes aus - gerade im Gegensatz zum kultischen Baalsgottesdienst, der mit einer lokal gebundenen Bilderverehrung identifiziert wird.[144] Das Bilderverbot reicht als eines der ältesten

[142] Vgl. *M. Eliade*, Die Religionen und das Heilige, Darmstadt 1966, 418.

[143] Kultzentren werden häufig als Mittelpunkt oder "Nabel" der Welt aufgefaßt.

[144] Das Bilderverbot findet sich explizit: Ex 20, 4. 23; 34, 17; Dtn 27, 15.

Prinzipien des Jahweglaubens vermutlich in vorpalästinische Zeit zurück; die literarische Form dieses ursprünglichen Bilderverbots kann nur noch vermutet werden.

Theologisch bedeutsam erscheint, daß dieses Verbot zunächst eine Selbstprädikation Jahwes darstellt, die ursprünglich der Ablehnung fremder Götter und Götterbilder entstammt, wie sie im Deuteronomium noch zu finden ist.[145] Mit seinem ursprünglichen Sinn also "Du sollst dir kein Bild Jahwes machen" sucht das Verbot die souveräne Freiheit und Unverfügbarkeit Jahwes zu wahren. In der fetischhaften Greifbarkeit des Bildes sucht sich der Mensch des Göttlichen zu bemächtigen, das Numinose zu orten, verfügbar zu machen und unter eine gewisse Kontrolle zu bringen. Das Gottesbild, das der Mensch sich selbst fertigt, muß die souveräne Freiheit und Unverfügbarkeit Jahwes antasten; deshalb das Verbot.[146] In diesem Zusammenhang muß der spätere Zusatz von Ex 20, 4 gelesen werden: "Du sollst dir kein Gottesbild machen und keine Darstellung von irgend etwas am Himmel droben, auf der Erde unten oder im Wasser unter der Erde." Dieser interpretative Zusatz sucht nicht das Wesen Jahwes in seinen Dimensionen theologisch abzugrenzen, sondern weist vielmehr auf den primären Ort der Begegnung Jahwes mit den Menschen hin: Dieser Ort ist sein in der Geschichte an den Menschen ergehendes Wort.[147]

Eine solche Ortsbestimmung verweist jeden Versuch, Jahwe in der Dimension des Astralraumes, der terrestrischen und subterrestrischen Region zu finden, in den Bereich des Götzendienstes. So interpretiert auch der Deuteronomist das Bilderverbot:

> Wenn du die Augen zum Himmel erhebst und das ganze Himmelsheer siehst, die Sonne, den Mond und die Sterne, dann laß dich nicht verführen! Du sollst dich nicht vor ihnen niederwerfen und ihnen nicht dienen. Der Herr, dein Gott, hat sie allen anderen Völkern überall unter dem Himmel zugewiesen. (...) Nehmt euch in acht! Vergeßt nicht den Bund, den der Herr, euer Gott, mit euch geschlossen hat. Ihr sollt euch kein Gottesbildnis machen, das irgend etwas darstellt, was der Herr, dein Gott, dir verboten hat. (Dtn 4, 19. 23)

Diese Interpretation des Bilderverbots bringt einen entscheidenden Zug des Weltverständnisses Israels zum Ausdruck, der die Verschiedenheit zu den Vorstellungsformen des alten Orients kennzeichnet: Die Natur als solche ist keine Erscheinungsform Jahwes. In ihrer onto-

[145] Vgl. *W. Zimmerli*, Das zweite Gebot, in: W. Baumgartner - O. Eissfeldt - K. Ellinger (Hrsg.), Bertholet-Festschrift, Tübingen 1950, 551. 553.

[146] Vgl. ebd. 561.

[147] Vgl. ebd. 563.

logischen Differenz von Jahwe erweist sich die Welt als indifferent und profan. In dieser Profanität kann sie allerdings auch nicht als Schöpfung verstanden werden. Wenn von der Profanität der Welt die Rede ist, so muß freilich bedacht werden, daß es für Israel eine "Welt an sich" - sozusagen im voraus zu Jahwes Schöpfungswort - nicht gibt und auch nicht geben kann. In ihrer Indifferenz bedeutet Welt nicht Unabhängigkeit von dem sich im Wort artikulierenden Glauben an Jahwe, sondern gerade umgekehrt setzt jenes Weltverständnis, das der Glaube fordert, einen letztlich nicht verselbständigbaren Begriff von Welt voraus. Welt bleibt so - soll sie in ihrem Grund und in ihrer Herkunft begriffen werden - an den bleibenden Ursprung des Schöpfungswortes Jahwes gebunden. Die Pointe des Verhältnisses Jahwes zur Welt besteht gerade darin, daß Jahwe diese Welt in souveräner Leichtigkeit ins Dasein ruft. So kann die Welt nicht als Selbstmanifestation Gottes in dem Sinn verstanden werden, daß von ihren wunderbaren Erscheinungsformen auf den numinosen Grund dieser Welt, also auf Jahwe selbst und sein Wesen, zurückgeschlossen werden könnte. Jahwe steht dieser Welt in freier - und so auch unerreichbarer und unbegreifbarer - Souveränität gegenüber. Selbst die Urflut reiht sich im Lob der Schöpfung unter die anderen Kreaturen ein.[148]

In der prophetischen Verkündigung - am deutlichsten bei Deuterojesaja - mündet die Konsequenz des Bilderverbots in den Spott über die von Menschen verfertigten Götterbilder. Profanität des verwendeten Materials sowie Begrenztheit und Hinfälligkeit ihrer Hersteller geben diese selbstgefertigten Götterbilder der Lächerlichkeit preis. "Dieser aufklärerische Rationalismus, der sich über das Götzenbild belustigt, 'das wackelt' (Jes. 41, 7), fängt aber an, Jahwe als den weltjenseitigen Gott zu verstehen, wodurch die Befolgung des Bilderverbots erleichtert wurde."[149] In drastischer Polemik verwirft die prophetische Predigt die heidnischen Kultbilder in einer geradezu naiven Weise, die sicher nicht das Selbstverständnis solcher heidnischen Bilderverehrung trifft, doch hebräisches Weltverständnis deutlich werden läßt (vgl. Hab 2, 18f.; Jer 10, 1-9).

Erst in der Zeit des Exils, das Israel mit einer hochentwickelten und differenzierten Verwendung des kultischen Bildes - und den damit

148 Dies gilt allerdings nur von den "fortgeschrittensten" Äußerungen. Auch die Vorstellung der Unbesiegbarkeit Jahwes bedeutet nicht, daß die Vorstellung einer Gegenmacht wirklich völlig überwunden worden wäre. Vgl. *K. Seybold*, Die Psalmen, Stuttgart 1986, 150-152.

149 *G. v. Rad*, Theologie des Alten Testaments I, München [4]1962, 230.

verbundenen kosmologischen Ortsbestimmungen von Welt und Mensch - unmittelbar konfrontiert, sieht sich die theologische Reflexion Israels aufs neue herausgefordert. Die Polemik von Dan 14 verweigert mit Berufung auf den souverän aller Kreatur gegenüberstehenden Schöpfergott, der in keinen Bildern verehrt werden kann, den Belsdienst; eine aufgeklärte Mentalität entlarvt die Dummheit der Belspriester und ihren Betrug.

Eine unter ganz anderen Voraussetzungen weiterführende Form der Reflexion findet sich im Bereich von Alexandrien. Analog zur Weisheitsliteratur und ihrer Denkweise läßt sich hier der Weg des Denkens verfolgen, wie die ursprünglich sakralrechtliche Festlegung des Bilderverbots nunmehr von einer rationalen Begründung eingeholt wird. Die im alten Bilderverbot noch unausdrücklich implizierte Profanität der Welt wird jetzt zum ausdrücklichen Gegenstand der Reflexion. So kann - eben weil es sich bei der Welt um keinen vergöttlichten Bereich Jahwes selbst handelt, sondern um einen von ihm streng geschiedenen - das Postulat eines rationalen Weltverständnisses erhoben werden. Es ist klar, daß es auf diesem Hintergrund sinnlos erscheinen muß, aus einzelnen Teilen dieser Welt ein Bild Gottes formen zu wollen.[150] Jede Vergöttlichung der Welt und damit um so mehr jede Vergöttlichung irgendeines Teils derselben ist hier ausgeschlossen. Das Bilderverbot stellt also nur die andere Seite der im alttestamentlichen Schöpfungsglauben enthaltenen "Entgötterung der Welt" dar.[151] Im Mittelpunkt dieses Denkens steht nicht etwa der Gegensatz von materieller Welt und Gottes Geistigkeit, sondern das fundamentale Verhältnis des souveränen Schöpfergottes zur geschaffenen Welt. Wer ihre Schönheit und Größe erfährt, dem wird sie zum Verweis auf den Schöpfer selbst (Weish 13, 1). Doch haftet der Schönheit der Dinge eben deshalb, weil sie auf den transzendenten Schöpfergott verweisen, keine numinose Qualität an; wer sie deshalb vergöttlicht, befindet sich im Irrtum (Weish 13, 3). Die Weisheitsliteratur begreift die Macht und Wirkkraft der Dinge in völlig unmagischer Weise (Weish 13, 4), die daher auch jede Möglichkeit eines Gottesbildes ausschließt.[152]

150 Vgl. *v. Rad*, Weisheit in Israel, a.a.O. 239.

151 Vgl. auch *H.W. Wolff*, Jahwe und die Götter in der alttestamentlichen Prophetie. Ein Beitrag zur Frage nach der Wirklichkeit Gottes und der Wirklichkeit der Welt, in: ET 29(1969), 397-416.

152 *v. Rad*, Theologie des Alten Testaments I, a.a.O. 231, Anm. 69, verweist auf den inneren Zusammenhang zwischen dem Bilderverbot einerseits und der Vorstellung von der Gottebenbildlichkeit des Menschen andererseits, wie sie die Schöpfungser-

Fernab aller Vergöttlichung begreift das Buch Jesus Sirach die Dinge der Welt in einem fast funktionalistisch anmutenden Zusammenhang:

> Alle Werke Gottes sind gut,
> Sie genügen zur rechten Zeit für jeden Bedarf.
> Man sage nicht: Dies ist schlechter als das.
> Denn alles ist zu seiner Zeit von Wert. (Sir 39, 33f.)

Als entscheidend für den Menschen in seinem Umgang mit der Welt hebt die Weisheitsliteratur das Begreifen der "rechten Zeit" hervor. Die Dinge jeweils ihrer Zeit zuzuordnen - darin liegt die Weisheit des Menschen.

Die von den Götterbildern - auch bereits von deren realer Möglichkeit - befreite Welt verliert damit den Charakter des Bedrohlichen und Unheimlichen. Auch wenn das konkrete Wissen und die Kenntnis dieser Welt begrenzt bleibt: Die Voraussetzung ihrer Profanität bleibt der Ausgangspunkt. So hält Israel an der deutlichen Unterscheidung fest zwischen der faktischen Begrenztheit der Kenntnis der Welt und ihrer Beherrschbarkeit einerseits sowie dem Bedrohlichen und Erschreckenden andererseits, das die Erfahrung einer so erfaßten Welt hervorrufen könnte; beides ist streng voneinander zu scheiden. Selbst Kohelet, der wie kein anderer die Grenzen des Begreifens erfährt, zieht daraus nicht die Konsequenz, in der Welt selbst seien verderbliche - und so auch erkenntnisverhindernde - "Mächte" im Spiel. Wenn die Welt keinen Platz bietet für Götterbilder, so bietet sie andererseits auch keinen Platz für Bilder von Dämonen - dies ist die Kehrseite. Zu den Grundkonstitutiva der Welt gehört weder das Blut böser noch das guter Götter. Die reale Differenz zwischen dem Schöpfergott und der von ihm geschaffenen und ihm so gegenüberstehenden Welt stellt eine Voraussetzung von elementarer Tragweite dar. Das vom Bilderverbot charakterisierte Weltverständnis macht Israel zu einem Fremdkörper im alten Orient. Diese Eigentümlichkeit Israels hat Tacitus in seinem verbitterten und Israel der Areligiosität beschuldigenden Urteil festgehalten: "Jenen gilt alles das für profan, was uns als heilig gilt" (*profana illis omnia, quae apud nos sacra*)[153].

zählungen bezeugen. Gerade das Bilderverbot eröffnet den Raum, im Menschen das lebendige Symbol des Schöpfers selbst erblicken und erfahren zu können.

[153] Vgl. *v. Rad*, Aspekte alttestamentlichen Weltverständnisses, a.a.O. 315.

f. Zeit, Möglichkeit und Wirklichkeit

Der abschließende Gedankengang dieser ersten systematischen Reflexion soll nochmals auf einige Zusammenhänge hinweisen, die im Alten Testament nicht als solche formuliert werden konnten, da sie erst in der Gegenüberstellung zu der im griechischen Denken geprägten Wirklichkeitserfassung zutage treten. Das Zusammentreffen der biblischen Gedankenwelt mit der griechischen bleibt so als weiterhin unausgetragene Aufgabe theologischer Reflexion gegenwärtig.

Die prägende Urerfahrung Israels kommt in den Vorstellungen von Erwählung und Bund zum Ausdruck. Beiden liegt das ursprüngliche Erstaunen darüber zugrunde, daß es überhaupt dieses Volk gibt und nicht vielmehr - was sozusagen selbstverständlicher wäre - eine kleine Gruppe untereinander konkurrierender Stämme, die kaum eine Chance des Überlebens angesichts der sie umgebenden Großreiche hätte. Israel aber "ist" dadurch, daß es "seinen" Gott hat. Er macht seine Identität aus; die Erwählung Gottes schafft Israel überhaupt erst als Volk. In seinem schöpferischen Wort konstituiert Jahwe den Bund, der Israel erst trägt; mit seinem verbietenden Wort verhindert Jahwe, als partikuläre Wirklichkeit der Welt oder auch nur als von der Welt her abbildbare Wirklichkeit (siehe Bilderverbot) aufgefaßt zu werden. Um diesen Sachverhalt zu denken, bietet sich zunächst die - auch von uns im vorausgegangenen Abschnitt gebrauchte - Kategorie der "Transzendenz" an, die sich aber als inadäquat erweist, insofern darin Gott und Welt unterschieden werden wie zwei einander gegenüberstehende Wirklichkeiten, zwei voneinander abgehobene Welten. Hinter diesem Denkmodell steht letztlich die Vorstellung des Raumes. Wenn wir aber versuchen, dem Dualismus von zwei Wirklichkeiten oder zwei Welten dadurch zu entkommen, daß wir die Un-Räumlichkeit Gottes als "reine Geistigkeit" interpretieren, so ist auch dies wiederum inadäquat, da nicht mehr verständlich würde, wie diese "reine" Geistigkeit mit der konkreten Erfahrungswirklichkeit Israels vermittelt werden kann. In dieser Form entspricht sie weder dem Bilderverbot, noch hat sie einen konkreten Anhaltspunkt in der hebräischen Anthropologie, die für eine solche "reine Geistigkeit" überhaupt kein Analogon besitzt.[154]

154 Origenes, der hervorragendste Kenner des Alten Testaments in der christlichen Antike, war sich durchaus darüber im klaren, mit dem Prädikat "Geistigkeit" bzw. "Unkörperlichkeit" von der biblischen Sprache radikal abzuweichen (vgl. Kap. VII).

Weiter als die Vorstellung des Raumes führt bei dem Versuch, das Verhältnis von Gott und Welt zu erfassen, die hebräische Vorstellung der Zeit. Ein Spezifikum der hebräischen Zeitvorstellung drückt sich darin aus, daß ihr das Dreiteilungsschema von Vergangenheit - Gegenwart - Zukunft unbekannt ist. "An die Stelle der objektiv erfaßten Sukzession innerhalb des leeren Zeitkontinuums tritt die Unterscheidung, ob von etwas in seinem fertigen Bestand oder in seinem Sich-Vollziehen die Rede ist. Die Zeit wird hier nicht von ihrer formalen Dauer her erfahren, sondern von Anfang und Ende des Sich-Zeitigenden, des Heranreifenden her."[155]

Indem sich Jahwe dieses Volk schafft, ermöglicht er Israel seine zeitliche Existenz. Dieses Handeln Jahwes eröffnet Israel seine Geschichte, ermöglicht ihm einen Ort in der Welt. Erst viel später kann als die Voraussetzung dieses partikulären Geschichtshandelns Jahwe als der Grund aller geschichtlichen und weltlichen Möglichkeit überhaupt begriffen werden. Dieser universale Grund ermöglicht es dann auch jedem Einzelnen - wie die Weisheitsliteratur thematisiert -, seinen Anteil als "reine Zeit" zu erfassen, d.h. als offene Möglichkeit dessen, was in dieser Zeit vollbracht werden kann. Entsprechend dieser universalen Weitung des - ursprünglich auf Israel allein bezogenen - Geschichtshandelns Jahwes wird nun auch die Kategorie des Bundes universalisiert: Jahwe schließt einen Bund für alle Zeit mit jeglichem Lebewesen. So wird aus dem Bund Jahwes mit Israel der *berit olam* (der ewige Bund) "zwischen Gott und allen lebenden Wesen, allen Wesen aus Fleisch auf der Erde" (Gen 9, 16). Auf die Ewigkeit dieses Bundes kann von seiner eschatologischen Bestimmtheit her geschlossen werden, die die Zukunft eröffnet und somit die gegenwärtige Zeit als "noch nicht erfüllte" qualifiziert. An der Ewigkeit dieses Bundes - als äußerster Konsequenz seiner zeitlichen Universalisierung - hält auch der Psalmist fest: "Dein Königtum ist ein Königtum für ewige Zeiten, deine Herrschaft währt von Geschlecht zu Geschlecht." (Ps 145, 13) So erst kann eine weitere Folgerung gezogen werden: Weil Jahwe es ist, der diese nicht begrenzte Möglichkeit eröffnet, kann er auch selbst als "ewiger" Gott - und somit als "Schöpfer", der eine solche Möglichkeit setzt - bezeichnet werden: "Der Herr ist ein ewiger Gott, der die weite Erde erschuf." (Jes 40, 28)

Das Interesse an Jahwe, die Rede von ihm und der Glaube an ihn treten dort ins Blickfeld, wo Zeit als Möglichkeit erfaßt wird. Wenn Zeit nicht mehr von der allumgreifenden Präsenz des Chaos als defini-

155 *G. Ebeling*, Zeit und Wort, in: ders., Wort und Glaube II, Tübingen 1969, 126.

tiver Unmöglichkeit jedes Werdens und Wirkens gefaßt wird, sondern der Zeit hoffnungssetzende Potenz zugedacht wird, so daß in ihr wirklich Geschichte gestaltet werden kann, dann ist Zeit nicht mehr jene Leere, die definitiv und unausweichlich dem Chaos oder der Indifferenz überantwortet bleibt, sondern sie ist reale Möglichkeit, die für den Menschen "seine Zeit" werden kann, wirklich bestimmte und so auch erfüllte Zeit. So erfährt Israel Jahwe an jenem Ort seiner Existenz, wo ihm die Möglichkeit erfüllter Zeit aufscheint. Wo als notwendige Bedingung dieser Vorstellung die Differenz zwischen erfüllbarer, aber noch nicht erfüllter Zeit aufscheint (also die eschatologische Differenz), da erfährt Israel die Zeit als Möglichkeit: Zeit als nicht notwendigerweise nichtige (obwohl immer vom Chaos bedrohte) Zeit, nicht als "vernichtende" Zeit, nämlich als sukzessive Vernichtung von Wirklichkeit in den letztlich unbenennbaren, chaotischen Sog des "Nichts" hinein. Soll Möglichkeit in der Tat als eine "offene" und somit echte begriffen werden, dann darf sie auch nicht vorweggenommen sein oder von einer vorwegnehmbaren Wirklichkeit her verstanden werden. Das aber heißt, daß Wirklichkeit von der Möglichkeit her begriffen werden muß - nicht umgekehrt. Diese Denkbewegung ermöglicht die eschatologische Differenz, die also von der Erfahrung möglicher erfüllter Zeit her die Noch-nicht-Erfülltheit der Gegenwart erfahrbar macht (ohne jedoch in einem teleologischen oder apokalyptischen Sinn die Zukunft inhaltlich vorwegzunehmen und so letztlich deren reale Offenheit zu beschränken). Als entscheidendes Charakteristikum der hebräischen Vorstellungswelt muß also festgehalten werden, daß "Welt" nicht primär als die Summe der gegebenen faktischen Wirklichkeit verstanden wird, sondern primär bestimmt wird von ihren Möglichkeiten her. Es geht nie um abstrakte Utopie, sondern darum, die Wirklichkeit in dem zu erfassen, was aus ihr werden kann und soll.

So sieht Israel den durch die Zeit eröffneten Raum der Welt als Möglichkeit nicht im Sinne einer vom Menschen und seinem Handeln indifferenten Zeitfolge des dauernden, "automatisch" ablaufenden Übergangs von Möglichkeit zu Wirklichkeit; vielmehr wird die Möglichkeit erst dort zur Wirklichkeit, wo der Einzelne wie die Gemeinschaft "ihre Zeit" verwirklichen. Dieses Element der "Wirklich-Machung" kann von keiner "objektiven" (d.h. von der Gültigkeit und Wertigkeit des menschlichen Handelns absehenden) Analyse der Vorgegebenheit - quasi in einem "physischen" Gesetz - abgeleitet werden. Ob in der "jeweiligen Zeit" die Möglichkeit tatsächlich zur Wirklichkeit, d.h. zur wertgesättigten Erfülltheit des Lebens wird, hängt einzig von der Handlung in der geschichtlichen Situation ab. In der Erfahrung der werthaften Gültigkeit dieser Welt kommt Jahwe als jener zur Sprache, der Wirklichkeit setzt, weil er Möglichkeit eröffnet.

Hier gilt also, daß im Entwerfen von "Welt" Ontologie und Deontologie ursprünglich in eins gedacht sind. Der Beschreibung der Wirklichkeit als solcher folgt nicht in einem gedanklich zweiten Ansatz ein Pflichtenkatalog des Handelns. Die Wirklichkeit im Sinn jener lebens- und zeiterfüllenden Qualität verdankt sich dem menschlichen Handeln und dieses wiederum Jahwe, der es ermöglicht. Da Möglichkeit besagt, daß die "jeweilige Zeit" erfüllt wird, ist Möglichkeit auch nicht ein beliebiges, indifferentes Material. Versagen in der Geschichte, Schuld, bedeutet daher - um einen Ausdruck Karl Barths zu gebrauchen - eine "unmögliche Möglichkeit"[156], d.h. eine endgültig vertane Möglichkeit, eine Möglichkeit, die nie mehr Wirklichkeit werden kann. Im Scheitern an ihrer rechten Verwirklichung wendet sich die Natur, die zur "rechten Zeit" mit dem Menschen mitwirkt, nun gegen ihn; sie wird schmerzhaft und todbringend (nämlich jede Möglichkeit negierend) erfahren, wie dies der Sündenfallbericht von Gen 3 schildert. Ähnlich kennt auch die Weisheitsliteratur diesen Gedanken des Mitwirkens der Natur, "denn die Natur kämpft für die Gerechten" (Weish 16, 17), sie "steigert ihre Kräfte, um die Schuldigen zu bestrafen" (Weish 16, 24).[157]

Der Schöpfungsglaube sagt somit die Wahrheit der Welt darin aus, daß er sie als offene und echte Möglichkeit qualifiziert. Gerade dadurch, daß sie weder vom Ursprung her durch einen metaphysischen Dualismus noch von ihrer Zukunft her durch eine Determination der Zeiten bedroht erscheint, beinhaltet sie eine geschichtlich-deontologische Aufgabe: Sie erweist sich als der offene Ort geschichtlichen Handelns des Menschen. Demgegenüber wird das Nichts gerade nicht als metaphysisch-dualistischer Antipol des Seins begriffen: Nichts ist das, dem kein Wort (nicht einmal ein Lügen-Wort) entspricht. Dieser Sachverhalt qualifiziert Israels Gott primär als den, der nicht lügt (also keine "falsche" Wirklichkeit setzt, deren Falschheit sich gerade in der Unmöglichkeit erweist, die ihr entspringt).[158] Demgegenüber erweisen sich die Götzenbilder als Lüge, sie sind "Trug, kein Atem ist in ihnen" (Jer 10, 14). Lüge und Trug aber liegen im Halt- und Gehaltlosen, in etwas, das keine Möglichkeiten eröffnet und dem somit keine Wirklichkeit zukommt.

156 *K. Barth*, Kirchliche Dogmatik III/3, Zürich 1950, 405.

157 Vgl. *v. Rad*, Weisheit in Israel, a.a.O. 385, Anm. 20.

158 Vgl. 1 Sam 15, 29.

Das Nichtige kann deswegen auch als "Hauch" (*habal*) bezeichnet werden. Der Ausdruck *habal* kann nun mit *tohu* zusammen stehen, um so das Nichtige und Vergebliche zu bezeichnen. ("Vergeblich habe ich mich bemüht, habe meine Kraft umsonst und nutzlos vertan." Jes 49, 4) *Tohu* aber steht entweder allein (wie Jes 45, 18) oder zusammen mit *bohu* (wie in Gen 1, 2 oder Jer 4, 23) als Terminus technicus für das Chaos. In diesen Schöpfungsaussagen fungiert das Chaos bereits nicht mehr als gegenläufige Wirkmacht des Bösen, sondern als Inbegriff dessen, was der Wirkkraft entbehrt. Nichtig ist dieses Chaos deswegen, weil es keine Möglichkeit eröffnet. Zwar kann es von sich aus nicht wirken, es spielt aber dennoch als Schein, als Wahn, als Vortäuschung echter Möglichkeit im Leben des Menschen - und so als Irrtum und Betrug - eine verhängnisvolle Rolle.[159] In dieser Vortäuschung der Wirklichkeit stellt das Chaotische zweifellos eine Bedrohung dar, eine Macht, die Möglichkeiten vernichten kann. Allerdings: Israel versuchte in zunehmendem Maß, dem Dunklen, Zerstörenden jede Eigenwirklichkeit abzusprechen, ohne jedoch die Erfahrung davon zu verdrängen. Daß damit im Grenzfall das Widersprüchliche in Gott selbst hineingetragen wurde, stellte eine besondere, von der "offiziellen" Theologie des Judentums immer mit Mißtrauen beobachtete Möglichkeit dar. Ein solcher innergöttlicher Dualismus mochte die Gottesvorstellung bis nahe an die Grenze des Zerbrechens führen, doch bewahrte er Israel davor, die Fülle seiner Klagen über Leid, Krankheit und Tod an die Welt und ihre immanente Struktur zu adressieren. Wenn Israel klagte, dann über sich selbst - oder über Gott. Solch extreme Konsequenzen, so aufschlußreich sie als Grenzfall auch für das Ganze sind, dürfen jedoch nicht den Blick dafür verstellen, daß Israel im "Normalfall" seine Geschichte als die verwirklichter oder schuldhaft nichtverwirklichter Möglichkeiten ansah. Im "Normalfall" galt durchaus, daß es die Möglichkeit gibt, die Wirklichkeit so zu gestalten, daß sie als sinnvoll erfahren wird, daß Leben als wertvoll und schön anerkannt werden kann. Und ebenso wurde für den "Normalfall" angenommen, daß bei Eintreten von Mangel oder Leid die Ursache im Versagen des Menschen gesucht werden mußte.

Israel hat nie versucht, diese verschiedenen Erkenntnisse in ein System zu bringen. Die Leidenschaft für die Wirklichkeit und die an ihr erfahrenen Möglichkeiten waren durchweg stärker als die Anziehungskraft der durchgehenden Nichtwidersprüchlichkeit eines Systems. Da-

[159] Vgl. *T. Boman*, Das hebräische Denken im Vergleich mit dem griechischen, a.a.O. 44f.

her darf auch die Zusammenfassung einiger Grundgedanken Israels zur Schöpfung nicht in einem "systematischen" Sinn verstanden werden.

Zusammenfassung

1. Die ursprünglichsten Schöpfungsaussagen finden sich im Schöpfungslob der Psalmen. Der kultisch-hymnische Charakter dieser Dichtungen weist auf die ästhetische Dimension der Schöpfungsaussagen hin.

2. In den Schöpfungsaussagen der Priesterschrift und bei Deuterojesaja wird die Schöpfung als Voraussetzung des Bundes und so auch als Grund der Erlösungshoffnung verstanden. Der Grundstruktur dieser Texte nach sind Schöpfungsaussagen die *Voraussetzung* der geschichtlich-soteriologischen Aussagen. Ontologie und Deontologie sind als Einheit gedacht: Sollens- und Seinsordnung sind ursprünglich *eines*.

3. In der Weisheitsliteratur sucht ein rationaler Erkenntniswille den Glauben an Jahwe nicht mehr von der Heilsgeschichte, sondern vom Schöpfungsglauben her zu legitimieren. Hier zeigt sich jedoch wieder stark die ästhetische Dimension der Schöpfungsaussagen. Es ergibt sich *keine theoretische Kosmologie*.

4. Die Apokalyptik kehrt den Funktionszusammenhang von Geschichte und Kosmos um. Daraus ergibt sich ein kosmologisch begründeter Determinismus der Geschichte; der einzige Appell bleibt der des Ausharrens. Diese Konzeption blieb aber ein Randphänomen.

5. Im Schöpfungsglauben wird die Welt (annähernd) ohne metaphysischen Dualismus konzipiert. Jahwe steht den Mächten des Chaos (zunehmend) souverän gegenüber. Somit muß - gelegentlich - die Erfahrung nichtauflösbarer Widersprüchlichkeit in den Gottesbegriff selbst hineingetragen werden.

6. Welt wird primär als Geschehen aufgefaßt, als Möglichkeit, geschichtlich Wirklichkeit zu gestalten - von Jahwe und vom Volk her. Die Welt ist der Ort, an dem erfüllte Zeit gefunden werden kann und soll (Welt wird als Handlungsraum verstanden).

7. Schuld vernichtet eine Möglichkeit erfüllter Zeit; an den Folgen müssen auch spätere Generationen leiden. Es gibt also im Alten Testament nichts, was mit der späteren Auffassung der Erbsünde vergleichbar wäre.

IV Arché und Kosmos in der griechischen Philosophie Von Thales zu Plotin

1. Die unerschütterliche, ewige Ordnung des Kosmos

Die Worte *arché* (Ursprung, Grund), *kósmos* und *lógos* stehen am Beginn der griechischen Philosophie. Sie kennzeichnen jenen entscheidenden Schritt, den bereits die Griechen selbst als Übergang vom Mythos zum Logos charakterisierten. Damit ist nicht gesagt, daß schon die mythologischen Vorstellungen selbst verlassen wurden - was wohl weder möglich noch auch nur wünschenswert ist -, wohl aber, daß die Macht mythologischer Vorstellungsweise zurückgedrängt wurde und eine rationale, und das heißt eben kritische Diskussion solcher Vorstellungen in Gang kam. Philosophie entstand als Naturphilosophie, als Kosmologie; Rationalität als kritisches Instrument trat erstmals auf als Instrument kosmologischer Konzeptionen. Dieser Durchbruch geschah im 6. Jh. v. Chr. in Ionien, also in den griechischen Siedlungen Kleinasiens, bei einer Bevölkerung, die in Kontakt mit den großen Kulturen Mesopotamiens und Ägyptens stand[1] und die sich, nachdem sie ihre Heimat in Griechenland verlassen hatte, einen eigenen und selbständig organisierten Lebensraum schuf. Die reichste und bedeutendste der ionischen Städte war Milet, das Handelsbeziehungen nach Ägypten, nach Sizilien und bis ans Schwarze Meer hin unterhielt. In dieser reichen und weltoffenen Stadt lebten - nach der historisch nicht sicheren Überlieferung - auch in politischen Funktionen die ersten Philosophen der europäischen Geschichte: Thales, Anaximander und Anaximenes. Auch die nächsten der großen Gestalten dieser Tradition lebten in außergriechischen Siedlungen: Heraklit in Ionien, Pythagoras

1 Vgl. z.B. *J. Boardman*, Kolonien und Handel der Griechen, München 1981.

und Parmenides in Unteritalien, Empedokles in Sizilien. Erst im 5. Jh. wurde mit Anaxagoras und Demokrit Athen zum Zentrum philosophischer Diskussion (Athen wurde aber auch erst zu dieser Zeit der kulturelle und politische Mittelpunkt der griechischen Welt). Für alle diese Denker war die Erkenntnis des Kosmos das beherrschende und beinahe einzige Thema.

Die Griechen (und so auch die ersten griechischen Philosophen) stellten sich ihn als geordnet, schön und ewig vor. Deshalb bezeichneten sie den Kosmos als "göttlich". Am Ursprung der Bedeutung des Wortes *kósmos* liegt allerdings eine Wurzel, die aus der Beschreibung gesellschaftlicher Organisation stammt, vor allem aus der Anordnung des Heeres. Der Begriff *kósmos* bedeutete danach schon im vorphilosophischen Bereich "gegliederte Ordnung" und konnte auf gesellschaftliche Gruppen, auf einzelne Personen, auf Dinge, aber auch etwa auf die gesprochene Rede angewandt werden.[2] Im philosophischen Bereich begegnen wir *kósmos* im Sinn von "Weltall", "Weltordnung" schon bei Anaximenes, also bereits in der frühesten Zeit der Entwicklung der Philosophie. Weil der ganze Kosmos eine Ordnung darstellt und weil der Mensch nicht nur ein Teil dieses Kosmos, sondern selbst ein "kleiner Kosmos", ein Mikrokosmos ist, deshalb gibt es überhaupt Rationalität, gibt es (wie es dann nur wenig später heißt) "Logos". Die Ordnungsprinzipien von Kosmos und Mensch sind dieselben. So heißt es bei Anaximenes:

> Wie unsere Seele, die Luft ist, uns beherrschend zusammenhält, so umfaßt auch die Weltordnung Hauch und Luft.[3]

Die Vorstellung von Makrokosmos - Mikrokosmos ist älter als diese Terminologie und sicher auch älter als die philosophische Tradition, die schon aus dieser Vorstellung heraus denkt.[4]

Unter der Voraussetzung von "Ordnung" als wesentlicher Bestimmung von *kósmos*, somit geltend für Makro- und (davon abgeleitet) Mikrokosmos, bildete sich nun ebenso die Vorstellung von *lógos* her-

2 Vgl. *C. Haebler*, Kosmos. Eine etymologisch-wortgeschichtliche Untersuchung, in: Archiv für Begriffsgeschichte 11(1967), 105.

3 *Anaximenes*, Fragm. 2, in: *H. Diels - W. Kranz*, Die Fragmente der Vorsokratiker I, Dublin - Zürich [17]1974, 95. Die älteste Tradition, so auch dieses Fragment, spricht in solcher Gebrauchsweise vom "ganzen Kosmos"; der einfache Gebrauch von *kósmos* im Sinn von "Weltall" gehört erst einer späteren Zeit an.

4 Vgl. *W. Kranz*, Kosmos, in: Archiv für Begriffsgeschichte 2,1 (1955), 22. Diese Arbeit von Kranz ist grundlegend für den ganzen in diesem Kapitel darzustellenden Zusammenhang.

aus, welcher zunächst als universeller, kosmischer Logos die Weltvernunft darstellte und dann, als Teil des Ganzen, die Vernunft im Menschen. Dieser *lógos* wurde zum zentralen Wort bei Heraklit.[5] Der Logos ist der Sinn und Grund des Kosmos, er bestimmt bzw. ist das Gesetz alles kosmischen Geschehens.[6] Er offenbart sich dem, der auf ihn hört, er ist die gemeinsame Vernunft in den Menschen, auch wenn diese ihn meist nicht beachten.

> Mit dem Sinn (*lógos*), mit dem sie doch am meisten beständig verkehren, dem Verwalter des Alls, mit dem entzweien sie sich, und die Dinge, auf die sie täglich stoßen, die scheinen ihnen fremd.[7]

Heraklit anerkannte, daß etwas jedenfalls mit den meisten Menschen "nicht in Ordnung" ist. Dies beruht aber nicht auf einer Unordnung des Kosmos und nicht auf einer Unordnung der menschlichen Vernunft (in beiden waltet ja der Logos), sondern nur auf dem nachlässigen, unaufmerksamen Gebrauch der Vernunft. Die Natur liefert dem, der sie zu verstehen imstande ist, eine Richtschnur.

> Gesund Denken ist die größte Vollkommenheit, und die Weisheit besteht darin, die Wahrheit zu sagen und zu handeln nach der Natur, auf sie hinhörend.[8]

Daß der Kosmos nach erkennbaren Gesetzen geordnet ist, wurde für die Griechen eine Grundvoraussetzung ihres Denkens. Daher konnte auch der "Grund" (*arché*) des Kosmos kein willkürliches und unberechenbares Prinzip sein. Wie dieser Grund und wie diese Gesetze zu bestimmen sind, darüber konnten dann die unterschiedlichsten Auffassungen bestehen, darüber konnten auch heftigste Diskussionen stattfinden. Thales vermutete die Arché (ohne diesen Ausdruck schon zu gebrauchen) im Wasser, Anaximander im *ápeiron* (dem Unbegrenzten-Unbestimmten), Anaximenes in der Luft, im Hauch, Heraklit im Feuer, Empedokles in den vier Elementen (Erde, Wasser, Feuer, Luft) und Demokrit in den Atomen. Parmenides nahm als Grundordnung die Gleichartigkeit, Unteilbarkeit und das Verharren an, während

5 Der philosophische Gebrauch von *lógos* ruht auf dem umgangssprachlichen Gebrauch auf; vgl. dazu *H. Boeder*, Der frühgriechische Wortgebrauch von Logos und Aletheia, in: Archiv für Begriffsgeschichte 4(1959), 82-112.

6 Vgl. *H. Fränkel*, Dichtung und Philosophie des frühen Griechentums, München [4]1976, 424.

7 *Heraklit*, Fragm. 72, in: *Diels - Kranz*, a.a.O. I, 167. Entgegen der Vermutung, dieses Fragment sei eine stoische Paraphrase, hält *W.K.C. Guthrie*, The earlier Presocratics and the Pythagoreans, Cambridge 1962, 425, Anm. 3, dieses Fragment für echt.

8 *Heraklit*, Fragm. 112, in: *Diels - Kranz*, a.a.O. I, 176.

Heraklit die Bewegung, den Gegensatz als das Gesetz bestimmte, von oder in dem der Kosmos seine Struktur habe. Bei keinem der griechischen Philosophen aber wurde der Grund des Kosmos und seiner Gesetzlichkeit in einem göttlichen Willen angesetzt. Selbst Anaxagoras, der den Ursprung der Bewegung im *noûs* (Geist als "feinste Materie") sah, dachte diesen *noûs* als notwendig wirkendes Prinzip, das *im* Kosmos wirkt.

Die Frage nach der Arché des Kosmos, also nach dessen Grund und Ursprung, ist nie die nach einem Beginn in oder mit der Zeit. Die Griechen gingen prinzipiell von der Existenz des Kosmos aus; eine darüber hinausgehende Frage nach einem Grund dieser Existenz selbst war für sie gar keine sinnvolle Frage. Parmenides drückt diese Grundvoraussetzung klar aus, wenn er sagt:

> Aber nur noch Eine Weg-Kunde bleibt dann, daß IST *ist*. Auf diesem sind gar viele Merkzeichen: weil ungeboren ist es auch unvergänglich, denn es ist ganz in seinem Bau und unerschütterlich sowie ohne Ziel und es war nie und wird nie sein, weil es im Jetzt zusammen vorhanden ist als Ganzes, Eines, Zusammenhängendes.[9]

Melissos bringt diese Voraussetzung in eine schon etwas dialektischere Form:

> Immer war, was da war, und immerdar wird es sein. Denn wäre es entstanden, so müßte notwendigerweise vor dem Entstehen nichts sein. Wenn nun nichts war, so könnte unter keinen Umständen etwas aus Nichts entstehen. Weil es nun also nicht entstanden ist, so *ist* es und war immerdar und wird immerdar sein und hat keinen Anfang und auch kein Ende, sondern ist unendlich.[10]

Diese Grundannahme der Ewigkeit des Kosmos ist allen Vorsokratikern gemeinsam und ist unabhängig von der spezifischen These des Parmenides und Melissos, die in ihrer Metaphysik die Bewegung als Schein erklären wollen. Auch Empedokles, der im Kosmos Bewegung und Veränderung durchaus gelten läßt, bringt in Hinsicht auf den Kosmos als ganzen die allgemeine griechische Überzeugung zum Ausdruck:

> Denn aus garnicht Seiendem kann unmöglich etwas entstehen, und ebenso ist, daß Seiendes ausgetilgt werde unvollziehbar und unerhört.[11]

9 *Parmenides*, Fragm. 7, in: *Diels - Kranz*, a.a.O. I, 235.

10 *Melissos*, Fragm. 1 und 2, in: *Diels - Kranz*, a.a.O. I, 268f.

11 *Empedokles*, Fragm. 12, in: *Diels - Kranz*, a.a.O. I, 313f. - Zur gesamten Frage der Ewigkeit der Welt in der griechischen Philosophie vgl. *A. Ehrhardt*, The Beginning. A Study in the Greek Philosophical Approach to the Concept of Creation from Anaximander to St. John, Manchester 1968, 1-140.

2. Die Schönheit des Kosmos

Mit dem Gedanken der Ordnung des Kosmos war bei den Griechen immer der der Schönheit des Kosmos gegeben. Diese Bedeutung von *kósmos* war bereits mit dem Wortstamm selbst verbunden.[12] In diesen Gedanken war die Vorstellung von Symmetrie und Harmonie eingeschlossen, die allerdings Raum ließ für verschiedenste Interpretationsmuster. Es handelt sich hier also um ein Grundaxiom, das auch in metaphysischen Systemen, die im übrigen sogar von entgegengesetzten Axiomen ausgehen, seine Geltung behält. Für Heraklit etwa bedeutete diese Symmetrie und Harmonie die ewige, spannungsvolle Einheit der Gegensätze:

> Diese Weltordnung, dieselbige für alle Wesen, schuf weder einer der Götter noch der Menschen, sondern sie war immerdar und ist und wird sein ewig lebendiges Feuer, erglimmend nach Maßen und erlöschend nach Maßen.[13]

Die Einheit der Gegensätze ist der Logos des Kosmos, das Gesetz von Allem in Einem:

> Das widereinander Strebende zusammengehend, aus dem auseinander Gehenden die schönste Fügung.[14]

Die pseudoaristotelische, aus hellenistischer Zeit stammende Schrift "Über die Welt" stellt, ein Heraklit-Fragment interpretierend, einen großen Zusammenhang her, der gerade das ästhetische Moment der Gegensatz-Einheits-Lehre deutlich macht:

> Auch die Natur strebt wohl nach dem Entgegengesetzten und bringt hieraus und nicht aus dem Gleichen den Einklang hervor, wie sie z.B. das männliche mit dem weiblichen Geschlechte paarte und nicht etwa beide mit dem gleichen, und die erste Eintracht durch Vereinigung des Gegensätzlichen, nicht des Gleichartigen herstellte. Auch die Kunst bringt dies, offenbar durch Nachahmung der Natur, zustande. Die Malerei mischt auf dem Bilde die Bestandteile der weißen und schwarzen, der gelben und roten Farbe und bewirkt dadurch Übereinstimmung mit dem Vorbild; die Musik mischt hohe und tiefe, lange und kurze Töne in verschiedenen Stimmen und bringt dadurch eine einheitliche Harmonie zustande; die Schreibkunst mischt Vokale und Konsonanten und stellt daraus die ganze Kunst zusammen. Das gleiche spricht sich auch in dem Worte des He-

12 Vgl. *Kranz*, a.a.O. 9f.

13 *Heraklit*, Fragm. 30, in: *Diels - Kranz*, a.a.O. I, 157f. Ob Heraklit einen periodischen "Weltbrand" annahm, ist umstritten, wird aber eher nicht angenommen. Vgl. *Guthrie*, a.a.O. 455-459; *K. Reinhardt*, Parmenides und die Geschichte der griechischen Philosophie, Frankfurt [4]1985, 183-191. Heraklit spricht vermutlich auch hier von der (ewig-)gegenwärtigen Einheit der Gegensätze.

14 *Heraklit*, Fragm. 8, in: *Diels - Kranz*, a.a.O. I, 152.

rakleitos aus: Verbindungen: Ganzes und Nichtganzes, Einträchtiges Zwieträchtiges, Einklang Zwieklang, und aus Allem Eins und aus Einem Alles.[15]

Diese Interpretation geht über Heraklit hinaus, aber schon Heraklit selbst wählt wohl nicht von ungefähr ein Symbol aus dem Bereich der Kunst, um die den meisten verborgene Einheit der Gegensätze anzudeuten:

> Sie verstehen nicht, wie es auseinander getragen mit sich selbst im Sinn zusammen geht: gegenstrebige Vereinigung (*harmonía*) wie die des Bogens und der Leier.[16]

Harmonie als Weltgesetz war ein Grundgedanke der Pythagoräer.[17] Dabei ist entscheidend die von den Pythagoräern aufgestellte Beziehung von Harmonie und Zahlenverhältnissen. Pythagoras hatte sie der Legende nach[18] an den Intervallen erkannt, die er nach rationalen Zahlenverhältnissen bestimmt hatte. Diese für die Pythagoräer überwältigende Einsicht, daß die Musik, die ja auf den ersten Blick gar nichts mit Mathematik zu tun hat, durch Mathematik interpretiert werden kann, brachte sie dazu, diese Erkenntnis in einer kühnen Übertragung auf alles schlechthin, also auf den Kosmos anzuwenden.[19] Aristoteles hat den Vorgang vermutlich richtig beschrieben: "Während dieser Zeit und schon vorher befaßten sich die sogenannten Pythagoreer mit der Mathematik und brachten sie zuerst weiter, und darin eingelebt hielten sie deren Prinzipien für die Prinzipien alles Seienden. Da nämlich die Zahlen in der Mathematik der Natur nach das Erste sind und sie in den Zahlen viele Ähnlichkeiten (Gleichnisse) zu sehen glaubten mit dem, was ist und entsteht, mehr als in Feuer, Erde und Wasser (...), und sie ferner die Bestimmungen und Verhältnisse der Harmonie in Zahlen fanden; da ihnen also das übrige seiner ganzen Natur nach den Zahlen zu gleichen schien, die Zahlen aber sich als das Erste in der gesamten Natur zeigten, so nahmen sie an, die Elemente der Zahlen seien Elemente alles Seienden und der ganze Him-

15 *Heraklit*, Fragm. 10 (Ps.-Aristoteles, De mundo 5, 396 b 7), in: *Diels - Kranz*, a.a.O. I, 152f.

16 *Heraklit*, Fragm. 51, in: *Diels - Kranz*, a.a.O. I, 162.

17 Das Verhältnis Heraklits zu den Pythagoräern kann hier offen bleiben. Heraklit wollte sich klar von ihnen absetzen; so nennt er in Fragm. 81, in: *Diels - Kranz*, a.a.O. I, 169, Pythagoras den "Ahnherrn der Schwindler".

18 Die Pythagoräer schrieben alle Entdeckungen dem Gründer der Schule zu; es ist daher schwierig, genau anzugeben, was wirklich von Pythagoras selbst stammt.

19 Vgl. *W. Schadewaldt*, Die Anfänge der Philosophie bei den Griechen, Frankfurt [2]1979, 288; *W. Röd*, Von Thales bis Demokrit (Die Philosophie der Antike, Bd. 1), München 1976, 63.

mel sei Harmonie und Zahl."[20] Die Zahl wurde also zum konstitutiven Element des Kosmos. Es war aber von Anfang an ein Begriff der Zahl, welcher seinen Ursprung in der Kunst, der Musik, hatte und diesen Ursprung auch weiter beibehielt. Der Kosmos war durch mathematische Form geprägt: Dies war seine Schönheit als Kunst. Der Kosmos mußte daher diese Schönheit zum Ausdruck bringen. Die Musik der Sphären war also ein notwendiges Postulat; und wenn die Menschen diese Sphärenharmonie nicht hören konnten, so konnte dies nur an den mangelnden Fähigkeiten der Menschen liegen. Allerdings nahmen die Pythagoräer auch eine - ebenso zahlenmäßige - Harmonie im Menschen selbst an, durch die dieser in prinzipieller Übereinstimmung mit dem Kosmos stehe.[21]

So abstrakt und spekulativ diese Theorien auch erscheinen mögen, sie standen doch in einem ganz praktischen Interessenzusammenhang. Die Musik befand sich bei den Griechen immer in enger Verbindung mit der Medizin. Bei den Pythagoräern wurden nun deutlich orphische und dionysische Elemente der griechischen Tradition aufgenommen. In dieser Tradition war die Vorstellung von der Heilkraft der Musik grundlegend.[22] Wurde nun die Musik als letztlich in Zahlen wurzelnd erfaßt, so kam der Erkenntnis dieser Zahlenverhältnisse heilende Kraft zu; und dies galt dann natürlich auch von allen weiteren, auf den ganzen Kosmos ausgreifenden Zahlenverhältnissen. Die Erkenntnis der universalen Ordnung, der in Zahlenverhältnissen begründeten kosmischen Harmonie, hatte daher eine heilende, reinigende Funktion für die Harmonie der Seele, und umgekehrt: nur die gereinigte Seele konnte die kosmische Harmonie erfassen. Mathematik und Musik in ihrer kosmologischen Dimension und somit die gesamte pythagoräische Wissenschaft und Theorie standen hier ganz klar in einem ethisch-religiösen Kontext.

Der Kosmos als Ordnung, Schönheit, Proportion, Symmetrie und Harmonie und damit die positive Wertung des Kosmos stellte wie die Ewigkeit des Kosmos eine im Prinzip selbstverständliche, wenn auch im einzelnen unterschiedlich ausgelegte Grundvoraussetzung griechischen Denkens dar. Diese Voraussetzung galt bei Platon und Aristo-

20 *Aristoteles*, Metaphysik A 5, 985 b 23 - 986 a 2, übers. von H. Bonitz (neu bearbeitet von H. Seidl), Hamburg 1978, 28-31.

21 Vgl. *Kranz*, a.a.O. 34.

22 Dieser Gedanke ist auch grundlegend für die Ethos-Theorie der Musik bei Platon und Aristoteles. Vgl. *H. Abert*, Die Lehre vom Ethos in der griechischen Musik, Leipzig 1889.

teles ebenso wie in der hellenistischen und später in der Philosophie im Römischen Reich. Eine ebenso positive Wertung war dann auch im lateinischen Wort *mundus* enthalten, mit dem der griechische Begriff *kósmos* übersetzt wurde.[23] Cicero (106-43 v. Chr.) z.B. berichtet von der Auffassung des Stoikers Zeno: "Doch die Natur des Weltalls selbst, das alles umschließt und zusammenhält, wird von dem gleichen Zenon nicht nur künstlerisch tätig, sondern sogar eine vollkommene Künstlerin genannt, die für alles, was nützlich und zweckmäßig beschaffen ist, denkt und sorgt."[24] Und mit dem Stoiker Chrysipp stellt Cicero fest: "Der Mensch selbst aber ist dazu geboren, das Weltall zu betrachten und nachzuahmen - keinesfalls als vollkommenes Wesen, sondern sozusagen als ein winziges Teilchen des Vollkommenen. Aber da das Weltall ja alles umfaßt und es nichts gibt, was nicht in ihm enthalten wäre, ist es in jeder Hinsicht vollkommen."[25] Die Welt ist also vollkommen (*perfectus*), eine bessere und vollkommenere Welt ist nicht denkbar. Im berühmten "Somnium Scipionis" zieht dann Cicero auch die pythagoräische Lehre er Sphärenharmonie zur Auslegung des Kosmos heran.

In den ersten nachchristlichen Jahrhunderten fanden die Lehren des Pythagoras erneut viele Anhänger (die sog. Neupythagoräer). Allerdings zeigten sich die nun veränderten Interessen (vgl. auch den nächsten Abschnitt): Das eigentlich Mathematische trat zurück, das Symbolische rückte in den Vordergrund. Die Suche nach Transzendentem, die Welt Übersteigendem wurde - gerade auch angesichts wachsender Unsicherheit der real-weltlichen Verhältnisse - unübergehbar. So übernahmen die Neupythagoräer zwar die Lehre von der Harmonie der Welt, sie sahen darin aber nun den Verweis auf eine höhere Ursache dieser Harmonie. Der latente Dualismus jener Periode wurde auch hier spürbar. Die Harmonie des Kosmos wie die hörbare Musik wurden zunehmend als etwas begriffen, das ins Symbolische transformiert, damit aber transzendiert werden sollte und das somit in seinem Eigenwert, seiner ihm eigenen Schönheit zwar nicht aufgehoben, aber doch relativiert wurde. Zu einer Leugnung der Schönheit der Welt kam es aber nie. Die Transformation ins Symboli-

23 Zu den Worten *kósmos* und *mundus* vgl. *Kranz*, a.a.O. 64-66; *mundus* als Adjektiv scheint "gewaschen, sauber" (also auch "schmuck") zu bedeuten, als Substantiv "Sauberkeit, Schmuck, Frauenputz", ebd. 64.

24 *Cicero*, Vom Wesen der Götter II 58, übers. von W. Gerlach - K. Bayer, München 1978, 207.

25 Ebd. II 38f. 185.

sche gab die Möglichkeit, dem "metaphysischen Bedürfnis" der Zeit entgegenzukommen, ohne die grundlegende Wertung der Welt als Schönheit aufzugeben. Nikomachus von Gerasa (1. Hälfte 2. Jh. n. Chr.) ist dafür ein guter Zeuge.[26] Cassiodor und Boethius schließen sich später seinen Lehren an, und so geht der Glaube einer durch Zahlen vermittelten Beziehung der Musik zur Ordnung des Weltalls in die Theorien des Mittelalters ein: Die Musiktheorie wird einen nicht unerheblichen Teil der metaphysisch-kosmologischen Spekulation beherbergen.[27] Immerhin: Die Vorstellung der Musik des Weltalls (*musica mundana*)[28] blieb eine Barriere gegen die gnostische Abwertung des Kosmos: Die Materie kann zwar ein Hindernis darstellen, sie kann aber die Vernunft nicht entscheidend aufhalten; die "Kraft der Harmonie" bleibt bestehen.[29]

Symmetrie, Proportion und somit Schönheit bleiben auch für den letzten großen Philosophen der Antike, Plotin (um 205-270), maßgebende Bestimmungen des Kosmos, obwohl auch er ein transzendent Schönes sucht:

> Sieht er nun also Jenes, welches allen Dingen die Schönheit spendet, sie ihnen mitteilt, so daß es dabei in sich verharrt und seinerseits nichts empfängt, und verweilt er in der Schau dieses Hohen und genießt seiner und wird ihm ähnlich, was für eines Schönen bedarf er noch?[30]

Auch hier ist das kosmisch Schöne gegenüber seinem Ursprung, dem Schönen schlechthin, dem Über-Schönen, relativiert. Das im wahrsten Sinn Schöne ist nur im ekstatischen Ausgriff, dem eine Offenbarung entspricht, erreichbar (vgl. auch Kap. VII). Von dort her ist das kosmisch Schöne relativiert, muß einbezogen werden in den Auf- und Überstieg. Wer am Relativ-Schönen festhält, ohne sich daran für den Absprung vorzubereiten, verfällt in Dunkelheit. So wird der, der "sich an die schönen Leiber klammert und nicht von ihnen läßt, hinabsinken nicht leiblich aber mit der Seele in dunkle Tiefen die dem Geiste zu-

26 Vgl. *H. Abert*, Die Musikanschauung des Mittelalters und ihre Grundlagen, Halle 1905 (Nachdruck Tutzing 1964), 23-35.

27 Vgl. ebd. 35. Für die Theorie der Musik im eigentlichen Sinn des Wortes führte dies allerdings, wie Abert ebd. zu Recht sagt, zu einem "üppig wuchernden Gespinst unfruchtbarster Theoreme".

28 Vgl. *Boethius*, Fünf Bücher über die Musik I 2, übers. von O. Paul, Leipzig 1872 (Nachdruck Hildesheim 1985), 7.

29 Vgl. ebd. 148f.

30 *Plotin*, Enneaden I 7, 35, in: Plotins Schriften Ia, übers. von R. Harder, Hamburg 1956, 19-21.

wider sind"[31]. Von Finsternis ist in dieser späten Periode schon ausdrücklich die Rede, aber auch bei Plotin betrifft diese Finsternis nur eine Möglichkeit der Seele - nicht den Kosmos, der weiterhin als schön gilt, auch wenn seine Schönheit nur eine abgeleitete, abbildliche ist, die auf ihren Ursprung, das Ur-Schöne, verweist. Die orphisch-pythagoräisch-platonische Vorstellung "Leib = Grab" (*sôma = sêma*) ist hier richtungweisend geworden; und von ihr aus wird ein ekstatisches Transzendieren der Seele, eine mystische Schau des intelligibel Schönen gefordert, die sich über das kosmisch Schöne unendlich hinaushebt (bzw. es wird gefordert, diese Schau als Sich-Offenbaren des Ur-Schönen zu erwarten).[32] Jedoch: Der gnostische Schritt von *sôma = sêma* zu *kósmos = skótos* ("Finsternis") ist für Plotin nicht gangbar, ja systematisch unmöglich.

Damit war eine eindeutige Grenze "klassischer" griechischer kosmologischer Tradition gegenüber allen gnostischen Konzeptionen gegeben, sosehr auch Plotin in seinem ekstatischen Erkenntnisbegriff der Gnosis "entgegengekommen" war. Die Schönheit wie die Ewigkeit des Kosmos waren und blieben auch dort noch unverrückbar festgehalten, wo der Kosmos sich in seiner Relevanz "verflüchtigte" gegenüber dem Über-Ewigen und Über-Schönen.

3. Kosmologie als fundamentale Ethik

Die eben genannte Grundvoraussetzung wurde von keinem der griechischen Philosophen in Frage gestellt, sie war allen so selbstverständlich, daß eine Alternative dazu gar nicht ernsthaft in Erwägung gezogen werden konnte. Es gab zwar die Vorstellung von vielen Welten, die nacheinander "entstehen"; dies wurde aber dann nur als innerkosmischer Prozeß verstanden, d.h. als Verwandlung einer Kosmosgestalt in eine andere in einem ewigen, zyklischen Geschehen. Auch der erste, der unbewegte Beweger des Aristoteles gehörte *in* diesen Kosmos hinein, war ein inneres Prinzip des Kosmos, der als ganzer ewig ist. Die Annahme eines solchen ersten Bewegers war (wie vorher der *noûs* des Anaxagoras) erst erforderlich geworden, als die alte Vorstellung der Lebendigkeit, des Bewegtseins der Arché - wie es bei der Vorstellung des Wassers (Thales) oder des Feuers (Heraklit) als Urgrund des Kosmos ganz deutlich war - nicht mehr allgemein galt. Diese Annahme än-

31 Ebd. I 8, 38; a.a.O. 21.

32 Vgl. *Kranz*, a.a.O. 91-94.

derte aber nichts an der Grundvoraussetzung der Ewigkeit des Kosmos.

Nehmen wir nun einmal an, die Lehre von der "Schöpfung aus Nichts" (*creatio ex nihilo*) gehöre zu den Grundbestandteilen der christlichen Lehre, so ergibt sich mit dieser Aussage ein unüberbrückbarer Gegensatz zu einer Grundvoraussetzung des griechischen Denkens. Wir müßten also erwarten, daß beim Aufeinandertreffen christlichen und griechischen Denkens im 1. Jh. dieser radikale Unterschied eine bedeutende Rolle gespielt hätte. Dies war jedoch nicht der Fall. Kosmologische Grundprobleme spielten offensichtlich auch bei der Bekehrung gebildeter Griechen bzw. beim Eintritt griechisch gebildeter Hellenisten ins Christentum keine besonders relevante Rolle, sie wurden jedenfalls nicht als spezifisch gravierend angesehen. Auch auf den Konzilien der ersten Jahrhunderte erscheint die Frage der Schöpfung nicht als Diskussionspunkt. Wir können sogar sagen, daß dieser tiefgreifende Unterschied christlich-theologischer und griechisch-naturphilosophischer Grundvoraussetzungen als solcher überhaupt erst im Zusammenhang der Aristotelesrezeption im Mittelalter erfaßt wurde, dort allerdings dann zu einer folgenreichen Krise führte (vgl. Kap. XI). Damit bleibt aber die Frage, wieso es in den ersten nachchristlichen Jahrhunderten nicht zu einer solchen Krise kam, was also die Gründe dafür sind, daß ein prinzipiell vorhandener und keineswegs sekundärer Unterschied von biblischem und griechischem Denken keine theoretische oder praktische Bedeutung erlangte.

Der Grund für diese geringe Relevanz kosmologischer Fragen findet sich bereits in der hellenistischen Kultur und Philosophie. Die Philosophie, die bei den Vorsokratikern eine erste Form als Kosmologie erhalten hatte, war durch die Sophisten und dann vor allem durch Sokrates (um 470-399 v. Chr.) auf die Frage nach dem richtigen Handeln des Menschen als zentraler Problematik hin orientiert worden. Sokrates beschäftigte sich nach der platonischen Darstellung in der "Apologie" nicht mit Fragen der Kosmologie, sondern mit dem Problem der "menschlichen und bürgerlichen Tugend"[33]. In den sokratischen Schulen der Kyniker und Kyrenaiker stand die Ethik im Zentrum der philosophischen Überlegungen, während die Kosmologie ganz zurücktrat. Dies gilt nicht in gleicher Weise auch für Platon und Aristoteles. Obwohl Platons primäres Interesse auf den Staat und die gesetzliche Ordnung im Staat gerichtet war (auch die platonische Ide-

[33] *Platon,* Apologie 20 b; vgl. ebd. 19 b, wo Sokrates den Anklagepunkt, er beschäftige sich mit Fragen der Kosmologie, zurückweist.

enlehre steht letztlich in diesem Zusammenhang), erzählt er im "Timaios" doch einen Mythos der Weltentstehung;[34] und Aristoteles behandelt in der Metaphysik, der Physik und der Meteorologie auch die Grundprobleme der Kosmologie. Allerdings dürfen wir den Einfluß platonischer und aristotelischer Philosophie in der Periode des Hellenismus (3.-1. Jh. v. Chr.) und in den ersten Jahrhunderten n. Chr., in denen die hellenistische Kultur weiterhin prägend war, nicht überschätzen.[35]

Die breiteste Wirkung hatten in hellenistischer Zeit zunächst die Stoiker, die Epikuräer und die Skeptiker. Diesen drei Richtungen ist gemeinsam, daß für sie die Fragen der Praxis im Zentrum der Philosophie standen, Fragen der Naturphilosophie aber eigentlich nur so weit Interesse hervorriefen, als sie für die Legitimation einer bestimmten Praxis herangezogen werden konnten (bzw. so weit man meinte, sie für eine solche Legitimation heranziehen zu können).[36] Zur gleichen Zeit wurde die Naturwissenschaft im Rahmen der wissenschaftlichen Spezialisierung im Museum Alexandriens, wie auch in ähnlichen Institutionen in Rhodos und Pergamon, stark von der Naturphilosophie abgesetzt. Die Astronomie des Ptolemaios (um 100-170 n. Chr.) z.B. benötigte als "Hilfswissenschaft" die Mathematik, war aber naturphilosophischen oder metaphysischen Fragen gegenüber "neutral". Dasselbe galt aber auch schon für das viel ältere System des Aristarchos von Samos (um 310-230 v. Chr.), in welchem ein heliozentrisches Planetenmodell vertreten wurde, das sich aber in der Antike nicht durchsetzen konnte. Solche Diskussionen jedoch blieben "wissenschaftsintern", sie waren für naturphilosophisch-metaphysische Begründung von Praxis nahezu unerheblich.

Die Naturphilosophie sollte also die Praxis legitimieren, sie sollte den allgemeinen, aber begründenden Rahmen des Handelns liefern. Ob dies ein besonderes Postulat der hellenistischen Philosophie dar-

34 Der "Timaios" wird - allerdings nicht mehr als Mythos aufgefaßt - eine bedeutende Rolle in der mittelalterlichen Kosmologie spielen; vgl. Kap. XI.

35 Von den Werken des Aristoteles war vom 3. bis zum 1. Jh. v. Chr. nur ein ganz geringer Teil bekannt. Das gesamte heute bekannte Werk des Aristoteles wurde erst durch die von Andronikos von Rhodos im 1. Jh. v. Chr. durchgeführte Edition der Öffentlichkeit zugänglich, wobei diese Öffentlichkeit aber nur aus einer zahlenmäßig nicht sehr großen wissenschaftlich interessierten Gruppe von Gebildeten bestand.

36 Der sog. "ethische Naturalismus", d.h. die Ableitung von Sätzen über das Sollen aus Sätzen über das Sein, galt in der gesamten antiken Philosophie. Vgl. *M. Hossenfelder*, Stoa, Epikureismus und Skepsis (Die Philosophie der Antike, Bd. 3), München 1985, 17.

stellt oder ob die hellenistische Philosophie nur eine immer wieder (vorher und nachher) auftretende Struktur eines Problemzusammenhangs deutlich gefaßt hat, kann hier zunächst noch offenbleiben. Am klarsten wird dieser Zusammenhang bei den Stoikern, deren Lehren auch im Kontext der Entwicklung der Schöpfungsproblematik eine - fast möchte man sagen: bleibende - Bedeutung zukommt. In ihren ethischen Prinzipien gingen die Stoiker von den Kynikern aus, deren bekanntester Vertreter Diogenes (um 400/390 - 328/323 v. Chr.) diese Prinzipien eines bedürfnislosen Lebens mehr durch provokatorisches paradigmatisches Handeln als durch theoretische Formulierungen zum Ausdruck brachte. Die Stoiker[37] versuchten, einer solchen Praxis eine theoretische Begründung zu geben. Sie waren davon überzeugt, daß wir am äußeren Ablauf der Ereignisse in der Welt nichts ändern können - was der politischen Einschätzung der Situation in den Diadochenstaaten entsprach -, daß es aber entscheidend darauf ankommt, wie wir unsere innere Haltung dieser Welt gegenüber ordnen. Entsprechend unterschieden sie zwischen dem, was in unserer Gewalt steht, und dem, was nicht in unserer Gewalt steht. Dies bringt z.B. Epiktet (um 55-138 n. Chr.)[38] gut zum Ausdruck:

> Von den vorhandenen Dingen sind die einen in unserer Gewalt, die anderen nicht. In unserer Gewalt sind Meinung, Trieb, Begierde und Abneigung, kurz: alles was unser eigenes Werk ist. Nicht in unserer Gewalt sind Leib, Besitztum, Ansehen und Stellung, kurz: alles, was nicht unser eigenes Werk ist. Was in unserer Macht steht, das ist von Natur frei und kann nicht verhindert oder verwehrt werden; was aber nicht in unserer Macht steht, das ist schwach, unfrei, behindert und fremdartig.[39]

Wenn nun das Glück (*eudaimonía*) in der Erreichung der selbstgewählten Zwecke besteht, so ist für das Glück erfordert, daß man sich keine Zwecke in bezug auf die unverfügbare Welt setzt.

Die Naturphilosophie begründete diese Haltung als sinnvoll und gefordert. Die Stoiker nahmen daher an, daß in der Welt (womit der gesamte Kosmos gemeint ist) ein strenger kausaler Determinismus herrscht, so daß damit die Unverfügbarkeit des Äußeren begründet ist. Die Unterwerfung unter das Unverfügbare soll aber vernünftig

[37] Als Gründer der Stoa gilt Zeno (um 333-262 v. Chr.), als "zweiter" Gründer wird Chrysipp (um 281/277-208/204 v. Chr.) angesehen.

[38] Die Textlage bei den frühen Stoikern ist sehr schlecht, es sind nur Fragmente überliefert. Epiktet, ein später Stoiker, ist aber ein guter Zeuge, da er auf die frühe Stoa zurückgreift.

[39] *Epiktet*, Handbüchlein der Ethik, übers. von E. Neitzke, Stuttgart 1958, 17 (Kap. 1).

sein, also muß im Unverfügbaren des Kosmos eine Vernunft herrschen: der Logos, der den Kosmos nach vernünftigen Gesetzen ordnet. Das Innere des Menschen ist eine Teilhabe am universellen Logos, so daß folglich seine Unterwerfung unter das Gesetz des Kosmos als die frei gewählte Übereinstimmung der individuellen mit der universellen Vernunft angesehen werden kann. Besonders in der Spätzeit der Stoa wurden für diese universelle Vernunft in zunehmendem Maß Ausdrücke gebraucht, die - sollen sie nicht metaphorisch verstanden werden - der universellen Vernunft persönliche Züge verleihen. So wird bei Epiktet die geforderte Übereinstimmung der individuellen mit der universellen Vernunft so umschrieben:

> Gedenke, daß du Darsteller bist eines Stückes, das der Spielleiter bestimmt, und zwar eines kurzen, wenn er es kurz, eines langen, wenn er es lang wünscht. Wenn er wünscht, daß du einen Bettler darstellen sollst, mußt du auch diesen angemessen spielen, und so, wenn du einen Krüppel, einen Herrscher, eine Privatperson darstellen sollst. Denn deine Sache ist es, die zugewiesene Rolle ordentlich zu spielen; sie auszuwählen ist Sache eines anderen.[40]

In dieser Kosmologie, die eine rein metaphysische Begründungsfunktion für die Ethik erhält, tritt nun entsprechend der Begriff der Vorsehung stark in den Vordergrund. Die Weltordnung muß so beschaffen sein, daß sie dem Menschen dient, so daß es also für den Menschen vernünftig ist, sich als einzigen Zweck zu setzen, daß er sich keine eigenen Zwecke setzt.[41]

> Begehre nicht, daß das, was geschieht, nach deinem eigenen Gutdünken geschehe, sondern halte für gut, wie es geschieht, und du wirst glücklich leben.[42]

Das Interesse an Kosmologie ("Physik" in der Terminologie der Stoiker) ist also nur ein indirektes, es findet somit seine Grenze beim direkten Interesse an der Ethik. Kosmologische Fragen im traditionellen Sinn der griechischen Philosophie werden nur am Rand behandelt. Die Ewigkeit des Kosmos gilt jedoch auch bei den Stoikern. Die Ordnungskräfte im Kosmos lassen langsam nach, so daß das Feuer (als ambivalentes Element des Logos und der Zerstörung) die Übermacht gewinnt und der vorhandene Kosmos im Weltbrand untergeht, jedoch daraus wieder ein neuer Kosmos entsteht - ein Prozeß, der sich ewig

[40] Ebd. 25 (Kap. 17).

[41] Vgl. *Hossenfelder*, a.a.O. 92.

[42] *Epiktet*, a.a.O. 21 (Kap. 8).

zyklisch wiederholt.[43] Teleologie ist also mit zyklisch-ewiger Existenz des Kosmos verbunden.

Ebenso deutlich war es bei Epikur (341-270 v. Chr.), daß die Kosmologie aus ethischen Interessen heraus entworfen bzw. daß jene Kosmologie gewählt wurde, die diesen ethischen Interessen am besten entsprach: nämlich die des Demokrit (mit Modifikationen). "Ethik" bedeutet hier wie in der Stoa die Frage nach dem Erreichen der Glückseligkeit (*eudaimonía*). Glückseligkeit ist dort erreicht, wo wir die unerschütterliche Seelenruhe erlangen; letztere aber ist noch nicht erreicht, solange wir durch Furcht beunruhigt sind. Hätten wir keine Furcht, wäre nach Epikur die Naturphilosophie (= Naturwissenschaft) überhaupt überflüssig. So sagt er im sog. "Katechismus":

> Wenn wir nicht beunruhigt würden durch den Verdacht, es möchten uns die Himmelserscheinungen und der Tod irgend etwas angehen, ferner durch die Tatsache, daß wir die Grenzen von Schmerz und Begierde nicht kennen, dann bedürften wir der Naturwissenschaft nicht.[44]

Die genaue Kenntnis der Natur, die Naturphilosophie, ist also präzise zu dem Zweck und nur zu dem Zweck erfordert, die Glückseligkeit zu erlangen bzw. die Hindernisse zur Erreichung derselben zu beseitigen.

> Es ist nicht möglich, sich von der Furcht hinsichtlich der wichtigsten Dinge zu befreien, wenn man nicht begriffen hat, welches die Natur des Alls ist, sondern sich durch die Mythen beunruhigen läßt. Es ist also nicht möglich, ohne Naturwissenschaft ungetrübte Lustempfindungen zu erlangen.[45]

Die Befreiung von mythologischen Vorstellungen gehörte also zur Naturphilosophie in ethisch-pragmatischer Absicht. Diese Aufgabe war für Epikur leicht lösbar: Auch die Götter streben nach Glückseligkeit; die Glückseligkeit der Götter wäre aber getrübt, wenn sie sich um die Welt und deren Geschehnisse kümmerten. Sie sind jedoch darüber erhaben, also kümmern sie sich nicht um die Welt. Die Vorstellung, daß sich die Götter in den Lauf der Dinge einmischen, ist eine mythologische Vorstellung.

> Das glückselige und unvergängliche Wesen ist erfüllt mit allen Gütern und unempfänglich für jedes Übel. Es beschäftigt sich ausschließlich mit dem Zusammenhalten seiner eigenen Glückseligkeit und Unvergänglichkeit und kümmert sich nicht um die menschlichen Dinge. Es wäre ja unglückselig, wenn es die Arbeit eines Handwerkers

[43] Diese Vorstellung spielt noch bei Origenes eine Rolle.

[44] *Epikur*, Von der Überwindung der Furcht, übers. von O. Gigon, Zürich [2]1968, 60 (*Diogenes Laertius*, Leben und Meinungen berühmter Philosophen X 142, XI).

[45] Ebd. 60f. (*Diogenes Laertius*, a.a.O. X 143, XII).

und Architekten auf sich nehmen und über die Ordnung des Kosmos nachgrübeln müßte.[46]

Die Götter haben also weder mit der Entstehung noch mit der Ordnung des Kosmos das geringste zu tun. Der Abstand zur Stoa ist hier unübersehbar, aber ebenso das gemeinsame Anliegen: die Naturphilosophie, die Kosmologie, von der Ethik her zu entwerfen.

Die Grundvoraussetzung der Naturphilosophie war bei Epikur die allen griechischen Philosophen gemeinsame des ewigen und geordneten Kosmos. In dem Brief an Herodot, in welchem Epikur seine Erklärung der Natur darlegt, ist daher der Einsatzpunkt der Überlegungen:

> Erstens: Nichts wird aus dem Nichtseienden. Denn sonst würde Alles aus Allem werden, ohne daß es eines Samens bedürfte. Und wenn das Verschwindende ins Nichtseiende unterginge, dann wären schon alle Dinge zugrunde gegangen, da das worin sie sich auflösen, nichts wäre. Ferner war das All immer so, wie es jetzt ist, und wird immer so sein. Denn es existiert nichts, in das es sich verwandeln könnte. Denn neben dem All gibt es nichts, was in es eindringen und die Verwandlung hervorrufen könnte.[47]

Innerhalb dieses allgemeinen Rahmens mußte Epikur nun die Natur, den Kosmos so erklären, daß Furcht vor Göttern, vor Schmerz und Tod als unbegründet erschienen. Daß die Götter mit der Entstehung und der Form des Kosmos nichts zu tun haben konnten, wurde schon gesagt. Jeder willkürliche Eingriff in das Geschehen der Natur mußte ausgeschaltet sein. Das Naturgeschehen mußte also eigengesetzlich, mußte determiniert sein. So gab es auch die Möglichkeit, sich an der Natur, die Lust und Unlustempfindungen hervorruft, in verläßlicher Weise orientieren zu können. Und damit die Furcht vor dem Tod als unbegründet angesehen werden konnte, mußte naturphilosophisch feststehen, daß das Bewußtsein mit dem Tode aufhöre, es also kein Fortleben der Seele gebe. All diese Forderungen waren mit Demokrits Naturphilosophie als richtig beweisbar. Epikur nahm also mit Demokrit an, daß das All nur aus Körpern und Leerem besteht, die Körper aber aus Atomen bestehen.[48] Die Seele ist auch nichts anderes als ein Körper, allerdings ein "feinteiliger Körper (...), der der ganzen Zu-

46 Ebd. 134.

47 Ebd. 67f. (*Diogenes Laertius*, a.a.O. X 38f.). Epikur nimmt allerdings, da das All unbegrenzt und die Anzahl der Atome unendlich ist, eine Vielzahl von Welten an, die der unseren teils ähnlich, teils unähnlich sind; vgl. ebd. 69 (*Diogenes Laertius*, a.a.O. X 45). Dieser Gedanke wird in der Renaissance bei Giordano Bruno wieder aufgenommen.

48 Vgl. ebd. 68f. (*Diogenes Laertius*, a.a.O. X 41-44).

sammenballung beigestreut ist"[49], der aber somit der allgemeinen Gesetzlichkeit von Zusammensetzung und Auflösung unterworfen ist. Die Seele ist der Sitz der Empfindungen, mit dem Tod löst sich dieser als Körper auf. Somit ergibt sich für Epikur: "Der Tod geht uns nichts an. Denn was sich aufgelöst hat, hat keine Empfindung. Was aber keine Empfindung hat, geht uns nichts an."[50]

Die Atome sind zwar der Zahl nach unendlich, der Art nach - also der Gestalt, der Größe und der Schwere nach - jedoch endlich, d.h., es gibt nur eine endliche Anzahl verschiedener Atome.[51] Sie sind ewig, und "ferner bewegen sich die Atome unaufhörlich die ganze Zeit hindurch"[52]. Aus den Zusammenstößen der Atome entstehen alle Körper, und bei ihrer Zerstörung lösen sie sich wieder in Atome oder andere Kombinationen von Atomen auf. In all dem liegt ein strenger Determinismus vor. Allerdings nahm Epikur im Unterschied zu Demokrit minimale Abweichungen der Atombewegungen an, die an unbestimmten Orten und zu unbestimmten Zeiten stattfinden. Lukrez meinte, Epikur habe diese Abweichungen eingeführt, da ohne diese Annahme der Zusammenstoß der Atome nicht erklärt werden könnte; sie würden sich wie ein Regen mit gleicher Geschwindigkeit und gleicher Richtung bewegen. Lukrez wies aber auch auf die empirische Tatsache der Freiheit hin, die mit dieser Annahme erklärt werden könne.[53] Es gibt - wie Hossenfelder annimmt[54] - gute Gründe dafür, zu vermuten, daß Epikur diese ja systemstörende Annahme schon genau aus dem Interesse heraus einführte, den strengen Determinismus zu durchbrechen, um so einen Raum für die Selbstbestimmung zu gewinnen, die für die epikuräische Ethik erforderlich war. Damit aber ergäbe sich, daß nicht nur das Prinzip der Auswahl von Demokrits Naturphilosophie durch Epikur, sondern auch der Grund der einzigen wesentlichen Modifikation derselben von der Ethik her bestimmt war. Genauere Analysen des Zusammenhangs von minimalem Indeterminismus und Freiheit finden wir bei Epikur nicht. Die Annahme selbst aber reichte eben aus, um jenen minimalen Raum der Selbstbestimmung - in einem ganz allgemeinen Sinn - zu legitimieren, auf den es Epikur ankam. Ihn setzt er z.B. im Brief an Menoikeus voraus, wenn er

49 Ebd. 77 (*Diogenes Laertius*, a.a.O. X 63).

50 Ebd. 59 (*Diogenes Laertius*, a.a.O. X 139, II).

51 Vgl. ebd. 69 (*Diogenes Laertius*, a.a.O. X 42).

52 Ebd. (*Diogenes Laertius*, a.a.O. X 43).

53 Vgl. *Lukrez*, De rerum natura, Leipzig 1969, 51 (II, 216-224).

54 Vgl. *Hossenfelder*, a.a.O. 140-144.

sagt, "daß die Zukunft weder vollständig in unserer Gewalt ist noch vollständig unserer Gewalt entzogen ist"[55]. Der "Zufall", die minimale Abweichung, die Epikur in der Naturphilosophie forderte, sollte - im Idealfall - dazu dienen, die Möglichkeit zu geben, den "rechten Entschluß" zur Erfüllung zu führen.[56] Die Korrespondenz von Naturphilosophie und Ethik war gesichert, auch wenn "kleine" Inkonsequenzen im System in Kauf genommen werden mußten.

Im Prinzip galt diese Begründungsstruktur von Ethik und Kosmologie auch bei Plotin, dem letzten der großen Denker der Griechen. Der Kosmos ist entworfen nach dem Modell des Aufstiegs der Seele zum Einen, zum wahren Licht, zur wahren Schönheit. Dies wird sehr deutlich in einer Spätphase des Neuplatonismus, z.B. bei Maximus Confessor, bei dem die Kosmologie einfach transformiert wird in den Weg der Seele zur wahren Glückseligkeit (vgl. Kap. VII).

Im Extremfall kann sogar die Kosmologie, der Ursprung der griechischen Philosophie, aufgegeben werden zugunsten der Frage nach der wahren Glückseligkeit. Dies ist der Weg, den die Skepsis gegangen ist.[57] Stoiker wie Epikuräer hatten versucht, die Naturphilosophie als Fundament der Ethik zu entwickeln, waren dabei aber (z.B. in der Frage der Teleologie) zu entgegengesetzten Auffassungen gelangt. Die Skepsis zog daraus die radikale Konsequenz, daß wir die Glückseligkeit nur dort erlangen können, wo wir uns von solchen widerstreitenden Lehren überhaupt frei machen. Werden diese Lehren als gleichgültig angesehen, beginnt also die Zurückhaltung (*epoché*), so stellt sich die Seelenruhe ein. Sextus Empiricus (um 200 n. Chr.) stellt ausdrücklich fest, daß das motivierende Prinzip der Skepsis die Hoffnung auf Seelenruhe ist;[58] und er legt dann in folgender Weise fest, was die Skepsis ist:

> Die Skepsis ist die Kunst, auf alle mögliche Weise erscheinende und gedachte Dinge einander entgegenzusetzen, von der aus wir wegen der Gleichwertigkeit der entgegengesetzen Sachen und Argumente zuerst zur Zurückhaltung, danach zur Seelenruhe gelangen.[59]

55 *Epikur*, Von der Überwindung der Furcht, a.a.O. 102 (*Diogenes Laertius*, a.a.O. X 127).

56 Vgl. ebd. 105 (*Diogenes Laertius*, a.a.O. X 134f.).

57 Als Gründer der skeptischen "Schule" gilt Pyrrhon (4./3. Jh. v. Chr.).

58 Vgl. *Sextus Empiricus*, Grundriß der Pyrrhonischen Skepsis, übers. von M. Hossenfelder, Frankfurt 1968, I 6; 95.

59 Ebd. I 4; 94.

Nicht die Naturphilosophie, sondern die Erkenntnis der Ausweglosigkeit der naturphilosophischen Argumente (wie der aller anderen Argumente) führt zur Seelenruhe.

Ähnlich beantworten wir auch die Frage, ob der Skeptiker Naturlehre betreibe. Um nämlich mit fester Überzeugung über eines der Dogmen der Naturlehre auszusagen, betreiben wir sie nicht. Um aber jedem Argument ein gleichwertiges entgegensetzen zu können, und um der Seelenruhe willen befassen wir uns mit der Naturlehre.[60]

Alle Aussagen der verschiedenen Naturphilosophien werden hier gleich gültig und somit für die Frage der Glückseligkeit gleichgültig. Die großen Fragen der griechischen Philosophie seit ihrem Beginn, die nach dem Kosmos, der Arché (dem Ursprung oder Grund) und nach dem Logos sind hier zu Ende, sind vergleichgültigt, praktisch liquidiert.

Kehren wir nun zur Ausgangsfrage dieses Abschnitts zurück, warum die Kosmologie in der frühen christlichen Lehre eine so geringe Rolle spielte, warum auch der tiefgreifende Unterschied zwischen griechischer Kosmologie und biblischer Schöpfungslehre in diesen frühen Jahrhunderten gar nicht recht in den Blick kam. Auf sie finden wir jetzt die Antwort: Das Interesse der Philosophie des Hellenismus und der von dieser abhängigen Philosophie im römischen Bereich war auf die Ethik im Sinn der Frage nach der Glückseligkeit konzentriert. Die Menschen erwarteten von der Philosophie, daß sie als *magistra vitae* (als Lehrerin für das Leben) "brauchbar" war. Naturphilosophische und kosmologische Fragen konnten als Grundlage der Ethik dienen - so bei den Stoikern, Epikuräern und auch noch im Neuplatonismus -, sie konnten aber auch überhaupt ausscheiden - so in der Skepsis. Galten diese Fragen wie bei den Stoikern und Epikuräern in ihrer Funktion für die Grundlegung der Ethik als entscheidend und unverzichtbar, so wurden sie doch nur so weit behandelt, wie es für diese Grundlegung erfordert war. Sie konnten daher kein Eigengewicht erhalten, es entsprach ihnen kein spezifisches theoretisches Interesse. Die gelegentlichen abschätzigen Bemerkungen Epikurs über jene, die solchen "Detailfragen" der Naturerklärung zu viel Gewicht beilegten, sind dafür kennzeichnend.

So ist es verständlich, daß auch von den Vertretern des Christentums zunächst eine Antwort auf die Frage der Ethik, also der Glückseligkeit, und dem Weg zu dieser erwartet wurde, während die Frage der vorausgesetzten Kosmologie - oder der Schöpfungslehre, wie wir

[60] Ebd. I 9; 97f.

jetzt sagen müssen - weithin im Hintergrund blieb. Damit war es auch möglich, die sehr grundsätzliche Frage, ob diese Schöpfungslehre überhaupt eine Kosmologie im Sinne der griechischen Philosophie ist, gar nicht zu thematisieren. Traten Fragen der Kosmologie etwas mehr in den Vordergrund, so konnten im Rahmen des in dieser Zeit weit verbreiteten Eklektizismus "Versatzstücke" antiker Kosmologien wie die Logos- oder Vorsehungslehre der Stoiker oder die Weltseele-Lehre der Platoniker oder ganze Theoriekomplexe der Neuplatoniker übernommen werden (vgl. Kap. VI und VII), ohne daß schon wirklich die Frage nach der "logischen Kohärenz" im Kontext der christlichen Lehre gestellt wurde.

Das Christentum trat also in der römisch-hellenistischen Welt in einer Periode in die Geschichte ein, in welcher Kosmologie praktisch nur als Implikation der Ethik philosophisch relevant war. Es ist möglicherweise Teil des Kairos des Christentums gewesen, daß auch in dessen "theoretischer" Struktur - unter Einbeziehung des Alten Testaments - die Schöpfungslehre als Voraussetzung der Erlösungslehre konzipiert war, also gar keinen "theoretisch" selbständigen Topos darstellte. Daß zwischen den kosmologischen Implikationen der griechischen Philosophie und den schöpfungstheologischen Voraussetzungen des christlichen Glaubens - vorausgesetzt, daß es sich dabei um vergleichbare kategoriale Konstrukte handelt (was gar nicht so selbstverständlich ist) - entscheidende Unterschiede bestehen, konnte dabei - und für lange Zeit - im Hintergrund bleiben. Zunächst mußten die ethischen Ausgangspunkte gegeneinander abgegrenzt werden. So mußte also z.B. erst einmal die Frage diskutiert werden, wie sich die christliche Erlösungsvorstellung zur griechisch-antiken Forderung ethischer Autarkie verhält (vgl. dazu den Pelagianismusstreit, Kap. IX). Es mußte geklärt werden, wie sich das christliche Materieverständnis in anthropologischer Hinsicht zum gnostischen Materieverständnis verhält (vgl. Kap. VII und XII) usw. Es dürfte somit durchaus verständlich sein, daß die Fragen der Schöpfung erst verhältnismäßig spät in ihrer spezifischen theologischen Problematik deutlich wurden.

Zusammenfassung

1. In der griechischen Philosophie galt durchgängig die Vorstellung, der Kosmos sei ewig, vernünftig geordnet und schön. Als solcher wurde er als göttlich angesehen.

2. Die Vorstellung eines dem Kosmos vorausliegenden Chaos war dem griechischen Denken ebenso fremd wie die einer Schöpfung aus Nichts. Ebenso kannte das griechische Denken keine dem Kosmos gegenüber schlechthin transzendente Ursache der Ordnung des Kosmos.

3. In den späteren Perioden (hellenistische und römische Philosophie) trat die Frage der Kosmologie zurück und wurde immer stärker als Voraussetzung der Ethik entwickelt.

V Die alte und die neue Schöpfung

Das Neue Testament

1. Die Schöpfungsaussage enthält keine Kosmologie/Kosmogonie

Das Wort *kósmos* war den Verfassern der Schriften des Neuen Testaments aus den griechisch abgefaßten Teilen des Alten Testaments und aus dem Sprachgebrauch des hellenistischen Judentums bekannt. Besonders bei Johannes und bei Paulus findet sich eine häufige Verwendung. Mit *kósmos* wird das Weltall (Universum) bezeichnet, vor allem aber die Menschenwelt, und hier wieder besonders die gefallene, sündige Menschheit.[1] (Diese letztere Bedeutung wird uns im zweiten Abschnitt näher beschäftigen.) Auch dort aber, wo *kósmos* im Sinn von "Weltall" gebraucht wird, hat dieser Gebrauch schlechterdings nichts mit jener Bedeutung zu tun, die *kósmos* in der griechischen Philosophie seit den Vorsokratikern erhalten hatte. In ihr war die Frage nach dem Kosmos immer die nach der Arché, dem Grund der Ordnung gewesen (vgl. Kap. IV); das bedeutet, es ging dabei immer um Fragen einer wissenschaftlichen oder metaphysischen Kosmogonie und Kosmologie. Das jedoch, was im Neuen Testament mit dem Wort *kósmos* zur Sprache kommt, muß - mit Bultmann - einfach als dazu "inkommensurabel" bezeichnet werden.[2] Die ersten Generationen von Christen, zu denen ja auch die Verfasser der Schriften des Neuen Testaments gehörten, waren an Fragen einer wissenschaftlichen Welterklärung völlig

1 Vgl. zu den folgenden Ausführungen bes. *H. Sasse*, Art. Kosmos, in: ThW III, 879-898; *H. Balz*, Art. Kosmos, in: Exegetisches Wörterbuch zum Neuen Testament II, Stuttgart 1981, Sp. 765-773.

2 Vgl. *R. Bultmann*, Das Verständnis von Welt und Mensch im Neuen Testament und im Griechentum, in: ders., Glauben und Verstehen II, Tübingen 1961, 72, vgl. 66f. Vgl. *W. Kranz*, Kosmos, in: Archiv für Begriffsgeschichte II/1 (1955), 97: "(...) der echt antike Begriff 'Kosmos' hat in der neuen christlichen Welt von seiner einstigen Bedeutung Wesentliches eingebüßt, er hat einen anderen Sinn erhalten."

uninteressiert. Ganz selten tauchen am Rande traditionelle Aussagen von Weltentstehung auf. So heißt es etwa in 2 Petr 3, 5:

(...) daß es einst einen Himmel gab und eine Erde, die durch das Wort Gottes aus Wasser entstand und durch das Wasser Bestand hatte.

Der Zusammenhang zeigt aber auch an dieser Stelle ganz deutlich, daß in keiner Weise eine kosmogonische Aussage angezielt ist. Es geht darin vielmehr um eine klare eschatologische Ankündigung, die gegenüber der ausbleibenden Parusie verteidigt werden soll, wie es die Verse 6f. zeigen:

Durch beides ging die damalige Welt zugrunde, als sie vom Wasser überflutet wurde. Der jetzige Himmel aber und die jetzige Erde sind durch dasselbe Wort für das Feuer aufgespart worden: Sie werden bewahrt bis zum Tag des Gerichts, an dem die Gottlosen zugrunde gehen.

Die Schöpfungsaussage steht immer deutlich in einem soteriologischen Begründungszusammenhang. Der Sache nach steht sie eigentlich durchweg im Nebensatz; etwa bei Paulus, wenn Abraham als Beispiel des Glaubens hingestellt wird: Abraham ist

(...) unser aller Vater vor Gott, dem er geglaubt hat, dem Gott, der die Toten lebendig macht und das, was nicht ist, ins Dasein ruft. (Röm 4, 17)

Auch hier liegt die Intention der Aussage nicht in einer Metaphysik der Schöpfung, sondern im Hinweis auf die unbeschränkte Macht Gottes.

Die Sprachform, in der im Neuen Testament Schöpfungsaussagen aufscheinen, hat häufig liturgischen Charakter: Es geht in diesen Aussagen nicht um eine Erklärung, auf welche Weise die Welt geschaffen wurde oder nach welchen Prinzipien sie geordnet ist, sondern um ein Bekenntnis oder ein Gotteslob,[3] so z.B.:

Fürchtet Gott, und erweist ihm die Ehre! Denn die Stunde seines Gerichts ist gekommen. Betet ihn an, der den Himmel und die Erde, das Meer und die Wasserquellen geschaffen hat. (Apk 14, 7)

Der frühchristliche Satz: "Ich glaube an Gott, Schöpfer des Himmels und der Erde" ist also ein doxologischer Satz und keine kosmogonische Aussage. Er stellt im Grunde nur eine andere Form des Anfangssatzes des Dekalogs dar: "Ich bin der Herr, dein Gott, du sollst neben

[3] Vgl. *K.H. Schelkle*, Theologie des Neuen Testaments I: Schöpfung, Düsseldorf 1968, 59f.

mir keine anderen Götter haben." (Ex 20, 2f.)[4] Das Neue Testament enthält weder explizit noch implizit irgendeine Reihe von Aussagen, die mit griechischer oder moderner Naturwissenschaft (als Theorie) in Übereinstimmung oder in Widerspruch stehen könnte. Die beiden Bereiche sprechen von gänzlich verschiedenen "Welten" (im Sinn von Teil 1, Kap. II), was besonders im folgenden Abschnitt deutlich werden wird.

2. Die Welt angesichts der Weltwende

Bei Paulus und bei Johannes bedeutet *kósmos* primär den durch die Handlung des Menschen (bzw. der Menschheit) geprägten Lebensraum, und das heißt: den durch den Menschen (bzw. die Menschheit) verdorbenen oder gestörten Lebensraum. Bei Paulus ist die Welt der Ort der Gottesferne und somit der Finsternis:

> Hat Gott nicht die Weisheit der Welt (= *kósmos*) als Torheit entlarvt? Denn da die Welt (= *kósmos*) angesichts der Weisheit Gottes auf dem Weg ihrer Weisheit Gott nicht erkannte, beschloß Gott, alle, die glauben, durch die Torheit der Verkündigung zu retten. (1 Kor 1, 20f.)

Kósmos enthält hier den Sinn von *sárx* ("Fleisch") - ein Begriff, der für all das steht, das sich Gott entgegenstellt. Die "ganze Welt", die vor Gott schuldig geworden ist, kann somit durch "alles Fleisch" interpretiert werden (Röm 3, 19f.). Ähnlich negativ ist die Bestimmung von *kósmos* bei Johannes, dargestellt bereits eindrücklich im Johannes-Prolog mit seinem Licht-Finsternis-Dualismus. Über diese Welt, die vom "Fürsten dieser Welt" beherrscht ist, muß das Gericht kommen (Joh 12, 31).

Es ist nicht zu übersehen, daß Paulus und Johannes hier sehr nahe an gnostische Kosmos-Vorstellungen kommen. Ähnliche Vorstellungen sind auch aus der Apokalyptik bekannt. Diese Gefahr ist den Autoren des Neuen Testaments durchaus bewußt, und zur Vermeidung gnostischer Konsequenzen setzten sie den alttestamentlichen Schöpfungsglauben ein. Und so steht dem beinahe gnostischen Satz, in dem von einem "Gott dieser Welt" gesprochen wird, der die Menschen verblendet (2 Kor 4, 4), das klare Bekenntnis gegenüber, daß die gesamte

4 Vgl. *G. Bornkamm*, Der Schöpfungsglaube des Christen, in: ders., Geschichte und Glaube II, München 1971, 238f.

Welt von dem einen Gott geschaffen ist, der prinzipiell auch aus der Schöpfung erkannt werden könnte:

> Seit Erschaffung der Welt wird seine unsichtbare Wirklichkeit an den Werken der Schöpfung mit der Vernunft wahrgenommen, seine ewige Macht und Gottheit. Daher sind sie (sc. die Menschen) unentschuldbar. Denn sie haben Gott erkannt, ihn aber nicht als Gott geehrt und ihm nicht gedankt. Sie verfielen in ihrem Denken der Nichtigkeit, und ihr unverständiges Herz wurde verfinstert. (Röm 1, 20f.)

Der Kosmos als die Welt des Menschen wird jedoch bei Paulus auch ausgeweitet auf das Ganze: gleichsam in einer Sympathie-Relation, also in einem Mit-Leiden des Ganzen (auch der Umwelt) an der Verderbtheit des Lebensraumes, welche durch den Menschen verursacht wurde. Auch in der Genesis wurde ja - in den Strafen für die Sünde - eine physische Beeinträchtigung des Menschen aufgrund seiner sittlichen Verfehlung in Betracht gezogen. Der Kosmos als das Ganze ist eben in biblischer Sicht nicht einfach eine "Schöpfung an sich", sondern immer eine Welt, die durch die Handlung des Menschen nicht unberührt bleibt.

> Die Schöpfung ist der Vergänglichkeit unterworfen, nicht aus eigenem Willen, sondern durch den, der sie unterworfen hat; aber zugleich gab er ihr Hoffnung: Auch die Schöpfung soll von der Sklaverei und Verlorenheit befreit werden zur Freiheit und Herrlichkeit der Kinder Gottes. Denn wir wissen, daß die gesamte Schöpfung bis zum heutigen Tag seufzt und in Geburtswehen liegt. (Röm 8, 20-22)

Damit ist vom Schöpfungsglauben her die Abgrenzung gegenüber der Gnosis klar vollzogen: Auch wenn die Schöpfung in ihrer tatsächlichen Form in die "Sklaverei und Verlorenheit", die die Menschen verschuldet haben, hineingezogen ist, bleibt sie doch Schöpfung des einen Gottes, ist sie also nicht Schöpfung eines Gegen-Gottes. Und somit ist auch die gesamte Schöpfung zur "Freiheit und Herrlichkeit" bestimmt.

Der Blick auf die Welt war bei den Verfassern der Schriften des Neuen Testaments bestimmt von dem Bewußtsein der in Jesus dem Christus offenbar gewordenen Weltwende. Eigentlich stand immer diese Weltwende im Zentrum und nicht der Schöpfungsglaube - wie es besonders bei Paulus unübersehbar ist.[5] Vom Bewußtsein der Weltwende her war die gesamte Aufmerksamkeit der frühen Christen gespannt auf das Eintreffen des Welt*endes* gerichtet. Schon aus dieser Haltung heraus ist verständlich, daß sie irgendeiner Art "wissenschaft-

5 Vgl. *W. Schrage*, Die Stellung zur Welt bei Paulus, Epiktet und in der Apokalyptik, in: ZThK 61(1964), 126; *H. Flender*, Das Verständnis der Welt bei Paulus, Markus und Lukas, in: Kerygma und Dogma 14(1968), 2f.

licher" Welterklärung keinerlei Interesse entgegenbringen konnten. Wozu sollte eine solche in der noch kurzen verbleibenden Zeit nützlich sein? Keinesfalls konnte es (trotz Röm 1, 20) darum gehen, ein "ursprüngliches" Weltverständnis oder Weltverhältnis wiederherzustellen. Wenn den frühen Christen irgend etwas wirklich fremd war, so war es die "Sehnsucht nach dem Ursprung" oder die "Sehnsucht nach einer unverdorbenen Natürlichkeit". All dies war ihnen durch das Bewußtsein von der verdorbenen und finsteren Welt abgeschnitten. Die Welt wurde ja durch die Weltwende nur im "Vorschein" verändert. Sie konnte den Glaubenden nicht mehr zum Verhängnis werden, blieb aber Kosmos im negativen Sinn bis zur endgültig "neuen Schöpfung". Die Welt konnte den Glaubenden nicht mehr (ver)blenden, sie war für ihn nicht mehr reine Finsternis, sie konnte ihm aber trotz des Glaubens an die Weltwende und gerade wegen dieses Glaubens keine Erkenntnis der "neuen Schöpfung" vermitteln.

> Jetzt schauen wir in einen Spiegel
> und sehen nur rätselhafte Umrisse (...). (1 Kor 13, 12)

Trotzdem waren die frühen Christen völlig im Bann der Erwartung der "neuen Schöpfung" (für die nie das Wort *kósmos* gebraucht wurde). Der Kosmos war der Bereich des Vorläufigen, des Vergehenden. Nach der Weltwende braucht er nicht mehr mit Tabu-Vorschriften (Speiseverbote, rituelle Reinheit usw.) belegt zu werden:

> Denn alles gehört euch; Paulus, Apollos, Kephas, Welt (= *kósmos*), Leben, Tod, Gegenwart und Zukunft: alles gehört euch; ihr aber gehört Christus, und Christus gehört Gott. (1 Kor 3, 21-23)

Die Welt hatte angesichts dieser Erwartung jeden Selbstzweck verloren. Und die Welt als Kosmos war jener Bereich, der zu meiden war. Dies gilt bei Paulus wie bei Johannes:

> Liebt nicht die Welt (= *kósmos*) und was in der Welt ist! Wer die Welt liebt, hat die Liebe zum Vater nicht. Denn alles, was in der Welt ist, die Begierde des Fleisches, die Begierde der Augen und das Prahlen mit dem Besitz, ist nicht vom Vater, sondern von der Welt. Die Welt und ihre Begierde vergeht; wer aber den Willen Gottes tut, bleibt in Ewigkeit. (1 Joh 2, 15-17)

Die Welt (den Kosmos) zu verändern, so daß er dem Willen Gottes entsprechen könnte, lag angesichts der Erwartung des nahen Weltendes außerhalb des Gesichtskreises und Handlungskreises der frühen Christen. Ihr Verhältnis war zwar extrem kritisch dieser Welt gegenüber, sie stellten jedoch die Krisis und das Gericht über sie Gott anheim, dessen Gericht ja nicht mehr lange ausstehen sollte. Der Bezug zur Welt in der kurzen noch verbleibenden Zeit sollte der Vorläufigkeit dieser Welt entsprechen, es ist - wie in der bekannten Paulus-Stelle treffend zum Ausdruck gebracht wird - ein Verhältnis des "Als ob nicht":

> Denn ich sage euch, Brüder: Die Zeit ist kurz. Daher soll, wer eine Frau hat, sich in Zukunft so verhalten, als habe er keine, wer weint, als weine er nicht, wer sich freut, als freue er sich nicht, wer kauft, als würde er nicht Eigentümer, wer sich die Welt (= *kósmos*) zunutze macht, als nutze er sie nicht; denn die Gestalt der Welt vergeht. (1 Kor 7, 29-31)

Dieses Weltverhältnis hat nichts mit der stoischen Haltung der *apátheia* zu tun (vgl. dazu Kap. IV), sondern ist eindeutig begründet durch das baldige Vergehen dieser Welt - eine Vorstellung, die es in der Stoa nicht gibt.[6] Es steht eher der Apokalyptik nahe, ohne aber deren radikale Abwertung der Welt zu übernehmen.

Die Parusieerwartung der ersten Generation der Christen hat eindeutig ihr Weltverhältnis bestimmt. Und so mußte die Parusieverzögerung auch das Weltverhältnis modifizieren, ohne daß aber dadurch das Grundanliegen aufgehoben wurde. So gilt bei Lukas:

> Was nützt es einem Menschen, wenn er die ganze Welt (= *kósmos*) gewinnt, dabei aber sich selbst verliert und Schaden nimmt? (Lk 9, 25)

Und ebenso gilt:

> Himmel und Erde werden vergehen, aber meine Worte werden nicht vergehen. (Lk 21, 33)

Doch Lukas rechnet mit einer längeren Zeit des Wartens, so daß er die Mahnung aussprechen muß, die "Sorgen des Alltags" mögen die Gläubigen nicht so sehr gefangennehmen, daß sie darüber das herannahende Ende vergessen und "jener Tag" sie dann überrascht und unvorbereitet trifft (Lk 21, 34). Die Sorgen des Lebens in der Welt können nicht einfach beiseite geschoben werden, und dem Kaiser soll das gegeben werden, was ihm gehört, wie auf der anderen Seite Gott gegeben werden soll, was ihm gehört (Lk 20, 25). Die Eigenbedeutung der Welt wird hier bereits stärker anerkannt und berücksichtigt. Es kommt nun darauf an, sie in der Zeit bis zum Ende richtig zu verwalten, wie es im Gleichnis des guten Wirtschaftens mit dem anvertrauten Geld expliziert wird (Lk 19, 11-27). Die Welt wird dadurch nicht verharmlost - auch bei Lukas ist die Macht über sie in der Hand des Teufels (Lk 4, 6) -, aber zumindest in der Gemeinschaft der Glaubenden

6 Vgl. *Schrage*, a.a.O. 154-156.

wird die Welt doch zu einem Raum positiven geschichtlichen Handelns, auch wenn diese Zeit wie dieser Raum vom erwarteten Endgericht her als Vorletztes gekennzeichnet ist.[7]

Den Theologen des Neuen Testaments ist es nicht geglückt, einen Ausgleich zwischen den auseinanderstrebenden Erfordernissen der Erlösungslehre und der Schöpfungslehre zu erzielen. Ihr Einsatzpunkt war eindeutig die Erlösungslehre, während die Schöpfungslehre ein Hilfstheorem darstellte. Um die Unabdingbarkeit der Erlösung behaupten zu können, benötigten sie die Annahme eines verdorbenen, finsteren Kosmos. Um aber nicht die gnostischen Konsequenzen aus einer solchen Annahme ziehen zu müssen, benötigten sie die Schöpfungslehre, die sie aus dem Alten Testament übernahmen. Um trotzdem die zentrale Rolle des Jesus als des Christus festhalten zu können, mußte dieser gleichermaßen zum Schöpfungs-Logos erhoben werden wie zum Herrscher und Richter des Kosmos, zum Kosmokrator also. Die Wirkung Jesu durfte nicht allein in einer Wiederherstellung der ursprünglichen Schöpfung bestehen, ja, eine solche mußte sogar unmöglich sein. Es sollte vom Ansatz der Christologie her eine Überbietung der Schöpfung durch die Erlösung behauptet werden können. Damit aber war es nicht möglich, zu einem eindeutigen Weltverhältnis zu gelangen. Wurde der Einsatzpunkt in die Erlösungslehre gelegt - und dies war der allgemein angenommene -, so rückte das Weltverständnis in die Nähe des gnostischen. Wurde im Gegenzug zu einem solchen Weltverständnis die Schöpfungslehre (logos-theologisch unterbaut) zum Einsatz gebracht, so war die "Gefahr" gegeben, die Erlösungstätigkeit zu einer Wiederherstellung zu "degradieren".

Es kommt sicher nicht von ungefähr, daß dieselbe Unsicherheit wie in der Bestimmung des Weltverhältnisses auch in der Voraussetzung des Umgangs mit der Welt von seiten des Menschen, also in der Gnaden- und Freiheitsproblematik, wiederkehren mußte (oder umgekehrt: daß diese Problematik das Weltverhältnis bestimmen mußte). Um die Wirkung der Gnade als unabdingbar zu behaupten, mußten die Möglichkeiten des Menschen minimal, mußte also seine Verderbtheit maximal angesetzt werden, in genauer Entsprechung zu dem anthropologisch gefaßten *kósmos*-Begriff. Um aber die Unentschuldbarkeit des Menschen, also seine Schuldhaftigkeit festhalten zu können, mußte die Freiheit angenommen werden. Dem neuen und dem alten Menschen entspricht die neue und die alte Schöpfung. Genau in diesem Koordinatennetz steht Röm 7, 15-19:

[7] Vgl. *Flender*, a.a.O. 21-25.

Denn ich begreife mein Handeln nicht: Ich tue nicht das, was ich will, sondern das, was ich hasse. Wenn ich aber das tue, was ich nicht will, erkenne ich an, daß das Gesetz gut ist. Dann aber bin nicht mehr ich es, der so handelt, sondern die in mir wohnende Sünde. Ich weiß, daß in mir, das heißt in meinem Fleisch, nichts Gutes wohnt; das Wollen ist bei mir vorhanden, aber ich vermag das Gute nicht zu verwirklichen. Denn ich tue nicht das Gute, das ich will, sondern das Böse, das ich nicht will.

Wurde diese im Menschen "wohnende" Sünde mit dem "Fleisch" interpretiert, so war auch hier eine gnostische Auslegung durchaus im Bereich der Möglichkeiten. Die "kosmologische" Dualität Licht - Finsternis fand ja ebenso auch im anthropologischen Zusammenhang Anwendung:

Denn einst wart ihr Finsternis, jetzt aber seid ihr durch den Herrn Licht geworden. (Eph 5, 8)

Jedoch sollten gnostische Folgerungen ausgeschlossen werden, und so mußte der Mensch auch vor der Offenbarung die Möglichkeit der Erkenntnis Gottes und die des richtigen Handelns gehabt haben (vgl. oben Röm 1, 20f.), nur so war er unentschuldbar:

Sie vertauschten die Wahrheit Gottes mit der Lüge, sie beteten das Geschöpf an und verehrten es anstelle des Schöpfers (...). Darum lieferte Gott sie entehrenden Leidenschaften aus (...). (Röm 1, 25f.)

Die Theologen der ersten Generation der Christen, die noch ganz unter dem Bann der primären Dualität von vergehendem Kosmos und künftigem, durch das baldige Gericht eintreffendem neuem Himmel und neuer Erde standen, haben keinen theoretischen Rahmen entworfen, innerhalb dessen diese auseinanderstrebenden Theoreme systematisch hätten aufgearbeitet werden können. Als aber mit der ausbleibenden Parusie die Frage des praktischen Weltverhältnisses stärker hervortrat, mußte auch das Problem des theoretischen Weltverständnisses dringlich werden. Die späteren Generationen gingen einen "dialektischen" Weg: Wurde die Gnosis als die aktuelle Gefahr erkannt, so zogen sie stoische Kategorien heran; wurde der "Naturalismus" zur Gefahr, so zogen sie Kategorien des "ganz Anderen" aus der Gnosis oder dem Neuplatonismus heran. Die Frage eines "Weltbildes" war dabei eigentlich immer völlig sekundär. Viel eher ging es auch hier um die grundsätzliche Frage: Kann es neben dem "Licht" der Offenbarung noch eine eigenständige Erkenntnis der Welt geben? Ist nicht die Behauptung einer solchen Erkenntnismöglichkeit selbst dann, wenn sie zu "denselben" Ergebnissen wie die Offenbarung käme, schon Hybris? Wird aber - mit Röm 1, 20f. - eine solche Erkenntnismöglichkeit zugegeben, so stellt sich dann die Frage, ob nicht "Welt" in diesem Sinn etwas ganz anderes bedeutet als im Sinn des Neuen Testaments, wie er ja auch aus dem überwiegenden Gebrauch von *kósmos* bei Paulus und Johannes hervorgeht.

Wenn die spätere Theologie häufig die Traktate über Schöpfung und Erbsünde (*De Deo creante et elevante*, *De peccato originali*) als Einheit ansah, lag darin vielleicht eine bessere, biblisch besser begründbare Einsicht, als die konkrete Durchführung es vermuten läßt: Der theologische Begriff von "Welt" ist aus dem Handeln des Menschen her zu begreifen, ist also pragmatisch bestimmt.[8] Das Ziel dieser Handlungen aber ist nicht wie in "theoretischen" Wissenschaften Erkenntnis oder technisches Verfügbarmachen von "Welt", sondern eine bestimmte ethische, geschichtsrelevante Praxis. Eine "theologische Kosmologie" (*kósmos* hier im Sinne der griechischen Naturphilosophie oder der späteren Naturwissenschaft) wäre dann einfach - ebenso wie "Physiko-Theologie" - als *category mistake* zu begreifen. Den biblischen Theologen ging es darum, den Sinn von "alter und neuer Mensch" und von "alter und (zukünftig erwarteter) neuer Schöpfung" verständlich zu machen und zu fragen, wie denn christliches Handeln in diesem Koordinatensystem aussehen sollte. Diese Aufgabe war eigentlich ausreichend.

Zusammenfassung

1. Die Verfasser der Schriften des Neuen Testaments waren an Fragen "wissenschaftlicher" Welterklärung nicht interessiert.

2. Schöpfungsaussagen erschienen im Gotteslob und in Bekenntnisformeln.

3. Nicht die Fragen des Weltanfangs, sondern die des drohenden Weltendes bestimmten das Weltverhältnis der frühen Christen.

[8] Daß dies heute generell von allen Begriffen von "Welt" angenommen wird (vgl. Teil 1, Kap. II), beeinträchtigt diese These keineswegs; es kommt dann auf die Unterschiedlichkeit der Pragmatik an, die im christlichen Begriff von "Welt" angesprochen ist.

VI Der Logos als Schöpfungsmittler
Die apostolischen Väter und die Apologeten

Der Hellenisierung des gesamten in der Antike erschlossenen Kulturraumes rund um das Mittelmeer folgte eine Periode der Überflutung durch orientalische Lehren, Mysterien und Kulte. Die in der hellenistischen Kultur bereits vorhandenen Elemente orphischer und pythagoräischer Weltsicht wurden durch diesen Einfluß nochmals verstärkt und ergaben nun neue Ansatzpunkte für die verschiedenartigsten gedanklichen Verbindungen. "Gnosis" steht als Sammelname für verschiedene Formen, in denen sich solche Denk- und Handlungsmodelle ausbildeten. In der Periode des Hellenismus hatten die Gnosis und die Mysterienkulte jedoch einen wichtigen Konkurrenten: die Stoa.[1] Beide Denkformen sind wohl kaum genau bestimmbar und beschreibbar (die Stoa allerdings genauer als die Gnosis); beide eigneten sich zur Aufnahme verschiedenster Denkelemente, die sich manchmal auch in durchaus inkonsistenter Weise neben- und übereinander lagerten. Nun lassen sich Gnosis und Stoa sicher nicht auf einen gemeinsamen Nenner bringen - in vieler Hinsicht tragen sie gegensätzliche Züge -, doch ist beiden ein formales Strukturmoment gemeinsam: Sie deuten die Existenz des einzelnen Menschen nicht mehr wie die Griechen im Rahmen der Polis, sondern im Rahmen des Kosmos. Ob dies als eine Erweiterung des Horizonts anzusehen ist, kann bezweifelt werden. Es handelt sich vermutlich um einen universalen Bezugsrahmen, entworfen von Menschen, die den Bezug zur Gesellschaft, zum Staat verloren hatten, die jedenfalls in den (bürokratisierten) hellenistischen Staaten und deren (langsam prekärer werdenden) Lebensbedingungen keinen Sinn mehr finden konnten. Der Rückzug des Einzelnen von der Gesellschaft bleibt ein Rückzug auch dann, wenn dieser Einzelne in sei-

1 In kulturgeschichtlicher Hinsicht müßte natürlich auch der Epikuräismus als wichtiger Faktor dieser Periode erwähnt werden. Für das Christentum war aber der Epikuräismus nicht wie die Gnosis und die Stoa ein Konkurrent, sondern ein Gegner - die Abgrenzung diesem gegenüber war daher leichter und klarer.

nem "Inneren" das Universale, den Kosmos, den Ursprung sucht und sich selbst wiederum in seinem "Inneren", in seinem "Selbst" vom Kosmos her deutet.[2]

Vor dem Hintergrund einer solchen universalen Dimension der Existenz stellt sich die Frage nach dem Ursprung des Bösen und des Übels notwendig auch in diesen universalen und kosmischen Dimensionen. Entsprechende kosmologische Vorstellungen enthalten dann ätiologische Erklärungsmodelle der gegenwärtigen Welt, die gleichzeitig umfassende Heilslehren darstellen und so der Erfahrung des Menschen den integrativen Rahmen vermitteln, der ihm seine Ortsbestimmung möglich macht und ihm seinen Handlungsspielraum absteckt.

So wurde die Entwicklung des christlichen Schöpfungs- und Erbsündenglaubens entscheidend durch die Auseinandersetzung mit dieser gesamten hellenistischen und gnostisch geprägten Welt bestimmt. Durch die Begegnung mit diesen für die Antike entscheidenden Denkformen wurde die Schöpfungs- und Erbsündenlehre zu einem zentralen Element des christlichen Glaubensverständnisses.[3] Vor diesem Hintergrund muß gefragt werden: Welche Kategorien und Vorstellungsweisen machten Gnosis und Stoa so attraktiv und verwertbar für christliche Theologien?

Bei der Stoa faszinierte in erster Hinsicht ihr positives Verhältnis zur Welt. Die Welt ist für die Stoa "in Ordnung", der Mensch kann sich mit Recht in ihr wohlfühlen, Negativität kommt erst durch die Leidenschaft des Menschen ins Spiel; daher gilt es diese Leidenschaften zu überwinden. Ist die Überwindung der Leidenschaften erreicht, so bedarf es in der Welt keiner weiteren Veränderung mehr. Zu einer Veränderung der Welt selbst wäre der Mensch auch gar nicht fähig. Eine solche Veränderung kann auch nicht für erstrebenswert gelten, weil der "Welt" der *lógos*, die Weltvernunft, innewohnt. In das Wirken der Weltvernunft weiß sich der Mensch mit seinem Lebensgeschick einbezogen: So waltet in der Welt die *heimarméne*, die logoshafte Vorsehung, die ihm Ort und Geschick bestimmt. Dieser Vorstellung von Welt entspricht auch die der menschlichen Glückseligkeit (*eudaimonía*). Da die Leidenschaften Unordnung bedeuten, bringt die Freiheit von den Leidenschaften (*apátheia*) Ordnung und Ruhe in das Innere

2 Die Kosmologie, die hier den Bezugsrahmen abgibt, ist allerdings nicht die der hellenistischen Wissenschaft, sondern die der Metaphysik.

3 Im Neuen Testament stehen Schöpfungsvorstellungen ja eindeutig nicht im Zentrum; es vollzog sich also jetzt eine wichtige Umstrukturierung.

des Menschen; er befindet sich dann in Übereinstimmung mit dem universalen Logos. Die Harmonie, der Einklang mit sich selbst, steht in Entsprechung zur Harmonie des Kosmos.

Kritisch muß freilich schon an diesem Punkt die Gefahr solcher Sichtweise für christliche Theologie in den Blick gefaßt werden: Mit der Übernahme zentraler Elemente der stoischen Philosophie - nun erweitert um den Begriff eines Schöpfergottes, der als Urheber und Inbegriff der waltenden Ordnung und Vorsehung angesetzt wird - steht Theologie ganz dicht bei einer Ideologie der Faktizität, der Festschreibung des Bestehenden und damit auch So-sein-Sollenden. Vor diesem Hintergrund wird Welt zum Inbegriff des einmal Geschaffenen und so für alle Zeit Gültigen, zu einer Art "eingefrorener Schöpfung".[4] Der Gott dieser Schöpfung gilt als Garant einer von ihren Grundfesten her unerschütterlichen, fest verankerten Welt.

Sehr viel anders läßt sich die Faszination der Vorstellungen und Begriffswelt der Gnosis beschreiben: Im Gegensatz zur Stoa gilt der Gnosis die Welt nicht als Terminus einer Affirmation. Das Ureine und Urlicht der Gnosis steht in radikaler, unüberbietbar dialektischer Diastase zur Welt. Die Welt wird von dieser Krisis her zum Inbegriff der Negativität, der Finsternis, der Zerstreuung. Vor diesem Gegenpol wird alles Welthafte zur Belanglosigkeit, Wesenlosigkeit oder auch zur negativen - und damit zu überwindenden - Mächtigkeit (vgl. Kap. VII).

Insofern die Theologie gnostische Denkformen übernahm, stand sie vor der Aufgabe, einen metaphysischen Dualismus zu überwinden. Andererseits konnte jedoch die Unruhe eines Weltverständnisses beibehalten werden, das nicht bereit war, sich mit dem Gegebenen der Welt abzufinden. Gott konnte nicht wie in der Stoa als Grund einer Weltharmonie gelten, sondern mußte ganz im Gegenteil als jenes Prinzip aufgefaßt werden, von dem her die Welt radikal fraglich erscheint. Eine von solchen Prämissen her konzipierte Theologie konnte allerdings nie die offizielle Staatstheologie werden. Ebenso fand auch eine Kirche, die daran interessiert war, sich gesellschaftlich und politisch festzulegen, in ihr keine Stütze. Der geographisch wie gesellschaftlich konsequente Ort der Vertreter einer solchen Lehre ist die Wüste - der ursprüngliche Ort der Asketen, der Einsiedler und der Mönche. Dort, wo der im gnostischen Denken enthaltene kritische Weltbezug nicht bloß als reine Negation (nämlich als Absprung zum ganz anderen Gott

4 Daß sich eine so konzipierte Theologie auch von vornherein als offizielle Glaubenslehre eines Staates prädestiniert, darf außer Frage stehen, obwohl oder gerade weil die Stoa eine unpolitische Lehre war.

der radikalen, aber doch seelenimmanenten und so nur das Einzelsubjekt einbeziehenden Dialektik)[5] verstanden und verwirklicht wurde, sondern wo er zu einer kritisch sich an der Welt vermittelnden Dialektik umgesetzt wurde (die also die Weltwirklichkeit nicht nur zu "überwinden", sondern durchaus umzugestalten und zu verändern bereit war), dort mußte eine solche weltkritische und weltverändernde Theologie als Bedrohung empfunden werden - wenngleich sie dem ursprünglich christlichen Denken zweifellos näher stand. Alle Formen einer "Theologie der Revolution" waren und sind auf einem solchen Hintergrund konzipiert, und alle wurden und werden von der offiziellen Kirche als bedrohlich angesehen. Und nicht selten folgt einem solchen "revolutionären" Aufbruch eine Periode der Resignation, in welcher der Dualismus erneut auftritt; der "Revolution" folgt die "neue Innerlichkeit".

Das Weltverständnis der Stoa auf der einen und das der Gnosis auf der anderen Seite steckten den Rahmen ab, innerhalb dessen der Ort für eine biblisch-christliche Weltsicht zu ermitteln war; diese Ortsbestimmung blieb eine dauernde Aufgabe für die Schöpfungstheologie.

Zunächst aber waren Ort und Stellenwert der Schöpfungsaussage innerhalb der sich ja erst ausbildenden Theologie keineswegs klar und selbstverständlich. Die christliche Glaubenslehre war um die Verkündigung der Erlösung durch Jesus den Christus zentriert. Und wie bereits deutlich wurde, stellt die Schöpfungsaussage keineswegs das entscheidende Element der neutestamentlichen Christologie dar; vielmehr muß als entscheidendes Kriterium der neutestamentlichen Christologie die Eschatologie gelten, die ihrerseits wieder den Schöpfungsglauben impliziert. Dieser christologische Bezug des Schöpfungsglaubens trat allerdings im Rahmen der beginnenden trinitarischen Auseinandersetzungen deutlich zurück.[6] In der trinitarischen Diskussion galt die Schöpfung als vorzügliches Prädikat des Vaters.[7]

5 Dabei ist jedoch zu beachten, daß eine solche seelenimmanente Dialektik kaum je rein aufgetreten ist. Ganz im Gegenteil bedeutete solche weltverneinende Mystik in sehr vielen Fällen Kritik an der weltverfallenen Kirche und wurde auch von deren Vertretern so verstanden.

6 Wichtig wurde dieser christologische Bezug zum Schöpfungsglauben innerhalb der trinitarischen Diskussion nur dort, wo er sich als Argument für die Gottgleichheit Jesu gegenüber dem Arianismus verwenden ließ. Daß diese Argumentation überhaupt als "beweiskräftig" gelten konnte, setzt schon einen verhältnismäßig klaren Schöpfungsbegriff voraus, so daß etwa die Vorstellung einer Schöpfung durch einen nichtgöttlichen Demiurgen von vornherein nicht mehr in den Blick kommt.

7 Dabei ist jedoch auch zu beachten, daß das "Vater"-Prädikat in diesem Zusammenhang weniger aus dem neutestamentlichen Gebrauch stammt, sondern vielmehr aus

Die Nähe zur Stoa - und überhaupt zu philosophischen Denkformen - läßt sich deutlicher in der westlichen Kirche feststellen, während der Osten den ursprünglich christologischen Bezug der Schöpfungsaussage in seinen Bekenntnisformeln ausdrücklicher beibehielt.[8] Von all diesen Bekenntnisformeln läßt sich sagen, daß sie insofern der neutestamentlich-biblischen Denkform entsprechen, als in ihnen der eigentliche Nachdruck nicht auf der Schöpfungstätigkeit Gottes als solcher liegt, sondern auf der in ihr eröffneten geschichtlichen Wirksamkeit Gottes und auf der endgültigen Vollendung der Welt.

Deutlich läßt sich bei den apostolischen Vätern der Einfluß stoischen Gedankenguts feststellen, der nun zu einer stärkeren Hervorhebung des Schöpfungsglaubens in seiner besonderen Beziehung zum Vater führte.[9] So beschreibt der Korintherbrief des Klemens von Rom in hymnischer Form Schönheit, Ordnung und Zweckmäßigkeit der Schöpfung und leitet davon die ethische Forderung an die Gemeinde ab: "Wir wollen sehen, was schön, erfreulich und angenehm ist in den Augen unseres Schöpfers." (7, 3) Klemens nähert sich dabei auch dem stoischen Gedanken der *prónoia*, der göttlichen Vorsehung, die im typisch stoischen Sinn primär als die göttliche Regierung der Natur, also als kosmische Ordnung verstanden wird (20, 8).[10]

Die apostolischen Väter waren sich über die Konsequenzen der Übernahme stoischer Gedankenelemente sicher nicht im klaren. Die Problematik der Integration wichtiger Elemente der stoischen Weltauffassung blieb ebenso latent wie die der Übernahme von Elementen der stoischen Ethik. Die Übernahme der letzteren Elemente war dabei vermutlich das primäre Anliegen; dabei wurde aber eben die Kosmologie, die auch in der Stoa eine Fundierungsfunktion für die Ethik hatte, mit übernommen. Dies war um so leichter möglich, als wichtige Begriffe der Stoa sich mit biblischen Begriffen deckten und die Unterschiede des Inhalts dieser Begriffe, obwohl durchaus tiefgreifend, doch keineswegs auf den ersten Blick erkennbar waren.[11] Nach der Vorstel-

dem sprachlichen Umfeld der Stoa.

8 Vgl. dazu die Bekenntnisformeln des Konzils von Nikaia: "*per quem omnia facta sunt*" (DS 125); ähnlich das "Nicaeno-Constantinopolitanum" (DS 150) und die ältere Bekenntnisformel des Cyrill von Jerusalem (DS 41).

9 Ausdrückliche Hinweise auf die Vorstellung einer Erbsünde fehlen noch. Sowohl der Barnabasbrief aus der ersten Hälfte des 2. Jh.s als auch die apokryphe Apokalypse "Hirt des Hermas" aus der Mitte des 2. Jh.s lassen eine sehr positive Grundeinstellung zur Welt erkennen.

10 Vgl. *B. Altaner - A. Stuiber*, Patrologie, Freiburg [8]1978, 46.

11 Es gilt bis in die Gegenwart, daß charakteristisch stoische Verhaltensweisen als "ty-

lung der Stoa sind im Weltstoff vernünftige Kräfte (sogenannte *lógoi*) zusammengefaßt. Diese Urkraft - auch als *pneûma* bezeichnet - ist Grund der Notwendigkeit allen Geschehens und wird so zur *prónoia*, zur Vorsehung, der sich der Mensch einzuordnen und unterzuordnen hat. Das Heil des Menschen wird gerade durch die Einsicht in solche Gesetzmäßigkeiten erlangt. Von daher leitet sich auch die Vorstellung des inneren Friedens ab, die sich aus der Unterwerfung des Subjekts unter die *heimarméne* als der Übereinstimmung mit der kosmischen Ordnung ergibt. Dieser stoische Weltentwurf bedeutet im ethischen Sinn freilich nicht eine Aufforderung zu humaner Gestaltung der Welt, sondern dient als Anleitung zum bestmöglichen Ertragen der Dinge, wie sie faktisch sind.[12]

Von der Stoa aus gibt es freilich keinen Raum für den Gedanken einer "Schöpfung aus dem Nichts" - womit sich die Stoa allerdings innerhalb des allgemeinen Rahmens der griechischen Philosophie bewegt. In einem ganz anderen Sinn als dem von der christlichen Theologie später gemeinten findet sich eine solche Formulierung bei dem Sophisten Xeniades, der damit eine Konsequenz der eleatischen Ontologie zieht: Wenn die erscheinende Welt tatsächlich nur Erscheinung ist und nicht Realität, so ist sie "aus Nichts" geschaffen.[13] Diese Auffassung übte aber schon in der griechischen Philosophie nur wenig Einfluß aus.[14]

Erstmals in der Theologie der apostolischen Väter spielte die Formel der "Schöpfung aus dem Nichts" eine Rolle in der apokryphen Apokalypse des "Hirten des Hermas":

> Fürs allererste: glaube, daß es einen Gott gibt, der alles erschaffen und vollendet und aus Nichts gemacht hat, daß es sei, indem er auch alles umfaßt, während er allein unfaßbar ist.[15]

Ähnlich auch:

> Der Gott, der in dem Himmel wohnet und der aus dem Nichts das Seiende erschaffen, erweitert und vermehrt hat ...[16]

pisch christlich" bezeichnet werden.

12 Vgl. *A. Ehrhardt*, The Beginning. A Study in the Greek Philosophical Approach to the Concept of Creation from Anaximander to St. John, Manchester 1968, 158f.

13 Vgl. *H. Diehls* - *W. Kranz*, Die Fragmente der Vorsokratiker II, Dublin - Zürich 1972, 271.

14 Vgl. *Ehrhardt*, a.a.O. 145.

15 Mand. 1,1; in: BKV^2 Apostolische Väter I, München 1918, 203.

16 Vis. I 1,6; in: ebd. 179.

Biblischer Hintergrund dieser bekenntnisähnlichen Formel ist die berühmte Stelle des 2. Makkabäer-Buches:

> Ich bitte dich, mein Kind, schau dir den Himmel und die Erde an; sieh alles, was es da gibt, und erkenne: Gott hat das aus dem Nichts erschaffen, und so entstehen auch die Menschen. (2 Makk 7, 28)[17]

Dieser Schöpfungsglaube steht in innerem Zusammenhang mit der Auferstehungshoffnung, die einer der makkabäischen Brüder formuliert:

> Du Unmensch! Du nimmst uns dieses Leben; aber der König der Welt wird uns zu einem neuen, ewigen Leben auferwecken, weil wir für seine Gesetze gestorben sind. (2 Makk 7, 9)

Auch der 2. Klemensbrief spricht - bezogen auf Christus - von der Schöpfung "aus dem Nichts": "Er rief uns, da wir nicht waren, und er wollte, daß wir aus dem Nichts ins Dasein treten." (1, 8)

Die Formel der "Schöpfung aus dem Nichts" war den apostolischen Vätern also durchaus bekannt seit der ersten Verwendung in der apokryphen Apokalypse des "Hirten des Hermas" - verwendet in einer Form, die an ein Glaubenssymbol erinnert. Auch Irenäus und Origenes zitieren diese bekenntnishafte Schöpfunsaussage. Weshalb wurde dann diese Formel, die sich doch als Einfügung in die offiziellen Glaubenssymbole anbot, nicht deutlicher aufgegriffen, warum hatte sie sich in der Folgezeit gegen erhebliche Schwierigkeiten durchzusetzen? Es darf zumindest die Vermutung geäußert werden, daß die Bekenntnisformel einer "Schöpfung aus dem Nichts" als Rückhalt für doketische Lehren mißverstanden werden konnte.[18]

Weiter aber müssen wir festhalten, daß die Schöpfungsfrage ganz und gar nicht im Zentrum der neutestamentlichen Verkündigung und der der ersten Generation danach gestanden hatte (vgl. Kap V). In der Erlösungslehre war zwar als Voraussetzung eine bestimmte Wertung der Welt enthalten, es bestand aber vorläufig gar keine Notwendigkeit, diese Voraussetzung eigens zu explizieren. Das Christentum trat ja zunächst als Konkurrent gegenüber anderen Erlösungsvorstellungen und Heilslehren (Stoa, Mysterienkulte, Gnosis usw.) auf, nicht aber als

17 Ob an dieser Stelle der Makkabäerbücher tatsächlich im strengen Sinn von einer "Schöpfung aus dem Nichts" die Rede ist, oder ob vielmehr im Sinn des griechischen Denkens der Hintergrund von 2 Makk 7,28 ähnlich wie der von Weish 11,22 in der Nähe des platonischen Materiebegriffs gesucht werden muß, darf unentschieden bleiben.

18 Vgl. *Ehrhardt*, a.a.O. 167f.

Konkurrent "alternativer Kosmologien", wie ja auch im späteren Hellenismus ganz allgemein die kosmologischen Fragen hinter den Fragen der Lebensbewältigung stark zurückgetreten waren (vgl. Kap. IV. 3).

Die Auseinandersetzung um "Welt" wird vor allem an einer für die Lebenspraxis relevanten Frage ansetzen, nämlich der nach der Wertung der materiellen Welt. Bei den apostolischen Vätern stand jedoch die theologische Auseinandersetzung um Wertung (und Ursprung) der Materie erst am Anfang. Die platonische und die gnostische Abwertung der Materie sollte sich als eine der gefährlichsten Bedrohungen christlicher Glaubensidentität erweisen; aber auch die eleatische Negation der Realität des Vielen und der Bewegung mußte für einen auf geschichtlicher Tatsächlichkeit beruhenden Glauben eine innere Bedrohung darstellen. Diese Probleme traten jedoch erst langsam ins Bewußtsein.

Deutlicher als bei den apostolischen Vätern zeigte sich bei den Apologeten des 2. Jh.s der Einfluß der Philosophie. Dieser Sachverhalt entsprach ihrem Selbstverständnis, nach dem Beispiel jüdischer Apologeten wie Philon zu zeigen, daß im Christentum die "wahre und zuverlässige Philosophie" enthalten sei. In ihrer Auseinandersetzung griffen sie vor allem auf Denkkategorien des mittleren Platonismus zurück (der neben platonischen auch aristotelische und stoische Elemente enthielt), während sie sich deutlich von der Gnosis abzusetzen suchten. Diese Ausgangsposition, sosehr sie geschichtlich verständlich ist, enthielt doch eine besondere Problematik: Die Auseinandersetzung mit den unmittelbaren Konkurrenten der Gnosis (Konkurrenten auch in der Gunst des Publikums) fand kritisch statt, dabei aber wurden die Instrumente der Kritik Konzeptionen entnommen, die mittelbar (aber vielleicht viel prinzipieller als die Gnosis) ebenso Alternativen darstellten - doch diese Übernahme fand eben statt, ohne daß dieses Instrumentarium auf seine Adäquatheit hin kritisch geprüft worden wäre.[19] Verständlich wird diese Wahl des Instrumentariums insofern, als die Apologeten, um sich von der Gnosis abzusetzen, als Basis der theologischen Anthropologie und Kosmologie die Behauptung der Erkenntniskraft und Entscheidungsfreiheit des Menschen ansetzten.

Drei Beispiele sollen das Denken der Apologeten verdeutlichen: Justinus (gest. um 165), genannt der "Philosoph und Märtyrer", hatte

[19] Die Auseinandersetzung mußte dann später innerhalb des christlich theologischen Denkens nachgeholt werden, so z.B. in der Diskussion um den Pelagianismus (vgl. Kap. IX. 1). Da diese Auseinandersetzung jedoch eben eine "innerhalb" geworden war, blieb sie weiter aktuell, vom "Semipelagianismus" bis zum "Semirationalismus" des 19. Jh.s, und ist heute noch aktuell.

sich mit peripatetischer, stoischer und pythagoräischer Philosophie beschäftigt. Nachhaltigen Einfluß übten die Lehren Platons und der Stoa auf ihn aus. So betont Justinus die Transzendenz, Endlosigkeit und Unergründlichkeit des Schöpfergottes; er bezeichnet Gott als "den Vater und Schöpfer des Alls" (*tòn patéra kaí demiourgòn pánton*, in: Apol. II, 10). Dabei muß gesehen werden, daß das "Vater"-Prädikat Gottes in diesem Zusammenhang - ähnlich wie bei den apostolischen Vätern - nicht vom biblischen, sondern vom stoischen Gebrauch des Wortes geprägt ist. Bezüglich der Schöpfungstätigkeit Gottes sieht Justinus in der Annahme einer bereits vorgegebenen Materie kein Hindernis für die freie und einzigartige Schöpfungstätigkeit Gottes;[20] dieser Zusammenhang macht deutlich, daß die "Schöpfung aus dem Nichts" im 2. Jh. eben nicht als selbstverständliche Voraussetzung des Schöpfungsglaubens angesehen wurde. So formuliert Justinus (in Apol. I, 10 entsprechend der biblischen Stelle Weish 11, 17) vom Vater: "Alles hat er aus der gestaltlosen Materie geschaffen" (*pánta ... demiourgêsai autòn ex amórphou hýles*).

Die starke Betonung der Tranzendenz Gottes bei Justinus wirft das Problem der Beziehung Gottes zur Welt auf. Dieses Problem sucht Justinus durch die Mittlerfunktion des Logos zu lösen. Damit wird die Logos-Theologie, die ursprünglich, auch bei Justinus, soteriologisch gedacht war, in zunehmendem Maß im Rahmen kosmologischer Fragen herangezogen.[21] Der Logos wird, in ähnlicher Weise wie in der Schöpfungslehre Philons, in Unterordnung unter den Vater - also im Sinn der späteren Trinitätsdiskussion subordinatianisch - verstanden. Diese Unterordnung ändert aber bei Justinus nichts an der soteriologischen Bedeutung dieses Mittlers: Die Präsenz des Logos in der Schöpfung stellt den Grund der im wesentlichen zu allen Zeiten offenstehenden Möglichkeit des Heils für den Menschen dar. Erst das Christentum besitzt in Jesus den Logos im vollen und uneingeschränkten Maß. Justinus vertraut dabei durchaus auf die Kraft des Menschen. Er vertritt also nicht die Auffassung, daß durch die Sünde Adams den Menschen ein für allemal der Weg zur Gerechtigkeit versperrt worden sei, denn erst indem die Menschen durch ihre eigene Tat Adam und Eva ähnlich werden, erwirken sie sich den Verlust der Gerechtigkeit.

20 Vgl. *G. May*, Schöpfung aus dem Nichts. Die Entstehung der Lehre von der creatio ex nihilo, Berlin - New York 1978, 124-127.

21 Vgl. *B. Studer*, Gott und unsere Erlösung im Glauben der Alten Kirche, Düsseldorf 1985, 120.

Eine ähnliche Subordination des Logos, der im platonischen Sinn auf seine Schöpfungsfunktion hin eingeschränkt erscheint, findet sich gegen Ende des 2. Jh.s bei dem in Syrien tätigen Apologeten Tatian. Im Gegensatz zu seinem Lehrer Justinus lehnt er die griechische Philosophie weithin ab und nähert sich stark dem gnostischen Denken; damit hängt sein Interesse an der Erklärung des Bösen und seines Ursprungs zusammen. Ursprünglich wohnte im Menschen neben seiner Seele auch ein höherer Logos, der ihm Anteil an dem Schöpfungslogos selbst gewährte. Infolge der Sünde verließ dieser höhere Logos den Menschen. Die Ursünde zieht also einen Fall des Menschen nach sich. Als Erbschuld läßt sich dieser Fall jedoch nicht beschreiben, da der Mensch aus eigener Kraft die Logoshaftigkeit in sich, seine Gottebenbildlichkeit, wiederherzustellen vermag. Hinsichtlich der Schöpfungstheologie setzt sich Tatian allerdings deutlich von gnostischen Vorstellungen ab: Er nimmt keine anfangslose Materie an und kann so als Zeuge für die "Schöpfung aus dem Nichts" gelten.

Eine versöhnliche Haltung gegenüber der griechischen Philosophie und Kultur nimmt der Apologet Athenagoras (aus Athen) ein; sein Denken zeigt sich vom griechischen Geist geprägt, ohne daß es sich einer bestimmten Schule zuordnen ließe. Theologie gilt ihm als vernünftiges Denken:

> Der Beweis für die Lehren der Wahrheit oder für die, wie nur immer vorgelegten Sätze geht, wenn er das Besprochene wirklich unzweifelhaft gewiß machen will, nicht von Dingen aus, die außerhalb der Sache liegen, auch nicht von gegenwärtigen und früheren Autoritäten, sondern vom allgemeinen und natürlichen Denken oder von der logischen Konsequenz aus gegebenen Prämissen.[22]

Gerade in der vernünftigen Urteilskraft trägt der Mensch ein Bild des Schöpfers in sich. Eine Schwächung oder Vernichtung dieser Erkenntnisfähigkeit des Menschen durch eine Erbschuld kennt Athenagoras nicht. So hat sich auch das Ziel des Menschen zu allen Zeiten nicht verändert:

> Wenn also der Weltschöpfer den Menschen dazu geschaffen hat, daß er ein verständiges Leben habe und, nachdem er einmal Gottes Herrlichkeit und Schöpferwerk geschaut, immerdar in der Schauung dieser Dinge bleibe, wie es der Absicht des Schöpfers und der Natur des Menschen entspricht, so ergibt sich aus der Entstehungsursache die Gewißheit der ewigen Fortdauer, aus dieser aber die Gewißheit der Auferstehung, ohne die es eine Fortdauer des Menschen nicht geben könnte.[23]

22 *Athenagoras*, Über die Auferstehung der Toten 14, in: BKV^2 Frühchristliche Apologeten I, 357.

23 Ebd. 356.

Zusammenfassung

1. Vorherrschend läßt sich ein Vertrauen in die Kräfte des Menschen beobachten, wobei nicht mit einem Sündenfall des Menschen mit "ontologischen" Konsequenzen gerechnet wurde.

2. Die Vorstellung einer "Schöpfung aus dem Nichts" läßt sich zwar feststellen, setzte sich jedoch als Bekenntnisformel erst sehr langsam durch. Solange die Materie nicht im dualistischen Sinn als böses Prinzip konzipiert wurde, sondern als "wertfrei" galt, wurde die Annahme einer ewigen Materie nicht als glaubensgefährdend empfunden.

3. Die Betonung der Transzendenz Gottes ließ die Schöpfungsvermittlung des Logos stärker hervortreten; die genaue theologische Qualifizierung dieser Schöpfungsvermittlung des Logos blieb jedoch noch unklar, manchmal wurde sie auch subordinatianisch gedacht.

4. Der Gedanke der Vorsehung (der *prónoia*) wurde zwar in Ablehnung des Fatalismus, der die Willenskraft des Menschen aufheben würde, gedacht, behielt aber dennoch einen stoischen Hintergrund, insofern er mehr von der Natur als von der Geschichte her konzipiert wurde.

5. Die Aussagen über den Schöpfergott und den Schöpfungsmittler standen in Zusammenhang mit der Frage der ethischen Möglichkeiten des Menschen.

VII Die Faszination der Negation
Origenes und der Neuplatonismus

1. Die Welt als Gegenmacht: Gnosis

Entscheidend für die gesamte spätere theologische Reflexion und ebenso für die im weitesten Bereich des Christentums denkende Religionsphilosophie wurde die Auseinandersetzung mit der Gnosis. Zu ihr stand die christliche Theologie in einem seltsamen dialektischen Verhältnis: Sie setzte sich gegen Formen der Gnosis zur Wehr und war doch gleichzeitig von ihr fasziniert. Dementsprechend sind die Zusammenhänge und Beziehungen zwischen Theologie und Gnosis komplex und oft undurchsichtig. Diese Undurchsichtigkeit hängt auch mit dem Tatbestand zusammen, daß die Gnosis selbst ein nur schwer überschaubares Phänomen darstellt.[1] So gibt es keine "Urform" der Gnosis; ebenso sind die Übergänge einer Form in die andere (etwa die von außerchristlicher zu christlicher Gnosis) durchaus fließend. Schwierig ist es auch, das Gemeinsame der verschiedenen gnostischen Systeme anzugeben - das also, was überhaupt die Berechtigung gibt, den Begriff "Gnosis" auf diese Systeme anzuwenden. In einem ganz allgemeinen und formalen Sinn ist aber wohl allen Systemen gemeinsam, daß in ihnen Erlösung durch Erkenntnis vermittelt werden soll, wobei Erlösung Vereinigung mit dem Göttlichen bedeutet. Die Erlösung wiederum ist erfordert aufgrund der Annahme eines kosmischen und anthro-

1 Vgl. schon *Irenäus*, Adv. haer. I 21,1; in: BKV^2 Irenäus I, 64: "Da sie (sc. die Gnosis) nun kein festes Gefüge hat, so ist es nicht möglich, sie klar und mit einem Satze wiederzugeben, denn jeder erklärt sie, wie es ihm gefällt. So viel Erklärer, so viel Erklärungen!" - Was Irenäus hier von der Gnosis sagt, gilt heute von der Gnosisforschung; vgl. den Überblicksartikel von *H.J.W. Drijvers*, Die Ursprünge des Gnostizismus als religionsgeschichtliches Problem, in: K. Rudolph (Hrsg.), Gnosis und Gnostizismus, Darmstadt 1975, 798-841.

pologischen Dualismus; und schließlich ist die Erlösung (= Erkenntnis) nur erreichbar durch Vermittlung eines Offenbarers.[2]

Von entscheidender Bedeutung ist der "Schlüssel" zur Erkenntnis, da die Wirklichkeit, so wie sie sich darbietet, eben nicht die "Wahrheit" ist, sondern zunächst nur in ihrem fremden, feindlichen Charakter erfahren wird, ohne daß der eigentliche Grund dafür erkannt wäre. Oft spielen dann bei der begrifflichen Deutung Zahlenspekulationen oder Zahlenmystik eine wichtige Rolle. Zahlen können in Buchstaben und Buchstaben in Zahlen verwandelt werden,[3] sofern die entscheidende Erkenntnis, das Wissen um den Übertragungsschlüssel, erschlossen ist. Dort, wo es um das Begreifen des letzten Weltgrundes geht, setzt die Spekulation bei der Zahl an - nicht als arithmetischer Einheit, sondern als qualitativer Urform.

Irenäus berichtet von der Lehre des Gnostikers Markus:

> Die Erschaffung der Äonen und die Geschichte vom Schaf, das verlorenging und wieder gefunden wurde, ist ihnen ein und dasselbe, und sie versuchen sie mystisch zu deuten, da sie ja alles auf Zahlen zurückführen, indem sie sagen, aus der Einheit und Zweiheit sei das All entstanden; und von der Einheit bis vier zählend, bringen sie die Zahl zehn zustande, denn die Summe von 1 und 2 und 3 und 4 ergibt die Zahl der zehn Äonen. Indem aber die Zweiheit ihrerseits bis zum Haltezeichen von sich ausging, brachte sie die Zwölfheit hervor, d.h. 2 und 4 und 6. (...) Die Zwölfheit aber, die das Haltezeichen bei sich hat, nennen sie Leidenschaft, weil es immer hinter ihr her läuft. Darauf weise deswegen das Schaf hin, das fortlief und sich verirrte, weil von der Zwölfheit der Abfall sich vollzog.[4]

Pythagoräische und biblische Motive werden hier frei kombiniert,[5] um den Ursprung der Welt und den des Übels, der Verirrung, zu deuten.

Nach der Lehre der Gnosis ist die Welt durch die *agnoia*, die Unwissenheit, entstanden. Die Welt ist also im Grunde bestimmt durch eine Negation - und die Aufhebung dieser Negation (und somit die

2 Vgl. z.B. *S. Arai*, Zur Definition der Gnosis in Rücksicht auf die Frage nach ihrem Ursprung, in: K. Rudolph (Hrsg.), Gnosis und Gnostizismus, a.a.O. 646-648; *A.D. Nock*, Gnostizismus, in: ebd. 555.

3 Vgl. *Irenäus*, Adv. haer. I 16; a.a.O. I, 55: "So entspreche der Typus der Buchstaben völlig dem Schema der Rechnung."

4 Ebd. I 16; a.a.O. I, 53f.

5 Dabei handelt es sich vermutlich schon um eine spätere Form der Gnosis. - Die prinzipielle Frage, ob es eine "vorchristliche Gnosis" gegeben hat, hängt wieder von der Definition von "Gnosis" ab. Die Frage ist bis heute sehr umstritten. *Drijvers*, a.a.O. 838f., weist zu Recht darauf hin, daß wir dabei genau zwischen einer funktional-strukturalistischen und einer historischen Betrachtungsweise unterscheiden müssen. Im folgenden wird vor allem mit einer solchen funktionalen Betrachtungsweise gearbeitet.

Aufhebung von Welt) durch eine ihr entgegengesetzte Negation ist Gnosis. Dies wird deutlich in der Charakterisierung der Gnosis durch Irenäus:

> Von der Unwissenheit kam die Verfehlung und die Leidenschaft, durch die Gnosis werden die Folgen der Unwissenheit wieder aufgehoben. Daher ist die Gnosis die Erlösung des inneren Menschen. Sie ist nichts Körperliches wie der vergängliche Leib, noch etwas Seelisches wie die aus der Verfehlung herstammende Seele, die doch nur des Geistes Wohnung ist, sondern notwendigerweise etwas Geistiges. Die Gnosis erlöst den inneren, geistigen Menschen; in der Erkenntnis des Ganzen hat er sein Genügen, und dies ist die wahre Erlösung.[6]

Aus diesem Zusammenhang wird die Zuordnung von Kosmologie und Kosmogonie deutlich: Die Gnosis ist nicht an einer unabhängigen und selbständigen spekulativen Ontologie interessiert, sondern an einer Erlösungslehre, in der versucht wird, sich in der Erkenntnis über die als hindernd erfahrene Materie zu erheben, die die Endlichkeit des Daseins schmerzhaft fühlbar macht und so als der Grund allen Übels qualifiziert wird. In der Erkenntnis der Kraft und Schwere der Materie liegt die erlösende Kraft, sich von dieser Schwere zu befreien. Die Kosmogonie wird daher zu einer Implikation der Erlösungslehre. Die Eigenart des gnostischen Weltverständnisses hängt mit einer Welterfahrung (einem Weltgefühl) zusammen, die sich einer adäquaten Analyse entzieht, sich ihr auch entziehen soll, wobei diese Grenze rationaler Analysemöglichkeit sogar zu einem konstitutiven Element ihrer selbst, also der Welterkenntnis durch Gnosis, erhoben wird.

Das gnostische Weltverständnis kann durch den Unterschied zum "klassischen" griechischen Weltverständnis verdeutlicht werden. Die Griechen hatten sich in ihrer Welt heimisch gefühlt. Die Theorie, die die Welt und deren Grund (die Arché) oder deren Gründe zu erfassen und so vertraut zu machen suchte, diente der Sicherung dieses Daseinsverständnisses und der damit verbundenen Lebenspraxis. Dieses Bemühen um die Sicherung des Daseins zeigt sich im Begreifen der Arché bei den Vorsokratikern; es zeigt sich in den Ideen Platons, die das Unvergängliche des Weltsinnes offenbaren; ebenso auch bei dem die Ordnungsgesetzlichkeit der Welt sichernden *noûs* des Aristoteles; und schließlich ebenso in dem die immanente Weltgesetzlichkeit garantierenden Logos der Stoa. Alle diese philosophischen Konzepte hoben auf das Höchste im Menschen ab, nämlich seine Vernünftigkeit, die im Innersten dem ordnungstiftenden Grund des gesamten Kosmos

6 *Irenäus*, Adv. haer. I 21,4; a.a.O. I, 66.

verwandt ist. In dieser grundlegenden Übereinstimmung zwischen Wesensprinzip des Menschen und Ordnungsprinzip des Kosmos erfuhr der Mensch die Harmonie des Weltganzen und sich selbst als Teil dieser Harmonie. Der Kosmos konnte so als eigentlicher Lebensraum, als gesicherter Ort des Menschen verstanden werden.

In der Gnosis kommt ein völlig anderes Lebens- und Weltverständnis zum Ausdruck.[7] Im Menschen bricht die Angst vor der Welt und vor sich selbst durch; die Welt wird nicht mehr als gesicherter Lebensraum, sondern als Ort der Unsicherheit und der Verunsicherung erfahren. Der geschichtliche Grund dieses Lebensverständnisses läßt sich nur vermuten: Möglicherweise liegt ihm das Schicksal großer Menschheitsgruppen während langer Perioden - Jahrhunderte, Jahrtausende? - zugrunde, bei denen sich aufgrund der Erfahrung geschichtlicher Machtlosigkeit der Eindruck von Fremdheit und Feindseligkeit der Welt tief eingewurzelt hat. Vor diesem Hintergrund drückt sich die Wahrheit des Daseins in der Gleichung aus: Welt = Finsternis (*kósmos* = *skótos*). Dieser Gleichung liegt eine ganz andere ontologische Tiefe zugrunde als der orphisch-platonischen Gleichung Leib = Grab (*sôma* = *sêma*). Denn letztere Gleichung läßt eben doch das Begreifen der Welt zu, während sich in der gnostischen Gleichung eine Verdunkelung der Erkenntnisfähigkeit überhaupt ausdrückt und die Welt gar nicht Objekt von Erkenntnis sein kann (Erkenntnis ist immer eine im Licht), sondern nur Objekt totaler Negation.[8] So verfällt in der Gnosis auch die Seele selbst (nicht nur der Leib wie im orphisch-platonischen Denken) der Finsternis des Kosmos. Immerhin hat die Verfallenheit an die Finsternis nicht den letzten Grad der Totalität erreicht, insofern das Bewußtsein noch um sein Verfallensein weiß - und wenigstens in diesem Bewußtsein, wenn auch nur in reiner Negativität, die Differenz offenhält. Als Konsequenz dieses Bewußtseins der Verfallenheit kann es Erlösung nur in der restlosen Aufgabe des zeitlich-weltlichen Bewußtseins geben. "Im Griechentum war 'das Göttliche' Garantie der Weltwirklichkeit, ja selber ihre ontologische Idealisierung (...). In der Gnosis dagegen vollzieht sich die prinzipielle Entgegensetzung von Gott und Welt überhaupt (...). Die von ihm (sc. Gott) gewirkte Erlösung ist Brechung des Bannes der

7 Wenn von "völlig anders" gesprochen wird, so handelt es sich dabei natürlich um eine Typologisierung, die der geschichtlichen Realität nicht ganz gerecht wird. Z.B. finden sich in der platonischen Philosophie (und nicht nur in Randbereichen derselben) Elemente orphischen und pythagoräischen Denkens, die ihrerseits gnostischen Denkformen nicht fern sind.

8 Vgl. *H. Jonas*, Gnosis und spätantiker Geist I, Göttingen 1964, 144.

Welten, Lösung der welthaften Bindung: er selbst ist eigentlich das Prinzip der Aufhebung aller Weltwirklichkeit (...)."[9]

Am deutlichsten zeigt sich die Umkehrung des Lebensverständnisses im Begriff des Kosmos: War der Kosmos bei den Griechen der Inbegriff des Werthaften, die Basis jedes wertbestimmten Handelns und jeder axiologischen Aussage, so wird der Kosmos für die Gnosis die Negation des Wertes, der Ausfall des Sinnes und die Unmöglichkeit eines an ihm orientierten Handelns. Wie die als "Schöpfung" qualifizierte Welt den Israeliten nie zu einer negativwertigen Welt werden konnte, so konnte auch der Kosmos für die Griechen nie seine Sinnbestimmtheit verlieren. Zwar bestreitet auch die Gnosis nicht Ordnung und Gesetz des Kosmos, doch sieht sie in ihnen eine dem Menschen zutiefst feindselige Ordnung, ein den Menschen vernichtendes Gesetz, das ihm auch keinen Sinn vermitteln kann. "Das ganze Weltsystem, der Kosmos, ist also für den Gnostiker ein Zwangssystem, das er daher mit 'Finsternis', 'Tod', 'Trug', 'Schlechtigkeit' umschreiben kann. 'Der Kosmos ist die Fülle des Schlechten' (Corp. Herm. VI, 4). Seine Entstehung geht auf niedere, gottesfeindliche Mächte zurück, die vor allem dem Menschen zusetzen, der sich in diesem 'Gehäuse' vorfindet, ohne zunächst Mittel und Wege zu haben, ihm zu entrinnen."[10] So setzt die Gnosis dann zwischen dieser Welt und und dem über- oder - deutlicher noch - gegenweltlichen Gott eine radikale Kluft an. Licht und Leben bleiben dem Bereich jenseits der Welt vorbehalten.[11]

Welt bleibt damit nicht reine Leere, Nichtigkeit, wertneutral, sondern erhält als Inbegriff von Finsternis und Tod eine negativ bestimmte, entgegengesetzte Mächtigkeit. In dieser Entgegensetzung liegt der Grund des gnostischen Dualismus. Die Negativität besteht nicht einfach in einem Mangel an Gutem; in ihrer bedrängenden Dichte wird ihr ein Substanzcharakter zugeschrieben, dessen Selbständigkeit nur und gerade aus der Entgegensetzung zum Guten und zum Licht herrührt. Aus dieser Entgegensetzung heraus denkt die Gnosis: So sind auch die Gottesprädikate strikte Negation dieser Welterfahrung. Welterfahrung aber vollzieht sich nicht in Unmittelbarkeit, sondern ist ihrerseits bereits aus der Negation hervorgegangen.[12] Welt

9 Ebd. 146.

10 *K. Rudolph*, Die Gnosis. Wesen und Geschichte einer spätantiken Religion, Göttingen 1977, 77.

11 Vgl. *Jonas*, a.a.O. 149.

12 Vgl. ebd. 152.

wird in dem, was sie wirklich ist, erst und nur dort erfahren, wo der Geist sich ihr strikt entgegensetzt.

Damit ermöglicht diese negativ vermittelte Welterfahrung keine Basis für ein Erkenntnisinteresse, das sich auf konkrete Phänomene der Welt und Aussagen über solche richten könnte, sondern orientiert sich ganz auf das "Außerhalb", auf das Über- und Jenseits-Steigen, auf Transzendieren. Dabei charakterisiert es das gnostische Denken, daß sein Transzendenzbegriff nicht von einem entsprechenden Immanenzbegriff der Welt kontrapunktiert wird, sich beide also nicht dialektisch vermitteln können. Gnostische Transzendenz wird einzig erreicht von einem durch die Negation von Welt vermittelten Inneren des Menschen aus. So hat die gnostische Transzendenz auch keinen "realen", welthaften Ansatz; der innere Mensch erreicht sie ausschließlich in der Erlösung, d.h. in der Loslösung von allem Welthaften des äußeren Menschen, zu dem allerdings sogar die Seele gehört.

Als negativ besetzte Gegenmacht wird die Welt hypostasiert im "Fürsten der Welt und der Finsternis" (*árchon toû kósmou*). Unter seiner Herrschaft lebt der Mensch und erfährt so sein Leben als ihm auferlegtes, unbarmherziges Schicksal, das sich auch im unveränderlichen Lauf der Gestirne abbildet. Entsprechend dieser Unveränderlichkeit läßt sich auch die Welt in jedem Augenblick als notwendiges Resultat einer Vielzahl kosmischer Kräfte verstehen, deren je verschiedene Konstellationen die Wirklichkeit bestimmen - ohne damit jedoch eine teleologische Sinnrichtung anzudeuten (eine solche Sinnrichtung würde ja der Negativität der Welt widersprechen). Diese Gesetzmäßigkeit vermittelt nun nicht - wie z.B. in der Stoa - dem Menschen die Möglichkeit, sich in die Ordnung einzufügen, sondern bringt im Gegenteil nur das Gefühl sinn- und ziellosen Zwanges hervor. Der Sternenhimmel wird zum Symbol einer gewaltsam gesetzten Grenze. Im Unterschied zum griechischen Weltverständnis bildet der Kosmos somit nicht mehr die Ganzheit der Wirklichkeit, sondern macht nur einen partikulären Bereich aus, der durch die siderische Grenze zur zwanghaften Enge wird. Von diesem Weltverständnis her erhält der Begriff des Jenseits einen präzisen Sinn: Er eröffnet und bezeichnet den Bereich jenseits der Fixsternsphäre, welche die Welt in sich abschließt.[13] Dieser "Bereich jenseits" ergibt jedoch keinen Vorstellungsbereich, keine Anschaulichkeit, also auch keinen echten "Ort", da Vorstellung und Anschaulichkeit zum weltlichen Bereich gehören, der aber durch die Transzendenz einer radikalen Negation unterzogen wird. Entschei-

[13] Vgl. ebd. 165.

dend sind dabei gar nicht die in den gnostischen Systemen verwendeten mythologischen Bilder, sondern die im Mythos zum Ausdruck kommende Bewegung, die, wie H. Schlier es ausdrückt, "als Fallen, Sinken, Geworfenwerden, Erheben, Aufsteigen, Getragen- und Erhöhtwerden den Mythos durchwaltet und dramatisiert. Gerade in solcher Projektion des Erkennens in das mythische Drama spiegelt sich der Vorgang der Gnosis im Innersten als *Vorgang des Transzendierens* wider."[14]

Jedenfalls leistet die als Jenseits vorgestellte Transzendenz die Qualifikation der Welt, die als ausgeschlossene ihre negative Bestimmtheit erhält: Die Welt wird zu dem, woraus und über das hinaus Erlösung gesucht werden muß. Die Verneinung der Welt erhält so einen intentionalen Sinn;[15] sie verharrt nicht in einer unaufhebbaren Verzweiflung an innerweltlicher Sinnfindung, sondern verweist auf das Jenseits der Welt als den Ort der Erlösung. Diese Verlagerung des "eigentlichen" Lebensraumes bestimmt den Menschen seinem innersten Wesen nach als nicht-weltliches oder - stärker noch - gegenweltliches Wesen, obwohl die volle Verwirklichung dieses "eigentlichen Wesens" des Menschen außerhalb der Reichweite seiner autonomen Kräfte liegt. In all den Bereichen, in denen der Mensch eine Verwandtschaft mit der Welt erfährt, erfährt er nicht seine eigentliche Identität, ist er nicht er selbst; dort, wo er wahrhaft bei sich ist und so er selbst wird, ist er der Welt radikal fremd. Erlösung, d.h. Gnosis, führt den Menschen, oder richtiger: das Pneumatische im Menschen in einen anderen Bereich, der "Fülle" (*plêroma*) und "Tiefe" ist, wie Irenäus berichtet:

> Die Erlösung, sagen sie, sei notwendig für die, welche die vollkommene Gnosis erlangt hätten, damit sie für die allerhöchste Kraft wiedergeboren würden. Denn anders sei es nicht möglich, in das Pleroma zu gelangen, da nur die Erlösung sie in die Tiefe der Tiefe hinabführt.[16]

Die so weltentfremdete Selbstheit findet Kommunikation mit anderen Subjekten nicht im gemeinsamen Medium der Welt, sondern - negativ bestimmt - im Medium der gemeinsamen Einsamkeit als der Erfahrung der zu überwindenden Negativität der Welt.

Am Weltbegriff wird deutlich, daß die Schöpfungslehre - trotz ihrer oft reichen Ausformung in komplizierten Äonenlehren - für die

14 *H. Schlier*, Gnosis, in: K. Rudolph (Hrsg.), Gnosis und Gnostizismus, a.a.O. 498f.

15 Vgl. *Jonas*, a.a.O. 166.

16 *Irenäus*, Adv. haer. I 21,2; a.a.O. I, 64.

Gnosis doch nur eine untergeordnete Rolle spielen kann. Sie bildet die dunkle, verworrene und undurchschaubare Folie, vor der der ganz andere Gott erscheint.

Diese körperliche Welt aber ist, wie schon gesagt, aus der niederen Bestürzung und Ratlosigkeit entstanden, und zwar entspricht die Erde dem Zustand der Bestürzung, das Wasser der Bewegung der aus der Furcht entstandenen Tränen, die Luft dem Verharren der Trauer, das Feuer aber ist in ihnen allen als Tod und Verderben enthalten, wie auch die Unwissenheit in allen drei Affekten verborgen ist.[17]

Demgegenüber ist der Gott, der vor und jenseits dieser Welt ist, als der neue, andere, verschiedenartige und fremde gekennzeichnet. Dieser Gott muß, von der Welt her betrachtet, der Unbekannte und schlechthin Unerkennbare sein, wie es wieder Irenäus z.B. von den Valentinianern berichtet:

In unsichtbaren und unerkennbaren Höhen sei ein vollkommener Äon gewesen, der vor allem war. Diesen nennen sie auch Uranfang, Urvater und Tiefe (Bythos). Er ist aber unsichtbar, und kein Ding kann ihn fassen. Da er unfaßbar, unsichtbar, ewig und unerzeugt ist, so ist er unermeßliche Zeiten in tiefster Ruhe gewesen.[18]

Das Prinzip der Schöpfung stellt sich demgegenüber dar als der Ursprung des Bestehenden, des zur Verfügung Stehenden, des Seienden; es ist Ursprung (*arché*) im Sinn des letzten Grundes des Seienden. Aus dem *bythós* ist der *noûs* hervorgegangen.

Diesen Nous nennen sie auch den Eingeborenen, Vater und Anfang aller Dinge. Mit ihm zusammen ist auch die Wahrheit geboren, und dies ist die erste und ursprüngliche Pythagoräische Vierheit, die sie auch Wurzel aller Dinge heißen.[19]

Von einem solchen Ansatz aus kann also Gott nicht als Systemabschluß eines Inbegriffs von Welt verstanden werden - nicht als erste Wirkursache des Seins als des Seienden -, sondern nur als der "Seinslose", der in der weltaufhebenden Gnosis als dem paradoxen Erkennen des Unerkennbaren erfaßt wird. Die negativen Prädikate Gottes lassen sich nicht als Ergebnis einer an der Welt vermittelten Aussage der Negativität, sondern nur als Ausdruck der absoluten Weltlosigkeit dieses "neuen" Gottes verstehen, so daß von diesem Gottesbegriff her alle Endgültigkeit des Seienden und Bestehenden absolut bestritten wird. Die radikale Entwertung alles Bestehenden, auch die Bestreitung einer relativen Gültigkeit von Welt, stellt sich so nicht als Grund, sondern

17 Ebd. I 5,4; a.a.O. I, 17.

18 Ebd. I 1,1; a.a.O. I, 3.

19 Ebd. I 1,1; a.a.O. I, 3.

vielmehr als Folge dieser gnostischen Intuition (des Begriffs eines total entweltlichten Gottes) dar,[20] auch wenn - in einem religionspsychologischen Sinn - diese gnostische Intuition auf die geschichtliche Erfahrung zurückgeführt werden kann, daß ein Machtgewinn über das Bestehende der Welt unerreichbar sei.[21]

In einem für diese Darstellung fundamentalen, formalen Sinn koinzidiert freilich die gnostische Schöpfungsvorstellung mit dem griechischen und biblischen Denken: Das Entscheidende des Schöpfungsbegriffs liegt nicht in der Vorstellung eines wertneutralen Anfangs der Welt, vielmehr geht es in der Konzeption von Grund oder Ursprung der Welt immer elementar um eine Wertung der Welt. Aus dem Zusammenhang dieser Wertung bestimmt sich der Sinn des Wortes "Gott". Die Kosmo*gonie* stellt daher immer eine Funktion der Kosmo*logie* dar: Der Vorstellungsbereich, wie Welt "entsteht", erweist sich als sekundäre - sich oft in mythologischer Form artikulierende - Versinnbildlichung der Grundwertung und des Grundverständnisses von Welt.

In der Gnosis liegt, wie gezeigt, eine Grundwertung von Welt vor, die eine Ablehnung nicht nur einzelner Verhältnisse in der Welt, sondern der Welt als ganzer bedeutet. Diese Grundwertung erfordert, daß der Ursprung der Welt selbst in Negativität angesetzt wird. Insofern Erkenntnis (Gnosis) als der höchste Wert gilt, wird der Ursprung der Welt in der Unwissenheit identifiziert, die folglich auch der Grund des Leidens ist. Erlösung besteht damit in der Erkenntnis, und zwar nicht in der Erkenntnis von Welt, sondern in der Erkenntnis der Notwendigkeit der Aufhebung von Welt.

Negative Bewertung der Welt bei gleichzeitigem Versuch, den Zusammenhang von Welt und dem Anderen - Gott oder dem höchsten Äon - zu erklären, ergab eine radikale Problematik, die letztlich auch nicht durch die Konstruktion langer Äonenketten zu lösen war. Entweder mußten ganz konsequent zwei entgegengesetzte Urprinzipien

20 Vgl. *Jonas*, a.a.O. 248; *B. Aland*, Was ist Gnosis? Wie wurde sie überwunden? Versuch einer Kurzdefinition, in: J. Taubes (Hrsg.), Religionstheorie und Politische Theologie, Bd. 2: Gnosis und Politik, München - Paderborn 1984, 56.

21 Zu den verschiedenen Wurzeln der Gnosis (jüdische Apokalyptik, Weisheitslehre und Skepsis, iranischer kosmologischer und anthropologischer Dualismus, Hermetik, Orphik) vgl. *Rudolph*, Die Gnosis, a.a.O. 291-311. - *U. Bianchi*, Das Problem der Ursprünge des Gnostizimsus, in: K. Rudolph (Hrsg.), Gnosis und Gnostizismus, a.a.O. 608-610, hat zu Recht darauf hingewiesen, daß man bei der religionsgeschichtlichen Frage nach den Ursprüngen fundamentaler Bestandteile (wie z.B. des Dualismus) nicht bei der griechischen oder vorderasiatischen Welt haltmachen, sondern die "weltweite Geschichte (...) des gnostischen *Empfindens*" schreiben sollte.

angenommen werden - was die meisten Vertreter der Gnosis nicht wollten, da sie die Rückkehr als die Aufhebung des Hervorgangs ansahen -, oder aber es wurde eben doch die Negativität der Welt letztlich in Gott hineingetragen. Irenäus erkannte diese letzte Konsequenz der Gnosis ziemlich deutlich, stellte aber dagegen weniger Argumente als lediglich eine klare Verurteilung:

> Gottlos aber und mehr als gottlos sind die, welche den Schöpfer des Himmels und der Erde, den einen allmächtigen Gott, über den es keinen Gott gibt, aus einem Fehltritt und diesen wiederum aus einem anderen Fehltritt hervorgehen lassen, so daß er nach ihnen der Ausfluß eines dritten Gebrechens wäre. Solche Lehre müssen wir verabscheuen und verdammen und weit von ihnen uns entfernen.[22]

Seit der frühesten Zeit der Theologie also erwies sich das (nicht verharmloste) Problem des Übels und der Schuld als eines, das den Sinn (*lógos*) von Gott (*theós*) zuinnerst betrifft, das deshalb ein theologisches Zentralproblem darstellt wie kaum ein anderes, das aber jene, die sich ihm stellten, ohne es zu verharmlosen, auch immer wieder an die Grenze dessen führte, was als rechtgläubig angesehen wurde. An diesem Punkt war zwischen Verharmlosung und Ketzertum nie sehr viel Spielraum.

Zusammenfassung

1. "Wir verstehen unter 'Gnosis' eine religiöse Erlösungsbewegung der Spätantike, in der die Möglichkeit einer negativen Welt- und Daseinsdeutung in besonderer und unverwechselbarer Weise ergriffen ist und sich zu einer konsequent weltverneinenden Weltanschauung verfestigt hat, die sich ihrerseits wieder in Wortprägungen, Bildersprache und Kunstmythen charakteristischen Ausdruck verschafft."[23]

2. In der Gnosis wird dann die Fremdheit des Menschen in der ihm feindlichen Welt durch einen ätiologischen Mythos erklärt, die negative Deutung der Welterfahrung also durch eine Weltentstehung interpretiert, die die Welt aus einem Irrtum oder Fehltritt hervorgehen läßt.

[22] *Irenäus*, Adv. haer. I 16,3; a.a.O. I, 55f.

[23] *H.-M. Schenke*, Hauptprobleme der Gnosis, in: K. Rudolph (Hrsg.) Gnosis und Gnostizismus, a.a.O. 589.

3. Der letzte Grund der negativen Welterfahrung ist die Erfahrung des radikal anderen, fremden Gottes, und sie kann nur durch Offenbarung (Gnosis) von diesem selbst her kommen.

4. Der Gnostiker glaubt, durch die Gnosis endgültig von der Welt erlöst zu sein.

2. Die Welt als Abstand vom Einen: Origenes und Plotin

In der ersten Hälfte des 3. Jh.s entstanden fast zur gleichen Zeit unabhängig voneinander zwei große Denksysteme, die für das weitere philosophische und theologische Denken von entscheidendem Einfluß sein sollten. Eine nähere Beschäftigung mit diesem Denken zeigt, daß die Unterscheidung von Philosophie und Theologie im Hinblick auf diese Systeme höchst inadäquat ist. Dies hängt nun nicht etwa mit einer mangelnden Fähigkeit der damaligen Autoren zusammen, die beiden Bereiche zu unterscheiden, sondern mit der kulturellen Situation im späteren Hellenismus. In ihr wurde auch von der Philosophie in zunehmendem Maße erwartet, "Lebenshilfe" zu liefern, also die Funktion der *magistra vitae* (Lehrerin für das Leben) zu übernehmen. Dies läßt sich z.B. deutlich an der Entwicklung der Stoa erkennen, in der in den späteren Formen religiöse Elemente stärker hervortraten, während Logik und Naturphilosophie zurücktraten. Dasselbe gilt für die stark religiösen Interessen des späteren Platonismus. Es war auch genau diese kulturelle Situation, die es für die Vertreter des jungen Christentums - wollte es auch in die Schichten der Gebildeten eindringen - fast zur Notwendigkeit erhob, den christlichen Glauben als die "wahre Philosophie" darzustellen. Begriffe wie "Glaube" und "Offenbarung" gehörten ebenso zur philosophischen wie zur religiösen Sprache. Die Unterscheidung von Philosophie und Theologie oder Philosophie und Religion entspricht also gar nicht der damals gestellten Frage, die vielmehr darauf gerichtet war, welche von den angebotenen Philosophien denn nun zum wahren (= erlösenden) Reden über Gott führte, also eigentlich: welche Philosophie denn nun wirklich die "wahre Theologie" sei. Die verschiedenen Konkurrenten um die "wahre Philosophie" mußten sich alle in einer Situation bewähren, die von Gilles Quispel in folgender Weise beschrieben wird: "Staunend und gebannt stand der Mensch vor der Tiefe in sich. Seine Einordnung in das Universum ging ihm abhanden: der Kosmos wurde mehr und mehr entgöttlicht und dämonisiert. Die Polis, das Imperium waren keine organischen Verbände mehr: der Staat war eine dirigierte Bürokratie, die den einzelnen nicht beanspruchte, die Großstädte machten den Menschen unsagbar einsam. Da blieb nur die Flucht in die Erotik und die Flucht in sich selbst: das heißt, diese Kultur war sterbend und dem Untergang gewidmet, weil sie nicht mehr exzentrisch war."[24] Angesichts der Radikalität dieser Lebensfragen und der Suche nach der (erlösenden) Antwort darauf war die Fragestellung, ob diese Antwort nun eher philosophischen oder eher religiösen Charakter aufwies, irrelevant.

Das Erstaunliche der gewaltigen Systembildungen des Plotin und des Origenes stellt sich gerade dann heraus, wenn wir sie vergleichen mit dem geringen Systemwillen des philosophischen und theologischen Denkens des 2. Jh.s.[25] Ein eigentliches, konsistent entworfenes Denksystem darf in der theologischen Reflexion vor Origenes überhaupt nicht erwartet werden; und in der Philosophie lag die Zeit umfassender Systembildungen bereits lange zurück. Fragen wir uns nach dem Ort und der geschichtlichen Herkunft dieses Systemwillens, so finden wir als Erklärung keinesfalls die spekulative Begabung und das Genie eines Einzelnen allein - so notwendig dies für das Gelingen einer Gesamtauslegung der Wirklichkeit auch sein mag. Vielmehr müssen wir danach fragen, aus welchen geschichtlichen Voraussetzungen diese Forderung nach einem übergreifenden System stammt. Hans Jonas sieht als das entscheidende Hintergrundphänomen dieses systemhaften Denkens die Gnosis, die als "ontologisch-soteriologische Universalgröße" den Systemwillen hervorgerufen habe.[26] Die Gnosis hatte eine wahre Fülle von Systemen hervorgebracht; im nachhinein wird deutlich, "daß ja in Wahrheit das vorangegangene 2. Jahrhundert ein wahres Treibhaus der Systeme war"[27].

In mehr oder weniger stark ausgeprägter mythologischer Gestalt sucht die Gnosis die Gesamtheit der Wirklichkeit in einer Form darzustellen, die diese angezielte Ganzheit in faszinierender Perspektive zum Ausdruck zu bringen vermag. Diese Gesamtdarstellung der Wirklichkeit ist geprägt durch ein Erlösungsstreben, das auch der detail-

24 *G. Quispel*, Gnosis als Weltreligion, Zürich 1951, 20.

25 Ansätze eines systematischen Denkens finden sich am ehesten bei Irenäus, auf dessen Denken noch einzugehen sein wird (vgl. Kap. VIII).

26 Vgl. *H. Jonas*, Gnosis und spätantiker Geist, Teil 2,1: Von der Mythologie zur mystischen Philosophie, Göttingen 1966, 171-223.

27 Ebd. 173.

lierten Schau der Struktur des Kosmos seine spezifische Form verleiht. Insofern in diesem gnostischen Zugang zur Wirklichkeit Erkenntnis und Erlösung strikt zusammenfallen, unterscheidet er sich wesentlich von dem eigentlich deskriptiven, wissenschaftlichen Zugang des griechischen Denkens, wie es sich von der Naturphilosophie der Vorsokratiker über Aristoteles bis hin zur alexandrinischen Wissenschaft gezeigt hatte. Der Gedanke, daß Wissen um den Kosmos den Menschen vom Kosmos befreit - also die Grundvoraussetzung gnostischen Erlösungsstrebens -, enthält fast unausweichlich den Anspruch der Erkenntnis des Kosmos als ganzen und in seiner Ganzheit in sich. Jede Teilerkenntnis läßt Unwissenheit zurück, und Unwissenheit ist eben Unerlöstheit. Nur die Erkenntnis der Totalität vermittelt demgegenüber die ersehnte Befreiung vom Kosmos. Nicht eine *Summe* von Erkenntnissen über die Welt reicht hier aus, sondern nur die als *Totalität* gefaßte Erkenntnis des Kosmos, und diese Totalität kann nur im System zum Ausdruck gebracht werden, nur dieses sichert die Lückenlosigkeit der Erkenntnis. Die langen Äonenketten, die den Hervorgang der einzelnen Bereiche und Stufen des Kosmos lückenlos darstellen sollen, zeigen dies ebenso wie das öfters auftretende zahlensymbolische "Durchrechnen" der Gesamtheit.

Im Gegensatz zu diesem Systemwillen zeigt das biblische Denken des Alten Testaments größte Zurückhaltung gegenüber übergreifenden Gesamterklärungen.[28] Nun ist in der "Logik" des Jahweglaubens, die auch den Schöpfungsglauben mit umfaßt, durchaus ein systematisches Element enthalten, insofern ein innerer Zusammenhang der Glaubensaussagen vorausgesetzt wird. Diese Glaubenslogik zielt aber gerade nicht auf eine Explikation der Gesamtwirklichkeit im Sinn einer Totalerklärung alles wirklichen und möglichen Geschehens ab. Eine solche Totalerklärung scheint eher der Kritik des Jahweglaubens zu verfallen, insofern Jahwe als der lebendige Gott allein der - unverfügbare! - Schlüssel zur Wirklichkeit als ganzer ist.

Wir können also davon ausgehen, daß das Denken des 3. Jh.s, in dem die Frage nach Schöpfung und Ursprung des Übels gestellt wird, in starkem Maß vom Systemwillen der Gnosis bestimmt war. Nun er-

[28] Wenn sich im Gegensatz zum sonstigen biblischen Denken des Alten Testaments in der Apokalyptik tatsächlich solche Versuche einer übergreifenden Gesamterklärung nachweisen lassen, so steht zu vermuten, daß diese Denkform nicht der inneren Konsequenz des biblischen Denkens entstammt, sondern auf den gleichen geistigen Ursprung zurückweist, aus dem auch die gnostischen Denksysteme hervorgegangen sind. Zu den Gemeinsamkeiten von Apokalyptik und Gnosis vgl. *Rudolph*, Die Gnosis, a.a.O. 294-296.

wies sich jedoch das Kategoriensystem der Gnosis, das von einem mythologisch vorstellenden Denken geprägt war, gegenüber dem Anspruch der reflektierenden Vernunft als unzureichend. So wurde eine Differenz erkennbar von Systemwillen des Denkens einerseits und einem gnostisch geprägten Symbolsystem andererseits, das gerade im Interesse des Systems bewußt aufgehoben und überschritten wurde. In diesem systematischen Denken wurde auf begriffliche Mittel der griechischen Theorie zurückgegriffen. Mit dieser neuen Begriffsgestalt kam es freilich auch - da Denkform und Inhalt niemals adäquat trennbar sind - zu einer Umgestaltung und Aufhebung des Mythos selbst. In diesem Prozeß der Umgestaltung fand eine gewaltige geistige Auseinandersetzung statt: Wo der biblische Glaube in das Spannungsfeld dieses gnostisch und griechisch geprägten Denkens geriet, mit dem er sich wegen seines universalen Verstehbarkeitsanspruchs auseinandersetzen mußte, stand die Frage auf dem Spiel, ob der biblische Glaube in dieser Auseinandersetzung zerbrechen würde oder aber das System der universalen Wirklichkeitserklärung von innen her aufzubrechen in der Lage wäre. Dabei siegte oft der Systemwille über das Realitätsprinzip der Negation, wie es in der Gnosis aufgrund geschichtlicher Erfahrung seine radikale Gestalt erhalten hatte, wie es aber auch - unter anderen Voraussetzungen - in den Schriften der Bibel zum Ausdruck kommt. In dieser Auseinandersetzung zwischen dem totalen Systemwillen einerseits und dem authentischen Anliegen des biblischen Denkens andererseits liegt wohl eine der wesentlichen theologischen Fragen, die sich vom Denken des Origenes her stellen. Diese Frage greift weit über die Objektivation seines Denkens hinaus und läßt sich schon gar nicht mit der Fragestellung identifizieren, ob die Theologie des Origenes in Einzelpunkten "orthodox" ausgelegt werden kann oder nicht.[29] Um das Jahr 220 verfaßte Origenes die vier Bücher "Perì archôn" ("Von den Prinzipien"), die als erster Versuch "einer systematisch-angelegten Darstellung des christlichen Glaubens"[30] gelten dürfen. Gegenüber seinem anderen literarischen Schaffen, das exegetische, apologetische und praktische Schriften umfaßt, kann dieses

[29] Vgl. *E. v. Ivánka*, Der geistige Ort von *perì archôn* zwischen dem Neuplatonismus, der Gnosis und der christlichen Rechtgläubigkeit, in: Scholastik 35(1960), 481-502. Daß noch im Jahr 543, also fast 300 Jahre nach seinem Tod, neun Sätze aus "De principiis" auf einer Synode in Konstantinopel verurteilt wurden, zeigt den weitreichenden Einfluß des Denkens von Origenes.

[30] *Origenes*, Vier Bücher von den Prinzipien, hrsg. von H. Görgemanns u. H. Karpp, Darmstadt 1976, Einleitung der Herausgeber, 9.

Werk als eigentliches System seines Denkens betrachtet werden.[31] Bei der Analyse von "Perì archôn" stoßen wir freilich auf eine textkritische Schwierigkeit: Das ursprüngliche griechische Original ist nicht mehr erhalten. Da sich die origenistischen Streitigkeiten insbesondere um dieses Werk drehten, darf angenommen werden, daß es weitgehend unterdrückt wurde. So muß neben den Auszügen, die in der Anthologie "Philokalie" enthalten sind, auf die lateinische Übersetzung des Rufinus aus dem Jahr 398 zurückgegriffen werden. Rufinus sucht jedoch an dogmatisch kritischen Stellen den ursprünglichen Origenes-Text im Sinn der Orthodoxie zu überarbeiten und bietet insgesamt eine sehr freie Übersetzung, die fast schon in die Nähe einer Paraphrase gerät.[32]

Bruchstückhaft liegt ebenfalls die Übersetzung des Hieronymus aus dem Jahr 399 vor, die, wie Hieronymus selbst betont, auf eine besondere Nähe zum Griechischen bedacht ist. Dennoch übersetzt auch Hieronymus nicht wörtlich; insbesondere ist anzunehmen, daß er kaum die feinen sprachlichen Differenzierungen des Origenes im Lateinischen wiedergibt. Insgesamt kann jedoch - auch im Rückgriff auf vorhandene Briefzitate - ein Text erstellt werden, den wir mit hoher Wahrscheinlichkeit als Rekonstruktion des authentischen Denkens von Origenes ansehen dürfen. Im folgenden soll es um eine Charakterisierung der wesentlichen Grundzüge dieses Denkens gehen - insbesondere auf die schöpfungstheologische Fragestellung hin. Im ersten Kapitel, "Von dem Vater", heißt es in "Perì archôn":

> Gott ist also nicht als ein Körper oder als in einem Körper wohnend anzusehen, sondern als einfache geistige Natur, die keinerlei Beifügung in sich zuläßt; sonst müßte man etwas Größeres und etwas Geringeres in ihm annehmen, so aber ist er in jeder Hinsicht eine Einheit (*mónas*) und sozusagen eine Einsheit (*hénas*), sowie Vernunft und die Quelle, aus der jegliche geistige Natur, jede Vernunft, ihren Ursprung hat.[33]

Gott als der Ursprung aller Dinge kann nach Origenes nicht als zusammengesetzt und mannigfaltig begriffen werden; vielmehr ist er der Eine, der Einfache, wesensjenseits von aller Körperlichkeit. Von hier-

[31] *H. Crouzel* bezeichnet in seinem Artikel dieses Werk als "keine eigentliche Summa theologica, sondern anscheinend eine Wiedergabe seiner Vorlesungen, in denen er mehr in sokratischer Methode den Geist bilden als eine Lehre aufstellen wollte", in: LThK² VII, 1231. Hinter dieser Auffassung Crouzels steht möglicherweise eine apologetische Absicht, da offensichtlich im Werk "Perì archôn" heterodoxe Gedankengänge zu finden sind, die nicht wegerklärt werden können.

[32] Vgl. Görgemanns und Karpp in deren Ausgabe von *Origenes*, Vier Bücher von den Prinzipien, a.a.O. 42.

[33] Ebd. I 1,6; a.a.O. 111.

her, nämlich vom Gottesbegriff als dem Grund und Prinzip des Systems, ergibt sich die Ganzheit des Denkbaren. Sie wird angezielt in der spekulativen Frage nach dem Ursprung des Ganzen. Von diesem absoluten Anfang her ergibt sich für das spekulative Denken die Möglichkeit, nicht etwas bereits Bestimmtes als Gegebenes (dessen Grund und Sosein nicht mehr hinterfragbar wäre) hinnehmen zu müssen, sondern den Grund der Bestimmtheit des Einzelnen eben als die Differenz von dem Einen begreifen zu können. Als beherrschend für das origenistische System erweist sich die "Ursprungsfrage, für gnostisches Denken die spekulative Frage schlechthin, indem sie nichts Soseiendes als Gegebenheit sui generis hinnimmt, sondern alles aus dem absoluten Anfang nach unten zu entwickeln aufgibt: das System allein gibt Antwort darauf, und zwar eine Antwort für alle"[34].

Dieses Denken impliziert auch ein ästhetisches Moment, das sich besonders im Begriff des Lichtes ausdrückt und eine bestimmte systematische Funktion innehat. Die Werke des göttlichen Heilswirkens werden gleichnishaft mit der Natur des Lichtes selbst verglichen.

> So sind auch die Werke der göttlichen Vorsehung und der kunstvolle Bau dieses Alls gleichsam Strahlen von Gottes Natur im Vergleich zu seiner Substanz und Natur selbst. Unsere Vernunft erkennt also, da sie Gott nicht an sich, so wie er wirklich ist, betrachten kann, aus der Pracht seiner Werke und der Schönheit seiner Geschöpfe den Vater des Alls.[35]

Im Gegensatz zur gnostischen Konzeption wird das Licht bei Origenes nicht einer gegensätzlichen und ontologisch gleichwertigen Finsternis gegenübergestellt, die einem verschiedenen Prinzip entspricht, sondern das Licht bleibt Gleichnis des ontologisch undiskutierbaren und undialektisch zu begreifenden Ersten.

Während seiner Ausbildungszeit hatte Origenes zum engsten Kreis um Ammonios Sakkas (um 175-242) gehört, jenen berühmten Ekstatiker, dessen Schüler Plotin als eigentlicher Systematiker die philosophische Wende zum Neuplatonimus herbeiführte. Der gemeinsame Lehrer Ammonios Sakkas macht die stark verwandte Arbeitsweise und philosophische Fragestellung von Origenes und Plotin erklärlich. Plotin setzt in seinem Denken den neuen Akzent darin, daß er die Frage

34 *H. Jonas*, a.a.O. Teil 2,1, 206f. Den Systemcharakter dieses Denkens hatte auch Hieronymus sofort erfaßt und charakterisierte ihn mit den Worten: "(...) in libris *Perì Archôn*, ubi sic contexta sunt omnia et alterum pendet ex altero, ut quidquid tollere vel addere volueris, quasi pannus in vestimento statim appareat." Zit. nach ebd. 204.

35 *Origenes*, Vier Bücher von den Prinzipien I 1,6; a.a.O. 109.

nach dem Wesen (also die Hauptfrage Platons) der Frage nach dem Woher des Seins und dem lückenlosen Zusammenhang dieser Woher-Reihen nachordnet. Das Eine (*hén*) ist für ihn der Einsatzpunkt seines Denkens; was für Platon den Abschluß seiner Philosophie gebildet hatte, macht bei Plotin den Anfang aus. Dieses Eine ist der Grundansatz allen Denkens schlechthin, erhaben über alles Sein und alles Denken. Von allem uns Bekannten, Greifbaren und Sichtbaren, kurz: allem Endlichen, unterscheidet es sich schlechthin. Am deutlichsten symbolisiert bei Plotin das Licht, das zum ontologischen Prädikat par excellence wird, die Ausstrahlung dieses Ur-Einen, aus dem das Viele hervorgeht wie das Licht aus der Sonne, ohne daß diese etwas von ihrem Licht verlieren könnte. Der Aufstiegsweg des Denkens führt über das sittliche Streben zum Guten bis hin zur Schau der Schönheit: jener Schönheit, die sich bereits als Abglanz ursprünglicher Schönheit in der Welt finden läßt. Im weitesten Sinn des Wortes kann Schönheit als Bewältigung des Stoffs durch die Idee begriffen werden: Das Ideale leuchtet in der Erscheinung auf, es vergeistigt das körperliche Substrat und übersteigt es im Aufstiegsweg zum Ursprung. Im geistigen Eros, der so zum Tragen kommt, führt der Läuterungsprozeß der Seele bis zum Urschönen selbst zurück,

> bis man dann, beim Aufstieg an allem, was Gott fremd ist, vorübergehend, mit seinem reinen Selbst jenes Obere rein erblickt, ungetrübt, einfach, lauter, es, von dem alles abhängt, zu dem aufblickend alles ist, lebt und denkt, denn es ist Ursache von Leben Denken und Sein (...). Wer es nämlich noch nicht gesehen hat, strebt zu ihm als zum Guten; wer es aber erblickte, der darf ob seiner Schönheit staunen (...).[36]

Die Lichtsymbolik, die sowohl bei Origenes wie auch bei Plotin - bei diesem noch wesentlich ausgefalteter - zum ontologischen Datum wird, gibt Origenes auch einen Ansatzpunkt für seine Trinitätslehre: Mit Bezug auf Hebr 1, 3 sieht Origenes im Sohn den "Glanz der Herrlichkeit Gottes und das Prägebild seines Wesens".

> Der eingeborene Sohn ist also der Glanz dieses Lichtes; er geht aus ihm ohne Trennung hervor, wie der Glanz aus dem Licht, und erleuchtet die ganze Schöpfung.[37]

Wie der Sohn aus dem Vater, so geht der Geist aus dem Sohn hervor:

> Weniger weit als der Vater (wirkt) der Sohn, der nur zu den vernunftbegabten Geschöpfen hindurchdringt, denn er steht an zweiter Stelle nach dem Vater; noch weniger weit der heilige Geist, der nur bis zu den Heiligen hindurchdringt. Insofern ist also die

[36] *Plotin*, Enneaden I 6,7; a.a.O. I, 19.

[37] *Origenes*, Vier Bücher von den Prinzipien I 2,7; a.a.O. 137.

Macht des Vaters größer als die des Sohnes und des heiligen Geistes; größer sodann die des Sohnes als die des heiligen Geistes; und die Wirksamkeit des heiligen Geistes ihrerseits übertrifft die von allem, was sonst heilig ist.[38]

Der Hervorgang der Welt reicht in den Gottesbegriff als trinitarischen selbst hinein. Das Wort, der Logos, ist zugleich Ebenbild des unsichtbaren Gottes und Urbild der Schöpfung.

Es wäre (dann) auch zu untersuchen, ob der 'Eingeborene' und der 'Erstgeborene aller Schöpfung' (Joh. 1, 14; Kol. 1, 15) die Wesenheit der Wesenheiten, das Urbild der Urbilder und der Ursprung (der Dinge) zu nennen sei, während Gott, sein Vater, jenseits aller Begriffe steht.[39]

Mit der Wesenheit der Wesenheiten gehen notwendig auch die Wesenheiten selbst hervor, die auf dieser Ebene nur die reinen, körperlosen Intelligenzen sein können.[40] Auf diese Weise bringt Origenes in die göttliche Sphäre einen Prozeß der Selbstentfaltung, in dem schon, ohne aus dem Göttlichen herauszutreten, der Grund von Vielheit angelegt ist.[41] Bis zu diesem Punkt läßt sich auch eine Ähnlichkeit zum System Plotins feststellen. Aus dem *Einen* kann *alles* kommen. Dieses Ureine, das selbst nicht zum Seienden gerechnet werden kann, kann in seiner Ausstrahlung zum Grund alles Seienden werden. Plotin nennt nun das aus diesem Einen Hervorgehende - und im Hervorgang selbst darauf Zurückblickende - den *noûs*, die Vernunft oder den Geist, in welchem als Erkennendem und Erkanntem zugleich der Grund aller Vielfalt ruht. Es macht die Wesenheit des Geistes aus, ein Bild seiner selbst zu bewirken, ohne dabei aus sich herauszugehen: Dieses Bild nennt Plotin die Seele.[42] So folgt die Vielheit aus dem Wesen des Geistes selbst. Insofern jedoch alle Momente dieser Vielheit aus der einheitlichen Seele stammen, sind sie doch wiederum alle eins: "(...) wenn wir jene Annahme nicht machen, dann kann das All nicht eins sein,

38 Ebd. I 3,5; a.a.O. 171. - Den hier zum Ausdruck kommenden Subordinatianismus finden wir in ähnlicher Form bei zahlreichen Kirchenvätern des 2. und 3. Jh.s, so z.B. bei Justin, Athenagoras, Irenäus, Hippolyt und Klemens von Alexandrien.

39 *Origenes*, Contra Celsum VI 65; in: BKV Origenes III, München 1927, 184.

40 Dies war der Ansatzpunkt für den ersten der Anathematismen gegen Origenes auf der Synode von Konstantinopel (DS 403). Ob es sich dabei um ein authentisches Origeneszitat handelt, braucht hier nicht entschieden zu werden; vgl. dazu Görgemanns und Karpp in deren Ausgabe von *Origenes*, Vier Bücher von den Prinzipien, a.a.O. 825, Anm. 1.

41 Vgl. *E.W. Möller*, Geschichte der Kosmologie in der griechischen Kirche bis auf Origines, Halle 1860 (Nachdruck Graz 1977), 546. Vgl. *Jonas*, a.a.O. Teil 2,1, 181.

42 Vgl. *Plotin* V 2,1; a.a.O. I, 239.

und es läßt sich kein einheitlicher Ursprung der Seelen mehr finden."[43] Der einheitliche Ursprung ist für Plotin Garant der Einheit alles Seienden: "(...) die Allseele im Universum ist eine, nicht der Masse nach geteilt, sondern überall identisch."[44] Im Rahmen dieses Denkens kommt dem Einzelnen für sich keine Bedeutung zu, es gilt nur als Durchgangspunkt der Bewegung, als Selbstexplikation oder Ausstrahlung des Einen. Die Deduktion des Vielen aus dem Einen spiegelt daher auch keinen zeitlichen oder geschichtlichen, sondern vielmehr einen ontologischen Hervorgang wider. Alles, was ist, kann nur erklärt werden in der Bestimmung seines Verhältnisses zu dem Einen und in der Subordination unter dieses Eine.

In der Weise, wie der Ursprung des Kosmos gedacht wird, ist jedoch der tiefgreifende Unterschied zwischen Origenes und Plotin sichtbar, der letztlich eben in einem ganz verschieden wertbestimmten Umgang mit der Welt begründet ist. Der eigentliche Grund der Verschiedenheit der Vernunftwesen liegt bei Origenes in deren Willen:

> Aber da die Vernunftgeschöpfe selbst (...) mit der Fähigkeit der freien Entscheidung beschenkt sind, regte die Willensfreiheit einen jeden entweder zum Fortschritt durch Nachahmung Gottes an oder zog ihn zum Abfall durch Nachlässigkeit. Dies wurde für die Vernunftwesen (...) zur Ursache der Verschiedenheit; sie hat ihren Ursprung also nicht im Willen und der Entscheidung des Schöpfers, sondern im eigenen freien Entschluß. (...) Dies sind, wie ich glaube, die Ursachen, die zur Mannigfaltigkeit dieser Welt führten, indem die göttliche Vorsehung für einen jeden sorgte, je nach der besonderen Art seiner Bewegungen, seiner Gesinnung, seiner Entschlüsse.[45]

Gott bringt also gleichsam die äußeren Existenzbedingungen entsprechend den Willensentscheidungen hervor. Eine Anzahl von Vernunftwesen wandte sich in freier Entscheidung vom göttlich Einen und Guten ab:

> Doch Trägheit, Überdruß an der Mühe, das Gute zu bewahren, und Abwendung und Nachlässigkeit gegenüber dem Besseren gaben den Anstoß zur Entfernung vom Guten.[46]

Entsprechend dem Maß der Trägheit, der "Schwere" des Falls ist die "Schwere" der Existenzbedingungen. Die Materie erscheint hier als

[43] Ebd.IV 9,1; a.a.O. I, 159.

[44] Ebd.

[45] *Origenes*, Vier Bücher von den Prinzipien II 9,6; a.a.O. 413.

[46] Ebd. II 9,2; a.a.O. 405. - Es ist interessant zu beobachten, daß die spätere Kirche die Ursünde nicht mehr in der Trägheit, sondern im Stolz sah. Die *hybris* erschien ihr offensichtlich gefährlicher als die *acedia*.

Folge der Verfehlung und als Ort der Sühne.[47] Der materielle Kosmos wird zur Manifestation eines sittlichen Prozesses, zum Ort des Durchgangs, der mit der anzustrebenden Umkehr und Rückkehr seine Funktion in zunehmendem Maß auch wieder verliert.[48] Nicht die Materie selbst ist böse, wohl aber ist sie Manifestation des Vorhandenseins verfehlter sittlicher Entscheidung, also des sittlich Bösen. Origenes nimmt nicht wie bestimmte (vor allem iranische) Formen der Gnosis einen kosmischen Dualismus an, wohl aber einen ethischen Dualismus mit kosmischen Konsequenzen. Die Umkehr der sittlichen Entscheidung muß sich demzufolge in Ent-Materialisierung, in Askese zur Darstellung bringen, in der die materielle Welt wieder "abgebaut" wird. In der durch den Logos vermittelten und ermöglichten Rückkehr, der Wiederherstellung des Urbildes, findet also eine Entweltlichung statt; in ihr wird dem sichtbaren Kosmos der Grund seiner Existenz entzogen, oder, wie H. Rahner es ausdrückt, "der sichtbare Kosmos ist dazu wie ein huschendes Spiel von Kulissen, die wohl etwas darstellen, die man aber durchschauen muß und die man achtlos wieder wegräumt, wenn das Drama sich dem Ende zuneigt"[49].

Der Begriff der Materie als Strafe für schuldhafte Selbstbestimmung hat im System Plotins keinen Platz. Für ihn gilt Materie als niedrigste und unvollkommenste Erscheinung der göttlichen Urkraft. Als das Form- und Bestimmungslose bedeutet sie den äußersten Gegenpol zum jenseits aller Bestimmbarkeit liegenden Ureinen; dabei stellt sie jedoch kein gegensätzliches Prinzip zum Ureinen dar (wie in der Gnosis), geht jedoch auch nicht auf eine aus dem Willen entspringende Entgegensetzung zum Ureinen zurück (wie bei Origenes). Die Materie selbst bestimmt Plotin nicht körperlich als Bestimmtheit, sondern sie bildet nur den Grund solcher Bestimmtheit.

> So ist also die Materie notwendig für die Wiebeschaffenheit wie für die Größe; also auch für die Körper; sie ist keineswegs leeres Wort, sondern es gibt ein Zugrundeliegendes, obgleich es unsichtbar und größelos ist.[50]

Einem solchen Begriff der Materie entspricht auch keine Vorstellung, so daß Materie etwa hypostasiert oder vergegenständlicht werden könnte.

47 Vgl. *Jonas*, a.a.O. Teil 2,1, 182f.

48 Vgl. *H. Rahner*, Das Menschenbild des Origenes, in: Eranos-Jahrbuch XV (1947), 209. 217.

49 Ebd. 217.

50 *Plotin*, II 4,12; a.a.O. I, 267.

Der Begriff des Unbestimmten ist natürlich bestimmt, aber das Hinblicken auf es muß unbestimmt sein (...). Und vielleicht hat Plato das im Auge gehabt, als er sagte, die Materie sei nur durch ein 'unechtes Denken' zu erfassen.[51]

Die Materie selbst besitzt kein Sein; daß von ihr in der Weise gesprochen wird, daß sie "ist", beruht lediglich auf einem sprachlichen Gleichklang; "richtig wäre es zu sagen, daß ihr Sein das Nicht-sein ist"[52]. Nur in diesem Sinn (des in der Materie gegebenen Nicht-seins) kann Plotin davon sprechen, daß die Materie böse und das erste Böse "ist"[53]. Die Materie bedeutet die Anwesenheit eines Wesensfremden, d.h. eines dem Wesen als immer Bestimmtem Fremden.

So heißt also die Materie zutreffend sowohl qualitätslos wie böse. Sie heißt ja nicht böse, sofern sie eine Qualität hat, sondern vielmehr, sofern sie keine Qualität hat; und man darf sie nicht etwa als böse denken derart, daß sie eine Form ist, sondern derart, daß sie gerade die Wesenheit ist, welche der Form entgegengesetzt ist. Indessen, die aller Form entgegengesetzte Wesenheit ist 'Beraubung'[54]. Beraubung aber ist immer an etwas anderem und hat an sich selber kein Dasein. Liegt also das Böse in der Beraubung, so wird es nur an dem Ding auftreten, welches aller Form beraubt ist, und wird mithin nicht an und für sich selber dasein.[55]

Im Entfaltungsprozeß des Ganzen hat die Materie wie das Böse seinen notwendigen Platz. Dies stellt für Plotin kein Problem dar, und so gibt es für ihn auch kein Mysterium des Bösen.

Denn unser Weltall muß notwendig aus Gegensätzen bestehen; es könnte sonst, wenn es keine Materie gäbe, nicht existieren. (...) Da es nicht allen das Gute gibt, so muß es notwendig für den Prozeß des aus ihm Hervorschreitens, oder wenn man es so nennen will: des ständigen Hinabschreitens und Wegrückens ein Letztes geben; und eben dies, nach welchem schlechterdings nichts mehr entstehen kann, das ist das Böse. Nun ist aber das, was auf das Gute folgt, mit Notwendigkeit vorhanden; folglich auch jenes Letzte; und zwar ist dies die Materie, welche nichts mehr von jenem an sich hat.[56]

In dieser Bestimmung der Materie und so des sichtbaren Kosmos steht Plotins Denken sowohl jenem des Origenes als auch jenem der Gnosis fern.[57] Plotin sucht - unter den veränderten Bedingungen des späten

51 Ebd. II 4,10; a.a.O. I, 259. 261.

52 Ebd. I 8,5; a.a.O. V, 209.

53 Ebd. I 8,14; a.a.O. V, 233.

54 An diese Bestimmung der Materie knüpft später das scholastische Denken an.

55 *Plotin*, I 8,10f.; a.a.O. V, 225.

56 Ebd. I 8,7; a.a.O. V, 217. 219.

57 Vgl. *R. Harder*, Plotins Abhandlung gegen die Gnostiker, in: ders., Kleine Schriften, München 1960, 296-302. - *G. Widengren*, Die Ursprünge des Gnostizismus und die Religionsgeschichte, in: Rudolph, Gnosis und Gnostizismus, a.a.O. 683, hat kri-

Hellenismus - nochmals die Vorstellung des Kosmos, wie sie für die griechische Philosophie und Kultur maßgebend war, zur Geltung zu bringen: Der Kosmos ist (so wie die Polis es sein sollte) ein geordnetes Ganzes, in dem der Mensch durch Einordnung seinen Ort finden kann, auch wenn nach der Lehre Plotins solche Einordnung den Menschen letztlich zu einer Ekstase, einer Erleuchtung führen soll, die jenseits aller rationalen Erkenntnis liegt. Obwohl das Ziel dieser Ekstase über alles Weltliche hinausreicht, erfordert sein Erreichen nicht die Negation des Kosmos; es erfordert somit Tugend, aber nicht Askese. Der Umgang mit der Welt bleibt bei Plotin griechisch wertbestimmt. Damit entfällt auch jede Möglichkeit, den Ursprung des Kosmos in ethisch-dramatischen und geschichtlichen Kategorien zu denken; eine Schöpfungsgeschichte ist bei ihm überhaupt undenkbar. "Alle zeitlichen Aussagen sind hier nur mythische Metaphern, Schöpfungsgeschichte ist dem griechischen Denken fremd. Über einen Richtungssinn der menschlichen Geschichte, der ja erst mit der christlichen Heilsgeschichte interessant geworden ist, sagt Plotins Stufenbau gar nichts aus. Das zeitliche Hervorgehen ist nur ein Symbol für die sachliche Rangordnung; 'früher' und 'später' sind metaphysische Wertbegriffe wie besser und schlechter. Einen göttlichen Entschluß zur Schöpfung kann es nicht geben. Die Stufen sind alle gleich ewig. So ist diese unsere Welt, der Kosmos, keine Stätte des Bösen, kein Ort der Strafe und der Buße."[58]

Bei Origenes hingegen sind (und dies sicher auf biblischem Hintergrund) Zeit und Geschichte real, auch wenn sie gleichzeitig einen symbolischen Gehalt darstellen. Deshalb steht auch dem Anfang des Kosmos ein Ende des Kosmos gegenüber. Die Problematik der konkreten Konstruktion dieses Endes der Geschichte des Kosmos liegt darin, daß es bei Origenes als streng korrespondierende Rückkehr in den Anfang gedacht wird.

Auf diese Weise, so muß man annehmen, geschieht es bei der Vollendung und Wiederherstellung aller, daß sie im allmählichen Fortschritt und Aufstieg nach Ordnung

tisiert, daß H. Jonas Plotin den Gnostikern zugerechnet hat, womit Widengren jedenfalls in Hinsicht auf den Begriff der Materie und des Kosmos recht hat. Etwas anders stellt sich allerdings die Sache dar, wenn wir von Plotins radikaler Transzendenz des Einen ausgehen, das auch jenseits der Möglichkeiten rationaler Bestimmbarkeit liegt. Unter dieser Hinsicht rückt Plotin doch wieder in die Nähe gnostischer Denkformen. Vgl. dazu *S. Pétrement*, La notion de gnosticisme, in: Revue de Métaphysique et de Morale LXV (1960), 418-420.

58 *R. Harder*, Plotins Leben, Wirkung und Lehre, in: ders., Kleine Schriften, a.a.O. 271.

und Regel zunächst zu jener Erde und der dortigen Unterweisung gelangen, wo sie für die höheren Lehren vorbereitet werden, denen nichts mehr hinzuzufügen ist. Nach den 'Verwaltern und Vormündern' (vgl. Gal. 4, 2) wird Christus der Herr und König des Alls die Herrschaft selbst übernehmen; er wird nach den Unterweisungen der heiligen Mächte die, die ihn fassen können, sofern er die Weisheit ist, selber unterrichten und unter ihnen herrschen, bis er sie einst auch dem Vater unterwirft, 'der ihm alles unterworfen hat' (vgl. 1 Kor. 15, 27-28); und so wird, wenn sie aufnahmefähig geworden sind für Gott, für sie 'Gott alles in allem sein'.[59]

Genaueres darüber ist im überlieferten Text der Übersetzung des Rufinus von "Perì archôn" nicht gesagt. Wohl zu Recht wird allerdings Origenes zugeschrieben, daß er eine *apokatástasis* vertreten habe, also eine Wiederherstellung von allem, so wie es ursprünglich gewesen ist. So berichtet schon Justinian: "Sie (sc. die Anhänger des Origenes) fügen noch folgendes zu ihrer Irrlehre hinzu, geleitet von seinen verkehrten Worten: sie sagen, die Bestrafung aller gottlosen Menschen und dazu der Dämonen habe ein Ende, und die Gottlosen und die Dämonen würden wieder eingesetzt werden in ihren früheren Stand."[60] Ähnlich äußert sich Pseudo-Leontios von Byzanz: "Über die Wiederherstellung lehrt er (sc. Origenes) so: Es gibt eine Auferstehung der Toten, und es gibt eine Bestrafung, aber keine unbegrenzte. Denn indem der Leib bestraft wird, wird die Seele allmählich gereinigt, und so wird sie in ihren alten Stand wieder eingesetzt. Auch die Dämonen und Engel werden, wie er sagt, wiederhergestellt."[61] Diese Auffassung ist auch in der späten Verurteilung der Lehren des Origenes im 6. Jh. vorausgesetzt (DS 411).[62]

Die Lehre von der *Apokatastasis* wird gewöhnlich als einer der Hauptirrtümer des origenistischen Systems angesehen. Diese Sicht setzt aber ein gegenständlich vorstellendes Denken voraus. Die Intention des Denkens von Origenes scheint so jedoch nicht getroffen; vielmehr muß die Gnosis als hermeneutischer Schlüssel für seine Denkform in Betracht gezogen werden. Wo Origenes den gnostischen Dualismus in seiner Relevanz als objektives Erklärungsschema der Weltwirklichkeit spekulativ kritisiert, kann er der negativen Möglichkeit des Bösen innerhalb seines Systems keine letzte Selbständigkeit zugestehen. Aller Wahrscheinlichkeit nach geht es Origenes gar

59 *Origenes*, Vier Bücher von den Prinzipien III 6,9; a.a.O. 665-667.

60 Ebd. 439, Anm. 26.

61 Ebd.

62 Vgl. auch *Origenes*, Vier Bücher von den Prinzipien, a.a.O. 829ff., und *Jonas*, a.a.O. Teil 2,1, 203.

nicht darum, eine theologische Ontologie zu entwerfen, die ontische Prognosen über zukünftige Faktizitäten möglich machen würde. Eben als eine solche zukünftige Faktizität wurde aber die "Wiederherstellung aller Dinge" verstanden. Worum es Origenes geht, ist vielmehr der Versuch, die Vollendung der Selbstbestimmung der Subjekte zu denken - und damit in eins die aufgehobene Möglichkeit eines definitiven Abfalls. In dieser Darstellung der Vollendung als Wiederherstellung des Anfangs wird das Grundaxiom der Ontologie des Origenes deutlich: Die Vielfalt ist eine, die ursprünglich nicht sein soll; ihr Grund liegt in der intelligiblen Selbstbestimmung der Vernunftwesen als einer Entfernung vom Einen. So muß bei Origenes die Vollendung dem Anfang entsprechen: Aufhebung und Rückführung der Vielheit zurück in die ursprüngliche Einheit, nicht als schicksalhaftes kosmisches Gesetz, sondern vermittelt durch die intellektuelle Selbstbestimmung der Vernunftwesen. Dieses Konzept von Vielheit und Einheit benennt den Grund und die Herkunft der Welt: So muß die Zukunft der Welt in der Aufhebung ihrer Möglichkeitsbedingungen liegen. Das unbedingte Prinzip des Weltprozesses sieht Origenes in der Freiheit; die Welt kann demgegenüber nur als bedingte Natur qualifiziert werden. Jene Selbstbestimmung der Freiheit aber, die sich nicht weiter vom Einen entfernt, sondern die ihr eigenes inneres Ziel ausmacht, es in sich vollendet, negiert damit indirekt auch die Welt, insofern diese einer Rückführung der Vielheit in die Einheit im Wege steht.

Das ganze System des Origenes läßt bereits das mythologisch vorstellende Denken hinter sich. Während die gnostischen Systeme lange Ketten von Äonen gegenständlich benennen und damit Subjekte konstruieren, liegt bei Origenes ein System vor, das keine Eigennamen kennt, somit auch gar nicht Subjekte beschreibt. Es liefert nur ein Modell von Möglichkeiten sittlicher Entscheidungen, deren Stellen von jedem erfüllbar und einnehmbar sind.[63] In dieser Formalstruktur des Denkens, das mit Möglichkeiten, nicht mit feststehenden Entitäten operiert, liegt der existential-ontologische Grund dafür, daß jede Seele christusgleich werden kann. In diesem formalen Denken findet sich auch der Grund, warum dem Satan im System des Origenes keine bleibende substantielle Faktizität zugesprochen werden kann, da das Böse ja - in antignostischer Absicht - kein letztes, unaufhebbares und unüberwindbares Strukturelement sein darf. Origenes will mit seinem System die Gesamtheit des Wirklichen von der umfassenderen Gesamtheit des Möglichen her interpretieren, um dem Menschen dadurch ei-

63 Vgl. ebd. 208f.

ne modellhafte Orientierung für seine Praxis zu liefern - so wie seiner Sicht nach der Möglichkeitsraum der Handlung durch den Glauben eröffnet ist.

Origenes erkannte jedoch selbst, daß die Apokatastasis-Lehre als ontische Prognose aufgefaßt (und damit mißverstanden) werden konnte, wodurch die Radikalität der sittlichen Forderung gerade wieder aufgehoben würde. Und so nahm er selbst (nur für die Pistiker oder auch für die Gnostiker, die die höhere Erkenntnis erlangt haben?) die Lehre der Wiederherstellung von allem als wißbare nahezu zurück, da er befürchtete, daß durch sie, wie er sagt, "der unbändige Schwung und die gewaltige Spannung erlahme, die nötig sind, um zur sittlichen Güte zu gelangen. Denn das vorausgenommene Wissen, daß wir durchaus gut sein werden, lähmt die Anstrengung. Und darum ist es gut, daß wir nicht wissen, ob wir gut oder böse sein werden."[64]

Der entscheidende Irrtum der gnostischen Lehre, wie er von allen Kirchenvätern festgestellt worden war, hatte darin bestanden, sich schon jetzt endgültig erlöst zu wähnen, sich endgültig als von der Welt befreit zu betrachten, sich damit endgültig von der Anstrengung auch nur um die Bewahrung der Gnosis befreit zu meinen. Es war also die gnostische "Auslassung des eschatologischen Vorbehalts"[65], der die zentrale Kritik der Kirchenväter gegolten hatte. Ebenso liegt auch bei Origenes in der eben angeführten Stelle die Absicht zugrunde, die eschatologische Spannung offenzuhalten, also zu verhindern, daß Offenbarung Praxis lähmt oder aufhebt.

In seinem System versucht Origenes den Entwurf einer Sinn- und Weltordnung, die diese Welt und ihren "Sinn" konstitutiv abhängig sein läßt von der Selbstbestimmung des Geistes. In diesem Zusammenhang scheint freilich das eigentlich theologisch Bedenkliche am System des Origenes auf: Die Freiheit wird zwar nicht als ein negatives Prinzip eingeführt, sondern hat durchaus einen positiven Sinn, doch wird ihr bei Origenes keine positive, verwirklichende Funktion zugeschrieben. Die höchste ihr im System zugeordnete Möglichkeit liegt in der Negation der Negation, also in der Aufhebung der Welt. Dieser Welt - die nicht in sich selbst schlecht ist, wohl aber vom Grund ihrer Herkunft her - entspricht kein Appell der Affirmation an die Freiheit, sondern umgekehrt ein Appell der Negation, nämlich die Welt aufgrund ihrer Herkunftsbedingungen zu negieren. Gerade dieser Imperativ des origenistischen Denkens macht den gnostischen Hintergrund deutlich:

64 *Origenes*, Selecta in Genesim III 7 (PG 12, 68 CD); zit. nach *Rahner*, a.a.O. 240.

65 *Aland*, a.a.O. 60-62.

Der christliche Glaube impliziert die Freiheit des Menschen (hier folgt Origenes dem biblischen Denken), die Gnosis fordert die Negation der Welt (und hier folgt Origenes dem gnostischen Weltgefühl, ohne freilich ihren metaphysischen Dualismus in sein System zu übernehmen).

"Origenes' Lehre vom freien Willen und der göttlichen Vorsorge ist Widerspruch gegen das gnostische Weltverständnis. Wo der Gnostiker an der Bewältigung des Lebens angesichts der Versuchungen und Ungerechtigkeiten verzweifelt, da setzt die nicht ermüdende Paränese des Origenes ein. Für ihn ist der Mensch schuldhaft von Gott abgefallen und nicht eine in den Schmutz gefallene Perle. Die sinnliche Welt ist gerade nicht Schmutz, sondern von Gott als Ort der Erziehung geschaffen. Zufall oder Willkür gibt es nicht, denn Gottes Vorsorge weiß jedes einzelne Geschehen und alles menschliche Handeln dem Ziel, der Erziehung, nutzbar zu machen. Das Leben ist kein böser Traum oder Fieber, es ist eine Aufgabe, die gemeistert werden soll."[66]

Das Verständnis von Wille und Welt hat auch seine Konsequenz im Hinblick auf den Begriff der Zeit. Wird nämlich dem Willen eine positive Funktion als Bedingung der Verwirklichung und Gestaltung der Welt zugewiesen, so erfordert diese positive Funktion des Willens den Begriff einer unumkehrbar bestimmbaren Zeit als Medium ihrer Möglichkeit. Wird jedoch umgekehrt in der negativen Bestimmung des Willens diese Affirmation als Möglichkeit entwertet, so folgt daraus die Vorstellung einer Zeit, die zum Ort der jederzeit möglichen Aufhebung der Bedingung von Weltwirklichkeit wird. Nun verhindert bei Origenes die zentrale Stellung des Willens - also die Präsenz eines dramatischen Elements - die völlige Negierung des Verlaufscharakters und die totale Neutralisierung der Zeit. Umgekehrt aber fordert die Entwertung der positiven Funktion des Willens ein Zeitschema, das die Rückkehr in den Ursprung als Aufhebung aller Differenz begreift. Der Verlauf der Geschichte kann im Rahmen dieses Schemas nur interpretiert werden als Abstieg (d.h. Entfernung vom Einen) oder aber als Rückkehr zum Ursprung. "Heilsgeschehen und Seinsgeschehen (...) sind für Origenes ein und dasselbe. (...) Es handelt sich hier nicht nur um eine Vertauschung der Termini in dem Sinne, daß Origenes das als 'Natur' bezeichnet, was eigentlich die letzte, höchste Erfüllung des menschlichen Seins in der Übernatur ist, sondern darum, daß das sichtbare, körperhafte Dasein des Menschen an sich (nicht erst seine

66 *P. Kübel*, Schuld und Schicksal bei Origenes, Gnostikern und Platonikern, Stuttgart 1973, 87.

Sündhaftigkeit) das Ergebnis eines 'Abfalls' ist und daher ins Geistige, aus dem es 'gefallen' ist, rückverwandelt werden muß, um auch nur ontologisch wieder sinnhaft zu werden - mit anderen Worten: daß 'Fall' und 'Erlösung' nicht nur 'Heilsgeschichte', sondern auch 'Seinsgeschichte' sind."[67] Diese Neutralisierung der Zeit steht im Widerspruch zur biblischen Zeitauffassung, die die Einmaligkeit der jeweiligen Entscheidung als unaufhebbares Moment einer zu verwirklichenden Welt konstituiert und so die Möglichkeit der Affirmation von Welt und ihrer Zeit eröffnet.[68]

Die völlige Neutralisierung der Zeit vollendet erst Plotin, indem er nicht die Selbstbestimmung der Vernunftwesen, sondern die Theorie, also die Anschauung, ins Zentrum seines Denkens stellt. "Für die metaphysische Objektivität aber wird die Überzeitlichkeit und damit Jederzeitigkeit des Prozesses erst in Plotin erreicht. Erst damit tritt die Theorie selber in die Gestalt der Mystik. (...) Das Reich der 'Anschauung' allein ermöglicht also die ideale Gleichzeitigkeit, die das Reich des Willens nicht kennt."[69] So wird bei Plotin die in der Anschauung erreichte Ewigkeit zur unumkehrbaren Aufhebung der Zeit und ihrer Einmaligkeit:

> (...) indem er all das ansieht, erblickt er die Ewigkeit, ein Denken oder ein Leben, welches immer im Selbigen bleibt und immer das Gesamt gegenwärtig hat (...), so daß also die Ewigkeit nicht das Zugrundeliegende ist, sondern dasjenige, was aus dem Zugrundeliegenden gleichsam erstrahlt gemäß seiner Selbigkeit, die es verheißt in bezug auf sein nicht etwa erst künftiges, sondern bereits gegenwärtiges Sein; d.h. sofern es eben so ist, wie es ist, und nicht anders; was könnte es auch später erhalten, was bei ihm nicht jetzt ist?[70]
>
> So gilt es denn, uns wieder in jenen Zustand zurückzuheben, den wir bei der Ewigkeit beschrieben, jenes unwandelbare, allgesamte und so unendliche Leben, das, ohne irgend zu wanken, in dem Einen und auf das Eine gerichtet stille steht.[71]

Einen ähnlichen Weg geht dann auch die origenistische Mönchsmystik. Das bei Origenes noch stark willenshaft ethisch und asketisch bestimmte Handlungsmodell[72] wird eineinhalb Jahrhunderte später etwa

[67] *v. Ivánka*, a.a.O. 486.

[68] Vgl. ebd. 499; *Jonas*, a.a.O. Teil 2,1, 211-213; *M. Eliade*, Kosmos und Geschichte, Hamburg 1966, 108-110.

[69] *Jonas*, a.a.O. Teil 2,1, 211f.

[70] *Plotin*, Enneaden III 7,3; a.a.O. IV, 311f. - Die Vorstellung, die Zeit überwunden zu haben, findet sich auch bei den Gnostikern; vgl. *Aland*, a.a.O. 57.

[71] *Plotin*, Enneaden III 7,11; a.a.O. IV, 337.

[72] Vgl. *H. Crouzel*, Origène et la 'connaissance mystique', Bruges 1961, 434-442.

bei Evagrius Ponticus zum außerzeitlichen inneren Aufstiegsweg der Seele, der von dem häufig zitierten "damit Gott alles in allem sei" (1 Kor 15, 28) her normiert ist. Dort werden dann "alle metaphysischen Termini des Origenes zu mystischen und damit dessen metaphysisches System zum mystischen Kanon"[73]. Der ursprüngliche Sinn der Schöpfungslehre als pragmatisches Modell, so wie es auch von Origenes konzipiert war, ist hier zwar noch festgehalten, das Pragma wird aber rein innerlich, letztlich raum- und zeitlos.

Zusammenfassung

1. Origenes und Plotin konzipierten unabhängig voneinander ihre Denksysteme der Gesamtwirklichkeit vor dem Hintergrund der Gnosis. Bei beiden machte sich ein Systemwille bemerkbar, der im einen Ursprung des Ganzen den Grund der Verschiedenheit des Vielen zu fassen suchte.

2. Das ästhetische Moment der Lichtsymbolik wurde dabei zur bevorzugten ontologischen Aussageweise, die Selbigkeit des Wesens und Wirkens in den Vernunft- und Geistwesen auszudrücken und ihren einheitlichen Ursprung zu begründen.

3. Den Grund der Verschiedenheit des Vielen setzte Origenes in der Willensfreiheit an: Dem Maß der Abkehr der Vernunftwesen vom Ursprung des Ureinen entspricht ihr Ort im Ganzen; die intelligible Selbstbestimmung - und resultierend aus ihr die Schuld - bringt die Vielheit und Mannigfaltigkeit und somit den Kosmos hervor.

4. Im Unterschied zu Origenes, der die Materie als Straffolge und Erziehungsmaßnahme ansetzte, stellte bei Plotin die Form- und Bestimmungslosigkeit der Materie nur den äußersten (wenngleich nicht dualistisch verselbständigten) Gegenpol zur göttlichen Urkraft dar.

5. Die gnostisch-mythologische Vorstellung einer Vielheit von Individualitäten entmythisierten Origenes wie Plotin in der formalen Funktionalisierung ihres Systems, das Platz schafft für das konkrete Einzelsubjekt und ihm eine theoretische Orientierung seiner Lebenspraxis zu geben sucht.

73 *Jonas*, a.a.O. Teil 2,1, 218.

6. Die Freiheit der Selbstbestimmung sah Origenes zwar grundsätzlich positiv, doch ihre höchste Möglichkeit bestand nicht in der Affirmation, sondern in der Negation der Welt und ihrer Herkunftsbedingungen. Während Origenes das Medium der Zeit auf das Schema von Abstieg und Rückkehr reduzierte und damit bereits in Gegensatz zur biblischen Zeitauffassung kam, setzte sich bei Plotin die völlige Neutralisierung der Zeit als Aufhebung ihrer Einmaligkeit in der Anschauung der Ewigkeit durch.

3. Des Schönen wegen geschieht und entsteht alles: Pseudo-Dionysius Areopagita[74]

Mit Origenes war eine neue Periode des theologischen Denkens angebrochen. Das Selbstverständnis der Theologie war nun nicht mehr von den Zwängen der Apologetik geprägt, sondern hatte seine Selbstsicherheit gewonnen - eine Entwicklung, die natürlich auch mit der wachsenden öffentlichen Anerkennung des christlichen Glaubens und deren Rückwirkung auf die Theologie zusammenhängt. Da der apologetische Druck abgenommen hatte, beschränkte sich theologisches Denken nun nicht mehr auf die Verteidigung und Begründung einzelner Lehrsätze und einzelner als widersprüchlich empfundener Theoreme, sondern konnte sich der inneren Ordnung der Glaubenslehre, dem Zusammenhang des Denkens und Glaubens selbst widmen. Mit dieser gestärkten Selbstsicherheit ging ein souveränerer - wenn oft auch undurchsichtigerer - Umgang mit Vorstellungen und gedanklichen Komplexen einher, die die Theologie in ihrer kulturellen Umwelt vorfand.

Aufgrund der immanenten Vertiefung des christlichen Glaubens zentrierte sich die Theologie des 3. bis 5. Jh.s hauptsächlich um Fragen der Christologie und des trinitarischen Gottesbegriffs. Damit trat zwar eine ausdrückliche Reflexion der Schöpfungsaussagen zurück, diese wurden jedoch in anderer Thematik - etwa der der Schöpfungsmittlerschaft des Logos (vgl. Kap. VI) - immer wieder aufgegriffen. Obwohl

[74] In der Antike und im Mittelalter sprach man nicht von *Pseudo*-Dionysius Areopagita, sondern nur von Dionysius Areopagita, da der spätere Ursprung der Schriften nicht bekannt war. Zur Frage nach deren Echtheit vgl. in diesem Abschnitt weiter unten.

es also in der Theologie des 3. bis 5. Jh.s keine großen dogmatischen Diskussionen gab, die sich mit Fragen der Kosmologie befaßten, obwohl solche Probleme somit auch nicht Themen spektakulärer Konzilsereignisse waren, vollzog sich doch gerade in dieser Zeit ein Wandel des theologischen Weltverständnisses von solcher Radikalität, daß es praktisch zu gegensätzlichen Konzeptionen kam. Vereinfachend und überspitzt ausgedrückt können wir sagen, daß hier die Verschiedenheit von urchristlichem und mittelalterlichem Weltverständnis ihren Durchbruch erlebte, obwohl es noch Jahrhunderte dauerte, bis sich die Konsequenzen dieses Wandels voll zeigten. Es liegt eben ein entscheidend anderes Weltverständnis vor, wenn in den ersten Jahrhunderten der Anachoret, der Einsiedler in der ägyptischen Wüste oder in der Felsenhöhle Kappadokiens als die symbolische Repräsentation des christlichen Handelns angesehen wurde, der die höchste Verehrung galt - während im Mittelalter Kaiser und Papst mit größtem äußerem Glanz für sich beanspruchten, diese höchste symbolische Repräsentanz zu sein, die sich aber eben nicht mehr in Abkehr von der Welt, sondern im beherrschenden und triumphal sichtbaren Durchdringen der Welt verwirklichte. Eine solche Veränderung ist nur möglich, wenn ein verändertes Weltverständnis vorliegt. Das Ereignis der politischen und gesellschaftlichen Anerkennung der Kirche hätte eine solche Entwicklung nicht einleiten können, wenn diesem Ereignis nicht eine theologische Neuorientierung entsprochen hätte, die einen anderen, neuen Umgang mit der Welt forderte und legitimierte. Was hier vom gesellschaftlichen und politischen Bereich gesagt wurde, gilt ebenso für das kulturelle und künstlerische Gebiet. Nur eine echte "Weltfrömmigkeit" konnte die Kunst des Mittelalters - und gerade diese spezifische Kunst - hervorbringen. Eine solche Weltfrömmigkeit enthält aber eine andere Kosmologie als die der Anachoreten und auch noch eine andere als die des Origenes, in der der Kosmos der Ort der Sühne war.

Sicher zeigt sich in dieser Veränderung auch eine nicht übersehbare Wiederaufnahme griechischen Weltverständnisses. Von einer einfachen Übernahme desselben können wir dennoch nicht sprechen.[75] Ebensowenig werden wir uns aber darauf zurückziehen können, einfach eine "Synthese" anzunehmen. Dagegen spricht der immer wieder aufgetretene Protest gegen dieses Weltverständnis, der nicht bei systemimmanenten Korrekturen stehenblieb, sondern es an wichtigen

[75] Reichhaltiges Material zu diesem vielschichtigen Prozeß findet sich in *C. Schneider*, Geistesgeschichte der christlichen Antike, München 1970.

Punkten der Geschichte (wie in den religiösen Reformbewegungen des 12. und 13. Jh.s[76] oder in der Reformation des 16. Jh.s) als Ganzes der Kritik unterzog.

Der Prozeß der Umorientierung, der besonders mit und durch Pseudo-Dionysius Areopagita in Gang gesetzt wurde, wurde als Veränderung jedoch zunächst kaum wahrgenommen. Das war schon deshalb möglich, weil er sich innerhalb eines Sprachmaterials des Neuplatonismus oder der negativen Theologie abspielte, das auch von Theologen wie den großen Kappadokiern verwendet wurde, die noch stärker innerhalb der Tradition der anachoretischen Weltabwendung standen. Dieser Vorgang zeigt auch, wie wenig mythologisches, metaphysisches und mystisches Sprachmaterial eindeutig festgelegt ist. Die radikale Transzendenz des Einen, die Überhelle des Urlichts kann die Welt ebenso als radikale Finsternis wie als lichtdurchflutet erscheinen lassen. Die Welt als der Bereich des Seienden wird in beiden Fällen dem überseienden Gott gegenübergestellt; es ist in beiden Fällen eine Kosmologie im Angesicht des nichtseienden Gottes, und doch enthält das Seiende, die Welt, eine ganz verschiedene, ja entgegengesetzte Wertung, und entsprechend ergeben sich diametral entgegengesetzte Modelle des Umgangs mit der Welt.

Was können wir von Gott aussagen? Wie können wir Gott schauen? Wie also kann die Seele erlöst und selig werden? - Dies waren die Fragen, die die Theologen Kappadokiens beschäftigten. Gregor von Nyssa (gest. 394), der spekulativste und am meisten aus der Mystik heraus sprechende der großen Kappadokier, zieht dazu zwei Bibelworte aus dem Alten und Neuen Testament heran, die auch von den anderen öfters verwendet wurden:

> "Niemand hat Gott gesehen; niemand kann ihn sehen" (1 Tim 6, 16). Dies ist der steil und jäh abfallende Fels, der dem Denken keine Stelle bietet, um Fuß zu fassen, den auch Moses durch seine Lehren als unzugänglich bezeichnet, daß ihn unser Geist von keiner Seite aus ersteigen könne, weil ihm jeder Stützpunkt durch die gegebene Darstellung abgeschnitten ist. Denn Moses erklärt geradezu: "Es gibt niemanden, der Gott sehen und am Leben bleiben könnte" (Exod 33, 20). Besteht aber nicht das ewige Leben in der Anschauung Gottes? Und scheint diese nicht von den Säulen des Glaubens: von Johannes, Paulus und Moses als unmöglich bezeichnet zu werden? Merkst du also den Schwindel der Seele, den die Tiefe der Gedanken erzeugt?[77]

[76] Vgl. z.B. *G. Constable*, Renewal and Reform in Religious Life: Concepts and Realities, in: R.L. Benson - G. Constable, Renaissance and Renewal in the Twelfth Century, Oxford 1982, 37-67.

[77] *Gregor von Nyssa*, Von den Seligpreisungen, 6. Rede, in: BKV, München 1927, 209.

Das einzige Mittel, diese Gottesschau zu erlangen, ist die Reinheit des Herzens,[78] der Weg zu Gott führt also notwendigerweise nach innen. Alle Kategorien, die wir von außen, aus der Welt des Seienden, gewinnen, sind letztlich für die Erkenntnis, die Schau Gottes, ungültig.[79] Wir können durch Welterkenntnis höchstens einige Eigenschaften Gottes ermitteln. So wie wir aus dem Kunstwerk auf die Fähigkeit des Künstlers, aber nicht auf ihn selbst schließen können, "ebenso vermögen wir, wenn wir auf die Ordnung in der Schöpfung unser Augenmerk richten, in unserer Vorstellung kein Bild von der göttlichen Wesenheit hervorzurufen, wohl aber von der Weisheit dessen, der das All in solcher Weisheit erschuf"[80]. Der Kosmos ist hier nicht negativ besetzt, er liefert aber auch keineswegs das, was die Seele ersehnt. Der Blick auf den Kosmos ist ein Seitenblick, der nicht schon zur Zerstreuung führt, von dem aber doch sogleich wieder zur Sammlung nach innen zurückgerufen wird. Die eigentlich zu leistende Praxis erscheint nicht im Blick auf den Kosmos, sondern im Blick auf die Seele:

> Wenn ihr jedoch zu der ursprünglichen, bei der Erschaffung euch verliehenen Gnade und Ebenbildlichkeit mit Gott zurückkehrt, so tragt ihr das Gesuchte in euch selbst. Gott ist nämlich Reinheit, Freiheit von Leidenschaft und Abwesenheit jeglicher Sünde; wenn dies in deiner Seele wohnt, so besitzest du auch Gott in dir.[81]

Die Kosmologie kann hier kein eigenes Interesse beanspruchen, sie wird unerheblich angesichts des einzig Wichtigen: der Erhebung der Seele zum Göttlichen.[82] Die Welt eröffnet keinen ausreichenden Weg für aufsteigendes Denken, das bis zum Grund der Welt selbst gelangte. Gott selbst als der Grund von Welt bleibt undenkbar und unbezeichenbar.

Gott jenseits von Schöpfung, jenseits des Nichts, selbst jenseits von "Gott" - das ist negative Theologie. Die theologische Dialektik in der Kosmologie als ganzer (insofern der Welt kein begrifflich faßbarer Schöpfergott gegenübergestellt werden kann) mündet in die Forderung der Aufhebung des kosmologisch bildhaften und vorstellenden Denkens, so aber auch in die Forderung der Aufhebung des begrifflich bestimmenden Denkens überhaupt. Die Kosmologie führt nicht mehr

78 Vgl. ebd. 210.

79 Vgl. *W. Völker*, Zur Gotteslehre Gregors von Nyssa, in: Vigiliae Christianae 9(1955), 107. 114f.

80 *Gregor von Nyssa*, a.a.O. 212.

81 Ebd. 215.

82 Vgl. *E. v. Ivánka*, Vom Platonismus zur Theorie der Mystik, in: Scholastik 11(1936), 163-195.

zur Erkenntnis des Grundes des Kosmos. Dabei wird auch der Unterschied zu Plotin ersichtlich: Die plotinische Dialektik besteht in einer Wechselfolge von Reflexion und Kontemplation, die sich gegenseitig überschreiten bis hin zum Einen. Wie in dieser Wechselfolge von Reflexion und Kontemplation, die sich gegenseitig überschreiten, ohne sich aufzulösen, so überwindet die aszendente Dialektik des Aufstiegs zum Einen jeden Widerspruch und weiß sich aufgehoben in die höhere Einheit, die am Einen selbst teilhat. Als Dialektik der Bewegung (des Aufstiegs zum Einen) kann diese aszendente Dialektik übergehen in eine deszendente Dialektik, die den Weg vom Einen zum Vielfältigen findet.[83] Dieser Weg ist für Gregor von Nyssa nicht gangbar. Für ihn liegt die Ermöglichung des Aufstiegs nicht in einer theoretisch-kontemplativen Überschreitung, sondern in der willensbestimmten ethischen Reinigung der Seele von allem Nichtgöttlichen.[84]

> Wenn ein so Gereinigter auf sich selbst seinen Blick richtet, so sieht er in sich auch den Gegenstand seiner Sehnsucht. Daher kann jeder, der ein reines Herz hat, auf seine eigene Reinheit blickend, in diesem Abbilde das ewige Urbild anschauen.[85]

Ein Weg zurück von dieser Anschauung zur Erhellung des Kosmos liegt außerhalb der Reichweite (und auch außerhalb des Interesses) Gregors von Nyssa. Er bleibt dabei stehen bzw. geht davon aus, "daß die göttliche Majestät über die Himmel erhaben ist, ihre Herrlichkeit unbeschreiblich, ihre Schönheit unaussprechlich und ihre Wesenheit unbegreiflich" ist.[86] Für die durch und in Liebe mit dem Urbild geeinte Seele[87] gibt es keinen Grund, sich dem Kosmos zuzuwenden.[88]

Können wir von der Gottheit sinnvoll reden? "Das Wissen und Erkennen ihres Wesens, was sie (an sich) ist, bleibt allen Wesen unzugänglich, weil sie überwesentlich über alles erhaben ist."[89] So lesen wir

83 Vgl. *G. Gurvitch*, Dialektik und Soziologie, Neuwied 1965, 56f.

84 In diesem ethisch-asketischen Willensmoment liegt die Nähe Gregors von Nyssa zu Origenes wie zum Ideal der Anachoreten.

85 *Gregor von Nyssa*, a.a.O. 215.

86 Ebd. 214.

87 Vgl. dazu vor allem *Gregor von Nyssa*, Der versiegelte Quell. Auslegung des Hohenliedes, (gekürzt) Einsiedeln 1954.

88 Gregor ließ sich nur widerstrebend zum Bischof von Nyssa weihen, scheiterte aber an den "weltlichen" Aufgaben dieses Amtes. Ebensowenig erfolgreich war seine spätere, nur einige Monate dauernde Tätigkeit als Metropolit von Sebaste.

89 *Dionysius Areopagita*, Von den Namen Gottes I 2. Die Übersetzung ist (wie auch in den folgenden Zitaten) entnommen aus: *Dionysius Areopagita*, Von den Namen zum Unnennbaren, Auswahl und Einleitung von E. v. Ivánka, Einsiedeln [2]1981, 36. - Diese Übersetzung (die allerdings manche Teile nur in Zusammenfassung bietet)

in der Schrift "Von den Namen Gottes" des Pseudo-Dionysius Areopagita. Die Sprachform und die theologische Denkrichtung scheint zunächst in der (vielleicht verschärften) Linie des Gregor von Nyssa und anderer Theologen der negativen Theologie zu liegen.[90] Dies trifft auch insofern zu, als Pseudo-Dionysius Areopagita immer wieder in sich überbietenden paradoxen Formulierungen betont, daß wir hier einen Bereich von Mysterien betreten, die "in dem überlichthaften Dunkel des mysterienverbergenden Schweigens verhüllt sind"[91], wo wir vom Göttlichen nur sagen können (und damit eigentlich nur sagen können, daß wir nichts sagen können), daß es "überwesenhafte Wesenheit", "das Unsagbare, Undenkbare, Unnennbare", das "jenseits alles Seienden" ist.[92] Diese negative Theologie ist jedoch nur die eine Seite, da das Überlicht, das Urlicht, alles erleuchtet:

> Und von diesem Schönen haben es alle Wesen, daß sie auf die ihnen jeweils entsprechende Weise schön sind, durch dieses Schöne besteht alle Eintracht, Freundschaft und Gemeinschaft, durch das Schöne wird alles geeinigt; das Schöne ist Urgrund von allem als die alles bewirkende, alles bewegende und alles durch die Liebe zu seiner Schönheit zusammenhaltende Ursache, und es ist Ende von allem als die Zielursache des liebenden Strebens - denn des Schönen wegen geschieht und entsteht alles - und als die urbildliche (Ursache), weil nach ihm alles geformt und bestimmt wird.[93]

Hier eröffnet sich nun eine ganz andere Sicht auf den Kosmos als diejenige, mit der die Gnostiker oder auch noch Origenes die sichtbare Welt betrachtet hatten, die aber auch noch von jener verschieden ist, die bei Gregor von Nyssa vorgelegen hatte. Gregor von Nyssa hatte den Weg zum Urbild selbst nur über die gereinigte Seele gesucht. Bei Pseudo-Dionysius Areopagita ist es jetzt die Schönheit des Kosmos, die den Blick des Menschen auf das Urbild zieht, wobei natürlich auch die Seele ein, aber eben nicht das einzige adäquate Urbild ist. Zur negativen Theologie, die in ihrer kritischen Funktion nie aufgegeben werden darf, tritt die symbolische Theologie hinzu. Für den vom Urlicht erleuchteten Geist zeigt sich der ganze Kosmos als transparent auf das

ist der älteren vollständigen von Stiglmayr in der BKV, München 1911, vorzuziehen.

90 Wer der Autor dieser Schriften ist, wissen wir nicht. Die Schriften wurden erstmals zu Beginn des 6. Jh.s zitiert. Sie sind im 5. oder am Beginn des 6. Jh.s entstanden. Die Beziehung des Autors zum Neuplatonismus ist offenkundig; wie diese Beziehung jedoch genauer zu interpretieren ist (Angleichung an oder Absetzung von neuplatonischen Systemen), ist weiterhin umstritten.

91 *Dionysius Areopagita*, Von der mystischen Theologie I 1; a.a.O. 91.

92 *Dionysius Areopagita*, Von den Namen Gottes I 1; a.a.O. 36.

93 Ebd. 60f.

Göttliche hin. Und so wie er das Göttliche mit keinem Namen benennen kann, so kann er, betrachtet und erfaßt er die Schönheit der Welt in ihrem über-schönen Urbild, das Göttliche mit allen Namen benennen.[94]

Jetzt aber müssen wir noch, der aus unserer (menschlichen) Welt genommenen Symbole uns bedienend, soweit dies eben möglich ist, mit Hilfe dieser Symbole zur einfachen, einförmigen Wahrheit der geistigen Urbilder auf die uns gemäße Weise uns erheben.[95]

Dies kann und darf nicht das Letzte sein, denn das Ziel liegt "in der wissenslosen seligen Einströmung der Strahlen des höchsten Lichtes"[96]; aber eben dies ist höchstens in wenigen geschenkten Augenblicken möglich, wie es den Jüngern auf dem Berg Tabor geschah. Dieses ekstatische Element ist bei Pseudo-Dionysius Areopagita eindeutig vorhanden, und die Ekstase kann nicht als Resultat einer aufsteigenden Dialektik verstanden werden.[97] Es ist nicht einfach ein Durchblick durch das transparent gewordene Medium Kosmos, der sich in der Ekstase abspielt, sondern ein wirkliches akosmisches Heraustreten, "wenn der Geist, von allem Seienden sich abwendend und sich selbst verlassend, geeint wird mit den überhellen Strahlen, (die) von dorther (kommen), und dort erleuchtet wird von den unerforschlichen Tiefen der Weisheit"[98].

Ästhetische Weltfrömmigkeit und welttranszendierende Ekstase: dies sind bei Pseudo-Dionysius Areopagita nicht einfach zwei Stufen eines Prozesses, es sind aber auch nicht zwei nebeneinanderstehende und letztlich unverbundene Elemente. Die Sprachform des Pseudo-Dionysius Areopagita ist auch nicht schon besonders geeignet, begriffliche Präzisierungen zu diesem Problem zu liefern.[99] (Mit aus viel späterer Zeit stammender Begrifflichkeit ließe sich sagen, daß die ekstatische, höchste Innerlichkeit dialektisch "umschlägt" in die höchste Ob-

94 Vgl. *O. Semmelroth*, Gottes ausstrahlendes Licht. Zur Schöpfungs- und Offenbarungslehre des Ps.-Dionysius-Areopagita, in: Scholastik 28(1953), 481ff.; *ders.*, Die Theologia Symbolike des Ps.-Dionysius-Areopagita, in: Scholastik 27(1952), 1-11.

95 *Dionysius Areopagita*, Von den Namen Gottes I 4; a.a.O. 39.

96 Ebd.

97 Vgl. *Gurvitch*, a.a.O. 63.

98 Vgl. *Dionysius Areopagita*, Von den Namen Gottes VII 3; a.a.O. 77.

99 Die Geschichte der lateinischen Übersetzungen im Mittelalter ist ein deutliches Zeugnis der Verstehens- und Übertragungsschwierigkeiten dieser Texte. Vgl. *M. Grabmann*, Die mittelalterlichen lateinischen Übersetzungen der Schriften des Pseudo-Dionysius Areopagita, in: ders., Mittelalterliches Geistesleben I, München 1926 (Nachdruck Hildesheim 1975), 449-468.

jektivität, also eine Identität von Subjektivität und Objektivität erreicht wird, eine Aufhebung des Kosmos in den Begriff und die Anschauung seiner Abbildlichkeit.)

In der weiteren Geschichte werden die Schriften des Pseudo-Dionysius Areopagita in beide Richtungen hin einflußreich, wobei allerdings Ekstase und Weltfrömmigkeit oft getrennt, ja im Gegensatz zueinander auftreten. Inwieweit die Gedanken des Pseudo-Dionysius Areopagita dabei eine eigentliche Ursache und inwieweit sie nur eine willkommene Rechtfertigung von Haltungen ganz anderen Ursprungs sind, läßt sich nur schwer feststellen.

Die hymnisch besungene Freude an der Schönheit der Dinge der Welt führt den Geist bis an die Grenze der Ekstase, und so sucht der Geist wieder gerade jene Dinge, an denen das Licht besonders stark wirkt; und er sucht schließlich den Mikrokosmos der Kirche - und das heißt hier: der Kirche als aus Materie gestalteten Raumes - so zu organisieren, daß er ein Lichtkosmos wird. So wird dann seit dem 12. Jh. die Konstruktion der - selbst den Kosmos repräsentierenden - gotischen Kathedrale von der areopagitischen Lichtspekulation her entworfen bzw. interpretiert. St. Denis in Paris ist die erste dieser Kathedralen, und die Mönche dieses Klosters (in dem auch die Könige Frankreichs begraben wurden) meinten, die Reliquien des Pseudo-Dionysius Areopagita zu besitzen. Das Sich-Öffnen für die Einstrahlung des Lichts, wie es der Areopagite gefordert hatte,[100] sollte hier Raum gewinnen, so daß von da her der ganze Kosmos erleuchtet, transparent, zum Symbol transformiert wurde, "das Überwesentliche mit den (endlichen) Wesenheiten andeutend, das Ungeformte und Umgestaltete in Formen und Gestalten kleidend, und die ungeprägte Einfachheit des Unendlichen und der Buntheit vielfältiger Symbole in zahlreichen Ausprägungen darstellend"[101]. Die Welt auf das Göttliche hin transparent machen: die ästhetische Gestaltungskraft der mittelalterlichen Kultur ist zutiefst von Pseudo-Dionysius Areopagita bestimmt.[102]

Es wäre aber verfehlt, dabei zu übersehen, daß dieser Einfluß nicht nur der Vergeistigung einer Kultur diente. Die "Buntheit vielfältiger Symbole" konnte zur Interpretation der Glasfenster herangezogen wer-

100 *Dionysius Areopagita*, Von den Namen Gottes IV 4; a.a.O. 57.

101 Ebd. I 4; a.a.O. 39.

102 Zur Bedeutung der Philosophie des Pseudo-Dionysius Areopagita für die gesamte mittelalterliche Ästhetik vgl. *R. Assunto*, Die Theorie des Schönen im Mittelalter, Köln [2]1987.

den, konnte aber - wie es im 12. Jh. der von Pseudo-Dionysius Areopagita und dessen Übersetzer und Kommentator Scotus Eriugena (9. Jh.) tief beeindruckte Abt Suger von St. Denis unmißverständlich klarmachte - auch zur Legitimation der hymnisch besungenen Freude an der Anhäufung riesiger Mengen von Gold und Edelsteinen werden, von deren Glanz Suger überwältigt wurde.[103] Zwischen dem Anachoreten Gregor von Nyssa und dem Mönch Suger liegt eine Welt, und diese Welt ist zumindest auch areopagitisch geformt.

Die Geschichte des öffentlichen Durchbruchs, der Anerkennung der Schriften des Pseudo-Dionysius Areopagita kann ebenfalls Anlaß zu Fragen geben. Als diese Schriften zum ersten Mal in einer theologischen Diskussion auftauchten (532 in Konstantiopel), wurden sie sofort als unecht bezeichnet. Aber nur etwa fünfzig Jahre später - bei Gregor dem Großen (gest. 604) - bestand kein Zweifel mehr an ihrer Echtheit, obwohl dafür keinerlei neue Argumente angeführt wurden, und kurz darauf verfaßte Maximus Confessor den ersten Kommentar zu diesen Schriften.[104] Was verhalf ihnen zu dieser breiten Anerkennung - sie wurden später von den bedeutendsten Theologen des Mittelalters kommentiert -, ohne daß weitere Zweifel an ihrer Echtheit erhoben wurden?[105] Die Regierungszeit Gregors des Großen war unter anderem dadurch gekennzeichnet, daß mit dem Ende des römischen Senats die Kirche zur politischen Ordnungsmacht Roms wurde und Gregor sie über diese Rolle in Rom hinaus als universales Ordnungssystem angesichts einer durch die Wirren der Völkerwanderung auseinanderfallenden Welt konzipierte. Die Werke des Pseudo-Dionysius Areopagita lieferten dafür eine "Theorie", die zwar auch in der Schrift über die Namen Gottes, aber noch stärker in denen über die "Himmlische Hierarchie" und die "Kirchliche Hierarchie" enthalten ist. Die Schriften des Areopagiten boten ein universales, geschlossenes Weltbild, in welchem das Göttliche, "alle Ordnungen und Ränge bestimmend und abgrenzend, selbst über allen Ordnungen und Rängen thront"[106]. Kosmische und gesellschaftliche Ordnung stehen hier in strenger Entsprechung. Gott bestimmt "die Fürsorge der höheren We-

103 Vgl. *E. Panofsky*, Zur Philosophie des Abtes Suger, in: W. Beierwaltes (Hrsg.), Platonismus in der Philosophie des Mittelalters, Darmstadt 1969, 109-120.

104 Vgl. LThK^2 III, 402.

105 Erst in der Renaissance wurden bei Lorenzo Valla wirksame Bedenken angemeldet, wobei aber die Bedeutung dieser Schriften auch in dieser Zeit nicht in Frage gestellt wurde, wie die erneute Übersetzung derselben durch Marsilio Ficino zeigt.

106 *Dionysius Areopagita*, Von den Namen Gottes II 10; a.a.O. 49.

sen für die geringeren, den Zusammenhang des Gleichrangigen, die Hinwendung der niedrigeren (Wesen zu den höheren) und ihr unverändertes, wohlbewahrtes Verharren und Bleiben (in ihrer Wesenheit)"[107]. So wie vorher der Abstand zu Gregor von Nyssa deutlich wurde, muß hier der Abstand dieser Lehre zu der des Origenes betont werden. In Origenes' System der reinen Möglichkeiten ist das Ziel des "wohlbewahrten Verharrens und Bleibens" das Zeichen der Trägheit, geradezu der Negativität, da ja für jeden das Ziel gilt, logosgleich zu werden. Im Vergleich zum ontischen Beharrungsideal des areopagitischen Ordnungssystems stellt die Schrift "Perì archôn" des Origenes geradezu einen Aufruf zur Anarchie dar. Vielleicht ist es eben doch kein Zufall, daß fast gleichzeitig im 6. Jh. (also etwa 300 Jahre nach dem Tod des Origenes) dessen Lehren verurteilt und die (zunächst richtigerweise als unecht erkannten) Schriften des Pseudo-Dionysius Areopagita als aus der Entstehungszeit des Christentums stammend anerkannt wurden. Die Grundordnung, die nun im Kosmos wie in der Gesellschaft gefordert wurde, war eine andere geworden.

Mit dem bisher Gesagten hängt auch zusammen (oder: das bisher Gesagte findet seinen Grund darin), daß nun bei Pseudo-Dionysius Areopagita der kritische und apologetische Charakter der Theologie zur Gänze verschwindet. Theologie beginnt mit dem Gebet[108] und besteht in "heiligen Hymnen"[109]. Theologie wird damit der Liturgie und der Meditation zugeordnet. Wie immer wir zu dieser Entwicklung stehen mögen - historisch läßt sich die Theologie des frühen Mittelalters nur auf diesem Hintergrund verstehen:[110] Theologie hat wie Liturgie die Aufgabe des Lobpreises, des Hymnus auf einen wohlgeordneten, beständigen und beharrenden Kosmos.[111]

107 Ebd. IV 8; a.a.O. 61.

108 Vgl. *Dionysius Areopagita*, Von den Namen Gottes III 1; a.a.O. 53.

109 Ebd. I 3; a.a.O. 37.

110 Dasselbe gilt übrigens auch für den musikalischen und dichterischen Ausdruck in der Liturgie selbst; vgl. *H. Abert*, Die Musikanschauung des Mittelalters und ihre Grundlagen, Halle 1905 (Nachdruck Tutzing 1964), 209: "(...) so erkennen wir die bedeutungsvolle Tatsache, daß der asketische Grundcharakter der ältesten kirchlichen Musikanschauung während des Mittelalters selbst eine tiefgreifende Wandlung erfuhr, eine Wandlung, die in der liturgischen Gesangspraxis ihren Ursprung hatte und bald auch die Theorie zum Anschluß zwang (...). Aus der ecclesia militans wurde mehr und mehr die ecclesia triumphans."

111 Historisch falsch, aber mit einem sicheren Gespür für historische Wirksamkeit wurde Gregor der Große seit dem 10. Jh. als Hymnendichter verehrt, und es wurde sogar die damals geltende Form des "Gregorianischen" Gesangs auf ihn zurückgeführt.

Zusammenfassung

1. Die negative Theologie entwarf eine Kosmologie angesichts eines über-seienden, eines nicht-seienden Gottes.

2. Die Kosmologie kann dabei
  - entweder in eine Theorie der Mystik aufgehoben werden
  - oder vom Über-Urbild her eine neue Legitimation erhalten.

3. Der vom Urlicht erhellte Kosmos wird transparent auf das Göttliche hin. Die dieser ästhetischen Kosmologie entsprechende Pragmatik besteht in der Kunst.

VIII Die Phänomenologie des Realen

Irenäus

Friedrich Nietzsche, Ludwig Feuerbach und Karl Marx - neben vielen anderen - sahen im Christentum den Inbegriff der Diesseitsflüchtigkeit, der Weltverneinung, der Entwertung der Werte einer realen Welt. Um an den berühmten Appell in Zarathustras Vorrede zu erinnern: "Ich beschwöre euch, meine Brüder, bleibt der Erde treu und glaubt denen nicht, welche euch von überirdischen Hoffnungen reden! Giftmischer sind es, ob sie es wissen oder nicht. Verächter des Lebens sind es, Absterbende und selber Vergiftete, deren die Erde müde ist: so mögen sie dahinfahren! Einst war der Frevel an Gott der größte Frevel, aber Gott starb, und damit starben auch diese Frevelhaften. An der Erde zu freveln ist jetzt das Furchtbarste und die Eingeweide des Unerforschlichen höher zu achten als den Sinn der Erde!"[1] Das Christentum erscheint in diesem Zusammenhang als "Jenseitsreligion" par excellence, sein Weltverständnis durch und durch gnostisch-manichäisch.

Es soll nun gar nicht bestritten werden, daß es ein solches Wirklichkeitsverständnis innerhalb des Christentums gab (und gibt). Historisch und sachlich unrichtig ist jedoch die einfache Identifizierung von Christentum und einem solchen Weltverständnis. Wie wenig eine solche einfache Gleichsetzung den historischen Tatsachen entspricht, zeigt sich an der Theologie des Irenäus von Lyon (gest. um 202), der aus Kleinasien stammt und mit gnostischen Lehren bestens vertraut ist. Er weiß, daß es in der Auseinandersetzung mit der Gnosis um den Begriff der Wirklichkeit geht, der "wahren" Wirklichkeit; die Gnosis erscheint ihm als eine Weltflüchtigkeit, die vom authentischen Glauben der Bibel her abgelehnt werden muß. Irenäus sieht in der Gnosis die Errichtung einer "Hinterwelt" von Äonen und Pleroma und kosmischen Sphären, von Spekulationen und Mythos, in die hinein der

1 *F. Nietzsche*, Also sprach Zarathustra, in: ders., Werke, hrsg. von K. Schlechta, II, Darmstadt 1973, 280.

Mensch sich flüchtet, kurz: eine irreale Welt irrealer Aufhebung des Leidens, eine Leugnung der "wahren" Wirklichkeit. Ihr stellt Irenäus den christlichen Glauben entgegen, der die Welt als ganze mit ihrer Sichtbarkeit und materialen Greifbarkeit einbezieht und bejaht. Dieser Glaube muß der Gnosis gegenübergestellt werden, um den Menschen auf den Boden der Realität zurückzuholen. Irenäus geht es nicht in erster Linie darum, einzelnen ihm häretisch erscheinenden Positionen (z.B. einer doketisch geprägten Christologie) entgegenzutreten, sondern er versucht, solche Positionen als Symptome eines grundsätzlich verkehrten Weltverständnisses zu erweisen. Seine Kritik ist oft auch polemisch (und historisch nicht ganz exakt), seine eigene positive Absicht kommt aber auch darin deutlich zum Ausdruck.

Die Gnosis suchte Erlösung im ganz Anderen, im Fremden, im schlechthin Neuen, also in der Negation der Welt der Erfahrung. Die Gnostiker hatten die Tendenz, sich abzusondern und ihre Lehren geheimzuhalten - wobei sie dann die "gewöhnlichen" Menschen in ihrer Gewöhnlichkeit beließen bzw. diese abwertend hinter sich ließen. Der Gnostiker will im ekstatischen Ausgriff über sich selbst hinaus, will reiner *noûs* werden. Dem Realisten Irenäus stellen sich die Gnostiker zunächst einmal als ungeduldig, überspannt vor, als Menschen, die gleich so hoch hinaus wollen, daß sie das Nächste nicht sehen: sich selbst. Sie ertragen die Endlichkeit nicht, sie halten endliche Vernunft für unerträglich, und so entgleiten ihnen die Möglichkeiten endlichen "gewöhnlichen" Menschseins und rationaler Welterkenntnis.

> Die Erlösung, sagen sie, sei notwendig für die, welche die vollkommene Gnosis erlangt hätten, damit sie für die allerhöchste Kraft wiedergeboren würden. Denn anders sei es nicht möglich in das Pleroma zu gelangen, da nur die Erlösung sie in die Tiefe der Tiefe hinabführt.[2]

Aber der ekstatische Vorgriff auf die Tiefe der Tiefe und das Wissen des Wissens verstellen nur den Blick auf die Realität des Menschen, seiner Welt und seiner Möglichkeiten. Deshalb hält Irenäus den Gnostikern entgegen:

> Unvernünftig also in jeder Hinsicht sind die, welche die Zeit des Wachstums nicht abwarten und die Schwäche ihrer Natur Gott zuschreiben. Diese Unersättlichen und Undankbaren kennen weder Gott noch sich, wenn sie das nicht sein wollen, was sie doch zuerst geworden sind: leidensfähige Menschen; und das Gesetz des menschlichen Geschlechtes übertretend, wollen sie, noch bevor sie Menschen geworden sind, dem Schöp-

2 *Irenäus*, Adv. haer. I 21,2, in: BKV[2] Irenäus I, 64.

fergott ähnlich sein und keinen Unterschied zulassen zwischen dem unerschaffenen Gott und dem jetzt entstandenen Menschen.[3]

Der gnostischen Weltentrückung, die in seinen Augen die Humanität als Wert negiert, setzt Irenäus seine Alternative entgegen: die in der Gewöhnlichkeit geschichtlicher Existenz langsam (und durchaus mühsam) sich entfaltende Humanität. In eins damit gilt es ihm als selbstverständlich, daß das Heil nicht in der Exklusivität der kleinen Gruppe individualistischer Einzelexistenzen gefunden werden kann, sondern nur in Universalität und Öffentlichkeit. Dieser Horizont eröffnet "Wirklichkeit" - alles andere gilt ihm als Abstraktion und Illusion. So wird für Irenäus die Theologie ihrer Intention nach zur Phänomenologie der wahren und ganzen Wirklichkeit.[4]

Die Einheit der Wirklichkeit ist nach Auffassung des Irenäus nur dort gewahrt, wo sie den Menschen einen einheitlich strukturierten Erfahrungs- und Handlungsraum bietet. Gerade dies aber sieht er bei den Gnostikern in Frage gestellt. Einige Vertreter der Gnosis - insbesondere der aus Kleinasien stammende Markion - hatten Schöpfung und Erlösung einander in solcher Weise entgegengesetzt, daß sie einerseits vom Gott der Schöpfung als einem Gott des Zornes und andererseits vom Gott der Erlösung als einem Gott der Güte sprachen. In diesem Dualismus sieht Irenäus eine Zerspaltung der Wirklichkeit, die gerade der Wirklichkeit Gottes nicht gerecht wird, da sie dessen Macht und Güte willkürlich beschränkt. Eine solche Trennung ist für Irenäus unannehmbar, da sie durch die Absetzung des Gottes der Erlösung von der Wirklichkeit der Schöpfung notwendigerweise den Glauben ohne Aussage über die reale Welt und die geschichtliche Wirklichkeit - und ohne kritische Auseinandersetzung mit ihr - läßt:

Die Häretiker hingegen hielten es für unwürdig, daß Gott straft und richtet und glauben, daß sie einen guten Gott ohne Zorn gefunden hätten. Deswegen lehrten sie, daß ein anderer richte und ein anderer erlöse, ohne dabei zu bedenken, daß sie dadurch Verstand und Gerechtigkeit beider aufhoben. Wenn nämlich der Richtergott nicht zugleich gut ist und je nach Verdienst belohnt und bestraft, so wird er weder als ein gerechter noch weiser Richter erscheinen. Wiederum wird der gute Gott, wenn er nur gut ist und nicht prüft, wem er seine Güte zuwenden soll, außerhalb der Gerechtigkeit und

3 Ebd. IV 38,4; a.a.O. II, 141.

4 *H.U. v. Balthasar*, Herrlichkeit II, Einsiedeln 1962, 45f., macht darauf aufmerksam, daß die Begriffe *videre* und *ostendere* zu methodologischen Grundprinzipien der Theologie des Irenäus werden. Dabei handelt es sich jedoch nicht um platonische Erkenntniskategorien, sondern vielmehr um ein Sehen des weltlich-materiell Gegebenen in seiner vorhandenen Gestalt.

Güte stehen, und seine Güte wird als Schwäche erscheinen, wenn er nicht alle[5] erlöst ohne Rücksicht auf das Gericht.[6]

Natürlich geht es hier um die Frage, wie die Wirklichkeit der Welt zu werten ist. Der Gnostiker sieht sein Heil in der Möglichkeit, sich von all dem Unbefriedigenden, Bösen und Dunklen der Welt abzuwenden, dieses dem Demiurgen zuzuschreiben, um sich ganz dem reinen, fremden Licht des "neuen" Gottes zuzuwenden. In seinem Gott sucht der Gnostiker die ganz andere jenseitige Heimat.

Die faszinierende Größe dieses Gottes zeigt sich jedoch als Reduktion, als Wirklichkeitsverlust, insofern dieser Gott jenseits der Welt in keinerlei Bezug zu den Antinomien der Welterfahrung mehr gebracht werden kann. Irenäus stellt dem die Überzeugung entgegen, daß der Mensch keinen anderen Ort, keine andere Heimat hat als die erfahrbare Welt, daß dem an Jesus Christus Glaubenden sein Gott nur durch die Vermittlung von Welt begegnen kann. Dieser Weltbezug macht das Grundprinzip der Theologie des Irenäus aus. Wird die Welt in gnostischer Verneinung nur als Finsternis begriffen, so muß sie schließlich auch das Licht Gottes negieren.

Notwendig also machen sie (sc. die Gnostiker) den gesamten Raum innerhalb des Pleroma und ihres Vaters zu einer formlosen und finstern Leere, in der das geschaffen wurde, was geschaffen ist. Einen Tadel muß auch das Licht ihres Vaters erhalten, weil es nicht einmal das, was in ihm war, erleuchten und anfüllen konnte. Und schließlich, wenn sie dies als eine Frucht eines Fehltritts und ein Werk des Irrtums bezeichnen, dann bringen sie den Fehltritt und Irrtum in das Pleroma und in den Schoß des Vater hinein.[7]

Soll Gott also mit Recht "Gott" genannt werden, so muß er als Grund und Ursprung des gesamten Bereichs der Erfahrung begriffen werden.[8] Der skizzierte theologische Ansatz macht auch deutlich, daß es sich bei Irenäus durchaus um einen theologischen Systematiker han-

5 D.h., der gute Gott, der ja nur einen Teil der Menschheit erlöst, nämlich die guten Menschen, tut dies, ohne sich dabei auf ein gerechtes Urteil zu stützen.

6 *Irenäus*, Adv. haer. III 25,2; a.a.O. I, 318.

7 Ebd. II 4,3; a.a.O. I, 104.

8 Ob Irenäus das legitime Anliegen einer Theologie gesehen hat, die sich auch gnostische Kategorien und Denkformen zu eigen gemacht hat, ob er sich in seinem Gegenstoß gegen die Gnosis nicht vielleicht doch von einer zu naiv-optimistischen Welterfahrung beflügeln ließ, die die Gefahr der Verharmlosung des Real-Widerständigen an der Welt in sich trägt, wie sie all jenen Theologien innewohnt, die primär als Inkarnationstheologie begriffen werden? Genau diese Fragen werden im folgenden Kapitel über Manichäismus, Pelagianismus und augustinische Theologie (Kap. IX) weiterverfolgt werden - ohne dort eine auch nur annähernd befriedigende Antwort finden zu können.

delt, selbst wenn er zu einem solchen erst in der Auseinandersetzung mit der Gnosis wurde. Ähnlich wie bei Origenes fungiert bei Irenäus die Einheit als Grundprinzip aller Wirklichkeit; dieses Grundprinzip aber muß sich für ihn an der Erfahrung ausweisen (*manifestatio*), darf also niemals jenseits der Erfahrung gesucht werden. Erst diese keinen Bereich der Wirklichkeit ausschließende Erfahrung macht das Wissen, die echte Gnosis und so die Wahrheit des Glaubens aus. Irenäus denkt dabei echt griechisch: Der Kosmos ist das Ganze (*hólon*), das nur verstanden werden kann, wenn nichts ausgeschlossen wird - außer dem, dem kein Sein zukommt, das also nur Schein ist. Dieses Ganze aber erweist sich darin, daß in ihm Ordnung (*táxis*), Maß und Schönheit gefunden werden können. "Wir können nämlich von einer Harmonie sprechen, wenn wir von dem ausgehen, was bereits erschaffen ist"[9]. Das, was erschaffen ist, bringt die Theologie zur Sprache; dabei beginnt sie aber nicht jeweils von neuem, sondern ist verwiesen auf die *hypóthesis*, wie Irenäus die Voraussetzung der Theologie nennt: die in Schrift und Kirche niedergelegte Interpretation des Erschaffenen:[10] "Die wahre Gnosis ist die Lehre der Apostel und das alte Lehrgebäude (*sýstema*) der Kirche für die ganze Welt."[11]

Damit erhält der Begriff des Systems jene geschichtstheologische Wendung, in der eine der wesentlichsten theologischen Leistungen des Irenäus liegt. Es geht darum, in der Geschichte eine innere Ordnung und Übereinstimmung zu erweisen. Daß Geschichte in ihrer Ganzheit von Gott herkommt, gibt ihr den inneren Zusammenhang, der als wahrhaft systematischer bezeichnet werden kann und so die Wahrheit und Einsichtigkeit des Glaubens ausmacht.[12] Innerhalb dieses syste-

9 *Irenäus*, Adv. haer. II 15,3; a.a.O. I, 136.

10 Vgl. zum Gebrauch dieses bei Irenäus keineswegs im biblizistischen Sinn verwendeten Schlüsselbegriffs der *hypóthesis*: *P. Hefner*, Theological Methodology and St. Irenaeus, in: The Journal of Religion 44(1964), 294-309. Hefner versucht ebd. 295, den systematischen Ansatz der Theologie des Irenäus zu verdeutlichen: "Die schlechthin höchste Autorität für Irenäus ist das System, Strukturgefüge oder die 'hypothesis' des Glaubens, dessen Wesen Gottes erlösendes Heilshandeln um des Menschen willen ausmacht." (Übers. von mir.)

11 *Irenäus*, Adv. haer. IV 33,8; a.a.O. II, 431.

12 Dieses Systemdenken beschreibt *N. Brox*, Offenbarung, Gnosis und gnostischer Mythos bei Irenäus von Lyon, Salzburg 1966, 204: "Es geht dabei nicht darum, sich nach gnostischer Manier in ein Neuland zu begeben und unkontrollierbare Informationen über unbetretene Regionen zu geben (die zudem alles andere als wahrscheinlich sind); das Ziel des wahren Schülers und Pneumatikers ist es, sich in die Heilsordnung Gottes zu vertiefen, wie sie ist und von Gott ausdrücklich zur Kenntnis gebracht wurde. Innerhalb ihrer ist manches Schwierige noch zu klären, was aber den Gemeindetheologen stellvertretend für alle zukommt (I 10,3); vor allem

matischen Denkens hat auch das Argument der Kongruenz, der inneren Gerechtigkeit und so der geschichtlichen Harmonie seinen Ort. Dieses Argument erhält für Irenäus nicht nur den Sinn einer vagen Angemessenheit, sondern einer sachlichen Richtigkeit.[13] Irenäus repräsentiert den Versuch, aus der griechischen Welterfahrung heraus auf die Gnosis eine biblische Antwort zu finden. Die griechische positive Bewertung des Kosmos verbindet sich bei ihm mit der biblischen positiven Bewertung der Geschichte. In keinem dieser (bei ihm nicht immer bruchlos vermittelten) Bereiche gesteht er der Erfahrung von Negativität einen übermächtigen, für die Orientierung maßgebenden Raum zu.

Anders die Gnosis: Diese hatte die Erfahrung von Welt und deren räumlich-zeitlichen Lebensbedingungen einer radikalen Negation unterzogen, um, in dieser Negation sich von der Welt freisetzend, in die Bewegung ekstatischer Erfahrung (die - auch schon vorausgehend - von der Welt wegführte) einzutreten. In solcher ekstatischer Erhebung war es in keiner Weise mehr möglich und sinnvoll, positiv etwas von der Welt zu bewahren. Diese gnostische Aufhebung der Weltwirklichkeit (im Sinn der Außer-Kraft-Setzung) betraf ebenso auch Zeit und Geschichte: Gnostisches Denken hob die reale Erfahrung von Zeitlichkeit und Geschichte auf und setzte sie um in die Jederzeitigkeit der geistigen Erhebung, der dem geistigen Subjekt immer gegebenen Möglichkeit, jenen Stufenweg zu beschreiten, in dem sich das Subjekt von der realen Zeitlichkeit absetzte.

Dieser Negation von Welt stellt Irenäus eine Interpretation von Welt und Geschichte gegenüber, die theologisch deutet, was die Gnosis aufhebt und negiert. Schöpfungs- und Erlösungsordnung sind einander nicht entgegengesetzt, sondern werden im System des Irenäus miteinander vermittelt und in ihrer gegenseitigen inneren Bezogenheit aufgezeigt, so daß mit der Affirmation des *einen* Gottes auch eine echte Affirmation von Welt und Geschichte ermöglicht wird. In diesem Zusammenhang gelangt Irenäus auch zu sehr klaren Aussagen über die "Schöpfung aus Nichts":

ist jedoch aus der inneren Vernünftigkeit und Harmonie der kirchlichen Lehre für alle die Bestätigung für deren Wahrheit, Glaubwürdigkeit und Tatsächlichkeit zu finden. (...) Jede Schriftstelle hat ihren sicheren Platz im Gesamt (IV 33,15). Jene Vollständigkeit, sinnvolle Ordnung und innere Schlüssigkeit der göttlichen Heilsordnung, die wir oben als Inhalt der wahren Gnosis erkannten und welche auch durch den Begriff *sýstema* (IV 33,8) bezeichnet zu sein scheint, machen die Erkennbarkeit und Zugänglichkeit der Wahrheit für den Glauben aus."

13 Vgl. *v. Balthasar*, a.a.O. 80f.

Es gibt nur einen Gott, der alles durch sein Wort erschaffen und geordnet hat, der ihm aus dem Nichtsein das Dasein verliehen hat.[14]

Irenäus betont gegen die Gnostiker nachdrücklich die Schöpfung der Materie durch Gott,[15] wodurch die Zweiteilung des Menschen in einen göttlichen und einen widergöttlichen Teil unmöglich wird. Ebenso wendet er sich auch gegen getrennte Herrschaftsbereiche des Gottes des Alten und jenes des Neuen Testaments. Von seinem Einheitsgedanken her bestreitet er alle diese gnostischen Entgegensetzungen und versucht, die bei den Gnostikern grundsätzlich entzweiten Bereiche miteinander zu vermitteln.

Diese Vermittlung geschieht in der bekannten Rekapitulations-Theorie. Irenäus greift dabei auf Eph 1, 9f. zurück, wo es heißt:

(Gott) hat uns das Geheimnis seines Willens kundgetan,
wie er es gnädig im voraus bestimmt hat:
Er hat beschlossen, die Fülle der Zeiten heraufzuführen,
in Christus alles zu vereinen (*anakephalaiósasthai*),
alles, was im Himmel und auf Erden ist.

Der Einsatzpunkt des theologischen Denkens ist also bei Irenäus eindeutig christologisch. Dann gilt: Wenn in Christus alles in einem Haupt zusammengefaßt ist (*anakephalaiósasthai*), dann muß Christus notwendig schon am Anfang der Schöpfung stehen. In dieser Folgerung liegt der hermeneutische Schlüssel der Rekapitulations-Theorie: So gilt es Irenäus als erwiesen, "daß sichtbar der Herr in sein Eigentum kommen und seine eigene Schöpfung, die von ihm getragen wird, ihn tragen werde"[16]. Die ganze Schöpfung wird damit auf Christus ausgerichtet; in ihm hat sie ihren Grund und ihr Ziel (*arché* und *télos*).

Ein und derselbe Gott bestimmt in seinem Handeln Schöpfung und Geschichte. So lautet das antignostische Glaubensbekenntnis des Irenäus:[17]

Es ist also ein Gott Vater (...) und ein Christus Jesus, unser Herr, der durch die ganze Heilsordnung hindurchging und alles in sich selbst zusammenfaßte. Zu diesem 'allen' gehört aber auch der Mensch, das Geschöpf Gottes; also faßte er auch den Menschen in sich zusammen, indem er, der Unsichtbare, sichtbar wurde, der Unbegreifbare

14 *Irenäus*, Adv. haer. I 22,1; a.a.O. I, 67.

15 Z.B. ebd. II 28,7; a.a.O. I, 182. Vgl. *G. May*, Schöpfung aus dem Nichts. Die Entstehung der Lehre von der creatio ex nihilo, Berlin - New York 1978, 170-176.

16 *Irenäus*, Adv. haer. V 19,1; a.a.O. II, 524.

17 Bei diesen und ähnlichen Formulierungen handelt es sich im systematischen Ansatz immer um ganz eigenständige Prägungen des Irenäus. Vgl. *M. Widmann*, Irenäus und seine theologischen Väter, in: ZThK 54(1957), 156-173.

begreifbar, der Leidensunfähige leidensfähig, das Wort Mensch. So faßte er in sich das All zusammen, damit er, wie das Wort in den überhimmlischen und geistigen Dingen Herrscher ist, ebenso in den sichtbaren und körperlichen Dingen herrsche, indem er auf sich die Herrschaft nahm und sich zum Haupte der Kirche einsetzte, und damit er alles an sich ziehe zu der passenden Zeit.[18]

So wird der Begriff der (Schöpfungs- und Erlösungs-)Ordnung (der *oikonomía*) zu einem zentralen Begriff der Theologie.[19] Gegenüber der Gnosis hat dieser *oikonomía*-Begriff eine kritische Funktion, insofern er die Einheit der Geschichte, der Welt und des Handelns Gottes deutet. Damit universalisiert Irenäus den *oikonomía*-Begriff, der vor ihm nur zur Kennzeichnung der Erlösungsordnung diente. Für Irenäus handelt es sich um "ein und denselben Gott, der vom Anfang bis zum Ende in mancherlei Ordnungen dem menschlichen Geschlechte beistand"[20].

Der *oikonomía*-Begriff macht dabei im Denken des Irenäus durchaus eine Entwicklung durch: Ab der zweiten Hälfte des 3. Buches "Adversus haereses" scheint der Begriff in einer stärker systematischen Verwendung auf. Dies wird etwa deutlich in der Darstellung des Offenbarungsprozesses, wenn Irenäus von der Verborgenheit Gottes ausgeht, die durch die geschichtliche Offenbarung schrittweise zurückweicht:

Aus sich selbst nämlich sieht der Mensch Gott nicht. Wenn er es aber will, wird er von den Menschen gesehen, von denen er es will, wann und wie er es will. Denn Gott vermag alles. *Ehemals* wurde er im Geiste prophetisch geschaut, *dann* durch den Sohn, wie es angenommenen Kindern zukommt, *schließlich* wird er gesehen werden im Himmelreiche als Vater. Denn der Geist bereitet den Menschen vor im Sohne Gottes, der Sohn führt ihn hin zum Vater, der Vater aber schenkt ihm Unverweslichkeit zum ewigen Leben, das jedem deswegen zuteil wird, weil er Gott schaut.[21]

Dieses heilsgeschichtliche Konzept eines Fortschrittdenkens[22] ermöglicht es Irenäus, dem gnostischen Einwand gegen die Schöpfung durch Gott zu begegnen, der davon ausgeht, daß der Mensch nicht dem Willen Gottes entsprechen könne, sonst hätte ihn Gott doch gleich voll-

18 *Irenäus*, Adv. haer. III 16,6; a.a.O. I, 279.

19 Vgl. ebd. I 10,3; a.a.O. I, 34.

20 Ebd. III 12,13; a.a.O. I, 260.

21 Ebd. IV 20,5; a.a.O. II, 386 (Hervorhebungen von mir).

22 Es ist auffällig, daß Begriffe, die in den Perioden der Aufklärung (der vorsokratischen wie der Neuzeit) eine wichtige Rolle spielen, wie z.B. 'Fortschritt' und 'Erziehung', bei Irenäus eine systematische Funktion haben. - Vgl. *N. Bonwetsch*, Der Gedanke der Erziehung des Menschengeschlechts bei Irenäus, in: Zeitschrift für systematische Theologie 1(1923), 637-649.

kommen erschaffen. Irenäus setzt diesem Argument sein Konzept einer schrittweisen Vorbereitung des Menschen auf die Offenbarung entgegen. Der Mensch weiß sich einbegriffen in den fortschreitenden Heilsplan Gottes, dessen eschatologische Fülle aussteht. In diesem Reifeplan weiß Gott selbst noch um die Sünde und sieht in seinem vorausschauenden Heilshandeln deren Aufhebung vor:

> Langmütig also war Gott, als der Mensch fehlte, und sah jenen Sieg voraus, den das Wort für ihn davontragen würde. Denn da die Kraft in der Schwachheit vollendet wurde, zeigte es die Güte Gottes und seine allgewaltige Kraft. Wie er nämlich geduldig hinnahm, daß Jonas von dem Walfisch verschlungen wurde, nicht um verschlungen zu werden und gänzlich zugrunde zu gehen, sondern damit er ausgespieen wurde und Gott besser gehorchte und den mehr verherrlichte, der ihm das unerwartete Heil geschenkt hatte, (...) so ließ Gott auch im Anfang zu, daß der Mensch von dem großen Walfisch, welcher der Urheber der Übertretung war, verschlungen wurde, aber nicht um verschlungen zu werden und gänzlich unterzugehen. Vielmehr bereitete Gott die Annahme des Heils sorgfältig vor (...). Das war also die Langmut Gottes, daß der Mensch, durch alles hindurchgehend und seine sittliche Aufgabe erkennend, schließlich zur Auferstehung von den Toten gelangte und aus Erfahrung lernte, woher er erlöst wurde.[23]

Im Rahmen dieses Heilsplans findet sich der systematische Ort der *anakephalaíosis*, der Wiederzusammenfassung des schon immer Ursprünglichen, vom Menschen her jedoch Verlorenen, von Gott her auf die Zukunft Christi jedoch schon immer Aufgehobenen, das im Kairos, dem von Gott her verfügten Zeitpunkt, in Erscheinung tritt. Anschaulich wird dieser Heilsplan insbesondere in der Adam-Christus-Beziehung, die in gleicher Weise Parallelität wie Kontrast aufweist und gerade am Antitypus das Typologische, das modellhaft Gültige aufweist: Was in Adam begonnen hat, aber durch dessen Schuld zum Scheitern kam, wird in Christi urbildhafter Menschlichkeit zur Vollendung geführt.

Bei allem Faszinierenden des heilsgeschichtlichen Konzepts von Irenäus muß jedoch gesehen werden, daß im Gedanken der Erziehung des Menschengeschlechts und in dem der Rekapitulation zwei Vorstellungskreise aufeinandertreffen, die nicht einfach zur Deckung zu bringen sind. Auch Irenäus selbst bietet keine einheitliche Fassung dieser beiden Vorstellungskreise: Einmal scheint mehr die fortschreitende Entwicklung der Schöpfung zu ihrer Fülle hin auf, dann wieder steht das Eintreten eines Neuanfangs im Vordergrund. Bei solchem Neuanfang denkt Irenäus tatsächlich an die Kategorien eines unableitbaren *novum*; gerade in der Auferstehung wird für ihn die Neuheit des gänz-

23 *Irenäus*, Adv. haer. III 20,1.2; a.a.O. I, 295-297.

lich Unerwartbaren offenbar. So sieht er auch die Unsterblichkeit des Menschen als ein absolut unvorhersehbares Geschenk Gottes an.

All dieses (sc. die im Neuen Testament erfahrene Erfüllung der Verheißungen des Alten Testaments) weist hin auf den einen Gott, der eine neue Ordnung der Freiheit durch die neue Ankunft seines Sohnes den Menschen eröffnete.[24]

In dieser Spannung, die das Novum in die Geschichte bringt, verbirgt sich eine von Irenäus selbst nicht ausgearbeitete Dialektik; seine polemische Absetzung gegenüber der Gnosis läßt ihn den in der Gnosis verdeckten Wahrheitsgehalt nicht aufnehmen. Die Position des Gegebenen, die Kontinuität, wird also kontrastiert durch die Kategorie des Neuen einer weiteren Entwicklungsstufe. Erst rückblickend vom Erreichten her läßt sich das typologisch Vorgebildete als solches erkennen. Auch die Phänomenologie des Irenäus darf daher nicht als eine der positivistischen Faktizität mißverstanden werden (so positivistisch reduziert ist sein Wirklichkeitssinn nicht!), sondern als ein Begreifen der Wirklichkeit derart, daß zum Phänomen selbst immer die Erfahrung der Geschichte mit dazugehört. Erst rückschauend vermag Irenäus aus dem unableitbar Neuen die Relevanz des Vorhergegangenen zu begreifen. Darin hat jedes Denken von "Fortschritt", "kontinuierlichem Reifen", "Erziehung" usw. seine geschichtstheologische Grenze - eine Grenze, die Irenäus vielleicht doch nicht immer mit wachem Blick realisiert hat.

Im "Neuen" der Gnosis war etwas Innovatorisches, Unableitbares erfaßt worden; freilich gelangte die Gnosis zu einer radikal negativen Dialektik, die "Welt" und "Geschichte" nicht mehr gelten ließ. Demgegenüber sucht Irenäus Welt und Geschichte wertend bestehen zu lassen und diese Wertung durch die Inkarnation als Typos von Schöpfung und Vollendung theologisch zu begründen. Sein griechisch bestimmtes Weltverhältnis erscheint als durch den christlichen Glauben bestätigt. Dabei ist es für ihn unproblematisch, sich bei der Annahme der Schöpfung der Materie durch Gott gegen die griechische philosophische Tradition zu stellen;[25] er weiß, daß diese ontologisch-kosmologische Frage, solange sie sozusagen "wertneutral" behandelt wird, nicht entscheidend ist für die Auffassung der Beziehung des Menschen zur Welt. Entscheidend ist für Irenäus als Griechen und Christen und als Gegner der Gnosis die Überzeugung: "(...) mit großer Weisheit und

24 Ebd. III 10,5; a.a.O. I, 236.

25 Vgl. ebd. II 14,4; a.a.O. I, 132, wo er Anaxagoras, Empedokles und Platon für diese Tradition anführt.

Sorgfalt, offenbar zweckmäßig und schön ist alles von Gott gemacht worden, sowohl das Alte, als auch alles, was in den letzten Zeiten von seinem Worte gemacht worden ist"[26]. Der Kosmos ist und bleibt für ihn schön, und er blickt auf die Welt mit dem Blick des Künstlers, der überzeugt ist, daß alle Disharmonie sich im Ganzen der Harmonie auflöst:

> Die mannigfache Verschiedenheit aber der erschaffenen Dinge läßt sich so erklären: In Bezug auf die ganze Schöpfung sind alle passend und wohlgeordnet, zueinander jedoch sind sie entgegengesetzt und nicht passend, so wie der Klang der Zither durch den Unterschied der verschiedenen Töne eine schöne Melodie hervorbringt, die aus vielen und entgegengesetzten Tönen besteht (...); ein und derselbe hat das ganze weise Werk schön und richtig, gut und prächtig hergestellt.[27]

Diese Kosmologie ist rational und ästhetisch, und sie hatte im griechischen Bereich ihre Überzeugungskraft bewiesen. In der Erweiterung des Geltungsbereichs auf Geschichte, wie Irenäus sie vornimmt, müssen aber neue Probleme - jedenfalls in der nachfolgenden Zeit - auftauchen. Die Griechen hatten ihr Rationalitäts- und Schönheitsideal nie von der Kosmologie auf die Geschichtsdeutung übertragen. Irenäus hingegen will dieses Ideal der vollkommenen Harmonie mit Hilfe der Rekapitulationslehre auch in der Geschichte zur Geltung bringen. Dadurch aber bringt er eine Teleologievorstellung in die Geschichte, die sich am realen Verlauf der Geschichte phänomenologisch kaum festmachen läßt. Die der biblischen (eschatologischen) Geschichtsauffassung innewohnende Dramatik ist hier überspielt; überspielt ist damit auch die von der Gnosis betonte Disharmonie in der Erfahrung konkreten Lebens. Genau an diesem Punkt wird Augustinus einsetzen, der zunächst auch versucht, der bedrängenden Frage des Bösen mit den traditionellen Harmonie- und Einheitsbegriffen zu begegnen, der aber dann (mit auch wieder sehr problematischen Konsequenzen) im Rahmen seiner späten Theologie gnostischen Elementen in einem Maß Raum gibt, wie dies bei Irenäus schlechterdings ausgeschlossen war.

[26] Ebd. II 25,1; a.a.O. I, 171.
[27] Ebd. II 26,2; a.a.O. I, 171f.

Zusammenfassung

1. Irenäus sieht in der Gnosis Spiritualismus und Weltflüchtigkeit. Indem er nach der "wahren" Wirklichkeit fragt, sucht er der Gnosis einen christlichen Realismus entgegenzusetzen, der mit dem langsamen Reifen der Humanität in der Gewöhnlichkeit geschichtlicher Existenz rechnet.

2. Indem er Schöpfungs- und Erlösungsordnung in eins faßt, kann die positiv gewertete Welterfahrung den Gottesbegriff erschließen: Der eine Gott ist Grund und Ursprung von allem und ist so auch an der Erfahrung ausweisbar.

3. Im Kosmos als ganzem sind Ordnung, Maß und Schönheit auffindbar. Kongruenz, innere Gerechtigkeit und geschichtliche Harmonie lassen den Ansatz eines ästhetischen Denkens erkennen, das zu theologischer Evidenz führen soll.

4. Als geschichtstheologischen Kern seiner Theologie konzipiert Irenäus die Rekapitulationstheorie, mit der er die Schöpfung christologisch zentriert.

5. Gott vollzieht seinen Heilsplan, die *oikonomía*, in Fortschritt und Erziehung des Menschengeschlechts; selbst die Sünde ist in diesen Heilsplan einbezogen.

6. In der Übertragung kosmologischer Rationalitäts- und Schönheitsprinzipien auf die Geschichte findet das System des Irenäus allerdings eine eindeutige Grenze der Überzeugungskraft.

IX Zwei Mysterien: das Böse, die Zeit
Augustinus

1. Das Mysterium des Bösen

"Mit Ausnahme einiger Sonderfälle neigt der Mensch nicht zum Guten: welcher Gott drängt ihn dazu? Um die geringste nicht vom Bösen befleckte Tat zu begehen, muß er sich überwinden, sich Gewalt antun (...). Daß die Existenz in ihrer Quelle verdorben wurde, sie und die Elemente selber, wie kann man auf diese Hypothese verzichten? Wer nicht mindestens einmal am Tag bereit ist, sie ins Auge zu fassen, der hat als Schlafwandler gelebt. - Es ist schwer, es ist unmöglich zu glauben, daß der gute Gott, der 'Vater', mit dem Skandal der Schöpfung etwas zu tun hatte. Alles drängt zum Gedanken, daß er nichts dafür kann, daß sie auf einen anderen, skrupellosen Gott, einen korrumpierten Gott weist."[1] Dies sagt nicht ein Manichäer des 4. Jh.s, sondern Emile M. Cioran, ein Autor unserer Gegenwart (der den manichäischen Hintergrund seines Denkens auch in keiner Weise verbirgt). In viel weniger reflektierter Weise begegnen wir dem Manichäismus in unserer Zeit sehr häufig. Meist sind es allerdings naive und inkonsequente Manichäer, die das "Reich des Bösen" bei den anderen vermuten, während der "wahre" Manichäer (wie Cioran) überzeugt ist, daß die klare Trennung von Licht und Finsternis vor der Schöpfung und nach dem Ende der Welt liegt, die Welt selbst (und so jeder Mensch) aber eine Mischung aus beiden ist. Der Ausgangspunkt des Manichäismus ist - in der Vergangenheit wie in der Gegenwart - die Erfahrung der Korrumpiertheit unseres Handelns wie unseres Wissens; eine Korrumpiertheit, die tiefer, radikaler ist als die Reichweite unseres "guten Willens". Das kosmologische Modell ist dann nichts anderes als - wie immer - der Versuch, diese konkreten Bedingungen des Handelns zu

1 *E.M. Cioran*, Die verfehlte Schöpfung, Frankfurt 1979, 7f.

erklären. Aber: Ist eine solche Erfahrung der Korrumpiertheit unserer Handlungsmöglichkeiten und somit auch unserer Existenz den Erfahrungen der frühen Christen fremd? In einer bewußt universalisierenden autobiographischen Stelle gibt Paulus eine durchaus ähnliche Beschreibung:[2]

> Denn ich begreife mein Handeln nicht: Ich tue nicht das, was ich will, sondern das, was ich hasse. Wenn ich aber das tue, was ich nicht will, erkenne ich an, daß das Gesetz gut ist. Dann aber bin nicht mehr ich es, der so handelt, sondern die in mir wohnende Sünde. Ich weiß, daß in mir, das heißt in meinem Fleisch, nichts Gutes wohnt; das Wollen ist bei mir vorhanden, aber ich vermag das Gute nicht zu verwirklichen. Denn ich tue nicht das Gute, das ich will, sondern das Böse, das ich nicht will. Wenn ich aber das tue, was ich nicht will, dann bin nicht mehr ich es, der so handelt, sondern die in mir wohnende Sünde. (Röm 7, 15-20)

Mit der Auslegung dieser Stelle durch Augustinus werden wir uns im folgenden noch beschäftigen. Entscheidend ist es, zu sehen, daß hier ein Bruch, eine deutliche Diskontinuität gegenüber dem griechischen und hellenistischen Verständnis der Freiheit und der Handlungsmöglichkeiten des Menschen vorliegt. Die Andersheit dieses Freiheitsverständnisses ist so radikal, daß ihre Auslegung mit Notwendigkeit ontologische und kosmologische Konsequenzen mit sich bringt.[3] Die Vorstellung der Freiheit bei den Griechen steht in Entsprechung zu der Vorstellung einer Ordnung, einer Harmonie des Kosmos und einer Ordnung der Polis. Die Freiheit wird von der Vernunft her konzipiert, insofern die Vernunft es ist, die diese Entsprechung einsieht. Das Böse hat daher seine Wurzel im Irrtum, so daß es dann das Ziel der gesamten Tätigkeit z.B. des Sokrates sein kann, den Menschen zur Vernunft zu bringen, um ihn gut zu machen. Das griechische Verständnis von Freiheit bewährt sich in der Spätantike selbst dort noch, wo die Überzeugung von der geordneten Polis im Schwinden begriffen ist; es werden unter diesen Bedingungen sogar die kosmologischen Voraussetzungen der Freiheitsvorstellung verstärkt. Die späte Stoa sieht die Freiheit in der inneren Übereinstimmung des Menschen mit dem Gesetz des Kosmos. Diese Übereinstimmung kann nur durch Leidenschaften gestört werden; die Beherrschung dieser Leidenschaften liegt aber immer im Machtbereich der Selbstbestimmung des Menschen. Die *autarkeía*, die Selbstgenügsamkeit und Selbstgesetzlichkeit des Menschen, steht daher nie in Frage, ebensowenig wie die Vorstellung

[2] Vgl. hierzu auch Kap. V.

[3] Vgl. *R. Bultmann*, Der Gedanke der Freiheit nach antikem und christlichem Verständnis, in: ders., Glauben und Verstehen IV, Tübingen 1965, 44-46.

der Vernünftigkeit der Ordnung des Universums, dessen Teil der Mensch ist. Die Vernunft des Menschen, der Logos, hat Teil an der Vernünftigkeit des Kosmos. Daß der Wille in der Lage ist, das als vernünftig Eingesehene auch zu verwirklichen, ist im griechischen Verständnis der Freiheit die selbstverständliche und unbefragte Voraussetzung; und da das Vernünftige das Gute ist, steht die uneingeschränkte Fähigkeit des Menschen, das Gute zu tun, für die Griechen außer Frage. Die einzig mögliche Ergänzung an diesen anthropologischen Voraussetzungen ist eine Pädagogik, durch die der Mensch zu Einsicht und somit zu richtigem Handeln geführt wird.

Gerade die Autarkie, also die bereits verwirklichte Freiheit der Stoa, wird nun im Christentum zum Ansatzpunkt der Problematik.[4] In der paulinischen Darstellung dieser Problematik kommt die Bedrohung der menschlichen Freiheit nicht von einem von außen eindringenden Fremden, nicht von äußeren Handlungsbedingungen, sondern liegt im Menschen selbst, in seinem Inneren, in seiner eigenen Fähigkeit bzw. Unfähigkeit. Wir können die genauere Interpretation der vorher zitierten Paulusstelle der Fachexegese überlassen. In einem allgemeinen kultur- und religionsgeschichtlichen Kontext gesehen bringt sie jedenfalls zum Ausdruck, daß die Autarkie des Menschen *in sich* fraglich ist, daß die Handlungsmöglichkeiten des Menschen nicht nur durch irgendwelche Einflüsse gemindert sind, sondern daß *im Menschen selbst* eine radikale Disharmonie besteht: Das Böse "wohnt" im Menschen, und es wohnt im "Fleisch".

Die Frage, ob der Mensch nicht eine Fehlkonstruktion in einem korrupten Kosmos ist, beschäftigte - wie im Abschnitt über die Gnosis deutlich geworden ist (vgl. Kap. VII. 1) - viele Menschen in der späten Antike. Der Ansatzpunkt solcher Überlegungen war die Erfahrung der Präsenz eines übermächtigen Bösen, das bis ins Innerste des Handlungsbereichs des Menschen hineinreicht, eines Bösen, dessen Macht durch Vernunfteinsicht keineswegs gebrochen war. Die Frage nach dem Woher dieses Bösen wurde in den meisten gnostischen Mythen letztlich nur verschoben durch die Annahme des Falls eines der Äonen. In deutlichem Rückgriff auf die iranische Religion[5] gibt der Manichäismus im 4. Jh. die radikalste Antwort, indem er zwei Prinzipien annimmt: Licht - Finsternis, Wahrheit - Lüge usw., die die letzte Wurzel von allem darstellen. Es handelt sich hier also um einen Dua-

4 Vgl. ebd. 47.

5 Vgl. *G. Widengren*, Mani und der Manichäismus, Stuttgart 1961, 48-52.

lismus in ontologischer, ethischer und physischer Dimension.[6] Den zwei Prinzipien entsprechen die drei Zeiten des kosmischen Verlaufs: der Zustand vor der Vermischung - die Welt im Zustand der Vermischung - der Zustand nach der endgültigen Trennung. Um diese drei Zeiten gruppiert sich der gesamte manichäische Mythos, der in seinen Einzelheiten hier nicht wiedergegeben zu werden braucht.[7] Der gesamte kosmische Prozeß dient also der endgültigen Trennung der beiden Prinzipien, der Aufhebung der Vermischung, nicht aber der Aufhebung des Bösen selbst. Im Menschen verwirklicht sich als Mikrokosmos diese Erlösung = Trennung des Makrokosmos.[8] Der konkrete Mensch wird hier verstanden als sinnwidrige und gewaltsame Mischung von Gut und Böse, von Geist und Materie, von Licht und Finsternis. Der Ort der Welt liegt im Bereich der Finsternis, die sich Teile des Lichts erobert hat.[9] Es ist in dieser Konzeption ganz deutlich, daß die Kosmologie die Funktion hat, den ontologischen Rahmen für die Handlungen des Menschen, die alle von seiner Erlösungsaufgabe her bestimmt sind, zu liefern.[10] Die Erlösung besteht dann zunächst im Erkennen der Existenz- und Handlungsbedingungen des Menschen (wie sie der kosmologische Mythos erklärt), dann aber in Handlungen, die die Trennung von Seele (Lichtteilen) und Körper (Materie) schrittweise durchführen.[11] Die Handlungsprinzipien sind entsprechend vor allem negativ bestimmt, also Verbote. Diese beziehen sich auf den Körper, denn die Seele sündigt aufgrund ihrer Vermischung mit dem "Fleisch", da die Materie ihrem Wesen nach *concupiscentia*, Gier und Genuß ist, die sich - wenn auch nicht einfach damit identisch - vor allem im Sexualtrieb äußert.[12] Erlösung besteht daher in Entmaterialisie-

6 Für die Strukturanalyse des Manichäismus bis heute richtungsweisend ist: *F.C. Baur*, Das manichäische Religionssystem nach den Quellen neu untersucht, Tübingen 1831 (Nachdruck Hildesheim 1973).

7 Vgl. dazu *Widengren*, a.a.O. 48-76; *H.J. Polotsky*, Manichäismus, in: G. Widengren (Hrsg.), Der Manichäismus, Darmstadt 1977, bes. 112-131; *H.-C. Puech*, Der Begriff der Erlösung im Manichäismus, ebd. 145-213.

8 Vgl. *Widengren*, Mani und der Manichäismus, a.a.O. 62; *Puech*, a.a.O. 185. *Polotsky*, a.a.O. 143, weist darauf hin, daß sich im Manichäismus Frömmigkeit als "kosmisches Verantwortungsgefühl" kennzeichnen läßt.

9 Vgl. *Puech*, a.a.O. 157f.

10 Vgl. ebd. 165; *Polotsky*, a.a.O. 109.

11 Insofern die Lichtteile alle ursprünglich dem einen Prinzip der Lichtsubstanz angehörten, ist die Erlösung in Wirklichkeit die Erlösung dieser teilweise von der Finsternis übermächtigten Lichtsubstanz; der Gott des Lichtes ist also in diesem Prozeß der "erlöste Erlöser". Vgl. *Widengren*, a.a.O. 57; *Puech*, a.a.O. 166. 178.

12 Vgl. *Puech*, a.a.O. 169. 189f.

rung der Seele, Trennung der zwei Ursubstanzen, wie sie endgültig erst im Tod erreichbar ist.[13]

Der Einfluß der Manichäer (die auch die Offenbarung in Jesus als Stufe vor der endgültigen und universalen Offenbarung in Mani akzeptierten) war groß und anhaltend. Manichäer gab es in Ägypten, Nordafrika, Spanien, Kleinasien, Italien, Gallien, in Persien, im Irak und in China, wo es vermutlich noch bis in die Neuzeit hinein Anhänger gab.[14] Unterdrückung und Verfolgung der Manichäer zu verschiedenen Zeiten und in verschiedenen Gebieten machen es schwierig, genaue Angaben über ihre Präsenz zu machen. Wir müssen ferner auch unterscheiden zwischen "offiziellen" Manichäern, die also den (häufig an Regionalgegebenheiten angepaßten) manichäischen Mythos anerkannten, und manichäischen Unterströmungen, die nur eine dualistische Prinzipienlehre vertraten, ohne sie mit einem bestimmten kanonischen Mythos zu verbinden. Die Anziehungskraft des Manichäismus war groß, und Augustinus ist der bekannteste Zeuge dafür, daß die manichäische Lehre eine echte Alternative zum Christentum darstellte (die allerdings von den Manichäern selbst aufgrund ihrer Rekonstruktion der Religionsgeschichte gar nicht als Alternative aufgefaßt wurde, wohl aber natürlich von den Christen).

Der Manichäismus stellte sich als rationale Welterklärung dar. Seine Lehre wurde durch den strengen asketischen Lebenswandel, der ja auch konsequent aus dieser Lehre folgen sollte, unterstützt. (Dies galt vor allem von den *electi*, den Vollkommenen, neben denen es auch einfache Katechumenen gab, für die weniger strenge Anforderungen galten.) Auch Augustinus suchte im Manichäismus unmittelbar eine rational befriedigende Welterklärung, nicht aber an sich ein dualistisches System.[15] Daß dabei der metaphysisch-kosmologisch-ethische Dualismus im Zentrum dieser rationalen Welterklärung stand, war natürlich auch Augustinus völlig klar, und dies entsprach ja auch genau der Problematik, für die er eine rationale Lösung suchte. Wir müssen uns in diesem Zusammenhang klarmachen, daß - vorausgesetzt natürlich, jemand will überhaupt in diesen metaphysischen Kategorien denken - der manichäische Dualismus durchaus rational befriedigend erschei-

13 Die vom Manichäismus beeinflußten (?) Katharer kannten im 13. Jh. die *endura*, die Verweigerung der Nahrungsaufnahme und das regungslose Erwarten des Todes.

14 Vgl. *Widengren*, a.a.O. 118-135.

15 Vgl. *Augustinus*, Bekenntnisse V 6f., übers. von W. Thimme (Die Bibliothek der Alten Welt), Zürich - Stuttgart 1950, 119-122. Vgl. dazu auch *Widengren*, a.a.O. 124; *Puech*, a.a.O. 164.

nen kann, sogar rational befriedigender als eine christliche Ein-Prinzipien-Metaphysik. Das Problem des Bösen in der eigenen und der fremden Handlung, der schier unüberwindbaren Präsenz des Bösen in der Geschichte der Menschheit wird damit ziemlich einleuchtend "erklärt", während die "Gegenseite" immer wieder zu nicht recht überzeugenden "Konstruktionen" Zuflucht nehmen muß: Das Böse ist in Wirklichkeit "nichts", Gott läßt das Böse zu (ohne es wirklich zu wollen), weil dadurch ein größeres Gut erreicht wird usw. Augustinus selbst sagte (in seiner später verfaßten Anrede an Gott): So "schien es mir immer noch besser, zu glauben, du habest nichts Böses geschaffen, als solch eine Natur des Bösen stamme von dir"[16]. Dies ist, mit einfachen Worten gesagt, die Problematik, vor die sich die christliche Religionstheorie immer wieder gestellt sah und die sie von Augustinus bis Leibniz (und noch weiter) durch Theodizeesysteme zu beantworten suchte, ohne jemals zu einer befriedigenden Antwort gelangt zu sein.

Auch werden wir uns fragen müssen, worin der Grund dafür liegt, daß die Christen so lange (bis heute?) latent manichäisch geblieben sind, obwohl Augustinus später dem Manichäismus so entschieden entgegengetreten ist und obwohl auf dem vierten Laterankonzil (1215) die Lehre vom einen Prinzip der Schöpfung (*unum universorum principium*; DS 800) so eindeutig verkündet worden ist. Gerade die manichäische Verbindung Böses (Sünde) - Materie (Körper) - Sexualität überstand ziemlich unangetastet alle dogmatischen Erörterungen und Definitionen, so daß wir, da auch der offensichtliche kirchliche Machtgewinn mittels Erzeugung entsprechender Sündenangst zur Erklärung nicht ausreicht, beinahe versucht sind, uns an die Tiefenpsychologie um Interpretationshilfen für diesen Umstand und auch für das pathologische kirchliche Interesse an diesem Thema zu wenden. Das soll aber anderen überlassen bleiben. Eine manichäische "Schlagseite" der Kirche läßt sich wohl schon seit dem 5. Jh. feststellen und hat eine ihrer wichtigsten Stützen in Augustinus selbst. Überspitzt ausgedrückt könnten wir sagen: Der junge Augustinus (noch ohne kirchliche Funktion) argumentierte gegen den Manichäismus pelagianisch (wobei dies natürlich nur strukturell gemeint ist, da der Pelagianismus ja erst später als so benannter auftrat), der ältere Augustinus (inzwischen Bischof) argumentierte gegen den Pelagianismus manichäisch. Eine offizielle kirchliche Verurteilung fand aber in unmittelbar augustinischer Folge nur der Pelagianismus (vgl. weiter unten), nicht aber der Manichäismus.

16 *Augustinus*, Bekenntnisse V 10; a.a.O. 129.

In der Auseinandersetzung mit dem Manichäismus, die von Augustinus eher rhetorisch-homiletisch als logisch-philosophisch geführt wird, läßt sich Augustinus weithin die Identifizierung der ontologisch-kosmologischen und der ethischen Frage von seinen Gegnern aufdiktieren und gelangt so nicht zu einer klaren Unterscheidung dieser beiden Problemkreise. Das Spezifische des manichäischen Dualismus dürfte ja darin liegen, daß der ethische Dualismus (wie wir ihm etwa bei Zoroaster begegnen) mit dem kosmologischen Dualismus (wie wir ihm in der griechischen Philosophie begegnen, in der oft eine ewige Materie und ein ewiges Ordnungs- oder Bewegungsprinzip angenommen werden) identifiziert wird.[17] Augustinus versucht nun, gegenüber dem Manichäismus zu zeigen, daß der Ursprung des Bösen im menschlichen freien Willen liegt, daß es also kein ewiges böses Prinzip gibt. In der konkreten Auseinandersetzung mit den Manichäern geht er allerdings von seiner eigenen Position aus und ist überzeugt, dadurch der entgegengesetzten schon den Boden argumentativ entzogen zu haben. Er nimmt an, daß Denken Einheit herstellt, daß also nur dort rational vorgegangen wird, wo alles auf eine letzte Einheit zurückgeführt wird. So sagt er in der Schrift "Von der wahren Religion" (einer der zahlreichen Schriften des Augustinus gegen den Manichäismus):

> Denn alles, was nach Einheit strebt, hat die Wahrheit zur Regel oder zur Form oder zum Vorbild, oder wie man es sonst ausdrückt. Denn sie allein besitzt die vollkommene Gleichheit mit dem, von dem sie ihr Sein empfing.[18]

Genau diese Voraussetzung nun hatten die Manichäer eben nicht gemacht, möglicherweise aufgrund Manis Erfahrung, daß die Menschen durch ihre Handlungen sich in "Söhne des Lichts" und "Söhne der Finsternis" einteilen.[19] Sie rechneten also damit, daß Rationalität bedeutet, mit nicht aufeinander zurückführbaren Alternativen arbeiten zu müssen, daß Rationalität dann gerade im Aufgeben oder in der Überwindung des Identitätszwanges liegt. Genau gesehen "widerlegt" also

17 Vgl. *G. Stroumsa*, König und Schwein. Zur Struktur des manichäischen Dualismus, in: J. Taubes (Hrsg.), Religionstheorie und politische Theologie, Bd. 2: Gnosis und Politik, München - Paderborn 1984, 141. Stroumsa weist darauf hin, daß der ontologische Dualismus von Mani in der frühen Periode noch nicht vertreten wird, ebd. 143.

18 *Augustinus*, Von der wahren Religion VIII 160, übers. von W. Thimme, in: *Augustinus*, Theologische Frühschriften (Die Bibliothek der Alten Welt), Zürich - Stuttgart 1962, 461.

19 Vgl. *Stroumsa*, a.a.O. 144f.

Augustinus gar nicht die Manichäer, sondern er "bekehrt" sich, d.h. er stellt sich auf einen anderen Ausgangspunkt: Eine Konzeption ist nur dann vernünftig, wenn in ihr die Vielheit auf eine Einheit zurückgeführt wird. Unter dieser Voraussetzung bietet Augustinus dann einen Gedankengang, der sich an vielen Stellen findet, besonders kurz und präzise in der Schrift "Über die Natur des Guten gegen die Manichäer": Das höchste Gut ist Gott, als solches ist es unveränderlich und ewig; alle anderen Güter (oder guten Dinge) sind von Gott geschaffen, und zwar aus Nichts (*ex nihilo fecit*);[20] auch die Materie als reine Möglichkeit der Form (*capacitas formae*) stammt von Gott und muß daher gut genannt werden;[21] das Übel besteht dann nur in der Verderbtheit (*corruptio*) von etwas, das als Geschaffenes gut ist.[22] Die Meinung, daß die Welt als ganze gut ist, hat bei Augustinus eine (gut griechisch) ästhetische Färbung: "So werden alle je nach ihren Aufgaben und Zielen eingeordnet in die Schönheit des Weltalls, so daß uns auch das, was als Teilstück abstößt, aufs beste gefällt, wenn wir es im Zusammenhang des Ganzen betrachten."[23] Das sittlich Böse hat kein Sein, da es Gott entgegengesetzt ist, es ist ein reines Nichts.[24] Die Annahme eines substantiellen höchsten Bösen, wie es die Auffassung der Manichäer war, ist daher unhaltbar.[25]

Im Manichäismus waren - ontologisch und mythologisch-kosmogonisch erklärt - der Handlungsraum und die Handlungsmöglichkeiten des Menschen beschränkt, die Verantwortlichkeit des Menschen war somit eingeschränkt bis aufgehoben, wie Augustinus dies rückblickend bestätigt: "Denn noch meinte ich, nicht wir seien es, die sündigen, sondern in uns sündige irgendeine fremde Natur."[26] Die Argumente, die Augustinus gegen den Manichäismus anführte, waren im Prinzip aus der griechischen philosophischen Tradition genommen. Die Erfahrung einer radikalen ontologischen und ethischen Disharmonie, wie sie im Manichäismus ihren schärfsten Ausdruck gefunden hatte, war jedoch

20 Vgl. *Augustinus*, De natura boni contra Manichaeos I; PL 42, 551.

21 Vgl. ebd. XVIII; a.a.O. 556f.

22 Vgl. ebd. IV; a.a.O. 553.

23 *Augustinus*, Von der wahren Religion CXXVI 213; a.a.O. 493.

24 Vgl. *ders.*, De moribus Manichaeorum I 1; PL 32, 1346: "Esse enim contrarium non habet, nisi non esse. Nulla est ergo Deo natura contraria." Ebd. I 2; a.a.O. 1346: "Idipsum ergo malum est (...) deficere ab essentia et ad id tendere ut non sit."

25 Vgl. ebd. I 3; a.a.O. 1346: "Non potest igitur esse summum malum, quod perhibetur esse substantia." Vgl. auch *P. Alfaric*, Die geistige Entwicklung des hl. Augustin, in: Widengren, Der Manichäismus, a.a.O. 354-357.

26 *Augustinus*, Bekenntnisse V 10; a.a.O. 127.

durch einen solchen argumentativen Rückgriff nicht einfach zu beseitigen,[27] auch für Augustinus selbst nicht. Der Handlungsraum, der durch "Welt" strukturiert war, war auch für Augustinus nicht mehr der der Stoiker. Das wurde unübersehbar, als eine mehr autark geprägte Welt der Möglichkeiten des Menschen als die vom Christentum vorausgesetzte gefordert wurde. Dies war der Fall in der Konzeption des Pelagius. Die ontologischen und kosmologischen Fragen traten in dieser Diskussion, in der alles um die individuellen, geschichtlichen Handlungsmöglichkeiten der Menschen konzentriert war, zurück.

Die Auseinandersetzung zwischen Pelagius und Augustinus ist für die gesamte weitere Geschichte christlicher Handlungs- und Geschichtstheorie entscheidend geworden: In ihr wurde eine negativ bestimmende geschichtliche Dimension der menschlichen Handlung entdeckt, die später in der deutschen Sprache "Erbsünde" genannt wurde, in anderen Sprachen meist "Ursünde" oder "ursprüngliche Sünde" (entsprechend dem lateinischen *peccatum originale*). Die letztlich bestimmend gewordene Interpretation dieser geschichtlichen Dimension durch die späte Theologie des Augustinus ist allerdings äußerst problematisch. Die Auseinandersetzung können wir anhand der verschiedenen Auslegung der zu Anfang dieses Kapitels zitierten Stelle aus dem Römerbrief (7, 15-20) gut verfolgen.[28] In den "Expositiones XIII epistularum Pauli", die noch aus der Zeit vor der Auseinandersetzung mit Augustinus stammen, schreibt Pelagius:

> 'Nun aber bin nicht ich es mehr, der dies tut': *vor* der Gewöhnung also habe *ich selbst* es mit ganzem Willen getan; 'sondern die in mir wohnende Sünde': sie 'wohnt' gleichsam zu Gast und als Anderes in einem Anderen, gewissermaßen nicht eins (mit ihm), wie ein Akzidenz nämlich und nicht zu seiner Natur gehörig (...). 'Wenn ich aber das tue, was ich nicht will, dann bin nicht ich es, der dies tut, sondern die in mir wohnende Sünde': nicht ich, weil es gleichsam wider Willen geschieht, sondern die Gewohnheit der Sünde - eine Notwendigkeit allerdings, die ich mir selbst geschaffen habe.[29]

Pelagius war ein aus Britannien stammender Mönch, der später (zwischen 400 und 411) in Rom, dann in Nordafrika und im Orient lebte, überall bewundert wegen seines strengen und beispielhaften asketischen Lebens. Er war weniger an dogmatischen als zunächst an Fragen der Ethik und der Askese interessiert. Jede Einschränkung der

27 Vgl. *K. Flasch*, Augustin. Einführung in sein Denken, Stuttgart 1980, 98.

28 Vgl. dazu vor allem *H. Jonas*, Augustin und das paulinische Freiheitsproblem. Eine philosophische Studie zum pelagianischen Streit, Göttingen ²1965.

29 *Pelagius*, Expositions of Thirteen Epistles of St. Paul (Hrsg. A. Souter), Cambridge 1926, II, 58f. Übers. nach *Jonas*, a.a.O. 92.

Willensfreiheit schien ihm daher eine Gefährdung des ethischen Rigorismus des Christentums zu bedeuten, jede Abschwächung der sittlichen Möglichkeiten des Menschen bedeutete für ihn ein Zugeständnis an den Laxismus seiner Zeit. Die Minderung der Handlungsfreiheit in bestimmten Fällen erkannte Pelagius an, sie kommt nach ihm aber eben nur aus der Gewohnheit, ist also dem Einzelnen voll zuzurechnen.

Augustinus denkt von einem anderen (weniger erfolgsgesättigten) Erfahrungshintergrund her. Später sagt er in den "Bekenntnissen" rückblickend von seiner Situation unmittelbar vor der Bekehrung:

> Mein Wollen aber war in des Feindes Gewalt, und der hatte mir daraus eine Kette geschmiedet, mit der er mich gefesselt hielt. Denn aus verkehrtem Willen ward Leidenschaft, und da der Leidenschaft ich nachgab, ward Gewohnheit daraus, Gewohnheit aber, der man nicht widersteht, wird zum Zwang (...). Der neue Wille aber, der sich bereits in mir regte, dir, mein Gott, meines Herzens einzig sichere Freude, frei zu dienen und anzuhangen, war noch zu schwach, den alten und festgewurzelten zu überwinden. So stritten in mir zwei Willen, ein alter und ein neuer, der eine fleischlich, der andere geistig, miteinander, und ihr Hader zerriß meine Seele. So lernte ich es denn aus eigener Erfahrung verstehen, was ich gelesen hatte, wie "das Fleisch wider den Geist gelüstet, und den Geist wider das Fleisch".[30]

Was Augustinus hier in den "Bekenntnissen" als persönliche Erfahrung beschreibt, hatte er ein oder zwei Jahre vorher (396) in der Schrift "Über verschiedene Fragen an Simplician" mit dem Stichwort "Erbsünde" (*peccatum originale*) interpretiert.[31] Er schreibt dort zu Röm 7, 18:

> Denn in mir ist zwar das Wollen, aber nicht das Vollbringen des Guten: mit diesen Worten scheint er (sc. Paulus) denen, die nicht richtig verstehen, die Willensfreiheit aufzuheben. Aber wieso hebt er sie auf, wenn er sagt: das Wollen ist in mir? Denn gewiß ist das Wollen in meiner Macht. Daß aber das Vollbringen nicht in meiner Macht ist, das ist die verdiente Folge der Erbsünde, (...) woraus uns die Gnade des Schöpfers befreit, wenn wir uns ihm durch Glauben unterwerfen.[32]

Was bei Paulus als bleibende Dialektik innerhalb der Vorläufigkeit der Erlösung beschrieben wird, legt Augustinus hier in individuell-soteriologische bzw. universal-soteriologische Stadien auseinander: Die jüdische Gesetzesstufe ist durch den vergeblichen Kampf gegen die Sünde geprägt (Wollen, aber nicht Vollbringen), während jetzt - jedenfalls in der Kirche - die Stufe der Erlösung und der Gnade erreicht ist (Wol-

30 *Augustinus*, Bekenntnisse VIII 5; a.a.O. 198f.

31 Diese Schrift ist also *vor* der Auseinandersetzung mit Pelagius abgefaßt.

32 *Augustinus*, De diversis quaestionibus ad Simplicianum I 1,11; CSEL 44, 15f.; Übers. nach *Jonas*, a.a.O. 46.

len und Vollbringen). In diesem heilsgeschichtlichen Schema erhält die Freiheitsproblematik ihre für diese erste Periode des augustinischen Erbsündendenkens typische Form: Im ersten Menschen ist die Willensfreiheit noch vollkommen. Nach dem Sündenfall, unter der Herrschaft des Gesetzes, also *vor* der Gnade besitzt der Mensch nicht die Freiheit, nicht zu sündigen; seine Freiheit besteht nur darin, nicht sündigen zu wollen. Erst die Gnade bewirkt *dann*, daß der Mensch nicht nur vermag, recht tun zu *wollen*, sondern dies auch tatsächlich *kann*.[33] In dieser Konstruktion sind die Freiheitsproblematik und die ständige Präsenz des Bösen verharmlost, in die individuelle und geschichtliche Vergangenheit verwiesen, womit Augustinus vermutlich auch seine eigene Erfahrung nach der "Bekehrung" überspielt.

Mit dem Beginn des 5. Jh.s wird der Gegensatz von pelagianischer und augustinischer Position zum ausdrücklichen und beherrschenden Gegenstand der Auseinandersetzung. So sieht sich Augustinus gezwungen, seine frühere Auffassung hinsichtlich der Willensfreiheit und der Erbsünde zu verschärfen bzw. sogar zu revidieren. Die Pelagianer bestritten das prinzipielle Unvermögen des Menschen zu heilshaft bedeutsamem Handeln. Nach ihrer Auffassung ist der Mensch durchaus imstande, die Gebote zu erfüllen, wenn er sich der Verkündigung des Willens Gottes öffnet. In Adam ist dem Menschen ein schlechtes Beispiel gegeben, in Jesus ein gutes, das eine vollkommene Belehrung beinhaltet: Die grundlegende Gnade, die den Menschen zum Heil befähigt, ist ihm bereits in der Schöpfungsgnade gegeben. Auch das Gesetz des Alten Testaments hatte bereits, auch wenn es in seiner verfremdenden Form noch als Heteronomie erscheint, eine positive Erziehungsfunktion auf die sittliche Autonomie des Menschen hin. Damit kann der Mensch - nach der pelagianischen Anthropologie - zuerst zwar an das Beispiel sündhafter Handlung gewöhnt, dann aber umerzogen durch das Beispiel sittlich vollkommener Handlung, der göttlichen Forderung durchaus genügen.

Man muß klar sehen, daß die Pelagianer in der Nachfolge der griechischen Kirchenväter standen, auf die sie sich auch beriefen, und daß sie ebenso in der praktischen Nachfolge der mönchisch-asketischen Tradition blieben, deren radikalen sittlichen und asketischen Anforderungen eine ebenso radikal positive Auffassung über die Möglichkei-

33 Vgl. *Augustinus*, De diversis quaestionibus LXVI 7; CSEL 44 A, 163: "In prima ergo actione, quae est ante legem, nulla pugna est cum voluptatibus huius saeculi; in secunda, quae sub lege est, pugnamus, sed vincimur; in tertia pugnamus et vincimus; in quarta non pugnamus, sed perfecta et aeterna pace reqiescimus." Vgl. *Jonas*, a.a.O. 37.

ten des Willens entsprach. So war schon für Origenes die Einsicht bestimmend gewesen,

(...) daß wir nicht der Notwendigkeit unterworfen sind, so daß wir unausweichlich, auch gegen unseren Willen, Böses oder Gutes zu tun gezwungen wären. Wenn wir nämlich Herren unserer Entscheidung sind, so können uns wohl vielleicht irgendwelche Mächte anfechten und zur Sünde drängen und andere uns zum Heil unterstützen; doch werden wir nicht mit Notwendigkeit gezwungen, richtig oder böse zu handeln.[34]

Origenes hält also an den Grundlagen der griechischen Anthropologie und Ethik fest und nimmt nicht an, daß der christliche Glaube hier irgendwelche Modifikationen erfordere. Ebenso steht es für Basilius außerhalb jeder Diskussion, daß der Ursprung des Bösen einzig in der Handlung des einzelnen Menschen liegt:

Worüber du also Herr bist, dafür such' den Ursprung nicht außer dir, sondern laß dir sagen: das eigentlich Böse nimmt den Anfang mit den freiwilligen Entgleisungen.[35]

Auch bei der Beschreibung der Sünde Adams und deren Folgen kennt Basilius keinerlei den Willen der späteren Menschen betreffende Konsequenzen:

Die Tugend ist aber Sache *freier Entschließung*, nicht Folge natürlicher Nötigung. Die freie Entschließung aber steht bei uns. Was aber in unserer Macht steht, ist eben der freie Wille.[36]

Was der Mensch wirklich ist und was er aus sich macht, liegt also einzig bei ihm. Als letzter Zeuge sei Johannes Chrysostomus angeführt. Auch ihm liegt jede Vorstellung einer Erbsünde fern. Die Folgen der Sünde Adams sind rein physischer Natur.[37] Von einer Beeinträchtigung des freien Willens, die über selbstverschuldete Gewöhnung hinausgeht, ist nirgends bei Chrysostomus die Rede. Zu Röm 11, 8: "Es schickte Gott über sie (sc. die Juden) einen Geist der Starre" sagt Chrysostomus:

Mit "Starre" meint hier der Apostel eine schlimme Seelenstimmung, die bleibend und unabänderlich ist (...). Denn geradeso wie jemand, der "starr" festhält am Guten, nicht leicht anders wird, so ändert sich auch der nicht leicht, der "starr" geworden ist im

34 *Origenes*, Vier Bücher von den Prinzipien, hrsg. von H. Görgemanns und H. Karpp, Darmstadt 1976, 93.

35 *Basilius*, Die neun Homilien über das Hexaemeron, in: BKV Basilius II, 32. Vgl. *J. Gross*, Entstehungsgeschichte des Erbsündendogmas, München 1960, 140-143.

36 *Basilius*, Predigt über: Gott ist nicht der Urheber des Bösen, in: BKV Basilius II, 384.

37 Vgl. *Gross*, a.a.O. 184f.

Bösen. "Starrwerden" heißt also hier nichts anderes als auf etwas festgelegt und gleichsam angenagelt sein.[38]

Chrysostomus betont ausdrücklich, daß Paulus "überall die menschliche Willensfreiheit so sehr hervorhebt"[39]. Er ist überzeugt davon, daß Gott überall dort gegenwärtig ist (auch bei den Heiden), wo er einen nach dem Heil strebenden Menschen sieht. So liegt seiner Gnadenlehre - konzipiert auf gut griechischem Hintergrund - eine optimistische Einschätzung der menschlichen Natur zugrunde. Diese individualistische und optimistische Anthropologie setzt sich im Osten durch und erhält insbesondere im Hinblick auf die Predigt eine wichtige kerygmatische Funktion. Die theologische Konzeption des Johannes Chrysostomus hinsichtlich der Sünde Adams und deren Folgen ist nicht zuletzt deswegen interessant, weil sie in der Folge durch Augustinus nahezu umfunktioniert wird. Julius Gross stellt richtig fest: "Augustinus hat sich zu Unrecht auf Johannes berufen als auf einen Kronzeugen für die von ihm erfundene Erbschuld, die nicht nur unserm Patriarchen zeitlebens gänzlich unbekannt geblieben, sondern auch seiner Anthropologie und Gnadenlehre diametral entgegengesetzt ist. Julian von Eklanum hatte es wahrlich nicht nötig, die Worte des Johannes Chrysostomus zu verdrehen, wie Augustinus ihm vorwirft, um in dieser unbestrittenen Autorität seinen 'Anwalt' im Kampf gegen das Erbsündendogma sehen zu können."[40]

Es ist also festzuhalten: Niemandem vor Augustinus war es in den Sinn gekommen, von einer Erbschuld oder Erbsünde zu sprechen. Augustinus hat die gesamte Tradition gegen sich. Keiner der Exegeten vor der Spätzeit des Augustinus (zu dieser Zeit vorher gehört auch der jüngere Augustinus selbst mit seinen diesbezüglichen Schriften) hatte Paulus in dem Sinn verstanden, wie er es in der Auseinandersetzung mit den Pelagianern tat. Augustinus hat allerdings die Richtung der neuen Interpretation nicht erst *in* dieser Auseinandersetzung gefunden, sondern schon *vor* ihr, wovon vor allem die Schrift "Über verschiedene Fragen an Simplician" (396) Zeugnis ablegt. Die Pelagianer waren aber im Recht, als sie Augustinus mit seinen früheren Schriften, vor allem der "Vom freien Willen" (388-395), für ihre eigene Auffas-

38 *Chrysostomus*, Kommentar zum Briefe des heiligen Paulus an die Römer, 20. Homilie; in: BKV Chrysostomus VI, 96.

39 Ebd. 17. Homilie; a.a.O. VI, 42.

40 *Gross*, a.a.O. 190. - Julian von Aeclanum (gest. nach 454) vertrat - mit stärkeren dialektischen Fähigkeiten als Pelagius - in der späteren Auseinandersetzung mit Augustinus die pelagianische Position.

sung zitierten. Augustinus konnte dies natürlich nicht zugeben. Die Vehemenz seiner Verteidigung und die Tatsache, daß er später die "Retractationes" ("Überarbeitungen") verfaßte (426-427), zeigt, daß Augustinus sich durch diesen Vorwurf getroffen fühlte. Nun ist es durchaus akzeptabel, seine Meinung zu ändern und später einen Widerruf zu verfassen, aber: Was widerrief Augustinus, und warum tat er es? Mit Bezug auf seine frühere Schrift "Vom freien Willen" schreibt er in den "Retractationes":

> Weil in diesen und ähnlichen Worten Gottes Gnade, um die es sich damals nicht handelte, keine Erwähnung fand, glauben die Pelagianer, oder können es glauben, wir hätten ihre Ansicht vertreten. Aber ihr Glaube ist nichtig. Denn wohl ist es der Wille, kraft dessen man sowohl sündigt als auch recht lebt, und das haben wir mit den angeführten Worten ausgesprochen. Wenn aber dieser Wille nicht durch Gottes Gnade von der Sündenknechtschaft befreit und zur Überwindung der Laster gestärkt wird, können die Sterblichen nicht fromm und recht leben. Wenn nun diese befreiende göttliche Wohltat dem Willen nicht vorausginge, sondern ihm aufgrund schon erworbener Verdienste verliehen würde, dann wäre es keine Gnade, da diese ja umsonst verliehen wird.[41]

Die Begründung dafür, daß der Mensch ohne Gnade nicht sittlich recht leben kann, liegt in der Erbsünde:

> Sodann erklärten wir auch, aus welchem den Sündern mit vollstem Recht auferlegten Elend Gottes Gnade erlöst, da der Mensch wohl von selbst, das ist freiwillig, fallen, aber nicht aufstehen konnte, nämlich aus einem Elend, das in Mangel an Einsicht und Kraft besteht, worunter jeder Mensch von Geburt an leidet, und aus dem nur Gottes Gnade erlösen kann. Dies Elend wollen die Pelagianer nicht von der gerechten Verdammnis herleiten, weil sie die Erbsünde leugnen.[42]

Hier sagt nun Augustinus klar, wozu er die Lehre von der Erbsünde braucht: So wie der Mensch seiner Auffassung und Erfahrung nach tatsächlich verfaßt ist, kann er zwar mit freiem Willen sittlich verfehlt handeln, nicht aber von sich aus eine Umkehr bewirken; und dies erklärt sich daraus, daß er von Geburt an intellektuell und sittlich defekt ist. Diese Mängel sind nicht in der ursprünglichen Natur des Menschen begründet, sondern stellen eine gerechte Verdammung (*iusta damnatio*) dar, die sich aus der Sünde Adams herleitet.

Beginnen wir bei der ersten Feststellung des Augustinus. Sowohl die Lehren der antiken Ethik als auch die ethisch-asketischen Lehren christlicher Theologen vor Augustinus und auch des Pelagianismus

41 *Augustinus*, Überprüfungen (Retractationes) I 8,4, übers. von W. Thimme, in: *Augustinus*, Theologische Frühschriften, a.a.O. 563.

42 Ebd. I 8,6; a.a.O. 569.

hatten die Probleme berücksichtigt, die mit der Gewöhnung (individueller Art) und mit dem schlechten Beispiel (also einer sozialen und geschichtlichen Komponente) gegeben waren. Sie alle aber hatten an der sittlichen Möglichkeit des Menschen, das Gute zu tun, festgehalten. Gerade die Tatsache, daß diese sittliche Persönlichkeit ein - an der Erfahrungswirklichkeit gemessen - kontrafaktisches Ideal darstellt, ergab das kritische Potential dieses Ideals, das auch durch die physische Eliminierung eines Sokrates oder eines Jesus von Nazareth nicht als widerlegt erschien. Diese sittliche Persönlichkeit des Einzelnen ist nun nach Augustinus infolge einer gerechten Verdammung von Geburt an defekt. Jeder Mensch kommt als gerecht Verdammter zur Welt, und er kann - ohne die Gnade - diese Verdammung durch seine Handlungen nur bestätigen. Augustinus begründete diese ungeheuerliche Annahme durch einen Mythos, zu dem ihm auch ein Übersetzungsfehler in der Vulgata Hilfe leistete:[43] In Adam (*in quo*) haben alle gesündigt (Röm 5, 12), seine Sünde ist unsere Sünde, seine gerechte Verdammung ist unsere gerechte Verdammung. Das Konzil von Orange (529) hat Augustinus korrekt wiedergegeben, wenn es definiert:

> Wer behauptet, der Sündenfall habe nur Adam, nicht aber auch seiner Nachkommenschaft Schaden zugefügt, oder wer sagt, wenigstens sei nur der leibliche Tod, der eine Strafe für die Sünde ist, nicht aber die Sünde selbst, die der Tod der Seele ist, durch einen Menschen auf das ganze Menschengeschlecht übergegangen, der schreibt Gott ein Unrecht zu, denn er widerspricht dem Apostel, der sagt: "Durch den einen Menschen ist die Sünde in die Welt eingetreten und durch die Sünde der Tod, und so kam der Tod über alle Menschen, in ihm haben alle gesündigt".[44]

Ob hinter Augustins Vorstellung der Sünde aller in Adam die gnostische Urmenschvorstellung steht, ist eine religionsgeschichtlich zu klärende Frage.[45] Erkenntnistheoretisch bedeutet die Auffassung des Kirchenvaters (trotz vieler versuchter abschwächender Interpretationen) einen auf die sittliche Persönlichkeit des Menschen bezogenen Univer-

[43] Es ist allerdings klar, daß nicht der Übersetzungsfehler den Mythos produzierte, sondern der Mythos, den Augustinus aus anderen Gründen wollte, an diesen Übersetzungsfehler angeschlossen wurde.

[44] DS 372. Übers. nach *J. Neuner - H. Roos*, Der Glaube der Kirche in den Urkunden der Lehrverkündigung, Regensburg [10]1971, 224f., Nr. 351. - In DS, ebd., wird auf *Augustinus*, Contra duas epistulas Pelagianorum IV 4,4-7; CSEL 60, 524-528, verwiesen.

[45] Augustinus fand diese Vorstellung in der Auslegung der Paulusbriefe, die als "Ambrosiaster" bezeichnet wird; vgl. *A. Adam*, Lehrbuch der Dogmengeschichte I, Gütersloh 1965, 269f.

salienrealismus. In geistesgeschichtlicher Hinsicht stellt Kurt Flasch zu Recht fest: "Diese Theorie zerstört den Begriff der sittlichen Persönlichkeit, den die antike Philosophie entwickelt hatte."[46] Augustinus richtet sich damit auch gegen die gesamte Bildungstradition, die seine eigene Jugend und seine frühen Schriften bestimmt hat.

Was hat ihn zu dieser folgenschweren Mythenbildung geführt? Es kommen hier persönliche, institutionelle und geschichtliche Faktoren zusammen. Augustinus sieht den Handlungsraum des Menschen gestört, disharmonisch, antagonistisch:

> Ja, es sind auch notwendig begangene Taten zu mißbilligen, wenn der Mensch wohl recht handeln will, aber nicht kann. Das bezeugen jene Aussprüche: "Denn das Gute, das ich will, das tue ich nicht, sondern das Böse, das ich nicht will, das tue ich." Ferner: "Wollen habe ich wohl, aber Vollbringen des Guten finde ich nicht." Desgleichen: "Das Fleisch gelüstet wider den Geist und den Geist wider das Fleisch; dieselben sind wider einander, daß ihr nicht tut, was ihr wollt."[47]

Augustinus hatte sich in seiner früheren Periode mit der Antwort der Manichäer auf diese Disharmonie auseinandergesetzt, und dagegen hatte er im Rahmen der antiken, vor allem stoischen Theorie der sittlichen Autonomie des Menschen argumentiert. Er hatte dabei aber auch gesehen, daß der antike Freiheitsbegriff abstrakt war, nicht ausreichend, um diesen Bereich der Erfahrung der Handlungsdefizite, diese Dimension des Bösen zu erfassen. Die Theorie der Erbsünde gibt ihm nun die Möglichkeit, das Böse in unfaßbarem Ausmaß zu "erklären", ohne (wie der Manichäismus) auf zwei Prinzipien zurückzugreifen. In diesem Sinn hat er recht, wenn er sich gegen den Vorwurf der Pelagianer, er sei nun wieder Manichäer geworden, zur Wehr setzt. Der Preis allerdings, den er für diese Ablehnung des Manichäismus zahlt, ist hoch, zu hoch. Die Manichäer hatten die Erfahrung der Disharmonie der Welt auf zwei verschiedene Prinzipien zurückgeführt, Augustinus führt die Disharmonie auf die Sünde des ersten Menschen zurück; er läßt dadurch in einem ersten Schritt Gott und dessen Schöpfertätigkeit aus dem Spiel, aber in einem zweiten Schritt verdunkelt sich der Gottesbegriff selbst, der Handlungsraum Gottes wird irrational. Wir brauchen hier gar nicht die unlösbaren Schwierigkeiten anzuführen, die Augustins Prädestinationslehre aufwirft (und die die gesamte weitere Geschichte der Theologie, der katholischen wie der protestantischen, durchziehen); es genügt, zu sehen, daß er weiß, daß

46 *Flasch*, a.a.O. 198.

47 *Augustinus*, Überprüfungen I 8,5; a.a.O. 567.

die Erbsünde letztlich in irgendeiner Form in die Willenstätigkeit Gottes selbst hineingetragen wird. Nach der weiter oben zitierten Passage, in der er von dem aus der Ursünde stammenden Zustand spricht, "einem Elend, das in Mangel an Einsicht und Kraft besteht, worunter jeder Mensch von Geburt an leidet und aus dem nur Gottes Gnade erlösen kann"[48], fährt Augustinus mit schonungsloser Offenheit fort:

> Wiewohl Gott auch dann nicht zu beschuldigen, sondern zu preisen sein würde, wenn der erwähnte Mangel des Menschen ursprünglicher Natur wäre.[49]

Was für ein Gott wird hier gelobt, der auch einen sittlich mangelhaften Menschen hätte schaffen können, den er dann dafür hätte verdammen müssen? Hier werden Begriffe wie "Gerechtigkeit", "Güte", "Barmherzigkeit" im Zusammenhang mit "Gott" zu Begriffen, die in keiner ersichtlichen Beziehung zu dem stehen, was dieselben Begriffe in menschlicher Sittlichkeit bedeuten. "Der Gott Augustins nimmt Züge persönlicher Willkür an. Er wird einem spätantiken Imperator immer ähnlicher."[50] Der Gott, der von der Irrationalität der Erfahrungswirklichkeit durch die Erbsündenlehre entlastet werden sollte, wird nun - auf dem Umweg über die Vorsehung oder, jedenfalls in seinem möglichen Handlungsspielraum, gleich direkt - durch die Erbsündenlehre selbst in den Bereich des Irrationalen gezogen.

Dieser Rationalitätsverlust mußte sich dann auch in einem theologischen Begründungsdefizit äußern. Institutionelle Vorgaben konnten nicht mehr einer Überprüfung unterzogen werden, sondern erhielten umgekehrt in ihrer bloßen Faktizität Begründungsrang. Die institutionelle Vorgabe für die Erbsündenlehre war die Kindertaufe, die, wie heute allgemein anerkannt wird, das Hauptargument für die Erbsündlichkeit aller Menschen wurde.[51] Die Geschichte der Kindertaufe war freilich keineswegs so eindeutig, daß auch nur annähernd von einer allgemeinen Überzeugung gesprochen werden konnte, die sich ihren institutionellen Ausdruck gefunden hätte. Diese historische Tatsache wurde auch von Augustinus wenig berücksichtigt; er ging einfach von einer faktischen institutionellen Praxis aus, und nun sollte - und dies ist das höchst Fragwürdige - "Schuld" an dem abgelesen werden, was diese institutionelle Praxis voraussetzte.[52] Hier wird das Faktische als Ar-

48 Vgl. den Text zu Anm. 42.

49 *Augustinus*, Überprüfungen I 8,6; a.a.O. 569. 571.

50 *Flasch*, a.a.O. 203.

51 Vgl. *J. Auer*, Art. Erbsünde, in: LThK^2 III, 969.

52 Vgl. *Flasch*, a.a.O. 196.

gument für das geschichtlich-gesellschaftlich Unabänderliche herangezogen. In diesem Zusammenhang muß es auffallen, daß Augustinus die Erbsündenlehre zu der Zeit entwickelte, als er bereits Verantwortung innerhalb der kirchlichen Institution trug. Die Institution wird zum Verstehenskriterium.

Augustins späte Erbsündenlehre sowie die Prädestinationslehre, in die er sie einbettet, ebenso wie auch der Gottesbegriff, der letztlich dahintersteht, sind rational und ethisch inakzeptabel. Zudem ist die Auffassung des Augustinus von der Konkupiszenz ("Begierlichkeit") trotz aller interpretatorischer Rechtfertigungsversuche semimanichäisch. Die "Unordnung", die die Erbsünde nach Augustinus in die menschliche Natur gebracht hat und die in ihren Folgen - also der Konkupiszenz - auch nach der Taufe im Menschen bestehen bleibt, wurde primär im "Fleisch" lokalisiert, und unter "Fleisch" wurden primär die Leiblichkeit und die Sexualität gesehen (obwohl Augustinus diese Begierlichkeit auch allgemeiner faßte). Hier zeigt sich die (traurige) Ironie: Augustinus schrieb Adam zu, daß durch ihn ein - sagen wir es allgemein - irrationales, gestörtes Verhältnis zur Wirklichkeit in die Geschichte gekommen sei - und daß so etwas möglich ist, beweist die Geschichte *nach* Augustinus: Er hat sein eigenes irrationales, gestörtes Verhältnis zur Wirklichkeit, seine Ängste, seine Verdrängungen mit ungeheurer Wirksamkeit weiter-"vererbt". Es wäre jedoch verfehlt, dies einzig Augustinus zuzuschreiben. Obwohl Augustins Verhältnis zur Wirklichkeit sehr persönlich (und teilweise pathologisch) gefärbt war, kamen in ihm doch, wie auch im Manichäismus, weitverbreitete Ängste seiner Periode zum Ausdruck: der Eindruck, die Befürchtung, daß das bisherige Menschenbild durch das Böse, die Gewalt, einfach weggewischt (falsifiziert) würde.

Wir müssen berücksichtigen, daß Augustinus am Ende einer Periode stand und dies auch genau wußte. Der Pelagianismus repräsentierte noch einmal die Ideale der aufgeklärten, nun christlichen Antike. Seine Vorstellung der sittlichen Autonomie des Menschen, des schlechten Vorbilds Adams und des guten Vorbilds Christi, der Gefahr der Gewohnheit im sittlich bösen Tun usw.: all dies ist verständlich, vernünftig und - wie der heutige Soziologe und Psychologe sagen würde - etwas naiv. Die Zeit, in der solche Ideale normgebend sein konnten, ging dem Ende zu; sie waren attraktiv nur noch für eine aussterbende Gruppe von Gebildeten, ihnen fehlte das elementar Überwältigende, das Gewaltige, das "Barbarische". Ganz anders der Mythos des Augustinus (der in diesem Sinn noch wesentlich gewaltiger ist als der Manis): Ein allmächtiger Herrscher sieht zu (oder: läßt zu), wie in

Adam, dem Führer der Menschheit, die ganze Menschheit sich in ein Verderben stürzt, aus dem sie sich nicht erheben kann. Die göttliche Strafe ist fürchterlich: Alle werden wegen ihres Anführers zum Tode verurteilt. Aber der allmächtige Herrscher erbarmt sich einiger - grundlos, ohne daß diese etwas dazu tun können; selbst die Tatsache, daß sie um Erbarmen flehen dürfen, ist ein Geschenk des Herrschers, der sie nun zu seinen Dienern macht.

Dieser Mythos erweckt das Schaudern des *tremendum* und des *fascinosum*, das sich bis ins Körperliche hinein überträgt; es erweckt starres Staunen, absolutes Befremden.[53] "Denn hier scheinen sich nicht nur Aussagen zu ergeben, die wider die Vernunft, ihre Maßstäbe und ihre Gesetzgebung sind, sondern die sich in sich selbst entzweien und von ihrem Gegenstande selber opposita, unvereinbare und unauflösliche Gegensätze aussagen. Hier erscheint das Mirum dem rationalen Verstehen-wollen in der allerherbsten Form des Irrationalen."[54] Augustinus ist der Lehrer dieses *Numinosum*[55] in einer Zeit, in der die Erfolgschancen rationalen und ethisch eigenverantwortlichen Handelns radikal abnehmen (und er verweist instinktsicher als Beispiel auf den Bereich der Sexualität, der sich immer schon der Rationalität widersetzt hat). Augustinus bringt fast eruptiv Eros und Thanatos ins Spiel, um die Majestas des Ganz-Anderen in seiner Unnahbarkeit und Gewalt ahnen zu lassen. Entsprechend erhält die "Heilung" in der Gnade magische Züge.

Gegenüber solcher religiös-mythischer Urgewalt blieb die Spätform eines aufgeklärt-humanistischen Pelagianismus chancenlos in einer Zeit, in der vitale Ungebrochenheit über eine kraftlos gewordene Kultur hereinbrach. Augustinus sah den Anmarsch der "Barbaren". Und da er die Sieger vorausahnte, wurde er der Lehrer der kommenden Periode. Es ist aufschlußreich, zu beobachten, daß - trotz des übermächtigen Einflusses augustinischen Denkens - die "gelehrte" Kultur des Mittelalters den zuletzt aufgeführten Vorstellungen des Augustinus immer etwas reserviert gegenüberstand, während sie in der Volkskultur großen Widerhall fanden. Möglicherweise trafen sich diese Vorstellungen mit einem tiefverwurzelten Schicksalsglauben. Ein

53 Vgl. *R. Otto*, Das Heilige, München ^{35}1963, 13-37. - In der modernen Literatur können wir dieses Schaudern in den ganz Augustinus entsprechenden Romanen von Georges Bernanos erleben, z.B. im "Tagebuch eines Landpfarrers" oder in "Unter der Sonne Satans".

54 Ebd. 36.

55 Vgl. ebd. 33.

gutes Zeugnis dafür ist das um die Wende des 11. zum 12. Jh. entstandene "Elucidarium" des Honorius Augustodunensis. In diesem für die Verkündigung verfaßten und tatsächlich weitverbreiteten Werk wird ein schonungsloser Augustinismus vorgetragen, der zwar manches arg vereinfacht, der aber doch der Tendenz nach Augustins Vorstellungen tatsächlich entspricht. "Die Welt des 'Lichtbringers' ist düster und freudlos. In ihr herrschen nicht Liebe und Güte, sondern rächende Vergeltung und ein dem Menschen nicht verständliches Verhängnis."[56]

Der Versuch, das Erschrecken im Blick auf ein unumgehbar Böses im Menschen und den Schauder im Blick auf ein unergründlich gefahrvolles und unergründlich erlösendes Mysterium in einer Institution bannen zu wollen, mußte allerdings ein problematisches Unternehmen bleiben. Es war inkonsequent, daß Augustinus (im Unterschied zu Mani) seine Auffassung von der Institution nicht seiner Auffassung von den Erwählten anglich. Die maßgeblichen Vertreter der Lehre bei den Manichäern, die "Auserwählten" (*electi*), mußten das der Kosmologie entsprechende Handlungsmodell exemplarisch vorleben,[57] sie waren also die sichtbar radikalsten Kämpfer gegen das Böse. Demgegenüber ist Augustins Auffassung von der Institution durch die Auseinandersetzung mit den Donatisten geprägt, in der es um die Rechtssicherheit der institutionellen Handlungen (Taufe) ging, ohne Rücksicht auf die "reine Lehre" der Amtsträger und ohne Rücksicht auf deren Exemplarität im Handlungsbereich. Auch in seiner großen geschichtsphilosophischen Vision vom Gottesstaat vertrat er (mit gutem Blick auf die Wirklichkeit) nicht die Auffassung, daß die Vertreter der Institution notwendigerweise zu den aus der Masse der Verdammten Auserwählten gehören mußten. Hier wurden also institutionelles Handeln (das nach dem Modell der Rechtssicherheit konzipiert war) und individuelles Handeln (das durch die Erbsünden- und Gnadenlehre bestimmt war) von verschiedenen Wurzeln her gedacht und waren durch verschiedene Interessen bestimmt.[58] Das faktische Auseinanderfallen dieser beiden Handlungsmodelle war die Grundlage, auf der im Mittelalter (in etwas veränderter Form) die Alternativen der Antike,

56 *A.J. Gurjewitsch*, Mittelalterliche Volkskultur, München 1987, 242. - "Tröstlich" in diesem Werk ist eigentlich nur, daß der Autor die wenigen Erretteten kaum unter den Rittern, Mönchen, Priestern und Kaufleuten findet, sondern hauptsächlich (allerdings wegen deren Einfalt) unter den Bauern. Vgl. ebd. 231-236.

57 Vgl. z.B. *Polotsky*, a.a.O. 131-134.

58 Im 9. Jh. wird Gottschalk im Rahmen einer konsequent augustinischen Prädestinationslehre folgerichtig die Ordnungsfunktion der Kirche bestreiten (vgl. Kap. XII. 2).

die Augustinus "überwinden" wollte, wieder auftreten konnten. So konnte die Auffassung vom Bösen radikalisiert und gegen die Institution gewendet werden. Daß diese Radikalisierung im Extremfall sogar die ontologische und kosmologische Dimension erreichen konnte (vgl. die Katharer), wird damit verständlich. Auf demselben gesellschaftlichen Hintergrund war jedoch auch die andere Möglichkeit offen, nämlich - mit deutlich pelagianischer Intention - die sittliche Unvertretbarkeit des Individuums wieder einzufordern, was zur Leugnung der Notwendigkeit kirchlicher Gnadenvermittlung und deren Voraussetzung, also der augustinischen Erbsündenlehre, sowie zur Ablehnung der Kindertaufe führte. Die Geschichte der mittelalterlichen "Häresien" wird zeigen, daß es Augustinus letztlich weder gegenüber dem Manichäismus noch gegenüber dem Pelagianismus geglückt ist, ein auch institutionell überzeugendes Handlungsmodell zu entwickeln.

2. Das Mysterium der Welt-Zeit

Zeit ist für Augustinus ausschließlich Welt-Zeit, Zeit einer vergehenden Welt. Die Zeit hat nichts mit Gott zu tun, außer daß Gott als der Schöpfer der Zeit angesehen wird, insofern er die Welt geschaffen hat:

> Da nun Gott, in dessen Ewigkeit es keinerlei Wandlung gibt, Schöpfer und Ordner der Zeiten ist, kann man unmöglich sagen, er habe erst nach Ablauf von Zeiten die Welt geschaffen. (...) So ist ohne alle Frage die Welt nicht in der Zeit, sondern mit der Zeit erschaffen.[59]

Im Prinzip ist damit Zeitlichkeit als ontologische Grundkategorie von Welt aufgestellt. Trotzdem kommt es bei Augustinus nicht zum Entwurf einer - der griechischen gegenüber neuen - Metaphysik, die durch "Zeitlichkeit" oder sogar durch "Geschichtlichkeit" als Grundkategorie bestimmt wäre. Der Grund dafür ist, daß Augustinus trotz der bekannten Analysen zur Zeiterfahrung in den "Bekenntnissen" an der Zeitlichkeit und an zeitlicher Existenz gar nicht wirklich interessiert ist und daß er auch gar nicht annimmt, in dieser zeitlichen Wirklichkeit ein Ordnungsgefüge auffinden zu können. Augustinus sieht in der Zeitlichkeit kein positives Element seiner Existenz:

59 *Augustinus*, Vom Gottesstaat XI 6, übers. von W. Thimme, (Die Bibliothek der Alten Welt) Zürich - Stuttgart 1955, II, 15.

Ich aber bin zerflossen in den Zeiten, deren Ordnung mir unbekannt ist.[60]

Das Ordnungsgefüge, an dem Augustinus sein Denken orientiert, kommt nicht aus einer inneren, dem Menschen zugänglichen Ordnung des zeitlichen Verlaufs des Weltgeschehens, sondern aus dem schon in der Schöpfung maßgebenden Gegensatz von Zeitlichem und Nichtzeitlichem. Wenn Augustinus die ersten Sätze der Genesis interpretiert, in denen von Gott als dem Schöpfer des Himmels und der Erde gesprochen wird, denkt er nur in zweiter Linie an jenen Himmel, der auch Gegenstand der antiken Kosmologie war. In erster Linie denkt er an einen von Gott geschaffenen "Himmel des Himmels", der völlig transempirisch ist:

Die Erde war wüst und leer, und es war finster auf der Tiefe, das heißt: Alles das, was Himmel und Erde genannt ist, war noch ein formloser und finsterer Stoff, woraus der geistige Himmel, der anderswo des Himmels Himmel genannt wird, und die Erde, nämlich die ganze Körperwelt, worin auch der körperliche Himmel einbegriffen ist, also die ganze sichtbare und unsichtbare Kreatur, entstehen sollte.[61]

Dieser "Himmel des Himmels" ist der geistige Himmel, wo man "von allem in einem weiß, ohne allen Wechsel der Zeiten"[62]; dieser im Uranfang geschaffene Himmel "läßt allen flüchtigen Wechsel der Zeiten hinter sich"[63]. Das Ziel, auf das der Mensch all seine Aufmerksamkeit richten soll, kann also nicht darin bestehen, die Zeit zu einer erfüllten zu gestalten oder zu formen, sondern sich von der Zeit zu lösen. Augustinus strebt nach reiner Gegenwart, also nach Aufhebung der Zeit. Seine - ohne Zweifel wichtige und folgenreiche - Analyse des Bewußtseins von Zeit hat doch die eigentliche Funktion, an der Tatsache des Bewußtseins von Zeit festzustellen, daß es sich hier um ein nichtiges Bewußtsein handelt, in welchem die Gegenwart, die eigentlich der Ort der Ruhe sein sollte, genau das immer Entschwindende ist, das im ständigen Übergang sein Nichtsein anzeigt.

Die gegenwärtige (Zeit) aber, wenn sie immer gegenwärtig wäre und nicht in Vergangenheit überginge, wäre nicht mehr Zeit, sondern Ewigkeit. Wenn also die gegenwärtige Zeit nur dadurch Zeit wird, daß sie in Vergangenheit übergeht, wie können wir dann sagen, sie sei, da doch der Grund ihres Seins der ist, daß sie nicht sein wird? Muß

60 *Ders.*, Bekenntnisse XI 29,39; a.a.O. 329f.

61 Ebd. XII 21,30; a.a.O. 351.

62 Ebd. XII 13,16; a.a.O. 341.

63 Ebd. XII 9,9; a.a.O. 337.

man also nicht in Wahrheit sagen, daß die Zeit nur darum sei, weil sie zum Nichtsein strebt?[64]

In der Analyse der Zeiterfahrung wendet sich Augustinus, ganz entsprechend seinem allgemeinen Grundprinzip, ab von der äußeren Welt und hin zum Inneren, zur Seele. Die innere Erfahrung der Zeit ist aber für ihn dann im wahrsten Sinn des Wortes ver-nichtend, sie kann und soll nur dazu dienen, im Kontrast zu diesem stets zwischen Sein und Nichtsein zerrissenen Ort nach dem "Himmel des Himmels" auszugreifen, denn: "Unsere Ruhe, das ist unser Ort"[65].

Auf diesem Hintergrund ist es auch verständlich, daß Augustinus eine Geschichtsphilosophie gar nicht entwickeln *konnte*.[66] Karl Löwith hat ohne Zweifel recht, wenn er von der Geschichtsauffassung in Augustins "Gottesstaat" sagt: "Sie ist keine Geschichtsphilosophie, sondern eine dogmatische Auslegung des Christentums in dem Geschehen der Welt. Augustin legt die Wahrheit der christlichen Lehre an der heiligen und profanen Geschichte aus, aber die Weltgeschichte selbst hat für ihn kein eigenes Interesse und keinen eigenen Sinn."[67] Die Auslegung von Welt und Geschichte hat bei Augustinus keine Eigenständigkeit, der Christ soll

(...) nur so weit die irdische Welt erforschen, als erforderlich ist, um durch das Geschaffene die Ewigkeit zu erkennen und schauen. Denn diese Geschöpfe dienen der Vernunft, wenn sie vom todbringenden Vorwitz sich enthalten, und so sind sie gut.[68]

Die Geschichte wird daher von Augustinus sofort im Zusammenhang der Erbsünde "begriffen", also als Auseinandersetzung von Sünde und Gnade. Daraus resultiert jedoch keine Prinzipienlehre, die eine Konstruktion der Geschichte ermöglicht. Selbst die Ablehnung der antiken Kreislauflehre wird bei Augustinus nicht als Folgerung aus der Erschaffung der Welt mit der Zeit begründet, sondern wird aus seiner

64 Ebd. XI 14,17; a.a.O. 312.

65 Ebd. XIII 9,10; a.a.O. 372.

66 Vgl. dazu z.B. *E.A. Schmidt*, Zeit und Geschichte bei Augustin (Sitzungsberichte der Heidelberger Akademie der Wissenschaften, Phil.-hist. Klasse), Heidelberg 1985, 96: "Wenn Geschichtsphilosophie die Säkularisation 'eines theologischen Dualismus' voraussetzt, diese aber eben die Reduktion des 'Dualismus durch Abbau der Transzendenz' bedeutet, kann Augustins eschatologischer Dualismus der Gottesnähe und -ferne Weltgeschichte als einheitlichen Zielprozeß nicht begründen."

67 *K. Löwith*, Weltgeschichte und Heilsgeschehen, Stuttgart 1953, 153.

68 *Augustinus*, Bekenntnisse XIII 20,31; a.a.O. 389.

Lehre von Sünde, Gnade und definitiver Seligkeit und Ruhe als eigentlichem Ziel des Menschen abgeleitet.

> Wenn nämlich die Seele erlöst, und zwar zum ersten und einzigen Mal erlöst wird, ohne noch einmal in das Elend zurückkehren zu müssen, geschieht ihr etwas Neues, was es noch nie zuvor gab, etwas gewaltig Großes: Die ewige Glückseligkeit, die kein Ende nimmt, wird ihr zuteil.[69]

So wie es nach Christus in der Geschichte nichts wirklich Neues mehr geben kann, so ist das einzig wirklich Neue für den Menschen die - durch Christus vermittelte - Gnade, mittels deren er die ewige Glückseligkeit erlangt; diese aber ist eben transempirisch und transhistorisch. Die Lehre vom Kreislauf muß also deshalb abgelehnt werden, weil mit ihr die Annahme verbunden wäre, daß die Seele mit Notwendigkeit in dasselbe Elend weltlicher Existenz zurückkehren müßte.[70] Weder die Zeitlichkeit der Welt noch die Geschichtlichkeit des Menschen führen also Augustinus dazu, eine wirklich radikal neue Metaphysik zu entwerfen. Sie ergeben für ihn nicht mehr als "das schöne Schauspiel zeitlicher und räumlicher, sei es selbstbewirkter, sei es erlittener Verwandlung"[71]. Es ist zwar ein eschatologischer Dualismus, der von Augustinus konzipiert wird; dieser bleibt aber doch maßgeblich ein platonisch bzw. neuplatonisch strukturierter. Urbild und Abbild, Ausgang und Rückkehr sind für Augustinus entscheidend, von daher ist das "Zurückeilen" auch nur am Rande durch Zeit und Geschichte bestimmt. Wenn er davon spricht, daß Gott im Uranfang geschaffen hat, so bekennt er doch sofort seinem Gott,

> (...) daß du nicht etwa aus dir dein gleiches Ebenbild, die Form aller Dinge, sondern aus nichts die ungleiche, formlose Masse geschaffen hast, die durch dein Ebenbild geformt werden und nach dir, dem Einen, je nach der abgestuften Fähigkeit, wie sie jedem Ding nach seiner Art verliehen ward, zurückeilen sollte.[72]

Das Zurückeilen zum Ursprung und Ziel führt letztlich aus der Geschichte heraus. In der Geschichte ist das höchste Gut des Gottesstaates, der Friede, nicht erreichbar.[73] Auch von hier aus läßt sich also Geschichte nicht als sinnvoller Prozeß verstehen. So wird die Weltalterlehre im "Gottesstaat" ebenfalls zu einem Schema der Erzählung, das zu keinem wirklichen Verstehen der Geschichte und zu keinem ge-

69 *Ders.*, Vom Gottesstaat XII 21; a.a.O. II, 100.

70 Vgl. ebd. XII 21; a.a.O. II, 101.

71 *Ders.*, Bekenntnisse XII 28,38; a.a.O. 360.

72 Ebd.

73 Vgl. *ders.*, Vom Gottesstaat XIX 20; a.a.O. II, 569f.

schichtsrelevanten Handeln führt. Die gesamte geschichtliche Existenz der Menschen als Einzelner wie der Gemeinschaft der Menschen kann nach Augustinus kaum "Leben" genannt werden, da es "so voll ist von schweren Übeln, daß das ganze Geschlecht der Sterblichen verdammt ist"[74]. Einzig Gottes Gnade (und Strafe) führt einige Auserwählte heraus aus dieser Geschichte zur Seligkeit. Nicht die Geschichte, sondern einzig der "große Sabbat", der schon bei der Weltschöpfung von den anderen Tagen abgehoben wurde, bringt Glückseligkeit und Ruhe, er, "dessen Ende kein Abend ist"[75]. Dort sind Zeit und Geschichte nicht "aufgehoben", sondern überwunden.

Letztlich gelang es Augustinus nicht, Zeit und Geschichte eine positive Wertung zu verleihen, und so gelang es ihm auch nicht, sich aus dem platonischen Dualismus zu lösen. Und deshalb war mit und seit Augustinus auch die Gefahr gegeben, die Erbsünde, die er zunächst geschichtlich konzipiert hatte, doch wieder ungeschichtlich zu verstehen und in einen ungeschichtlichen Dualismus hineinzuprojizieren.

Zusammenfassung

1. In der späten Antike wurde es zunehmend schwieriger, die Erfahrung des Bösen, die bis tief in die eigenen Handlungen der Menschen reichte, in die von der griechisch-römischen Philosophie zur Verfügung gestellte Anthropologie und Kosmologie zu integrieren.

2. Im manichäischen ethisch-ontologisch-kosmologischen Dualismus wurde versucht, auf diese radikale Frage eine ebenso radikale Antwort zu geben.

3. Im Pelagianismus wurde versucht, an der Unvertretbarkeit und Autonomie der sittlichen Persönlichkeit festzuhalten. Es gelang aber nicht, dies überzeugend mit der Erfahrungswirklichkeit zur Deckung zu bringen.

4. In der Erbsündenlehre der Spätzeit des Augustinus wurden die Probleme in einem Mythos von der Sünde aller Menschen in Adam aufgefangen, in dem irrationale und kollektivistische Elemente enthalten sind.

[74] Ebd. XXII 22; a.a.O. II, 805f.

[75] Ebd. XXII 30; a.a.O. II, 838f.

5. Trotz der Bedeutung, die Zeit und Geschichte im Denken des Augustinus haben, gelangte er weder zu einer von Zeit und Geschichte geprägten Metaphysik noch zu einer Geschichtsphilosophie.

X Mikrokosmos und Makrokosmos

Zum Weltverständnis der mittelalterlichen Menschen

In der mittelalterlichen Philosophie und Theologie vor allem der Hochscholastik wurden Fragen wie die der Schöpfung aus Nichts oder der Zeitlichkeit der Welt häufig und heftig diskutiert (vgl. ausführlich Kap. XI). Das Ausmaß dieser Diskussionen darf nicht darüber hinwegtäuschen, daß solche Aussagen für die tatsächliche Beziehung der Menschen des Mittelalters zu ihrer Welt nur sehr indirekt - wenn überhaupt - Bedeutung erlangt haben. Diskussionen wie die über die Schöpfung aus Nichts oder über die Zeitlichkeit der Welt setzen in irgendeiner Weise abstrakte und quantitativ bestimmte Vorstellungen von Raum und Zeit voraus. Gerade aber solche abstrakten und quantitativen Raum- und Zeitvorstellungen gab es für die große Mehrzahl der Menschen des Mittelalters nicht. Ihre Vorstellungswelt war konkret und qualitativ. Welchen Anteil an dieser Vorstellungswelt vorchristliche germanische und keltische Weltanschauung und welchen Anteil daran antike und christliche Elemente hatten, ist im einzelnen nicht immer leicht zu sagen. Für einen großen Teil der Bevölkerung der Länder des Nordens (die aber auch schon in Norditalien angesiedelt waren) werden wir wohl annehmen müssen, daß gerade in den "tieferen Schichten" des Bewußtseins alte germanische Vorstellungen weiterhin maßgebend waren. Im Zusammenhang der Schöpfungslehre wäre es wichtig, Genaueres über das Fortwirken germanischer Schöpfungsmythen zu wissen. Predigten, Legenden, Volksbräuche usw. wären hier auf breiter Basis zu untersuchen.

War ein Gedanke wie der der "Schöpfung aus Nichts" überhaupt rezipierbar? Eine solche Vorstellung lebt aus einer reinen Negation. Wahrscheinlich war für das allgemeine Bewußtsein der Menschen des Mittelalters der Urstoff, die Grenzvorstellung der Schöpfung also, durchaus positiv und konkret gedacht, so wie etwa *Ginnungagap* in der germanischen Mythologie. *Ginnungagap* ist nach der Interpretation von Jan de Vries "der mit magischen Kräften erfüllte Urraum", er ist jene "Urkraft, welche aus sich selbst heraus das gesamte Weltenbild entstehen ließ, eine Kraft, welche immerfort als die das Leben zeugende, magische Potenz wirksam bleibt"[1]. Diese germanische Vorstellung war strukturell gar nicht so weit entfernt von der griechischen des Chaos, das ebenfalls als Keim kosmischen Lebens angesehen wurde. Auf diesem Hintergrund ist es zu verstehen, daß der platonische Schöpfungsmythos des "Timaios" in der mittelalterlichen Theologie einen natürlichen Anknüpfungspunkt auch im germanischen Raum fand. Ob demgegenüber die Aussage von der "Schöpfung aus Nichts" oder die Behauptung der Zeitlichkeit der Welt überhaupt Eingang ins allgemeine Glaubensbewußtsein finden konnten, muß sehr fraglich bleiben.

In diesem Urstoff sind polare Kräfte am Werk; die Lebewesen entstehen nach der germanischen Mythologie aus dem Zusammenprall von Hitze und Kälte.[2] Wir müssen uns daher auch die Frage stellen, ob nicht die Erbsündenlehre - soweit sie überhaupt im allgemeinen Glaubensbewußtsein der mittelalterlichen Menschen eine Rolle gespielt hat - eher in Naturkategorien gedacht wurde (wozu allerdings schon Augustinus selbst genügend Anlaß gegeben hatte). So heißt es z.B. in dem verbreitetsten Predigtbuch des späten Mittelalters (das aber auf viel älteren Quellen beruht), der "Legenda aurea" des Jacobus de Voragine:

> Wie der erste Sünder gemacht war aus jungfräulicher Erde, so sollte der Erlöser geboren werden aus einer reinen Jungfrau.[3]

Und so, wie die Herkunft der Menschen von dem "ersten Sünder" beschrieben wird, ist keineswegs klar, ob dies nicht - in theologischen Kategorien ausgedrückt - eine pelagianische Auffassung enthält; in diesem Text wird kaum an Übertragung einer Sünde gedacht oder auch nur an Sündenfolgen, sondern es wird ganz einfach von natürlichen Neigungen der Menschen im allgemeinen gesprochen:

> Alle, die von Adam sind kommen, begehrten dieses gegenwärtigen Lebens Wollust, Widerwärtiges zu meiden, Scheltworte zu fliehen, Ehre zu suchen: unser Herr ist kom-

1 *J. de Vries*, Ginnungagap, in: Acta Philologica Scandinavica 5(1930/31), 65f.

2 Vgl. *F.R. Schröder*, Germanische Schöpfungsmythen, in: Germanisch-Romanische Monatsschrift 19(1931), 1-15 und 81-99, bes. 3-5. Die Parallelen, die in diesem Artikel aufgestellt werden, sind in einzelnen Fällen wohl etwas zu rasch gezogen.

3 *Jacobus de Voragine*, Legenda aurea, übers. von R. Benz, Darmstadt [10]1984, 20.

men, daß er Widerwärtigkeit litte, Glück verschmähte, Härtigkeit suchte, Ehre flöhe. Er ist kommen, der Ersehnte, und hat neue Dinge gelehret, Wunder gewirkt, Pein gelitten.[4]

Gegen Ende des Mittelalters, im 14. Jh., stellte der Theologe und Physiker Thomas Bradwardine (um 1295-1349) fest, daß in seiner Umgebung so gut wie alle Pelagianer seien.[5] War dies in den früheren Jahrhunderten des Mittelalters anders, oder war es zumindest seit der "Wiederentdeckung der Natur" im 12. Jh. die allgemeine Auffassung? Das Sündenbewußtsein der Menschen des Mittelalters war (aufgrund ständiger Predigt und entsprechender sakramentaler Praxis - und hier wirkte die Lehre des Augustinus machtvoll weiter) stark ausgebildet; ob dabei aber ein eigentliches Erbsündenbewußtsein eine Rolle gespielt hat, muß eher fraglich bleiben. Der Weltgrund wie auch der Mensch, der aus ihm hervorgegangen ist (geschaffen worden ist), war im Bewußtsein der Menschen des Mittelalters durch gegensätzliche Kräfte bestimmt (vgl. weiter unten die Bedeutung des Waldes), und darauf bezog sich die Verkündigung der Erlösung.

Es scheint also zumindest die Vermutung berechtigt, daß in der Christenheit rund ein Jahrtausend lang die "korrekten" Lehren von Schöpfung und Erbsünde im allgemeinen Glaubensbewußtsein so gut wie nicht vorhanden waren. Besonders die Schöpfungstheologie war wohl eine vor allem "akademische" Frage, die erst dort weitere Kreise beschäftigte, wo sie mit einer alternativen Lebenspraxis verbunden war: so etwa bei den Katharern (vgl. Kap. XII) oder - in ganz entgegengesetzter Richtung - bei den Vertretern eines "radikalen" Aristotelismus im 13. Jh. (auch dies war zunächst eine primär "akademische" Gruppe)[6].

So wie im Mittelalter die gesellschaftlichen Gruppen streng voneinander abgehoben waren, so werden wir auch annehmen müssen, daß es in ihnen "Weltanschauungen" gegeben hat, die je verschieden strukturiert waren.[7] Die Weltanschauung der bäuerlichen Bevölkerung war, entsprechend den sich nur langsam verändernden Lebensbedingungen und der sich nur langsam modifizierenden Praxis im Umgang

4 Ebd. 6.

5 *Th. Bradwardine*, De causa Dei adversus Pelagianum et de virtute causarum ad suos Mertonenses, London 1618 (Nachdruck Frankfurt 1964), Praefatio.

6 Es war vermutlich nicht eine reine Unterstellung, wenn bei den Verurteilungen von 1277, die gegen "radikale Aristoteliker" der Pariser Universität gerichtet waren, sich unter den verurteilten Thesen die folgende These 176 findet: "Die Glückseligkeit wird in diesem Leben besessen, nicht in einem anderen". Zu dieser Bewegung und zu den Thesen vgl. Kap XI.

7 Vgl. *O. Borst*, Alltagsleben im Mittelalter, Frankfurt 1983, 74f.

mit der Natur, resistenter gegenüber der vergleichsweise rascheren intellektuellen und lebenspraktischen Entwicklung der Mönche, des Klerus, der Ritter und später der Bewohner der Städte.[8] Der Abstand zwischen diesen beiden Weltanschauungen war gegen Ende des Mittelalters vermutlich größer als zu Beginn desselben. Wir müssen uns hier jedoch auch vor vereinfachenden Zuordnungen hüten. Es gab im Mittelalter durchaus "querliegende" Weltanschauungen, die, abweichend von der "offiziellen" Weltanschauung, in allen sozialen Gruppen anzutreffen waren (wie es sich z.B. bei der abweichenden Konzeption der Katharer zeigen wird).

Die Welt der Menschen im frühen Mittelalter baute sich - wie die anderen Kulturen - von der Umwelt her auf. Die prägende Lebenswelt im Mittelalter war zunächst der grenzenlose, undurchdringliche Wald mit wenigen, voneinander oft weit entfernten, dem Wald abgerungenen Lichtungen. Der Unterschied zur weithin schon städtischen Umgebung der Kultur des späten Hellenismus ist unübersehbar: Die Menschen der späten Antike waren der Natur bereits entfremdet; die Menschen des frühen Mittelalters dagegen verstanden sich als Teil der Natur. Dies hängt nicht nur mit dem fast vollständigen Rückgang städtischer Siedlungsformen und antiker Kultur zusammen, sondern auch mit der (wertungsfrei zu verstehen!) "primitiveren" Beziehung zur Natur, wie sie bei den germanischen Stämmen maßgebend war. Odin ist aus dem Baum geboren, und die Weltesche ist die Mitte der Welt. Das Fällen heiliger Bäume durch christliche Missionare (z.B. Bonifatius) wurde als Machterweis gegenüber der germanischen Welt betrachtet. Der Wald, das eindringlichste Erfahrungselement der Umwelt, der Welt überhaupt, wurde ambivalent (aber nicht dualistisch) erfahren. Er bot Nahrung (Beeren, Honig, Kleinwild etc.), und er war Gefahr (Räuber, wilde Tiere). Er bot Schutz für die, die Einsamkeit suchten (Liebende oder Einsiedler), und er bereitete Untergang für die, die sich darin verirrten, oder für die, die aus der Gemeinschaft ausgeschlossen wurden. Die Natur konnte wie die Menschen Freund oder Feind sein - was aber nichts mit gut oder böse zu tun hatte. Entscheidend war es, den Kreis der Freunde, d.h. jener, mit denen man in Frieden lebte, möglichst zu erweitern und ständig zu festigen, d.h. zu

8 Besonders relevant ist die (nicht unproblematische) Unterscheidung in Volkskultur und gelehrte Kultur. Vgl. *A.J. Gurjewitsch*, Mittelalterliche Volkskultur, München 1987, 332-335. - Dabei ist aber zu beachten, daß auch Angehörige der Oberschicht wie die Ritter gewöhnlich nicht an der gelehrten Kultur teilhatten. Und auch zahlreiche Mönche hatten kaum Zugang zur gelehrten Kultur; dasselbe gilt auch für den Großteil des niederen Klerus, besonders in ländlichen Gebieten.

bewahren, so daß sich der Friede bewährte. Und so mußte auch der Friede mit der Natur, von der sich die Menschen ja durch keine scharfen Grenzen abtrennten,[9] bewahrt werden.

Dies erklärt die große Bedeutung, die die Verwandtschaftsbeziehungen hatten, wie aber auch die Bedeutung der Beziehung zur Natur, zu der sich die Menschen ebenfalls in innerster Verwandtschaft wußten. Wenn daher von einem das ganze Mittelalter hindurch herrschenden latent naturmythologischen Weltbild gesprochen wird,[10] so beruht dies eben auf der engen Verwandtschaft von Mensch und Natur, die gleichermaßen vor jeder Subjekt-Objekt-Trennung liegt wie vor jeder Trennung in "Kultur" und "Natur".

Die Analogie von Mikrokosmos und Makrokosmos ist daher auch zentral für die Vorstellungswelt der mittelalterlichen Menschen. Es handelt sich hier vor allem um eine gelebte, nicht um eine reflektierte Analogie. Sie ist vermittelt durch Zeichen, mit denen der Mensch wie der Kosmos bezeichnet wird. Versatzstücke antiker Kosmologie und Wissenschaft können in dieses Zeichensystem ohne Schwierigkeiten eingehen. Mensch wie Kosmos bestehen aus vier Elementen; und Krankheit wie Katastrophen, Gesundheit wie Naturordnung hängen von den Konstellationen dieser Elemente ab.[11] Der Übergang vom Mikrokosmos zum Makrokosmos ist dabei fließend, denn der Mikrokosmos ist selbst ein Teil des Makrokosmos, von diesem nicht abgehoben, ihm nicht gegenübergestellt. Durch symbolische Handlungen kann auf den einen wie auf den anderen Einfluß genommen werden. Es besteht ein durchgehendes System von Ähnlichkeiten, das zu kennen entscheidend ist. Magie und Kult haben hier ihren Ort. Der Mikrokosmos, die unmittelbare Umgebung des Menschen (also: das Gehöft auf der Lichtung) ist das Modell der Welt. Es stellt die Ausgrenzung aus der gefahrvollen, feindlichen Welt dar.[12] Dieser Ort der Geborgenheit ist Heil, er bietet innere und äußere Sicherheit, er ist die Manifestation der Schöpfung im Sinn des Dauernden, des Beständigen. Die Klöster des Mittelalters rücken später in diese Stellung der Siedlung ein und

9 Vgl. *A.J. Gurjewitsch*, Das Weltbild des mittelalterlichen Menschen, München 1980, 46.

10 Vgl. *J.M. Plotzek*, Antiqui - moderni. Zeitbewußtsein und Naturerfahrung im 14. Jahrhundert, in: Die Parler und der Schöne Stil 1350-1400 (Hrsg. A. Legner), Köln 1978, 123.

11 Vgl. *Delort*, La vie au Moyen Age, Paris 1982, 81.

12 Vgl. *Gurjewitsch*, a.a.O. 48.

bauen ihrerseits einen in jedem Detail symbolhaft besetzten Mikrokosmos auf.

Mikrokosmos wie Makrokosmos sind qualitativ bestimmt, nicht quantitativ. Die Zeitmessung des Tages geschieht nach dem Lauf der Sonne, und so sind die Stunden des Tages im Sommer (von unserer Zeitvorstellung her gesehen) länger als im Winter.[13] Die Einteilung des Tages wie des Jahres wird vom Rhythmus der Natur bestimmt. Diesen Rhythmus wird später die Kirche ebenfalls liturgisch besetzen, dadurch aber gerade den qualitativen Charakter des Zeitbewußtseins nur verstärken. Auch Zeitpunkte werden nicht abstrakt numerisch bestimmt, sondern konkreten Bezugspunkten wie dem Regierungsantritt von Päpsten, Kaisern oder Königen oder außergewöhnlichen Naturereignissen zugeordnet. Daß das Kalenderjahr in verschiedenen Gegenden Europas zu verschiedenen Zeitpunkten begann, bereitet nur dem heutigen Historiker Schwierigkeiten, wurde aber von den Menschen des Mittelalters (die durchaus eine bewegliche und häufig den Ort wechselnde Bevölkerung darstellten) überhaupt nicht als Problem empfunden. Eine genaue Übereinstimmung von menschlicher Zeiteinteilung und naturhaft-kosmischem Rhythmus liegt in ihrem streng quantitativen Charakter für Jahrhunderte des Mittelalters außerhalb des Interesses. Als der für seine Zeit naturwissenschaftlich fortschrittlichste Mann des 13. Jh.s, Roger Bacon, die Abweichungen des geltenden Kalenders vom astronomisch korrekten als skandalös empfand und Papst Klemens IV. dringend um Abhilfe bat, fand er kein Gehör.[14]

Eine Diskussion wie die obengenannte über die Ewigkeit der Welt entbehrte in dieser Vorstellungswelt jeder Anschaulichkeit. In irgendeiner Weise müßte die Frage nach einer ewigen oder nichtewigen Welt unter anderem mit der Vorstellung einer endlichen oder nichtendlichen Reihe von vergangenen Zeitmomenten verbunden sein. Aber eine solche Denkmöglichkeit war auch nur für längere endliche Reihen noch im 13. Jh. kaum realisierbar. Die Menschen des Mittelalters hatten zur Zahl überhaupt nur ein sehr unbestimmtes Verhältnis. Im Zusammenhang der Verwendung außerhalb des unmittelbaren Erfahrungsbereichs hatten Zahlen nur qualitativen, symbolischen Wert. Ein außergewöhnlich gebildeter Gelehrter des 9. Jh.s wie Scotus Eriugena dachte bei der Aussage "Gott hat alles nach Maß, Zahl und Gewicht

[13] Vgl. *Delort*, a.a.O. 63.

[14] Vgl. *J. Gimpel*, La révolution industrielle du Moyen Age, Paris 1975, 181. Die Reform des Kalenders wurde erst drei Jahrhunderte später durchgeführt.

geschaffen" nur an zahlensymbolische Bestimmungen,[15] eine quantifizierbare Theorie des Kosmos blieb gänzlich außerhalb der Betrachtungsmöglichkeiten. Selbst die Gebildeten hatten bis zum Ende des 13. Jh.s nur ganz rudimentäre Kenntnisse der Mathematik; praktisch die gesamte Mathematik der Antike war bis gegen das Ende des 12. Jh.s unbekannt. Auch Probleme wie Zenos Paradoxien des Unendlichen, die in der griechischen Antike heftig diskutiert worden waren, lagen außerhalb des Gesichtskreises eines mittelalterlichen Magisters. Und als im 12. und 13. Jh. die Werke griechischer und arabischer Mathematik und Astronomie ins Lateinische übersetzt wurden, überstiegen sie bei weitem die Fassungskraft auch der Gebildeten und wurden nur in ihren Anfangsgründen rezipiert.[16] Jede Zeit, die hinter der konkreten Erinnerung von älteren Mitmenschen lag, nahm schematische Züge an, die konkreter Zeitlichkeit enthoben waren; sie war unmeßbar, und es bestand für sie keinerlei Bedürfnis von Messung, da sie in den Bereich des Typologischen eintrat. Gerade weil eine chronologisch faßbare Zeitvorstellung für die Vergangenheit fehlte, war diese Vergangenheit aber gleichzeitig der Erfahrungsraum der Gegenwart.[17] Nicht die seit dem späteren 12. Jh. prinzipiell mögliche mathematische Zeiterfassung veränderte das Zeitbewußtsein der Menschen, sondern eine konkret andere Zeiterfassung, die sich aber erst seit dem 14. Jh. in der neuen Umgebung der Städte durchsetzte und die zur Erfindung der mechanischen Uhr führte. Damit aber wird bereits das Ende mittelalterlicher Weltanschauung angezeigt.

Dasselbe wie für die Vergangenheit gilt auch für die Zukunft. Die durchschnittliche Lebenszeit der Menschen war vergleichsweise kurz; die Bedrohung des Lebens durch Krankheiten, Hunger und Krieg war ständig gegenwärtig. Der Vorstellung einer ferneren Zukunft fehlte die Basis. Die Menschen des Mittelalters lebten zwischen einer sehr konkret und unmittelbar erfahrenen Gegenwart und einer unzeitlichen (auch wieder typologisch vorgestellten) Zukunft.[18]

Ebenso wie die Erfahrung der Zeit war auch die des Raumes konkret und qualitativ. Auch bei räumlichen Vorstellungen bestand keinerlei Bedürfnis nach eindeutigen und einheitlichen Maßen. Die Maßeinheiten galten gewöhnlich nur für ganz kleine Regionen und wa-

15 *Scotus Eriugena*, Über die Einteilung der Natur III 11, Hamburg ^{2}1984, 291-297.

16 Vgl. *A.P. Juschkewitsch*, Geschichte der Mathematik im Mittelalter, Leipzig 1964, 340-357.

17 Vgl. *Gurjewitsch*, a.a.O. 31.

18 Vgl. *Delort*, a.a.O. 69.

ren einfach aus der Lebenspraxis hervorgegangen. Gewisse Zahlenverhältnisse über das Ausmaß der Erde und über die Entfernung der Sonne oder der Planeten waren aus der Antike her bekannt; sie hatten aber - bei dem schon genannten geringen Vermögen der mittelalterlichen Menschen, mit Zahlen umzugehen, die das überschaubar Abzählbare überstiegen - kaum irgendeinen Vorstellungswert. Es dauerte bis zum Ende des Mittelalters, bis (unter arabischem Einfluß) praktisch brauchbare Landkarten - etwa für die Seefahrt - entstanden. Das gesamte Mittelalter hindurch hatten die Weltkarten (die sich häufig im Zusammenhang von Geschichtsdarstellungen finden) eine ganz andere Funktion: Sie waren das Inventar der sichtbaren Schöpfung,[19] völlig unabhängig von jeder Erdvermessung; sie waren vor allem Weltbild[20] mit allegorischer Bedeutung (z.B. Jerusalem als Mittelpunkt der Welt). So stellt etwa die bekannte Ebstorfer Weltkarte (um 1235) die Welt als Leib des gekreuzigten Christus dar.[21]

Die Beziehung der Menschen zur Natur und zur Welt war vor allem vermittelt durch ein dichtes Netz symbolischer Bedeutungen, in das sich die Menschen als Teil der Natur einbezogen wußten. In diesem Sinn sind auch noch im 12. Jh. z.B. die Kosmosvisionen Hildegards von Bingen zu verstehen. Wenn sie etwa einmal von der Gestalt der Welt als einem Ei und später als einer Kugel spricht, so geht es dabei nur um die größere Adäquatheit des Symbols:

> Und wie ein Kreis das, was in ihm verborgen ist, in sich schließt, so schließt auch die Heilige Gottheit unbegrenzt alles in sich und übertrifft alles.[22]

Der "gelehrte" Zugang zur Natur wie zum ganzen Kosmos war (mindestens bis zum 12. Jh.) nicht ein wissenschaftlicher, sondern ein "hermeneutischer". So wie es das Buch der Offenbarung, die Bibel, gab, so wurde die Natur nach Art eines Buches gedacht, wie die für das ganze Mittelalter geltende Vorstellung vom "Buch der Natur" bezeugt.[23] Und so wie das Buch der Bibel verschiedene Ebenen der Auslegung erforderte, so waren auch in der Natur verschiedene Bedeutungsebenen

19 Vgl. *A.-D. van den Brincken*, "Ut describetur universus orbis". Zur Universalkartographie des Mittelalters, in: Miscellanea Mediaevalia VII, Berlin 1970, 249-278, bes. 277f.

20 Vgl. ebd. 254f.

21 Diese 1943 vernichtete Karte liegt in verschiedenen Reproduktionen vor; leicht greifbar z.B. in *I. Kupcik*, Alte Landkarten, Hanau/Main 21984, 17.

22 *Hildegard von Bingen*, Welt und Mensch, Salzburg 1965, 37.

23 Vgl. *E.R. Curtius*, Europäische Literatur und lateinisches Mittelalter, Bern 1948, 322f.

vorhanden. Deshalb hatten Zahlen, Farben, Mineralien, Pflanzen, Tiere, Sterne usw. verschiedene symbolische Bedeutungen, deren Kenntnis entscheidend war für das richtige Handeln. Nur wer die Regeln der Auslegung dieses Zeichensystems kannte, war gerüstet, in dieser Welt und in der jenseitigen zu bestehen.[24] Die Frage, ob die Menschen des Mittelalters die "Schönheit der Welt" oder "Schönheit der Natur" oder auch die "Schönheit des Menschen" sahen, zeigt sich in diesem Kontext als unangemessen; sie setzt eine Trennung in Nutzwert, Erkenntniswert und ästhetischen Wert voraus, die den mittelalterlichen Menschen fremd war.[25] Auch die "Summe" alles Wissens über Gott, den Kosmos und den Menschen, wie sie im Hoch- und Spätmittelalter in der Kathedrale verwirklicht wurde,[26] war gleichermaßen und untrennbar eine künstlerische Schöpfung, eine Mitteilung von Wissen und ein Nutzbau; sie war ein universales und in sich artikuliertes Symbol, dessen Verweischarakter - wenn auch auf verschiedenen Verständnisniveaus - allgemein verständlich war.

Diese kurzen Andeutungen zeigen, wie schwierig es ist, das Weltverständnis der mittelalterlichen Menschen zu beurteilen. In ethnologischer Hinsicht können wir es als "primitiv" bezeichnen: Es beruht weithin auf einem für "primitive Kulturen" kennzeichnenden Analogiedenken.[27] Der Unterschied zur "aufgeklärten" Weltauffassung etwa der Gebildeten der späten Antike in Alexandrien ist unübersehbar. Die Unterschiede zum vorchristlichen, germanisch-keltischen Weltverständnis sind in vielerlei Hinsicht nur gradueller, nicht grundsätzlicher Art. Diese Grade sind aber nicht unwichtig. Das Mittelalter hatte ja dennoch von der Antike zahlreiche kulturelle Elemente übernommen, wenn auch oft nur in der etwas schematischen Form der "Etymologiae" Isidors von Sevilla oder der Übersetzungen und Kompendien des Boethius. Und es hatte, vermittelt vor allem durch Augustinus und Pseudo-Dionysius Areopagita, ein Denkschema neuplatonischer Form übernommen.

Eine "primitive" Welt- und Naturanschauung ist ein Idealtypus, wie er in der Ethnologie zu Recht Verwendung findet, und als solcher ist

24 Vgl. etwa für die Welt der Tiere das bekannte Buch "Der Physiologus" (zahlreiche Ausgaben, z.B. Zürich - München [4]1983).

25 Vgl. *R. Assunto*, Die Theorie der Schönen im Mittelalter, Köln [2]1987, 41-45.

26 Vgl. *E. Panofsky*, Gothic Architecture and Scholasticism, New York - London 1976, 44f.

27 Vgl. *R. Sprandel*, Mentalitäten und Systeme. Neue Zugänge zur mittelalterlichen Geschichte, Stuttgart 1972, 24.

er ein nützlicher heuristischer Begriff. Aber "rein" war diese Vorstellungswelt nie verwirklicht, weder in Ägypten noch in Mesopotamien noch in Israel und auch nicht im Mittelalter. Das Problem liegt darin, was wir der "primitiven" Natur- und Weltanschauung gegenübersetzen. Und genau dieses Problem tritt bei der historischen Betrachtung des Mittelalters auf. Wir können dem "Primitiven" als dem "Früheren" das "Höhere" als das "Spätere" gegenübersetzen. Wir können den Übergang von dem einen zum anderen im Übergang vom "Analogiedenken" zum "Naturgesetz" sehen. Und dann werden wir in der Rezeption der aristotelischen Philosophie und der antiken und arabischen Wissenschaft im 12. und 13. Jh., in deren Rahmen im europäischen Raum zum ersten Mal ein dem neuzeitlichen ähnlicher Begriff von "Naturgesetz" entwickelt wurde, den entscheidenden Fortschritt in Richtung auf eine wissenschaftliche und technische Herrschaft über die Natur sehen.

Aber ist dies wirklich richtig? Jedenfalls können wir auch "primitiv" als "ursprünglich" begreifen und "später" als "eingeengt", "spezialisiert" und somit "begrenzt" fassen. Das Spätere würden wir dann als dasjenige ansehen, das zwar Einzelnes genauer, präziser erfaßt hat - aber um den Preis, den Zusammenhang im "Ursprung" ausgeblendet zu haben. Es ist klar, daß es unsinnig ist, zu fragen, ob eher die gotische Kathedrale oder eher die Relativitätstheorie ein "wahres", "richtiges", "adäquates" Weltmodell darstellt. Aber viel weniger klar ist, warum diese Frage unsinnig ist und was aus der Einsicht in die Unsinnigkeit der Fragestellung folgt.

Es darf hier nicht darum gehen, einfach Partei zu ergreifen. Es geht vielmehr darum, zu sehen, wie Probleme, an denen auch unsere Gegenwart leidet, in der Zeit des Mittelalters langsam greifbar wurden, besonders spürbar im 13. und 14. Jh. Die sogenannte Neuzeit mit all ihrer Problematik hat sich für uns greifbar im 14. Jh. herausgebildet, als die "Synthese" des 13. Jh.s historisch faktisch in die Brüche ging und die Wege zu einem extremen Nominalismus wie zur Mystik - als miteinander in der Wurzel verbundenen Wegen - freigesetzt wurden. Zumindest die gebildete Schicht der Menschen des 13. Jh.s hat die Auseinandersetzung um den Aristotelismus und die griechische Wissenschaft wirklich als Frage der Weltanschauung begriffen - und hier brach ein radikaler Gegensatz auf, auch wenn die konkrete historische Auseinandersetzung darum fast nie das Niveau der eigentlichen Problemstellung erreichte. Für den vorliegenden Zusammenhang (und so auch für die Dogmengeschichte überhaupt) entscheidend ist, daß es dabei um zwei Natur- und Weltanschauungen ging, die so verschieden waren, daß es für sie eigentlich nur Klarstellungen der Verschiedenheit, nicht aber eine eigentliche Diskussion gab.[28]

Das Problem war schon deshalb so schwierig, weil der Theologiebegriff selbst noch nicht genügend geklärt war, um eine ausreichende Bestimmung des Verhältnisses zwischen Theologie und Naturwissenschaft liefern zu können. Es wurde zunächt - irrtümlicherweise - angenommen, daß Sätze der Theologie einfach mit Sätzen aristotelischer Metaphysik oder alexandrinischer Wissenschaft auf Übereinstimmung hin überprüft werden könnten. Dies aber ist nicht möglich. Es gibt für diese verschiedenen Sprachen keine Metasprache, welche Regeln der Übersetzbarkeit von Sätzen der einen in die der anderen liefert. Und das bedeutet: Wenn in diesen verschiedenen Denk- und Vorstellungsformen verbal identische Sätze (oder deren Negation) wie "Gott hat die Welt aus Nichts erschaffen" auftauchen, so besagen solche Sätze in ihnen jeweils etwas Verschiedenes, für das es keine gemeinsame "Grammatik" gibt. Eine Inkompatibilität ergibt sich nicht auf der Ebene einzelner Sätze, sondern (nicht notwendigerweise, aber möglicherweise) auf der Ebene verschiedener "Grammatiken". Dieses Problem wurde damals aber schon deshalb oft nicht deutlich, weil die verschiedenen "Grammatiken" nicht auf einzelne Vertreter fixierbar waren. Viele von ihnen waren "zweisprachig", und manche, wie z.B. Thomas von Aquin, beherrschten mehrere "Sprachen" so perfekt, daß es ihnen selbst gar nicht auffiel, wenn sie von einer in eine andere übergingen. Es gab also - gerade bei bedeutenden und durchaus kritischen Vertretern - bis ins späte Mittelalter eine faktische Einheit der Kultur und des Weltverständnisses auch dort noch, wo dies theoretisch kaum noch gerechtfertigt werden konnte.

Mit all dem soll keiner naiven Mittelalter-Romantik Vorschub geleistet werden. Die Menschen des Mittelalters suchten eine überschaubare und harmonische Welt, verwirklichten jedoch in vieler Hinsicht eine Welt der Gewalt und des Aberglaubens. Aber ihr Verhältnis zu Natur und Welt, so unwiederholbar für spätere Zeiten es ist, war auch von einer "Ehrfurcht" und "Andacht" gegenüber der sie umgebenden Natur und Welt geprägt, die jedenfalls die Einsicht enthielt, daß der Mensch die Natur nie endgültig beherrschen kann, weil nicht *er* sie hervorgebracht hat, sondern daß er selbst ein Geschöpf der Natur ist. Dies war kein Lehrsatz (und auch nicht eine Meta-Aussage), sondern eine Haltung, welche die Menschen in ihrem Handeln bestimmte (und so konkret ihren Schöpfungsglauben zum Ausdruck brachte): Sie hat-

28 Vgl. zu diesen und den folgenden Fragen ausführlicher Kap. XI.

ten die Welt nur zum "Lehen" erhalten, ihre Verfügungsrechte waren nicht unbeschränkt, und da sie selbst sich auch als Natur auffaßten, erfuhren sie diese Grenze schon in sich selber. Ein mittelalterlicher Prometheus war unmöglich, so aber auch ein mittelalterlicher Sisyphus. Ist aber deshalb, weil es keine Tragödie gab, das "Spiel" der mittelalterlichen Menschen, in dem sie selbst ebenso wie die personifizierten Eigenschaften der Natur ihre Rollen hatten, ohne daß sie selbst der Spielleiter sein konnten, weniger ernsthaft?

Zusammenfassung

1. Die Welt der Menschen des Mittelalters war zunächst qualitativ und konkret, nicht quantitativ und abstrakt bestimmt.

2. Mensch und Welt waren durch ein Analogieverhältnis bestimmt (Mikrokosmos - Makrokosmos); der Mensch war aber selbst integraler, ungeschiedener Teil der Welt (und der Natur).

3. Das Weltverständnis war durch ein Netz verschiedener Zeichensysteme bestimmt, das die Orientierung im Umgang mit der Welt lieferte.

4. Es gab im Mittelalter eine "gelebte" Einheit der Orientierung an verschiedenen Zeichensystemen selbst dort noch, wo die Kompatibilität der "Grammatiken" dieser Systeme nicht mehr in allen Fällen gegeben war.

XI Exemplarursache und/oder Wirkursache

Von der Schule von Chartres zu Wilhelm von Ockham

1. Die spätantiken Ursprünge

Am Beginn der mittelalterlichen Theologie der Schöpfung steht ein philosophischer Hymnus. Sein Autor ist Boethius (um 480-524), der bedeutendste Vermittler antiker Bildung an der Schwelle von der Antike zum Mittelalter.

Der du lenkest die Welt nach dauernden, festen Gesetzen,
Schöpfer des Himmels, der Erden, der du von Ewigkeit ausgehen
Hießest die Zeit, selbst nimmer bewegt, bewegend das Weltall!
Keine äußere Macht trieb dich, aus wogenden Massen
Deine Schöpfung zu formen; in dir nur trägst du des höchsten
Guten Gestalt, bist frei von Mißgunst. Das All vom Urbild
Leitest du her; die herrliche, Herrlichster selber,
Trägst du im Geiste, die Welt, und formst sie zu ähnlichem Bilde,
In der vollendeten schafft dein Befehl vollkommene Teile.
Bindest mit Zahlen die Elemente, daß Hitze und Kälte,
Regen und Dürre ihr Maß einhalten; die reinere Flamme
Nicht emporflieh, die Last nicht abwärts ziehe die Erde.
Aus der Mitte der Drei-Natur entläßt du die Seele,
Die das Weltall bewegt, hüllst sie in harmonische Glieder.
Wenn sie getrennt, ballt sie das Bewegte in zwiefache Kreise,
Kehrt sie wieder in sich zurück, umschreitet des Geistes
Tiefen sie und verwandelt nach ähnlichem Bilde den Himmel.
Auch die geringeren Wesen und Seelen aus gleichem Grunde
Führest hervor du; und die in der Höhe fügend an leichte Gefährte,
Teilst du sie aus in Himmel und Erde; nach gütgem Gesetze
Rufst sie wieder dir zugewandt mit rückführendem Feuer.
Vater, verleih meinem Geist, den himmlischen Sitz zu ersteigen,
Gib ihm zu schauen die Quelle des Guten, gib du ihm wieder

Licht des Geistes, daß er auf dich nur richte die Augen.
Scheuche die irdischen Nebel, zerstöre die wuchtenden Lasten.
Leuchte du auf mit deinem Glanz; denn du bist die Helle,
Du besel'gende Ruh den Frommen, dich schauen ist Ende,
Ursprung, Führer, Erhalter und Weg und Ende du selber.[1]

Dieser Hymnus erlangte in der mittelalterlichen Theologie einen nachhaltigen und weitreichenden Einfluß.[2] Die Grundgedanken dieses Textes gehen auf Platons "Timaios" zurück - allerdings so, wie dieser platonische Dialog in der neuplatonischen Schule des Proklos, vor allem auch bei Ammonios interpretiert und kommentiert wurde.[3] Die Organisation des Hymnus nach dem Schema Ausgang - Umkehr - Rückkehr ist deutlich erkennbar. Ein entscheidender Unterschied gegenüber Platon liegt natürlich schon darin, daß Boethius die Schöpfungserzählung des platonischen Dialogs, die dort als Mythos vorgestellt wird, nun als konkrete, allerdings hymnische Beschreibung der Wirklichkeit auffaßt.

Auf den "Timaios" als Hintergrund seines Hymnus hatte Boethius selbst in den einleitenden Zeilen zu seinem Gedicht hingewiesen. Schon von da her erklärt sich das Interesse der mittelalterlichen Theologen am "Timaios" und an der platonischen Philosophie. Genau hier aber beginnen für den Historiker die Probleme: Was ist überhaupt unter "platonischer Philosophie" im Mittelalter zu verstehen? Wir müssen zumindest eine - ganz grobe, aber wichtige - Unterscheidung einführen: die zwischen einem echten, "genuinen" Platonismus und dem Neuplatonismus[4] bzw. den verschiedenen Formen desselben (zwischen dem Neuplatonismus des Augustinus, des Boethius und des Pseudo-Dionysius Areopagita bestehen ja nochmals große Unterschiede). Der Neuplatonismus in seinen verschiedenen Formen spielte nun schon in den vorhergehenden Kapiteln eine große Rolle und wird auch im nächsten Kapitel wieder besprochen werden. Gerade aber im Zusammenhang mit dem sog. Platonismus des 12. Jh.s, in dem kosmologi-

1 *Boethius*, Trost der Philosophie III 9, hrsg. und übers. von E. Gegenschatz und O. Gigon (Die Bibliothek der Alten Welt), Zürich - München [3]1981, 129-131.

2 Vgl. *P. Courcelle*, Étude critique sur les commentaires de la Consolation de Boèce, in: Archives d'histoire doctrinale et litteraire du Moyen âge 14(1939), 5-140.

3 Vgl. *ders.*, Neuplatonismus in der Consolatio Philosophiae des Boethius, in: W. Beierwaltes (Hrsg.), Platonismus in der Philosophie des Mittelalters, Darmstadt 1969, 73-108, bes. 83-91.

4 Vgl. *J. Hirschberger*, Platonismus und Mittelalter, in: Beierwaltes (Hrsg.), Platonismus in der Philosophie des Mittelalters, a.a.O. 56-72; *J. Koch*, Augustinischer und Dionysischer Neuplatonismus und das Mittelalter, ebd. 317-342.

sche Probleme eine ganz zentrale Stellung einnehmen, erhebt sich die Frage: Gab es im Mittelalter überhaupt einen "genuinen" Platonismus?

Diese Frage ist - speziell was die Kosmologie betrifft - eindeutig positiv zu beantworten.[5] Gegen Ende des 4. Jh.s verfaßte Calcidius eine Übersetzung des die Kosmologie umfassenden Teils des "Timaios"[6] und einen Kommentar dazu. Bei Calcidius liegt eine noch echt hellenistische, nicht neuplatonische Platon-Interpretation vor,[7] so daß wir in diesem Sinn von einem "genuinen" Platonismus sprechen können. Calcidius suchte die rational erkennbaren Strukturen eines harmonischen Universums zu erfassen, wozu er auch Material aus der hellenistischen Wissenschaft heranzog. Die Übersetzung des Calcidius mit dem Kommentar wurde zum Ausgangspunkt der mittelalterlichen "wissenschaftlichen" Kosmologie und der Versuche, sie mit den biblischen Schöpfungserzählungen in Übereinstimmung zu bringen. Auf dieser Linie ist der Platonismus der sog. Schule von Chartres und anderer Vertreter desselben im 12. Jh. zu verstehen, auf den weiter unten noch etwas genauer eingegangen werden soll.

Wenn hier "wissenschaftlich" in Anführungszeichen gesetzt wird, so soll damit nicht so sehr auf den Abstand zur modernen Naturwissenschaft, sondern vielmehr auf den Abstand zur antiken Wissenschaft hingewiesen werden. Bis zum 4. Jh. n. Chr. wurde auf dem wissenschaftlichen Niveau des Aristoteles, Euklid, Archimedes, Apollonios von Perge oder Hipparch gearbeitet, wobei gerade im Bereich der Mathematik und der Astronomie bedeutende Erkenntnisleistungen erbracht wurden. Das geringe Interesse vor allem der westlichen (lateinischen) Christen sowie die Folgen der Völkerwanderung brachten es mit sich, daß von diesen Werken fast nichts ins Mittelalter gelangte und das mathematische und wissenschaftliche Niveau so stark zurückging, daß nach der Wiederentdeckung dieser Schriften (vgl. weiter unten) bis in die Zeit der Renaissance daran gearbeitet werden mußte, ihr Wissensgut wieder verfügbar zu haben.

Was im frühen Mittelalter von den gewaltigen Leistungen der griechischen und hellenistischen (vor allem alexandrinischen) Wissenschaft bekannt war, fand sich in enzyklopädischen Handbüchern, de-

5 Vgl. dazu vor allem *R. Klibansky*, The Continuity of the Platonic Tradition During the Middle Ages, London 1939 (Reprinted New York - London 1982 with New Prefaces and Supplement).

6 D.h. bis 53c. - Textausgabe: Timaeus a Calcidio translatus commentarioque instructus, hrsg. von J.H. Waszink (Plato latinus IV), London - Leiden [2]1975.

7 Vgl. *Klibansky*, a.a.O. 27.

ren Geschichte schon in die vorchristliche Zeit zurückgeht. Griechen wie z.B. Poseidonios (um 135-51 v. Chr.), Theon von Smyrna (1. Hälfte 2. Jh. n. Chr.), dessen Werk Calcidius verwendete, oder Römer wie z.B. Varro (116-27 v. Chr.) und Plinius der Ältere (23/24-79 n. Chr.) hatten solche Enzyklopädien verfaßt. An diese Tradition schlossen sich Calcidius, Boethius, Macrobius (um 400), Martianus Capella (5. Jh.), Isidor von Sevilla (um 560-636) und Beda Venerabilis (um 673-735) an. Deren Werke waren nun schon Auszüge von Auszügen; sie enthielten widersprüchliche und unzusammenhängende "Theorien", von denen nur "Resultate" weitergegeben wurden, ohne Angaben darüber, wie diese erreicht worden waren (und die somit auch nicht überprüft werden konnten).[8] In dieser Umgebung von Sammlungen zum Teil unverständlicher Versatzstücke antiker Wissenschaft mußte ein Werk wie der platonische "Timaios" mit dem Kommentar des Calcidius zum Standardwerk der Kosmologie des frühen Mittelalters werden, da man dort ein Weltbild fand, wie man es suchte: eines, in dem religiöse, ästhetische, philosophische und "wissenschaftliche" Elemente vereint waren. Dieser relativ genuine Platonismus bot tatsächlich den nüchternsten und rationalsten Rahmen der Naturphilosophie vor der Aristoteles-Rezeption, und in diesen Rahmen ließ sich auch verhältnismäßig problemlos die biblische Schöpfungserzählung einfügen. Das bleibende große Problem war allerdings, wie die Grenzbegriffe der Kosmologie zu denken waren. Der Platonismus sah sie in der Materie und in dem diese ordnenden und formenden göttlichen Demiurgen (wie dies auch im Hymnus des Boethius zum Ausdruck kam), während die biblische Religion einen absoluten Charakter des Schöpfungsaktes annahm, in welchem dem göttlichen Schöpfer nichts gegenübersteht.

2. Das neue Naturverständnis im 12. Jahrhundert

Um solche Fragen in Angriff nehmen zu können, war es allerdings erfordert, die Welt und den Menschen nicht nur unter dem Blickwinkel von Natur und Gnade (augustinisch) oder unter dem einer universellen Symbolik und Allegorik zu betrachten, sondern Welt und Natur "an sich" zu sehen und unter dem Blickwinkel von Wirkung und Ursache zu begreifen. Im 12. Jh. ereignete sich nun eine radikale Umorientierung in der Natur- und Weltbetrachtung. Dieser Prozeß ging natürlich

8 Vgl. *E. Grant*, Das physikalische Weltbild des Mittelalters, Zürich - München 1980, 13-18.

langsam und nicht an allen Orten gleichzeitig vor sich. Hildegard von Bingen (1098-1178) z.B. zeigt in ihren medizinischen Kenntnissen eine durchaus "naturalistische" Sicht der Natur, ordnet diese aber dann in ihren Kosmosvisionen in ein durchgehend allegorisches Weltbild ein.[9]

Die Gründe für diese Umorientierung, die auch manchmal als "Renaissance des 12. Jahrhunderts" bezeichnet wird, sind vielfältig. Obwohl dabei sicher auch keltisch-germanische Elemente wirksam waren, ist doch ein Rückbezug auf antike Naturvorstellungen zu beobachten. Im Bereich der Kunst z.B. hatten für diese Entwicklung besonders Regionen eine große Bedeutung, in denen den Menschen die Antike sichtbar vor Augen stand und es noch eine beinahe ununterbrochene Tradition antiker Elemente gab (Rom, Toskana, Provence).[10] Auch in Reformbewegungen wurde nun in der Suche nach dem "Ursprünglichen" die Natur herangezogen, da sie das eigentliche Abbild Gottes ist. So wurde etwa bei den Zisterziensern die (stoische) Unterscheidung von Natur und Gebrauch (*usus*) herangezogen, um sich von bestimmten Traditionen (liturgischer Art) frei zu machen.[11] In der Rechtswissenschaft wurde in ähnlicher Weise der antike Begriff der Natur wieder aufgenommen, so bei Ivo von Chartres (um 1040-1116), um eine Richtschnur gegenüber den positiven Gesetzen zu finden.[12]

Diese Hinweise aus den Bereichen der Kunst, der Liturgie und des Rechts (die sicher noch erweitert werden könnten) berechtigen zu der Vermutung, daß hinter dieser "Renaissance" des Naturbegriffs die ganz praktische Suche nach einem Maßstab steht, der jenseits von allegorischer oder gesetzlicher Willkür liegt. Die naturphilosophischen und schöpfungstheologischen Überlegungen haben in diesem Zusammenhang die Funktion, das lebenspraktische Interesse an Befreiung von Willkür zu legitimieren, wodurch dann auch die Natur entdämonisiert wird. Anstelle des früheren Mißtrauens gegenüber der Natur tritt nun das Umgekehrte in Kraft: Die Natur - bzw. die Erkenntnis der Natur - soll die authentische Norm für das Selbstverständnis und die Handlungsimperative des Menschen liefern. Sehr deutlich kommt dies

9 Vgl. *Hildegard von Bingen*, Welt und Mensch, Salzburg 1965. - Vgl. dazu *H. Liebeschütz*, Das allegorische Weltbild der heiligen Hildegard von Bingen, Leipzig 1930.

10 Vgl. *E. Panofsky*, Die Renaissancen der europäischen Kunst, Frankfurt 1979, 66f.

11 Vgl. *G. Constable*, Renewal and Reform in Religious Life, in: R.L. Benson - G. Constable (Hrsg.), Renaissance and Renewal in the Twelfth Century, Oxford 1982, 59-61.

12 Vgl. *R. Sprandel*, Mentalitäten und Systeme. Neue Zugänge zur mittelalterlichen Geschichte, Stuttgart 1972, 60.

z.B. in dem einflußreichen Buch "Anticlaudianus" des Alain von Lille (um 1128-1203) zur Sprache, der in der Natur die Norm findet und die Schöpfungslehre als Begründung für diese These anführt.[13]

Die Behauptung der Tragweite einer solchen Konzeption ist natürlich mit gewissen Einschränkungen zu verstehen. Wieweit Interessen dieser Art und deren theoretische Legitimationen breitere Schichten des Volkes betrafen, ist schwer zu sagen; wir müssen vermutlich die Grenzen eher eng ziehen. Es ist kaum damit zu rechnen, daß ganze Konzeptionen oder auch nur einzelne Elemente der gelehrten Kultur leicht und rasch Eingang in die Volkskultur fanden. Wie schon im vorigen Kapitel betont, hielt sich während des ganzen Mittelalters ein latent naturmythologisches Weltbild, das besonders in Krisensituationen und Krisenzeiten rasch wieder an die Oberfläche trat.

Im Kontext dieses "neuen" Naturverständnisses sind also die Versuche der sog. Schule von Chartres[14] zu sehen, die platonische Kosmologie des "Timaios" und die Schöpfungserzählungen innerhalb einer theologischen Konzeption zu vereinen. Wilhelm von Conches (um 1080-1154), der in Chartres studiert hatte, entwickelte seine Kosmologie in sehr enger Anlehnung an den "Timaios".[15] In seiner "Philosophia mundi"[16] geht er von der Vorstellung eines geordneten, harmonischen Kosmos aus, dessen Gesetze im Rahmen der Wissenschaft erforscht werden können. Deshalb läßt er auch kein ursprüngliches Chaos zu, sondern nimmt an, daß der Kosmos von Anfang an durch Naturgesetze bestimmt ist, hinter denen keinerlei willkürliche Akte Gottes ste-

13 *Alain de Lille*, Anticlaudianus, hrsg. von R. Bossuat, Paris 1955; vgl. z.B. II vv. 69-74: "Supplebit tamen ipsa manus divina quod infra / Perfecti normam Nature norma relinquet; / Quod Natura facit divinus perfecit auctor / Divinum creat ex nichilo, Natura caduca / Procreat ex aliquo; Deus imperat, illa ministrat; / Hic regit, illa facit; hic instruit, illa docetur."

14 Vermutlich hat es eine wirkliche "Schule von Chartres" gar nicht gegeben, sondern nur eine Anzahl von Magistern, die mit Chartres in Verbindung standen (z.B. durch Pfründen). Vgl. *R.W. Southern*, The Schools of Paris and the School of Chartres, in: Benson - Constable (Hrsg.), Renaissance and Renewal in the Twelfth Century, a.a.O. 113-137. - Zu den Schöpfungslehren der sog. Schule von Chartres vgl. vor allem *J.M. Parent*, La doctrine de la création dans l'école de Chartres, Paris 1938. - Zum Naturverständnis im 12. Jh. vgl. *M.-D. Chenu*, La théologie au douzième siècle, Paris ²1966, 19-51.

15 Zum Timaioskommentar des Wilhelm von Conches (möglicherweise handelt es sich um zwei Kommentare) vgl. *M. Grabmann*, Handschriftliche Forschungen und Mitteilungen zum Schrifttum des Wilhelm von Conches und zu Bearbeitungen seiner naturwissenschaftlichen Werke, in: ders., Gesammelte Akademieabhandlungen I, Paderborn - München 1979, 984-987.

16 Der Text findet sich unter falschen Autorenangaben in PL 90, 1127-1178, und PL 172, 41-102.

hen.[17] Er steht dabei allerdings im Gegensatz zu der Auffassung des Thierry von Chartres (gest. spätestens 1155).[18] Dieser hält sich noch enger an den "Timaios" und an die Wortexegese der Genesis und nimmt etwas Ungeordnetes (*aliquid inordinatum*) an, das der göttlichen ordnenden Tätigkeit vorausgeht. Allerdings fügt er dem die - über Platon eindeutig hinausgehende - Interpretation hinzu, daß dieses vorausgehende Ungeordnete, die vier Elemente, von Gott aus Nichts geschaffen ist.[19] Dieser Unterschied der Konzeptionen des Wilhelm von Conches und des Thierry von Chartres ist natürlich für die Metaphysik wichtig. Das methodologische Programm ist aber dennoch bei beiden Autoren im Prinzip dasselbe. Thierry nennt dieses Programm eine Erklärung des Schöpfungsberichts der Genesis "nach der Physik und nach dem Wortlaut" (*secundum phisicam et ad litteram*)[20]. Und beide ziehen aus der Physik und der Astronomie heran, was ihnen nur erreichbar ist (allzuviel war das damals natürlich nicht). Wilhelm von Conches stellt sich allerdings bei der Konjunktion der beiden Teile - Physik und Wortlaut der Bibel - entschiedener auf die Seite der Physik.

Solche Aussagen dürfen jedoch nicht mit neuzeitlichen Kategorien interpretiert werden. Beide, Thierry wie Wilhelm, bleiben innerhalb des Erkenntnismodells des Platonismus, in welchem "natürliche" und "religiöse" Erkenntnis nicht getrennt werden können. "Natur" und "Welt" sind daher für die Erkenntnis keine wertneutralen Bereiche. Auch die Zahlen sind hier nicht abstrakte quantitative Einheiten, die zur Weltvermessung herangezogen werden können, sondern stellen innere Konstitutionsprinzipien der Welt selbst dar. Dies macht den bekannten Satz des Thierry von Chartres verständlich: "Die Erschaffung der Zahlen ist die Erschaffung der Dinge" (*creatio numerorum, rerum est creatio*)[21]. Hier kommt, vermittelt durch Platon, die pythagoräische

17 Philosophia mundi I 21; PL 172, 53. - Vgl. *M.-D. Chenu*, Die Platonismen des XII. Jahrhunderts, in: Beierwaltes (Hrsg.), Platonismus in der Philosophie des Mittelalters, a.a.O. 287.

18 Vgl. *N.M. Häring*, Die Erschaffung der Welt und ihr Schöpfer nach Thierry von Chartres und Clarenbaldus von Arras, ebd. 161-267, darin 232-249 der Text von *Thierry von Chartres*, Tractatus de sex dierum operibus.

19 Vgl. ebd. 232f., Nr. 2; vgl. ebd. 241, Nr. 24: "Istam quattuor elementorum informitatem seu potius paene informitatem antiqui philosophi tunc hylen tunc chaon appellaverunt. Moyses vero nomine caeli et terrae eandem confusionem designat."

20 Ebd. 232, Nr. 1.

21 Ebd. 245, Nr. 36. - Vgl. dazu *F. Brunner*, Creatio numerorum, rerum est creatio, in: Mélanges offert à René Crozet, Poitiers 1966, 719-725.

Weltsicht zum Tragen - und diese ist weit entfernt von einer Quantifizierung der Welt. Die Vervielfältigung im Bereich der Zahlen hat eine ähnliche Funktion wie die der Teilhabe im Bereich der Ideen. Diese Welt der Ideen zu erfassen, muß letztes Ziel aller Erkenntnis der an diesen Ideen teilhabenden Welt sein (und demgegenüber ist die Frage nach dem zeitlichen oder ewigen Charakter des materiellen Substrats der Welt für diese Theologen eigentlich sekundär).

Einen Schritt weiter in Richtung auf einen "profanen" Begriff von Welt und Natur ging Gilbert de la Porrée (um 1080-1154),[22] der vermutlich auch in Chartres studiert hatte. Nach ihm ist jedes Ding zunächst als ein konkretes Seiendes bestimmt (*id quod est*), es ist ein natürliches Ding (*res naturae*), das allerdings ein solches ist durch das, was es gerade zu einem solchen macht (*id quo est*), also durch die Natur der Sache (*natura rei*).[23] Gilbert konzipiert hier die Erfahrungswirklichkeit nach der Art der neuplatonischen (porphyrianischen) Interpretation der aristotelischen Kategorien; und er verbindet somit eine Lehre der Abstraktion mit der Lehre der Teilhabe: Erkenntnis der Dinge bedeutet seiner Auffassung nach immer Erkenntnis des konkreten Dinges (*id quod*) durch seine ihm (metaphysisch) vorausliegende Natur (*id quo*). Er bekommt dadurch den besonderen Charakter der kosmologischen Grenzbegriffe "Gott" und "Materie" in den Blick: Beide sind sprachlogisch und erkenntniskritisch dadurch gekennzeichnet, daß sie genau *nicht* die Struktur der "normalen" Begriffe haben, d.h., bei ihnen liegt prinzipiell nicht etwas voraus, durch das die Erkenntnis (die Kategorialisierung) möglich ist (also: es gibt hier kein *id quo*).[24] Gilbert de la Porrée führt diese Analysen nicht weiter aus. In der Konsequenz dieser Auffassung liegt es aber, zu sagen, daß die Schöpfungsaussage gegenüber den Aussagen der "normalen" Sprache völlig aus dem Rahmen fällt. Die Schöpfungsaussage ist ja gerade gegen den ontologischen Dualismus gerichtet; mit ihr soll also betont werden, daß auch die Materie von Gott geschaffen ist. Der Subjektbegriff und der Objektbegriff dieser Aussage sind aber dann solche, die in der "normalen" Sprachform nicht unterzubringen sind.

Die scholastische Philosophie und Theologie mußte sich später mit solchen und ähnlichen Fragen auseinandersetzen. Daß sie damit nicht zu den vielleicht möglich gewesenen Resultaten gelangt ist, hängt

22 Vgl. *Ph. Delhaye*, La philosophie chrétienne au moyen âge, Paris 1959, 82f.

23 Vgl. *N.M. Häring*, Der Begriff der Natur bei Gilbert von Poitiers, in: La filosofia della natura nel medioevo, Mailand 1966, 279-285.

24 Vgl. ebd. 282f.

wahrscheinlich auch mit den Folgen der Verurteilungen von 1277 zusammen (vgl. unten Abschnitt 3). Zunächst aber war eine weitere Auseinandersetzung erfordert, da es den Philosophen und Theologen des 12. Jh.s doch nicht gelungen war, eine kohärente Deutung des Zusammenhangs naturphilosophischer (und naturwissenschaftlicher), metaphysischer und biblischer Elemente zu liefern.[25]

Theoretisierungsprozesse können durch unterschiedliche Faktoren verursacht sein. Eine der möglichen Ursachen besteht in der Entdekkung, daß verschiedene für wahr gehaltene Sätze nicht übereinstimmen. Dies könnten wir im vorliegenden Zusammenhang den "Abälard-Faktor" nennen.[26] Eine weitere Ursache - und vermutlich eine wichtigere - besteht im Zusammentreffen mit einer in den Grundvoraussetzungen alternativen Weltauffassung. Dies könnten wir im vorliegenden Zusammenhang den "Aristoteles-Faktor" nennen (obwohl auch schon vor der Aristotelesrezeption die - weniger grundsätzliche - Auseinandersetzung mit der jüdischen und der islamischen Glaubenswelt eingesetzt hatte). Ohne den Abälard-Faktor und den Aristoteles-Faktor hätte es die Theologie des 13. Jh.s mit ihrem relativ hohen Abstraktions- und Theoretisierungsgrad nicht gegeben. Daß diese Form der Theologie dann selbst (bis zu einem gewissen Grad) aristotelisch wurde, ist eigentlich eine sekundäre Erscheinung.

Der Theoretisierungsprozeß hatte seinen Preis. Kosmogonische Dichtung wie die des Bernhard Silvestris[27] im 12. Jh., eines Zeitgenossen und Freundes des Thierry von Chartres, gab es im 13. Jh. kaum noch; auf jeden Fall wurde diese Art des Philosophierens oder Theologisierens aus dem sich herausbildenden Universitätsbetrieb ausgeschlossen - ob zu dessen Nutzen oder Schaden, sei hier offengelassen. In Bernhard Silvestris' "De mundi universitate"[28] kann sich die Natur beim *noûs* (Geist) über die Unordnung der *hýle* (Materie) beklagen und ihn bitten, Ordnung zu schaffen, was dieser auch tut. Und so entsteht die doch recht platonisch-mythologische Welt.[29] Bernhard Silve-

25 Vgl. *H. Liebeschütz*, Kosmologische Motive in der Bildungswelt der Frühscholastik, in: Vorträge der Bibliothek Warburg, Leipzig - Berlin 1926, 113f.

26 Nach Abälards Werk "Sic et Non"; vgl. dazu weiter unten.

27 Nicht zu verwechseln mit Bernhard von Chartres!

28 Textausgabe hrsg. von C.S. Barach - J. Wrobel, Innsbruck 1876.

29 *E. Gilson*, La cosmogonie de Bernhardus Silvestris, in: Archives d'histoire doctrinale et littéraire du Moyen âge 3(1928), 5-24, versucht, die biblischen und christlich-theologischen Elemente darin aufzuzeigen. Vgl. aber auch *Th. Silverstein*, The Fabulous Cosmogony of Bernardus Silvestris, in: Modern Philology 46(1948/49), 92-116.

stris konnte 1147 seine Dichtung Papst Eugen III. vortragen.[30] Das zeigt, daß eine mit Metaphern arbeitende Sprache (die somit eigentlich auch dem platonischen Mythos des "Timaios" näher steht als eine realistisch konzipierte, daraus entnommene Kosmologie) Probleme behandeln konnte, welche bei der Formulierung in philosophischer Sprache deren Autoren (wie Petrus Abälard oder Wilhelm von Conches) in Schwierigkeiten gegenüber den Vertretern der "offiziellen" Lehre brachte[31] (das zu veranlassen war Bernhard von Clairvaux immer ein besonderes Anliegen). Es war ja zunächst (also bis gegen Ende des 12. Jh.s) gar nicht klar und entschieden, welche Sprachform für die Behandlung der Schöpfungsaussage die richtige war. Der vertrauteste Ort dafür war nicht die Schule, sondern die Kirche, in der liturgisch-hymnisch das Lob der Schöpfung gesungen wurde.[32] Daß die "Geheimnisse der Natur" nicht profaniert, sondern in allegorisch verhüllender Sprache verkündet werden sollten, war eine durch Platon, Macrobius und Boethius verbürgte und bis ins 12. Jh. geltende Maxime.[33] Erst die Öffentlichkeit der Diskussionen der Pariser Schulen (seit dem 12. Jh. und unter dem entscheidenden Einfluß Abälards) und der "profane" Charakter der Naturphilosophie des Aristoteles, die seit dem Beginn des 13. Jh.s bekannt war und wirksam wurde, veränderten grundlegend die Situation.

Im Paris des 12. Jh.s (wo auch die meisten Vertreter der Schule von Chartres einige Zeit lehrten) gewann die Diskussion an Öffentlichkeit und trat die Lehre aus dem Zusammenhang der Liturgie heraus. So wie Kaufleute und Ritter auszogen, um die Welt zu erobern, so machten sich auch Lehrer daran, im "Geisteskampf", unter den Blicken

30 Eugen III. hatte sich nach Frankreich begeben, um an der Verhandlung über "häretische" (die Trinitätslehre betreffende) Konsequenzen aus der Erkenntnistheorie des Gilbert de la Porrée teilzunehmen (vgl. Einleitung zu DS 745). - Vgl. auch *Silverstein*, a.a.O. 115.

31 Vgl. ebd. 93.

32 Auch innerhalb des Schulbetriebes des Quadriviums fanden sich gerade in der Musiktheorie wichtige Aussagen über die Welt (Makrokosmos) und den Menschen (Mikrokosmos), insofern die Bewegung der Seele nach den gleichen Gesetzen abläuft wie die Sphärenharmonie. Erst im 14./15. Jh. wurde die Lehre von der Musik im Weltall aufgegeben. Vgl. *H. Abert*, Die Musikanschauung des Mittelalters in ihren Grundlagen, Halle 1905 (Nachdruck Tutzing 1964), 152-156.

33 Vgl. das aufschlußreiche Gedicht eines unbekannten Dichters vom Ende des 12./Anfang des 13. Jh.s, in dem die "Natur" sich vor den Augen des Dichters verbirgt und die Profanierung verbietet: "Ille poeta timens didicitque quod omni non sint / omnibus ut sciri possint prorsus referenda, / quodque tegi natura iubet paucis et honestis / est exponendum ne vili sordeat aure." Zit. in: *F.J.E. Raby*, *Nuda natura* and Twelfth-Century Cosmology, in: Speculum 43(1968), 74.

der Öffentlichkeit, die Welt zu erobern. Petrus Abälard (1079-1142) erzählt von sich: "Von der ganzen Philosophie sagte mir die Logik am meisten zu: für ihre Waffen gab ich die Ritterwaffen dahin, um nur noch im Geistesturnier Ringe zu stechen."[34] Diese Waffen der Logik schärfte Abälard vor allem in seiner "Dialectica"[35] (was im Mittelalter gleichbedeutend mit "Logik" war), er wollte sie aber auch auf die Fragen der Theologie anwenden. Und so begann er, "die Grundlagen unseres christlichen Glaubens durch Analogien aus dem Gebiet der menschlichen Vernunft zu erläutern"[36], wie es auch der Forderung seiner Studenten entsprach: "Diese begehrten eine verständliche philosophische Beweisführung und wollten Begreifbares hören, nicht bloße Worte. Die vielen Worte, bei denen man sich nichts denken könne, seien überflüssig, man könne erst etwas glauben, wenn man es zuvor begriffen; es sei eine Lächerlichkeit, andern etwas vorzupredigen, was Lehrer und Schüler verstandesmäßig nicht fassen könnten."[37] Begreifen setzt die Bereitschaft voraus, sich mit Widersprüchen auseinanderzusetzen. Dies will Abälard systematisch einüben. In seinem Werk "Sic et Non"[38] ("Ja und Nein") führt er zu einzelnen Fragen entgegengesetzte Aussagen an, die sich in der Schrift oder der Überlieferung finden, im allgemeinen ohne weitere Lösungsversuche, aber mit der Angabe von Regeln, wie solche gefunden werden könnten. Hier beginnt die scholastische Methode.

Abälards Interesse galt der Logik und der Methodologie, nicht der Kosmologie und der Naturphilosophie. Somit finden sich bei ihm auch keine mit Thierry von Chartres oder Wilhelm von Conches vergleichbaren, in naturphilosophische Einzelheiten eintretenden Überlegungen.[39] Nichtsdestoweniger drückte auch er sehr deutlich das im 12. Jh. verbreitete Vertrauen in die Welt aus: Die geschaffene Welt ist die beste, und diese Welt ist der Vernunft entsprechend.[40] Gott konnte daher

34 *Abälard*, Die Leidensgeschichte und der Briefwechsel mit Heloisa, übers. und hrsg. von E. Borst, Darmstadt 1984, 9.

35 *Petrus Abaelardus*, Dialectica, hrsg. von L.M. De Rijk, Assen ²1970.

36 *Abälard*, Leidensgeschichte, a.a.O. 35.

37 Ebd.

38 *Abälard*, Sic et non, hrsg. von B. Boyer - R. McKeon, Chicago - London 1976.

39 Die Aussagen zur Schöpfung z.B. in *Abälard*, Dialectica, a.a.O. 419, bleiben durchaus im Rahmen der traditionellen Lehre. Vgl. *J. Jolivet*, Éléments du concept de nature chez Abélard, in: La filosofia della natura nel medioevo, a.a.O. 302.

40 Vgl. in Abälards Hymnus "Universorum Conditor", PL 178, 1775 B: "Fit ergo mundus optimus / Ac perfectus in omnibus; / Fit pondere, mensura, numero; / Ne vacillet in quoquam ratio."

auch gar keine andere Welt schaffen.[41] Mit dieser These von der Vernünftigkeit der Welt ist - vermittelt über den Begriff der "Natur" - eine weitere These verbunden (oder wahrscheinlich: die erste These liefert die Legitimation der zweiten): Da die Welt von Gott vernünftig geordnet ist, kann der Mensch erkennen, was der Natur nach ethisch richtig ist, und kann dies auch tun.[42] Diese Konstitution von Welt und Handlungsmöglichkeit des Menschen, die durchaus dem Welt- und Menschenbild der "fortschrittlichen" Menschen des 12. Jh.s entsprach, klang natürlich in den Ohren mancher Zeitgenossen verdächtig pelagianisch und rief so natürlich - wie auch bei ähnlichen Gelegenheiten - Bernhard von Clairvaux auf den Plan, der die entsprechende Verurteilung veranlaßte.[43]

Abälard hatte dem Vertrauen in die Vernunft Ausdruck gegeben, und er hatte gelehrt, daß der vernünftige Glaube mit inneren und äußeren Widersprüchen rechnen müsse, jedoch auf diesem Turnierplatz auch bestehen könne. Obwohl nun Abälard schon einige neu übersetzte Schriften des Aristoteles kannte, vermutete er wohl kaum die Macht der Alternative, die mit diesen Übersetzungen nun auf die Theologen zukam. Die um die Wende vom 12. zum 13. Jh. entstandenen Universitäten - wofür in Paris die Tätigkeit Abälards ein wichtiger Faktor gewesen war - lieferten nun auch den geeigneten institutionellen Rahmen für die beginnenden großen Auseinandersetzungen.[44]

3. Das Eindringen aristotelisch-arabischer Naturphilosophie

Seit der Rückeroberung Toledos durch die Christen (1085) hatte dort, in einem Schnittpunkt arabischer, jüdischer und christlicher Kultur, eine rege Übersetzungstätigkeit begonnen, die bereits im 12. Jh. mit Dominicus Gundissalinus und Gerhard von Cremona bedeutende Ver-

41 Auf dem Konzil von Sens (1140 oder 1141) wurde folgender Satz Abälards verurteilt (DS 726): "Quod ea solummodo possit [potest] Deus facere, quae facit, vel dimittere, quae dimittit, vel eo modo tantum, vel eo tempore [quo facit] et non alio." - Diese These fand auch Widerspruch bei *Leibniz*, Theodizee, übers. von H. Herring, Darmstadt 1985, II, 505f. (II § 171).

42 So vor allem in *Abälard*, Dialogus inter Philosophum, Judaeum et Christianum, hrsg. von R. Thomas, Stuttgart-Bad Cannstadt 1970. Vgl. auch *D.E. Luscombe*, Nature in the Thought of Peter Abelard, in: La filosofia della natura nel medioevo, a.a.O. 314-319.

43 DS 725: "Quod liberum arbitrium per se sufficiat [sufficit] ad aliquod bonum."

44 Vgl. *H. Grundmann*, Vom Ursprung der Universität im Mittelalter, Darmstadt [2]1976.

treter hervorgebracht hatte. Im 13. Jh. weitete sich diese Tätigkeit stark aus. Dazu kam noch als zweites Übersetzungszentrum Neapel, wo Kaiser Friedrich II. bedeutende arabische, jüdische und christliche Gelehrte an seinen Hof berufen hatte. Später wurden dann Rom und Oxford zu weiteren Mittelpunkten der Übersetzungstätigkeit. Da die Araber praktisch über das gesamte philosophische und wissenschaftliche Bildungsgut der griechischen Antike verfügten und dieses seit dem 9. Jh. auch in bedeutenden Kommentaren (vor allem von Avicenna und Averroes) interpretiert und in selbständigen Arbeiten weiterentwickelt hatten, wurden die christlichen Gelehrten innerhalb kurzer Zeit (etwa vom Ende des 12. bis zur Mitte des 13. Jh.s) mit einer der Qualität nach weit überlegenen und dem Inhalt nach wirklich alternativen Weltauffassung konfrontiert.[45] In unserem Zusammenhang sind vor allem die naturphilosophischen Schriften des Aristoteles und dessen Metaphysik sowie wissenschaftliche Arbeiten zur Astronomie wie z.B. der "Almagest" des Ptolemaios wichtig. Tatsächlich konzentrierte sich ja auch die Auseinandersetzung auf die nun sichtbar werdende "naturalistische" Alternative in der Naturphilosophie und der Metaphysik des Aristoteles. Die erste offizielle Reaktion erfolgte bereits 1210 in Paris, wo im Zusammenhang mit der Verurteilung des David von Dinant (vgl. Kap. XII) verboten wurde, die aristotelischen Schriften zur Naturphilosophie für den Unterricht an der Universität zu verwenden. 1215 wurde dieses Verbot in den Universitätsstatuten von Paris auf die "Metaphysik" des Aristoteles ausgeweitet.[46] 1245 wurde es auch für die Universität Toulouse ausgesprochen (wo man 1229 Professoren und Studenten hatte anlocken wollen mittels der ausdrücklichen Feststellung, daß dort das Pariser Verbot nicht gelte).[47] Seit etwa 1230 waren auch die Kommentare des Averroes bekannt geworden, in denen die wohl korrekteste Interpretation der Schriften des Aristoteles geliefert wurde, die damals erreichbar war - damit aber auch jene, die die Alternative am schärfsten darstellte, was jedoch den christlichen Gelehrten erst in der zweiten Hälfte des 13. Jh.s deutlich wurde. Anders als in Paris hatte es in Oxford keine Aristotelesverbote gegeben; dort waren seit dem Beginn des 13. Jh.s auch die Naturphilosophie und die Metaphysik des Aristoteles im Lehrbetrieb verwendet worden. Obwohl 1263 das Aristotelesverbot für Paris nochmals wie-

45 Vgl. den Überblick in *F. van Steenberghen*, Die Philosophie im 13. Jahrhundert, München - Paderborn 1977, 75-116.

46 Vgl. ebd. 90-94.

47 Vgl. ebd. 104.

derholt wurde, hatte es keinerlei praktische Bedeutung mehr, was aber auch schon für das Verbot für Toulouse von 1245 galt.[48] Albert der Große (um 1200-1280), der von 1240 (oder 1243) bis 1248 in Paris tätig war, verwendete in seinen dort entstandenen Schriften auch die aristotelischen Werke zur Naturphilosophie und zur Physik. Um diese Zeit waren die Aristotelesverbote praktisch außer Kraft.

Diese Verbote sind deshalb interessant, weil in ihnen (jedenfalls in den ersten, die späteren gehen eher auf die Übernahme von Stereotypen in offiziellen Dokumenten zurück) vermutlich zum Ausdruck kommt, daß eine Auseinandersetzung mit der Weltauffassung des Aristoteles nicht darin bestehen kann, einzelne Sätze herauszunehmen und als mit dem christlichen Glauben unvereinbar zu bezeichnen. Dieser Weg wurde später versucht, gerade im Zusammenhang mit der Schöpfungsaussage; er ist aber letztlich nicht konsequent durchführbar. Der Aristotelismus stellt in seinen Grundlagen ein Ganzes dar, eine Einheit, die zwar beinahe unbeschränkte Anreicherung oder Korrektur durch empirische Daten erfahren kann, die aber in ihren Prinzipien vollständig und kohärent ist. Im Rahmen des Aristotelismus "fehlt" nicht eine Schöpfungsaussage, sondern sie ist dort undenkbar. Ebenso kann der Aristotelismus nicht durch eine Erbsünden- oder Gnadenlehre "ergänzt" werden, da seine ethischen und anthropologischen Voraussetzungen, wie sie z.B. in der "Nikomachischen Ethik" niedergelegt sind, keinen Platz für solche Vorstellungen lassen. Daß in der Auseinandersetzung mit dem Aristotelismus die Frage der Ewigkeit der Welt eine grundlegende Rolle spielt, war den Theologen des 13. Jh.s durchaus bewußt. Besonders Bonaventura sah dies, wenngleich in polemischer Weise: Für ihn ist die Lehre von der Ewigkeit der Welt jene, aus der all die weiteren Irrtümer, die er meint feststellen zu können, notwendig folgen.[49]

Die Problematik, die im Kontext der Schöpfungslehre mit der aristotelischen Lehre der Ewigkeit der Welt gegeben war, war natürlich schon bei den islamisch-arabischen und jüdischen Philosophen aufgetreten. Und so erhielten die christlichen Philosophen und Theologen mit dem Problem, vor das sie durch die Übersetzung der aristotelischen Schriften der Naturphilosophie und Metaphysik gestellt wurden,

48 Vgl. ebd. 144.

49 Vgl. *J. Ratzinger*, Die Geschichtstheologie des hl. Bonaventura, München 1955, 140.

auch gleich eine Reihe von "Lösungsversuchen" mitgeliefert;[50] und wir könnten uns sogar fragen, ob sie wesentlich über diese "Vorarbeiten" hinausgelangt sind.

Die Frage der Ewigkeit der Welt, die als eine zentrale Aussage aristotelischer Philosophie angesehen wurde, enthielt in ihrer Gegenübersetzung zur Schöpfungsaussage natürlich auch die Grundproblematik der Verhältnisbestimmung von Vernunft und Offenbarung, von Philosophie und Theologie. Dabei war es nicht unwesentlich, daß diese Problematik bei den arabischen Philosophen in einem anderen gesellschaftlichen und wissenschaftlichen Kontext diskutiert wurde als später bei den christlichen Philosophen und Theologen. Die arabischen Philosophen waren meistens Vertreter einer empirischen Wissenschaft, besonders der Medizin und der Astronomie, waren also nicht "professionelle" Koranausleger, während die bedeutendsten christlichen Philosophen des 13. Jh.s zugleich Theologen waren, bei ihnen also die Bestimmung des Verhältnisses von Theologie und Philosophie eine größere Schärfe erhielt. Der ungeheure Materialzuwachs, den die Philosophie (die primär in der Artistenfakultät angesiedelt war) durch die Rezeption der aristotelischen und arabischen Philosophie bekam, wurde so auch faktisch zu einem Spannungspotential zwischen den Artisten und den Theologen, das sich dann in den Verurteilungen von 1277 entlud (vgl. weiter unten). Auch dort spielte wieder die Frage der Ewigkeit der Welt eine bedeutende Rolle.

Großen Einfluß in der christlichen Philosophie erhielt Avicenna (980-1037), der aus Persien stammte, jedoch seine Schriften meist auf arabisch verfaßte. Sein aristotelisch-neuplatonisches Weltbild schien am ehesten geeignet, durch "kleine" Korrekturen mit den christlichen Voraussetzungen in Übereinstimmung gebracht zu werden. Avicenna wurde den lateinischen Philosophen und Theologen auch früher bekannt als der dem authentischen Aristoteles viel näher stehende Averroes.

Avicenna unterscheidet die Fragen von Schöpfung und Zeitlichkeit der Schöpfung. Für den Begriff der Schöpfung ist ihm zufolge die schon bei Al-Farabi (875-950) anzutreffende Unterscheidung von Wesen und Existenz sowie die von notwendigem und möglichem Sein zentral. Im absolut notwendigen Sein sind Wesen und Existenz identisch;

50 Vgl. dazu *E. Behler*, Die Ewigkeit der Welt. Problemgeschichtliche Untersuchungen zu den Kontroversen um Weltanfang und Weltunendlichkeit in der arabischen und jüdischen Philosophie des Mittelalters, München-Paderborn 1965; *O. Leaman*, An Introduction to Medieval Islamic Philosophy, Cambridge 1985, 25-86.

das (nur) mögliche Sein dagegen verdankt seine Existenz einer Ursache, wobei die letzte Ursache des möglichen und existierenden Seins das absolut notwendige Sein sein muß.[51] Diese ontologische Beziehung des Verursachtseins des existierenden möglichen Seins, in welchem also Wesen und Existenz nicht identisch sind, ist für Avicenna der entscheidende Aspekt, warum von der Welt als geschaffener gesprochen wird. Demgegenüber ist die Behauptung der Zeitlichkeit ein Aspekt, der nur innerhalb des Geschaffenen sinnvoll ist, da Gott als das absolut notwendige Sein sich ewig und mit Notwendigkeit mitteilt.[52] Den Übergang vom absolut notwendigen Sein, das somit auch das schlechthin Eine ist, zum Vielen des weltlichen Seins denkt Avicenna in Vorstellungsschemata, die denen des Neuplatonismus entsprechen, wie sie auch Plotin und Proklos verwenden.[53]

Thomas von Aquin (1225-1274), der sowohl Avicennas Schriften als auch die von Maimonides und Averroes (auf die noch kurz zurückzukommen sein wird) kannte, machte - wie die meisten Philosophen und Theologen des 13. Jh.s - diese Unterscheidung von Wesen (*essentia*) und Sein (*esse, ens*) zu einem Grundpfeiler seines Systems.[54] In der "Summa Theologiae"[55] konstruierte er jedoch dafür auch ein historisches Entwicklungsschema, in dem die Schöpfung aus dem Nichts (*creatio ex nihilo*) als das über Aristoteles hinausführende Endergebnis eines Erkenntnisfortschritts erscheint. Die Entwicklung verläuft hier von der Erkenntnis der Veränderung materieller Dinge über das Erfassen der Unterscheidung von Materie und Form schließlich zum Begreifen des Seienden als solchen, womit am Ende die Erkenntnis steht (stehen muß), daß auch die erste Materie von der letzten Ursache geschaffen sein muß. Thomas von Aquins historische Konstruktion soll also zeigen, daß die Schöpfungslehre gleichsam die "Krönung" der aristotelischen Naturphilosophie und Metaphysik sei, also eine Folgerung darstelle, die sich aus der inneren Dynamik des aristotelischen Systems ergibt und die somit notwendigerweise an einem bestimmten Zeitpunkt in der Geschichte auftrat.

51 Vgl. *Behler*, a.a.O. 88-98.

52 Vgl. ebd. 103. Vgl. auch *F.C. Copleston*, Geschichte der Philosophie im Mittelalter, München 1976, 110f.

53 Vgl. *Behler*, a.a.O. 111.

54 Vgl. *Thomas von Aquin*, Tractatus de ente et essentia, Deutsch-lateinische Ausgabe, übers. von R. Allers, Darmstadt 1980.

55 *Thomas von Aquin*, STh I, qu.4, a.2; vgl. auch *ders.*, De pot. Dei III, 5.

Diese historische Konstruktion, die Thomas ohne Zweifel für zutreffend hielt, muß jedoch selbst im Kontext der geschichtlichen Situation des 13. Jh.s gesehen werden, in dem (wie oben gezeigt) große und offizielle Vorbehalte gegenüber der aristotelischen Weltauffassung, wie sie in der Naturphilosophie und Metaphysik (und implizit natürlich in allen aristotelischen Schriften) enthalten ist, geltend gemacht wurden. Die Konstruktion des Thomas von Aquin hatte also ohne Zweifel auch die Funktion, die Akzeptanzbedingungen für den Aristotelismus zu verbessern. Trotzdem sind gegenüber dieser historischen Konstruktion mit ihren systematischen Implikationen große Bedenken anzumelden. Die substantielle Form bei Aristoteles ist eben selbst Trägerin des Seins, sie bedarf keiner weiteren Ergänzung; und der Begriff dieser Form sperrt sich in der Konzeption des Aristoteles gegen die weitere Unterscheidung in Wesen und Sein. Die "Form", von der Thomas dann spricht, zu der das Sein erst "hinzukommt" und die so zum letzten Spender des Seins führt, ist nicht mehr die "Form", wie sie Aristoteles auffaßt.

Dies stellt nun nicht ein spezielles Problem der Metaphysik dar, sondern weist auf eine prinzipiell verschiedene Weltauffassung hin.[56] Dem griechisch-aristotelischen Kosmos, der in sich steht, muß erst gleichsam der Seinscharakter wegdistinguiert werden, um ihm dann den Seinscharakter durch die Schöpfung wieder zurückzugeben. Dies ist durchaus eine Denkmöglichkeit der Metaphysik - nur: Sie liegt nicht auf der Linie des aristotelischen Denkens, sondern stellt eine sehr pointierte Alternative dazu dar. Fernand Brunner sagt zu Recht: "Die Schöpfungslehre ergänzt nicht diejenige von der substantiellen Form; sie lehrt etwas anderes; und der Aristotelismus, der dem antiken Hylemorphismus angehört, hat keine organische Verbindung zur Schöpfungslehre (...). In den Augen der Historiker können (die) Lehren von Aristoteles und von Thomas von Aquin nur als von zwei verschiedenen Gesichtspunkten herrührend erscheinen, so daß die eine dieser Lehren nicht ein Teil der Wahrheit der andern sein kann."[57]

Die Sachlage bei Thomas von Aquin ist jedoch noch etwas komplizierter. Er arbeitet nämlich faktisch in der Darlegung der Schöpfungslehre gar nicht mit dem aristotelischen Begriff der Wirkursächlichkeit, sondern mit dem neuplatonischen Begriff der Formalursächlichkeit bzw. der Exemplarursächlichkeit. Auch dort, wo er von Wirkursäch-

[56] Vgl. Kap. IV zu Arché und Kosmos bei den Griechen.

[57] *F. Brunner*, Über die thomistische Lehre vom Ursprung der Welt, in: Zeitschrift für philosophische Forschung 16(1962), 252. 255.

lichkeit im Zusammenhang der Schöpfung spricht, wird diese von der Formalursächlichkeit her interpretiert.[58] Der Hintergrund für diese Auffassung kommt, wie Thomas selbst sagt, von Avicenna[59] sowie aus dem neuplatonischen "Liber de Causis", den er selbst nicht nur kommentiert hat,[60] sondern dessen Herkunft aus Schriften des Proklos er auch als erster erkannte. Thomas läßt in der für die Schöpfungslehre zentralen Quaestio 45 der "Summa Theologiae" schon rein terminologisch keinen Zweifel an dem verwendeten Modell:

> Wie schon gesagt, muß man nicht nur den Ausgang (*emanationem*) eines einzelnen Seinsdinges aus einem einzelnen Wirkenden (*agente*) betrachten, sondern auch den Ausgang alles Seienden aus der umfassenden Ursache (*a causa universali*), welche Gott ist; und diesen Ausgang bezeichnen wir mit dem Namen Erschaffung (*creatio*). Was nun auf Grund eines Einzelausganges hervorgeht (*secundum emanationem particularem*), wird für den Ausgang nicht vorausgesetzt (...). Wenn wir darum den allgemeinen Ausgang alles Seienden (*emanatio totius entis universalis*) aus dem ersten Grunde (*a primo principio*) betrachten, so ist es unmöglich, für diesen Ausgang irgendein Seiendes vorauszusetzen. 'Nichts' aber ist dasselbe wie 'kein Seiendes' (*nullum ens*). Wie also die Zeugung des Menschen aus einem Nichtseienden, nämlich aus dem Nicht-Menschsein, vor sich geht, so geschieht die Erschaffung, welche ein Ausgang des gesamten Seins ist, aus dem Nichtseienden, welches das Nichts (*nihil*) ist.[61]

Um dem christlichen Schöpfungsbegriff gerecht zu werden, muß Thomas allerdings die Freiheit des Schöpfungsaktes und - wie er in Übereinstimmung mit den Theologen seiner Zeit meint - die Zeitlichkeit der Schöpfung festhalten. An die Stelle der mit Notwendigkeit wirkenden Ursache des neuplatonischen Schemas, in dem der Hervorgang der Welt notwendig ist, setzt Thomas eine mit freiem Willen handelnde Ursache, für die der Hervorgang der Welt nur angemessen (*conveniens*) ist.[62] Dies hält er für philosophisch beweisbar. Weiter hält er für

[58] Vgl. *K. Kremer*, Die Creatio nach Thomas von Aquin und dem Liber de Causis, in: Ekklesia. Festschrift für Bischof Dr. M. Wehr (Trierer Theologische Studien, Bd. 15), Trier 1962, 321-325.

[59] Vgl. *Thomas von Aquin*, De pot. Dei III, 5; den Hinweis auf diese Stelle gibt *Kremer*, a.a.O. 328.

[60] Sancti Thomae de Aquino super Librum de Causis expositio, hrsg. von H.-D. Saffrey, Fribourg - Louvain 1954.

[61] *Thomas von Aquin*, STh I, qu.45, a.1, ad 1; Übers. aus der Deutschen Thomasausgabe Bd. 4, Salzburg - Leipzig 1936, 19f.

[62] Vgl. allerdings *K. Kremer*, Das "Warum" der Schöpfung: "quia bonus" vel et "quia voluit"? Ein Beitrag zum Verhältnis von Neuplatonismus und Christentum an Hand des Prinzips: "bonum est diffusivum sui", in: K. Flasch (Hrsg.), Parusia. Studien zur Philosophie Platons und zur Problemgeschichte des Platonismus, Frankfurt 1965, 241-264. Kremer sucht nachzuweisen, daß schon Plotin der Gedanke einer freiwilligen Schöpfung nicht fremd ist, ebd. 249-251.

philosophisch *nicht* beweisbar, daß die Welt ewig ist, da es wieder Angemessenheitsgründe für die Nichtewigkeit der Welt gibt. Damit ist also die Möglichkeit offen, aus theologischen Gründen die Nichtewigkeit der Welt anzunehmen.[63]

In der "Summe gegen die Heiden" faßt Thomas diese Argumentation in folgender Weise zusammen (die Zahlen in Klammern beziehen sich auf vorangegangene Quaestiones):

> Jedes Wirkende nämlich, das eine Wirkung hervorbringt, damit diese an seiner Form teilhat, zielt darauf ab, ihr Ähnlichkeit mit sich einzuprägen. So war es also dem Willen Gottes angemessen, zur Teilhabe an seinem Gutsein die Schöpfung hervorzubringen, damit sie durch die Ähnlichkeit mit ihm das Gutsein Gottes darstelle. Eine solche Darstellung kann jedoch nicht in der Weise der Gleichheit sein, wie eine univoke Wirkung ihre Ursache darstellt, so daß auf diese Weise vom unendlichen Gutsein ewige Wirkungen hervorgebracht werden müßten, sondern so, wie das über etwas Hinausgehende durch das dargestellt wird, über das es hinausgeht. Das Hinausgehen des Gutseins Gottes über die Schöpfung aber wird am meisten dadurch zum Ausdruck gebracht, daß die Geschöpfe nicht immer gewesen sind. Dadurch tritt nämlich auch ausdrücklich in Erscheinung, daß alles außer ihm ihn zum Urheber seines Seins hat (II 15) und daß seine Kraft nicht daran gebunden ist, derartige Wirkungen hervorzubringen, und folglich, daß er durch den Willen wirkend (II 23) und daß er erkennend ist (I 44). Das Gegenteil davon haben gewisse Leute angenommen, indem sie die Ewigkeit der Geschöpfe behaupteten.
>
> So gibt es also von seiten des Wirkenden nichts, was uns zwänge, die Ewigkeit der Geschöpfe anzunehmen.[64]

Bei dieser Konzeption des Thomas von Aquin gilt gegenüber dem Neuplatonismus dasselbe, was weiter oben gegenüber dem Aristotelismus festgestellt wurde. Wird gesagt, daß der Ursprung von allem aufgrund eines freien Willensaktes die Welt an seiner Gutheit teilhaben läßt, so verändert sich grundlegend sowohl die Vorstellung des Ursprungs als auch die der Welt: Es entsteht nicht eine modifizierte oder weitergeführte Version einer "Welt", sondern eine Alternative, eine "andere Welt". Dies zeigt sich auch in der "logischen Form" der Model-

[63] Vgl. *Thomas von Aquin*, STh I, qu.46, a.2, resp.; a.a.O. 63: "Daß die Welt nicht immer war, wird allein im Glauben festgehalten, und kann nicht streng bewiesen werden (...). Der Grund dafür liegt darin, daß der Anfang der Welt keinen Beweis erhalten kann von seiten der Welt selbst (...). Desgleichen kann auch kein Beweis geführt werden von seiten der Wirkursache her, welche durch den Willen tätig ist. Denn der Wille Gottes kann mit der (natürlichen) Vernunft nicht erforscht werden, es sei denn über das, was Gott schlechthin notwendig will. Das aber sind nicht die Dinge, welche Gott bezüglich der Geschöpfe will."

[64] *Thomas von Aquin*, Summa contra Gentiles (Summe gegen die Heiden) lib. II, c.35, hrsg. und übers. von K. Albert u. P. Engelhardt, Bd. II, Darmstadt 1982, 126-129.

le: Der Notwendigkeit der ontologischen Hervorgänge im neuplatonischen Modell entspricht der notwendige Ableitungszusammenhang, wogegen Thomas an entscheidenden Stellen Konvenienzgründe einführt.

Wenn die historische Konstruktion des Thomas von Aquin, die auch in durchaus systematischer Hinsicht geschah, als nicht zutreffend angesehen wird, so ist doch die Bedeutung des von ihm unternommenen Versuchs nicht zu unterschätzen. Vor allem hat Thomas in methodologischer Hinsicht scharf gesehen, daß die Theologie an entscheidenden Punkten mit Angemessenheitsgründen arbeitet, daß sie also ein "Plausibilitätsmodell" erstellt, das mit Wahrscheinlichkeitsgründen arbeitet, die in deutlich pragmatischer Absicht erstellt werden. In den methodologischen Vorüberlegungen der "Summe gegen die Heiden" stellt er fest, daß es für die Glaubenswahrheiten ausreicht, zeigen zu können, daß sie der natürlichen Vernunft nicht widersprechen.[65] Die weitere Argumentation der Theologie in einer kritischen Öffentlichkeit (Thomas wendet sich ja an die "Heiden" und spricht von "Gegnern") muß pragmatisch richtig eingeordnet werden: "Jedoch muß man, um eine derartige Wahrheit darzulegen, einige Wahrscheinlichkeitsgründe anführen, und zwar zur Übung und zum Trost der Gläubigen, nicht aber zum Überzeugen der Gegner."[66]

Die Probleme der Schöpfung, mit denen sich Thomas auseinandersetzte, hatten schon die jüdische und arabische Philosophie des 12. Jh.s stark beschäftigt, und Thomas war durch die inzwischen vorliegenden Übersetzungen über diese Diskussionen auch gut informiert. Seine eigenen Lösungen stehen in der Nähe jener des bedeutenden jüdischen Religionsphilosophen Moses Maimonides (1135-1204). In seinem umfangreichen Werk "Führer der Unschlüssigen" diskutiert Moses Maimonides ausführlich die verschiedensten kosmologischen und metaphysischen Theorien der Schöpfung.[67] Die Richtung der Argumentation ist dann, zu zeigen, daß die Beweise für die Ewigkeit der Welt nicht durchschlagend sind. Er sagt z.B.:

> Hingegen ist die Ewigkeit der Welt nicht bewiesen, und es besteht keine Notwendigkeit, die Schriftverse ihrer wörtlichen Bedeutung zu entkleiden und sie anders zu deu-

[65] Vgl. ebd. lib. I, c.9; Bd. I, Darmstadt 1974, 28f.

[66] Ebd.; a.a.O. I, 31.

[67] *Mose Ben Maimon*, Führer der Unschlüssigen I-III, übers. von A. Weiss, 2 Bde., Hamburg 1972. Zur Schöpfungslehre vgl. bes. I 47; Bd. 1, 358-376. II 13; Bd. 2, 89-97. II 18-29; Bd. 2, 117-181. Vgl. auch die Darstellung bei *Behler*, a.a.O. 242-299, und bei *J. Guttmann*, Die Philosophie des Judentums, Wiesbaden 1985, 187-192.

ten, um zugunsten einer Meinung den Ausschlag zu geben, die möglicherweise durch eine andere Art der Argumentation im entgegengesetzten Sinn entschieden werden könnte.[68]

Schon ein Jahrhundert vor Maimonides hatte der arabische Philosoph Al-Gazel (um 1058-1111) in seiner Schrift "Destructio philosophorum" mit großem Scharfsinn Widersprüche in verschiedensten philosophischen Lehren aufgezeigt, unter denen die von der Ewigkeit der Welt eine besonders wichtige Rolle spielte. Aus seiner Kritik dieser Lehre ergibt sich allerdings nicht die Richtigkeit der entgegengesetzten These; vielmehr ist Al-Gazel der Meinung, daß diese Frage zu den Problemen gehört, die von der menschlichen Vernunft prinzipiell nicht beantwortet werden können. Obwohl die Argumente Al-Gazels den lateinischen Philosophen und Theologen nur (?) über die Entgegnungsschrift des Averroes bekannt gewesen sein dürften, hatten sie in der Theologie des 13. Jh.s (z.B. bei Bonaventura) eine nicht unwesentliche Bedeutung.[69] Al-Gazel selbst legte schließlich, als er gezeigt hatte, daß die Analyse von These und Gegenthese das Resultat ergeben hatte, daß es hier kein entscheidbares Resultat geben konnte, die ganze Frage beiseite und schloß sich der islamischen Mystik der Sufis an. (Dieser Schritt war keineswegs unumgänglich. Die Anerkennung prinzipieller Grenzen der Erkenntnis läßt auch noch andere Reaktionen offen.)

Es zeigt sich also, daß arabische, jüdische und christliche Denker vom 11. bis zum 13. Jh. Argumente gegen die aristotelische Lehre von der Ewigkeit der Welt suchten, um den "Freiraum" für die Glaubensaussage der Zeitlichkeit der Welt zu gewinnen. Allen war klar: In dieser Diskussion lag eine grundlegende Frage der Bestimmung des Verhältnisses von Philosophie und Theologie - welche dann allerdings in recht unterschiedlicher Weise vorgenommen werden konnte. Es wurde jedoch (außer möglicherweise bei Al-Gazel) angenommen, daß es sich bei der philosophischen aristotelischen Aussage der Ewigkeit der Welt und bei dem Glaubenssatz der Nicht-Ewigkeit um Sätze handle, die in ein und derselben "Sprache" formuliert sind (und somit einen kontradiktorischen Gegensatz bilden können), die also ein und derselben "Welt" angehören.

Hier versuchte der bedeutendste arabische Aristoteleskommentator, Averroes (um 1126-1198), einen anderen Weg zu gehen. In einer eigenen Abhandlung zur Frage des Verhältnisses von Religion und

68 *Mose Ben Maimon*, Führer der Unschlüssigen II 25; a.a.O. Bd. 2, 169f.

69 Zur ungeklärten Frage der Übermittlung der Argumente Al-Gazels an die Theologen des 13. Jh.s vgl. *Behler*, a.a.O. 143f.

Philosophie[70] geht er aus von verschiedenen Menschengruppen, denen er verschiedene Argumentationsweisen zuordnet (die praktisch der aristotelischen "Rhetorik", "Topik" und "I. und II. Analytik" entsprechen). Die meisten Menschen orientieren sich nur an der Sinneswahrnehmung. Sie können die Wahrheit nur in Bildern erfassen; die entsprechende Argumentationsform ist die Rhetorik. Für diese Menschen ist die Bildersprache des Koran geeignet. Eine weitere Gruppe erfaßt dialektische (topische) Argumente, mit denen also wahrscheinliche Schlußfolgerungen erzielt werden können. Für diese Menschen ist der Koran zusammen mit der Theologie geeignet. Eine letzte (zahlenmäßig geringe) Gruppe ist in der Lage, streng logische Beweise zu begreifen. Diese Menschen nehmen den Koran als Anhaltspunkt für philosophische Reflexion.[71] Averroes scheint nun der Meinung zu sein, daß diese verschiedenen Auffassungsweisen nicht in Widerspruch zueinander stehen können, da es ja nur *eine* Wahrheit gibt. Und so meint er auch, daß die Aussagen des Koran über die Schöpfung der philosophisch-aristotelischen Kosmologie nicht widersprechen. Seine Ausführungen im einzelnen zu diesem Punkt bleiben dabei - wohl gewollt - etwas dunkel.[72]

Der Text der Abhandlung war den lateinischen Autoren des Mittelalters wahrscheinlich nicht bekannt. Richtig oder falsch verstandene Thesen daraus tauchten aber in der zweiten Hälfte des 13. Jh.s auf. Nehmen wir - etwas vorgreifend - zwei der 1277 verurteilten Thesen:

> These 89: Es ist unmöglich, die Gründe des Philosophen für die Ewigkeit der Welt zu widerlegen, es sei denn, man gäbe zu, der Wille des ersten Prinzips vereine Unvereinbares.
>
> These 90: Der Naturphilosoph muß schlechthin das Neuwerden der Welt bestreiten, weil er sich auf Naturursachen und natürliche Beweisgründe stützt. Der Gläubige kann dagegen die Ewigkeit der Welt verneinen, weil er sich auf übernatürliche Ursachen stützt.[73]

Hier wurde also einer Gruppe von Aristotelikern von ihren Gegnern die berüchtigte Lehre über die "doppelte Wahrheit" vorgeworfen. Der Anlaß dafür war eine Entwicklung in der Pariser Artistenfakultät.

70 *Ibn Rochd (Averroès)*, Traité décisif (Façl el-maqâl) sur l'accord de la religion et de la philosophie. Suivi de l'Appendice (Dhamîma). Texte arabe, Traduction française remaniée avec notes et introduction par L. Gauthier, Alger [3]1948.

71 Vgl. *Behler*, a.a.O. 232; *Copleston*, a.a.O. 116f.

72 Vgl. *Behler*, a.a.O. 235-237.

73 Zit. nach *K. Flasch*, Aufklärung im Mittelalter. Die Verurteilung von 1277, Mainz 1989, 147f. (Mit "der Philosoph" ist Aristoteles gemeint.)

Zwischen 1230 und 1240 waren alle Kommentare des Averroes zu den Schriften des Aristoteles bekanntgeworden. Obwohl auch Averroes nicht wirklich als ganz konsequenter Interpret des Aristoteles angesehen werden kann, boten seine Kommentare im Vergleich zu allen anderen am ehesten dessen "authentische" Auffassungen. Das ungeheuer angewachsene Material, mit dem sich die Artistenfakultät zu beschäftigen hatte, stärkte auch das Selbstbewußtsein vieler Magister dieser Fakultät, die ihre Arbeit nun nicht mehr als einfache Vorbereitung für andere Fakultäten verstehen wollten. Seit 1265 trat daraufhin an der Pariser Artistenfakultät eine Gruppe von Magistri hervor, die die Lehren des Aristoteles vortrug, ohne sich um die Lehren der Theologie zu kümmern.[74] Der bekannteste von ihnen war Siger von Brabant (um 1240-1284). Da diese Magistri die aristotelische Lehre von der Ewigkeit der Welt (und andere mit der christlichen Auffassung nicht übereinstimmende Lehren) verteidigten, sich andererseits aber als rechtgläubige Christen bezeichneten, entstand der - auch in den aufgeführten Thesen zum Ausdruck kommende - Eindruck, sie hätten die Lehre von der "doppelten Wahrheit" vertreten. Diese Lehre galt als inakzeptabel, und so wurde (mit Erfolg) versucht, nachzuweisen, daß weder Averroes[75] noch Siger von Brabant[76] sie vertreten hatten. Das Problem selbst war damit aber nicht beseitigt. Auch Thomas von Aquin, der sich mit Siger von Brabant ausdrücklich auseinandergesetzt hatte, sah den tiefgreifenden Unterschied der aristotelischen gegenüber der christlichen Weltauffassung (so wie Averroes gegenüber der des Koran) und versuchte, diesen Unterschied durch eine historische Konstruktion in ein lineares Entwicklungsschema zu bringen.

Der Erfolg dieser Konstruktion muß aber sehr bezweifelt werden. Vielleicht hat eben doch Averroes den entscheidend weiterführenden Hinweis gegeben: Er ordnete die verschiedenen Satzreihen verschiedenen Methodologien des Aristoteles zu (Rhetorik, Topik, Analytiken). Wir könnten modern sagen, er ordnete sie verschiedenen "Sprachen" oder verschiedenen "Grammatiken" zu, denen verschiedene "Welten" entsprechen. Averroes sagte zwar (und meinte vielleicht wirklich), daß die verschiedenen "Welten" aufeinander reduzierbar seien - und nur in diesem Fall können wir ja von widersprüchlichen Aussagen in verschiedenen "Welten" sprechen. Faktisch dürfte er aber doch verschiedene Aussagen verschiedener Welten einfach nebenein-

[74] Vgl. *van Steenberghen*, a.a.O. 358.

[75] Vgl. z.B. *Copleston*, a.a.O. 121.

[76] Vgl. z.B. *van Steenberghen*, a.a.O. 365-367.

ander stehengelassen haben. Und der Eindruck, den die Magistri um Siger von Brabant erweckten, scheint derselbe gewesen zu sein.

Wir können aber auch die Anregungen des Averroes aufnehmen und das - unvermeidliche - Mißverständnis der "doppelten Wahrheit" konstruktiv neu interpretieren und sagen: Die biblische Aussage von der Zeitlichkeit der Erschaffung der Welt gehört einer anderen "Sprache" und einer anderen "Welt" an als die aristotelische Aussage über die Ewigkeit der Welt; und diesen beiden "Sprachen" entsprechen verschiedene "Grammatiken", zwischen denen eine Übersetzbarkeit nicht vorliegt, weshalb die Aussagen über die eine "Welt" nicht als Teilklasse der Aussagen über die andere "Welt" verwendet werden können. Die biblische Aussage will einfach sagen: Der universelle Rahmen der Rede von Gott und Welt ist die Geschichte, d.h., diese "Welt" ist von Anfang bis Ende geschichtlich. Sie ist sowohl mit einer naturphilosophischen ewigen "Welt" wie mit einer nichtewigen vereinbar. Wird nun - wie das im 13. Jh. mit der aristotelisch-naturphilosophischen "Welt" der Fall war - die Ewigkeit der Welt angenommen, so muß dies den Eindruck erwecken, daß hier von einer "doppelten Wahrheit" gesprochen wird, während in Wirklichkeit zwei verschiedene Orientierungssysteme vorliegen, in denen eben auch "Wahrheit" eine unterschiedliche Funktion hat. Im Prinzip wäre aber dasselbe der Fall, wenn von einer naturphilosophisch nichtewigen "Welt" gesprochen würde, weil das "nichtewig" nicht übersetzbar, nicht reduzierbar auf "geschichtlich" ist. - Solche Gedanken werden in den abschließenden Überlegungen aufgenommen werden müssen.

Im letzten Drittel des 13. Jh.s war die Situation zwischen den Vertretern der Artistenfakultät und denen der theologischen Fakultät gespannt. Fragen wie die der Ewigkeit der Welt waren trotz der vorsichtigen Lösungsversuche des Thomas von Aquin offen und beunruhigend. Auch ein ganz lebenspraktisches Verhältnis zur Natur, wie es etwa Albert der Große, Lehrer des Thomas von Aquin und begeisterter Naturforscher, in unbefangen positiv-offener Weise vorgelebt und theoretisiert hatte, war weiterhin problematisch angesichts des traditionellen Mißtrauens gegenüber der Natur, das auch die Philosophen und Theologen von Chartres nicht grundlegend zu ändern vermocht hatten. In der Volkskultur hatte immer, trotz aller Ambivalenz, ein positives Verhältnis gegenüber der Natur vorgeherrscht. Ebenso war ein solches Verhältnis der Hintergrund der aufstrebenden profanen Kultur, was z.B. in der Dichtung der Troubadoure und Goliarden deutlich zum Ausdruck kam. Profane Kultur und aristotelische Naturphilosophie verbanden sich jetzt in der Artistenfakultät zu einer Bewegung, die den Vertretern der offiziellen kirchlichen (also nach wie vor augustinischen und der Natur gegenüber mißtrauischen) Auffassung als bedrohlich erscheinen mußte. Ein unbefangenes Verhältnis zur Natur ebenso wie autonome Naturphilosophie schien gefährlich, weil dadurch die durch die Kirche vermittelte Heilung der Natur - und damit die Macht der Kirche - in Frage gestellt schien. Diese Spannungen führten zu gereizten, eher emotional als argumentativ bestimmten Äußerungen, wie z.B. bei Bonaventura (um 1217-1274):

> Aber in all diesen Dingen ist die Vernunft ausschweifend (*luxuriata*) geworden und auch die Metaphysik. Denn einige setzten eine ewige Welt. Sie sagten, wenn die Ursache ewig sei, sei es auch ihre Wirkung. Diese haben schlecht über die erste Ursache gedacht.[77]

Verurteilungen moralischer Art traten an die Stelle von Argumentation. Wie hätte eine Argumentation auch für jemanden wie Bonaventura (der früher im "Sentenzenkommentar" sehr sorgfältig zu argumentieren gewußt hatte) möglich sein sollen, wenn seiner Meinung nach die Logiker die Welt mit ihren Sophismen um den Verstand gebracht hatten (*logici (...) fecerunt mundum insanire*).[78] Bonaventura selbst versuchte in seiner Schrift über das "Sechstagewerk", gegen die naturalistische Weltauffassung nochmals den Kosmos zum Symbol werden zu lassen, der als Symbol in seinem Ausgang vom Urbild und in seiner Rückkehr erkannt wird, wenn die Seele selbst, der Mikrokosmos, sich aus dieser Bewegung heraus versteht:

> Der Schlüssel also der Beschauung ist eine dreifache Einsicht, die Einsicht des ungeschaffenen Wortes, wodurch alles hervorgebracht wird; die Einsicht des fleischgewordenen Wortes, wodurch alles wiederhergestellt wird; die Einsicht des eingehauchten Wortes, wodurch alles enthüllt wird. Denn wenn einer von den Dingen nicht schauen kann, wie sie entstehen, wie sie zum Ende zurückgeführt werden und wie Gott in ihnen widerstrahlt, der kann keine Einsicht haben.[79]

Diese Reden zum "Sechstagewerk" hielt Bonaventura 1273 in Paris; aber eine solche Konzeption, die noch etwas mehr als hundert Jahre vorher bei Hugo von St. Viktor ihre Wirkung nicht verfehlt hatte, konnte nun - bewußt und gewollt als Alternative und zur "Widerlegung" der aristotelischen Weltauffassung gedacht - schon gegenüber der Schöpfungslehre des Thomas von Aquin nicht bestehen, noch viel

77 *Bonaventura*, Collationes in Hexaemeron (Das Sechstagewerk) V 20, lateinisch-deutsch, übers. von W. Nyssen, München 1964, 225.

78 Ebd.

79 Ebd. III 2; a.a.O. 145.

weniger natürlich gegenüber dem "authentischeren" Aristotelismus der Magistri der Artistenfakultät, denen ja (zu Recht oder zu Unrecht) in der These 152 der Verurteilungen von 1277 die Meinung zugeschrieben wurde: "Die Reden der Theologen sind in Fabeln begründet."[80]

In dieser Situation gereizter Stimmung und polemischer Beschuldigungen versuchte der Bischof von Paris, Etienne Tempier, 1277 mit der Verurteilung der hastig zusammengestellten und ziemlich wirren Liste von 219 Thesen (von denen einige weiter oben bereits angeführt wurden) Ordnung zu schaffen. Nur wenige Tage nach den Verurteilungen in Paris erfolgte durch den Erzbischof von Canterbury, Robert Kilwardby, eine ähnliche, Oxford betreffende Verurteilung von 16 Thesen, bei denen die thomistische Herkunft klar zu erkennen war. Diese Verurteilungen bestimmten das geistige Klima der folgenden Zeit bis weit ins 14. Jh. hinein - allerdings nicht so, wie es deren Betreiber gewünscht hatten. Wir können hier nur die Folgen für die Schöpfungslehre und die Kosmologie kurz andeuten. Ob Tempier bzw. die Redaktoren der verurteilten Thesen dies nun ausdrücklich beabsichtigt hatten oder nicht, faktisch jedenfalls stand hinter den die Schöpfungstätigkeit Gottes betreffenden Verurteilungen das Bestreben, die Allmacht Gottes möglichst stark zu betonen.[81] Dies wird z.B. deutlich an folgenden verurteilten Thesen:

> These 34: Die erste Ursache könnte nicht mehrere Welten machen.
>
> These 49: Gott könnte den Himmel nicht in einer geradlinigen Bewegung bewegen. Der Grund dafür ist, daß er dann ein Vakuum zurückließe.
>
> These 146: Schlechthin, das heißt, auf alle Weise möglich oder unmöglich, bedeutet: möglich oder unmöglich nach Ansicht der Philosophie.[82]

Diese Betonung der Allmacht hatte vor allem zwei Folgen. Zunächst scheuten sich philosophierende Theologen, innerhalb der Philosophie überhaupt irgendwelche genaueren Aussagen über die göttliche Allmacht zuzulassen. Dies wird sehr deutlich bei Duns Scotus (1265/66-1308) und Wilhelm von Ockham (1280/85-1347/49). So sagt z.B. Duns Scotus in seiner metaphysischen "Abhandlung über das erste Prinzip"

80 In: *Flasch*, Aufklärung im Mittelalter, a.a.O. 217.

81 Es ist interessant zu sehen, daß auch im islamischen Bereich die aristotelische Kosmologie eine ganz ähnliche Reaktion konservativer Theologen, der Mutakallimun, hervorgerufen hatte, auf deren Einfluß es zurückzuführen ist, daß in der Folge die Allmacht Gottes stark betont wurde und gleichzeitig eine nominalistische Erkenntnistheorie hervortrat. Vgl. *Behler*, a.a.O. 123.

82 Zit. nach *Flasch*, Aufklärung im Mittelalter, a.a.O. 131. 147. 213.

sehr vorsichtig, daß er die Behandlung der Allmacht Gottes im eigentlichen Sinn, "so wie die Katholiken sie verstehen", erst im Rahmen der Abhandlung über die Glaubenswahrheiten erörtern will; und er beschränkt sich dann auf einige allgemeinste, formalste Bemerkungen.[83] Die eigentliche Schöpfungstheologie erhält damit natürlich einen stärker positiv(istisch)en Charakter.[84] Allerdings taucht bei Duns Scotus noch eine wesentlich radikalere, oder besser: grundlegendere These auf, in welcher er die Konsequenz aus dem Streit um die Ewigkeit der Welt und dem damit verbundenen Streit um die "doppelte Wahrheit" zieht: Die Theologie ist keine theoretische, sondern eine praktische Wissenschaft.[85] Die für die Theologie der Schöpfung einzig relevante Frage ist daher die, was Gott mit dieser Welt *will*, nicht die (eben theoretische und aus der skotistischen Definition des Willens heraus) unbeantwortbare Frage, warum Gott überhaupt die Welt geschaffen hat und warum zeitlich und nicht ewig.[86] Die späteren Skotisten verfolgen diesen Weg jedoch nicht weiter, sondern versuchen, die Lehre des Duns Scotus in ein theoretisches System zu bringen, das dem theoretischen System der Thomisten gegenübergestellt werden konnte.

Auf dem Hintergrund der Betonung der Allmacht Gottes ist jedoch auch eine weitere, für die Entwicklung der Naturphilosophie und der Naturwissenschaft sehr wichtige Folgeerscheinung der Verurteilungen von 1277 zu verstehen. Nahm man an, daß die Allmacht Gottes keineswegs auf die Erschaffung *dieser* Welt beschränkt werden dürfe, so konnte man in rein theoretischer Weise verschiedene andere "mögliche Welten" konstruieren, also auch solche, die zu der aristotelischen

83 Vgl. *Johannes Duns Scotus*, Tractatus de primo principio (Abhandlung über das erste Prinzip), lateinisch-deutsch, hrsg. und übers. von W. Kluxen, Darmstadt 1974, 112f.

84 Dieser "positive" Gesetzescharakter gilt übrigens auch für die Ethik, in der sich nun der theologisch-positive Teil gegenüber jenem der auf der Natur begründeten ethischen Gesetze stark erweitert. Vgl. *Copleston*, a.a.O. 215-218.

85 Vgl. *Duns Scotus*, Opus Oxoniense, Prologus, qu. IV, 32, in: Opera omnia, Lyon 1639 (Nachdruck Hildesheim 1968) V 1, 150: "Item, tunc scientia Dei esset practica, quia est de eodem subiecto primo, et etiam videtur quod ratio solutionis quaestionis possit applicari ad intellectum divinum sicut ad creatum." Dazu *H. Ley*, Zur Naturauffassung des Duns Scotus, in: La filosofia della natura nel medioevo, a.a.O. 532: "Die Unterscheidung zwischen Philosophie und Theologie führt zur Abgrenzung von theoretischen und praktischen Disziplinen. Sie ist nicht zu verwechseln mit der in der modernen Philosophie üblichen Unterscheidung von Theorie und Praxis. Sie entspricht vielmehr der von Kant vorgenommenen Trennung zwischen reiner und praktischer Vernunft, die demnach auf Duns Scotus zurückgeht, Kant aber ein Vorlesungsverbot einbrachte."

86 Vgl. *E. Gilson*, La philosophie au moyen âge, Paris 1922, 599.

Kosmologie in Widerspruch standen.[87] So diskutierten z.B. Johannes Buridanus (um 1295-1358) und Nikolaus von Oresme (um 1320-1382) in ihren Quaestiones und Kommentaren zu Aristoteles' "Über den Himmel" die Argumente, die gegen die Auffassung des Aristoteles und für eine rotierende Erde sprechen. Die tägliche Achsendrehung der Erde war eben auch eine mögliche Alternative zum herkömmlichen Weltbild.[88] Einige dieser Argumente finden sich später bei Kopernikus wieder, wo sie für die Begründung des heliozentrischen Systems herangezogen werden.[89] Naturphilosophie und Naturwissenschaft lösten sich bei ihrer Theorienbildung bald von der Annahme der göttlichen Allmacht, dieser für sie irrelevanten Voraussetzung.

Der Versuch, Naturphilosophie und Naturwissenschaft mit Theologie, Kosmologie und Schöpfungslehre in ein einheitliches Gedankengebäude zu bringen, war damit zu Ende. Die - möglicherweise - von Averroes (in der Lehre von der "doppelten Wahrheit") und von Duns Scotus gezogene Konsequenz, daß es sich hier um verschiedene, aufeinander nicht reduzierbare "Welten" handelt, denen auch entsprechend unterschiedliche "Sprachen" zugeordnet sind, wurde in der folgenden Zeit nicht konstruktiv aufgenommen.[90] Dabei müssen wir aber beachten, daß sich das geistige Klima in den Universitäten und Ordensschulen nach den Verurteilungen von 1277 grundlegend verändert hatte. Die geistige Freiheit, die intellektuelle Unbefangenheit, die enorme Lernbereitschaft und die theologische Phantasie - Fähigkeiten, die die Theologen des 12. und 13. Jh.s ausgezeichnet hatten - waren dem äußeren Druck (an dem allerdings manche Theologen selbst mit-

87 Vgl. *E. Grant*, The Effect of the Condemnation of 1277, in: N. Kretzmann - A. Kenny - J. Pinborg (Hrsg.), The Cambridge History of Later Medieval Philosophy, Cambridge 1982, 537-539.

88 Vgl. *E. Grant*, Das physikalische Weltbild des Mittelalters, a.a.O. 114-123.

89 An diese historischen Tatsachen schloß sich eine berühmte Diskussion der modernen Wissenschaftstheorie an: Haben die Verurteilungen von 1277 faktisch den Ausgangspunkt für die Entwicklung der modernen Naturwissenschaft gebildet (so Pierre Duhem), oder blieb nach 1277 die aristotelische Naturwissenschaft praktisch unerschüttert (so Alexandre Koyré), so daß die genannten Alternativen nur Randphänomene darstellen? Diese Frage ist beim heutigen Stand der Forschung nicht beantwortbar. Vgl. aber die wichtigen und umfangreichen Arbeiten von *A. Maier*, Studien zur Naturphilosophie der Spätscholastik, 5 Bde., Rom 1949-1958; weiter *F. Bottin*, La scienza degli Occamisti. La scienza tardo-medievale dalle origini del paradigma nominalista alla rivoluzione scientifica, Rimini 1982.

90 Und so tauchte das Problem immer wieder auf: in der Auseinandersetzung mit Galilei, mit Darwin, in der Frage des Monogenismus usw.

gewirkt hatten) zum Opfer gefallen.[91] Diese Fähigkeiten blieben natürlich vorhanden, nur kamen sie nun in anderen Gebieten zum Tragen.

Zusammenfassung

1. Bei dem Versuch der mittelalterlichen Philosophen und Theologen, eine Einheit von Theologie und Naturwissenschaft/Naturphilosophie zu finden, wurde vor allem mit platonischen und neuplatonischen Schemata gearbeitet.

2. Der Versuch, das aristotelische naturphilosophische und metaphysische Weltbild in das christliche Weltbild zu integrieren, stieß nicht nur auf kirchlichen Widerstand, sondern stellte auch die christlichen Philosophen und Theologen vor größte, systematisch eigentlich unüberwindbare Probleme.

3. Die (platonische) Exemplarursächlichkeit blieb bei der Interpretation der Schöpfungslehre maßgebend gegenüber der (aristotelischen) Wirkursächlichkeit. Nach 1277 wurde allerdings eine in der Allmacht zentrierte göttliche Wirkursächlichkeit so konzipiert, daß die Welt als reine positive Faktizität begriffen werden mußte.

4. Die Probleme der christlichen Philosophen und Theologen weisen auffallende Parallelen zu den Problemen der vorhergehenden arabischen und jüdischen Religionsphilosophie auf.

5. Die gerade bei der Explikation des Schöpfungsbegriffs deutlich aufgetretenen Abgrenzungsprobleme von Theologie und Naturwissenschaft bzw. Naturphilosophie fanden keine Lösung. Gerade die (vereinzelten) konstruktiven Lösungsversuche standen selbst unter dem Verdacht, heterodoxe Auffassungen darzustellen.

91 Dies darf nicht mit der manchmal vertretenen These vom "Niedergang" in der Spätscholastik in Verbindung gebracht werden. Die sog. Spätscholastik des 14. Jh.s hat z.B. im Bereich der Logik ein wesentlich höheres Niveau erreicht als das 13. Jh. Die Werke von Ockham, Burleigh, Buridanus, Albert von Sachsen, Marsilius von Inghen usw. liefern dafür den überzeugenden Beweis.

XII Die Welt des bösen Prinzips - das Eine Prinzip in allem

Die abweichenden Weltbilder der Häretiker

Wenn wir von "abweichenden Weltbildern der Häretiker" sprechen, setzen wir damit schon dogmatistisch ein "korrektes", allgemein akzeptiertes Weltbild voraus. Dies ist natürlich eine den historischen Gegebenheiten völlig inadäquate Vorstellung. Es scheint ja schon mehr als fraglich, ob wir überhaupt von einem "mittelalterlichen Weltbild" sprechen können (vgl. Kap. X), und ebenso fraglich ist, inwieweit - und wenn ja, in welcher Form - das "offizielle" Weltbild der Kirche und der Theologie außerhalb eng begrenzter Theologenkreise vom Volk rezipiert wurde. "Abweichungen" wurden ja als solche normalerweise überhaupt nur dort registriert, wo sie in einer gesellschaftlich organisierten Gruppe auftraten.[1] Häufig wurden zunächst ziemlich diffuse Abweichungen erst innerhalb der Auseinandersetzung mit der offiziellen Kirche zu scharfen Gegensätzen formuliert. Die Trennungslinien waren daher auch oft nicht so eindeutig, wie es von der späteren Geschichtsschreibung her aussehen könnte. Diese Geschichtsschreibung selbst wurde ja schon wieder von der "offiziellen" Auffassung her konzipiert, und die Machtverhältnisse trugen dazu bei, daß unsere Kenntnis der "Abweichungen" zum weitaus überwiegenden Teil von Vertretern der offiziellen Auffassung stammen und nur wenige authentische Dokumente der "Ketzer" überliefert sind.

Auch die systematische Einteilung der abweichenden Auffassungen ist nicht unproblematisch. Wir könnten in sehr simplifizierender Weise von dualistischen Theorien sprechen, die die Welt auf ein böses Prin-

1 Etwas anders liegt der Fall bei dem gesellschaftlich gebundenen, aber nicht organisierten magischen Weltbild des Volkes im Mittelalter, das die Kirche auch über die individuelle Beichte bekämpfte, wie aus den Bußbüchern deutlich wird. Vgl. *A.J. Gurjewitsch*, Mittelalterliche Volkskultur, München 1987, 125-166. Offen bleibt dabei, ob dies ein Kampf um ein alternatives Weltbild oder - jedenfalls im Bewußtsein des Volkes - nur um eine alternative magische Praxis war.

zip zurückführen (welches dem höchsten Gott untergeordnet oder ihm gegenüber selbständig ist), und von monistisch-pantheistischen Theorien, die die Geschöpfe und die Welt letztlich in Gott aufgehen lassen. Auch die Trennungslinie "monistisch - dualistisch" funktioniert oft einfach nicht: Einerseits war es (wie es bereits in der Antike vorkam, z.B. bei den syrischen Theologen) durchaus möglich, eine monistische Schöpfungslehre mit einer dualistischen Ethik zu verbinden;[2] andererseits war es aber auch möglich, mit einer dualistischen Schöpfungslehre monistisch-mystische Tendenzen (bezogen dann natürlich nur auf den Geist) zu verbinden, wie es z.B. bei den Messalianern vermutet wird, einer Gruppe, die vom 4. bis zum 8. Jh. im Gebiet zwischen Syrien und Armenien nachweisbar ist.[3] Solche Beobachtungen sollten zumindest dazu dienen, bei der Beurteilung der Relevanz dieser abweichenden Weltauffassungen vorsichtig zu sein. Es kann nicht ausgeschlossen werden, daß die Wurzeln dieser "Häresien" gar nicht in den Kosmologien liegen, sondern in lebenspraktischen Fragen, die erst in sekundärer Weise (und unter dem Druck der Gegner) in kosmologischen Konzeptionen und Begriffen ausformuliert wurden, wobei es sogar vorkommen konnte, daß ganz ähnliche konkret-praktische Konzeptionen in alternative kosmologische Konzeptionen projiziert wurden.

Vorsicht ist auch geboten bei der Annahme historischer Beziehungen, besonders im Fall der dualistischen Konzeptionen. Da die mittelalterlichen Autoren den Dualismus vor allem - vermittelt über Augustinus - als manichäische Lehre kannten, nannten sie häufig die Dualisten, die in ihrer Zeit auftraten, "Manichäer" - was dann bei modernen Autoren, besonders im Zusammenhang der Diskussion über die Katharer in der Annahme eines die Jahrhunderte überdauernden Kryptomanichäismus wieder auftaucht.[4] Diese These hat sich als unbewiesen und unwahrscheinlich herausgestellt. Die Herkunft der dualistischen Thesen der Katharer ist bei den Bogomilen zu suchen (vgl. unten Abschnitt 1). Dies macht aber die eigentliche Frage noch brisanter: Was bewegte Bauern und Angehörige des niedrigen (und gelegentlich

2 Vgl. *H.J.W. Drijvers*, Athleten des Geistes. Zur politischen Rolle der syrischen Asketen und Gnostiker, in: J. Taubes (Hrsg.), Religionstheorie und Politische Theologie, Bd. 2: Gnosis und Politik, München - Paderborn 1984, 109-120, bes. 114.

3 Vgl. *H. Dörries*, Symeon von Mesopotamien. Die Überlieferung der messalianischen Makariosschriften, Leipzig 1941.

4 So z.B. schon bei *F.C. Baur*, Das manichäische Religionssystem, Tübingen 1831 (Nachdruck Hildesheim 1973), 402. - Vgl. zu dieser Frage *R. Morghen*, Medioevo cristiano, Bari [4]1968, 200-204.

auch des höheren) Adels im Languedoc in Frankreich oder Arbeiter und Handwerker in der Lombardei und der Toscana in Italien, dualistische Lehren aus Bulgarien zu übernehmen? Und was bewegte wiederum zwei Jahrhunderte vorher Bauern auf dem Balkan, die eben erst Christen geworden waren, eine dualistische "Häresie" aufzustellen?

Ohne allzusehr zu verallgemeinern, läßt sich wohl feststellen: Bei allen "abweichenden" Auffassungen lag ein gemeinsamer Ausgangspunkt darin, daß ihre Vertreter den großen Abstand bemerkten, der zwischen religiösem Anspruch und kirchlicher Wirklichkeit bestand. Dementsprechend strebten sie ein einfaches, "evangelisches" Christentum an, standen dem Sakramentenbetrieb reserviert bis feindlich gegenüber und bestritten, mit verschiedener Schärfe, die Legitimität unwürdiger Amtsträger. Wie wenig "abweichend" dieser zunächst nicht sehr präzise formulierte Protest war, läßt sich schon daraus erkennen, daß aus ein und derselben Wurzel sowohl die gregorianische Reform des 11. Jh.s als auch die Bettelorden des 13. Jh.s hervorgegangen sind. Wenn also im folgenden zwischen dualistischen und monistisch-pantheistischen Konzeptionen unterschieden wird, sollten wir dabei im Auge behalten, daß es sich dabei - jedenfalls was die Bewegungen des 10. bis 14. Jh.s betrifft - um eine Unterscheidung handelt, die erst in einem zweiten Schritt auftrat, während im Ansatz die Unterscheidung zwischen einem gesellschaftlich unglaubwürdig vermittelten und einem einfachen und glaubwürdig gelebten Christentum maßgebend war.

1. Dualistische Konzeptionen: Die Bogomilen und die Katharer

Im Westen Europas finden sich seit dem 6. Jh. keine dualistischen Lehren mehr.[5] Die letzte feststellbare Bewegung dieser Art stellte der Priscillianismus in Nordspanien und Südfrankreich im 5. und 6. Jh. dar. Schon Augustinus setzte sich mit dieser Lehre auseinander, und 561 (oder 563) verurteilte die Synode von Braga (Portugal) die Auffassung der Manichäer und Priscillianer, die Schöpfung der Welt sei das Werk böser Engel (DS 463). Obwohl bei dieser Bewegung noch viele historische Fragen ungelöst sind, scheint die Annahme berechtigt, daß sie aus ursprünglich asketischen Anliegen heraus mit der Zeit gnostische und manichäische kosmologische Elemente übernommen hat.

[5] Vgl. *G. Sfameni-Gasparro*, Sur l'Histoire des Influences du Gnosticisme, in: B. Aland (Hrsg.), Gnosis, Göttingen 1978, 319-325.

Nach dem Verschwinden dieser Bewegung gibt es für die folgenden 600 Jahre keine Nachrichten über dualistische Lehren im Westen, wobei aber zu sagen ist, daß in diesem Zeitraum überhaupt kaum von Lehrstreitigkeiten zu hören war. Das Problem der Kirche im Westen war auch viel elementarer: Es ging darum, die neubekehrten Völker überhaupt beim christlichen Glauben zu halten, d.h. zu verhindern, daß die Stammesreligionen wieder hervortraten.[6]

Ganz anders verlief die Entwicklung im Osten im Einflußbereich von Byzanz. Dort bildete sich im 8. Jh. in Armenien die Gruppe der Paulikianer heraus, die zunächst nur die (sehr alte) christologische "Häresie" des Adoptianismus vertraten (Christus ist nicht von Natur aus der Sohn Gottes, wurde dies aber durch "Adoption" des Vaters). Aus historisch nicht geklärten Gründen nahmen sie in Byzanz seit dem 9. Jh. dualistische Lehren an: Der Gott, der die sichtbare Welt geschaffen hat und sie beherrscht, ist böse; ihm steht der himmlische Vater gegenüber, der der Herrscher der zukünftigen Welt sein wird.[7] Vermutlich aufgrund der älteren (vor-dualistischen) Tradition finden sich bei den Paulikianern - im Unterschied zu so gut wie allen anderen dualistischen Konzeptionen - keine asketischen Tendenzen; sie lehnten sogar die allgemeinen Fastengebote der byzantinischen Kirche ab.

Die Paulikianer waren militärisch gut organisiert, setzten sich gegen die Unterdrückung durch die Kaiser von Byzanz zur Wehr und gründeten sogar zeitweilig im 9. Jh. einen eigenen Staat zwischen Armenien und dem kleinasiatischen Teil des byzantinischen Reichs, wurden aber 871/872 durch die Truppen Basilius I. besiegt und vertrieben. Sie hielten sich jedoch weiter in Bulgarien, wo sie schon seit der Mitte des 8. Jh.s (während einer Periode, in der sie von Byzanz gefördert wurden) als militärischer Vorposten des byzantinischen Reichs an dessen Nordgrenze angesiedelt waren.

Im 9. Jh. setzte die intensive Christianisierung Bulgariens durch die byzantinische Kirche ein. Dies führte rasch zu einer Entfremdung der griechisch orientierten Hierarchie (und Aristokratie) von der bulga-

6 Demgegenüber war eigentlich auch die Unterscheidung in arianische Christen (Goten, Vandalen, Langobarden) und nicht-arianische, katholische Christen (Franken usw.) eher eine politische als eine dogmatische Frage.

7 Vgl. *N.G. Garsoïan*, The Paulician Heresy, Den Haag - Paris 1967, bes. 151-156. 169. 184f. 231-233; *M. Loos*, Dualist Heresy in the Middle Ages, Prag 1974, 32-40; *S. Runciman*, Häresie und Christentum. Der mittelalterliche Manichäismus, München 1988 (urspr. engl. 1947), 43-83. Kurze Überblicke zum neueren Forschungsstand finden sich bei *Sfameni-Gasparro*, a.a.O. 325-334, und *M.D. Lambert*, Ketzerei im Mittelalter. Häresien von Bogomil bis Hus, München 1981, 26-28.

risch sprechenden, armen Schicht der Bauern und dem lokalen, armen und wenig gebildeten Landklerus. Die so geartete Konfliktsituation lieferte den Boden für die von dem Priester Bogomil im 10. Jh. hervorgerufene Bewegung. Diese Bewegung der Bogomilen[8] strebte nach einem einfachen, nur am Evangelium orientierten Christentum und stand von Anfang an in Opposition zur byzantinischen Kirche und zur staatlichen Macht bzw. zur herrschenden Oberschicht. Die starke Hervorhebung des Gegensatzes von Gott und Mammon verweist deutlich auf diesen Hintergrund.[9] Der (hier noch wenig theoretisierte und präzisierte) Dualismus ist in diesem Zusammenhang zu begreifen. Der Teufel wird als Schöpfer und Herr der Welt verstanden.[10] Bei dieser Konzeption bestehen gewisse Ähnlichkeiten zu den Vorstellungen der Paulikianer, die ja in Thrakien ansässig waren, so daß es möglich ist, daß die Bogomilen zur Interpretation der negativen Erfahrung ihrer Lebensbedingungen Elemente der Lehre der Paulikianer übernommen haben.[11] Die Herrschaft des Satans äußert sich vor allem auch im Staat, der das Instrument des Schöpfer-Demiurgen ist.[12] Der Dualismus der Bogomilen in Bulgarien war bis zum 13. Jh. ein "gemäßigter", d.h., die Welt und ihre Institutionen werden als Schöpfung des Satans angesehen, der als gefallener Engel aufgefaßt wird.[13] Die Erfahrung der Herrschaft des Bösen in dieser Welt wird also aus ihrem Ursprung erklärt, wobei dieser Ursprung nicht als absolut angesehen, sondern mit dem - ja aus der Bibel bekannten - Satan als gefallenem Engel identifiziert wird.

Im 11. und 12. Jh. verbreitete sich der Bogomilismus auch in Kleinasien und fand sogar in Byzanz Eingang. Bei dieser Ausbreitung wurden auch Anhänger unter den Mönchen geworben, die vor allem von den rigoristischen ethischen Forderungen angezogen waren, welche

8 Zu den Bogomilen vgl. bes. *D. Obolensky*, The Bogomils, Cambridge 1948; *D. Anguélov*, Le Bogomilisme en Bulgarie, Toulouse 1972; *Loos*, a.a.O. 50-102. Für die Lehren vgl. bes. *H.C. Puech - A. Vaillant*, Le Traité contre les Bogomiles de Cosmas le Prêtre, Paris 1945. Übersichten finden sich in *Lambert*, a.a.O. 28-41; *E. Werner*, Die Bogomilen in Bulgarien, in: Studi Medievali, 3a serie III,1 (1962), 249-278; und *S. Runciman*, a.a.O. 85-118.

9 Vgl. *Puech - Vaillant*, a.a.O. 189f.; *Lambert*, a.a.O. 29; *Werner*, a.a.O. 258f.

10 Vgl. *Obolensky*, a.a.O. 122-125.

11 Vgl. *Werner*, a.a.O. 262; *Sfameni-Gasparro*, a.a.O. 335-338.

12 Vgl. die Thesen von *Anguélov*, a.a.O., zusammengefaßt in: ders., Aperçu sur la nature et l'histoire du Bogomilisme en Bulgarie, in: J. Le Goff (Hrsg.), Hérésies et sociétés dans l'Europe pré-industrielle 11e-18e siècles, Paris - Den Haag 1968, 75-81.

13 Vgl. *Puech - Vaillant*, a.a.O. 181-188; *Loos*, a.a.O. 87f.

für die Lehrer (nicht für die einfachen Anhänger) der Bewegung galten. Ebenso aber fanden sich Anhänger unter höheren Schichten des byzantinischen Reichs. In dieser bildungsmäßig von dem bäuerlichen Ursprung sehr verschiedenen Umgebung wurde nun auch die theoretische Frage der genaueren Deutung des Dualismus aktuell, und es entwickelte sich hier die Lehre eines absoluten Dualismus. Das führte jedoch zur Spaltung der Gemeinden, da der gemäßigte Dualismus weiterhin Anhänger hatte.[14] Im 13. Jh. kam es aber auch in Bulgarien selbst zu einer Radikalisierung in dieser Richtung, als sich die staatlichen Unterdrückungsmaßnahmen gegen die Bogomilen verstärkten.[15] Mit der Zeit traten auch mystische Tendenzen stärker hervor,[16] verblieben aber durchaus innerhalb des dualistischen Rahmens. Inwieweit sich darin ein Einfluß der Messalianer zeigt, ist umstritten.[17] Als Ende des 14. Jh.s die Osmanen den Balkan eroberten, leisteten die Bogomilen keinen Widerstand; der Islam übernahm die Herrschaft, und die Bogomilen verschwanden.

Die Bedeutung des Bogomilismus für das Mittelalter kann aber kaum überschätzt werden. A. Schmaus sagt zu Recht: "Mit seinem gewaltigen Verbreitungsgebiet und der mehrhundertjährigen Dauer seines Wirkens stellt es in der europäischen Geschichte vor der Reformation das bedeutendste religionsgeschichtliche Phänomen neben den offiziellen Kirchen dar, die letzte umfassende religiöse Ost-West-Bewegung, die im Zeitalter der Kreuzzüge danach strebte, das in den Kirchen organisierte Christentum durch eine Religion eigener, im Wesen dualistisch-gnostischer Prägung zu ersetzen."[18] Der Bogomilismus hatte jedenfalls seit dem 12. Jh. auch nach Westen hin seinen Einfluß geltend gemacht. Es gibt sogar gute Gründe, einen solchen (möglicherweise durch Händler aus dem Osten vermittelten) Einfluß schon bei einigen untereinander nicht verbundenen und kurzlebigen Bewegungen der ersten Hälfte des 11. Jh.s zu vermuten.[19] Aus dieser Zeit sind etwa zwanzig Vorfälle bekannt, in denen gegen "Häretiker" vorgegangen wurde; die Fälle ereigneten sich in Norditalien, Frankreich und -

14 Vgl. *A. Borst*, Die Katharer, Stuttgart 1953, 68f. 182.

15 Vgl. *Werner*, a.a.O. 271.

16 Vgl. *Obolensky*, a.a.O. 253f.

17 Vgl. *Sfameni-Gasparro*, a.a.O. 338f.

18 *A. Schmaus*, Der Neumanichäismus auf dem Balkan, in: Saeculum 2(1951), 271.

19 So *A. Dondaine*, L'origine de l'hérésie médiévale, in: Rivista di Storia della Chiesa in Italia 6(1952), 47-78; *Borst*, a.a.O. 71-80; *Sfameni-Gasparro*, a.a.O. 48. 56f. - Ein solcher Einfluß wird nicht angenommen von *R. Morghen*, a.a.O. 205-212.

einmal - in Ungarn.[20] Als gemeinsame Kennzeichen dieser Gruppen wird eine strenge asketische Haltung hervorgehoben, die sich vor allem in der Ablehnung der Ehe und im Verbot, Fleisch zu essen, äußerte, sowie eine Verwerfung der Sakramente und der Kreuzesverehrung.[21] Es handelt sich hier um Bewegungen, in denen Ideale der Erneuerung des monastischen Lebens, wie sie in der Reform von Cluny zum Ausdruck gekommen waren, auf Laien übergriffen. Auch wenn wir annehmen, daß das Zusammentreffen bestimmter Auffassungen (z.B. die Ablehnung der Kreuzesverehrung) nur durch einen Einfluß von den Bogomilen her erklärt werden kann, so ist doch festzuhalten, daß diese Beeinflussung nur dadurch möglich war, daß ihr vorausgehend schon - und zwar auch bei Laien (verschiedenster sozialer Schichten) - das Bedürfnis nach einer Erneuerung des religiösen Lebens aufgetreten war. Dabei muß - was für unseren Zusammenhang interessant ist - auffallen, daß trotz einer offensichtlich weltabgewandten und materiefeindlichen Haltung bei den Mitgliedern dieser Bewegungen, außer in einem Fall (Orléans 1022) und auch dort nur am Rande, keine dualistische Kosmologie vertreten wurde, ja kosmologische oder ontologische Fragen gar keine Rolle spielten.[22] Es ging bei diesen Bewegungen also um rein praktische Fragen der Lebensführung, in denen natürlich ein bestimmtes Verhältnis zur Wirklichkeit enthalten war. Eine ontologische oder kosmologische Theoriebildung, die als Argumentationsbasis (oder Predigtbasis) hätte dienen können, fand aber noch gar nicht statt. Solche Theoriebildungen sind eben immer sekundäre Systeme.

Die Herausbildung (oder Übernahme) solcher Theorien folgt allerdings in historischer Sicht keineswegs einem einfachen Entwicklungsschema. Zwischen den "Ketzern" des 11. Jh.s, die keine dualistische kosmologische Theorie hatten, und den Katharern, die eine solche vertraten, finden sich - als Wegbereiter der Katharer anerkannt - in der ersten Hälfte des 12. Jh.s "Häretiker" mit deutlich pelagianischem Hintergrund. Dies gilt vor allem für Peter von Bruis, dessen Ablehnung der gesamten kirchlich-institutionellen Gnadenverwaltung auf dem Hintergrund der Verantwortung des Einzelnen zu verstehen ist - was ihn auch zur Verwerfung der Erbsündenlehre und der Kindertaufe führte.[23] In diesem Zusammenhang ist daran zu erinnern, daß in der

[20] Vgl. die Übersicht bei *Lambert*, a.a.O. 47.

[21] Vgl. *H. Grundmann*, Religiöse Bewegungen im Mittelalter, Darmstadt [4]1977, 479f.

[22] Vgl. ebd. 482f.; *Lambert*, a.a.O. 56-58.

[23] Vgl. *Grundmann*, Religiöse Bewegungen, a.a.O. 517f.; *Lambert*, a.a.O. 84. 87.

ersten Hälfte des 12. Jh.s auch eine starke Bewegung einsetzte, die die Fähigkeiten der Vernunft betonte (vgl. Petrus Abälard), also auch die Eigenverantwortung des Menschen. Auch liegt sowohl der Ablehnung der kirchlichen Institution wie der Behauptung, jeder Christ könne selbst die Bibel verstehen (wie dies bei den Patarenern und den Waldensern vertreten wurde), eine Orientierung an der Autonomie des Gläubigen zugrunde, die über die Kritik an unwürdigem Klerus hinausgeht. Wir dürfen nicht übersehen, daß in den mittelalterlichen "Häresien", und zwar auch in den dualistischen, ein - im typologischen, nicht notwendigerweise historischen Sinn - "pelagianisches" Moment zur Sprache kommt, daß dieses pelagianische Moment aber durchaus auch in Richtungen vorhanden war, die nicht als "abweichend" verurteilt wurden.

Um die Mitte des 12. Jh.s (seit etwa 1143) setzte die Ausbreitung der Katharer ein, deren Bewegung zu einer echten Alternative gegenüber der offiziellen Kirche wurde. Sowohl der Beginn - die um diese Zeit beginnende Verfolgung und Vertreibung der Bogomilen durch den byzantinischen Herrscher Manuel Komnenos - als auch die weitere Entwicklung waren von bogomilischen Missionaren bestimmt. Es ist jedoch unhaltbar, zu sagen, wie Joseph Lortz es tut: daß das Katharertum "dem ganzen Gefüge der mittelalterlichen Gesellschaft fremd" gewesen sei und "sich ohne Berührung mit der Entwicklung des Mittelalters aus früheren irrgläubigen, ja heidnischen Gedankengängen erhalten hatte und nun unter morgenländischem Einfluß (durch die Kreuzzüge vermittelt) an die Oberfläche trat"[24]. Dieser Verharmlosung, die auch die Wirkung der Katharer nicht erklären kann, muß eine Beurteilung entgegengehalten werden, wie sie z.B. von Herbert Grundmann gegeben wird: "Auch der Katharer-Glaube, der aus der Fremde kam, hat im Abendland nur wirken können, weil sein Dualismus und sein ethischer Rigorismus eine radikale Lösung der religiösen Probleme anzubieten schien, die dort schon vorher viele Christen beunruhigt hatten, und weil er sich dafür auf die gleiche neutestamentliche Überlieferung berief wie andere Sekten - und wie die Kirche

[24] *J. Lortz*, Geschichte der Kirche in ideengeschichtlicher Betrachtung, Münster [20]1959, 178. *Borst*, a.a.O. 223-230, nimmt zu Lortz Stellung; er zeigt zahlreiche Berührungspunkte von Katharismus und mittelalterlicher Kultur und Gesellschaft auf, stellt aber dann ebd. 225 doch fest: "So ist das mittelalterliche Glaubensleben durch die Katharer vielfach befruchtet worden; sie haben manches, was in den Sekten, in der Kirche und im Volk latent gespeichert war, aufgerührt und zur Wirkung gebracht. Dennoch sind sie stets Fremde geblieben und haben das Abendland nur auf sein Eigenes hingewiesen."

selbst."[25] Wahrscheinlich müssen wir, um nicht nur die Bewegung der Katharer, sondern auch zahlreiche andere Erscheinungen der mittelalterlichen Kultur zu verstehen, mit Le Goff vom Vorhandensein eines "versteckten Manichäismus" des Mittelalters ausgehen.[26] Ebenso ist zu beachten, daß weder die Inquisition noch später aufgetretene Mängel im Inneren der Katharerbewegung selbst das Ende dieser Bewegung herbeiführen konnten, sondern daß ihr Ende erst dann besiegelt war, als die Bettelmönche, besonders die Franziskaner, eine überzeugende Alternative boten - doch diese waren mit den Katharern eben "Antagonisten auf gemeinsamer Bühne"[27].

Diese Bemerkungen mußten vorausgeschickt werden, da die Geschichte der Katharerbewegung und ihrer Bekämpfung hier nicht geschildert werden kann.[28] Wir müssen uns im vorliegenden Zusammenhang beschränken auf einige Bemerkungen zur Rolle der dualistischen Metaphysik und Kosmologie der Katharer und zu deren "Bekämpfung". Dabei fällt wieder auf, daß die Katharer zunächst Anhänger gewannen, *ohne* daß eine dualistische Kosmologie erwähnt wird. Dies wird deutlich im Bericht des Propstes Everwin von Steinfeld an Bernhard von Clairvaux (1143/1144), in welchem schon von einer ausgebildeten Organisation der "Ketzer" im Rheinland die Rede ist: von deren asketischen Vorschriften, von deren Riten, von deren Zusammenhang mit Griechenland, aber eben nichts von kosmologischen oder kosmogonischen Vorstellungen.[29] Es war zunächst einfach das strenge "apostolische Leben", das in die Augen sprang, die Einheit von Lehre und Leben. Der Punkt, an dem der Konflikt mit der offiziellen Kirche aufbrach, lag auf der Ebene der Legitimation des Amtes durch die Lebensführung, woraus die Katharer die Bestreitung der Ansprüche des Klerus ableiteten. Die Trennungslinie war aber noch nicht so klar, da ja auch die Cluniazenser und die Vertreter der gregorianischen Reform diese Einheit von Amt und Lebensführung forderten.[30] Das aske-

25 *Grundmann*, Religiöse Bewegungen, a.a.O. 519.

26 *J. Le Goff*, Kultur des europäischen Mittelalters, München - Zürich 1970, 276.

27 *Grundmann*, Religiöse Bewegungen, a.a.O. 519.

28 Vgl. dazu bes. *Borst*, a.a.O. 89-142; *H. Grundmann*, Ketzergeschichte des Mittelalters (Die Kirche in ihrer Geschichte, Bd. 2), Göttingen [3]1978, 22-28; *Runciman*, a.a.O. 143-202.

29 Vgl. *Borst*, a.a.O. 91; *Lambert*, a.a.O. 98.

30 Die Lehre von der "objektiven", von der Würdigkeit des Spenders unabhängigen Wirkung der Sakramente wurde erst in der 2. Hälfte des 12. Jh.s in der Unterscheidung *opus operatum - opus operantis* begrifflich scharf gefaßt; vgl. *O. Semmelroth*, Art. Opus operatum - Opus operantis, in: LThK[2] VII, 1184.

tisch exemplarische Leben der Katharer beeindruckte zahlreiche Menschen, so daß sich die Bewegung rasch in Frankreich, Nord- und Mittelitalien ausbreitete, wobei alle sozialen Gruppen erfaßt wurden. Größeren Widerstand fand diese Ausbreitung in den Jahren 1143 bis 1163 nicht. 1163 jedoch wurden in Köln einige Katharer verhört (und dann verbrannt), und dabei kamen auch kosmologische Fragen zur Sprache: Die Katharer vertraten einen "gemäßigten" Dualismus, der eine Funktion des Satans bei der Erschaffung der Welt annimmt, ohne den Satan zu einem absoluten Prinzip zu erheben. Die Seelen der Menschen hielten sie für Engel, die gefallen sind, aber wieder zu Gott zurückkehren, wenn sie sich von dieser Welt befreit haben.[31]

Für die Katharer selbst wurde die Frage der genaueren Interpretation ihres Dualismus erst 1167 aktuell. Gegenüber dem bisher vertretenen "gemäßigten" Dualismus wurde in diesem Jahr die lombardische Kathargemeinde durch den aus Konstantinopel gekommenen Bogomilenbischof Niketas mit dem radikalen, absoluten Dualismus konfrontiert.[32] Dieser Dualismus wurde jedoch interessanterweise von Niketas gar nicht als solcher diskutiert, sondern er wurde mit Hinweis auf sittliche Verfehlungen der bulgarischen Vertreter des gemäßigten Dualismus gefordert.[33] Die lombardischen Katharer ließen sich überzeugen, und von der Lombardei aus wurden auch die Gemeinden in Südfrankreich für diese Lehre gewonnen.

Es dauerte allerdings ziemlich lange, bis die Gegenseite den Kern des Lehrunterschieds erfaßte. Nach verschiedenen lokalen Synoden (Reims 1148, Montpellier 1162) befaßte sich schließlich das dritte Laterankonzil (1179) mit der Frage der Katharer und anderer Häretiker. Aber auch hier lag noch immer nicht eine theoretische Abgrenzung gegenüber den verschiedenen Häretikergruppen und eine theoretische Unterscheidung von deren Lehren vor. Es ist bemerkenswert, daß schon eine Anzahl Katharer auf dem Scheiterhaufen geendet hatte und nun auf dem Konzil die Fürsten zum harten Eingreifen gegen die "Ketzer" aufriefen, die Kirche selbst aber noch gar nicht die Aufgabe gelöst hatte, zu sagen, *wer* denn nun aufgrund *welcher Lehren* als Ket-

31 Vgl. *Borst*, a.a.O. 95; *Lambert*, a.a.O 101. Diese Form findet sich auch noch bei den späten Katharern zu Beginn des 14. Jh.s in den Pyrenäen; vgl. *E. Le Roy Ladurie*, Montaillou, Frankfurt - Berlin 1986, 379.

32 Vgl. *R.I. Moore*, The Origins of European Dissent, Oxford 1985, 206-212.

33 Vgl. *Borst*, a.a.O. 96. Der radikale Dualismus wird auf die Kirche von Dragowitsa zurückgeführt, deren genaue Lokalisierung auf dem Balkan aber unsicher ist; vgl. *Lambert*, a.a.O. 190; *Sfameni-Gasparro*, a.a.O. 347.

zer anzusehen war.[34] Papst Lucius III. scheint diese Schwäche erkannt zu haben. 1184 verurteilte er in Verona die Katharer, die Patarener, die Humiliaten, die Armen von Lyon (und einige andere) und gab zwei Kennzeichen (für alle) an, durch die sie als Häretiker erkannt werden konnten. An erster Stelle wurde genannt, daß sie ohne Bevollmächtigung predigen, und an zweiter Stelle, daß sie von der kirchlichen Sakramentenlehre abweichen (DS 760. 761). Vom Dualismus oder von der Kosmologie der Katharer war noch immer nicht die Rede.

Schließlich taucht in dem Glaubensbekenntnis, das während der Regierungszeit Innozenz III. 1208 den Waldensern vorgeschrieben wurde, nach zahlreichen anderen Punkten auch die Formulierung auf, daß der Teufel nicht aufgrund seiner Konstitution (*non per condicionem*), sondern aufgrund seiner Entscheidung (*sed per arbitrium*) böse geworden sei (DS 797). Für die Waldenser aber stellte diese Frage gar kein Problem dar - sie haben selbst gegen den Dualismus der Katharer gekämpft. Ein Jahr später, 1209, begann der Kreuzzug gegen die Katharer in Südfrankreich, also der Albigenserkreuzzug, dessen Grausamkeit auf beiden Seiten hier nicht geschildert zu werden braucht. Nach der bisherigen Identifikation von Häresien durch die offizielle Kirche bleibt also die Frage, die Vertreter *welcher* Lehren hier vernichtet werden sollten; war es wirklich der östliche Bogomilismus in seiner radikalen Form des Dualismus?

Einer Kenntnis der dualistischen Lehren der Katharer kam man allerdings in jenen Jahren näher. Dies war nicht zuletzt das Verdienst des Durandus de Huesca, eines zur offiziellen Kirche zurückgekehrten Waldensers (für dessen Rückkehr das eben erwähnte Glaubensbekenntnis von 1208 formuliert worden war).[35] In der Auseinandersetzung mit den Katharern in seinem "Liber antiheresis"[36] (als Waldenser) und "Contra Manichaeos"[37] (nach seiner Rückkehr) setzt er allerdings weniger bei spekulativen Fragen an, sondern stellt seinen Gegnern eine einfache, biblische Frömmigkeit gegenüber (wobei aufgrund der Gegenposition nun bei ihm natürlich etwas Pelagianismus anklingt).[38]

34 Vgl. *Grundmann*, Religiöse Bewegungen, a.a.O. 53f.

35 Vgl. *A. Dondaine*, Durand de Huesca et la Polémique anti-Cathare, in: Archivum Fratrum Predicatorum 29(1959), 228-276.

36 *K.V. Selge*, Die ersten Waldenser, Bd. II: Liber antiheresis des Durandus von Osca, Berlin 1967.

37 *C. Thouzellier*, Une somme anti-Cathare: le "Liber contra Manichaeos" de Durand de Huesca, Löwen 1964.

38 Vgl. *Lambert*, a.a.O. 122.

Erst 1215 auf dem vierten Laterankonzil gelang es, eine eindeutige Formel aufzustellen, die den Lehrunterschied zu den Katharern markiert: Es gibt nur *einen* Schöpfer von allem, der die geistigen wie die körperlichen Geschöpfe aus Nichts geschaffen hat (DS 800).

Allerdings ist auch diese Definition des Konzils angesichts der bei den Katharern weiterhin bestehenden Diskussionen um den gemäßigten und den absoluten Dualismus ziemlich pauschal. Aus dieser Periode der Diskussion um die richtige Lehre stammt auch die wichtigste erhaltene Schrift der Katharer selbst (sonst erfahren wir ja mehr aus oft unzuverlässigen und stark schematisierenden Darstellungen der Gegner): der "Liber de duobus principiis".[39] In diesem Werk wird eine neue Variante eingeführt,[40] die jedoch auf eine alte, aber nie richtig deutlich gewordene Problematik hinweist. Der Autor nimmt die Ewigkeit der Materie an, diese ist also nicht aus Nichts geschaffen. Die beiden Prinzipien, der gute und der böse Gott, das Gute und das Böse, sind eigenständig und ewig, sie kämpfen seit Ewigkeit miteinander, und jedes schafft sich seine Welt. Die sichtbare Welt, in der wir leben, ist vom bösen Gott geschaffen worden. Satan, der Sohn des bösen Gottes, hat einige Engel, die der gute Gott geschaffen hat, verführt; diese Engel werden zu Menschenseelen, aber nicht alle Menschen besitzen eine solche Engel-Seele. Der gute Gott aber errettet die gefallenen Engel durch die Entsendung eines Engels: Jesus.[41]

In dieser Konzeption scheint zumindest die Ansicht durch, daß die ontologische und die ethische Frage zu trennen sind: die Herkunft des Bösen und die Existenz der Materie sind verschiedene Probleme; in der mythologischen Kosmologie: sie stellen verschiedene Stufen im Prozeß der Weltentstehung dar. Es bleiben im "Liber de duobus principiis" natürlich noch viele Ungereimtheiten bestehen, was auch von den Kommentatoren hervorgehoben wird,[42] aber wir müssen dabei sehen, daß auch die Formulierungen der Gegenseite nicht sehr viel klarer sind: Die Aussage des Laterankonzils, daß Gott die Welt *de nihilo* geschaffen hat, wird ebenfalls in dem Moment unklar, wo wir nach dem genauen Sinn der Präposition *de* fragen.

39 *A. Dondaine*, Un traité néo-manichéen du XIIIe siècle, le 'Liber de duobus principiis', suivi d'un fragment de rituel cathare, Rom 1939.

40 Als Vorlage dienten dem Autor teilweise die (nur durch Zitate erhaltenen) Schriften des radikal-dualistischen italienischen Katharers Johann von Lugio (1. Hälfte 13. Jh.); vgl. *Borst*, a.a.O. 276f.

41 Vgl. die Zusammenfassung bei *Borst*, a.a.O. 276f.

42 Vgl. *Borst*, a.a.O. 278.

Die angeführte Auffassung ist jedoch auch nur *eine* unter den verschiedenen Versionen des gemäßigten und absoluten Dualismus, die (mit jeweils modifizierten Mythologien) vertreten wurden. Es gab eben nicht *ein* Glaubensbekenntnis der Katharer, sondern verschiedene, die untereinander nicht auf eine Formel zu bringen waren.[43] Sowohl die Lehrstreitigkeiten als auch der äußere Druck brachten eine für die Katharer ungünstige innere Entwicklung hervor. Fragen der Kirchlichkeit und der wahren Lehre wurden wichtiger als der richtige Lebenswandel.[44] Dogma und Institution begannen, Übergewicht über die Lebenspraxis zu gewinnen (was bei den Waldensern, die bis zur Reformation ihre Vitalität behielten, nicht der Fall war). Damit aber büßten die Katharer ihre eben nicht in der Lehre begründete Kraft der realen Kritik ein, sie verfielen ähnlichen Problemen wie die offizielle Kirche; im Unterschied zu ihr aber verloren sie im 13. Jh. zudem mehr und mehr die politische Unterstützung.

In Südfrankreich ging daraufhin die Bewegung der Katharer seit der Mitte des 13. Jh.s stark zurück (Reste finden sich aber noch zu Beginn des folgenden Jahrhunderts in den Pyrenäen), in Norditalien hielt sie sich mit abnehmendem Einfluß noch bis an den Beginn des 14. Jh.s. Die Gründe für das Ende der Katharer sind mehrere: etwa die bereits genannten Albigenserkriege und die Inquisition, die seit 1233 zu einem effizienten Mittel der Ausrottung gemacht wurde und die mit weniger, aber langsam zunehmendem Nachdruck auch in Italien zur Wirkung kam. Sehr viel fraglicher ist dagegen, ob eine wirkliche "Widerlegung" des katharischen Dualismus stattgefunden hat und, wenn ja, ob diese etwas zum Niedergang der Katharerbewegung beigetragen hat. Aber: Läßt sich eine solche, letztlich metaphysische Theorie überhaupt widerlegen?

Anders jedoch verhält es sich mit der pragmatischen Relevanz einer solchen Metaphysik. Die verschiedenen Kosmologien der Katharer lieferten ein symbolisches Erklärungsmodell für die radikal asketische Lebenspraxis der "Vollkommenen", aber sie gaben kein Sinnmodell für die "einfachen" Gläubigen ab. Gerade an diesem äußeren Kreis der Bewegung tauchten dann die Fragen der "Welt", des praktischen Weltverhaltens auf, für das keine Orientierung gegeben werden konnte. Als auch der Rigorismus der "Vollkommenen" nachließ, verlor die Bewegung der Katharer ihre kritische Spitze und damit auch ihre Anziehungskraft. Nicht der Dualismus wurde letztlich widerlegt, vielmehr

43 Vgl. *Sfameni-Gasparro*, a.a.O. 345-350.

44 Vgl. *Borst*, a.a.O. 121f.

verlor er die Funktion der alternativen Theorie, als ihm keine alternative Praxis mehr entsprach. Die nun im 13. Jh. attraktive Alternative kam aus einer eher den (wenig theoretisch interessierten) Waldensern ähnlichen Bewegung der Bettelmönche, vor allem der Franziskaner. Bei ihnen zeigte sich eine "gelebte" Kosmologie, eine Haltung zur Welt und zur Natur, die diese voll anerkannte und ins Recht setzte, ihr einen positiven Sinn verlieh, wie es im bekannten Sonnengesang des Franziskus von Assisi zum Ausdruck kommt:

Erhabenster, allmächtiger, guter Herr,
dein sind der Lobpreis, die Herrlichkeit,
und die Ehre und jegliche Benedeiung.
Dir allein, Erhabenster, gebühren sie,
und kein Mensch ist würdig, dich zu nennen.
Gepriesen seist du, mein Herr,
mit allen deinen Geschöpfen,
zumal der Herrin, Schwester Sonne,
denn sie ist der Tag,
und spendet das Licht uns durch sich.
Und sie ist schön und strahlend in großem Glanz.
Dein Sinnbild trägt sie, Erhabenster.
Gepriesen seist du, mein Herr,
durch Bruder Mond und die Sterne,
am Himmel hast du sie gebildet,
hell leuchtend und kostbar und schön.
Gepriesen seist du, mein Herr,
durch Bruder Wind und durch Luft und Wolken
und heiteren Himmel und jegliches Wetter,
durch welches du deinen Geschöpfen den Unterhalt gibst.
Gepriesen seist du, mein Herr,
durch Schwester Wasser,
gar nützlich ist es
und demütig und kostbar und keusch.
Gepriesen seist du, mein Herr,
durch Bruder Feuer,
durch das du die Nacht erleuchtest;
und es ist schön und liebenswürdig
und kraftvoll und stark.
Gepriesen seist du, mein Herr,
durch unsere Schwester, Mutter Erde,
die uns ernährt und lenkt
und mannigfaltige Frucht hervorbringt
und bunte Blumen und Kräuter.
Gepriesen seist du, mein Herr,
durch jene, die verzeihen um deiner Liebe willen
und Schwachheit ertragen und Drangsal.

Selig jene, die solches ertragen in Frieden,
denn von dir, Erhabenster, werden sie gekrönt.
Gepriesen seist du, mein Herr,
durch unseren Bruder, den leiblichen Tod;
ihm kann kein Mensch lebend entrinnen. (...)
Lobet und preiset meinen Herrn
und erweiset ihm Dank
und dient ihm mit großer Demut.[45]

Zusammenfassung

1. Bei den dualistischen Häresien stand zunächst immer das kritische Anliegen im Vordergrund: die Kritik an der Praxis jener, die die (Güter der) "Welt" für sich beanspruchten.

2. Auch in der Auseinandersetzung mit den "Häretikern" ging es primär um Fragen der Lebensführung; die Frage der metaphysischen (dualistischen) Legitimation trat erst langsam und nicht zentral in die Diskussion ein.

3. Zunächst trat gewöhnlich ein "gemäßigter" Dualismus auf: Die Welt ist von einem abgefallenen Geschöpf Gottes geschaffen worden. Meist in der Folge einer Radikalisierung der Auseinandersetzung trat der "extreme" Dualismus auf: Die Welt ist von einem bösen Gegenprinzip geschaffen worden.

2. Monistische Konzeptionen: Scotus Eriugena, die Amalrikaner, Eckhart

Die monistisch-pantheistischen "Abweichungen" standen im Mittelalter weniger im Zentrum der Aufmerksamkeit als die dualistischen. Aus der Sicht der Kirche handelte es sich aber eindeutig um Abweichungen, die jedenfalls im Fall von Scotus Eriugena und Amalrich von Bena auch in einen Herkunftszusammenhang gebracht wurden. Auf dem vierten Laterankonzil (1215), auf dem die Katharer verurteilt

[45] *L. Hardick - E. Grau* (Hrsg.), Die Schriften des heiligen Franziskus von Assisi (Franziskanische Quellenschriften Bd. 1), Werl/Westfalen [6]1980, 210-211.

wurden, gedachten die Konzilsväter auch kurz der Lehre des Amalrich von Bena, meinten aber, daß diese nicht so sehr als häretisch, sondern als unsinnig zu bezeichnen sei,[46] ohne uns genauer über den Unterschied von "häretisch" und "unsinnig" zu belehren. Und mehr als ein Jahrhundert später, 1329, wurden als pantheistisch verstandene Sätze Eckharts verurteilt (DS 950-980). Wir haben es hier also mit einer Denkrichtung zu tun, die vom 9. bis zum 14. Jh. (und darüber hinaus) bestand und Einfluß hatte, die also während des gesamten Mittelalters in mehr oder weniger "häretischer" Form gegenwärtig war. Besonders seit dem 12. Jh. war diese Denkform auch mit zahlreichen religiösen Volksbewegungen verbunden, so daß ihre Bedeutung weit über den Rahmen theoretischer Diskussionen hinausging. Dabei handelte es sich - kulturgeschichtlich gesehen - auch nicht nur um eine Bewegung innerhalb der christlichen Kirche (oder an deren Rand); denn in derselben Zeit traten auch innerhalb des Judentums mystische Bewegungen - gerade auch im Umkreis der Volksreligion - auf, die ihrerseits vom "orthodoxen" Rabbinertum oft als "Abweichungen" aufgefaßt wurden.[47] Und auch bei der Interpretation der Kabbala werden wir auf die Vermutung eines Zusammenhangs mit Scotus Eriugena stoßen.

Im Bereich der christlichen Theorien dieser Art spielten immer die Schriften des Pseudo-Dionysius Areopagita eine große Rolle (bei den jüdischen Autoren hatte der Neuplatonismus ebenso einen nicht unerheblichen Einfluß). Nun stellen die Schriften des Pseudo-Dionysius Areopagita einen wesentlichen Bestandteil der gesamten philosophischen und theologischen Tradition des Mittelalters dar; zahlreiche Kommentare dazu wurden auch von Autoren verfaßt, die in keiner Weise "abweichende" Meinungen vertreten haben (z.B. Albert der Große, Thomas von Aquin[48]). Da die "abweichenden" Lehren außer im Fall Eckharts nur ganz pauschal verurteilt wurden, ist es gar nicht einfach, genau anzugeben, *was* denn nun als "abweichend" angesehen wurde. Sicher stand dahinter immer der Pantheismusverdacht. So findet sich z.B. unter den verurteilten Lehren Eckharts der Satz: "Wir werden zur Gänze in Gott verwandelt" (*nos transformamur totaliter in Deum*; DS 960). Wir müssen aber bei solchen Sätzen immer sehr vor-

46 DS 808: "(...) ut eius doctrina non tam haeretica censenda sit, quam insana."

47 Der islamische *Sufismus* kann hier nicht behandelt werden. Vgl. dazu *A. Schimmel*, Mystische Dimensionen des Islam. Die Geschichte des Sufismus, Köln 1985.

48 Bei der Verurteilung thomistischer Sätze in Oxford (vgl. Kap. XI) wurde es vermieden, Thomas von Aquin namentlich zu nennen. Diese Sätze betrafen aber gar nicht den neuplatonischen, sondern den aristotelischen Hintergrund der Philosophie des Thomas.

sichtig sein, da ihre genaue Interpretation gewöhnlich sehr schwierig ist, so daß wir oft gar nicht einfach beurteilen können, ob wir im konkreten Fall eine pantheistische Lehre vor uns haben oder nicht. Außerdem ist damit überhaupt noch nichts über die Frage gesagt, ob denn nun diese "pantheistischen Abweichler" oder gerade die "nichtpantheistischen" Interpreten die richtigen Folgerungen aus den Schriften des Pseudo-Dionysius Areopagita gezogen haben. Eine Auseinandersetzung mit solchen Positionen führt wahrscheinlich zu einem Ergebnis, das ganz ähnlich jenem ist, das sich bei dualistischen Positionen ergibt: Es gibt Formen eines "gemäßigten Dualismus", bei denen zur christlichen Lehre keine scharfe Grenze mehr besteht, und es gibt ebenso Formen eines "gemäßigten Pantheismus", bei denen das Abgrenzungsproblem genauso unlösbar wird. Die christliche Lehre von Schöpfung und Erbsünde sucht einen "vernünftigen Weg" zwischen radikalem Dualismus und extremem Pantheismus; diese "vernünftige Mitte" ist aber eben (leider oder glücklicherweise) präzise nur in der Ablehnung der alternativen Extrempositionen, jedoch (notwendigerweise) unpräzise in der Abgrenzung gegenüber "gemäßigten" Positionen, unpräzise daher auch in der Bestimmung der eigenen Position, die ja nicht im kontradiktorischen Gegenteil der abgelehnten Extremposition liegt. In dieser "Schwäche" liegt die "Stärke" der christlichen Dogmatik, und wer dies nicht beachtet, macht Dogmatik zum Dogmatismus (und in pragmatischer Hinsicht zum Fanatismus). Es soll daher auch in den folgenden kurzen Bemerkungen über einige Vertreter dieser "monistisch-pantheistischen" Richtung nicht untersucht werden, ob und inwieweit die Verurteilungen zutreffen oder nicht, sondern es soll eher versucht werden, deren Anliegen selbst zu verstehen.

Johannes Scotus Eriugena (um 810 - um 877) ist innerhalb seiner historischen Umgebung schwer begreifbar, er überschreitet den zu seiner Zeit auch für Gebildete erreichbaren Horizont zu sehr. Um so mehr ist allerdings seine weitere (und das heißt vor allem: spätere) Wirkung zu verstehen. Scotus Eriugena war einer der ganz wenigen seiner Zeit, die Griechisch beherrschten. Er stammte aus Irland und wurde um 845 von Karl dem Kahlen an dessen Hofschule berufen. Er übersetzte die Schrift über die göttlichen Namen des Pseudo-Dionysius Areopagita (die Übersetzung Hilduins aus der ersten Hälfte des 9. Jh.s war völlig unzureichend gewesen) und die "Ambigua" des Maximus Confessor. Letzterer, selbst extremer Vertreter der Theologie des Pseudo-Dionysius Areopagita, hatte seine Werke im 7. Jh. verfaßt; wir sind also - berücksichtigen wir die langsamere Geschichtszeit des Mittelalters - mit Scotus Eriugena im 9. Jh. fast noch innerhalb einer direkten Überlieferung; dies allerdings nur zeitlich, denn örtlich sind wir in Frankreich und dort an einer Hofschule von Königen, bei denen die Kenntnis des Lesens und Schreibens keineswegs zu den Selbstverständlichkeiten gehört - und so war der unmittelbare Einfluß des Scotus Eriugena sicher begrenzt.

Scotus Eriugena verfaßte mit seinem Hauptwerk "Über die Einteilung der Natur"[49] ein für die damalige Zeit ungewöhnlich umfangreiches Werk, das etwa die Ausmaße von Hegels "Phänomenologie des Geistes" aufweist (der Vergleichspunkt ist wegen geistesgeschichtlich vorhandener Beziehungen gewählt)[50]. Die "Schöpfung" (*creatio*) ist für Scotus Eriugena ein Schlüsselwort seines ganzen Systems. Denn dieser Begriff liefert ihm das Prinzip der Einteilung des obersten Begriffs, der "Natur". (Schon ein solcher Begriff als Zentralbegriff, der Gott und Welt übergreift, muß für Zeitgenossen des 9. Jh.s schlechterdings befremdlich gewesen sein,[51] auch wenn wir hier natürlich nicht den modernen Naturbegriff einsetzen dürfen.)

Scotus Eriugena denkt Gott und Welt aus einer inneren Einheit heraus: Gott ist die schaffende, aber nicht geschaffene Natur (*natura creans, non creata*); die Welt ist die Natur, die geschaffen ist und nicht schafft (*natura creata, non creans*); verbunden sind beide durch den Inbegriff der göttlichen Ideen, die Natur, die geschaffen ist und die schafft (*natura creata et creans*).[52] Dies sind jedoch nicht verschiedene Bereiche, sondern Momente an einem dialektischen Entfaltungsvorgang:

> Denn wenn er selber, der für alles der Verursacher des Seins und Gutseins ist, auch in Alles hervortritt und in jeder Kreatur selber wird und alles einschließt, was bleibt anderes übrig, als daß wir dies auf die Weisheit Gottes als die schöpferische Ursache von

49 *Johannes Scotus Eriugena*, Über die Einteilung der Natur, übers. v. L. Noack, Hamburg ²1984. - In den folgenden Zitaten ist die Orthographie modernisiert.

50 Vgl. *F.A. Staudenmaier*, Johannes Scotus Eriugena und die Wissenschaft seiner Zeit. Mit allgemeinen Entwicklungen der Hauptwahrheiten auf dem Gebiet der Philosophie und Religion, und Grundzügen zu einer Geschichte der speculativen Theologie, Frankfurt 1834 (Nachdruck Frankfurt 1966).

51 Der Gebrauch von *natura* bei Scotus Eriugena stellt eine vor allem auf Boethius und Pseudo-Dionysius Areopagita beruhende Neuinterpretation dieses Begriffs dar; vgl. *D.J. O'Meara*, The Concept of Natura in John Scottus Eriugena, in: Vivarium 19(1981), 127-145.

52 *Scotus Eriugena*, a.a.O. 3f. - Die vierte Unterscheidung, ebd. 4, wäre durch die Natur gewonnen, die nicht schafft und nicht geschaffen ist, zu der Eriugena aber feststellt, daß sie unter Unmögliches fällt. Er kennt also keine möglichen, aber nicht geschaffenen Welten.

Allem beziehen, die in Allem, was sie schafft, auch geschaffen wird und entsteht, indem sie alles einschließt, worin sie geschaffen wird und entsteht?[53]

Die ganze Welt wird damit zur Erscheinung Gottes, zu einer Metapher Gottes selbst.[54] Es ist ein letztlich ästhetischer Gesichtspunkt, mit dem Scotus Eriugena an die "Erklärung" der Gesamtheit der Natur herangeht. Die Welt ist begriffen als Theophanie, als Hervortreten Gottes selbst in die Sichtbarkeit:

> Von sich selber also empfängt Gott die Veranlassungen zu seinen göttlichen Erscheinungen; denn aus ihm und in ihm, durch ihn und für ihn ist Alles. Demnach ist auch der Stoff selber, aus dem (wie wir lesen) die Welt geschaffen worden ist, von und in ihm selber, und er selber ist im Stoffe, soweit dieser für seiend gilt.[55]

Dieser Grundgedanke, daß in der Welt nichts in Erscheinung treten kann, was nicht Gott selbst ist, ist der Ansatzpunkt für die - der Lehre von der "Schöpfung aus Nichts" gegenüber beinahe schockierende, aber bei Scotus Eriugena durchaus systemgerechte - Auffassung, daß unter dem "Nichts" eben letztlich auch nur Gott selbst bzw. ein bestimmter Aspekt an Gott oder an unserer Erkenntnis Gottes verstanden werden kann.[56] Auf die Frage, was mit dem Namen "Nichts" bezeichnet wird, antwortet Scotus Eriugena:

> Ich glaube, daß mit diesem Namen die unaussprechliche und unzugängliche Klarheit der jedem menschlichen oder engelischen (sc. engelhaften) Denken unbekannten göttlichen Güte bezeichnet wird, die ja, überwesentlich und übernatürlich und für sich selber betrachtet, weder ist, noch war noch sein wird. (...) Als unerfaßbar gedacht, wird sie nicht mit Unrecht in ausnehmender Weise das Nichts genannt. Indem sie jedoch in ihren Gott-Erscheinungen sichtbar zu werden beginnt, wird gesagt, daß sie gleichsam aus Nichts ins Etwas hervorgehe. (...) und deshalb kann jede sichtbare und unsichtbare Kreatur eine göttliche Erscheinung genannt werden.[57]

53 Ebd. III 9; a.a.O. 282.

54 Vgl. *B. Bosnjak*, Dialektik der Theophanie. Über den Begriff der Natur bei J.S. Eriugena, in: La filosofia della natura nel medioevo, Milano 1966, 264-271, bes. 268f.; *W. Beierwaltes*, Negati Affirmatio: Welt als Metapher. Zur Grundlegung einer mittelalterlichen Ästhetik durch Johannes Scotus Eriugena, in: Philosophisches Jahrbuch 83(1976), 237-256, bes. 243. Die Analysen von Beierwaltes sind wesentlich differenzierter als die von Bosnjak. - Vgl. auch *T. Gregory*, Note sulla dottrina delle "teofanie" in Giovanni Scoto Eriugena, in Studi Medievali 3a serie IV (1963), 75-91.

55 *Scotus Eriugena*, Über die Einteilung der Natur III 17; a.a.O. 330.

56 Vgl. dazu *D.F. Duclow*, Divine Nothingness and Self-Creation in John Scotus Eriugena, in: The Journal of Religion 57(1977), 109-123; *G.A. Piemonte*, Notas sobre la *creatio de nihilo* en Juan Escoto Eriugena, in: Sapientia 23(1968), 37-58. 115-132, bes. 52-55.

57 *Scotus Eriugena*, Über die Einteilung der Natur III 19, a.a.O. 333.

Die Formel von der "Schöpfung aus Nichts" ist somit, um richtig verstanden zu werden, für Scotus Eriugena zugleich ein Ausdruck, der die Form theologischen Denkens, das Denken aus der Negation heraus, kennzeichnet. Er weiß - in Aufnahme der Forderungen der negativen Theologie -, daß in der Theologie die Verneinung größere Bedeutung hat als die Bejahung:

> Wer dies beachtet, wird sich nicht wundern, daß Gott oftmals mit dem Worte "Nichts" bezeichnet wird.[58]

Es ist gerade die Kraft der Negation, die die Welt theophan, transparent auf ihren Grund hin macht. Durch den Vorrang der Negation ist es offenbar, daß das Denken über alles Begrenzte hinausgehen muß, um das Göttliche denken zu können. Durch die Negation wird aber bei Scotus Eriugena gerade nicht der Grund der Welt von der Welt als das ganz Andere abgesetzt, vielmehr hebt sie das endlich Erscheinende auf in seinen Grund, der sich in eben diesem Geschaffenen offenbart:

> Wir dürfen somit Gott und Kreatur nicht als von einander verschiedene Zwei denken, sondern als eins und dasselbe. Denn auch die Kreatur ist in Gott bestehend, und Gott wird in der Kreatur auf wunderbare und unaussprechliche Weise geschaffen, indem er sich selber offenbart.[59]

Dem Satz, daß Gott als "Nichts" bezeichnet wird, korrespondiert also der andere, der besagt, daß Gott "Alles" ist. Die Negation, die uns über alles hinausführt, führt uns gleichzeitig in alles hinein, da der göttliche Grund "Alles in Allem ist"[60]. Bei Scotus Eriugena gibt es also keine Abkehr vom Welthaften, vom Materiellen, um das göttliche Licht zu schauen, sondern gerade Hinwendung zur Welt, aber Hinwendung in einem und durch einen von der Negation getragenen Akt, durch den die Welt als Theophanie erfaßbar wird. Die Erkenntnis der theo-logischen Struktur der Welt ist gleichzeitig der Punkt, an dem die Rückkehr des Geschaffenen zu Gott einsetzt, damit aber gleichzeitig und in einem die Rückkehr Gottes zu sich selbst:

58 Ebd. III 20; a.a.O. 339.

59 Ebd. III 17; a.a.O. 330.

60 Ebd. III 20; a.a.O. 338; vgl. III 10; a.a.O. 289: "Also ist Gott alles, und Alles ist Gott."

> Und indem er so geordnet in Alles hereintritt, macht er selber Alles und wird selber in Allem Alles, um zugleich damit, daß er Alles in sich zurückruft, zu sich selber zurückzukehren.[61]

Diese Rückkehr, die im Erfassen des Umschlagens von Welt in Erscheinung Gottes stattfindet, hat das Paradigma ihrer Handlung in der schöpferischen Tätigkeit des Künstlers.[62] Nicht die Hervorbringung von Nützlichem, das kausal auf anderes Endliches bezogen ist, sondern die Hervorbringung von Schönem transformiert Welt in Offenbarung. Die Theologie, die den theophanen Charakter der Welt deutet, wird zum Ursprung des künstlerischen Schaffens, so wie das künstlerische Produkt wieder eine Anleitung zu theologischem Denken wird. Scotus Eriugena lieferte so den systematischen Rahmen dafür, daß später, im 12. Jh., die Kathedrale das Modell des Kosmos, die sichtbare Kosmologie werden konnte.[63]

Ein solches Denken hat die Möglichkeit, sich ganz auf die Welt einzulassen, alles wird zum Zeichen des Göttlichen. Die Grenze erreicht es jedoch immer dann, wenn es an das Widerständige stößt, das sich einer Transformation in göttliche Offenbarung widersetzt. Hier liegt dann - wie unter ziemlich anderen Voraussetzungen bereits bei Irenäus - die Versuchung nahe, das Böse, das Übel ästhetisierend wegzudeuten. Die Bilder, die in diesem Zusammenhang auftreten, sind immer ziemlich ähnlich: Es wird auf ein dem Denken und der Anschauung unverfügbares "Ganzes", eine "Harmonie" verwiesen, in welcher das Übel, das Böse aufgehoben und überwunden, letztlich aber eben gar nicht vorhanden wäre:

> Denn was nur einen Teil trifft, läßt Gott im Ganzen nicht geschehen, da beim Blick aufs Ganze nichts Häßliches als häßlich erscheint und kein Böses schadet und kein Irrtum verführt.[64]

Wenn Gott alles in allem ist, so gibt es tatsächlich keine andere Lösung. Wird Gott in allem offenbar, so kann das Übel nur aus dem getrübten, nicht auf das Ganze gerichteten Blick des Menschen resultieren. Diese Konzeption, die zunächst zur offenen Wahrnehmung der

61 Ebd. III 20; a.a.O. 336.

62 Vgl. *Beierwaltes*, a.a.O. 262-265.

63 Vgl. *E. Panofsky*, Zur Philosophie des Abtes Suger von Saint Denis, in: W. Beierwaltes (Hrsg.), Platonismus in der Philosophie des Mittelalters, Darmstadt 1969, 109-120; *Panofsky*, Gothic Architecture and Scholasticism, New York - London 1951 (Nachdruck 1976); *R. Assunto*, Die Theorie des Schönen im Mittelalter, München [2]1987, 98-104.

64 *Scotus Eriugena*, Über die Einteilung der Natur III 20; a.a.O. 338.

ganzen Wirklichkeit geführt hatte, mußte dann diese Wahrnehmung in einem aller möglichen Erfahrung gegenüber transzendenten "Ganzen", einer unüberprüfbaren Offenbarung gründen bzw. die Erfahrung selbst ästhetisierend verfremden - genau dies war die Lösung des Scotus Eriugena. "Für Eriugena jedenfalls wird die Theophanie der Welt als Theophanie selbst zur Theodizee."[65] In der ästhetischen Verklärung der Negativität der Erfahrung realer Wirklichkeit findet die Rationalität des Scotus Eriugena eine klare Grenze.[66]

Wir finden hier eine Argumentation wiederaufgenommen, der wir bei Irenäus und beim frühen Augustinus begegnet waren. Dieser Rückgriff wurde bei Scotus Eriugena ganz bewußt vollzogen, auch wenn bei ihm Gregor von Nyssa als Vertreter der griechischen Theologie die überragende Rolle spielte. Dabei ist ganz deutlich, daß der Rückgriff mit ebenso bewußter Ablehnung der Theologie des späten Augustinus geschah.[67] Genau diese Theologie des späten Augustinus, d.h. vor allem die Prädestinationslehre, hatte der Mönch Gottschalk in aller Schärfe vertreten.[68] Um 850 beauftragte Hinkmar von Reims Scotus Eriugena mit der Widerlegung dieses Augustinismus (der in dieser - durchaus konsequenten - Form nun auch die gesellschaftliche Ordnungsfunktion der Kirche in Frage stellte)[69]. Es war daher für Scotus Eriugena die "einfachste" Lösung der Aufgabe, einfach die Argumente des frühen Augustinus gegen den Manichäismus hervorzuholen, die ihrerseits der griechischen Philosophie und Theologie entsprachen: Der Mensch ist frei, das Böse ist nur ein Element in der Schönheit des Kosmos usw. Prudentius von Troyes sah sofort, daß hier der Ire Scotus Eriugena in seinem Werk "De praedestinatione"[70] die Position des Iren Pelagius vertrat.[71] Auf der Synode von Quiercy (853) wurde Gottschalk

65 *Beierwaltes*, a.a.O. 258.

66 *Assunto*, ebd. 88f., spricht von der Schönheit des Mißgestalteten und des Grauenhaften, das hier seine theoretische Rechtfertigung findet; dies ermöglicht eine "Mystik des Schreckens".

67 Auf anderem Wege war allerdings auch der späte Augustinus zu einer "Mystik des Schreckens" gelangt (vgl. Kap. IX).

68 Gottschalk, ein sächsischer Grafensohn und Mönch, trat zunächst in Italien mit seiner Prädestinationslehre hervor und begab sich dann auf eine Balkanreise bis nach Bulgarien (!). Die Auseinandersetzungen um seine Lehre begannen anschließend an diese Reise auf der Synode von Mainz (848).

69 Vgl. *H. Liebeschütz*, Texterklärung und Weltdeutung bei Johannes Eriugena, in: Archiv für Kulturgeschichte 40(1958), 74.

70 PL 122, 355-440.

71 Vgl. *Liebeschütz*, a.a.O. 79.

verurteilt (DS 621-624), ebenso wie Scotus Eriugena auf der Synode von Valence im Jahr 855 (DS 625-633). Während aber Gottschalk bis zu seinem Lebensende in Gefangenschaft blieb, konnte Scotus Eriugena ungestört weiter seiner gelehrten Tätigkeit nachgehen.

In der konkreten Auseinandersetzung erschienen immer wieder die beiden Positionen: griechische Theologie (und früher Augustinus) - später Augustinus; interessant ist jedoch, daß die Institution sich nun gegen die Lehre des späten Augustinus stellte (und den Kommentator der areopagitischen Hierarchien als Ordnungsfaktor ansah). Dabei müssen wir aber im Auge behalten, daß das spekulative Werk des Scotus Eriugena das Bildungsniveau seiner Zeit in einem solchen Maß überstieg, daß es zunächst in seinen Konsequenzen gar nicht erfaßt wurde.

Diese Fragen wurden erst im 13. Jh. aktuell. Zunächst schien es sich nur um eine Episode zu handeln, die durch Amalrich von Bena (gest. 1205/1207) und vor allem durch seine Schüler hervorgerufen worden war. Es gilt als ziemlich sicher, daß Amalrich die Schriften des Scotus Eriugena kannte; ob und inwieweit er sie richtig deutete, ist umstritten.[72] Die Lehre des Amalrich wurde jedenfalls als Pantheismus aufgefaßt.[73] 1210, also erst nach Amalrichs Tod, wurden die Lehren der "Amalrikaner" auf einer Synode von Paris verurteilt, und 1215 nochmals - ganz allgemein gefaßt - auf dem vierten Laterankonzil (vgl. oben). Da das Werk des Scotus Eriugena "Über die Einteilung der Natur" als Quelle der Irrlehren angesehen wurde, wurde es schließlich 1225 von Papst Honorius III. verurteilt.

Anders als bei den Katharern hatte die Bewegung der Amalrikaner einen "akademischen" Ursprung, sie breitete sich zunächst unter Magistern der Universität Paris aus. Im selben Dekret, das die Lehren Amalrichs verurteilte, findet sich auch zum ersten Mal ein Verbot, die - neu bekannt gewordene (vgl. Kap. XI) - aristotelische Naturphilosophie und Metaphysik zu studieren. Gleichzeitig wurde David von Dinant verurteilt, bei dem ein solcher Einfluß bereits spürbar war,[74] der allerdings auch pantheistische Thesen vertrat, welche eher auf Konse-

[72] Vgl. *Grundmann*, Religiöse Bewegungen, a.a.O. 361.

[73] Vgl. *G.C. Capelle*, Amaury de Bène. Étude sur son panthéisme formel, Paris 1932; *E. Gilson*, La philosophie au moyen âge, Paris 1922 (Nachdruck Paris 1976), 383.

[74] Vgl. *M. Kurdzialek*, David von Dinant und die Anfänge der aristotelischen Naturphilosphie, in: La filosofia della natura nel medioevo, a.a.O. 407-416; vgl. auch *F. van Steenberghen*, Die Philosophie im 13. Jahrhundert, München - Paderborn - Wien 1977, 91f.

quenzen aus den Schriften des Scotus Eriugena hinweisen: Wenn Gott alles ist, so ist Gott mit der Materie identisch.[75]

Die Amalrikaner nahmen an, daß Gott alles in allem ist, und leiteten daraus praktische Konsequenzen ab, die sich als solche nicht bei Scotus Eriugena finden, von denen wir aber auch nicht einfach sagen können, sie seien nicht ableitbar. (Wir dürfen nicht vergessen, daß wir inzwischen in einer Zeit schon ziemlich entwickelter Logik bzw. "Dialektik" nach dem damaligen Sprachgebrauch sind.) Für den, der die Einheit von Gott und Welt erkannt hat, kann es keine privilegierten Orte der Gottbegegnung (Sakramente) geben; und wer erkannt hat, daß das Böse ein reines Nichts ist, der ist über das Böse erhaben.[76] Solche Thesen wurden von den Gegnern in dem Sinn interpretiert, daß die Vertreter dieser Lehre sich über die Verbote der Moral erhaben glaubten. Dahinter stand die öfters auftretende Zweideutigkeit der These: Der Vollkommene kann nicht mehr sündigen.[77] (Diese These wurde bei Dualisten wie bei Pantheisten vertreten; die Zweideutigkeit trat historisch tatsächlich auch bei den Bogomilen und den Katharern auf.) Das heißt, daß diese These sowohl für ethischen Rigorismus wie auch für ethischen Libertinismus verwendet werden konnte. Inwieweit die Folgerung des praktischen Libertinismus gezogen wurde, ist oft historisch nicht genau festzustellen, da sie von den Gegnern ziemlich stereotyp behauptet wurde. Bei einigen Amalrikanern scheint es tatsächlich der Fall gewesen zu sein;[78] bei den meisten der nun kurz zu erwähnenden Bewegungen handelte es sich aufs Ganze gesehen um reine Unterstellungen mit der Absicht, diese Bewegungen bzw. einzelne Vertreter derselben zu diskriminieren und damit solche Bewegungen entweder auszurotten oder gesellschaftlich wieder in den Griff zu bekommen.

Seit Beginn des 13. Jh.s tauchten nämlich an verschiedenen Orten "pantheistische", mystische, enthusiastische Gruppen auf, hinter denen nicht wie bei den Katharern eine feste Organisation stand, sondern die gewöhnlich ohne feste soziale Strukturen neue Lebensformen suchten. Bekannt sind die Beginen, die Papelarden und die "Ketzer" von Ries, die seit der Mitte des 13. Jh.s auch unter dem Namen "Brüder (und

75 Vgl. *E. Gilson*, La philosophie au moyen âge, Paris ^{2}1952, 385.

76 Vgl. *Grundmann*, Religiöse Bewegungen, a.a.O. 367-373.

77 Es handelt sich hier um verschiedene Formen des Augustinischen Satzes: "Dilige et quod vis fac."

78 Vgl. *Grundmann*, Religiöse Bewegungen, a.a.O. 371f.; *E. Hammerschmidt*, Art. Amalrikaner, in: LThK^{2} I, 416.

Schwestern) des freien Geistes" außer in ihrem Ursprungsgebiet (Schwaben) auch in ganz Süd- und Westdeutschland, in Frankreich und Italien angetroffen wurden. Daneben gab es auch zahlreiche andere Gruppen, die unter verschiedenen Bezeichnungen in den Berichten der Zeit erscheinen.[79]

In allen diesen Bewegungen wurden zwar kaum Fragen der Metaphysik und der Kosmologie behandelt; ihr "theoretischer" Hintergrund war aber doch jener, dem wir bei Scotus Eriugena und bei den - von Eriugena abhängigen - Amalrikanern begegneten. Das "Neue" an diesen Bewegungen war auch weniger ihre "Theorie", sondern vielmehr die Tatsache, daß die Form der Mystik, die bisher eher den Mönchen vorgehalten war, nun auf alle Bereiche der Gesellschaft übergriff, also sozusagen entmonopolisiert wurde. Gerade dies machte diese "abweichende Weltauffassung" erst gesellschaftlich so relevant und brisant.

Es wäre aber auch wieder unzureichend, hier nur von einer Form der Volksfrömmigkeit zu sprechen, die einen mehr oder weniger pantheistischen Hintergrund hatte. Diese Bewegungen hatten ihre Parallelen durchaus auch im "akademischen" Bereich, und mit ihm standen sie auch in starker Beziehung. Die Situation war schon deshalb schwer durchschaubar, weil sich Vertreter des akademischen Bereichs - die oft auch gleichzeitig als Prediger tätig waren - auf Schriften stützen konnten, welche nicht als "abweichend" angesehen wurden, jedoch aufgrund ihrer neuplatonischen Herkunft Weiterführungen nahelegen konnten, wie sie schon Scotus Eriugena tatsächlich unternommen hatte. Dies galt natürlich vor allem von den als authentisch christlich angesehenen Schriften des Pseudo-Dionysius Areopagita, deren Autorität im Mittelalter kaum ihresgleichen hatte. Das galt z.B. aber auch von der Schrift "Liber de causis", die seit Beginn des 13. Jh.s bekannt war und die zunächst als aristotelische Schrift angesehen wurde, obwohl sie (wie dies Thomas von Aquin dann auch erkannte) ein Auszug aus Schriften des Neuplatonikers Proklos (5. Jh.) ist.[80] Die Thesen dieser sehr verbreiteten Schrift waren von ihrem Redaktor - in verständlicherweise nicht ganz kohärenter Weise - so gefaßt worden, daß in ih-

[79] Vgl. z.B. *Grundmann*, Religiöse Bewegungen, a.a.O. 319-438.

[80] Verfasser, Ursprungszeit und Ursprungsort dieser ursprünglich arabisch abgefaßten Schrift sind umstritten. Die wahrscheinlichste These ist, daß es sich um einen arabischen Text aus dem 9. Jh. handelt. Vgl. dazu *H.-D. Saffrey*, Der gegenwärtige Stand der Forschung zum "Liber de causis" als einer Quelle der Metaphysik des Mittelalters, in: Beierwaltes (Hrsg.), Platonismus in der Philosophie des Mittelalters, a.a.O. 462-483.

nen auch der Begriff "Schöpfung" (*creatio*) vorkam.[81] Mit dieser und ähnlichen Schriften, die erst im 13. Jh. Einfluß erlangten, wurde jedoch nur eine auch schon im 12. Jh. vorhandene Tendenz verstärkt, Theologie und Philosophie innerhalb einer mystischen Orientierung zu entwickeln.[82]

An der Wende vom 13. zum 14. Jh. trafen sich nun diese Traditionen mit der bereits seit einem Jahrhundert verbreiteten Forderung nach Erneuerung des religiösen Lebens, welche ja (vgl. weiter oben) auch schon in ganz konkreten Bewegungen Ausdruck gefunden hatte, zu denen unter vielen anderen die Waldenser, die Katharer, die Bettelorden (und wenig später die Spiritualen) und die Beginen gehörten. Auf diesem Hintergrund erwuchs die spekulative Mystik, bei der vermutlich nur in sehr untergeordneter Weise auch eine Reaktion auf den "Rationalismus" der scholastischen Philosophie und Theologie am Werk war. Der bedeutendste und einflußreichste Vertreter dieser spekulativen Mystik war Eckhart (um 1260-1327), ein Dominikaner, der wichtige Funktionen sowohl in der Ordensleitung als auch als Lehrer in Paris und Köln innegehabt hatte, der aber auch (und vielleicht vor allem) als Prediger große Ausstrahlung besaß. Bei Eckhart ist die sehr lebendige und wirksame Beziehung zur Bewegung der Volksfrömmigkeit besonders der Beginen und Begarden nicht zu übersehen, wobei wir diese Beziehungen von Anfang an in beiden Richtungen sehen müssen. Am Ende des 13. Jh.s hatte das kleine Buch "Miroir des simples âmes" der Marguerite Porete aus Hainaut (bei Valenciennes) große Verbreitung gefunden; es war ins Lateinische, Italienische und Englische übersetzt worden. Sie lehrte darin die Vereinigung der zunichte gemachten und befreiten Seele mit Gott:

> Diese Eins ergibt sich, wenn die Seele in jene einfache Gottheit zurückgekehrt ist, die ein einziges im Genießen verströmtes Sein ist, ohne Empfindung in vollständigem Wissen über allem Denken. (...) Keiner vermag ein tiefer zunichte gewordener Mensch zu sein.[83]

1310 wurde Marguerite Porete als Ketzerin verbrannt.[84]

81 Vgl. *L. Sweeney*, Doctrine of Creation in Liber de causis, in: An Etienne Gilson Tribute, Milwaukee 1959, 274-289.

82 Vgl. *M.-M. Davy*, Initiation médiévale. La philosophie au douzième siècle, Paris 1980.

83 *M. Porete*, Der Spiegel der einfachen Seelen, Zürich - München 1987, 210f.

84 1312 erfolgte auf dem Konzil von Vienne die Verurteilung mehrerer Lehren der Beginen und Begarden (DS 891-899), welche auch wieder die - historisch nicht erweisbare - Lehre des moralischen Libertinismus enthalten.

Es bestehen gute Gründe, anzunehmen, daß Eckhart den "Miroir" kannte,[85] in jedem Fall entsprachen seine eigenen Intuitionen weitgehend den auch bei den Beginen vorhandenen. Und seine eigenen Predigten wirkten wieder stark ein auf die mystische Frömmigkeit besonders bei den Dominikanerinnen, aber auch in Kreisen darüber hinaus (Heinrich Seuse und Johannes Tauler setzten diese Predigttätigkeit mit gleicher Intention fort).[86]

Bei dem folgenden Abschnitt aus einer Predigt Eckharts, die die Schöpfung so auslegt, daß der Mensch von Gott frei werden muß, um Gottes Ursache und Grund der Welt zu werden, müssen wir uns bewußt sein, daß es sich um eine vor einem "nicht-spekulativen" Publikum gehaltene Rede handelt:

> Wenn einer mich nun fragte, was denn aber das sei: ein armer Mensch, der nichts *will*, so antworte ich darauf und sage so: Solange der Mensch dies noch (an sich) hat, daß es sein *Wille* ist, den allerliebsten Willen Gottes erfüllen zu *wollen*, so hat ein solcher Mensch nicht die Armut, von der wir sprechen wollen; denn dieser Mensch hat (noch) einen Willen, mit dem er dem Willen Gottes genügen will, und das ist *nicht* rechte Armut. Denn, soll der Mensch wahrhaft Armut haben, so muß er seines geschaffenen Willens so ledig sein, wie er's war, als er (noch) nicht war. Denn ich sage euch bei der ewigen Wahrheit: Solange ihr den *Willen* habt, den Willen Gottes zu erfüllen, und Verlangen habt nach der Ewigkeit und nach Gott, solange seid ihr nicht arm; denn nur das ist ein armer Mensch, der *nichts* will und *nichts* begehrt.
>
> Als ich (noch) in meiner ersten Ursache stand, da hatte ich keinen Gott, und da war ich Ursache meiner selbst; da wollte ich nichts und begehrte ich nichts, denn ich war ein lediges Sein und ein Erkenner meiner selbst im Genuß der Wahrheit. Da wollte ich mich selbst und wollte nichts sonst; was ich wollte, das war ich, und was ich war, das wollte ich, und hier stand ich Gottes und aller Dinge ledig. Als ich aber aus freiem Willensentschluß ausging und mein geschaffenes Sein empfing, da hatte ich einen Gott; denn ehe die Kreaturen waren, war Gott (noch) nicht "Gott": er war vielmehr, was er war. Als die Kreaturen aber wurden und sie ihr geschaffenes Sein empfingen, da war Gott nicht in sich selber "Gott", sondern in den Kreaturen war er "Gott".
>
> Nun sagen wir, daß Gott, soweit er (lediglich) "Gott" ist, nicht das höchste Ziel der Kreatur ist; denn *so* hohen Seinsrang hat (auch) die geringste Kreatur *in* Gott. Und wäre es so, daß eine Fliege Vernunft hätte und auf dem Wege der Vernunft den ewigen Abgrund göttlichen Seins, aus dem sie gekommen ist, zu suchen vermöchte, so würden wir sagen, daß Gott mit alledem, was er als "Gott" ist, nicht (einmal) dieser Fliege Erfüllung und Genügen zu schaffen vermöchte. Darum bitten wir Gott, daß wir "Gottes" ledig

[85] Vgl. *K. Ruh*, Meister Eckhart, München 1985, 104-108.

[86] Auf den Einfluß dieser Predigten für den Bedeutungsgehalt verschiedener Worte der deutschen Sprache (z.B. "Gemüt") kann hier nicht eingegangen werden. Vgl. z.B. *P. Wyser*, Taulers Terminologie vom Seelengrund, in: Beierwaltes (Hrsg.), Platonismus in der Philosophie des Mittelalters, a.a.O. 381-409; *J.A. Hernández*, Studien zum religiös-ethischen Wortschatz der deutschen Mystik, Berlin 1984.

werden und daß wir die Wahrheit dort erfassen und ewiglich genießen, wo die obersten Engel und die Fliege und die Seele gleich sind, dort, wo ich stand und wollte, was ich war, und war, was ich wollte. So denn sagen wir: Soll der Mensch arm sein an Willen, so muß er so wenig wollen und begehren, wie er wollte und begehrte, als er (noch) nicht war. Und in *dieser* Weise ist der Mensch arm, der nichts *will.*

Zum andern Male ist das ein armer Mensch, der nichts *weiß.* Wir haben gelegentlich gesagt, daß der Mensch so leben sollte, daß er weder sich selber noch der Wahrheit noch Gott lebte. Jetzt aber sagen wir's anders und wollen weitergehend sagen: Der Mensch, der diese Armut haben soll, der muß so leben, daß er nicht (einmal) *weiß*, daß er weder sich selber noch der Wahrheit noch Gott lebe; er muß vielmehr so ledig sein alles Wissens, daß er nicht wisse noch erkenne noch empfinde, daß Gott in ihm lebt; mehr noch: er soll ledig sein alles Erkennens, das in ihm lebt. Denn, als der Mensch (noch) im ewigen Wesen Gottes stand, da lebte in ihm nicht ein anderes; vielmehr, was da lebte, das war er selber. So denn sagen wir, daß der Mensch so ledig sein soll seines eigenen Wissens, wie er's tat, als er (noch) nicht war, und er lasse Gott wirken, was er wolle, und der Mensch stehe ledig. (...)

Zum dritten ist das ein armer Mensch, der nichts *hat.* Viele Menschen haben gesagt, das sei Vollkommenheit, daß man nichts an materiellen Dingen der Erde (mehr) besitze, und das ist wohl wahr in *dem* Sinne: wenn's einer mit Vorsatz so hält. Aber dies ist nicht der Sinn, den *ich* meine.

Ich habe vorhin gesagt, *das* sei ein armer Mensch, der nicht (einmal) den Willen Gottes erfüllen *will*, der vielmehr so lebe, daß er seines eigenen Willens *und* des Willens Gottes so ledig sei, wie er's war, als er (noch) nicht war. Von *dieser* Armut sagen wir, daß sie die höchste Armut ist. - Zum zweiten haben wir gesagt, *das* sei ein armer Mensch, der (selbst) vom Wirken Gottes in sich nichts *weiß.* Wenn einer des Wissens und Erkennens so ledig steht, so ist *das* die reinste Armut. - Die dritte Armut aber, von der ich nun reden will, ist die äußerste Armut: es ist die, daß der Mensch nichts *hat.*

Nun gebt hier genau acht! Ich habe es (schon) oft gesagt, und große Meister sagen es auch: der Mensch solle aller Dinge und aller Werke, innerer wie äußerer, so ledig sein, daß er eine eigene Stätte Gottes sein könne, darin Gott zu wirken vermöge. Jetzt aber sagen wir anders. Ist es so, daß der Mensch ledig steht aller Kreaturen und Gottes und seiner selbst, steht es aber noch so mit ihm, daß Gott in ihm eine Stätte zum Wirken findet, so sagen wir: Solange es das noch in dem Menschen gibt, ist der Mensch (noch) nicht arm in der äußersten Armut. Denn Gott strebt für sein Wirken nicht danach, daß der Mensch eine Stätte in sich habe, darin Gott wirken könne; sondern *das* (nur) ist Armut im Geiste, wenn der Mensch *so* ledig Gottes und aller seiner Werke steht, daß Gott, dafern er in der Seele wirken wolle, *selbst* die Stätte sei, darin er wirken will, - und dies tut er (gewiß) gern. Denn, findet Gott den Menschen *so* arm, so *wirkt* Gott sein eigenes Werk und der Mensch *erleidet* Gott so in sich, und Gott ist eine *eigene* Stätte seiner Werke angesichts der Tatsache, daß Gott einer ist, der *in sich selbst* wirkt. Allhier, in dieser Armut, erlangt der Mensch das ewige Sein (wieder), das er gewesen ist und das er jetzt ist und das er ewig bleiben wird. (...)

So denn sagen wir, daß der Mensch so arm dastehen müsse, daß er keine Stätte sei noch habe, darin Gott wirken könne. Wo der Mensch (noch) Stätte (in sich) behält, da behält er (noch) Unterschiedenheit. Darum bitte ich Gott, daß er mich "Gottes" quitt mache; denn mein wesentliches Sein ist oberhalb von Gott, sofern wir Gott als Ursprung der Kreaturen fassen. In jenem Sein Gottes nämlich, wo Gott über allem Sein und über aller Unterschiedenheit ist, dort war ich selber, da wollte ich mich selber und erkannte mich selber (willens), diesen Menschen (= mich) zu schaffen. Darum bin ich Ursache meiner selbst meinem *Sein* nach, das *ewig* ist, nicht aber meinem *Werden* nach, das *zeitlich* ist. Und darum bin ich ungeboren, und nach der Weise meiner Ungeborenheit kann ich niemals sterben. Nach der Weise meiner Ungeborenheit bin ich ewig gewesen und bin ich jetzt und werde ich ewig bleiben. Was ich meiner Geborenheit nach bin, das wird sterben und zunichte werden, denn es ist sterblich; darum muß es mit der Zeit verderben. In meiner (ewigen) Geburt wurden alle Dinge geboren, und ich war Ursache meiner selbst und aller Dinge; und hätte ich gewollt, so wäre weder ich noch wären alle Dinge; wäre aber ich nicht, so wäre auch "Gott" nicht: daß Gott "Gott" ist, dafür bin ich die Ursache; wäre ich nicht, so wäre Gott nicht "Gott". Dies zu wissen ist nicht nötig.[87]

Eckhart war aber nicht einfach ein enthusiastischer Prediger, sondern ein streng scholastisch gebildeter Mann, der ein rationales Programm im Rahmen einer Einheit (oder Identität?) von Evangelium und Theologie sowie von Metaphysik und Ethik verfolgte.[88] Die Beziehung Schöpfer - Geschöpf war in der Scholastik innerhalb der Analogielehre expliziert worden. Diese Analogielehre implizierte aber - besonders stark auf neuplatonischem Hintergrund gedacht - ein hierarchisches Modell des Seins. Dem setzt Eckhart, vor allem in seinen lateinischen Schriften, die These von der Univozität des Seins gegenüber.[89] Hier wird nun ein Verhältnis der Wechselseitigkeit begründet, bei dem das Hervorgebrachte schon immer im Hervorbringenden *ist* und im Hervorbringen auch immer darin *bleibt*. Folglich ist auch das Bild in seinem Urbild, das Urbild ist Urbild nur in seinem Bild; Bild und Urbild sind als solche eins.[90] Eckhart denkt daher durchaus aus der älteren Tradition des Pseudo-Dionysius Areopagita und der neueren des "Liber de causis" heraus; es ist aber wohl richtig, mit Burkhard Mojsisch

87 *Meister Eckhart*, Die deutschen Werke II, hrsg. von J. Quint, Stuttgart 1971, Predigt 52 in der Übers. von Quint, 728-730. - Auch in der islamischen sufistischen Mystik des Mittelalters wurde häufig die enge Beziehung von "Armut" und "Entwerden in Gott" betont. Vgl. *A. Schimmel*, Mystische Dimensionen des Islam. Die Geschichte des Sufismus, Köln 1985, 181f. Wie nicht anders zu erwarten, wurden solche Theorien von der islamischen Orthodoxie mit Zurückhaltung bis Ablehnung betrachtet. Bei dem bedeutendsten Theoretiker des Sufismus, Ibn Arabi (1165-1240), lesen wir Sätze wie: "Dadurch, daß ich Ihn kenne, schaffe ich Ihn", ebd. 379, oder: "Ich gebe Ihm auch Leben, indem ich Ihn in meinem Herzen kenne", ebd. 378. Die Vorwürfe, die von seiten der islamischen Theologen gegen Ibn Arabi erhoben wurden, waren fast identisch mit den Verurteilungen der Sätze Eckharts durch das kirchliche Lehramt.

88 Vgl. *B. Mojsisch*, Meister Eckhart. Analogie, Univozität und Einheit, Hamburg 1983, 17.

89 Vgl. ebd. 57-59.

90 Vgl. ebd. 79.

von einem "Bruch mit der Tradition" zu sprechen: "Gegen eine Theorie, die den Menschen prinzipiell aus dem Bereich univok-korrelationaler Prozesse ausschließt, (...) denkt Eckhart den Menschen, sofern er Gerechter als Gerechter oder Bild als Bild ist, als integratives Moment dieser Prozesse, als Moment, durch das diese Prozesse überhaupt auch erst möglich wurden, indem die Momente sich wechselseitig setzen (mutuo se ponunt), ohne ihre Einheit zu verlieren."[91] Die These von der Schöpfung ist hier nicht mehr eine vorausgesetzte, sondern wird eine wirklich gesetzte, sie ist keine Theorie der Weltentstehung, sondern besteht einzig in einer theoretisch-praktischen Beziehung zur Welt - allerdings eben zur Welt als einer, die im Hervorbringenden bleibt. In diesem Zusammenhang hat auch Eckharts Forderung nach der Gelassenheit ihren Ort und ihre Funktion: Der Wille, der sich abgrenzend behaupten will, schließt sich selbst aus dem Beziehungsverhältnis zu seinem eigenen Grund aus; erst der Mensch, der von sich selbst "gelassen" hat, setzt die Bedingung für einen korrelationalen Prozeß, in dem Mensch, Welt und Gott werden. Die Gelassenheit führt aber keineswegs in mystische Ekstase, sondern in das alltägliche Leben in seiner gesellschaftlichen Konkretheit.[92] Im "Jetzt" des gegenwärtigen, alltäglichen Lebens spielt sich alles ab, was über "Schöpfung" gesagt werden kann: Gott in sich selbst und in allen Kreaturen *werden* lassen, d.h., alles im göttlichen Logos zu erfassen, alles "gelassen" als göttlich zu begreifen. Eckhart nennt dies auch "Gerechtigkeit": Gott wird im Gerechten geboren, und der Gerechte wird in Gott geboren.[93]

Eine Diskussion um die Frage der "Rechtgläubigkeit" Eckharts, um seine eigenen diesbezüglichen Erklärungen und um die Berechtigung der Verurteilung der als "häretisch" erklärten Sätze führt wahrscheinlich nicht sehr viel weiter. Das "abweichende Weltverständnis" liegt tiefer und hat seine Wurzeln bei Pseudo-Dionysius Areopagita und besonders in der "Verinnerlichung" dieses Systems, wie sie etwa bei Evagrius Ponticus vorliegt. Letztlich geht es um die Frage, ob die Suche nach dem Ursprung als dem "Über-Sein", das "phänomenologisch" als die "Leere", als das "Nichts" bezeichnet werden kann (und das so - im Rahmen der geforderten Univozität des "Seins" - konsequenterweise

91 Ebd. 81.

92 Vgl. *J. Bernhart*, Die philosophische Mystik des Mittelalters, München 1922 (Nachdruck Darmstadt 1980), 197f.

93 Vgl. *Meister Eckhart*, Die deutschen Werke II, a.a.O. 252f.; vgl. *Ruh*, a.a.O. 155-157.

auch das einzelne, individuelle Sein "entleeren", also "lassen" muß): ob diese Suche ein Weltverständnis fordert, das mit dem biblischen nicht vereinbar ist.[94] Sollte dies der Fall sein - wofür einige gute Gründe sprechen -, so müßten wir sagen, daß bei Eckhart (und der Tradition, aus der er kommt) nicht ein "abweichendes" Weltverständnis zugrundeliegt, sondern ganz einfach ein anderes, letztlich alternatives. "Häresie", "Abweichung" ist eben nur möglich *innerhalb* eines Systems gleicher Grundachsen des Weltentwurfs, nicht aber dort, wo die Koordinaten ganz anders verlaufen. Die Bezeichnung "Pantheismus" aber geht immer noch von ein und demselben grundlegenden Koordinatensystem aus. In dieser Hinsicht wäre es dann gleichermaßen sinnlos, bei Eckharts Lehre von einer "Häresie" zu sprechen, wie bei der Lehre des absoluten Dualismus in der Form, die einige Richtungen der Bogomilen und der Katharer vertraten - in beiden Fällen geht es nicht um "Abweichungen", sondern um Alternativen.

Zusammenfassung

1. Bei den unter Pantheismusverdacht stehenden Gruppen ging es primär um die lebenspraktisch relevante Frage eines persönlichen Gottesverhältnisses außerhalb (oder ohne Berücksichtigung) institutioneller Vermittlung.

2. Die theoretische Legitimation dieser Konzeption negierte tendenziell die Seins- und Gesellschaftshierarchie, wirkte sich aber nicht direkt gesellschaftskritisch, sondern im Rahmen eines alternativen Lebensstils aus (vgl. Beginen).

3. Die theoretische Legitimation konnte auch (mit Rückgriff auf schon ein Jahrtausend lang wirksame Elemente innerhalb der Tradition) mit einer "Weltentleerung" verbunden werden, die innerhalb des vorgegebenen Kategoriensystems als "pantheistisch" verstanden wurde, sich in

94 Vgl. z.B. *R. Otto*, Das Heilige, München [35]1963, 35f., wo die "Leere" und das "Leerwerden" der buddhistischen Mystiker neben das "Nichts" und das "Zu-Nichts-Werden" der christlichen Mystiker gestellt wird. *P. Tillich*, Die Frage nach dem Unbedingten (Gesammelte Werke V), Stuttgart 1964, 79, weist - m.E. zu Recht - darauf hin, daß Christentum und Buddhismus entgegengesetzte Pole darstellen. Ebd. 84 fährt Tillich fort: "Den Symbolen 'Reich Gottes' und 'Nirvana' liegen zwei verschiedene ontologische Prinzipien zugrunde." Wenn R. Otto und P. Tillich recht haben, so liegt bei Eckhart eine authentische religiöse Erfahrung vor, nur eben keine, die für das Christentum charakteristisch ist.

Wirklichkeit aber von einem prinzipiell alternativen Orientierungssystem herleitete.

3. Die Kabbala

In der Kabbala begegnen wir einer jüdischen mystischen Bewegung, die - in historisch noch nicht geklärter Weise - mit dem Ausgangspunkt der vorhergehenden Überlegungen, also mit Scotus Eriugena zusammenhängen dürfte. Später hat diese Bewegung einen nicht unerheblichen Einfluß auf die kosmologischen Vorstellungen der Renaissance gewonnen. Es sind sogar - historisch ebenfalls noch ungeklärte - Beziehungen (allerdings eher allgemein gesellschaftlicher und kultureller, nicht inhaltlicher Art) zwischen der Kabbala und den Katharern zu vermuten. Jedenfalls ist auffällig, daß die der Kabbala entsprechende Bewegung der deutschen Chassidim in der ersten Hälfte des 12. Jh.s im Rheinland entstanden ist, von wo wir auch aus derselben Zeit von sehr lebendigen Zentren der Katharer (z.B. in Köln) wissen,[95] während die Kabbala selbst in der zweiten Hälfte des 12. Jh.s im Languedoc hervortrat, also im Zentrum der Katharerbewegung und zur Zeit von deren größter Ausbreitung. Mehr als der Hinweis auf dieses örtliche und zeitliche Zusammentreffen kann beim gegenwärtigen Stand der Forschung nicht geleistet werden.[96]

Etwas anders liegt die Beziehung der Kabbala zu den Schriften des Scotus Eriugena. Hier ist zunächst auffällig, daß starke inhaltliche Ähnlichkeiten vorliegen, die besonders deshalb relevant sind, weil zahlreiche sprachliche Eigenheiten der Kabbala nicht durch die neuplatonische Tradition des Judentums erklärt werden können. Deshalb kommt der Tatsache, daß das Auftauchen dieser Sprach- und Denkform der Kabbala genau mit dem neuen Interesse an den Schriften des Scotus Eriugena im 12. Jh. zusammenfällt, besonderes Gewicht zu. Die weiter oben erwähnte Bewegung der Amalrikaner mit ihren pantheistischen Tendenzen führte zu der schon genannten Verurteilung (1225) von Scotus Eriugenas "Über die Einteilung der Natur". Es ist durchaus

95 Vgl. *Borst,* a.a.O. 94f. - Später wurde das Rheinland ein Zentrum der entgegengesetzten Richtung, so vor allem durch die Beginen.

96 Vgl. *G. Scholem,* Jüdische Mystik in West-Europa im 12. und 13. Jahrhundert, in: P. Wilpert (Hrsg.), Judentum im Mittelalter (Miscellanea Mediaevalia, Bd. 4), Berlin 1966, 41f.

möglich, daß diese Diskussionen für die frühen Kabbalisten der Anlaß waren, sich mit dem Werk des Scotus Eriugena zu befassen.[97] Damit ist natürlich noch nicht erklärt, warum sich die Kabbalisten überhaupt mit solchen Gedanken befaßt haben.

Jüdische Mystik gab es schon seit den ersten Jahrhunderten unserer Zeitrechnung, und in dieser Überlieferung waren auch gnostische Elemente enthalten. Aus solchen Traditionen ist das um 1180 in Südfrankreich bekannt gewordene Buch "Bahir" zusammengestellt, der älteste überlieferte Text der Kabbala.[98] Daß nun im 12. und 13. Jh. unter den Juden gnostische Traditionen in mystischer Verwendung weite Verbreitung fanden, hängt vermutlich zunächst mit der häufig prekären Situation der jüdischen Gemeinden und den immer wieder stattfindenden Judenermordungen und Judenvertreibungen zusammen. Darüber hinaus ist aber auch an eine Reaktion gegenüber der in Maimonides gipfelnden jüdischen Religionsphilosophie des Mittelalters zu denken, die die in der Volksfrömmigkeit zum Ausdruck kommenden Bedürfnisse weithin unberücksichtigt ließ. Gershom Scholem stellt dazu fest: "Diese Wiederaufnahme mythischer Konzeptionen im Denken der jüdischen Mystiker verband sie aber von vornherein aufs stärkste mit gewissen Impulsen des Volksglaubens, mit gerade solchen ursprünglichen und äußerst wirkungsvollen Antrieben der Lebens- und Todesangst des einfachen Menschen, auf die die jüdische Philosophie nicht eben Kluges zu erwidern gewußt hat."[99]

In diesem Zusammenhang rückt das Problem des Bösen auch wieder stark in den Vordergrund, das die jüdische Religionsphilosophie (ganz ähnlich wie die christliche) als Problem von Mangel, also von Nichtseiendem, behandelt hatte,[100] ihm aber damit jene Relevanz genommen hatte, die ihm - zu Recht - im Volksglauben zugesprochen wurde. Die beiden zentralen "Nichts", das "Nichts", aus dem die Welt geschaffen wurde, ebenso wie das "Nichts", das das Wesen des Bösen darstellt, erfahren nun in ein und demselben Vorgang eine radikale Uminterpretation. Diese Uminterpretation, die Scholem auch als "Re-Mythisierung" bezeichnet[101] und die natürlich nicht nur die genannten

97 Vgl. ebd. 51-54.

98 Das Buch Bahir, hrsg. von G. Scholem, Leipzig 1923 (Nachdruck Darmstadt 1980).

99 *G. Scholem*, Zur Kabbala und ihrer Symbolik, Frankfurt 1973, 133; vgl. *ders.*, Die jüdische Mystik in ihren Hauptströmungen, Frankfurt 1980, 225.

100 Vgl. *ders.*, Zur Kabbala, a.a.O. 133; vgl. auch *J. Guttmann*, Die Philosophie des Judentums, Wiesbaden 1985, 95.

101 Vgl. *Scholem*, Zur Kabbala, a.a.O. 136 u.ö.

Punkte, sondern das gesamte jüdische Glaubenssystem umfaßte, setzte sich langsam im 12. und 13. Jh. durch und fand ihre Zusammenfassung am Ende des 13. Jh.s im Buch "Sohar".[102] Dieses Buch ist kurz vor 1290 von Moses de León in Nordspanien verfaßt worden,[103] selbstverständlich unter ständigem Rückgriff auf schon vorhandene Überlieferungen.

Der (aus der Tradition übernommene) Grundgedanke der Kabbala besteht darin, daß der an sich unerkennbare Gott sich im Weltprozeß manifestiert - so jedoch, daß dieser Weltprozeß der Schöpfung selbst ein innergöttlicher, theogonischer Vorgang ist. Der höhere, mystische Sinn der Tora, des Gesetzes, eröffnet den Einblick in diese theogonische = kosmogonische Symbolwelt, in der sich also das Geheimnis der Welt und des menschlichen Daseins als Geheimnis Gottes selbst zeigt. Die grundlegenden Manifestationen Gottes werden *Sefirot* genannt; diese *sind* aber eben auch schon der Schöpfungsprozeß. Und hier findet nun die Uminterpretation der "Schöpfung aus Nichts" statt: Gott wird selbst als "Nichts" bezeichnet.[104] "Die Schaffung der Welt, die Erschaffung des Etwas aus dem Nichts, ist nichts als der äußere Aspekt einer inneren (und anscheinend ewigen) Bewegung in Gott selbst (...). Es ist dieses mystische 'Nichts', aus dem alle anderen Stufen der Selbstentfaltung Gottes in den Sefiroth hervortreten."[105]

In dieser Vorstellung des göttlichen Nichts, aus dem die Schöpfung hervorgeht, ist die Ähnlichkeit zur Konzeption des Scotus Eriugena deutlich zu erkennen.[106] Der mythisch-gnostische Hintergrund ist allerdings in der Kabbala stärker spürbar. "Das Chaos, das in der Theologie der 'Schöpfung aus Nichts' eliminiert war, taucht in neuer Metamorphose wieder auf. Jenes Nichts war in Gott von jeher vorhanden, nicht außer ihm und nicht von ihm hervorgerufen. Es ist, mit der unendlichen Fülle Gottes koexistierend, der Abgrund in Gott, der in der

102 Der Sohar, nach dem Urtext ausgewählt, übertragen und herausgegeben von E. Müller, Wien 1832 (neu ediert Düsseldorf - Köln 1982).

103 Vgl. *Scholem*, Die jüdische Mystik, a.a.O. 220-223.

104 Vgl. z.B. Der Sohar, a.a.O. 55, zu Ex 17, 7: "Und jene sollten so töricht gewesen sein zu fragen: 'Ist denn JHWH in unserer Mitte oder nicht?' Vielmehr, sagte Rabbi Schim'on, sie wollten den Unterschied wissen zwischen dem Alten, dem Verborgensten aller Verborgenen, der 'Nichts' genannt ist, und dem Kurzgesichtigen, der JHWH genannt ist. Deshalb auch heißt es nicht: 'Ist JHWH in unserer Mitte oder nicht?', sondern: 'Ist JHWH in unserer Mitte oder 'Nichts'?'"

105 *Scholem*, Die jüdische Mystik, a.a.O. 236f.; vgl. *ders.*, Zur Kabbala, a.a.O. 136-138.

106 Vgl. *ders.*, Jüdische Mystik in West-Europa, a.a.O. 53. - Diesen Strukturähnlichkeiten ist näher nachgegangen *G.A. Piemonte*, Notas sobre la *creatio de nihilo* en Juan Escoto Eriugena, II: Juan Escoto y la tradición gnóstica en el judaismo, in: Sapientia 23(1968), 115-132.

Schöpfung bewältigt wird (...)."[107] Die Welt, zu der der Aspekt der Bewältigung des Abgrunds erfahrungsgemäß ständig dazugehört, wird hier konsequent symbolisch gedacht, transparent auf ihren Grund, der theogonisch das sein muß, was kosmogonisch geschieht. Über Scotus Eriugena hinaus führt jedoch die Kabbala dieses Symboldenken auch bei der Frage nach dem Ursprung des Bösen durch. Im "Sohar" heißt es:

> Dieses nahm die Weisheit des Mose wahr und gewann so Einblick in das Schöpfungswerk: wie in diesem Werke selbst schon der Zwist des Linken gegen das Rechte liegt und wie aus diesem Zwist, indem die Linke zur Erweckung kommt, auch die Hölle ihren Ursprung nimmt (...). Als das Prinzip des Dunkels zur Erweckung kam, entsprang aus seiner Erstarkung die Hölle, die mit dem Wesen des Streites in ewiger Verbindung bleibt. Wenn aber der Zorn sich mildert, dann wird es ein anderer Streit - ein Streit im Zeichen der Liebe (...). Dieses Geheimnis wird auch angedeutet in den Worten: "Es werde eine Scheide inmitten der Wasser und wirke sondernd" - das ist der Urstreit, aus dessen verharrender Kraft die Hölle entspringt. Wie aber der Grimm sich verkühlt, da heißt es: "Und *Gott* macht die Scheidung": da erwacht der Streit der Liebe, der zu der Welt Bestand gehört.[108]

Im "Sohar" wird also der Ursprung des Bösen in Gott selbst, in seinen Zorn, seine richtende Gewalt verlegt; das Böse selbst ist nicht der Zorn Gottes, sondern die - mythologisch vorgestellte - Verselbständigung des Zornes Gottes.[109] Die Symbolsprache des "Sohar" gibt keine weiteren Auskünfte. Spätere Kabbalisten haben die Frage nach dem Grund dieses Bruchs in Gott gestellt und die Antwort gegeben, daß es sich um "einen Reinigungsakt Gottes selber handelt, also um eine notwendige Krise, die die Ausscheidung des Bösen aus Gott selber zum Ziele hatte"[110]. Diese für orthodoxe Juden sicher befremdliche Konzeption erwies jedoch ihre Kraft für die Deutung der Erfahrung gerade in der Situation des Exils. Vom Kabbalisten wurde daher auch nicht ekstatisches Verlassen der Weltsituation verlangt, sondern aktive Teilnahme an der Arbeit der Wiederherstellung, der Erlösung, wie sie sich im einfachen Leben der Armen und Frommen vorbereitet.

[107] *Scholem*, Zur Kabbala, a.a.O. 137.

[108] Der Sohar, a.a.O. 110f.

[109] Vgl. *Scholem*, Die jüdische Mystik, a.a.O. 258; vgl. *ders.*, Zur Kabbala, a.a.O. 143.

[110] *Ders.*, Zur Kabbala, a.a.O. 151.

Zusammenfassung

1. In der Kabbala waren Theogonie und Kosmogonie nur zwei Seiten ein und desselben Vorgangs.

2. Das "Nichts" im Schöpfungsvorgang wie das Böse waren in diesen theogonisch-kosmogonischen Prozeß integriert.

3. "Der kabbalistische Mythos hatte 'Sinn', weil er aus einer voll realisierten Beziehung zu einer Wirklichkeit entsprang, die, gerade in ihrem Grauen noch, weil selbst als symbolisch erfahren, gewaltige Symbole des jüdischen Lebens als eines extremen Falls des Menschlichen überhaupt zu projizieren vermochte."[111]

[111] Ebd. 158.

XIII Prinzipienstreit um die Erbsünde
Die Reformation und das Konzil von Trient

1. Die Erbsünde als zentrales Lehrstück

Die Menschen des Mittelalters haben sich sicher mehr durch Teufel und Dämonen bedroht gefühlt als durch die Erbsünde und deren Folgen. Augustinus, der große Lehrer des Mittelalters in fast allen Bereichen, hatte gerade dort, wo er den Schwerpunkt der Lehre seiner späten Jahre gesehen hatte, in der Lehre von Sünde, Erbsünde und Gnade (vgl. Kap. IX), eigentlich nur eine recht halbherzige Gefolgschaft gefunden. Gegenüber der geschichtlich-gesellschaftlichen Dimension der (Erb-)Sünde, die Augustinus jedenfalls auch im Blick gehabt hatte, war - besonders in der Volksfrömmigkeit - der dualistische und fatalistische Zug dieser Lehre dominant geworden. Die Stellung der Erbsündenlehre war auch tatsächlich problematisch: Einerseits diente sie, vor allem im Zusammenhang mit der Forderung der Kindertaufe, als Legitimation der Heilsvermittlung der Kirche vom Beginn des menschlichen Lebens an; andererseits aber sollte die Lehre von den bleibenden Folgen der Sünde (darunter die Anfälligkeit für Sünden überhaupt) nicht zu sehr betont werden, um nicht eine zu leichte Ausflucht bei aktuellen Sünden zu liefern. Wenn wir in die Predigtliteratur des Mittelalters blicken (die ja für das allgemeine Glaubensbewußtsein entscheidend war), so finden wir ein relativ gängiges Schema: Die "böse Welt" mit ihren Gefahren und Verlockungen wird praktisch manichäisch ausgemalt; dem "Heiligen", der das Beispiel für heroisches Handeln abgibt, werden dann aber durchaus pelagianisch ganz außerordentliche Fähigkeiten zugesprochen; und wer diesem Beispiel folgt (es gab natürlich für jede Gruppe ihren ganz spezifischen Heiligen, d.h. ihr typisches Vorbild), der ist auch zu großen Leistungen der Tugend imstande. Im Prinzip wurde also zugleich pelagianisch und manichäisch argumentiert: Sünde wie Gnade wirken durch das Beispiel, und wer dem guten Beispiel folgt, der findet, daß er eine durchaus "gute Natur" besitzt, auch wenn er um die Schwäche der menschlichen Natur weiß. Die menschliche Natur aber ist Teil einer dualistisch konzipierten Welt. Die Menschen des Mittelalters lebten ohne Schwierigkeiten mit solchen Widersprüchen. Die Lehre von der Erbsünde war häufig aber nicht mehr als der Topos, daß wir "aus dem Geschlecht Adams" stammen. Und im übrigen sorgten Instrumente wie das Sakrament der Buße, Wallfahrten oder Kreuzzüge (bzw. Kreuzzugsgelöbnisse) dafür, daß die Wirkungen des Sündenbewußtseins sich im Normalfall in Grenzen hielten.[1]

Das überwältigende Gnadenerlebnis der Rechtfertigung rein aus dem Glauben ließ Martin Luther (1483-1546) die menschlichen Möglichkeiten, d.h. die konkrete menschliche Natur, als nichtig und ohnmächtig erscheinen. Das aus dem Glauben gewonnene Sündenbewußtsein wurde damit übermächtig und erhielt eine zentrale Stellung. Die Lehre von der Erbsünde wurde so bei Luther zum primären und vorrangigen "Ort" der Theologie (*principalis locus nostrae Theologiae, sine quo impossibile est, Sacram Scripturam intelligere*)[2] - dies natürlich nicht für sich allein, sondern immer im Zusammenhang der Lehre von der Rechtfertigung. Luther formuliert dies in aller Schärfe in den Disputationsthesen zur Rechtfertigung: "Um nun die Rechtfertigung so sehr als möglich zu verherrlichen, muß man die Sünde sehr hoch erheben und groß machen."[3] Was jedoch die Sünde ist, wissen wir nur im Glauben und aus der Offenbarung: "Die Schrift aber, die uns die Ursache der Sünde lehrt, bezeugt, daß an der Natur des Menschen nichts Gutes ist. Und das, was noch an Gutem geblieben ist, steht dennoch in bösem Gebrauch."[4] Diese Ursache ist die Erbsünde: "Denn die Natur, durch das Übel der Erbsünde verderbt und ganz und gar blind gemacht, kann sich außer oder über den Werken irgendeine Rechtfertigung nicht vorstellen oder denken."[5]

Das "Wesen" des Menschen ist nach Luther im Willen angesetzt, und dieser Wille ist zutiefst verdorben, denn "gerade die Erbsünde

1 Vehemente Ausbrüche des Sündenbewußtseins gab es in Katastrophenfällen wie der Pest im 14. Jh. (vgl. die Geißlerbewegung), die als Ausdruck des göttlichen Zorns aufgefaßt wurden.

2 *M. Luther*, Weimarer Ausgabe (= WA) XL, 2, 385 (Enarratio Psalmi LI).

3 *Ders.*, WA XXXIX, 1, 86 (Die 3. Thesenreihe über Römer 3, 28); Übers. nach Luther deutsch, hrsg. von K. Aland, Stuttgart - Göttingen [2]1964, IV, 299, These 28.

4 Ebd., These 27.

5 *Ders.*, WA XXXIX, 1, 82; a.a.O. IV, 294, These 6.

läßt den freien Willen überhaupt nichts können als sündigen und verdammt werden"[6]. Luthers Kritik richtete sich daher nur in einem sekundären Sinn gegen den Lebenswandel vieler Mitglieder der Kirche (vor allem natürlich des Klerus). Eine solche Kritik war innerhalb der Kirche immer wieder laut geworden und hatte auch mehr oder weniger Gehör finden können. Luther behauptete jedoch viel mehr: Alle Menschen sind radikal verdorben und können dies ohne Offenbarung nicht einmal erkennen. Dies mußte ihn in Konflikt mit der in der Kirche faktisch herrschenden Auffassung bringen. Luther meinte, daß die scholastischen Theologen (unter denen er vor allem die des Nominalismus treffen wollte) der Erbsünde kaum Beachtung geschenkt hätten, ja daß alle - außer Gregor von Rimini - in Wirklichkeit Pelagianer gewesen seien.[7] Der Pelagianismus aber stellte für Luther die zentrale Häresie überhaupt dar, denn nach dieser Lehre wird der freie Wille an Stelle Christi zum Erlöser.[8] Diesen Grundirrtum des Pelagianismus fand er nicht nur bei den katholischen Theologen und in der Kirche vertreten, sondern ebenso bei den Humanisten, vor allem also bei Erasmus von Rotterdam (1469-1536). Auch dieser sah die Reformbedürftigkeit der Kirche, er wollte aber den christlichen Glauben mit humanistischer Kultur und Bildung in Verbindung bringen, und das setzte eine in der Vernunft begründete Selbständigkeit des Menschen voraus.[9] Genau darin sah aber Luther (und dies schon 1516) den unüberbrückbaren Gegensatz zu seiner eigenen Auffassung, der sich gerade in der Interpretation der Erbsünde kristallisierte. Von der Paulus-Auslegung des Erasmus sagt Luther:

> Ferner behauptet er auch, der Apostel wolle von der Erbsünde (die er allerdings zugibt) Römer 5 nicht deutlich reden. Wenn er die Werke Augustins lesen würde, die er gegen die Pelagianer geschrieben hat (...) und sehen würde, daß dieser nichts aus eigener Weisheit, sondern aus der der hervorragendsten Väter schöpft (...), so würde er vielleicht nicht nur den Apostel richtig verstehen, sondern auch einsehen, daß Augustin einer höheren Wertschätzung würdig sei, als er bisher geglaubt hat.[10]

6 *Ders.*, WA XVIII, 773 (De servo arbitrio); Übers. nach Luther deutsch, Stuttgart - Göttingen ³1961, III, 316.

7 Vgl. *ders.*, WA II, 303. 308 (Disputatio I. Eccii et M. Lutheri Lipsiae habita); a.a.O. III, 395 (Resolutiones Lutherianae super propositionibus suis Lipsiae disputatis).

8 Vgl. *ders.*, WA VIII, 468.

9 Vgl. *A. Adam*, Lehrbuch der Dogmengeschichte II, Gütersloh 1968, 154.

10 *Luther*, WA Br I, 70 (Luther an Spalatin); Übers. nach Luther deutsch, Stuttgart - Göttingen 1959, X, 17.

Luther wußte, mit wem (nämlich mit Augustinus) und gegen wen er kämpfte; daher "verdammte" er "die alten und die neuen Pelagianer"[11], und genau deshalb mußte für ihn die Lehre von der Erbsünde ein *principalis locus* der Theologie sein. Diese selbst erst im Glauben erfaßbare Lehre besagt, daß der menschliche Wille "von Natur und unausweichlich böse und von verderbter Beschaffenheit" ist (*voluntas* (...) *est tamen naturaliter et inevitabiliter mala et viciata natura*)[12]. Das Wesen der Erbsünde liegt nach Luther im Unglauben und in der Konkupiszenz (Begierlichkeit) - wobei allerdings bei ihm die Frage, welches dieser beiden Elemente die Ursache und welches die Wirkung ist, nicht behandelt wird.[13] Worauf es ihm nur ankommt, ist, beide Elemente entscheidend radikaler zu fassen, als dies in der bisherigen Theologie (mit Ausnahme natürlich Augustins) geschehen war. Der von Gott abgewendete Wille ist der Welt total verfallen und kann daher nur sündigen. Ein solcher Wille ist der eigene Wille jedes Menschen, der die Erbsünde ratifiziert, ohne von sich aus die Möglichkeit zu haben, dies nicht zu tun - ganz im Gegenteil zu der Annahme jener (also der Pelagianer katholischer oder humanistischer Art), die nichts von einer "naturhaften Sündigkeit" (*vitium naturae*) wissen wollen und meinen, wir seien "in unserer Natur unversehrt" (*integri in naturalibus*)[14]. Für die Universalität der Erbsünde verweist Luther - sprachlogisch gut gebildet - darauf, daß Paulus Wörter gebraucht, die Allgemeinheit ausdrükken: alle (*omnes*), keiner (*nullus*), nicht (*non*), niemals (*nusquam*), ohne (*sine*); so z.B. in dem Satz: "Alle sind durch das Vergehen eines einzigen Sünder und verdammt" (*omnes unius delicto peccatores et damnati sunt*)[15].

Durch die Reformation sah sich die katholische Kirche herausgefordert, ihre Position zum Problem der Erbsünde zu präzisieren. Dies wurde auf dem Konzil von Trient (1545-1563) versucht, wobei die Fragen der Erbsünde und der Rechtfertigung auf der fünften und sechsten Sitzung (1546 und 1547) behandelt wurden. Dabei stellte sich heraus, daß es keineswegs einfach war, Kompromißformeln zu finden, die

11 *Ders.*, WA XXVI, 503 (Bekenntnis M. Luthers).

12 *Ders.*, WA I, 224 (Disputatio contra scholasticam theologiam) These 9. Luther distanziert sich jedoch ebd. These 8 ausdrücklich von den Manichäern.

13 Vgl. *R. Seeberg*, Lehrbuch der Dogmengeschichte IV 1, Darmstadt [6]1959, 206.

14 *Ders.*, WA LVI, 355 (Der Brief an die Römer).

15 *Ders.*, WA XVIII, 773 (De servo arbitrio).

von der Mehrheit akzeptiert werden konnten.[16] Die Meinung einiger Konzilsteilnehmer, es genüge, bezüglich der Erbsünde das zu wiederholen, was schon frühere Konzilien festgelegt hatten, fand keine Mehrheit. Eine Mehrheit für neue Formulierungen (in die dann allerdings auch solche des Konzils von Orange von 529 eingingen) mußte allerdings erst gefunden werden. In den verschiedenen Diskussionen wurde auch deutlich, daß diese nicht zuletzt eine Auseinandersetzung um Augustinus waren,[17] der ja durch seine verschiedene Position im Kampf gegen die Manichäer und später gegen die Pelagianer selbst Anknüpfungspunkte für entgegengesetzte Theorien geliefert hatte. So vertrat z.B. der einflußreiche Kardinal Girolamo Seripando (1492-1563), General des Augustinerordens, die im Sinne Augustins durchaus korrekte Auffassung, die Konkupiszenz müsse "in irgendeiner Hinsicht" selbst Sünde genannt werden. Dies trug ihm den Vorwurf ein, er nähere sich zu sehr der Lehre Luthers. Und so lehnte das Konzils im Kanon 5 des Dekrets über die Erbsünde (DS 1515) die Auffassung ab, "nicht all das werde hinweggenommen, was das wirkliche und eigentliche Wesen der Sünde ausmacht"[18]. Daß Luther sich außer auf Augustinus auch auf Paulus berufen konnte, war den Konzilsvätern und Theologen klar, und so mußten sie mit der Tradition interpretieren: "Wenn der Apostel diese Begierde gelegentlich Sünde nennt, so erklärt die heilige Kirchenversammlung, daß die katholische Kirche ihre Benennung als Sünde niemals so verstanden hat, daß sie in den Wiedergeborenen wirklich und eigentlich Sünde wäre, sondern weil sie aus der Sünde stammt und zur Sünde geneigt macht. Wer das Gegenteil denkt, der sei ausgeschlossen."[19] Die Frage, warum dann aber die Konkupiszenz auch bei den Gerechtfertigten noch da sei, wurde nach dem alten Modell der Schilderung der Großtaten von Heiligen oder Turniersiegern beantwortet: "Daß aber in den Getauften die Begierlichkeit oder der 'Zündstoff' zurückbleibt, das bekennt und weiß die heilige Kirchenversammlung. Da sie aber für den Kampf zurückgelassen ist, kann sie denen, die nicht zustimmen, sondern mannhaft durch Christi Jesu

16 Zum historischen Verlauf vgl. *H. Jedin*, Geschichte des Konzils von Trient II: Die erste Trienter Tagungsperiode 1545/47, Freiburg 1957.

17 Vgl. *E. Stakemeier*, Der Kampf um Augustin auf dem Tridentinum, Paderborn 1937.

18 Übers. nach *J. Neuner - H. Roos*, Der Glaube der Kirche in den Urkunden der Lehrverkündigung, Regensburg [10]1971, 229, Nr. 357.

19 Ebd.

Gnade Widerstand leisten, nicht schaden. Vielmehr: 'Wer recht kämpft, wird gekrönt werden' (2 Tim 2, 5)."[20]

Die Konkupiszenz war also nicht Sünde - und wenn Augustinus dies meinte, so irrte er eben. Damit stellten sich die Konzilsväter auf die Seite der Auffassung des Albert Pighius (1490-1542), dessen Lehren auf dem Konzil von Trient eine große Rolle spielten. Allerdings hatte Pighius, ein bedeutender Humanist, noch weitere Folgerungen gezogen:[21] Die Übertragung einer Sünde (also der Sünde Adams) auf andere Menschen ist absurd. Die Erbsünde ist daher nur Adams Sünde, nicht die seiner Nachkommenschaft; dieser fehlen nur die besonderen Gnadengaben, die aber nicht zur Natur des Menschen gehören. Die Erbsünde ist also für sie nur ein Verhängnis, nicht aber eine Schuld. Hier sahen die Konzilsväter die Gefahr des Pelagianismus (der auch eine Gefahr für die unumgängliche kirchliche Heilsvermittlung darstellte), und so fügten sie der Wiederholung der antipelagianischen Formel die ausdrücklich gegen Pighius gerichtete Aussage hinzu, daß die Erbsünde wirkliche Sünde jedes Einzelnen sei: "Diese Sünde Adams, die in ihrem Ursprung *eine* ist und durch Abstammung, nicht durch Nachahmung, übertragen, allen innewohnt und jedem zu eigen ist (*unicuique proprium*)" . . . (DS 1513)[22]. War man aber hier nicht wieder bei der augustinischen und lutherischen Lehre, daß die Erbsünde durch die Zeugung weitergegeben wurde? Nein - auch das wollten die Konzilsväter nicht, und so setzten sie (zum Glück für spätere Interpretation) in der eben angeführten Stelle nicht den präzisen Begriff "Zeugung" (*generatio*), sondern den vagen Begriff "Abstammung" (*propagatio*) ein.

Der Mensch tritt also mit einer Sünde, die ihm eigen ist, ins Leben und handelt unter den Bedingungen der Konkupiszenz, die zwar keine Sünde, aber "Zündstoff" der Sünde ist. Er steht also in einer Situation, in der nach Kanon 1 des Dekrets über die Erbsünde "Leib und Seele zum Schlechteren gewandelt" sind (DS 1511)[23]. Konnte dann der Mensch überhaupt noch als verantwortlich für seine (bösen) Handlungen angesehen werden? Hier mußte man sich auf die Seite des jungen Augustinus in dessen Kampf gegen die Manichäer stellen, um Luthers Leugnung der Freiheit des Willens zu entgehen. Und so wurde dann in der endgültigen Fassung des Dekrets über die Rechtfertigung, das

20 Ebd.

21 Vgl. *J. Feiner*, Die Erbsündenlehre A. Pigges, Zürich 1940.

22 Übers. nach *Neuner - Roos*, a.a.O. 227, Nr. 355.

23 Übers. nach ebd. 227, Nr. 353.

nach langen Beratungen von Seripando redigiert wurde, im Kanon 5 festgelegt:

> Wer behauptet, der freie Wille des Menschen sei nach der Sünde Adams verloren und ausgelöscht worden, oder es handle sich nur um ein Wort, ja sogar um einen Namen ohne Inhalt, schließlich um ein Machwerk, das vom Satan in die Kirche eingeführt wurde, der sei ausgeschlossen. (DS 1555)[24]

War man damit aber nicht doch wieder bei der Auffassung des Pighius, die Substanz der menschlichen Natur sei durch die Erbsünde nicht verändert worden, so daß sich pelagianische Konsequenzen nahelegen mußten? Um dies zu verhindern, mußte also wieder die Notwendigkeit der Gnade betont werden, wie es im Kanon 2 desselben Dekrets geschah:

> Wer behauptet, dazu allein werde die göttliche Gnade durch Jesus Christus gegeben, daß der Mensch leichter gerecht leben und das ewige Leben verdienen könne, als ob er beides auch durch den freien Willen ohne Gnade könne, nur eben mühsam und schwer, der sei ausgeschlossen. (DS 1552)[25]

Es ist kaum möglich, von einer Erbsündenlehre des Konzils von Trient zu sprechen. Die Konzilsväter sahen ihre Hauptaufgabe darin, die Lehren der Reformatoren zurückzuweisen; sie konnten dabei aber, wie es bei der Institution eines Konzils auch gar nicht anders denkbar ist, nicht von einer verfügbar einheitlichen Theologie ausgehen. Die Spannweite der in den eigenen Reihen vertretenen Auffassungen ging praktisch von solchen, die von der reformatorischen Lehre nur schwer zu unterscheiden waren, zu solchen, die dem Pelagianismus oder dem Humanismus sehr nahe standen - und beide konnten sich wiederum auf Augustinus berufen. Die erarbeiteten Formulierungen stellen Kompromißformeln dar, bei denen an mehreren Stellen bewußt unpräzise Ausdrücke gewählt wurden, um sich bei Streitfragen innerhalb der eigenen Reihen nicht auf eine bestimmte Lehre festzulegen.[26] So

24 Übers. nach ebd. 514, Nr. 823.

25 Übers. nach ebd. 513, Nr. 820.

26 Dies gilt z.B. bei dem erwähnten Ausdruck *propagatio* für die Weitergabe der Erbsünde. Ähnlich wurde im Kanon 1 des Erbsündendeskrets die Festlegung in einer Streitfrage vermieden. Im ursprünglichen Textentwurf hatte an Stelle von "Heiligkeit und Gerechtigkeit, in die er (sc. Adam) eingesetzt war" noch gestanden: ... in der er "geschaffen" war. Der indifferentere Ausdruck *constitutus* wurde gewählt, um die theologische Position, die zwischen der Erschaffung des ersten Menschen und dessen Heiligung einen zeitlichen Abstand sah, nicht zu verurteilen. Diese Meinung war von Hugo von St. Viktor, Petrus Lombardus, Bonaventura, Duns Scotus und den Franziskanern vertreten worden und war zur Zeit des Thomas von Aquin die weiter verbreitete. Die gegenteilige Meinung, daß Erschaffung und Hei-

wurde auch eine Entscheidung über die umstrittene Frage, ob in Röm 5, 12 die Erbsündenlehre ausgesprochen sei, vorsichtig umgangen. Im Kanon 2 und 5 des Dekrets über die Erbsünde (DS 1512 und 1514) wird Röm 5, 12 erst *nach* dem Anathem angeführt, so daß damit keine offizielle Interpretation geliefert wird, sondern nur eine "überall verbreitete" Auffassung dieser Stelle wiedergegeben werden soll (so daß aber auch Einwänden wie denen des Erasmus, der in dieser Stelle die Erbsündenlehre nicht ausgesprochen finden wollte, nicht von vornherein die Berechtigung abgesprochen wird).

Dieser Hintergrund ist bei der Interpretation des tridentinischen Erbsündendekrets zu berücksichtigen. Es ist nicht möglich, das kontradiktorische Gegenteil der abgelehnten Sätze als die "positive" Lehre des Konzils zu deklarieren. Es wurde ja ein Konsens nur über diese *Ablehnungen* erreicht, nicht aber bestand ein Konsens über die Position, von der her diese Ablehnung präzise begründbar wäre. Das Konzil wollte die Frage nach dem Wesen der Erbsünde gar nicht genau beantworten.[27] Es wollte nur Grenzmarken stecken, ohne schon zu sagen, wie das Feld innerhalb der Grenzmarken zu strukturieren ist. Gegenüber einer ziemlich stark strukturierten Gegenposition wie der Luthers mag dies als Schwäche erscheinen; es kann aber auch positiv als Lehrstück dafür interpretiert werden, was politische Kompromißformeln zu leisten imstande sind und was nicht. Für eine Gruppe, die sich gegen eine andere abzugrenzen gezwungen ist, reicht es zunächst aus, sich negativ zu definieren. Der dadurch eingegrenzte Raum kann dann durch Theorie, durch produktive Phantasie neu ausgefüllt werden.

Die (wenn auch nicht ganz konsistente) Betonung des freien Willens und so der Autonomie des Menschen ließ der katholischen Kirche praktisch mehr Freiraum für die Bewegungen der Renaissance als dem Protestantismus. Die in diesem Zusammenhang häufig herangezogene lutherische Lehre von den zwei Reichen, die einen echt profanen Bereich ermöglichen soll,[28] darf dabei nicht überschätzt werden. Der Welt und dem Menschen wird eine "Weltlichkeit" und "humane Autonomie" nur vom Glauben her delegiert, von dort her "gerechtfertigt"; es wird aber damit genau jener Autonomieanspruch bestritten, der seit der Renaissance und dem Humanismus nicht mehr übergangen wer-

ligung streng simultan anzusehen seien, wurde in der Scholastik zuerst von Präpositinus (gest. 1210) vertreten und dann von Thomas und den Thomisten übernommen.

27 Vgl. *R. Seeberg*, Lehrbuch der Dogmengeschichte IV 2, Darmstadt ^{5}1959, 763.

28 Vgl. dazu z.B. *G. Ebeling*, Die Notwendigkeit der Lehre von den zwei Reichen, in: ders., Wort und Glaube I, Tübingen ^{3}1967, 407-428.

den kann.[29] Die Weltbejahung der Reformation und die der Renaissance verfolgen im Grunde zwei ganz verschiedene Intentionen, beruhen im Prinzip auf ganz unterschiedlichen Voraussetzungen.[30] Es wird sich im nächsten Kapitel deutlich zeigen, daß die Reformatoren einen autonomen Wahrheitsanspruch "weltlicher" Welterkenntnis nicht akzeptieren konnten, während in der katholischen Kirche ein solcher Anspruch zwar faktisch (bei Galilei) auch nicht zugelassen wurde, aber ein so einflußreicher Theologe wie Kardinal Bellarmin durchaus dessen Berechtigung (durch "unwiderlegliche" Beweise) in seine Überlegungen und Stellungnahmen einbeziehen konnte. Die katholische Tradition hatte immer - mag dies nun als "semipelagianisch" bezeichnet werden oder nicht - den natürlichen Bereich in Welt und Mensch als verhältnismäßig selbständigen und intakten Bereich angesehen. Dies wurde auch in den tridentinischen Dekreten über Erbsünde und Rechtfertigung aufrechterhalten, wenn auch nicht in besonders konsistenter Weise. Die Kultur der Gegenreformation ging von diesen natürlichen Voraussetzungen aus.[31] Ernst Troeltsch stellt zu Recht fest: "Gerade diese katholische Kultur der Gegenreformation ist der Untergrund der modernen wissenschaftlich-philosophischen, juristischen und ästhetisch-künstlerischen Entwicklung, und nicht etwa der Protestantismus."[32] Die Experten der Renaissance gewannen daher ihren Wirkungsraum mehr im Umkreis der katholischen Einflußsphäre als in der des Protestantismus.

Diese Entwicklung hatte weitreichende Folgen. Die Kultur des Katholizismus war sicher keineswegs ein Wegbereiter der Aufklärung, aber sie war im Grundsatz auch nicht antiaufklärerisch. Hingegen werden wir uns der Einsicht nicht verschließen können, daß von der Reformation kein Weg zur Aufklärung führt.[33] Dies wird in unserem Zusammenhang auf indirekte Weise dadurch angezeigt, daß in der

29 In diesem Zusammenhang müßte auch die bekannte These Max Webers von der Beziehung zwischen Protestantismus (Calvinismus) und Kapitalismus diskutiert werden, die ja auch einen Autonomieanspruch von (ökonomischer) Weltlichkeit enthält. Vgl. dazu *C. Seyfarth - W.M. Sprondel*, Seminar: Religion und gesellschaftliche Entwicklung. Studien zur Protestantismus-Kapitalismus-These Max Webers, Frankfurt 1973, bes. die Beiträge in Teil II: Die Genese des modernen Kapitalismus.

30 Vgl. *E. Troeltsch*, Gesammelte Schriften IV, Tübingen 1925, 281f.; *E. Cassirer*, Die Philosophie der Aufklärung, Tübingen [3]1973, 184-186.

31 Der bedeutendste Exponent dieser Entwicklung war der Jesuitenorden.

32 *Troeltsch*, a.a.O. 289.

33 Vgl. *J. Mittelstraß*, Neuzeit und Aufklärung, Berlin - New York 1970, 147.

Aufklärung der bedeutende protestantische Theologe Johann Salomo Semler (1725-1791) ausdrücklich an Erasmus anknüpfte.[34]

2. Erbsünde und Theologieverständnis

Wie bereits gesagt, ist für Luther die Erbsünde der primäre Ort der Theologie. Dies hat Konsequenzen für das gesamte Theologieverständnis. Nach Luther hat die menschliche Natur aufgrund der Erbsünde "weder eine rechte Anleitung durch die Vernunft noch einen guten Willen" (*nec rectum dictamen habet natura nec bonum voluntatem*), so daß wir mit einer unüberwindlichen Unwissenheit (*ignorantia invicibilis*) behaftet sind, die allerdings - wie Luther ausdrücklich "gegen alle Scholastiker" feststellt - ganz und gar nicht unser Unwissen entschuldigt.[35] Damit ist klar, daß wir mit unserer Vernunft und somit in philosophischer Erkenntnis so gut wie nichts über die menschliche Natur wissen können, wie Luther auch später immer wiederholt.[36]

Gehalt und Form gehören hier engstens zusammen und interpretieren einander. Eine solche Auffassung von der Erbsünde und ihren Folgen erfordert eine Rechtfertigung, von der wir nur durch eine unhinterfragbare göttliche Offenbarung erfahren können. Der absoluten Ohnmacht des Menschen muß eine absolute Autorität entsprechen. Der schon angeführte Gegensatz zu der Alternativposition (Pelagius, die scholastischen Theologen, Erasmus) kann gar nicht scharf genug herausgestellt werden. Der späte Augustinus muß hier die Richtung weisen:

> Zu sagen, daß Augustinus in seinen Ausführungen gegen die Ketzer zu scharf sei, ist so viel wie zu behaupten, Augustinus habe fast überall gelogen. Es ist dasselbe, wie den Pelagianern und allen Ketzern Gelegenheit zu einem Triumph, ja den Sieg zu geben.[37]

Die Auseinandersetzung über die Erbsünde geht eben nicht nur um *eine* Lehre unter anderen, sondern sie geht um das, was Theologie überhaupt kann und soll.

[34] Vgl. *Cassirer*, a.a.O. 188.

[35] Vgl. *Luther*, WA I, 225, These 34 und 35 (Disputatio contra scholasticam theologiam); a.a.O. I, 357.

[36] Vgl. *ders.*, WA XXXIX, 1, 175, These 11 (Disputatio de homine): "Ideo si comparetur Philosophia seu ratio ipsa ad Theologiam, apparebit nos de homine paene nihil scire."

[37] *Ders.*, WA I, 224, These 1 und 2; a.a.O. I, 355.

Stellt Luther hier die Erbsündenlehre an eine so zentrale, formgebende Stelle, so ist damit implizit gesagt, daß er das praktische Element der theologischen Aussagen (das natürlich nichts mit Werkgerechtigkeit zu tun hat) ins Zentrum stellen will, denn für ihn stellt die Erbsündenlehre nicht eine Theorie der Geschichte dar, sondern formuliert einen Appell, einen Aufruf zum Glauben, zum Anerkennen des Sünder-Seins. Da der Mensch von sich aus aufgrund der Erbsünde nichts recht erkennen kann, ist er völlig auf die Offenbarung, also auf die Schrift angewiesen. (Das *sola-scriptura*-Prinzip ist eigentlich eine Konsequenz aus der Erbsündenlehre Luthers!) Aus seinem Schriftverständnis ergibt sich für Luther die Ablehnung aller theoretisch-spekulativen Theologie. Es gibt für ihn (seit 1517)[38] nicht mehr einen mehrfachen Schriftsinn, durch den - wie bei den scholastischen Theologen - unter anderem sowohl eine theoretisch-spekulative wie eine praktisch-moralische Intention der Aussagen der Schrift ermittelt werden kann, sondern es gibt nur *einen* Schriftsinn:

> Das sogenannte moralische Schriftverständnis, richtiger jedoch das geistliche Schriftverständnis, hat es ausschließlich mit der Liebe bzw. der Neigung, mit der Liebe zur Gerechtigkeit und dem Widerwillen gegen die Ungerechtigkeit zu tun, d.h. damit, daß gelehrt wird, daß man dies und jenes tun oder lassen muß.[39]

Ein solcher prinzipieller Rahmen des Schriftverständnisses mußte allen Teilen der Lehre seine Prägung verleihen. In unserem Zusammenhang ist dabei natürlich die Schöpfungslehre besonders aufschlußreich. Obwohl Luther in den Schmalkaldischen Artikeln feststellte, daß in Hinsicht auf die Schöpfungslehre keine Lehrdifferenzen bestehen,[40] ging sein Interesse doch in eine ganz andere Richtung als das der theoretisch-spekulativen scholastischen Schöpfungstheologie. Für ihn war diese Lehre ganz und gar in einen lebenspraktischen Sinn eingebettet. Im "Großen Katechismus" heißt es:

> Was ist nun gesagt oder was meinst Du mit dem Wort: "Ich glaube an Gott, Vater allmächtigen, Schöpfer usw."? Antwort: Das meine und glaube ich, daß ich Gottes Geschöpf bin, das ist, daß er mir gegeben hat und ohne Unterlaß erhält Leib, Seele und Leben, Gliedmaßen klein und groß, alle Sinne, Vernunft und Verstand, und so fort, Essen und Trinken, Kleider, Nahrung, Weib und Kind, Gesinde, Haus und Hof usw., dazu alle Kreatur zu Nutz und Notdurft des Lebens dienen läßt: Sonne, Mond und Sterne am Himmel, Tag und Nacht, Luft, Feuer, Wasser, Erde und was sie trägt und hervorzubrin-

38 Vgl. *Seeberg*, Lehrbuch der Dogmengeschichte IV 1, a.a.O. 84.

39 *Luther*, WA LVI (Der Brief an die Römer) 337; a.a.O. I, 187.

40 Die Bekenntnisschriften der Evangelisch-Lutherischen Kirche, Göttingen ^{5}1964, 414f.

gen vermag, Vogel, Fisch, Tier, Getreide und allerlei Gewächs, ferner was mehr leibliche und zeitliche Güter sind: gut Regiment, Friede, Sicherheit. Also daß man aus diesem Artikel lerne, daß unser keiner das Leben noch alles, was jetzt aufgezählet ist und aufgezählt werden mag, von sich selbst hat noch erhalten kann, wie klein und gering es ist. Denn es ist alles einbegriffen in das Wort "Schöpfer".[41]

Daraufhin bringt Luther das Prädikat "allmächtig" sofort in Zusammenhang mit der Lehre von der Vorsehung und kommt dann unmittelbar auf die praktischen Konsequenzen zu sprechen:

Hieraus will sich nun von selbst ergeben und folgen: weil uns das alles, was wir besitzen, dazu was im Himmel und (auf der) Erde ist, täglich von Gott gegeben, erhalten und bewahret wird, so sind wir wahrlich schuldig, ihn darum ohn Unterlaß zu lieben, zu loben und zu danken und kurz ihm ganz und gar damit zu dienen, wie er durch die Zehn Gebote fordert und befohlen hat.[42]

Es ist ganz deutlich, daß mit dieser Interpretation keinerlei theoretischer "Informationsgehalt" metaphysischer oder gar kosmologischer Art gegeben ist. Sonne, Mond und Sterne ebenso wie die traditionellen vier Elemente haben hier keinerlei naturphilosophischen oder physikotheologischen Sinn, sie sind in einen kontinuierlich lebensweltlichen Zusammenhang mit Essen, Trinken, guter Regierung, Frieden und Sicherheit gestellt.

Wenden wir uns nun dem zweiten großen Reformator, Jean Calvin (1509-1564), zu, so könnten wir zunächst den Eindruck gewinnen, daß dieser eine wesentlich "theoretischere" Konzeption der Theologie vertritt. Calvin behandelt in systematischem wie in homiletischem Kontext zahlreiche Fragen der traditionellen Kosmologie und Kosmogonie.[43] Die Grundintention Luthers bleibt aber bei Calvin erhalten, und diese Intention ist prinzipiell praktischer und nicht theoretischer oder spekulativer Art. Calvin kritisiert deshalb Melanchthon, daß er z.B. hinsichtlich der Frage der Vorsehung zu philosophisch argumentiere.[44] Melanchthon behauptete in den "Loci theologici" von 1559, der menschliche Geist werde durch Beweise (*demonstrationibus*) davon überzeugt, daß die Welt von Gott geschaffen (*conditum*) sei,[45] wobei er

41 *Luther*, WA XXX 1, 183f. (Der große Katechismus); a.a.O. III, 82f.

42 *Ders.*, WA XXX 1, 184; a.a.O. III, 83.

43 Vgl. *R. Stauffer*, Dieu, la création et la Providence dans la prédication de Calvin, Bern - Frankfurt - Las Vegas 1978. Stauffer weist ebd. 187f. auf eine Predigt Calvins hin, in der das Kopernikanische System eindeutig zurückgewiesen wird.

44 Vgl. *Calvin*, Opera XIV (CR 42), 417.

45 Vgl. *Ph. Melanchthon*, Loci communes von 1521, Loci praecipui theologici von 1559 (1. Teil), hrsg. von H. Engelland, Gütersloh 1952, 219.

sich unter anderem auch auf die *Physici* beruft, die bewiesen, daß eine unendliche Kausalreihe unmöglich sei, und ebenso, daß die Finalität in der Natur nicht ohne einen Plan existieren könne.[46] Diese Argumente sind für Melanchthon auch Hinweise (*indicia*) der Vorsehung (*providentia*),[47] obwohl er zugeben muß, daß die Argumente für Gott als Lenker der Welt (*moderatorem*) dunkler sind.[48] Wenn Melanchthon die Vorsehungslehre im Rahmen der Anfangsgründe der Physik (*initia doctrinae physicae)* behandelt wissen will,[49] so steht dahinter außer traditionell-scholastischen Vorgaben doch auch das fragwürdige Interesse, die Vorsehungslehre mit Astrologie in Verbindung zu bringen.[50] Dasselbe Motiv stand auch hinter dem Interesse von Melanchthons Schüler Rhetikus am Kopernikanischen System (vgl. dazu Kap. XIV). Eine solche Verbindung wird von Calvin strikt abgelehnt, was er in der 1549 erschienenen Schrift "Advertissement contre l'astrologie"[51] unmißverständlich deutlich macht.

Die Vorsehungslehre hat nach Calvin ihren Ort in der Interpretation des unmittelbaren Lebenszusammenhangs, sofern dieser vom Glauben - und das heißt bei ihm natürlich: vom Bewußtsein des Erwähltseins - durchdrungen ist. Dieser Lebenszusammenhang ist ein unmittelbar praktischer und auf den Menschen bezogener. Im "Genfer Katechismus" von 1537 wird der Schöpfungsglaube in folgender Weise bestimmt:

> Diese Worte lehren uns nicht nur zu glauben, daß Gott ist, sondern vielmehr zu erkennen, daß er *unser* Gott ist, und zu vertrauen, daß wir zu jenen gehören, denen er verheißt, *ihr* Gott zu sein, und die er als *sein* Volk annimmt. Alle Macht ist bei ihm, das bedeutet: er lenkt alle Dinge durch seine Vorsehung, leitet sie durch seinen Willen, führt sie durch seine Stärke und Allmacht. Wenn Gott "Schöpfer Himmels und der Erden" genannt wird, so ist darunter zu verstehen, daß er alles, was er einmal erschaffen hat, in Ewigkeit erhält, trägt und belebt.[52]

Der Schöpfungsglaube verschwindet gleichsam hinter dem Erwählungsglauben, der seinerseits auf dem Vorsehungsglauben beruht. Und hinter diesem ganzen Vorstellungskomplex steht der Glaube an die

46 Vgl. ebd. 223.

47 Vgl. ebd.

48 Vgl. ebd. 219.

49 Vgl. *Melanchthon*, Opera, CR XIII, 197-223.

50 Vgl. *J. Bohatec*, Calvins Vorsehungslehre, in: Calvinstudien, Leipzig 1909, 357f.

51 *Calvin*, Opera VII (CR 35), 514-542.

52 *Ders.*, Christliche Unterweisung. Der Genfer Katechismus, übers. von L. Schuckert, Güterloh 1978, 38.

göttliche Allmacht, der sich in Schöpfung wie in Erwählung in strukturell gleicher (und das heißt auch: unhinterfragbarer) Weise manifestiert, so daß jede spekulative Aufhellung unmöglich ist.

Calvin scheint wesentliche Elemente seiner Vorsehungslehre der Schrift des Thomas Bradwardine (um 1295-1349), "De causa Dei contra Pelagium"[53], zu verdanken, die zu Calvins Zeit an der Sorbonne zur Verfügung stand.[54] Bradwardine gehört zu jenen Theologen, die in der Nachfolge des Duns Scotus unter dem Eindruck der Verurteilungen von 1277 (vgl. Kap. XI) die Allmacht Gottes ins Zentrum der theologischen Aussagen gestellt hatten. Aufschlußreich ist bei Bradwardine die Verbindung dieser Lehre mit der Kritik des Pelagianismus, der mit der Annahme des freien Willens auch eine bestimmte Eigenursächlichkeit des Menschen annahm. Die strenge Ablehnung des Pelagianismus bei den Reformatoren ergibt sich also nicht nur aus ihrer Erbsündenauffassung, sondern schon aus ihrem (skotistischen) Gottesbegriff - wobei diese beiden Lehrelemente allerdings zusammengehören. Die Erwählung, also die Rettung von den Folgen der Erbsünde, geht einzig und allein auf eine Entscheidung des allmächtigen Gottes zurück.

Der Entscheidung Gottes in Schöpfung und Vorsehung muß daher eine *Praxis* entsprechen: keine Spekulation oder Theorie, sondern eine Haltung, wie Calvin ganz deutlich macht.[55] Der Vorsehungsglaube interpretiert nicht das konkrete Leben, d.h., er erklärt es nicht, er muß sich vielmehr in der Lebenspraxis bewähren. Daher fragt Calvin in der "Institutio christianae religionis" (Fassung von 1559) ausdrücklich nach dem Nutzen (*utilitas*) der Lehre von der Vorsehung[56] und gelangt dabei zu ganz konkreten ethischen Haltungen: Dankbarkeit, Gehorsam, Geduld im Leid, Überwindung der Furcht, Heiterkeit.[57] Es handelt sich hier aber in keiner Weise um ein stoisches Weltverhältnis. Der Stoiker ist autark, er unterwirft sich aus eigener Kraft dem der Welt

53 *Th. Bradwardine*, De causa Dei contra Pelagium et de virtute causarum ad suos Mertonenses, verfaßt um 1344, gedruckt London 1618 (Nachdruck Frankfurt 1964). Fragen der Prädestination spielten auch in *ders.*, De futuris contingentibus, eine wichtige Rolle. Traktate zu diesem Thema waren in der mittelalterlichen Philosophie und Theologie sehr häufig.

54 Vgl. *K. Reuter*, Das Grundverständnis der Theologie Calvins, Neukirchen 1963, 158f.

55 Vgl. *Bohatec*, a.a.O. 349. 383.

56 Vgl. *Calvin*, Institutio christianae religionis (1559), in: *Johannis Calvini* opera selecta III, München [3]1967, 202: "Quorsum et in quem scopum referenda sit haec doctrina, ut nobis constet eius utilitas."

57 Vgl. ebd. 202-227.

immanenten Logos. Calvin, ein sehr guter Kenner der Stoa,[58] hat genau erfaßt, daß das Verhältnis von Christentum und Stoa problematisch ist. Und so setzt er gegen die Autarkie des Menschen die unbedingte Theokratie.[59] Die Haltung, die sich nach Calvin aus dem Vorsehungsglauben ergibt, ist also, trotz Ähnlichkeit auf den ersten Blick, genau das Gegenteil der stoischen Haltung, sie ist Ausdruck der Überwindung jedes Autarkiestrebens. Der Theologie bleibt daher - und dies ist wiederum das reformatorische Schriftprinzip - nur die Selbstoffenbarung des allmächtigen Gottes.

Die Reformatoren suchten zu Recht das Christentum von seinem *praktischen* Charakter her zu begreifen. Gleichzeitig aber sprachen sie dem Menschen - und hier spielte die Erbsündenlehre eine entscheidende Rolle - die Fähigkeit autonomer Rationalität ab, und so mußte dieser praktische Charakter des Christentums selbst rational unbegründbar werden.[60] Aus der Ablehung der spekulativen Systeme der Theologie wurde eine Ablehnung der Vernünftigkeit des Glaubens. Der einzig anführbare Grund war die absolute Autorität Gottes und seine Selbstoffenbarung - ein Grund, der sich aber selbst jeder Begründung entzog.

Zusammenfassung

1. Das Erbsündenverständnis der Reformatoren war radikal augustinisch und antipelagianisch; es ließ somit keinen Raum für eine autonome Tätigkeit des Menschen. Das *sola-scriptura*-Prinzip ergibt sich von dieser Position her.

2. Das Erbsündenverständnis auf dem Konzil von Trient war primär an der Zurückweisung der Auffassung der Reformatoren orientiert; seine wenig präzisen Voraussetzungen ließen jedoch einen relativ weiten Interpretationsspielraum offen, der auch die Integration autonom-profaner Kultur ermöglichte.

58 Calvin hatte als erste Arbeit 1532 einen Kommentar zu Senecas "De clementia" verfaßt.

59 Vgl. *Bohatec*, a.a.O. 419f.

60 Vgl. *Mittelstraß*, a.a.O. 146.

XIV Schwierigkeiten mit einem neuen Weltbild
Von Nikolaus von Kues zu Galileo Galilei

1. Die Welt als Ausfaltung Gottes

Geschichtlich rückblickend läßt sich ein eigenartiges Phänomen konstatieren: Die Form von Philosophie und Theologie in kulturell (relativ) stabilen und in sich gesicherten Perioden weist wesentlich weniger systematische Züge auf als jene, die am Ende solcher Perioden steht. "Systematisch" bedeutet hier nicht methodisch konsistentes Denken (das gehört zu jeder Philosophie), sondern den - mehr oder weniger gewaltsamen - Versuch, die Gesamtheit des Denkbaren unter *ein* Prinzip zu bringen, von *einem* Prinzip her zu verstehen oder sogar abzuleiten. Systeme in diesem Sinn sind also offenbar dort, wo sie ursprünglich auftreten, nicht dort, wo sie aus irgendwelchen Gründen übernommen oder weitergeführt werden, Zeichen von Ende, Umbruch, Krise. In diesem Sinn waren weder Sokrates noch Aristoteles "Systemdenker". Wohl aber traten Systeme in dieser Bedeutung am Ende der Antike auf, bei Plotin und anderen Neuplatonikern. Ähnlich finden wir auch im Mittelalter zwar Summen, aber keine Systeme im genannten Sinn. Bei der Darstellung der Tendenzen des 14. Jh.s (die auch schon bei Duns Scotus zum Ausdruck kamen) sind verschiedene (bei weitem nicht alle) Kräfte angesprochen worden, die auf eine deutliche Desintegration der Kultur des Mittelalters hindeuteten. Dabei wurde keineswegs der Mythos einer mittelalterlichen Einheitskultur vorausgesetzt, der ja doch nur historische Unkenntnis bezeugen würde. Das Mittelalter war ja nicht eine Periode steriler Einheitlichkeit; an vielen Stellen ist auf die sehr bunte Vielgestaltigkeit mittelalterlichen Lebens und Denkens hingewiesen worden, die sich gerade dort zeigte, wo wir uns etwas abseits von den "großen" Zeugnissen des Mittelalters bewegen. Es ist aber auch wieder so, daß gerade eine Kultur und Gesellschaft, die einen gewissen, wenn auch sehr allgemeinen Rahmen von Grundvoraussetzungen allgemein akzeptiert, viel mehr Spielraum ermöglicht als eine Kultur und Gesellschaft, die auf keinen solchen Konsens bauen kann. Dabei handelt es sich keineswegs um eine naive "Narrenfreiheit", sondern um echte Toleranz. Es wäre aber vermutlich ein historischer Irrtum, zu meinen, die neuzeitliche, liberale, "bürgerliche" Kultur und Gesellschaft sei wesentlich toleranter als etwa die des päpstlichen Hofes oder anderer Fürsten- und Herrscherhöfe oder als die vieler Städte während langer Perioden des Mittelalters. Der Fanatismus (z.B. in den Geißlerbewegungen) war schon ein Zeichen der Desintegration, der Auflösung des die mittelalterliche(n) Gesellschaft(en) tragenden Grundkonsenses. Diesen Grundkonsens dürfen wir keineswegs in irgendwelchen Dogmen suchen (im Mittelalter wurden ja ganz erstaunlich wenige Dogmen produziert), sondern eher in einer "Weltanschauung": Die mittelalterliche Welt basierte auf einer Stufenordnung, d.h. auf geglaubten Abstraktionen, wie sie sich etwa in Duccios "Maestà" in Siena widerspiegelt oder in dem klaren Aufbau einer gotischen Kathedrale. Diese Ordnung war nicht einfach ideelle Abspiegelung der gesellschaftlichen Verhältnisse, sondern ebenso produzierende, formende Kraft ebendieser Verhältnisse. Sie wurde ebenso auf den Kosmos übertragen, d.h., dieser wurde nicht wissenschaftlich (im modernen Sinn) betrachtet, sondern ästhetisch im Sinn der Stufenordnung.

Seit dem 14. Jh. nun löst sich diese religiös-ästhetische Stufenordnung der realen Universalien auf, sie wird nicht mehr als "anschaubar" betrachtet, insofern die Welt als nur in einer nicht mehr analysierbaren göttlichen Willenssetzung gegründet angesehen wird. Die Annahme einer solchen Willenssetzung hatte selbst zum Grundkonsens des Mittelalters gehört, allerdings war in früheren Jahrhunderten dieser göttliche Willensakt als Grund einer rationalen Durchsichtigkeit des Kosmos aufgefaßt worden - eine Voraussetzung, die nun in zunehmendem Maß aufgegeben wird. Als Ergebnis dieser Willenssetzung bleibt nur die reine Faktizität der Einzeldinge. Der einheitlich gedachte Zusammenhang hört auf zu existieren.

Nikolaus von Kues (1401-1464) formulierte oder analysierte die Bedrohung der Kultur seiner Zeit nicht ausdrücklich. Seine in vieler Hinsicht gewaltsam systematische Anstrengung ist aber aus dem Bemühen heraus zu verstehen, das bedrohte Gefüge der mittelalterlichen Welt zusammenzuhalten.[1] Und obwohl er in vieler Hinsicht über Grundvor-

[1] Vgl. *H. Blumenberg*, Aspekte der Epochenschwelle: Cusaner und Nolaner, Frankfurt 1976, 34.

aussetzungen des Mittelalters hinausging, was seine zeitgenössischen Kritiker auch genau erkannten, blieb er doch letztlich an der Grenze von mittelalterlichem und dem sich ausformulierenden Denken der folgenden Zeit stehen.[2] Die Aufgabe, die er sich faktisch gestellt hatte, war nicht zu lösen; der Grund für das Mißlingen seines Versuchs lag nicht bei den ja zweifellos überragenden Fähigkeiten des Cusanus, sondern darin, daß Grundvoraussetzungen, die nicht nur theoretisch, sondern auch im konkreten Leben der Menschen fraglich geworden waren, sich auch durch noch so kühne und geniale theoretische Konstruktionen nicht retten ließen.

In ähnlicher Situation versuchte vier Jahrhunderte später Hegel mit ähnlich systematischer Anstrengung, dem drohenden Auseinanderbrechen der Kultur seiner Zeit zu begegnen. Plotin, Cusanus und Hegel ist es gemeinsam, daß sie sich für ihre Systeme auf eine Vernunft (*intellectus*) berufen, die dem Verstand (*ratio*) prinzipiell überlegen sein soll,[3] eine Vernunft, die die Einheit jenseits aller Gegensätze, in der Aufhebung oder im Zusammenfallen (*coincidentia*) der Gegensätze garantieren soll.

Die Annahme einer solchen Vernunft bedeutet, daß die *ratio*, das wissenschaftliche Begreifen, zumindest an die zweite Stelle verwiesen wird. Dies ist bei Cusanus nun nicht nur durch seine klare Distanzierung gegenüber der aristotelischen Scholastik offenkundig, sondern auch innerhalb seines eigenen, ganz von Platon und vom Neuplatonismus bestimmten Denkens manifest. Das Interesse verlagert sich vom "Timaios" zum "Parmenides". Die Folgen dieser Verlagerung für die weitere Entwicklung der Schöpfungsproblematik können kaum überschätzt werden. Aus der Frage um ein kosmologisch-kosmogonisches Geschehen, die Herkunft der Welt aus der Tätigkeit des Demiurgen (vgl. "Timaios") wird die Frage nach dem Verhältnis des Einen und des Vielen, des Göttlichen und des Kosmischen (vgl. "Parmenides" in der neuplatonischen Interpretation). Der platonische Dialog "Timaios" hatte in den - mit dem Kommentar des Calcidius - bekannten Teilen die kosmologischen Theorien des Mittelalters in einem großen Maß

2 Für die geschichtliche Stellung des Cusanus ist es auch symptomatisch, daß er der letzte bedeutende Philosoph ist, der auch eine bedeutende kirchliche Stellung innehatte. Am Konzil von Basel gehörte er zunächst der konziliaren Gruppe an, ging aber dann zur kurialen Gruppe über; auch hier also der Versuch der Rettung mittelalterlichen Erbes im Bewußtsein, daß dieses keineswegs mehr selbstverständlich akzeptiert wurde.

3 Zu Cusanus vgl. dazu *K. Flasch*, Einführung in die Philosophie des Mittelalters, Darmstadt 1987, 190-195.

beeinflußt (wie es z.B. bei der Schule von Chartres deutlich geworden ist). In den "Timaios" zusammengefaßt mit der Genesis ließ sich - in manchmal recht wunderlichen Kombinationen - das gesamte naturwissenschaftliche Wissen einbauen und mit dem Schöpfungsglauben kombinieren. Aber: Die mittelalterlichen Autoren wußten aus dem Calcidius-Kommentar, daß sich der "Timaios" mit der *Physik* (und das heißt auch: mit der Kosmologie) befaßt, während der "Parmenides" die *Theologie* Platons enthält.[4] Den "Parmenides" selbst hatten sie aber nicht zur Verfügung. Erst seit dem Ende des 13. Jh.s war ein Teil dieses Dialogs zugänglich - enthalten im Kommentar des Proklos, der von Wilhelm von Moerbeke übersetzt worden war. Auch Nikolaus von Kues war seit seiner Jugend zutiefst von diesem Kommentar des Proklos beeinflußt. Und als er später am Hofe des Humanisten-Papstes Nikolaus V. tätig war, beauftragte er Georg von Trapezunt mit einer Übersetzung des "Parmenides", die 1450/1451 fertiggestellt war.[5] Cusanus war also der erste Philosoph und Theologe des lateinischen Westens, der (nachweisbar seit 1462) den gesamten Text des "Parmenides" kannte und mit ihm arbeitete. Obwohl die Interpretation dieses Dialogs auch bei ihm neuplatonisch blieb, versuchte er doch, die beiden (alternativen) Interpretationen, die metaphysisch-theologische und die logische (im Sinne der dialektischen Methode) zu verbinden.[6] Und damit war der Zusammenhang der Methode der *coincidentia oppositorum*,[7] des Ineinsfallens der Gegensätze, und der Lehre vom Ursprung gegeben. Dies ist der Rahmen, in den die Fragestellung der Schöpfung bis Schelling und Hegel eingespannt ist, soweit überhaupt noch eine Metaphysik der Schöpfung versucht wird.[8]

Cusanus ist sich also über die Herkunft des Gedankens der Suche nach einer Einheit jenseits aller Gegensätze durchaus im klaren, er sieht deutlich die Nähe von Eckhart und Pseudo-Dionysius Areopagita

4 Dies ist allerdings schon die neuplatonische Einteilung. In der Antike wurde der "Parmenides" zu den die *Logik* behandelnden Dialogen gezählt.

5 Vgl. *R. Klibansky*, Platos Parmenides in the Middle Ages and the Renaissance, in: Mediaeval and Renaissance Studies 1(1943), 289-304 (Nachdruck New York - London 1982; mit Originalseitenzählung).

6 Vgl. ebd. 309f.

7 Es ist korrekter, hier von einer "Methode" und nicht von einer "Lehre" zu sprechen; vgl. *K. Flasch*, Nikolaus von Kues: Die Idee der Koinzidenz, in: J. Speck (Hrsg.), Grundprobleme der großen Philosophen. Philosophie des Altertums und des Mittelalters, Göttingen [2]1978, 229.

8 Der Herausgeber von Proklos' Kommentar zum Parmenides, Victor Cousin, hatte gute Gründe, seine Edition (1821-1827) Schelling und Hegel zu widmen.

zum "Parmenides" (in der Proklos-Interpretation). Während in dieser Tradition jedoch weithin die Schau des Einen als Endpunkt einer überrationalen Mystik angestrebt wird, wird bei Cusanus die Methode der *coincidentia oppositorum* zum Ausgangspunkt spekulativer Erkenntnis, der belehrten Unwissenheit (*docta ignorantia*). Nicht die allem zugrunde liegende Einheit wird als solche erkannt, wohl aber wird durch die Methode der *coincidentia oppositorum* erreicht, daß der menschliche Geist über alle selbstgesetzten Schranken hinausgeht, d.h. keinen Gegensatz als endgültig bestehen läßt. In dieser Hinsicht ist Cusanus kritisch gegenüber aller früheren Metaphysik, die jeweils einen bestimmten Gesichtspunkt verabsolutierte und sich so selbst beschränkt hatte, ohne dies zu durchschauen.

Ein charakteristisches Beispiel der Vorgangsweise des Cusanus findet sich in seiner bekannten Spekulation über das Maximum und das Minimum, die letztlich zusammenfallen. Er geht zunächst vom Begriff des Größten aus, über das hinaus es kein Größeres geben kann (*maximum quo maius esse nequit*), also der Bestimmung, die Anselm in dem sog. ontologischen Gottesbeweis angewandt hatte.[9] Ein solcher Begriff ist zu groß für uns, als daß er begriffen werden könnte, wir erfassen ihn nur in der Weise des Nichtergreifens (*non aliter quam incomprehensibiliter attingimus*). Was wir aber erfassen können, ist, daß dieser Begriff des absolut Größten auch nur ein relativer Begriff ist, der - in und durch die Methode der *coincidentia oppositorum* erhellt - mit dem absolut Kleinsten zusammenfällt.

> Das Kleinste aber ist das, dem gegenüber ein Kleineres nicht möglich ist. Da nun das Größte von der oben geschilderten Art ist, so ist einsichtig, daß das Kleinste mit dem Größten zusammenfällt.[10]

Cusanus sieht, daß hier das Maximum qualitativ gedacht ist, jedoch herkommend von einer quantitativen Vorstellung, die er daher freilegen will, um die rationale Struktur der *coincidentia* noch deutlicher zu machen.

> Die größte Quantität ist ja doch die in ihrer Größe nicht übertreffbare Quantität, die kleinste Quantität die in ihrer Kleinheit nicht übertreffbare. Nun löse von der Quantität das Merkmal des Größten und des Kleinsten ab, indem du im Geiste die Eigenschaft des Großen und des Kleinen abhebst, dann siehst du deutlich, daß das Größte und das Kleinste zusammenfallen. Das Größte ist ja ebenso ein Superlativ, wie das

9 Vgl. *Nikolaus von Kues*, Die belehrte Unwissenheit (De docta ignorantia) I, Kap. 4, übers. von P. Wilpert, Hamburg [3]1979, 17.

10 Ebd.

Kleinste ein Superlativ ist. Die absolute Quantität ist folglich nicht in stärkerem Grad die größte Quantität als sie die kleinste ist, da in ihr das Kleinste koinzidierend das Größte ist.[11]

Bei einer solchen Überlegung könnten wir den Eindruck gewinnen, daß Cusanus von der Mathematik her Argumente für die Metaphysik zu gewinnen sucht, wie er ja auch sonst immer wieder Beispiele aus der Mathematik heranzieht. Dieser Eindruck täuscht jedoch. Cusanus mathematisiert keineswegs die Metaphysik, viel eher könnten wir sagen, er metaphysiziere die Mathematik. Er versteht mathematische Sachverhalte als Bilder - allerdings so, daß in seinem Verfahren die mathematischen Gegebenheiten selbst verändert werden.[12] Cusanus steht auch hier auf einer historischen Schwelle: Er sieht, daß die Mathematik immer stärker Modellcharakter erhalten wird; er versucht jedoch nochmals mit den Erkenntnismitteln des Mittelalters, diesen Vorgang aufzufangen: Durch ein qualitatives Überschreiten der Bilder sollen diese transparent, durchsichtig werden hin auf das "Eigentliche". Gerade dieser Weg aber ist nicht mehr gangbar: Mathematische Gegebenheiten lassen sich nicht metaphysisch transponieren. Die Schlußfolgerung, die Cusanus meint ziehen zu können: "infolgedessen ist das absolut Größte ganz und gar aktuell, da es all das ist, was es sein kann"[13], läßt sich mit keiner mathematischen Theorie in Verbindung bringen; eine solche braucht kein aktuell Unendliches und kann kein solches brauchen. In Wirklichkeit wird hier nicht Mathematik betrieben, sondern Metaphysik des Proklos wird mit mathematischen Metaphern versehen. Die Metapher ist für Cusanus ein unumgängliches Mittel der Darstellung, ein "wissenschaftlicher" Gehalt ist dabei gar nicht angezielt.

Wollen wir nach Cusanus vom Absoluten angemessen sprechen, so müssen wir bedenken, daß es immer nur in Rätselbildern (*aenigmata*) geschehen kann, die nur dann angemessen sind, wenn sie durch die *coincidentia oppositorum* relativiert sind. Cusanus setzt so eigentlich der früheren Metaphysik keine neue entgegen, er bringt vielmehr den relativen Charakter aller solcher Metaphysik zum Ausdruck, ohne deshalb das Anliegen der Metaphysik selbst aufzugeben. Die Bewegung des jeweiligen Transzendierens der Gegensätze ist für ihn die Metaphysik selbst. Nicht irgendein Sein oder ein höchstes Sein ist für ihn Ziel der

11 Ebd.

12 Vgl. *Flasch*, Nikolaus von Kues: Die Idee der Koinzidenz, a.a.O. 252.

13 *Nikolaus von Kues*, Die belehrte Unwissenheit I, Kap. 4, a.a.O. 17.

Erkenntnis, sondern das "Können selbst" (*posse ipsum*), wie es sich in der unendlichen Bewegung des Denkens offenbart.

Diejenigen, die Gott, den allmächtigen Vater, den Schöpfer Himmels und der Erde bekennen, sagen, was wir sagen, nämlich, daß das Können selbst, dem gegenüber nichts allmächtiger ist, Himmel, Erde und alles durch sein Erscheinen erschafft. Denn in allem, was ist oder sein kann, kann überhaupt nichts anderes gesehen werden als das Können selbst, wie in allem Geschaffenen und noch zu Erschaffenden nur das Können des ersten Schaffenden und in allem Bewegten und zu Bewegenden nur das Können des ersten Bewegers gesehen werden kann. Aufgrund derartiger Analysen also erkennst du, daß alles ganz leicht ist und daß jede Differenz in Konkordanz übergeht.[14]

Deshalb sind auch Sein und Nichtsein keine letzten Gegensätze; das Nichtsein ist (wie wir es auch bei Scotus Eriugena gehört haben) selbst, wenn auch in für uns unfaßbarer Weise, im allmächtigen Können enthalten.

Wenn nämlich aus dem Nichtsein durch welche Macht auch immer irgendetwas werden kann, ist es auch in der unendlichen Macht enthalten. Nichtsein ist also dort Allessein. Daher ist jedes Geschöpf, das vom Nichtsein ins Sein geführt werden kann, dort wo Können Sein ist, und ist das Können-Ist selbst. Von dort aus wirst du dich erheben können, daß du über Sein und Nichtsein, unaussprechlich, aber gleichwohl im Rätselbild, alles schaust, was vom Nichtsein durch das Alles-wirklich-sein ins Sein tritt. Und wo du dies schaust, findest du keinen Namen, der uns in völliger Wahrheit und Unterschiedenheit genannt werden könnte.[15]

Das jeweilige Überschreiten jeder Setzung, das alle fixierten Sätze wie ihre Gegensätze überwindet, die unbegrenzbare *potentia* des Transzendierens, wird hier zum einzigen Modus der Gegenwart des Absoluten, das in dieser Gegenwart gleichzeitig nicht gegenwärtig ist. Die *Sehnsucht* wird zum Weg und zum Gehalt, in dem sich der Grund der Schöpfung offenbart.[16]

Gott und Welt, Schöpfer und Geschöpf, sind bei Cusanus nicht mehr innerhalb eines metaphysischen Stufenkosmos gedacht, sondern werden aus einem Beziehungsverhältnis heraus konzipiert, das Cusanus in die Begriffe *explicatio* und *complicatio* ("Ausfaltung" und "Einfaltung") faßt.

Da es sich so verhält, daß Gott das absolute Möglichsein und Wirklichsein und beider Verknüpfung und somit jedes mögliche Sein wirklich ist, so ist klar, daß er eingefal-

[14] *Ders.*, Die höchste Stufe der Betrachtung (De apice theoriae), übers. von H.G. Senger, Hamburg 1986, 27. 29.

[15] *Ders.*, Dreiergespräch über das Können-Ist (Trialogus de possest), übers. von R. Steiger, Hamburg 1973, 33.

[16] Vgl. *W. Schulz*, Der Gott der neuzeitlichen Metaphysik, Pfullingen ^{3}1957, 20-22.

tet alles ist. Alles nämlich, was irgendwie ist oder sein kann, ist im Ursprung selbst eingefaltet, und alles, was geschaffen wird, wird von dem entfaltet, in dem es eingefaltet ist. - (...) Willst du sagen, die Geschöpfe, die mit den zehn Kategorien bezeichnet werden: Substanz, Quantität, Qualität usw. seien in Gott? - Ich will sagen, daß alle diese eingefalteterweise in Gott Gott sind wie sie ausgefaltet in der Schöpfung der Welt Welt sind.[17]

Bei solchen Sätzen könnte der Pantheismusverdacht geäußert werden, wie er auch, ohne diesen Begriff zu verwenden, von dem schärfsten Kritiker des Cusanus, Johannes Wenck, vorgebracht wurde,[18] womit also gar kein "echter" Schöpfungsbegriff mehr vorläge. Dieser Vorwurf trifft aber nicht zu. Cusanus hält am Schöpfungsbegriff fest, lehnt es aber ab, diesen "technomorph" zu begreifen, wie Kurt Flasch dies ausdrückt.[19] Eine aus dem empirischen Bereich stammende Kategorie der Kausalität kann eben auf den Schöpfungsbegriff nicht angewandt werden. Cusanus denkt in erster Linie in den Kategorien der Formal- und der Exemplarursächlichkeit, wobei das Abbild das *Andere*, das Urbild das *Nichtandere* ist; das Andere ist das Nichteine gegenüber dem Nichtanderen, das das Eine ist. Differenz und Identität sind also, obwohl untrennbar, festgehalten.

Da indessen das "Nichtandere" vor den Dingen ist, für die es der völlig zureichende Grund ist, warum jedwedes das ist, was es ist, andrerseits aber das "Nichtandere" keiner Vervielfältigung fähig ist, deshalb geht der Seinsgrund der Dinge, der dem Anderen vorangeht, auch der Zahl und der Vielzahl voran und wird auf unzählbare Weise gezählt gemäß den Dingen, die an ihm teilhaben.[20]

Der Urgrund der Welt ist hier nicht mehr auf einen "kosmischen Grundriß"[21] bezogen. Es gibt also auch keinen privilegierten Ort, von dem aus der Urgrund der Wirklichkeit erfaßt werden könnte, und daher darf es bei Nikolaus von Kues auch keinen privilegierten Ort im Kosmos geben. Ein solcher privilegierter Ort war in der traditionellen Kosmologie die Erde, da diese als ruhend angesehen wurde. Als ruhende konnte sie auch als Mittelpunkt des Kosmos betrachtet werden, ebenso wie Gott, der der ruhende Beweger war. Nun kann Cusanus von seiner Methode der *coincidentia oppositorum* aus weder die Vorstellung eines absolut ruhenden Körpers noch die einer eindeutigen

17 *Nikolaus von Kues*, Dreiergespräch über das Können-Ist, a.a.O. 11.

18 Vgl. dazu *Flasch*, Einführung in die Philosophie des Mittelalters, a.a.O. 190-195.

19 Vgl. *ders.*, Die Metaphysik des Einen bei Nikolaus von Kues, Leiden 1973, 283.

20 *Nikolaus von Kues*, Vom Nichtanderen (De li non aliud), Kap. 10, übers. von P. Wilpert, Hamburg [2]1976, 33.

21 *Blumenberg*, a.a.O. 69.

Mitte annehmen. Im zweiten Buch der "Docta ignorantia" heißt es deshalb:

> Bei Betrachtung der verschiedenartigen Bewegungen der Sphären ist es deshalb unmöglich, daß diese Weltmaschine diese sinnlich wahrnehmbare Erde oder die Luft oder das Feuer oder irgend etwas anderes als feststehenden und unbeweglichen Mittelpunkt besitzt. Man kommt ja in der Bewegung nicht zum schlechthin Kleinsten, etwa einem feststehenden Mittelpunkt, da das Kleinste mit dem Größten zusammenfallen muß (...) Die Erde, die nicht Mittelpunkt sein kann, kann also nicht ohne jede Bewegung sein.[22]

Die Erde steht also nicht mehr im Mittelpunkt des Kosmos; und sie verliert ihre Sonderstellung, da sie sich wie alle Himmelskörper bewegt, d.h., sie ist ein Himmelskörper wie alle anderen. Die Aussage von der Bewegung der Erde scheint Nikolaus von Kues in die Linie der modernen Astronomie zu stellen, und man hat Cusanus gern - nicht nur in diesem Punkt - als Vorläufer des Kopernikus angesehen. Dies stimmt jedoch nicht. Denn ein Satz ist nicht an und für sich wahr, sondern er ist wahr innerhalb eines bestimmten theoretischen Bezugsrahmens. Und dieser theoretische Bezugsrahmen, der Cusanus von der Bewegung der Erde sprechen läßt, ist ein prinzipiell anderer als der des Kopernikus. Kopernikus will mit seiner Behauptung der Erdbewegung etwas erklären, d.h., sie dient als Hypothese zur besseren Interpretation empirischer Daten. Bei Cusanus hingegen erklärt die Erdbewegung gar nichts, sie ist einfach Folgerung der bewußt über alle empirischen und mathematischen Methoden hinausgehenden spekulativen Methode der *coincidentia oppositorum*, die keine fixierten "einseitigen" Behauptungen wie absolute Ruhe zuläßt.[23]

Ähnliches gilt für die Behauptung der Unbegrenztheit der Welt. Cusanus sagt:

> Der Mittelpunkt der Welt fällt also mit ihrem Umfang zusammen. Die Welt hat demnach keinen Umfang, denn hätte sie einen Mittelpunkt, so hätte sie auch einen Umfang und hätte somit in sich ihren Anfang und ihr Ende. Und die Welt wäre gegen etwas anderes abgegrenzt, und außerhalb der Welt gäbe es etwas anderes und gäbe es Ort. Das alles entspricht nicht der Wahrheit. Da deshalb ein Eingeschlossensein der Welt zwischen einem körperlichen Mittelpunkt und einem Umfang unmöglich ist, so läßt sich die Welt nicht verstehend begreifen, deren Mittelpunkt und Umfang Gott ist. Und ob-

[22] *Nikolaus von Kues*, Die belehrte Unwissenheit (De docta ignorantia) II, Kap. 11, übers. von P. Wilpert, Hamburg [2]1977, 87.

[23] Vgl. *Blumenberg*, a.a.O. 56-63; *A. Koyré*, Von der geschlossenen Welt zum unendlichen Universum, Frankfurt 1980, 15-31.

wohl die Welt nicht unendlich ist, so läßt sie sich doch nicht als endlich begreifen, da sie der Grenzen entbehrt, innerhalb deren sie sich einschließen ließe.[24]

Auch hier ist zu sehen, daß es sich um keinerlei auf astronomische Daten gegründete oder nur bezugnehmende Auffassung handelt. Cusanus spricht gar nicht von einer "unendlichen" Welt, sondern von der Welt, die "unbegrenzt" ist (*terminis caret*). Sie hat deshalb keine Grenzen, weil die Behauptung solcher Grenzen der *docta ignorantia* nicht entsprechen würde. Das Weltbild bzw. die Negation eines determinierten Weltbilds bei Cusanus hat eben keine empirische Wurzel und so auch keine empirischen Bezugspunkte. Dies zeigt schon der Hintergrund der oben zitierten Stelle. Cusanus nimmt hier eine Formulierung aus der hermetischen Tradition auf, in der von Gott gesagt wird, er sei eine Kugel, deren Zentrum überall und deren Umfang nirgends ist. Das Bedeutsame darin ist jedoch, daß Cusanus diese - sicher höchst fragwürdige - Bestimmung Gottes auf den Kosmos überträgt. Eine einfache metaphysische Übertragung ist es jedoch nicht: Denn für ihn sind Gott und Welt ja so ineinander verschränkt, daß die Welt als die *explicatio* Gottes gedacht werden kann, Gott aber als die *complicatio* der Welt. Mit naturwissenschaftlichen Theorien über einen unendlichen oder zentrumslosen Kosmos hat die Spekulation des Cusanus natürlich nichts zu tun, viel eher weist sie auf das Interesse der Renaissancedenker an den hermetischen Texten hin.[25]

Unbefragt mittelalterlich blieb jedoch die (wenngleich nun bei Cusanus ganz anders strukturierte) Dreiheit Gott - Mensch - Welt. Cusanus wollte von seinem Ansatz aus gerade die schärfsten Formulierungen in gleicher Weise von Gott, Kosmos und Mensch aussagen, aber er dachte noch nicht daran, daß dann auch eine Reduktion stattfinden kann, in der, ohne daß methodisch etwas verlorengeht, dasselbe auch gesagt werden kann, ohne von Gott zu sprechen. Verliert der Kosmos die Endlichkeit, so fehlt nicht mehr viel, ihn selber als göttlich zu bezeichnen, wie dies der Sprachgebrauch der antiken griechischen Kosmologie gewesen war. Und wird der Mensch bei Cusanus - mit einer Formel des Hermes Trismegistus - als "zweiter Gott" bezeichnet, "denn wie Gott Schöpfer der realen Seienden und der natürlichen Formen

24 *Nikolaus von Kues*, Die belehrte Unwissenheit II, Kap. 11, a.a.O. 87. Vgl. dazu *Blumenberg*, a.a.O. 69; *Koyré*, a.a.O. 26.

25 Marsilio Ficino veröffentlichte 1463 seine Übersetzung des *Corpus Hermeticum*, die rasch große Verbreitung fand; vgl. *P.O. Kristeller*, Renaissance-Philosophie und mittelalterliche Tradition, in: ders., Humanismus und Renaissance I, München o.J., 142f.

ist, so ist der Mensch Schöpfer der Verstandesseienden und der künstlichen Formen"[26], so eröffnet dies die Möglichkeit, den "ersten Gott" (nur noch) als Verstandesschöpfung des "zweiten Gottes" aufzufassen. Allerdings ließ das System der Verbindung von Theologie-Kosmologie-Anthropologie in der cusanischen Form "noch nicht zutage treten, daß der Ternar: unendlicher Gott - unendliche Welt - unendlicher Menschengeist Alternativen eröffnete, daß es die Möglichkeit der Autonomisierung jeder seiner Komponenten bereithielt"[27]. Cusanus selbst wollte das selbstverständlich nicht, es gab jedoch von seinem System aus keine Möglichkeit, zu verhindern, daß solche Konsequenzen gezogen wurden. Um solche Konsequenzen zu verhindern, blieb nur der Rückgriff auf den Grundkonsens des Mittelalters, wie Cusanus ihn in seiner späten Schrift "Über den Beryll" vornahm:

> Und so sage ich mit dem Weisen, daß für alle Werke Gottes es keinen Grund gibt; das heißt, warum der Himmel Himmel und die Erde Erde und der Mensch Mensch ist, dafür gibt es keinen Grund als den, daß der, der schuf, es so wollte.[28]

Daß Cusanus diesen Schöpferwillen als vernünftig bezeichnet, ändert nichts daran, daß er Welt und Mensch letztlich doch wieder in einem rational nicht aufhellbaren Dekret gründet, also eine Grundfaktizität setzt. An diesem Punkt wird Leibniz einsetzen, um mit seiner Konstruktion der möglichen und der besten aller möglichen Welten einen zureichenden Grund für eben diese Faktizität zu liefern.[29] Auch diese Lösung wird jedoch nicht überzeugen; das Problem der (unaufhebbaren?) Faktizität wird wie bei Nikolaus von Kues so auch nach Leibniz bei Schelling und Kierkegaard wieder drängend werden.

26 *Nikolaus von Kues*, Über den Beryll (De beryllo), Kap. 6, übers. von K. Bormann, Hamburg 1977, 9.

27 *Blumenberg*, a.a.O. 87.

28 *Nikolaus von Kues*, Über den Beryll, Kap. 30, a.a.O. 63.

29 Vgl. *Blumenberg*, a.a.O. 76f.- Vgl. Kap. XV. - Nikolaus von Kues ließ noch die Möglichkeit offen, daß Gott eine vollkommenere Welt schaffen konnte; vgl. *ders.*, Vom Globusspiel (De ludo globi), übers. von G. v. Bredow, Hamburg [2]1978, 15: "Darum konnte Gott eine vollkommenere und rundere Welt und auch eine unvollkommenere und weniger runde machen, obgleich die Welt so vollkommen gemacht ist, wie sie sein konnte."

Im Mittelalter hatten Theologen (z.B. die der Schule von Chartres) unbefangen naturwissenschaftliche, somit auch astronomische Erkenntnisse (die damals sehr gering waren) in die Schöpfungserzählung der Genesis eingebaut und dies alles noch dazu mit dem als Naturphilosophie verstandenen "Timaios" kombiniert. Die große Diskussion um die Naturphilosophie des Aristoteles in ihrer Beziehung bzw. ihrem Widerspruch zu den Glaubensaussagen hatte zwar das Problembewußtsein bezüglich der Fragen des Verhältnisses von theologischen und naturphilosophischen Aussagen geschärft, hatte jedoch das aristotelische Weltbild unangetastet gelassen, da dieses mit dem christlichen in Übereinstimmung zu stehen schien. Die Voraussetzung dabei, nämlich daß es überhaupt so etwas wie ein "christliches Weltbild" gibt, war dabei gar nicht problematisiert worden. Daß hier Probleme vorliegen, wurde erst mit - und eigentlich gar nicht durch - Nikolaus Kopernikus (1473-1543) deutlich. Kopernikus selbst betrachtete die Frage des heliozentrischen Systems als wissenschaftliche Theorie, die für ihn (er war Domherr) weder besondere philosophische noch auch religiöse Probleme aufwarf. Für Kopernikus selbst paßte seine Astronomie durchaus in sein katholisch frommes, vom Renaissance-Platonismus bestimmtes Weltbild.[30] Auch bei der bekannten Formel der "Kopernikanischen Revolution" ist größte Vorsicht geboten.[31] Wenn wir von den - ja auch wieder keineswegs unbestrittenen - heutigen Kriterien "revolutionärer" und "normaler" (oder "konservativer") Wissenschaft ausgehen, so ist festzustellen, daß unter wissenschaftstheoretischer und wissenschaftsgeschichtlicher Hinsicht die Theorien des Kopernikus eher einem konservativen als einem revolutionären Forschungsprogramm entsprechen.[32] Im Vergleich zu den kosmologischen Spekulationen des Nikolaus von Kues waren die astronomischen Theorien des Kopernikus sogar recht wenig radikal, sie unterschieden sich jedoch grundsätzlich von diesen durch ihren empirischen Gehalt und waren aus diesem Grund auch wesentlich folgenreicher.[33] Auch müssen wir sehen, daß

30 Vgl. *C.F. v. Weizsäcker*, Art. Kopernikus, in: RGG^3 IV, 3.

31 Vgl. *H. Blumenberg*, Die kopernikanische Wende, Frankfurt 1965, 162: "Die Relevanz des Kopernikanismus für das Selbstverständnis der Neuzeit beruht zweifellos auf der metaphysischen Deutung der theoretischen Leistung. Aber ebenso zweifelsfrei ist diese Art der Wirkung eine kopernikanische Inkonsequenz."

32 Vgl. *J. Mittelstraß - K. Mainzer*, Art. Kopernikus, in: Enzyklopädie Philosophie und Wissenschaftstheorie II, Mannheim - Wien - Zürich 1984, 482.

33 Vgl. *Koyré*, a.a.O. 37.

bei Kopernikus gegenüber anderen, sich von Problemen innerhalb der ptolemäischen Astronomie ergebenden Fragen das heliozentrische System methodisch sekundär war.[34] Hans Blumenberg stellt dazu fest: "Die Analyse des genetischen Kontextes hat eines ihrer Resulate darin, daß die Frage des Weltmittelpunktes von bloßer Beiläufigkeit bleibt und erst im letzten Schritt wie von selbst entschieden wird. Die Alternative von Geozentrik und Heliozentrik ist erst im nachhinein zur beherrschenden Charakteristik der Weltsysteme geworden."[35]

Die erste theologische Auseinandersetzung mit dem kopernikanischen System erfolgte von protestantischer Seite. Dies ist auf den ersten Blick etwas verwunderlich. In der Geschichte des theologischen Denkens zeigt es sich aber zu wiederholten Malen, daß es so etwas wie ein "Gesetz" der umgekehrten Bedeutungsakzente von Schöpfungs- und Erlösungslehre (und deren Voraussetzung: die Sünden- und Erbsündenlehre) gibt: Das starke Hervortreten der Erlösungslehre läßt die Lehre von der Schöpfung zurücktreten und umgekehrt. Nun ist das Pathos der Rechtfertigungslehre im Protestantismus kaum zu überbieten. So ist es auch verständlich, daß bei Luther die alte Schöpfungsformel in eine der Rechtfertigungslehre umgeformt wird, mit der die Unmöglichkeit der Werkgerechtigkeit expliziert werden soll, wie dies im Genesiskommentar zum Ausdruck kommt: "Die Kreatur ist aus dem Nichts: folglich ist alles, was die Kreatur vermag, nichts, wenn es nämlich dem Schöpfer entgegengesetzt wird, der ihr das Sein gegeben hat." (*Creatura ex nihilo est: ergo nihil sunt omnia, quae creatura potest, si scilicet creatori opponantur, qui dedit ei esse.*)[36] Dieselbe Grundstruktur liegt dort vor, wo Luther die göttliche Schöpfungstätigkeit sofort in der Terminologie der Gnadenlehre ("neues Geschöpf") ausdrückt: "Erschaffen ist immer Neues hervorbringen" (*Creare est semper novum facere*)[37]. Da bei Luther eine heilswirksame Erkenntnis Gottes aus der Form der Welt grundsätzlich abgelehnt wird, kann bei ihm kein Interesse an kosmologischen oder astronomischen Fragen erwartet werden.

Anders lag der Fall bei Philipp Melanchthon (1497-1560). Bestens humanistisch gebildet, hatte sich Melanchthon der Reformation angeschlossen, hatte aber seit 1521/1522 die offenen Probleme des Verhältnisses von Reformation und Humanismus und damit auch zur "profanen" Wissenschaft aufgegriffen, wobei er zu einer von Luther doch

34 Vgl. *J. Mittelstraß - K. Mainzer*, a.a.O. 482.

35 *H. Blumenberg*, Die Genesis der kopernikanischen Welt, Frankfurt 1981, 292.

36 *M. Luther*, WA XLIII, 178-179.

37 *Ders.*, WA I, 563.

sehr verschiedenen positiven Wertung profanen Wissens gelangte. Der reformatorische Anspruch wurde dabei keineswegs aufgegeben, aber die Wissenschaften erhielten in "propädeutischer" Hinsicht - im Prinzip nach der mittelalterlichen Funktion der "freien Künste" - doch wieder mehr Bedeutung.[38] Zu diesen Wissenschaften der "freien Künste" gehörte auch die Astronomie, und Melanchthon wurde sogar zu einem wichtigen Förderer von Schriften zur Astronomie.[39] So kam es auch, daß Joachim Rhetikus auf Veranlassung oder mit Billigung Melanchthons zu Kopernikus zum Studium der Astronomie ging, wobei sich Rhetikus wohl auch eine bessere Grundlage für astrologische Gutachten erhoffte (solche erstellte er auch tatsächlich); die Verbindung von Gottes Willen in der Konstellation der Gestirne mit dem Lauf der Welt war zu dieser Zeit ein durchaus geläufiger Topos[40] (auch die Prädestinationslehre ließ sich mit verschiedenen Zeichensystemen kombinieren), und auch Päpste ließen sich ihren Terminkalender von Hofastrologen zusammenstellen. Jedenfalls wurde Rhetikus ein begeisterter Anhänger des kopernikanischen Systems;[41] er war es, der 1540 mit seiner "Narratio prima" einer breiten Öffentlichkeit die neue Astronomie bekanntgab, und er war es, der auch den Druck von Kopernikus' "De revolutionibus orbium caelestium" in Nürnberg vorbereite. Er konnte diese Arbeit allerdings nicht fertigstellen, da er seine Tätigkeit in Wittenberg aufnehmen mußte (wo er über den "Almagest" des Ptolemaios Vorlesungen hielt). In Nürnberg übernahm nun der protestantische Pfarrer und Theologe Andreas Osiander (1498-1552) die Betreuung der Drucklegung von Kopernikus' Werk (dem er durchaus wohlwollend gegenüberstand) und verfaßte (anonym) ein folgenschweres Vorwort dazu, in dem das kopernikanische System als kalkulatorisch nützliche Hypothese hingestellt wurde, mit der aber kein Wahrheitsanspruch verbunden sei. Daß eine solche Auffassung sich innerhalb moderner Wissenschaftstheorie besser vertreten läßt als die in Wirklichkeit von Kopernikus vertretene, der sehr wohl einen solchen

38 Damit gewann auch der Aristotelismus wieder an Boden, vgl. *P. Petersen*, Geschichte der aristotelischen Philosophie im protestantischen Deutschland, Leipzig 1921 (Nachdruck Stuttgart-Bad Cannstatt 1964), 19-108.

39 Vgl. *Blumenberg*, Die Genesis der kopernikanischen Welt, a.a.O. 377; ich folge hier im weiteren im wesentlichen den ebd. 371-395 ausgeführten Thesen.

40 Vgl. *P.O. Kristeller*, Das moralische Denken des Renaissance-Humanismus, in: ders., Humanismus und Renaissance, a.a.O. II, 72-75; *ders.*, Renaissance-Philosophie und die mittelalterliche Tradition, in: a.a.O. I, 132f.

41 Später modifizierte sich die Haltung des Rhetikus erheblich, vgl. dazu *Blumenberg*, Die Genesis der kopernikanischen Welt, a.a.O. 396-415.

Wahrheitsanspruch erhoben hatte, tut hier nichts zur Sache, denn darum ging es Osiander überhaupt nicht. Osiander wollte (wobei wir ihm die *bona fides* nicht absprechen wollen) mit allen Mitteln den Unterschied des Wahrheitsgehalts von Glaube und Wissenschaft festhalten. Deshalb ist ihm "der traditionelle Begriff der astronomischen Hypothese paradigmatisch für die Wahrheitsdistanz weltlicher Erkenntnisformen im Unterschied zu den im Glauben zugänglichen Gewißheiten. Die Antithese von 'Rechengrundlagen' und 'Glaubensartikeln' ist der Schlüssel zur Hartnäckigkeit, wenn nicht zum Fanatismus seines Verhaltens."[42] - Schon jetzt sei gesagt: Genau um dasselbe ging es im späteren Streit zwischen der päpstlichen Kurie und Galilei, demgegenüber die Frage des "Weltbilds" ganz sekundär war.

Kopernikus selbst hatte ohne Zweifel einen Wahrheitsgehalt seiner Theorie behauptet, wobei er durchaus traditionell vom "Wesen" der Gestirne und von deren "natürlichen Bewegungen" ausgegangen war, also von platonischen Vorstellungen, in denen Wahrheit und Wesen als zusammengehörig und einander begründend angesehen wurden.[43] Es war nun genau dieser wissenschafts-autonome Wahrheitsanspruch, der für die reformatorischen Theologen unannehmbar war, und nicht das heliozentrische System. Die Einwände gegen dieses System haben eher eine abgeleitete Herkunft. Im Sinne Melanchthons (der so die nominalistische Weltsetzung mit einer renaissance-stoischen Weltsicht verband) geht die Weltordnung zwar nicht aus "natürlichen Örtern" und "natürlichen Bewegungen" hervor, sondern einzig aus der *ordinatio*, der Anordnung, die ihr der göttliche Wille gegeben hat, aber diese Anordnung ist so verfaßt, daß der Kosmos zu einem für die Heilsordnung bedeutungsvollen *Zeichensystem* wird, und ein solches funktioniert eben nur im Rahmen der Anschaulichkeit.[44] Entscheidend in allem ist die Unterordnung unter den göttlichen Willen im Glauben: Nur von hier aus erhält der Mensch und so der für ihn geschaffene Kosmos seine Rechtfertigung - und hier ist Melanchthon streng Reformator und fern von Kopernikus. Sich an die Stelle Gottes zu setzen und ihm gleichsam bei der vernünftigen Konstruktion des Kosmos zusehen zu können, somit die "Wahrheit" der kosmischen Konstruktion *einsehen* zu können, das ist für Melanchthon nicht nur unannehmbar, sondern ist Sünde. Dies aber dürfte der Eindruck gewesen sein, den Melanchthon von den Theorien des Kopernikus durch die Vermittlung des

42 Ebd. 344.

43 Vgl. ebd. 353; vgl. auch *Koyré*, a.a.O. 36.

44 Vgl. *Blumenberg*, Die Genesis der kopernikanischen Welt, a.a.O. 389-393.

Rhetikus erhalten hatte und der zu seiner scharfen Ablehnung derselben in der ersten Auflage seiner "Einführung in die Physik" führte. Unter dem Eindruck des Werkes von Kopernikus und der Einleitung des Osiander (von dessen Autorschaft er nichts wußte; es gab aus anderen Gründen große theologische Differenzen zwischen Melanchthon und Osiander) schwächte er die Einwände dagegen in einer späteren Auflage erheblich ab.[45] Er ließ also - den zugegebenen Hypothesencharakter vorausgesetzt - für die Wissenschaft auch vom theologischen Weltbild abweichende Thesen zu. Zur eigentlichen "Wahrheit" der Form des Kosmos kann der menschliche Verstand ohnedies nie gelangen. Als solche Hypothese kann dann auch das heliozentrische System seine eingeschränkte Bedeutung haben, eingeschränkt jedoch nicht durch wissenschaftstheoretische Überlegungen über den prinzipiellen Hypothesencharakter aller naturwissenschaftlichen Erklärungen, sondern durch den Wahrheitsanspruch der Offenbarung.

Im Prinzip blieb also auch Melanchthon bei der "einen, wahren Welt" (die für unseren Verstand nie erfaßbar ist), sein Wissensbegriff blieb hierarchisch und "Wahrheit" das Monopol der Theologie, auch wenn er daraus keine verbindliche Astronomie ableitete (womit er allerdings gegenüber anderen Reformatoren schon eine verhältnismäßig "liberale" Auffassung vertrat).

3. Befreiung aus den Fesseln der Sphären

Giordano Bruno (1548-1600) hatte gehofft und erwartet, bei den Reformatoren in Wittenberg auf Interesse an seiner kopernikanischen Philosophie zu treffen; er wurde dabei ebenso enttäuscht wie vorher bei den Calvinisten in Genf (nach den Registern war er sogar Calvinist geworden), die aufgrund des Schriftprinzips und des ihrer Meinung nach aus der Schrift resultierenden Weltbilds dem kopernikanischen System ablehnend gegenüberstanden. Die Probleme bei Bruno lagen allerdings tiefer und betrafen tatsächlich Grunddogmen des Christentums. Die Reformatoren scheinen aber davon ebensowenig erfaßt zu haben wie später die Inquisitoren, die Bruno schließlich dem Scheiterhaufen übergaben. Eines muß allerdings - entgegen der traditionellen Legende - klar sein: Bruno wurde von der Inquisition nicht wegen seiner kopernikanischen Lehren verurteilt, er ist also nicht ein Opfer der Auseinandersetzung zwischen Kirche und Wissenschaft. Auch als Bru-

45 Vgl. die Gegenüberstellung der Texte ebd. 384.

no selbst kopernikanische Theorien während des Inquisitionsprozesses einbringen wollte, gingen die Richter darauf gar nicht ein.[46]

Auch der Grund, warum Bruno sich von der katholischen Kirche und dem Dominikanerorden, dem er angehört hatte, abwandte, lag nicht im Weltbild des Kopernikus, sondern lag in der Problematik der Lehre von der Inkarnation und der Trinität. Die Schöpfungslehre spielte hier explizit keine Rolle, und doch stand sie gerade wegen ihrer - wie auch sonst problematischen - Relation zur Erlösungslehre im Zentrum des Denkens von Bruno, wie gleich deutlich werden wird; seine Metaphysik des Weltgrundes ließ keinen Raum für eine partikulare, historische und erlösende Präsenz des Göttlichen. Brunos Kosmologie und Brunos "Häresie" hingen also der Sache nach tatsächlich zusammen, auch wenn dies bei seiner Verurteilung keine Rolle spielte. Daraus dürfen wir aber wiederum nicht einfach einen echten Konflikt zwischen kopernikanischem System und Schöpfungslehre herauslesen, da erst der Zusammenhang von Brunos Kosmologie und dem kopernikanischen System geklärt werden muß.

In der Vorrede zu den "Zwiegesprächen vom unendlichen All und den Welten" schreibt Bruno:

> Nicht eitel ist daher das Vermögen des Geistes, immer Raum an Raum zu fügen, Masse zur Masse, Einheit zur Einheit, Zahl zur Zahl, mit Hilfe der Wissenschaft, die uns von den Ketten einer so engen Herrschaft erlöst und uns zu freien Bürgern eines so herrlichen Reiches befördert, uns von eingebildeter Armut befreit und mit den unzählbaren Reichtümern dieses unermeßlichen Raumes, dieses herrlichsten Gefildes, so vieler bewohnter Welten beglückt; so daß weder der täuschende Horizont des irdischen Auges noch die erdichtete Sphäre der Phantasie im ätherischen Gefilde unsern Geist mehr einkerkert unter der Aufsicht eines Pluto und der Gnade eines Zeus. Wir sind entlassen aus der Fürsorge eines so reichen Besitzers und doch so spärlichen, knickerigen und geizigen Gebers (...).[47]

Hier kommt zunächst einmal das "Lebensgefühl" vieler Menschen der Renaissance zum Ausdruck, das für die unendlichen Möglichkeiten des Menschen ein unendliches Universum fordert, in dem der Mensch durch keinen Gesetzgeber eingeschränkt ist - ein Universum, das seine überwältigende Größe dem Menschen offenbart und ihm die Möglichkeit der Selbstvollendung gibt, ohne daß er auf ein erlösendes Eingreifen einer göttlichen Gnade warten müßte. Unendlichkeit ist dabei

[46] Vgl. ebd. 435-437; *ders.*, Aspekte der Epochenschwelle: Cusaner und Nolaner, a.a.O. 110f.

[47] *G. Bruno*, Zwiegespräche vom unendlichen All und den Welten, übers. von L. Kuhlenbeck, Jena ²1904 (Nachdruck Darmstadt 1980), 23.

nicht als etwas Bestehendes gedacht, sondern als unendlicher schöpferischer Prozeß, und diese Vorstellung ist also nicht einfach Gegenstand der Spekulation, sondern Voraussetzung und bestimmende Komponente des Handelns.[48]

In diesem Kontext wird nun von Bruno die Astronomie des Kopernikus herangezogen, allerdings so, daß sich Bruno dabei gar nicht für astronomische "Details" interessiert, sondern die, wie er meint, dem kopernikanischen System entsprechende Metaphysik entwirft, dabei allerdings auch über kopernikanische Voraussetzungen in entscheidender Weise hinausgeht. Für Kopernikus war die Welt unermeßlich (*immensum*) gewesen, sie wurde aber als endlich aufgefaßt. Schon der Kopernikaner Thomas Digges hatte 1576 den Schritt von der Annahme einer geschlossenen Welt zu der einer offenen Welt vorgenommen,[49] erst bei Giordano Bruno aber wird die Lehre von der *unendlichen* Welt zu einer tragenden kosmologischen Grundthese.

> Ich nenne das All als Ganzes unendlich, weil es ohne Rand ist, keine Schranke, keine Oberfläche hat; ich sage aber: das All ist nicht absolut und völlig unendlich, weil jeder Teil, den wir von ihm erfassen können, begrenzt und jede einzelne der unzähligen Welten, die es in sich begreift, begrenzt ist. Ich nenne Gott in seiner Ganzheit unendlich, weil er jegliche Grenze von sich ausschließt und jedes seiner Attribute einzig und unendlich ist, und ich nenne Gott absolut und völlig unendlich, weil er überall ganz ist in der ganzen Welt und in jedem ihrer Teile unendlich und völlig allgegenwärtig ist - im Gegensatz zur Unendlichkeit des Weltalls, welches letztere vollkommen nur im Ganzen ist und nicht in jedem seiner Teile, wenn überall mit Bezug auf das Unendliche das ein Teil genannt werden darf, was wir von ihm erfassen können.[50]

Der Hintergrund der Lehre des Cusanus von der *explicatio* und der *complicatio* ist nicht zu übersehen, und Giordano Bruno hatte sich auch während seines Aufenthalts in Deutschland mit den Werken des Nikolaus von Kues eingehend befaßt. Bruno geht aber (so wie über Kopernikus) einen entscheidenden Schritt über Nikolaus von Kues hinaus. Cusanus hatte - in Übereinstimmung mit der Tradition des Mittelalters - die Möglichkeit verschiedener Welten offengelassen und hatte damit auch eine freie Schöpfungstat Gottes zulassen können (so jedenfalls in den späten Schriften). Im Prinzip war dies die Argumentation Ockhams: Gott muß anderes haben schaffen können, als er tatsächlich geschaffen hat, sonst würde er zur notwendig hervorbringen-

48 Vgl. *A. Heller*, Der Mensch der Renaissance, Köln 1982, 15.

49 Vgl. *Koyré*, a.a.O. 43-45.

50 Ebd. 41.

den Natururursache; die reale Welt ist also nur eine der Möglichkeiten Gottes.

Bruno dreht diese Argumentation um. Der Kosmos ist nur dann Schöpfung Gottes, wenn er Gott wirklich korrespondiert, also unendlich ist. Bruno faßt diesen Gedanken in eine Schlußfolgerung:

> 1. Nur wenn der schöpferische Ursprung etwas anderes schaffen wollte, als er schaffen will, so könnte er auch ein anderes schaffen, als er schafft. 2. Nun aber kann er nichts anderes schaffen wollen, als was er schaffen will. 3. Folglich kann er nichts anderes schaffen, als was er schafft. Wer also behauptet, seine Schöpfung sei endlich, setzt eine nur endliche Schöpfertätigkeit und ein nur endliches Schöpfungsvermögen voraus.[51]

Bruno entledigt sich auf diese Weise all der Schwierigkeiten, die die mittelalterliche Philosophie mit dem Begriff der Schöpfung und des schöpferischen Willens Gottes gehabt hatte. Die immer mehr .gesteigerte Allmacht Gottes hatte die Faktizität der endlichen Welt (und damit auch das Problem des Übels) zunehmend unerklärter und unerklärbarer gemacht. Bei Bruno wird nun Möglichkeit und Wirklichkeit im unendlichen göttlichen Grund der Welt wie auch in der unendlichen Welt gleichgesetzt. Die Frage, warum Gott diese und keine andere (bessere) Welt geschaffen hat, entfällt damit. Das voll und ganz positive Urteil über die Welt bei Bruno ist nicht begründet im Blick auf den Menschen, sondern im Blick auf die Schönheit und unendliche Größe des Kosmos. Die Unendlichkeit der Welt manifestiert die Unendlichkeit ihres Grundes, der damit auch jede zeitlich gedachte Priorität vor der Welt verliert. Hinter der Welt steht kein Gott mehr, der sich auch verbergen könnte oder der sich in einer Offenbarung zeigt. Gott zeigt sich immer und überall in der Welt, im Kosmos, er hat gar keine andere Existenz und kein anderes Wesen für sich, er ist nur als der Grund der Welt. Der Begriff des Schöpfers fordert nach Bruno, daß er eine solche Welt "in Ewigkeit hervorbringen muß"[52]. Die Welt als Schöpfung "erschöpft" die Möglichkeiten ihres Grundes, denn "wir wissen sicher, daß dieser Raum als Wirkung und Erzeugnis einer unendlichen Ursache und eines unendlichen Prinzips auf unendliche Weise unendlich sein muß"[53]. Können und Sein, Potenz und Akt, fallen im Göttlichen wie im Universum als ganzem in eins. So sagt Bruno in

51 Ebd. 43.

52 Ebd. 39. Ohne näher darauf einzugehen, stellt Bruno ebd. 42 fest, daß "hier in Wahrheit Freiheit und Notwendigkeit (...) ein und dasselbe sind".

53 *Ders.*, Das Aschermittwochsmahl, übers. von F. Fellmann, Frankfurt 1981, 153. Der Gesprächspartner im Dialog, ebd. 154, war auf diese Behauptung hin "verdutzt und sprachlos, als sähe er plötzlich ein Gespenst vor sich".

der Schrift "Von der Ursache, dem Prinzip und dem Einen", wobei der Hintergrund des Einen im "Parmenides" Platons wie im "Können-Ist" des Cusanus unübersehbar ist,

> (...) daß das Höchste und Göttliche alles ist, was es sein kann, und daß das Universum alles ist, was es sein kann, während die anderen Dinge nicht alles sind, was sie sein können.[54]

Die vor allem aus der Wirkungsgeschichte im Deutschen Idealismus her bekannte Frage nach dem "Pantheismus" Brunos führt hier nicht viel weiter. Relevanter ist, daß Bruno den Kosmos als das "unendliche, unbeschränkte Abbild" Gottes bezeichnet.[55] Dies weist uns schon rein dem Ausdruck nach auf den theologischen Topos hin, der hier im Spiel ist (was vor allem Hans Blumenberg gezeigt hat): die innergöttliche Zeugung des Logos (*generatio*) im Unterschied zur Schöpfung (*creatio*). In der christlich-theologischen Tradition war eine solche unendliche, unbeschränkte, das göttliche Wesen erschöpfende Selbstdarstellung nur im Logos, der zweiten göttlichen Person, gegeben, von der alles Abbild in der Schöpfung streng unterschieden war. Bei Bruno hingegen wird die Schöpfung genau nach dem Modell der innergöttlichen Zeugung gedacht,[56] das unendliche Universum ist als Ganzes die unüberbietbare Manifestation Gottes. Für eine Erlösung besteht hier weder ein Bedürfnis noch ein möglicher Ort. Oder umgekehrt ausgedrückt: Dort, wo keine Erlösung des Menschen angenommen wird, muß eine Welt konstruiert werden, die eine solche weder benötigt noch auch zuläßt - die Welt wird zum unbeschränkten Abbild Gottes. Mit der Astronomie des Kopernikus hat dies nichts mehr zu tun; Bruno "gab den kopernikanischen Leitfaden zur Orientierung im Universum aus der Hand, um sich zu seiner Metaphysik der 'absoluten Schöpfung' aufzuschwingen"[57].

54 *Ders.*, Von der Ursache, dem Prinzip und dem Einen, übers. von A. Lasson, Hamburg [6]1983, 10.

55 *Ders.*, Zwiegespräche vom unendlichen All und den Welten, a.a.O. 36.

56 Vgl. *Blumenberg*, Aspekte der Epochenschwelle: Cusaner und Nolaner, a.a.O. 126f.; *ders.*, Die Genesis der kopernikanischen Welt, a.a.O. 438f.

57 Ebd. 431.

Im Jahr 1632 veröffentlichte Galileo Galilei (1564-1642) den "Dialog über die beiden wichtigsten Weltsysteme" (*Dialogo sopra i due massimi sistemi del mondo*). In dieser Schrift trat er in literarisch verschlüsselter Form für das System des Kopernikus (heliozentrisch) gegen das System des Ptolemaios (geozentrisch) ein. 1633 fand der berühmt-berüchtigte Prozeß der Inquisition gegen Galilei statt, der mit einer Verurteilung Galileis endete, so daß er die Jahre bis zum Ende seines Lebens in einer Art Hausarrest in Arcetri verbringen mußte. Während dieser Zeit verfaßte er die "Unterredungen und mathematischen Demonstrationen über zwei Wissenszweige die Mechanik und die Fallgesetze betreffend"[58], die für die weitere Wissenschaftsentwicklung wichtiger wurden als der historisch unmittelbar einflußreichere Dialog über die Weltsysteme.[59] In unserem Zusammenhang steht jetzt der Dialog über die Weltsysteme zur Diskussion, denn dieser war der Anlaß der Verurteilung Galileis, und an ihn knüpft sich das Urteil über den Kampf der Kirche gegen die moderne Wissenschaft, das Beharren auf einem überholten Weltbild und ähnliches. Apologetik ist in diesem Zusammenhang völlig unangebracht. Dies darf aber auch wiederum nicht dazu führen, sich nicht zu fragen, worum es bei dieser Auseinandersetzung wirklich ging.

1623 war Kardinal Barberini als Urban VIII. zum Papst gewählt worden, ein gebildeter Mann, von dem sich viele eine größere Offenheit der Kirche für Fragen der neuen Wissenschaftsentwicklungen erwarteten. Als nun Galilei den Dialog (unter dem wachsamen Auge der Zensoren) vorbereitete, schrieb der römische Zensor Riccardi an den Inquisitor in Florenz, es sei die Meinung des Papstes, also Urbans VIII., "Titel und Gegenstand des Buches (sc. Galileis) sollten sich nicht auf Ebbe und Flut beziehen, sondern unbedingt nur auf die mathematische Darstellung der kopernikanischen Lehre von der Erdbewegung"[60]. Es gab also von seiten des Papstes und der Inquisition keine Einwände gegen die mathematische Darstellung des kopernikanischen

58 Dt. Übers. Leipzig 1890/91 (Nachdruck Darmstadt 1973).

59 Dabei sollten wir aber nicht vergessen, daß in wissenschaftstheoretischer Hinsicht, also hier in bezug auf ein Forschungsprogramm der Astronomie, Galileis Zeitgenosse J. Kepler (1571-1630) wichtiger war als Galilei und selbst als Kopernikus, weshalb wir eigentlich von einer "keplerschen Wende" sprechen sollten. Vgl. *J. Mittelstraß - K. Mainzer*, Art. Kepler, in: Enzyklopädie Philosophie und Wissenschaftstheorie II, a.a.O. 387.

60 Zit. nach *Blumenberg*, Die Genesis der kopernikanischen Welt, a.a.O. 492.

Systems, und es gibt auch keinerlei Hinweise dafür, daß sich diese Haltung der Autoritäten der Kirche zur Zeit der Verurteilung geändert hätte. Mit "mathematischer Darstellung" ist genau dasselbe gemeint wie in der Vorrede des Osiander zum Werk des Kopernikus, wo (gegen dessen Intention) nur von "Hypothesen" gesprochen wird. Eigentlich wurde zunächst Galilei nur an einen ähnlichen Vorgang von 1615 erinnert. Damals hatte der Karmelit Paolo Antonio Foscarini (um 1565-1616) das kopernikanische System verteidigt und als mit der Bibel in Einklang stehend behauptet, was 1616 zur Verurteilung Foscarinis geführt hatte. Galilei hatte in diesen Jahren, d.h. zwischen 1613 und 1615, die sog. "kopernikanischen Briefe" an verschiedene Persönlichkeiten geschrieben (die Briefe waren aber weithin bekannt), in denen er das kopernikanische System verteidigte, dabei aber auch das (beinahe "averroistische") Argument "verschiedener Sprachen" verwandte: Es gibt eine normale, unpräzise Sprache des gewöhnlichen Gebrauchs und eine präzise, wissenschaftliche Sprache; beim Schreiben des Buches der Bibel, das sich an den "normalen" Menschen wendet, habe Gott die erstere verwendet, beim Schreiben des "Buches der Natur" aber die zweite, also die wissenschaftliche.[61] Diese Auffassung fand bei den kirchlichen Autoritäten (unter dem starken Einfluß der Jesuiten) keinen Anklang. Galilei wurde damals nicht verurteilt, da die Briefe nicht öffentlich waren, ein Schreiben des Kardinals Bellarmin an Foscarini von 1615 zeigt jedoch, daß auch Galilei im Visier war. Bellarmin informierte Galilei 1616 auch persönlich vom Ausgang des Verfahrens gegen Foscarini. In einem Brief übernahm Bellarmin praktisch die Auffassung des Protestanten Osiander (er wußte aber vermutlich nichts von Osiander als Autor der Vorrede, sondern schrieb sie Kopernikus zu). Auch zeigt sich deutlich, daß sich, wohl in Reaktion auf das protestantische Schriftprinzip, nun auch in der katholischen Theologie ein "positivistischer" Gebrauch der Schrift durchzusetzen begann, der im Vergleich zum vielfachen (mindestens vierfachen) Schriftsinn der mittelalterlichen Theologen sehr eng war und so auch dem Argument "verschiedener Sprachen" - auch außerhalb der Schrift - keinen Raum mehr ließ.

Der berühmte Brief Bellarmins an Foscarini ist so aufschlußreich, daß es sich lohnt, ihn ausführlich zu zitieren:

> Es scheint mir, daß Sie und Galilei klug täten, wenn Sie sich begnügten, *nicht absolut, sondern ex suppositione* zu sprechen, wie es, wie ich immer geglaubt habe, Koperni-

61 Vgl. *L. Geymonat*, Art. Galilei, in: Enciclopedia Europea Garzanti V, Mailand 1977, 202.

kus getan hat. Denn wenn man sagt: unter der Voraussetzung, daß die Erde sich bewege und die Sonne stillstehe, lassen sich alle Erscheinungen besser erklären als durch die Annahme der exzentrischen Kreise und Epizyklen, so ist das sehr gut gesagt und hat keine Gefahr, und das *genügt dem Mathematiker*. Wenn man aber behaupten will, die Sonne stehe *wirklich* im Mittelpunkt der Welt und bewege sich nur um sich selbst, ohne von Osten nach Westen zu laufen, und die Erde stehe am dritten Himmel und bewege sich mit der größten Schnelligkeit um die Sonne, so läuft man damit große Gefahr, nicht nur alle Philosophen und scholastischen Theologen zu reizen, sondern auch dem heiligen Glauben zu schaden, indem man die Heilige Schrift eines Fehlers überführt. (...) Wie Sie wissen, verbietet das Konzil, die Bibel gegen die allgemeine Übereinstimmung der Väter auszulegen, und wenn Sie nicht nur die Väter, sondern auch die modernen Kommentare über die Genesis, die Psalmen, den Prediger, das Buch Josue lesen wollen, werden Sie finden, daß sie alle übereinstimmend die Stellen *ad litteram* dahin *erklären*, daß die Sonne am Himmel ist und sich mit der größten Schnelligkeit um die Erde bewegt und daß die Erde vom Himmel sehr weit entfernt ist und unbeweglich im Mittelpunkte der Welt steht. (...) Man kann nicht einwenden, dieses sei keine Glaubenssache; denn wenn es keine Glaubenssache ex parte obiecti ist, so ist es eine Glaubenssache ex parte dicentis. (...) *Wenn ein wirklicher Beweis* dafür *vorhanden wäre*, daß die Sonne im Mittelpunkte der Welt stehe und die Erde am dritten Himmel und daß nicht die Sonne um die Erde, sondern die Erde um die Sonne gehe, *dann müßte man bei der Erklärung der Bibelstellen, welche das Gegenteil zu sagen scheinen, mit großer Vorsicht vorgehen* und eher sagen, wir verständen dieselben nicht, als, das sei falsch, was bewiesen wird. Aber ich werde nicht eher glauben, daß ein solcher Beweis geliefert sei, bis er mir gezeigt ist. (...) Ich füge noch bei, daß derjenige, welcher geschrieben hat: die Sonne geht auf, und sie geht unter und kehrt zu ihrem Orte zurück, Salomo ist, der nicht allein *von Gott inspiriert* sprach, sondern auch der weiseste unter allen Menschen und sehr *gelehrt in allen menschlichen Wissenschaften* und in der Kenntnis der geschaffenen Dinge war und *all diese Weisheit von Gott hatte*, weshalb es nicht *wahrscheinlich* ist, daß er etwas sollte behauptet haben, was im Widerspruch stände mit etwas, was als *wahr* erwiesen ist oder erwiesen werden könnte. (...) Was aber die Sonne und die Erde betrifft, so braucht kein Gelehrter den Irrtum zu berichtigen, da er durch *augenscheinliche Erfahrung* weiß, daß die Erde stillsteht und daß das Auge sich nicht täuscht, wenn es urteilt, daß die Sonne sich bewegt, wie es sich auch nicht täuscht, wenn es urteilt, daß die Sterne sich bewegen.[62]

Der Brief ist ein Appell an die "Klugheit", die kopernikanische Welt nur als Kalkulationshypothese (*ex suppositione*) zu verstehen, da damit jeder Konflikt mit der Bibel *ad litteram* vermieden werden kann.

Allerdings besteht hier doch vermutlich ein Unterschied zu der Auffassung Osianders. Bellarmin spricht der Wissenschaft nicht prinzipiell die Möglichkeit ab, "absolut" die Wahrheit anzuzielen und dafür "wirkliche Beweise" zu liefern. (Daß wir heute prinzipiell nur *ex suppo-*

[62] Dt. Übers. in: *F.H. Reusch*, Der Prozess Galileis und die Jesuiten, Bonn 1879, 62-65; hier zit. nach *Blumenberg*, Die kopernikanische Wende, a.a.O. 132-134 (Hervorhebungen von mir).

sitione sprechen, ist kein Beweis für "wissenschaftstheoretische Weitsicht" Bellarmins, denn er nimmt ja ein "absolutes" Sprechen an und beansprucht es für die theologischen Aussagen.) Er weiß auch, daß unter der Voraussetzung der "absoluten" Wahrheit - die er genau mit Galilei teilt, ohne dessen Angebot der "verschiedenen Sprachen" anzunehmen - im Falle, daß von seiten der Wissenschaft Beweise vorliegen, große hermeneutische Schwierigkeiten für den Theologen auftauchen müßten: "Dann müßte man bei der Erklärung der Bibelstellen, welche das Gegenteil zu sagen scheinen (!), mit großer Vorsicht vorgehen, und eher sagen, wir verständen dieselben nicht". Der Konflikt ist also von Bellarmin nicht prinzipiell durch einen hierarchischen Wahrheitsbegriff ausgeschlossen, wie das wohl bei Osiander und Melanchthon der Fall gewesen war. Die Bereitschaft, einen solchen Konflikt als möglich anzunehmen und selbstkritische theologische Konsequenzen in Erwägung zu ziehen, bedeutet einen Fortschritt auch dann, wenn der theologische absolute Wahrheitsbegriff nicht in Frage gestellt wird.

Die Annahme einer "absoluten" Wahrheit, die zwischen Theologie und Wissenschaft zur Diskussion stehen könnte, war der gemeinsame Boden Bellarmins und Galileis. Galilei wollte den "Beweis" für sein System erbringen - durch Ebbe und Flut. Daß dieses Phänomen kein Beweis für die Erdumdrehung ist, stellt wiederum ein "innerwissenschaftliches" Problem dar und ist für uns hier nicht entscheidend. Die Tatsache, daß Galilei es als Beweis ansah, erklärt uns aber, warum der ihm wohlgesinnte Papst nicht wollte, daß er über Ebbe und Flut schriebe. 1633 nun wurden diese Ausführungen Galileis von der Inquisition gar nicht überprüft; denn inzwischen war kein Bellarmin mehr da - er war schon 1621 gestorben -, der angesichts eines "Beweises", welcher das Gegenteil der Bibel *ad litteram* zu sagen scheint, die Möglichkeit hätte erwägen müssen, er habe die Bibel nicht richtig verstanden - was er ja nicht ausgeschlossen hatte. Und da ein gelehrter Mann wie Bellarmin die Bibel *ad litteram* kaum wirklich falsch verstehen konnte, hätte er auf den Gedanken kommen können, daß er das *genus litterarium* falsch angesetzt hatte. Damit wäre er bei der Zwei-Sprachen-Auffassung Galileis angelangt, allerdings nun ohne den univoken Wahrheitsbegriff Galileis. Dies wäre ein entscheidender Fortschritt gewesen (ein "hermeneutischer Schub"); daß er nicht eintraf, war für die Theologie von größerem Schaden als für die Naturwissenschaft. Ob Bellarmin dazu bereit gewesen wäre, wissen wir natürlich nicht, wir dürfen ihm aber auch nicht die Fähigkeit absprechen, aus seinen eigenen Thesen logische Folgerungen zu ziehen.[63] Eine Chance der Selbstaufklärung der Theologie war vertan.

Es kann jedoch nicht ausgeschlossen werden, daß Galilei erkannte, daß noch ein prinzipielleres, nun wirklich theologisches Thema zur Diskussion stand (hier folge ich der These Blumenbergs). Die Möglichkeit eines Beweises setzt einen rational gesetzmäßig geordneten Kosmos voraus, "schöpfungstheologisch" gesprochen: Er setzt voraus, daß sich Gott an die Regeln hält, die er (als konsistentem System) der Welt gegeben hat. Und das heißt: Auf der Ebene der Welterkenntnis ist der Mensch prinzipiell (wenn auch faktisch oft gehindert) auf *einer* Ebene mit der göttlichen Vernunft. Im "Dialog über die Weltsysteme" läßt Galilei Salviati, einen der Gesprächsteilnehmer, sagen:

> Freilich erkennt der göttliche Geist unendlich viel mehr mathematische Wahrheiten, denn er erkennt sie alle. Die Erkenntnis der wenigen aber, welche der menschliche Geist begriffen, kommt meiner Meinung an objektiver Gewißheit der göttlichen Erkenntnis gleich; denn sie gelangt bis zur Einsicht ihrer Notwendigkeit, und eine höhere Stufe der Gewißheit kann es wohl nicht geben. (...) Um mich also besser auszudrücken, so erkläre ich, daß zwar die Wahrheit, deren Erkenntnis durch die mathematischen Beweise vermittelt wird, dieselbe ist, welche die göttliche Wahrheit erkennt; allerdings aber will ich Euch zugeben, daß die Art und Weise, wie Gott die zahllosen Wahrheiten erkennt, von denen wir nur einige wenige kennen, hoch erhaben über unsere Weise ist.[64]

Dem steht die andere These gegenüber, die Galilei Sagredo in den Mund legt:

> Am größten dünkt mir die Torheit derer, die da meinen, daß Gott das Weltall dem geringen Fassungsvermögen ihrer Vernunft entsprechend geschaffen habe und nicht vielmehr nach seiner unermeßlichen, ja unendlichen Macht.[65]

Dies dürfte nun die Auffassung der kirchlichen Autoritäten zur Zeit der Verurteilung Galileis wiedergeben. Sie rückt in ganz entscheidendem Sinn von der Bellarmins ab; denn wenn mit der unendlichen Macht Gottes argumentiert wird, kann auch der beste Beweis den hypothetischen Charakter einer Theorie nicht verändern, da ja jedes Phänomen, auf das der Beweis gegründet ist, unter dem Vorbehalt

63 Wir müssen allerdings sehen, daß bei Bellarmin zunächst nur ein Programm einer jeweiligen Revision theologischer Aussagen unter dem Druck wissenschaftlicher Aussagen anvisiert ist und nicht eine grundsätzliche Diskussion des eigenen Wahrheitsbegriffs. Faktisch folgte die Theologie der folgenden Jahrhunderte auch einem solchen Revisionsprogramm.

64 *Galilei*, Dialog über die Weltsysteme, dt. Übers. (in Auswahl) zusammen mit Galileis *Sidereus Nuncius* hrsg. von H. Blumenberg, Frankfurt 1980, 157.

65 Ebd. 220.

eingeführt werden muß, daß es sich dabei um ein besonderes Eingreifen Gottes handelt.[66] Wird die Allmacht Gottes mit Wundern in Verbindung gebracht, so fällt der von Bellarmin gebrauchte Begriff eines "wirklichen Beweises" weg, da man ein Wunder eben nie ausschließen dürfte, also auch nicht ein sich im Naturverlauf ständig wiederholendes "Wunder" (eine durch göttliches Eingreifen "regelmäßige" Unregelmäßigkeit). Das erscheint uns als eine recht sonderbare Vorstellung. Genau diese führt aber Galilei als Einwand seines Gegners am Ende des Dialogs ein. Nachdem dieser alle rechnerischen Vorteile des kopernikanischen Systems zugegeben hat, verlangt er einen "Beweis von zwingender Überzeugungskraft"[67]. Daraufhin führt nun Galilei seinen (vermeintlich) zwingenden physikalischen Beweis von Ebbe und Flut ein, worauf dem Gegner nichts anderes übrigbleibt, um die Theorie in die Schranken der hypothetischen Rechengrundlage zurückzuverweisen, als mit der "Allmachtsklausel" zu arbeiten. Und so wendet Simplicio im Dialog ein:

> Was die stattgefundenden Erörterungen betrifft, insbesondere die zuletzt geprüfte Frage betreffs der Ursachen von Ebbe und Flut des Meeres, so verstehe ich allerdings die Sache nicht so ganz, aber nach der wenn auch noch so unvollkommenen Vorstellung, die ich mir darüber habe bilden können, muß ich zugeben, daß Eure *Erklärung* mir wohl *geistvoller erscheint als alle anderen*, die ich je gehört habe; *gleichwohl* halte ich sie *nicht* für *richtig* und *beweisend*. Meinem geistigen Auge schwebt vielmehr stets eine unerschütterlich feststehende Lehre vor, die mir einst eine ebenso gelehrte wie hochgestellte Persönlichkeit gegeben hat. Ich weiß, daß Ihr beide auf die Frage: *Kann Gott vermöge seiner unendlichen Macht und Weisheit dem Elemente des Wassers die abwechselnde Bewegung, die wir an ihm beobachten, nicht auch auf andere Weise mitteilen*, als indem er das Meeresbecken bewegt? - Ich weiß, sage ich, daß Ihr auf diese Frage antworten werdet, er vermöge und wisse das auf vielfache, unserem Verstande unerfindliche Weise zu tun. Dies zugegeben, ziehe ich aber sofort den Schluß, daß es eine unerlaubte Kühnheit wäre, die göttliche Macht und Weisheit begrenzen und einengen zu wollen in die Schranken einer einzelnen menschlichen Laune.[68]

Hier ist es nun nicht entscheidend, daß der Beweis Galileis naturwissenschaftlich nicht richtig ist,[69] sondern nur, daß er vom Gegner für korrekt betrachtet wird und dagegen mit der Allmacht Gottes argumentiert wird.

[66] Vgl. *H. Blumenberg*, Die Genesis der kopernikanischen Welt, a.a.O. 492.

[67] *Galilei*, Dialog über die Weltsysteme, a.a.O. 194.

[68] Ebd. 226 (Hervorhebungen von mir).

[69] *J. Kepler* hatte schon 1609 in der "Astronomia nova seu physica coelestis" Ebbe und Flut auf die Einwirkung des Mondes zurückgeführt. Vgl. auch *Blumenberg*, Die Genesis der kopernikanischen Welt, a.a.O. 455.

Dies ist der entscheidende Punkt. Es ging in der Auseinandersetzung wohl gar nicht letztlich um ein "altes" und ein "neues" Weltbild, denn prinzipiell hätten die kirchlichen Gegner ja einen "Beweis von zwingender Überzeugungskraft" auch für das "alte" System der Wissenschaft nicht zugestehen dürfen. Bei einem theologischen absoluten und universalen Wahrheitsanspruch lieferte die Berufung auf die Allmacht Gottes die Legitimation dafür, den Wahrheitsanspruch der Wissenschaft auf Rechenhilfen einzuschränken und notfalls auch Beweise als Wunder zu deklarieren. Genau gegen diese *theologische* Auffassung wandte sich Galilei: Auch er wollte die "Frömmigkeit, die Religion, die Erkenntnis der göttlichen Allmacht und das Bewußtsein der Unzulänglichkeit des Menschengeistes" festhalten, wie er in der Vorrede zum Dialog feststellte.[70] Er forderte jedoch, den allmächtigen Schöpfer so zu denken, daß er eben eine rational nachkonstruierbare Welt geschaffen habe (vgl. die Zitate weiter oben), er verstand also seine wissenschaftliche Arbeit theologisch als Nach-Denken des Schöpfungsgedankens. In der Diskussion zwischen Galilei und der Kirche (falls wir hier überhaupt von "Diskussion" sprechen wollen) ging es also in letzter Instanz gar nicht um die Frage zweier Weltbilder, sondern wirklich um eine theologische Frage. Aus der Wissenschaft folgt keine Theologie, und das kopernikanische Weltbild ist mit dem Schöpfungsglauben durchaus vereinbar; aber Galilei sah zu Recht, daß es, ohne nun wirklich in zwei verschiedenen "Welten" mit Beschreibung in inkompatiblen "Sprachen" zu leben, unmöglich ist, einerseits eine rationale Welterklärung zu suchen und andererseits an einen Schöpfergott zu glauben, der durch seine Allmacht konstante Unregelmäßigkeiten in den Weltbau gelegt hat, die jeden Erklärungsversuch unter den Vorbehalt einer außerordentlichen, d.h. ungesetzmäßigen Einwirkung stellt.

Historisch gesehen stehen wir vor einem sonderbaren Vorgang. Die Auseinandersetzung um die aristotelische Naturphilosophie hatte zu den früher erwähnten Verurteilungen von 1277 geführt (vgl. Kap. XI), in deren Folge die immer mehr gesteigerte Vorstellung der Allmacht Gottes unter anderem auch dazu geführt hatte, nichtaristotelische Welten als mögliche Objekte göttlicher, allmächtiger Schöpfertätigkeit zu denken. Nun, mehr als drei Jahrhunderte später, diente dieselbe Vorstellung göttlicher Allmacht dazu, den aristotelisch-ptolemäischen (und vermeintlich biblisch-christlichen) Kosmos gegen mögliche Gegenbeweise prinzipiell abzuschirmen und damit gleichzeitig das theologische Wahrheitsmonopol sicherzustellen. Das Angebot Galileis

70 *Galilei*, Dialog über die Weltsysteme, a.a.O. 138.

- es war ein theologisches Angebot -, wieder zu der Vorstellung eines "berechenbaren", "zuverlässigen" und "vernünftig handelnden" Schöpfergottes zurückzukehren, wurde ausgeschlagen; der Ansatz theologischer Selbstkritik, der bei Bellarmin spürbar war, wurde nicht genutzt oder bewußt zurückgedrängt. Blumenberg charakterisiert dies so: "Für den Theologen Barberini (= Urban VIII.) ist Gott ein Faktor der Unsicherheit, die sich nur deshalb oder gerade deshalb ertragen läßt, weil er dem Menschen eine einzige, aber heilbringende Sicherheit in Gestalt einer Offenbarung angeboten hat und ihm die Unausweichlichkeit dieses Angebots in dem theologischen Vorbehalt der Bodenlosigkeit jedes selbstmächtigen theoretischen Sicherungswillens bewußt werden läßt."[71] Allerdings ist diese Konzeption wahrscheinlich nicht die letzte Konsequenz mittelalterlicher Theologie, sondern vielmehr aus den Folgen des mit den Ereignissen um 1277 erfolgten Zusammenbruchs der mittelalterlichen Theologie zu verstehen, die zu jener Übersteigerung der Allmachtsvorstellung geführt hatten und die nun durch die aus derselben Wurzel stammende reformatorische Theologie und in Rückwirkung auch in der katholischen Theologie verstärkt wurden. Eine Schöpfungstheologie, die den Menschen angesichts der Welt theoretisch "bodenlos" zurückläßt, wird ihn jedoch auf längere Sicht auch und gerade gegenüber einer angeblichen Offenbarung eines göttlichen Schöpferwillens ratlos werden lassen.

Zusammenfassung

In der Auseinandersetzung zwischen Vertretern der neuen Astronomie und der Theologie (bzw. den kirchlichen Autoritäten) ging es nur vordergründig um verschiedene "Weltbilder"; die zentrale Frage war eigentlich die nach Reichweite und Abgrenzung des naturwissenschaftlichen und des theologischen Wahrheitsbegriffs und des entsprechenden Wahrheitsanspruchs.

[71] *Blumenberg*, Die Genesis der kopernikanischen Welt, a.a.O. 495.

XV Das Übel und die beste der möglichen Welten
Gottfried Wilhelm Leibniz

1. Der logische Grundgedanke

Die Aufklärung ging in zentralen Punkten von Fragestellungen der Renaissance aus. Somit schließen auch die Überlegungen des Kapitels XVI in vielem direkt an die des Kapitels XIV an. Da jedoch besonders in der deutschen Aufklärung Gottfried Wilhelm Leibniz (1646-1716) eine sehr bedeutende Rolle spielte, legt es sich nahe, zunächst einen Blick auf jene Theorie von Leibniz zu werfen, die in unserem Zusammenhang besonders relevant ist, also auf die Fragen, wie das Übel mit der Güte Gottes vereinbar ist und welche rationale metaphysische Konstruktion von "Welt" mit dieser Annahme verbunden ist.[1] Es ist dabei aufschlußreich, daß Leibniz in diesem Kontext klassische kosmologische Fragen oder Probleme der Grundbegriffe der Physik (wie die des Raumes oder der Zeit) nur ganz am Rande berührte.[2] In anderem Zusammenhang hingegen führte er über sie mit Samuel Clarke (1675-1729) eine umfangreiche briefliche Auseinandersetzung, in welcher er die These vertrat, daß Raum und Zeit nur Ordnungsrelationen von Körpern bzw. Ereignissen sind, während Clarke Newtons Konzeption des absoluten Raumes verteidigte.[3] Interessant ist, daß sich in

1 *G.W. Leibniz,* Die Theodizee. Von der Güte Gottes, der Freiheit des Menschen und dem Ursprung des Übels, übers. von H. Herring, Darmstadt 1985, in 2 Bänden. Im folgenden zitiert nach Band und Seiten dieser Ausgabe, in Klammern Angabe des Teils und Paragraphen der Originalzählung.

2 Vgl. ebd. I, 103. 105 (Abhandlung § 19).

3 Vgl. die Korrespondenz mit Clarke, in: *G.W. Leibniz,* Die philosophischen Schriften VII, hrsg. von C.I. Gerhardt, Berlin 1890 (Nachdruck Hildesheim 1978), 352-440. Diese Korrespondenz wurde 1715/1716, also nach der Abfassung der "Theodizee", geführt. Eine kurze Zusammenfassung der Diskussion findet sich z.B. in *N. Rescher,* Leibniz. An Introduction to his Philosophy, Oxford 1979, 85-109.

dieser Diskussion beide gegenseitig vorwarfen, ihre Konzeptionen hätten atheistische Konsequenzen oder Voraussetzungen,[4] was allerdings eher einen Hinweis darauf gibt, daß die physikalisch-kosmologischen Probleme und Grundbegriffe theologischen Fragen gegenüber "neutral" geworden waren, d.h. in einem methodologischen Rahmen abgehandelt wurden, der von sich aus keine eindeutige metaphysische oder theologische Interpretation ergab oder voraussetzte. Diese Entwicklung wird in der Aufklärung noch deutlicher werden.

Leibniz sagt in der "Theodizee", "daß es unendlich viele mögliche Welten gibt, von denen Gott die beste gewählt haben muß"[5]. Diese Aussage war und ist eine Provokation, da sie aller individuellen wie kollektiven Erfahrung zu widersprechen scheint. Solche Einwände sind natürlich auch Leibniz bekannt. So sagt er, daß "die Welt, besonders wenn man die Regierung des Menschengeschlechtes betrachtet, mehr als eine Art verworrenen Chaos scheine als eine von der höchsten Weisheit ausgehende Sache"; er fügt aber hinzu: "Ich gebe zu, daß dies auf den ersten Blick so scheint, aber bei gründlicherer Untersuchung muß man das Gegenteil feststellen."[6] Daß Leibniz solche Einwände nicht als gültig zuließ, zeigt, daß er offensichtlich von anderen Voraussetzungen als wir heute ausging (was eigentlich bei einem zeitlichen Abstand von fast 300 Jahren auch gar nicht verwunderlich sein sollte).

Dabei müssen wir uns aber klarmachen, daß es von der Aussage (im traditionellen Sinn): "Gott hat die Welt geschaffen" zur Aussage: "Gott hat die beste aller möglichen Welten geschaffen" nur ein ganz kleiner und logisch ganz exakter Schritt ist, und eben diesen Schritt hat Leibniz ausdrücklich getan - nicht mehr und nicht weniger. Wir sollten daher zunächst einmal die Kritik (oder die emotional motivierte Ablehnung) der These zurückstellen, um den Gedankengang von Leibniz zu verstehen. Bei dem Logiker Leibniz können wir von vornherein erwarten, daß eine Kritik nicht den eigentlichen Beweisgang, sondern nur dessen Voraussetzungen betreffen kann. Der Gedankengang hat folgende Form:

(1) Leibniz geht - mit der Tradition - davon aus, daß die Existenz Gottes beweisbar ist. Von den verschiedenen Beweisen, die er anführt,

4 Vgl. *J. Mittelstraß*, Art. Clarke, in: Enzyklopädie Philosophie und Wissenschaftstheorie I, Mannheim - Wien - Zürich 1980, 402.

5 *Leibniz*, Theodizee, a.a.O. I, 221 (I, § 8).

6 *Ders.*, De rerum originatione radicali, in: ders., Die philosophischen Schriften VII, a.a.O. 306; übers. von H. Herring in: *G.W. Leibniz*, Fünf Schriften zur Logik und Metaphysik, Stuttgart 1966, 46.

ist in unserem Zusammenhang der sog. "kosmologische" Beweis der relevanteste: Für alles ist ein zureichender Grund (*ratio sufficiens*) erfordert; dies ist eines der beiden Grundprinzipien der Philosophie (das andere ist das Prinzip des Widerspruchs). Die Welt als Aggregat endlicher und kontingenter (d.h. nichtnotwendiger) Dinge hat keinen zureichenden Grund in sich selbst, ihr letzter zureichender Grund muß daher mit Notwendigkeit in einem von der Welt verschiedenen Sein gefunden werden.[7] Die Gleichsetzung dieses notwendigen Seins mit Gott ist auch bereits in der philosophischen Tradition vorgegeben.[8]

(2) Das notwendige Sein, also Gott, muß alle Vollkommenheiten besitzen, deren erste Allwissenheit und Allmacht sind.[9] Da die Welt real existiert, muß ihr zureichender Grund also in der Allwissenheit und Allmacht Gottes gefunden werden. Der (allmächtige) Wille Gottes folgt jedoch (nicht zeitlich, sondern logisch) erst dem (allwissenden) Verstand.[10] Gott ist also gegenüber den kontingenten Dingen frei.[11]

Der weitere Gedankengang läßt sich am kürzesten aus Leibniz' "Monadologie" entnehmen:

(3) "Da nun die Ideen Gottes eine unendliche Anzahl von möglichen Welten enthalten und doch nur eine einzige davon existieren kann, so muß es wohl einen zureichenden Grund für die Wahl Gottes geben, der ihn zu der einen Welt mehr als zu einer anderen bestimmt."[12]

(4) "Dieser Grund kann nur in der *Angemessenheit* bzw. in Graden der Vollkommenheit gefunden werden, die diese Welten enthalten; jedes Mögliche hat das Recht, Existenz zu beanspruchen, nach Maßgabe der in ihm enthaltenen Vollkommenheit."[13]

(5) "Hierin liegt die Ursache für die Existenz des Besten, das von Gott vermöge seiner Weisheit erkannt, vermöge seiner Güte erwählt und vermöge seiner Macht erschaffen wird."[14]

7 Vgl. *ders.*, De rerum originatione radicali, a.a.O. 302f.; *ders.*, Fünf Schriften, a.a.O. 39. Vgl. *ders.*, Theodizee, a.a.O. I, 217. 219 (I, § 7).

8 Vgl. *ders.*, Monadologie, übers. von A. Buchenau, Hamburg 1969, 43 (§ 38).

9 Vgl. *ders.*, Causa Dei, in: ders., Theodizee, a.a.O. II, 317-321 (§§ 1-17).

10 Vgl. Leibniz an Bierling (1712), in: ders., Philosophische Schriften VII, a.a.O. 506.

11 Vgl. *ders.*, Textes inédits I, hrsg. von G. Grua, Paris 1948, 228.

12 *Ders.*, Monadologie, a.a.O. 51 (§ 53).

13 Ebd. 51 (§ 54).

14 Ebd. 51 (§ 55).

Die Vorstellung, die hinter dieser Konstruktion der möglichen Welten steht, ist im Grunde eine mathematische, und entsprechend soll die Ermittlung der besten aller möglichen Welten eine mathematische sein. Wir können uns das in folgender Weise verdeutlichen: Eine ganz einfache mögliche Welt enthielte nur zwei Elemente: *a*, *b*. In dieser Welt gibt es dann folgende "Wesenheiten": *a*, *b*, *ab*. Eine kompliziertere mögliche Welt könnte drei Elemente enthalten: *a*, *b*, *c*. In dieser Welt gibt es dann folgende "Wesenheiten": *a*, *b*, *c*, *ab*, *ac*, *bc*, *abc* (immer vorausgesetzt *aa* = *a* und *ab* = *ba*, sonst gibt es schon in der einfachsten Welt unendlich viele "Wesenheiten"). Wir können dies natürlich beliebig fortsetzen. Zwei Welten sind schon dann verschieden, wenn ein einziges Element oder eine einzige Kombination in der einen Welt vorkommt, in der anderen aber nicht.

Nehmen wir nun z.B. eine (natürlich schon viel kompliziertere) Welt, in der "Adam" = *a* und "sündigen" = *e* ist, so können wir zwei Welten konstruieren: eine, in der *ae* vorkommt, und eine andere, in der *a nicht-e* vorkommt. Und nun vergleicht Gott die beiden Welten mit allen weiteren Folgerungen, die sich logisch daraus ergeben. Das Prinzip des Vergleichs wird von Leibniz angegeben: Die größtmögliche Vollkommenheit ist dort gegeben, wo zugleich mit der größtmöglichen Mannigfaltigkeit auch die größtmögliche Ordnung gegeben ist.[15] Entspricht die Welt mit *ae* diesem Kriterium, so ist sie besser und wird von Gott der anderen mit *a nicht-e* vorgezogen. Gott läßt *ae*, also den sündigen Adam, zu wegen der größeren Vollkommenheit dieses Systems im Ganzen gegenüber jenem, in dem *a nicht-e* vorkommt. Es handelt sich also um die Bestimmung eines Maximalwerts nach mathematischer Vorstellung. Leibniz sagt, daß man dadurch in wunderbarer Weise einsieht, wie im Ursprung der Welt eine göttliche Berechnung oder ein metaphysischer Mechanismus ausgeübt wird und eine Bestimmung des Maximums stattfindet.[16] In diesem Zusammenhang muß natürlich auch auf die berühmte Leibnizsche Randbemerkung zu einem schon 1677 entstandenen Dialog hingewiesen werden: "*Cum Deus calculat et cogitationem exercet, fit mundus*." (Wenn Gott rechnet und die Gedankenrechnung ausführt, entsteht die Welt.)[17]

15 Vgl. ebd. 53 (§ 58).

16 Vgl. *ders.*, De rerum originatione radicali, a.a.O. 304: "Ex his jam mirifice intelligitur, quomodo in ipsa originatione rerum Mathesis quaedam Divina seu Mechanismus Metaphysicus exerceatur, et maximi determinatio habeat locum."

17 *Ders.*, Dialogus, in: ders., Philosophische Schriften VII, a.a.O. 190.

2. Fragen an das Leibniz-Modell

Soweit ein kurzes Referat der Leibnizschen Theorie der Theodizee. Von den vielen Fragen, die diese Theorie aufwarf und aufwirft, seien nur drei herausgegriffen und nacheinander abgehandelt:

(1) Wie weit reicht die Erklärungkraft des Entwurfs von Leibniz unter dessen eigenen Voraussetzungen?

(2) Was erklärt die ungeheuer breite Wirkung, die die Leibnizsche Theodizee seit ihrem Erscheinen (1710) erreichte?

(3) Welches sind die Gründe, warum die Leibnizsche Theodizee in unserer Gegenwart nicht mehr überzeugt?

(1) Aus den zahlreichen Einzelfragen zur Reichweite der Erklärungskraft der Leibnizschen Theodizee seien zwei erwähnt. Schon 1722 wandte Christian Eberhard Weismann ein, daß es angesichts der moralischen Nötigung Gottes zur Wahl der besten Welt eigentlich gar keine weiteren möglichen Welten gebe.[18] Allerdings hatte schon Leibniz selbst versucht, sich gegen eine solche Auffassung, die er unter anderem bei Abälard und Spinoza fand, abzugrenzen, indem er einem seiner logischen Grundprinzipien eine metaphysische Interpretation gab: "Alles, was einen Widerspruch enthält, ist unmöglich, und alles, was keinen Widerspruch enthält, ist möglich."[19] Also könnte Gott eine beliebige mögliche Welt realisieren, er wählt somit frei. Nun folgt aber daraus, daß andere mögliche Welten keinen Widerspruch enthalten, noch nicht, daß sie ein tatsächlicher möglicher Gegenstand göttlicher Wahl sind; denn Leibniz sagt selbst, daß Gott, wenn er nicht die beste Reihe des Universums gewählt hätte (in der die Sünde vorkommt), etwas zugelassen hätte, was schlechter als alle Sünde der Geschöpfe gewesen wäre, da das geringere Gut die Bestimmung des Übels hat.[20]

[18] Vgl. *W. Hübener*, Sinn und Grenzen des Leibnizschen Optimismus, in: Studia Leibnitiana 10(1978), 230f. Dieser Artikel ist sehr instruktiv für die frühe Diskussion der Theodizee.

[19] *Leibniz*, Theodizee, a.a.O. I, 511 (II, § 173).

[20] Vgl. *ders.*, Causa Dei, in: ders., Theodizee, a.a.O. II, 345 (§ 67): "Ferner, wenn Gott die beste Folge (in der die Sünde mitenthalten ist) nicht erwählt hätte, würde er etwas Schlimmeres als alle Sünde der Geschöpfe zugelassen haben (...), weil das weniger Gute die Beschaffenheit des Bösen hat." Vgl. auch Leibniz an Magnus Wedderkopf (1671), in: *Leibniz*, Sämtliche Schriften und Briefe II 1, 117: "Cum autem Deus sit mens perfectissima, impossibile est ipsum non affici harmonia perfectissima, atque ita ab ipsa rerum idealitate ad optimum necessitari." Vgl. dazu *H. Schepers*, Zum Problem der Kontingenz, in: A. Heinekamp - F. Schupp (Hrsg.), Leibniz' Logik und Metaphysik, Darmstadt 1988, 217.

Auf diesem Hintergrund ist es verständlich, daß die Leibnizsche Theorie in der Folgezeit immer wieder mit ähnlichen Argumenten angegriffen wurde wie die Spinozas.

Eine zweite systeminterne Frage stellt sich hinsichtlich der Bestimmung des Maximums der besten der möglichen Welten. Das Problem liegt darin, daß das "Maximum" (das Größte) ein quantitativer Begriff ist, das "Optimum" (das Beste) aber ein qualitativer Begriff. Dies war natürlich auch Leibniz völlig klar. So sagt er in der Theodizee: "Aber die Folgerung von der *Quantität* auf die *Qualität* ist nicht immer richtig."[21] Leibniz meinte aber dennoch die beiden Gesichtspunkte verbinden zu können durch "die Methode der besten Formen, d.h. der das Maximum oder Minimum Erreichenden, die wir in der Geometrie über die alte Methode der größten und kleinsten Mengen hinaus eingeführt haben"[22]. Nun wurde oben gesagt, daß nach Leibniz dort die größte Vollkommenheit erreicht wird, wo mit der größten Mannigfaltigkeit die größte Ordnung gegeben ist. Die größte Mannigfaltigkeit ist aber nur durch das Prinzip der Kompossibilität bestimmt, d.h. der Nichtwidersprüchlichkeit der Elemente unter sich. Es existiert real jene Menge der Dinge, in der mehr (*plurimum*) existiert, d.h. die Maximalmenge aller möglichen Dinge (*series omnium possibilium maxima*).[23] Diese Maximalmenge enthält von sich aus keinerlei qualitative Bestimmungen. Daß aber solche Bestimmungen bei der Auswahl der besten aller möglichen Welten eine zentrale Rolle spielen, sagt Leibniz selbst ausdrücklich, allerdings - und das ist kennzeichnend - in metaphorischer Weise: Gott gleicht

> (...) einem großen Baumeister, der sich die Genugtuung oder den Ruhm, einen schönen Palast gebaut zu haben, zum Ziele wählt und daher alles erwägt, was bei dem Bau bedacht werden muß: die Form und die Materialien, der Platz, die Lage, die Mittel, die Arbeiter, die Ausgaben, bevor er einen endgültigen Entschluß faßt.[24]

Genau diese metaphorisch ausgedrückten Parameter hat Leibniz aber nicht in ein operationalisierbares Modell gebracht. Das Prinzip der

21 *Leibniz*, Theodizee, a.a.O. I, 581 (II, § 212).

22 *Ders.*, Testamen Anagogicum, in: ders., Philosophische Schriften VII, a.a.O. 272: "(...) dans la Methode *de Formis Optimis*, c'est à dire *maximum aut minimum praestantibus*, que nous avons introduite dans la Geometrie au delà de l'ancienne methode *de maximis et minimis quantitatibus*."

23 Vgl. *ders.*, Opuscules et fragments inédits, hrsg. von L. Couturat, Paris 1903 (Nachdruck Hildesheim 1966), 534 (§ 9); vgl. ebd. § 11: "Existit ergo perfectissimum, cum nihil aliud perfectio sit, quam quantitas realitatis."

24 *Ders.*, Theodizee, a.a.O. I, 321 (I, § 78).

Kompossibilität bietet dafür keinerlei Grundlage; es ist sogar überhaupt nicht klar, ob das Prinzip der widerspruchsfreien größten Mannigfaltigkeit nicht diesem Prinzip der bestens geordneten Welt entgegenstrebt. Hübener drückt das modern so aus: "Leibniz arbeitet mit heterogenen Parametern, die es ihm nicht erlauben, zu seinem Optimitätsmodell auch die zur wirklichen *determinatio maximi* erforderliche Kasuistik anzugeben."[25] Dann bleibt aber hier eine entscheidende Rationalitätslücke, die durch die Konstruktion der möglichen Welten nur scheinbar überdeckt wird. Und auch Leibniz muß auf die abgründige Tiefe in der göttlichen Weisheit, auf den verborgenen Gott (*Deus absconditus*), verweisen, um zu erklären, daß eben gerade *diese* Folge des Universums (*series Universi*) von Gott als die beste beurteilt wird.[26]

(2) Obwohl solche Einwände in der einen oder anderen Form schon bald nach dem Erscheinen der Theodizee vorgebracht wurden, war die Wirkung dieses Buches doch ungeheuer groß. Dasselbe gilt überdies auch von Bayles "Dictionnaire historique et critique", das 1697 in erster und 1702 in erweiterter zweiter Auflage erschienen war und das Leibniz in seinen Gesprächen, die er darüber mit der Königin Sophie Charlotte in Berlin führte, den unmittelbaren Anlaß zur Abfassung der "Theodizee" gegeben hatte (die "Theodizee" ist nichts anderes als die Zusammenstellung von zu verschiedenen Zeiten verfaßten Materialien dieser Gespräche). Die Wirkung von Leibniz' "Theodizee" geht (was natürlich ein Gemeinplatz ist) einfach darauf zurück, daß sie genau dem Bedürfnis der Zeit entsprach: Breite Gruppen von Gebildeten des 18. Jh.s wollten wissenschaftlich aufgeklärt denken und gleichzeitig an der christlichen Tradition festhalten. Die "Theodizee" schien ihnen diese Möglichkeit zu bieten (und dazu noch ausgiebigstes gelehrtes Material für die damals sehr beliebten philosophisch-theologisch-wissenschaftlichen Diskussionen). Es kommt sicher nicht von ungefähr, daß in der Diskussion um die "Theodizee" das Stichwort gefunden wurde, das zur Kennzeichnung dieser ganzen Periode dienen sollte: *Optimismus*. Ursprünglich wurde dieser Ausdruck 1737 von den Jesuiten eingeführt, um damit gegen die Leibnizsche geometrische Beweisführung bei einem theologischen Problem zu polemisieren.[27] Tatsäch-

25 *Hübener*, a.a.O. 246 (Hervorhebung von mir).

26 Vgl. *Leibniz*, Causa Dei, in: ders., Theodizee, a.a.O. II, 379 (§ 142).

27 Vgl. Journal de Trévoux ou Mémoires pour servir à l'histoire des sciences et des arts 37(1737), 5-36. 197-241. 444-471. 953-991. - Vgl. Art. Optimismus, in: Hist. Wörterbuch der Philosophie VI, Basel 1984, 1240.

lich verlor dieser Begriff aber rasch seine ursprüngliche Bedeutung und wurde zu einer allgemeinen Schablone. Trotzdem aber bleibt bestehen, daß der "Optimismus" des 18. Jh.s in seiner sehr diffusen Form gerade in der "Theodizee" von Leibniz einen Hauptgaranten fand. Die ja nicht immer besonders rasch auf Neuschöpfungen reagierenden Herausgeber des "Dictionnaire de l'Académie" nahmen den Begriff schon 1762 in dieses Werk auf.

Die Haltung des Optimismus wurde durch das Erdbeben von Lissabon im Jahre 1755 zutiefst erschüttert.[28] Angesichts dieses Ereignisses schien es kaum noch möglich, mit Leibniz zu sagen: "Das Übel erlauben, wie Gott es erlaubt, ist die größte Güte"[29], oder (wobei sich Leibniz auf Bernhard von Clairvaux beruft):

> Es gehört zur größten Ordnung, daß zuweilen etwas weniger Geordnetes geschieht; und man kann sogar sagen, daß diese kleine Unordnung am Ganzen nur scheinbar und nicht einmal das ist, wenn man das Glück derer in Betracht zieht, die sich auf dem Weg der Ordnung halten.[30]

Voltaires "Candide ou l'Optimisme" aus dem Jahr 1759 ist nicht nur Kritik (der mißverstandenen Leibnizschen Theodizee), sondern auch Ausdruck der Enttäuschung, daß sich ein solcher universeller Optimismus nicht halten ließ.

(3) Die Kritik, die die "Theodizee" seit ihrem Erscheinen gleichzeitig mit ihrer begeisterten Aufnahme erfahren hat, erklärt aber noch nicht, warum wir heute die Leibnizsche Theorie nicht für überzeugend halten. (Und dies gilt auch unabhängig davon, ob wir Kants Kritik an der Reichweite des Prinzips des zureichenden Grundes, wie Leibniz sie angesetzt hatte, annehmen oder nicht.) Die Problematik liegt doch schon in der "Theodizee" selbst bzw. in der Tradition, auf die sie sich

28 Von Leibniz her sind - durchaus systemkonsistent - Einwürfe aufgrund empirischer Tatsachen nicht zulässig; vgl. *Leibniz*, Theodizee, a.a.O. I, 139 (Abhandlung § 44): "Die Vernunft lehrt es uns durch unfehlbare Beweise, und folglich beruhen alle Einwände, die dem Lauf der Dinge, wo wir Unvollkommenheiten feststellen, entnommen werden, nur auf falschem Schein. Denn wären wir imstande, die universale Harmonie zu verstehen, würden wir einsehen, daß das, was wir zu tadeln versucht sind, mit dem Plan zusammenhängt, der der Erwählung am würdigsten war; kurzum, wir würden *sehen* und nicht bloß *glauben*, daß das, was Gott gemacht hat, das Beste ist." - Allerdings: Die Frage der *Akzeptanz* einer metaphysischen Theorie hängt auch von ihrer Belastbarkeit durch empirische Phänomene ab; tritt hier eine zu große Diskrepanz auf, so werden eben die metaphysischen Voraussetzungen selbst in Frage gestellt.

29 Ebd. I, 403 (II, § 121).

30 Ebd. II, 5 (III, § 243).

stützt. Die Frage der "Theodizee" (wie ebenso die vieler Schriften Bayles) war die nach der Vereinbarkeit des Gottesglaubens (oder der philosophischen Überzeugung von der Existenz des mit bestimmten Eigenschaften, so vor allem mit Güte und Weisheit ausgestatteten Gottes) mit der Realität des Übels, des physischen wie des moralischen. Wie stellt Leibniz diese Frage?

> Denn da uns die unendliche Weisheit Gottes bekannt ist, schließen wir, daß die Übel, die uns begegnen, zugelassen sein müssen, und das schließen wir aus der Wirkung selbst oder *a posteriori*, d.h. weil es Übel wirklich gibt.[31]

Das heißt, das gesamte Theodizeeproblem liegt bei Leibniz in der Vereinbarkeit *vorgegebener Wahrheiten*: Gott (weise, gütig) - Existenz des Übels. Genau dies ist aber *nicht* die Frage, wie sie die Menschen der Gegenwart stellen und wie sie eine Grundfrage ist, die wir aus großen Teilen der Religionsgeschichte kennen. Heute wie damals wird eben die Frage gestellt, ob wir angesichts der unleugbaren Tatsache des physischen und moralischen Übels etwas wie Gott *überhaupt annehmen* können, und wenn ja, ob wir ihm Prädikate wie "Güte" und "Weisheit" zuschreiben können. Das Prinzip des zureichenden Grundes wird auf eine Welt angewandt, in der Übel, Schuld, Elend und Unvernunft in einer Weise gegenwärtig sind, daß dies nicht als Randphänomen einer harmonischen Welt aufgefaßt werden kann. Genau hier treffen wir auf eine (schon von Augustinus übernommene) Voraussetzung der ganzen Leibnizschen Theorie, die für uns inakzeptabel ist, durch die aber Leibniz das Problem eigentlich bereits "löst", bevor er es angeht: "daß nämlich das Übel eine Privation des Seins ist"[32] und daß die reale Macht des Übels eine "zufällige" Wirkung des Bösen ist.[33] Ungeschützt ausgedrückt könnten wir sagen: Wenn uns diese Auffassung über das Übel überzeugen könnte, brauchten wir gar keine Theodizee mehr. Nochmals polemisch gesagt: Wir (und mit uns die Mesopotamier, die Manichäer und viele andere) haben den Eindruck, daß wir (und unsere geschichtliche, gesellschaftliche und ganz persönliche Erfahrung) hier nicht ernstgenommen werden, daß unsere Erfahrung hier als kurzsichtige Wehleidigkeit eines beschränkten Geistes abgetan wird. Angesichts der realen Erfahrung des Übels erweist sich

31 Ebd. I, 139. 141 (Abhandlung § 44).

32 Ebd. I, 253 (I, § 29).

33 Vgl. ebd. I, 469 (II, § 153): "Das Übel kommt von der Privation, das Positive und die Tätigkeit entstehen daraus nur zufällig, wie die Kraft aus der Kälte entsteht."

gerade die Behauptung, das Böse sei nur eine Beraubung des Seins, selbst als Schein.

Dasselbe etwas anders gesagt: Leibniz geht aus von einer wertfreien Metaphysik, von einer rein als kontingent begriffenen Welt. Durch das Prinzip des zureichenden Grundes kommt er zu einer Ursache der Welt. Diese Ursache der Welt erhält dann aber alle traditionellen Gottesprädikate wie Güte und Weisheit, also durchaus Wertprädikate. Von dort aus wird logisch die beste aller möglichen Welten als eine von Gott geschaffene abgeleitet. Diese beste aller möglichen Welten ist prinzipiell mit jeder erfahrbaren Welt vereinbar, und da wir eben *a posteriori* Übel zur Kenntnis nehmen müssen, muß dieses Übel mit der besten aller möglichen Welten vereinbar sein - was für Leibniz durchaus möglich ist, da er dieses Übel als eine reine Beraubung auffaßt. Sein Gottesbeweis ist somit von der Theodizeeproblematik eigentlich unabhängig, und genau dieses ist kein brauchbarer Ausgangspunkt für einen Gottesbeweis (oder Gottesaufweis oder wie immer wir es nennen wollen), da es eine solche wertfreie Welterfahrung nicht gibt, auch nicht in der "rein" empirischen Wissenschaft. Oder aber: Nehmen wir (mit dem Wissenschaftsverständnis des 17. Jh.s) eine solche wertfreie Welterfahrung an, so gelangen wir nur zu einer wertfreien Ursache, aber nicht zu dem persönlichen Gott von Leibniz.

Bleibt nun von der Leibnizschen Theodizee nichts als eine geistesgeschichtlich bedeutsame, aber eben nicht überzeugende Konzeption übrig? So einfach ist dies auch wieder nicht, und wir würden damit Leibniz auch nicht gerecht. Leibniz sah sehr scharf die Tendenz des Auseinanderbrechens von neuzeitlicher - vor allem wissenschaftlicher - Welterfahrung und christlichem Glauben, und er sah auch, daß eine Glaubenskonzeption, die diese Welterfahrung einfach nicht zur Kenntnis nehmen wollte und sich negierend zur Welt definierte (wie er dem im Pietismus seiner Zeit begegnete), an Überzeugungskraft verlieren mußte. Er stellte dem gegenüber, daß der Glaube mit Welterfahrung rational in Verbindung gebracht werden müsse (später hätte man gesagt: vermittelt werden müsse). Er sah auch richtig, daß der christliche Glaube in Weltbeziehung die Vorstellung einer besten möglichen Welt impliziert. Schließlich sah Leibniz auch, daß der (durchaus traditionell christliche) Anthropozentrismus eine für den Menschen selbst in seiner Verhältnisbestimmung zur Welt falsche Auffassung ist (was wir heute besser verstehen als die Menschen des 18. Jh.s): etwa wenn er sagt, daß das Universum "nicht für uns allein geschaffen worden ist. Dennoch ist es für uns geschaffen, wenn wir weise sind. Es wird sich uns anpassen, wenn wir uns ihm anpassen, und wir werden darin glücklich sein, wenn wir es sein wollen."[34]

Die weitere Geistesgeschichte zeigt jedoch, daß die von Leibniz gesehenen Elemente bzw. Zusammenhänge ziemlich grundsätzlich anders zusammengeordnet werden müssen. Der theologisch relevante Begriff von "Welt" ist nicht das naturwissenschaftlich-theoretisch erfahrbare "Universum",[35] sondern umfaßt den Inbegriff der Implikationen und Voraussetzungen der menschlichen "weltlichen" Praxis, zu dem allerdings auch die wissenschaftliche und gesellschaftliche, auf Natur bezogene Praxis gehört.

Zusammenfassung

1. Nach Leibniz gibt es unendlich viele mögliche Welten, aus denen Gott die beste auswählt; diese ist durch die Verbindung größtmöglicher Mannigfaltigkeit mit größtmöglicher Ordnung gekennzeichnet.

2. Das Übel, das nur in einer Beraubung besteht, gehört zur besten aller möglichen Welten.

3. Gegenüber Leibniz kann festgehalten werden: Die Vorstellung der "besten aller möglichen Welten" hat nicht eine affirmative, sondern eine kritische Funktion; sie ist Symbol für den unabschließbaren Prozeß des Entwurfs möglicher besserer Welten und die Hoffnung, daß damit jeweils eine Welt erreicht wird, die weniger Übel als die bestehende enthält.

[34] Ebd. I, 547 (II, § 194).

[35] Die Nähe der Leibnizschen Theodizee zu Gedankenformen der Physik wird z.B. auch heute noch hervorgehoben von *C.F. v. Weizsäcker*, Naturgesetz und Theodizee, in: ders., Zum Weltbild der Physik, Stuttgart [11]1970, 158-168. Weizsäcker stellt ebd. 161 fest, "daß der Gedankengang von Leibniz das philosophische Abbild von Überlegungen ist, die in der Physik zu Hause und dort ohne Zweifel legitim sind", verzichtet aber dann - vorsichtig - darauf, "auch die Legitimität ihrer Übertragung in die Philosophie ausdrücklich zu prüfen".

XVI Die Wahrheit der Natur

Die Theologie der Periode der Aufklärung

1. Theologie ohne Kosmologie

Die Aufklärungstheologie kann sich gewöhnlich keiner besonders positiven Beurteilung erfreuen. So wird z.B. im "Lexikon für Theologie und Kirche" der die Aufklärungstheologie als ganze betreffende Mangel in folgender Weise gekennzeichnet: "Die Dominanz des Ethos über den Logos und der Vorrang des subjektiven Bedürfnisses vor dem objektiven Anspruch der Offenbarung widersprachen der tieferen Ordnung. So gab es zwar einige Reformen, die eine Erweiterung der positiven Theologie erbrachten und ihrer Verlebendigung dienten, aber keine durchgreifende Erneuerung. Diese erfolgte erst unter dem Einfluß von Romantik und Restauration im ersten Drittel des 19. Jahrhunderts."[1] Demgegenüber ist das - die katholische wie die protestantische Theologie betreffende - abschließende Urteil in "Die Religion in Geschichte und Gegenwart" schon wesentlich positiver: "Einerlei ob man die theologische Leistung der Aufklärung positiv würdigen kann (Emanuel Hirsch) oder nicht (Karl Barth), zuzugeben ist, daß hier die entscheidenden Fragen gestellt sind, mit denen sich der philosophische und theologische Idealismus vergebens abmühte und deren Lösung uns noch aufgegeben ist."[2] Es handelt sich hier selbstverständlich nicht um eine verschiedene Beurteilung entsprechend der Konfessionszugehörigkeit, denn auch im zweiten Zitat wird auf das ja genügend bekannte negative Urteil Barths verwiesen, das sich der Sache nach ganz mit dem ersten Satz des ersten Zitats trifft. Aufschlußreich ist hingegen, daß die Beurteilung in beiden Zitaten abhängig ist von der Einschätzung des Erfolgs der theologischen Bemühungen der nachfolgenden

1 *L. Scheffczyk*, Art. Aufklärung, in: LThK^2 I, 1065f.

2 *W. Maurer*, Art. Aufklärung, in: RGG^3 I, 729.

Zeit. Scheffczyk sieht in der folgenden Periode der Romantik, die ja in einer inneren Beziehung zur idealistischen Philosophie und Theologie steht, sowie in der Restauration eine durchgreifende Erneuerung, während Maurer von den "entscheidenden Fragen" spricht, mit denen sich der philosophische und theologische Idealismus vergebens abmühte.[3] Dies ist wohl der entscheidende Punkt in der Beurteilung der Aufklärung: Wenn wir meinen, daß es in der folgenden Zeit zu einer durchgreifenden Erneuerung gekommen ist,[4] so fällt das Urteil negativ aus; wenn wir aber meinen, die späteren Bemühungen des Idealismus als vergeblich ansehen zu müssen, sind wir gezwungen, zuzugeben, daß die Aufklärung die entscheidenden Fragen gestellt hat, deren Lösung auch unserer Zeit noch aufgegeben ist. In den Formulierungen des Eingangszitats: Wie steht es mit der Dominanz des Ethos über den Logos, wie mit dem Vorrang des subjektiven Bedürfnisses vor dem objektiven Anspruch der Offenbarung, und welcher tieferen Ordnung widersprechen diese Dominanz und dieser Vorrang?

Dies dürften Fragen sein, mit denen wir uns schon beschäftigt haben. Es ist verführerisch und gefährlich, große historische Bögen zu ziehen, da dabei das Besondere, das jeweils Einmalige, Spezifische der bestimmten historischen Situation vielleicht zu kurz kommt gegenüber dem Vergleichbaren, Allgemeinen. Es wäre aber auch kurzsichtig, nicht sehen zu wollen, daß es, wenn auch unter sehr verschiedenen Ausdrucksformen, Grundprobleme und grundsätzliche Problemkonstellationen gibt, die immer wieder auftauchen - vielleicht einfach deshalb, weil sie keine "Lösung" finden können - und deren faktische "Lösung" dann darin besteht, daß einfach zur Alternative innerhalb der Problemkonstellation übergegangen wird. Möglicherweise ist die Problemkonstellation der Alternative von Stoa und Gnosis, vor die sich die Theologie gestellt sah und die sie nie in eine Einheit bringen konnte und auch heute nicht bringen kann, selbst ein solches Grundproblem der Theologie. Wir arbeiten dabei natürlich mit Idealtypen, Strukturmodellen oder wie immer wir das nennen mögen.

Unter dieser Perspektive zeigt sich dann aber eine ähnliche Problemkonstellation in der Diskussion zwischen Pelagius und Augustinus am Ende der Antike (vgl. Kap. IX), in der Auseinandersetzung zwi-

3 Vgl. auch *ders.*, Aufklärung, Idealismus und Restauration (1780-1850), Gießen 1930.

4 K. Barth setzt eine solche durchgreifende Erneuerung allerdings nicht in der idealistischen Theologie, sondern erst in der dialektischen Theologie an, die aber doch, vermittelt durch die Kritik Kierkegaards am Deutschen Idealismus, auf den Idealismus bezogen ist, wie in Kap. XIX noch deutlich werden wird.

schen den "radikalen" Aristotelikern und den "traditionellen" Theologen am Ende des 13. Jh.s (also am Ende der Hochscholastik, vgl. Kap. XI), und nun in der - allerdings nicht gleichzeitigen, sondern zeitlich versetzten - Diskussion der Theologie zwischen Aufklärung und Deutschem Idealismus. Besteht diese Annahme zu Recht, so hätten wir es, bezogen auf die Theologie, in der Aufklärungszeit tatsächlich nicht mit einer Übergangszeit, sondern mit einer Schlüsselperiode zu tun. Damit wäre natürlich noch keineswegs gesagt, daß die Theologen dieser Periode ihrer Aufgabe wirklich gewachsen gewesen wären. Ein genaues und begründetes Urteil über die Leistung oder Nichtleistung der Theologen dieser Zeit muß aber zurückgestellt werden, da - wohl in Entsprechung zu der anfangs zitierten und eine weit verbreitete Meinung widerspiegelnden Auffassung - die Theologie der Aufklärungszeit in der Forschung der vergangenen Jahrzehnte praktisch kaum Beachtung gefunden hat,[5] ganz im Unterschied zur Theologie, die unter dem Einfluß des Deutschen Idealismus gestanden hatte.

Für die Theologie der Aufklärung dürfte gerade die Behandlung der Fragen der Schöpfung und der Erbsünde besonders aufschlußreich sein, da sie den Eindruck vermittelten, daß genau an diesen Punkten der Lehre in der traditionellen Form der Boden unter den Füßen weggezogen wurde. Dabei müssen wir allerdings eine wichtige Unterscheidung treffen. Es gab einerseits eine vorsichtig voranschreitende wissenschaftliche und philosophische Entwicklung (Newton, Huygens, Diderot und andere), die kaum in einen unmittelbaren Zusammenhang mit theologischen Auffassungen zu bringen ist, und andererseits eine mit dieser ersteren wiederum in keinem wirklich systematischen Zusammenhang stehende popularisierende Philosophie (Voltaire, Holbach, Lamettrie), die sich unter anderem bewußt theologiekritisch verstand. Beiden Richtungen gemeinsam war es, daß die Naturwissenschaft eine entscheidende, das philosophische Denken orientierende Stellung erhielt. Am Begriff und am Verständnis von Natur, welches darin enthalten war, mußte die Theologie ihre Aussagen messen; und das ergab die signifikante Stellung der Aussagen über die Schöpfung (über die Natur als ganze) und über die Erbsünde (über die konkrete Natur des Menschen).

Es wäre jedoch wieder verfehlt, anzunehmen, daß in der Zeit der Aufklärung eine einheitliche Interpretation der Naturwissenschaft vor-

5 Die Lektüre der dogmatischen Werke dieser Zeit ist allerdings auf weite Strecken hin einfach langweilig; das eigentliche Anliegen dieser Theologen verbirgt sich oft unter schwerfällig ausgebreiteter Gelehrsamkeit.

gelegen hätte. Die Naturwissenschaft konnte in sehr verschiedener Weise gedeutet werden,[6] und dies gilt sowohl für die beiden genannten Richtungen als ganze wie innerhalb der beiden. Dabei dürfen wir schließlich nicht vergessen, daß es zwischen der französischen und englischen Aufklärung einerseits und der deutschen Aufklärung andererseits ganz erhebliche Unterschiede gab.[7] Während die französischen und englischen Philosophen der Aufklärung - jedenfalls ihrer eigenen Intention nach - deutlich antimetaphysisch ausgerichtet waren, versuchten die deutschen Aufklärer (Christian Wolff und dessen Schule) geradezu eine "aufgeklärte Metaphysik" zu errichten. Es lag daher für zahlreiche deutsche Theologen durchaus nahe, bei dieser "aufgeklärten Metaphysik" Schutz zu suchen (auch noch nach dem Erscheinen von Kants "Kritik der reinen Vernunft"!), wie es z.B. bei Benedikt Stattler (1745-1797) der Fall war.[8] Vermittelt über Wolff (und oft simplifizierend verflacht, ja sogar in Verwendungszusammenhänge gestellt, die den ursprünglichen Intentionen widersprachen), spielten auch Teile der Philosophie von Leibniz, vor allem natürlich der Theodizee, in der deutschen Aufklärung noch eine ziemlich bedeutende Rolle - selbst dann noch, als sie in Frankreich, besonders durch Voltaire, diskreditiert waren. Die Theologen der deutschen Aufklärung hatten also Ressourcen zur Verfügung - wenn auch, wie im Fall der Wolffschen Metaphysik, recht fragwürdige[9] -, die erklären, warum die Schärfe der durch die Aufklärung provozierten Fragen in der deutschen Theologie nur in "abgemilderter" Form spürbar ist.

6 Vgl. *E. Troeltsch*, Aufsätze zur Geistesgeschichte und Religionssoziologie, Gesammelte Schriften IV, Tübingen 1925, 350.

7 Schon rein äußerlich ist auffällig, daß die Vertreter der englischen und französischen Aufklärung außerhalb der Universitäten arbeiteten, die deutschen Vertreter der Aufklärung aber gerade in den Universitäten tätig waren (mit der entsprechenden Abhängigkeit vom jeweiligen Landesherrn), und daß die englischen und französischen Aufklärer häufig eine deutlich gegenschulische Haltung an den Tag legten, die deutsche Aufklärer jedoch gerade wieder eine "Schulphilosophie" hervorbrachten.

8 Vgl. *M. Grabmann*, Die Geschichte der katholischen Theologie seit dem Ausgang der Väterzeit, Freiburg 1933 (Nachdruck Darmstadt 1961), 211.

9 Vgl. *J. Mittelstraß*, Neuzeit und Aufklärung, Berlin - New York 1970, 109, sagt zu Recht: " Mit Christian Wolff und seiner Schule (...) suchte sich die Aufklärung in Deutschland ausgerechnet im Rahmen einer 'aufgeklärten' Metaphysik zu bewähren, auf einem Felde also, wo sie gerade am hoffnungslosesten erscheinen muß. Die Mesalliance von Aufklärung und Metaphysik, die dann erst Lessing und Kant wieder lösen werden, wird so zum Schicksal einer Aufklärung, die mit Leibniz schon einmal ganz anders begonnen hatte."

Diese besondere Situation der Aufklärung in Deutschland, in der also zunächst nicht der scharfe Wind wie in Frankreich oder in England blies, ist der Grund dafür, warum uns die Leistungen der deutschen Theologen dieser Periode eigentlich so wenig überzeugen. Nicht weil sie zu aufgeklärt waren, sondern weil sie letztlich zu wenig aufgeklärt waren, blieben ihre Versuche oft sehr halbherzig. Wenn wir diese Periode mit der des letzten Drittels des 13. Jh.s vergleichen, als die aristotelische Naturphilosophie eine ähnliche Herausforderung wie das Naturverständnis der Aufklärung bedeutete, so müssen wir feststellen, daß hier im 18. Jh. die Probleme gegenüber der Theologie jedenfalls im deutschen Bereich[10] nicht mit jener Radikalität gestellt wurden, wie dies im 13. Jh. in der Artistenfakultät mit ihren Vertretern um Siger von Brabant geschehen war. Eine solch radikale Fragestellung ergab sich erst gegen Ende der Aufklärung, als von 1774 bis 1778 durch Lessing die von Hermann Samuel Reimarus (1694-1768) stammenden sog. "Wolfenbütteler Fragmente" veröffentlicht wurden, also die "Apologie oder Schutzschrift für die vernünftigen Verehrer Gottes", in der viel von Voltaire und Toland,[11] in nicht unbedingt origineller Weise, aufgenommen war. Hier wurde ein unüberbrückbarer Graben zwischen kontingenten Geschichtswahrheiten (und somit auch jenen der Bibel) und notwendigen Vernunftwahrheiten behauptet, der damit den gesamten Wahrheitsanspruch einer Offenbarung in Geschichte radikal einschränkte oder ganz aufhob. Die Veröffentlichung dieser Schrift verfehlte nicht ihre (von Lessing auch so beabsichtigte) Wirkung, allerdings erschien schon 1781 die erste der Kritiken Kants, die "Kritik der reinen Vernunft"; und mit Kant erhielt die Diskussion eine neue Qualität.

10 In Frankreich war dies durch Voltaire, Holbach, Lamettrie (die alle der popularisierenden Aufklärung zuzurechnen sind) zwar anders, die katholische Theologie Frankreichs war aber hauptsächlich mit inneren Problemen, d.h. mit dem Jansenismus, beschäftigt (außer wir betrachten - was durchaus möglich wäre - den Jansenismus als bewußte Abwendung von den Problemen der Aufklärung). In Italien beschäftigen sich die Theologen hauptsächlich mit hervorragend gearbeiteten historischen Werken (vgl. vor allem L.A. Muratori). Vgl. *Grabmann*, a.a.O. 199-205. In England hingegen waren durch *J. Toland*, Christianity not mysterious (1696), die von der Aufklärung gestellten Probleme deutlich formuliert; Toland sah sich gezwungen, 1702 seine Thesen zum Teil zu widerrufen. Er fand weit über England hinaus Beachtung, so daß auch Leibniz 1701 mit der Schrift "Annotatiunculae ad librum de Christianismo mysteriis carente" in die Diskussion eingriff (und den Theologen der späteren Aufklärung den Eindruck vermitteln konnte, das Problem beseitigt zu haben).

11 Vgl. die vorhergehende Anm.

Im Verständnis von *Natur* in einem sehr allgemeinen Sinn setzt die Aufklärung zunächst bei Gedanken an, die schon für viele Denker der Renaissance leitend gewesen waren. Die Natur wird primär als Schaffendes, als nach inneren Gesetzen Bewegtes und Bewegendes angesehen und nur ganz sekundär, wenn überhaupt, als etwas Geschaffenes. Soweit in diesem Zusammenhang vom Göttlichen die Rede ist, wird dieses nicht mehr als etwas betrachtet, das von außen her dem Kosmos Gesetze einprägt, sondern als ein im Kosmos immanent wirkendes Prinzip.[12] Hier wirken Nikolaus von Kues und Giordano Bruno weiter. Zumindest seit Galilei war unmißverständlich klar geworden, daß mit der Naturwissenschaft ein autonomer Wahrheitsanspruch aufgetreten war, der jedenfalls *neben* dem der Offenbarung gültig ist, zumindest aber in *seinem* Bereich, dem der Erklärung der Natur, weder eine Korrektur noch auch nur eine Ergänzung von seiten der Offenbarung zuläßt.

Hier setzt der Emanzipationsprozeß der Aufklärung an. Das maßgebliche Paradigma dabei wird im Werk Isaac Newtons (1642-1727) gefunden: Das Universum kann in exakten Beweisführungen mit mathematischen Begriffen beschrieben werden, wobei die Beobachtung der Phänomene der Natur Ausgangspunkt und ständiges Mittel der Überprüfung der geometrischen Theorie sein muß. Newton vertritt einen methodologischen Empirismus, wogegen die naturphilosophischen Bemerkungen, die bei ihm durchaus auch zu finden sind, eigentlich nur zur näheren Erläuterung von Grundbegriffen herangezogen werden. Newton selbst meint nicht, mit diesem Verfahren zu "endgültigen" Aussagen darüber zu gelangen, wie die Natur "wirklich" beschaffen ist. Eine Kosmologie im bisherigen Sinn ist in diesem Rahmen einer physikalisch-mathematischen Naturbeschreibung und Naturerklärung nach immanenten Gesetzen weder erfordert noch auch nur möglich. "Noch vor Kants Kritik kosmologischer Aussagen wird damit einer ehrwürdigen Disziplin auf recht drastische Weise ihre sachliche Glaubwürdigkeit genommen."[13]

Jede Erkenntnis, die beansprucht, den Bereich der Erfahrung zu transzendieren, wird also abgewiesen. Die Frage nach einem "letzten" Prinzip des Kosmos überhaupt scheidet hier aus. Die Naturwissenschaft ist in ihrem Anspruch begrenzt, sie kann aber auch durch keine Theologie "ergänzt" werden. Die Trennungslinie zwischen Physik und Theologie ist nun scharf gezogen. Dies ist die Lehre, die Vertreter der

12 Vgl. *E. Cassirer*, Die Philosophie der Aufklärung, Tübingen [3]1973, 53.

13 *Mittelstraß*, a.a.O. 319.

französischen Aufklärung wie Voltaire (1694-1778) oder d'Alembert (1717-1783) aus den Theorien Newtons gezogen haben und die in der Mitte des 18. Jh.s in Frankreich maßgebend war. Demgegenüber stellte der Materialismus dogmatistischer Art Holbachs (1723-1789) in dessen "Système de la Nature" (1770) und Lamettries (1709-1751) in dessen "L'homme machine" (1748) eigentlich einen Rückfall hinter die Aufklärung des 18. Jh.s dar und keineswegs etwa deren notwendige Konsequenz.[14] Denn bei beiden wurde praktisch wieder ein letztes metaphysisches, nun materialistisches und mechanistisches Erklärungsprinzip angesetzt. Durch den darin enthaltenen Determinismus kamen sie jedoch in Konflikt mit den praktischen und von ihnen auch anerkannten und angestrebten Zielen der Aufklärung, nämlich der Befreiung des Menschen. Diese Schwäche wurde schon von anderen Aufklärern der Zeit (u.a. von Friedrich dem Großen) klar erfaßt und kritisiert.[15] Dennoch darf die Breitenwirkung dieser Auffassung nicht unterschätzt werden, und für manche Theologen der Aufklärungszeit bedeutete dies, daß sie sich zur Kritik der materialistischen Aufklärer eben auf die Seite jener anderen Aufklärer stellten, die diesen Materialismus und Mechanismus kritisierten.

Gemeinsam war jedoch allen Aufklärern die Auffassung, daß wir zu wahrer Erkenntnis in *allen* Bereichen nur im Ausgang von den Phänomenen der Natur gelangen können. Obwohl Denis Diderot (1713-1784), der mit d'Alembert zusammen der maßgebliche Herausgeber der für die französische Aufklärung repräsentativen "Enzyklopädie" (1751-1780) war, seine Position während seines Lebens mehrmals wechselte, können seine folgenden Aussagen doch als kennzeichnend für die Aufklärung gelten: "Wenn der Ewige, um seine Allmacht noch deutlicher zu offenbaren als durch die Wunder der Natur, geruht hätte, den Weltmechanismus auf eigenhändig beschriebenen Blättern zu erklären, wäre dieses große Buch dann für uns verständlicher als die Welt selbst?"[16] Es ist wieder die alte Metapher vom "Buch der Natur" und dem "Buch der Offenbarung". Aber nun ist an die Stelle des "Buchs der Natur" die Welt, die Natur selbst getreten, die durch die Wissenschaft beschrieben und erklärt wird, und daneben könnte Gott sich in einem "Buch der Offenbarung" gar nicht besser verständlich machen. Im Prinzip hatte dies natürlich schon Galilei gesagt. Inzwischen aber hatte sich auch im öffentlichen und gesellschaftlichen

14 Vgl. *Cassirer*, a.a.O. 73.

15 Vgl. ebd. 94f.

16 *D. Diderot*, Philosophische Schriften I, Frankfurt 1967, 422.

Bewußtsein viel geändert, und nun wurde der Prozeß gegen Galilei gleichsam umgekehrt, was z.B. Voltaire mit großem literarischem Können und unermüdlichem Eifer verfolgte (wobei es ganz falsch wäre, Voltaire als "Atheisten" zu bezeichnen). Die Theologie geriet in Begründungsnot, wo sie deskriptive Aussagen über die Natur aufzustellen behauptete.

Der naheliegendste Weg aus dieser Not war es, eine Übereinstimmung von Natur und Offenbarung anzunehmen.[17] So stellt Franz Oberthür (1745-1831) in seiner "Theologischen Methodologie" ausdrücklich die Frage: "Ob die Natur eine Quelle religiöser Wahrheiten für den christlichen Dogmatiker (sei)?"[18], und gibt darauf die Antwort:

> Die Natur ist allerdings und zwar genau die allererste Quelle, woraus der Mensch seine Religions-Kenntniß schöpfen, oder, wenn sie ihm zuerst durch eine unmittelbare göttliche Offenbarung sollte mitgetheilt worden seyn, erweitern, und zur rechten Wirksamkeit beleben muß.[19]

Oberthür ist dabei überzeugt, "daß Offenbarung und Natur in Eine Quelle der Religions-Kenntniß zusammen fließen"[20]. Daß zu dieser "Religions-Kenntnis" eine metaphysisch-theologische Kosmologie gehören müsse, behauptet Oberthür damit keineswegs. Sein Ausgangspunkt ist deutlich von Kant her bestimmt:

> Wem ist unbekannt, daß die kritische Philosophie (...) allen bis dahin für das Daseyn Gottes gewöhnlichen Beweis-Arten, selbst dem, der aus der ganzen physischen Welt genommen wird, dem physiko-theologischen und kosmologischen, die eigentliche Beweiskraft abgesprochen, die man ihnen beilegte, und nur jenen dafür gelten lassen will, der aus des Menschen moralischer Natur genommen wird, und eigentlich nicht so wohl ein strenger zum logischen Schlusse geeigneter Beweis, als vielmehr ein Postulatum der praktischen Vernunft zum Wirksamen Glauben an Gott heißen kann.[21]

Oberthür weiß zwar, daß viele seiner Zeitgenossen und auch viele der Theologen seiner Zeit meinen, auf den "kosmotheologischen" Beweis nicht verzichten zu können;[22] er ist aber überzeugt, daß ein solcher Beweis nicht erfordert ist, es vielmehr ausreicht, daß "auf einem hohen

[17] Für Versuche dieser Art im protestantischen Bereich vgl. *W. Philipp*, Das Werden der Aufklärung in theologiegeschichtlicher Sicht, Göttingen 1957.

[18] *F. Oberthür*, Methodologie der theologischen Wissenschaften überhaupt und der Dogmatik insbesondere, Augsburg 1828, 59.

[19] Ebd. 62.

[20] Ebd. 59.

[21] Ebd. 68.

[22] Vgl. ebd. 70f.

Grade von moralischer Kultur, der Mensch ein solches Postulatum der praktischen Vernunft deutlich vernehmen, und ihm durch Glauben und Handeln folgen und entsprechen kann"[23]. Es wird damit ganz deutlich, daß Oberthür, wenn er von der Natur als erster Quelle der Dogmatik spricht und ein "Zusammenfließen" der aus dieser Quelle geschöpften Kenntnisse mit der Offenbarung erwartet, gar nicht mehr die Natur meint, die in der Physik erforscht wird, sondern die moralische Natur des Menschen:

> Mir ist Religion hier im Ganzen, und vorzüglich im *praktischen Sinne* genommen, nichts anders, als die durch Hinsicht auf Gott und Ewigkeit bewirkte Erhöhung, Befestigung, allenfalls auch Erleichterung derselben ganzen Seelenbestimmung, in welcher der Mensch als ein moralisches Wesen seyn und bleiben muß, wenn er auch nur die ersten unnachläßlichen Forderungen der Natur befriedigen, wenn er in dem Sinne Mensch seyn will, in welchem er es der Grundanlage seiner Natur nach schon seyn muß.[24]

Die Offenbarung verhält sich dann zur Natur in diesem Sinn als jene Instanz, die solche natürlichen moralischen Bedürfnisse klarer werden läßt.[25]

Wenn wir diese Aussagen Oberthürs mit der zu Beginn dieses Kapitels angeführten Beschreibung der Aufklärungstheologie vergleichen, so finden wir im Prinzip alle Vorwürfe bestätigt: Dominanz des Ethos über den Logos, Vorrang des subjektiven Bedürfnisses vor dem objektiven Anspruch der Offenbarung. Wenn wir die Aussagen Oberthürs jedoch in den Zusammenhang dessen stellen, was vorher zu den allgemeinen Voraussetzungen des Denkens der Aufklärung in ihren methodologisch selbstkritischen Formen gesagt wurde, so kommen wir eher zu dem Ergebnis, daß Oberthür diese Voraussetzungen in ihrem legitimen Anspruch anerkennt und er sich also die Frage nach dem methodologischen Ausgangspunkt der Theologie stellen muß. Die Natur und ihre Beschreibung und Erklärung liefern keinen Ansatzpunkt für eine Kosmologie oder einen physikotheologischen Beweis; damit fällt aber der gesamte Bereich theologisch-deskriptiver Aussagen über Natur und Welt weg. Der Ausgangspunkt für die Theologie ist daher, als einzig möglicher, die (moralische) Menschen-Natur, um von da aus "immer weitere Kreise um sich herum" zu umschreiben und so "die übrige Menschen-Welt zu durchwandern"[26]. Nochmals faßt Oberthür die

[23] Ebd. 72.

[24] Ebd. 75.

[25] Vgl. ebd. 76.

[26] Ebd. 67.

Stellung der Natur als erster Quelle religiöser Kenntnisse, welche somit den ersten Platz in der Dogmatik einnehmen, zusammen:

> Die Dogmatik legt dem Menschen eine Religions-Theorie zu dem Ende vor, daß er sich nach dem darin aufgestellten Ideale der reinen Menschheit bilde: daß er die mächtigsten Beweggründe sowohl, als die kräftigsten und sichersten Mittel, sich zu diesem hohen Ideale aufzuschwingen: daß er Trost im Leiden und Muth im Kampfe dieses Lebens darin finde.[27]

Oberthür ist überzeugt, daß sich die Überzeugungskraft der christlichen Lehre nur so gewinnen lasse bzw. - "aufklärerisch" formuliert - sich die christliche Lehre an dieser "Natur" messen lassen müsse, sonst seien ihre Begriffe und Lehren haltlos. Wiederum kann Diderot als Zeuge für diese allgemeine Überzeugung der Aufklärung herangezogen werden: "Man kann die Begriffe, die keine Grundlage in der Natur haben, mit jenen Wäldern des Nordens vergleichen, deren Bäume keine Wurzeln haben. Es bedarf nur eines Windstoßes, nur einer geringfügigen Begebenheit, um einen ganzen Wald von Bäumen oder von Ideen umzuwerfen."[28] Oberthür "sanktioniert" die Aussagen der Theologie in der moralischen Natur des einzelnen Menschen und der Menschen-Welt, bzw. es kommt hier in der Methode der Theologie "der eigentliche Kunstgriff der Sokratischen Methode" zum Tragen, denn es gilt für den Menschen:

> Er wird diese Religions-Theorie gewiß in diesem ihren ganzen Umfange viel lieber annehmen, wenn er bemerkt, daß der erste Stoff davon aus ihm selbst, aus der Menschen-Natur entnommen werde: daß er gleichsam selbst den ersten Entwurf dazu gemacht, den die Offenbarung nur ausführe und vollende: daß seine Bedürfnisse, Wünsche, Erwartungen eigentlich die Gegenstände seyen, womit sich die Offenbarung größtentheils beschäftige, um sie zu befriedigen: daß sie zum Theile, wo die Theorie unmittelbar das Handeln betrifft, seine eigene Gesetzgebung anerkenne, aufnehme, näher bestimme, erweitere, sanktioniere, (...) daß der Mensch sich selbst, durch seine Vernunft Gesetzgeber seyn müsse.[29]

Man kann natürlich die Befürchtung haben, daß sich hier die Schöpfungsaussage in eine Aussage über die moralische Menschen-Welt verwandelt angesichts eines Postulats Gottes, das sich in einer unbedingten moralischen, aber von der Vernunft selbst gesetzten Gesetzgebung äußert. Die Frage ist nur, ob es eine Alternative zu einer solchen Interpretation gibt, außer wir akzeptieren (oder fordern wie Karl Barth)

27 Ebd. 76.
28 *Diderot*, a.a.O. 423.
29 *Oberthür*, a.a.O. 76f.

einen einfachen Supranaturalismus, der seine Stärke darin sieht, gerade aller "Natur" zu widersprechen. Die Alternative, es doch noch mit der Physikotheologie zu versuchen, kann und muß seit der Aufklärung als endgültig nicht mehr gangbar angesehen werden.

Ein anderer Theologe der deutschen Aufklärung, Friedrich Brenner (1784-1848), der seine Dogmatik schon ganz von der Idee des Reiches Gottes her aufbaute, sah offensichtlich die Schwierigkeiten, die Schöpfungsaussage systematisch einzubauen. In seiner dreibändigen, mehr als 1500 Seiten umfassenden Dogmatik, die 1831 erschien, findet sich nur ganz am Ende des dritten Bandes unter der Überschrift "Lehre von der Körperwelt" ein kurzer Abschnitt über die Schöpfung der Welt.[30] Er versucht es auch ein wenig physikotheologisch; so berichtet er etwa bei der Gestaltung des Himmels zu Sonne, Mond und Sternen: Nach Herschel[31] "wartet auch jetzt noch ein im Weltenraume zerstreuter Lichtnebel von der ersten Lichtschöpfung an seiner Bildung, der gestaltenden Kräfte, die ihn an eine neue Sonne mit ihrem Planetengefolge binden sollen"[32]. Brenner will allerdings "nicht unbemerkt lassen", daß uns Struves "Bericht über die Doppelsterne, nach einer mit dem großen Refractor von Fraunhofer auf der Sternwarte der kaiserlichen Universität zu Dorpat angestellten Musterung des Fixstern-Himmels", Dorpat 1827, "zu anderen Ansichten führen könnte"[33]. Wie aber nun der Vorzug, den der Theologe Brenner dem Astronomen Herschel gegenüber dem Astronomen Struve (die beide über Kosmologie oder gar Schöpfung in gut Newtonschem Rahmen gar nichts sagen) gibt, begründet ist, wird uns nicht berichtet. Weitere Beispiele dieser Art, die Brenner im folgenden noch anführt, bringen auch nicht mehr. Aufschlußreich ist jedoch, daß Brenner dann auch auf die praktische Interpretation des Sechstagewerks ausdrücklich hinweist, und es macht den Eindruck, daß ihm diese wichtiger ist als die physikotheologischen Bemerkungen.

30 Vgl. *F. Brenner*, Katholische Dogmatik III (= Spezielle Dogmatik II), Rottenburg a.N. 1831, 495-522.

31 Vgl. *J.F.W. Herschel*, Über den Bau des Himmels, Dresden - Leipzig 1827. - Herschel (1792-1871), Astronom und Physiker, galt als der führende Naturwissenschaftler seiner Zeit.

32 *Brenner*, a.a.O. 505.

33 Ebd. Anm. - F.G.W. Struve (1793-1864) führte als Direktor der Sternwarte von Dorpat (in der Nähe von Petersburg, dem heutigen Leningrad) wichtige astronomische Beobachtungen besonders zu den Doppelsternen durch und war auch als Theoretiker der Astronomie bedeutend.

> So wie diese successive Formation des Universums und die Vollendung des Kosmos in sechs Tagen an sich gar nichts Widersprechendes hat, ja in manchen Punkten von der Natur selbst nachgewiesen wird[34]; so sollte dadurch auch eine äußerst wichtige Einrichtung für das Leben: die Eintheilung der Tage in die der Arbeit und der Ruhe den Menschen gleichsam in einem Beispiele Gottes gelehrt, und auf das tiefste eingeprägt werden, wie schon die Urkunde die Heiligung des siebenten Tages bemerkt.[35]

Dort, wo Brenner über eine "Einrichtung für das Leben" spricht, bewegt er sich in dem Rahmen, der seine Dogmatik eigentlich bestimmt. Dem entspricht es auch, daß Brenner bei der Abhandlung über die Eigenschaften Gottes im Zusammenhang der Ausführungen über Gottes Allmacht überhaupt nicht auf die Schöpfung aus Nichts zu sprechen kommt, die traditionell als höchster Ausdruck der Allmacht angesehen wurde, sondern zusammenfassend wiederum die Bedeutung des Glaubens an die göttliche Allmacht für das Leben hervorhebt:

> So bricht auf einer Seite der Glaube an die Allmacht jeden Übermuth, bändigt jede Gewalt, mildert alle Herrschaft, dagegen beruhigt, ermuthigt und kräftigt er wieder auch bei dem fürchterlichsten Aufruhre der Natur, auch bei den wüthendsten Anfällen der Bosheit.[36]

Worauf es Brenner in erster Linie ankommt, ist eben nicht eine metaphysisch-theologische Beschreibung göttlicher Eigenschaften in Beziehung zu einer kosmologisch-theologischen Beschreibung der Welt, sondern die Frage, welche *Normativität* sich "für das Leben" ergibt, wenn wir es von bestimmten Glaubensannahmen her ordnen.

Weder Brenner noch Oberthür,[37] die hier nur als Beispiele herangezogen wurden,[38] haben eine wirklich konsequent pragmatische Interpretation der theologischen Aussagen durchgeführt. Wir können sie jedoch in der Weise interpretieren, daß sie Theologie eben gerade

34 An dieser Stelle verweist Brenner in der Anmerkung auf *G.H. Schubert*, Symbolik des Traumes, Bamberg 1814. - Diese Schrift steht bereits unter dem Einfluß der Naturphilosophie Schellings, hat also mit dem methodologischen Rahmen der Naturwissenschaft der Aufklärung nichts mehr zu tun und daher auch nichts mit den in den vorausgegangenen Anmerkungen genannten Arbeiten Herschels und Struves.

35 *Brenner*, a.a.O. 505.

36 Ebd. 24f.

37 Auch *Oberthür*, a.a.O. 69, führt Astronomie und Kosmogonie als "Begleiterinnen" an, die die Philosophie der Theologie auf der Suche nach einem zweckbestimmten Universum mitgibt.

38 Zu weiteren Autoren der Aufklärungstheologie vgl. *L. Scheffczyk*, Schöpfung und Vorsehung (Handbuch der Dogmengeschichte II, 2a), Freiburg 1963, 121-135. Scheffczyks Urteil fällt - entsprechend dem zu Beginn des Abschnitts zitierten Urteil, vgl. oben Anm. 1 - ziemlich negativ aus.

nicht aus der Position des umgekehrten Prozesses gegen Galilei, also im Rückzug gegenüber einer dominierend werdenden Naturwissenschaft betreiben wollten, sondern daß sie einen neuen methodologischen Rahmen theologischer Aussagen suchten: Dieser konnte als "praktisches Ideal der reinen Menschheit", als "Reich Gottes" oder unter einem anderen Begriff gefaßt werden, immer jedoch war tatsächlich das Ethos maßgebend. Auf eine Formel gebracht: Sie stellten (und stellen) die Frage, ob nicht der Logos des Christentums das Ethos ist - so daß damit die Fragestellung einer Dominanz des Ethos über den Logos schon im Ansatzpunkt inadäquat wäre.

2. Praktische Autonomie und Erbsündenlehre

Gerade der Ausgangspunkt vom Ethos mit der - etwa bei Oberthür sehr deutlich ausgesprochenen - Voraussetzung der sittlichen Selbstgesetzgebung der praktischen Vernunft mußte den Theologen der Aufklärung große Probleme bei der Interpretation der Erbsündenlehre bringen. Wieder einmal wurde also, wenn auch in der deutschen Theologie kaum unter dieser historischen Perspektive, der Pelagianismus aktuell. In Frankreich war auch die historische Beziehung präsent, da dort im 17. und 18. Jh. die theologische Diskussion durch den Jansenismus bestimmt war und die Auseinandersetzung sich ja am Werk des Cornelius Jansenius (1585-1638) über Augustinus entzündet hatte, das nach seinem Tod veröffentlicht worden war (1640); und hier stand mit der Gnadenlehre des Augustinus natürlich auch die Gegenposition des Pelagius deutlich im Bewußtsein.

So wie im vorausgegangenen Problemkomplex schließt auch hier die Aufklärung unmittelbar an die Positionen der Renaissance an. Die Vertreter der Renaissance hatten die Erbsündenlehre kaum direkt angegriffen, sie war jedoch bei ihnen einfach verschwunden.[39] In der Aufklärung wird diese Frage aber nun ausdrücklich thematisiert. Die Grundvoraussetzung der Aufklärung, die sittliche und intellektuelle Autonomie des Menschen, brachte Philosophen ganz verschiedener Ausrichtung, wie Hume, Voltaire oder Rousseau, in ausdrücklichen Gegensatz zur Vorstellung einer Erbsünde.[40] Mochte dieser Gegensatz von Rationalität, Autonomie und Erbsündenlehre auch selbstverständlich erscheinen, es blieb doch - als Ärgernis für alle Aufklärer -, daß

39 Vgl. *A. Heller*, Der Mensch der Renaissance, Köln 1982, 82.

40 Vgl. *Cassirer*, a.a.O. 188.

zumindest *einer* der großen Vertreter der Mathematik, der Wissenschaft und ihrer Methode genau das Wissen um das Elend des Menschen als Forderung der Rationalität aufgestellt hatte; und dies war Blaise Pascal (1623-1662). Auch Pascal geht aus von der Natur des Menschen, er beobachtet aber eine durchgängige Differenz zwischen dem, was der Mensch zu sein wünscht, und dem, was ihm erreichbar ist.

> Wir wünschen uns die Wahrheit, und wir finden in uns nur Ungewißheit. Wir suchen das Glück, und wir finden nur Elend und Tod. Wir sind unfähig, Wahrheit und Glück nicht zu wünschen, und sind der Gewißheit und des Glücks nicht fähig.[41]

Diese Beobachtung ist aber bei Pascal (anders als bei den meisten Jansenisten, deren Bewegung er nahestand) eingespannt in eine Dialektik, die den Menschen nicht einfach als elend und unwissend und deshalb als der Gnade bedürftig hinstellt, sondern die gerade das Wissen des Menschen um seine Situation des Elends gleichzeitig als seine Größe interpretiert. "Kurzum, der Mensch weiß, daß er elend ist: also ist er elend, da er es ist; groß aber ist er, da er es weiß."[42] Pascal sagt damit, daß wir uns erst dann realistisch rational verständlich werden, wenn wir uns mit Hilfe von Vorstellungen interpretieren, die in der traditionellen Lehre von der Erbsünde enthalten sind.[43] Was als Skandal für aufgeklärte Vernunft und autonomen Willen erscheint, wird also zur Aufklärung über die tatsächliche Vernunft und den faktischen Willen.

> Fraglos, nichts erregt heftigeren Anstoß als diese Lehre, und indessen sind wir uns selbst ohne dies unverständlichste Mysterium unbegreifbar. In diesem Abgrund findet das Band unserer Lage Einschlag und Knoten, so daß der Mensch ohne dies Mysterium unbegreifbarer ist, als dies Mysterium dem Menschen unbegreifbar ist.[44]

Eigentlich ist Pascals Interpretation gleicherweise ärgerlich für Aufklärer wie für traditionelle Theologen. Denn Aufklärer müssen sich fragen, ob sie nicht vielleicht gar nicht von den "Phänomenen" ausgegangen sind, sondern von einer irrealen und unrealisierbaren "Natur" des Menschen, und traditionelle Theologen müssen sich fragen, ob sie

41 *B. Pascal*, Über die Religion und über einige andere Gegenstände (*Pensées*), übers. von E. Wasmuth, Heidelberg [7]1972, 206f. (Nr. 437 der Ausgabe von L. Brunschvicg).

42 Ebd. 186 (Nr. 416).

43 Damit soll nicht gesagt sein, daß Pascal eine genau der Lehre des Konzils von Trient oder (was ja wiederum nicht genau dasselbe ist) der Auffassung des Augustinus entsprechende These der Erbsünde vertrat.

44 *Pascal*, a.a.O. 203 (Nr. 434).

nicht vielleicht von einer falschen Vorstellung von "Mysterium", "Glaubenslehre" oder "Dogma" ausgegangen sind. Denn was Pascal hier vorlegt, hat den Charakter einer Erklärungshypothese von überprüfbaren Phänomenen, und das "Mysterium" ist deshalb sinnvoll, weil es den Zustand der Dinge rational begreifbar macht, obwohl es deshalb in sich selbst nicht begreifbarer wird.[45]

Es gehörte zu Pascals Grundgedanken, daß wir rational an objektive Grenzen der Rationalität gelangen, die anzuerkennen genau zur Rationalität gehört, um nicht irrational zu entscheiden. Wenn Pascal den Glauben an Gott unter dem Modell der Rationalitätsbedingungen der Wette[46], also der Wahrscheinlichkeitsrechnung auffaßt,[47] so gilt dies für ihn prinzipiell für die Wahrheiten der Religion:

> Wenn man sich nur um Sicheres bemühen dürfte, dürfte man sich nicht um die Religion bemühen, denn sie ist nicht sicher.[48]

Aber für die Religion wie für das Alltagsleben gilt: Es ist Handeln unter Ungewißheit (und auch die Entscheidung gegen die oder eine bestimmte Religion entspricht dem); es ist aber, wenn rational nach Wahrscheinlichkeit kalkuliert, nicht unvernünftig. Und so fährt Pascal fort:

> Nun, man handelt vernünftig, wenn man für den morgigen Tag und für das Ungewisse arbeitet; denn man handelt, wie an Hand der Regel der Teilung nachgewiesen wurde, vernünftig, sich um das Ungewisse zu bemühen.[49]

Also ist auch Pascals Annahme der Erbsünde eine rationale Hypothese unter Unsicherheit - eine Wette, daß der Einsatz, nach dieser Hypothese zu handeln, vernünftig bemessen ist. Es gibt in diesem ganzen Bereich der Glaubensaussagen keinen Zustand jenseits der Wette, denn sie stellt eben für Pascal die strukturelle Antwort auf die Frage dar, wie endliche Vernunft praktisch werden kann und wie eine Argumentationsform für eine solche endliche, aber zu Entscheidungen gezwungene Vernunft aussieht.[50]

45 Vgl. *Cassirer*, a.a.O. 190f.

46 Die berühmte "Wette" findet sich in *Pascal*, a.a.O. 120-126 (Nr. 233).

47 Zu Pascals Wette im Zusammenhang des Wahrscheinlichkeitskalküls vgl. *I. Hacking*, The Emergence of Probability, Cambridge 1975, 63-72.

48 *Pascal*, a.a.O. 127 (Nr. 234).

49 Ebd. - "Teilung" meint hier den Wahrscheinlichkeitskalkül, die Wahrscheinlichkeitsrechnung.

50 Vgl. *L. Schäfer*, Blaise Pascal, in: O. Höffe (Hrsg.), Klassiker der Philosophie I, München 1981, 335f.

Pascal hat diese Endlichkeit der Vernunft und der menschlichen Existenz überhaupt in einer Weise erfahren und artikuliert, daß er damit den Rationalismus (und das rationalistische Moment an und in der Aufklärung) bis an sein Ende gedacht hat. Er sah und akzeptierte - im Unterschied zu vielen Festrednern des Rationalismus und der Aufklärung -, daß und in welcher Weise die Situation des Menschen prekär geworden war, gerade auch durch den Wegfall einer Kosmologie, die dem Menschen einen "Ort" gegeben hatte.

> Bedenke ich die kurze Dauer meines Lebens, aufgezehrt von der Ewigkeit vorher und nachher; bedenke ich das bißchen Raum, den ich einnehme, und selbst den, den ich sehe, verschlungen von der unendlichen Weite der Räume, von denen ich nichts weiß und die von mir nichts wissen, dann erschaudere ich und staune, daß ich hier und nicht dort bin; keinen Grund gibt es, weshalb ich gerade hier und nicht dort bin, weshalb jetzt und nicht dann. Wer hat mich hier eingesetzt? Durch wessen Anordnung und Verfügung ist mir dieser Ort und diese Stunde bestimmt worden? Memoria hospitis unius diei praetereuntis. (Erinnerung an einen Gast im Vorübergehen, der nur einen Tag hier gewesen ist.)[51]

Pascal begriff das menschliche Leben nach dem Modell eines Spieles, dessen vorausgegangene Züge der Mensch nicht kennt und dessen Ausgang ungewiß ist. Mitten in diesem Spiel muß der Mensch einige Züge tun: Genau dafür braucht er einen Kalkül der Wahrscheinlichkeiten, um ihm eine rationale Entscheidung zu ermöglichen. Wenden wir dies auf die Erbsünde an: Der Mensch findet sich vor eine "verfahrene aber nicht hoffnungslose Situation" im Spiel gesetzt, und er wettet, daß irgendwann vorher ein schwerer Fehler gemacht wurde.[52]

Eine "verfahrene Situation" kann zur Gewohnheit werden. Pascal rechnet nun damit, daß eine solche Gewohnheit zur "zweiten Natur" werden kann.[53] Die menschliche Natur, die wir vorfinden, kann also als Gewohnheit interpretiert werden, die zur "zweiten Natur" geworden ist. Dies ist aufgeklärter Augustinismus oder realistischer Pelagianismus. In jedem Fall ist es eine vernünftige "Erklärung", d.h. eine pragmatisch relevante "Wette", wie die gegenwärtige Situation entstanden sein könnte.

51 *Pascal*, a.a.O. 114f. (Nr. 205).

52 Das Verfahren der "Wette" Pascals beruht gerade darauf, daß Modelle, die im Rahmen der (Glücks-)Spieltheorie entwickelt wurden, die also von *zufälligen* Kombinationen ausgehen, auf Situationen übertragen werden können, die keinerlei zufällige Anordnung der Elemente aufweist. Vgl. *Hacking*, a.a.O. 63.

53 Vgl. *Pascal*, a.a.O. 62 (Nr. 93).

Wie bereits gesagt, Pascals "Pensées" waren für die Aufklärer ärgerlich. Voltaire fand dafür einen einfachen Ausweg: Er unterschied zwischen einem jungen, "wissenschaftlichen" Pascal und einem älteren, "religiösen" Pascal. Die Verteidiger der "wissenschaftlichen Aufklärung" konnten dann vom späteren "Verrat" Pascals an der wissenschaftlichen Rationalität sprechen, während die Verteidiger des Christentums in Pascal den zu sehen meinten, der die Nichtigkeit der rational-wissenschaftlichen Aufklärung durchschaut und sich deshalb der Religion zugewandt hatte. Beide irrten sich, denn Pascal arbeitete in beiden Abschnitten seines Lebens mit denselben Methoden.[54] Und so brachten sich die Aufklärer um die Möglichkeit einer kritischen Reflexion über die endliche Vernunft, und die Theologen übersahen die Möglichkeit, den Aussagen der Theologie eine praktisch-hypothetische, methodologisch aufweisbare (nicht *be*weisbare) Grundlage zu geben.

Die Theologen der Aufklärung wußten natürlich, daß die Lehre von der Erbsünde weithin abgelehnt wurde. Zunächst einmal stellten sie fest, daß der Ausdruck "Erbsünde" nicht gut gewählt ist, womit sie völlig recht hatten. So spricht z.B. Oberthür von einem Fehler der früheren Theologen, der darin bestehe, "daß sie mehrere vieldeutige und an sich wirklich nicht wohl passende Kunstwörter in die Theologie aufgenommen" haben, zu denen er auch den Ausdruck "Erbsünde" rechnet.[55] Augustinus wird in diesem Zusammenhang häufig kritisiert, von protestantischen Theologen[56] ebenso wie von katholischen. Für Oberthür ist der Ausdruck "Erbsünde" unpassend, denn "eigentliche Moralität und Imputabilität, Sünde und Strafe, im Augustinianischen Sinne, findet man nun zwar in dem uns angeborenen Verderben nicht"[57]. Das "Wesen" der Erbsünde wird dann in empirisch aufweisbaren Mängeln der gegenwärtig erfahrbaren menschlichen Natur gesucht. Der von den Theologen der Aufklärung am häufigsten aufgeführte Mangel ist die Störung des Gleichgewichts zwischen Sinnlichkeit und Vernunft[58] bzw. - da es hier ja um die praktische Vernunft geht - eine Störung des

[54] Vgl. *ders.*, Vom geometrischen Geist, in: ders., Die Kunst zu überzeugen, hrsg. von E. Wasmuth, Heidelberg 1963, 51-85. Diese Schrift ist mit großer Wahrhscheinlichkeit 1658/1659 verfaßt worden, vgl. *Schäfer*, a.a.O. 323, fällt also in dieselbe Periode wie die "Pensées".

[55] Vgl. *Oberthür*, a.a.O. 264.

[56] Vgl. *Cassirer*, a.a.O. 213f.

[57] *Oberthür*, Biblische Anthropologie II, Münster - Leipzig 1808, 361.

[58] Vgl. auch die Bestimmung der Erbsünde bei Hermes im folgenden Kapitel.

Gleichgewichts zwischen sinnlichen und moralischen Kräften.[59] Noch allgemeiner faßt z.B. Brenner die durch die Erbsünde gezeichnete Natur, deren Beschreibung interessanterweise beinahe genau dieselbe ist wie bei Herder die Beschreibung des Menschen ohne Sprache.[60] Brenner meint, daß ein Blick auf diese menschliche Natur uns zur Annahme einer auf dem Menschengeschlecht lastenden Verschuldung zwingt.

> Obgleich hinsichtlich seiner kunstvollen Organisation und geistigen Ausstattung über jedes Thier erhaben, erscheint er doch hinsichtlich seiner physischen Existenz armseliger als dieses, ja man kann ihn hierin unglücklich und jenes glücklich nennen; er ist der größten Unbehülflichkeit preisgegeben, von einer Menge Bedürfnisse gequält, mit einem Heere von Leiden umstellt; der bloßen Natur anvertraut, würde er von derselben sogleich aufgerieben werden.[61]

Die Erbsünde erhält so häufig den für die Aufklärer so wichtigen pädagogischen Unterton. Dabei meinen die antitheologischen Aufklärer, es müßten nur die Hindernisse, die insbesondere durch theologische Lehren (wie vor allem die Erbsünde) vorhanden sind, beseitigt werden, um die Vernunft und die reine Humanität triumphieren zu sehen. Die Aufklärer in der Theologie wollen denselben Triumph der Vernunft, der sich aber gerade durch die Überwindung der Hindernisse (wie sie vor allem in der Erbsünde beschrieben sind) erweisen muß. In diesem Sinn meint Oberthür, daß das, was unter "Erbsünde" richtig zu verstehen sei,

> (...) nur physisches Verderben, oder Unordnung in den Bestandtheilen unsrer Natur sey, die jedem Menschen die Tugend nur schwerer, den Kampf gefährlicher, aber den Sieg der Vernunft auch um so herrlicher und verdienstlicher mache.[62]

Bei diesen Erklärungen der Erbsünde durch eine Unordnung, eine Störung des Gleichgewichts von Sinnlichkeit und Vernunft, können wir uns natürlich - in traditionell theologischer Begrifflichkeit - fragen, ob hier nicht das, was strenggenommen die (bleibende) Konkupiszenz ist, für Erbsünde steht. Anders formuliert bedeutet diese Frage jedoch, ob der Mensch nicht in eine Situation hineingeboren wird, in der die Sitt-

59 Vgl. *Oberthür*, Methodologie der theologischen Wissenschaften, a.a.O. 283.

60 Vgl. *J.G. Herder*, Abhandlung über den Ursprung der Sprache, Stuttgart 1966, 25: "Bei dem Menschen ist alles in dem größten Mißverhältnis - Sinne und Bedürfnisse, Kräfte und Kreis der Wirksamkeit, der auf ihn wartet, seine Organe und seine Sprache."

61 *Brenner*, a.a.O. 306.

62 *Oberthür*, Biblische Anthropologie II, a.a.O. 357.

lichkeit depraviert ist in einer Weise, daß er sich dieser Situation nicht entziehen kann, so daß also kein herrlicher Triumph der Vernunft am Ende seiner sittlichen Bemühungen steht und auch nicht stehen kann. Dies ist nun nicht als Frage *an* die Aufklärung gestellt, sondern stellt schon eine Frage eines der Aufklärer selbst dar, durch die das von den anderen Aufklärern vorausgesetzte Subjekt der Aufklärung selbst in Frage gestellt wird. Es war Jean-Jacques Rousseau (1712-1778), der in der Mitte des Jahrhunderts der Aufklärung auf die Frage: "Hat der Wiederaufstieg der Wissenschaften und Künste zur Läuterung der Sitten beigetragen?" (1750) die für die Aufklärung provozierend klare Antwort gab: "Nein", und der dann in der weiteren "Abhandlung über den Ursprung und die Grundlagen der Ungleichheit unter den Menschen" (1755)[63] die für die Aufklärung ebenso provozierende Feststellung machte:

> Du bist mit deinem gegenwärtigen Zustand aus Gründen unzufrieden, die der unglücklichen Nachwelt noch größere Unzufriedenheit verheißen. Vielleicht möchtest du, du könntest zurückkehren. Dies Gefühl muß der Lobpreis deiner ersten Ahnen, die Kritik deiner Zeitgenossen und der Schrecken derer sein, die das Unglück haben, nach dir zu leben.[64]

Zur Erklärung dieses gegenwärtigen Zustands, der unsere Unzufriedenheit hervorruft, stellt nun Rousseau (ganz ähnlich wie Pascal) eine hypothetische Überlegung an, bei der also eine Geschichte konstruiert wird, die primär den gegenwärtigen Zustand erhellen soll, von der also nicht behauptet wird, sie weise den tatsächlichen Anfang auf.[65] Der entscheidende, kritische Punkt in dieser hypothetischen Geschichte (in der Rousseau allerdings alles ihm verfügbare ethnologische Material verwendet) ist nun bekannterweise dort erreicht, wo jemand "dreist" ein Stück Land mit einem Zaun umgibt und sagt: "Das ist mein", und er andere so "einfältige" Menschen findet, die das zulassen. Alle daran Beteiligten tragen also ihren Teil der Schuld an dem nun einsetzenden Verfall. Nicht der Erfinder des Zaunes allein, sondern ebenso alle jene, die ihn nicht an der Durchführung seines Planes und der Realisierung seines Anspruchs gehindert haben, sind die Gründer des damit entstandenen Zustands der Ungleichheit mit all ihren katastrophalen Folgen.

63 *J.-J. Rousseau*, Schriften zur Kulturkritik, Hamburg 1978.

64 Ebd. 83.

65 Vgl. ebd. 81. - Rousseau meint allerdings ebd. 191, "daß diese Annahmen zu Tatsachen werden, falls sie die wahrscheinlichsten sind".

> Wieviele Verbrechen, Kriege, Morde, Leiden und Schrecken würde einer dem Menschengeschlecht erspart haben, hätte er die Pfähle herausgerissen oder den Graben zugeschüttet und seinesgleichen zugerufen: "Hört ja nicht auf diesen Betrüger. Ihr seid verloren, wenn ihr vergeßt, daß die Früchte allen gehören und die Erde keinem!"[66]

Da sich aber keiner fand, der diesen Einspruch erhob, tragen alle, der "Dreiste" wie die "Einfältigen", die Verantwortung für den depravierten Zustand, das Subjekt der Zurechnung ist also - und dies ist ein entscheidend neuer Gedanke - nicht ein einzelner, sondern die Gesellschaft.[67]

Es wäre zu einfach, zu meinen, Rousseau setze für das, was theologisch "Erbsünde" genannt wird, nun die "Erfindung des Privateigentums" ein. Rousseau sieht genau, daß die Erfindung des Zaunes nur der Ausdruck eines neu erfundenen (also nicht "natürlichen") Gefühls, einer neuen Haltung ist, welche die Wurzel allen Übels ist: die Selbstsucht.

> Man darf nicht die Selbstsucht (*amour-propre*) und die Eigenliebe (*amour de soi*) durcheinanderbringen. Es sind zwei ihrem Wesen und ihrer Wirkung nach sehr verschiedene Leidenschaften. Die Eigenliebe ist ein natürliches Gefühl. Es hält jedes Tier dazu an, über seine Erhaltung zu wachen. In uns Menschen wird es von der Vernunft geleitet und vom Mitleid gemildert und bringt Menschlichkeit und Tugend hervor. Die Selbstsucht ist nur ein relatives, künstliches, in der Gesellschaft entsprungenes Gefühl. Sie verleitet jedes Individuum dazu, von sich mehr Aufhebens als von jedem anderen zu machen. Sie gibt den Menschen alle die Übel ein, die sie sich gegenseitig antun.[68]

Daraus resultieren Konkurrenz, Rivalität, Hinterlist, Einschüchterung, Gewalt, Krieg, und immer der Wunsch, Gewinn auf Kosten der anderen zu erlangen.[69]

Man kann sich wohl mit gutem Grund fragen, ob wir es hier nicht mit einer aufgeklärten und säkularisierten Interpretation der biblischen Geschichte der ersten Sünde zu tun haben: Die Menschen, die "sein wollen wie Gott", sind einfach jene, die zuviel Aufhebens von sich machen, und die "Kinder" dieser Menschen (Kain und Abel), die von Konkurrenz bestimmt sind (*amour-propre*), werden zum ersten Mord geführt. Die Interpretation Rousseaus ist jedenfalls wesentlich besser als die vieler Aufklärungstheologen, die dafür eine Störung des Verhältnisses von Vernunft und Sinnlichkeit im Individuum ansetzen. Bei Rousseau ist es eine wirkliche Störung der Sittlichkeit, und zwar eine,

[66] Ebd. 191. 193.

[67] Vgl. *Cassirer*, a.a.O. 209.

[68] *Rousseau*, a.a.O. 169.

[69] Vgl. ebd. 221. 225.

die die Gesellschaft als ganze (und, wie er wohl meint: als solche) betrifft. Zur traditionellen und offiziellen Erbsündenlehre (und zur damit verbundenen Praxis der Kindertaufe) stand Rousseaus Lehre allerdings in klarem Widerspruch - nahm er doch (wie es in seinem berühmten Roman "Emile" expliziert und als Erziehungsprogramm formuliert wird) an, daß die spontanen Regungen der (unverbildeten) Natur des Menschen immer gut seien. Die Verurteilung des "Emile" durch den Erzbischof von Paris konnte nicht ausbleiben.[70]

Die Aufklärung als ganze betrachtet, als Periode, hat in der Philosophie wie in der Theologie die selbstkritischen Fragen Pascals oder Rousseaus nicht aufgenommen. Sie hielt an der Möglichkeit (und Forderung) einer ständig wachsenden Vollkommenheit von Vernunft und Sittlichkeit fest, was für sie gleichbedeutend war mit einem ständig abnehmenden Einfluß des Aberglaubens (wie z.B. dem von der Erbsünde). Es ist hier der alte Gegensatz von Logos und Mythos, der als abstrakter die Voraussetzung des Denkens der Aufklärung beherrschte. Die Versuche Pascals oder Rousseaus, den Vernunftgehalt des Mythos in die Aufklärung des Logos zu integrieren, damit aber den abstrakten Gegensatz von Logos und Mythos zu überwinden, wurden somit nicht systematisch tragend.

Die folgende Periode der Romantik und der Restauration kehrte den abstrakten Gegensatz der Aufklärung einfach um, sie suchte die Vollendung nicht in dem zukünftigen mythosfreien Logos, sondern umgekehrt in der Wiederherstellung (= Restauration) des ursprünglichen logosfreien Mythos. "Alle Kritik der Aufklärung nimmt nunmehr den Weg dieser romantischen Um-Spiegelung der Aufklärung. Der Glaube an die Perfektibilität der Vernunft springt um in den an die Perfektion des 'mythischen' Bewußtseins und reflektiert sich in einen paradiesischen Urstand vor dem Sündenfall des Denkens."[71] Die Annahme, die Theologie der der Aufklärung folgenden Romantik und Restauration habe eine wirkliche und durchgreifende Erneuerung gebracht, übersieht, daß die Grundvoraussetzung der Aufklärung, der abstrakte Gegensatz von Logos und Mythos, auch in der Restauration und der Romantik weiter herrschend blieb.[72] Die Situation wurde für

70 Vgl. *Cassirer*, a.a.O. 208.

71 *H.G. Gadamer*, Wahrheit und Methode, Tübingen [2]1965, 258.

72 Dies ist die gemeinsame Auffassung von Gadamer und *Adorno - Horkheimer*, Dialektik der Aufklärung, Frankfurt 1969, wie *Gadamer*, a.a.O. 258, Anm. 2, ausdrücklich feststellt. Vgl. ebenso *Mittelstraß*, a.a.O. 107f., der sich auf die Stelle bei Gadamer beruft.

die Theologie einfach leichter, weil die Logos-Forderung abnahm; die Theologie selbst wurde aber eben weniger rational, sie zog ihre Legitimation einfach aus dem wachsenden Interesse am Mythos, sie bezog ihre (historisch tatsächlich ausfweisbare, vgl. Kap. XVII) Lebendigkeit aber eben nicht aus einer *Kritik* der Grundvoraussetzungen der Aufklärung, sondern aus einer für sie günstigen *Umkehrung* derselben. Die von der Aufklärung aufgeworfenen Probleme blieben daher bestehen und kehrten nach der Romantik und der Restauration wieder. Der kirchliche Versuch nach 1850, eine bestimmte Form der theologischen Restauration (die in Josef Kleutgens Werk mit dem bezeichnenden Titel "Theologie der Vorzeit vertheidigt" seinen maßgebendsten Vertreter hatte)[73] zum offiziellen Denkrahmen zu deklarieren, mußte daher die darauf folgende Theologie im Zustand permanter "unbefriedigter Aufklärung" halten.

Zusammenfassung

1. In der Aufklärung setzte sich die Ablösung der Naturwissenschaft (Physik, Kosmologie, Ethnologie) von der Metaphysik und der Theologie durch.

2. Neben Versuchen zur Akkommodation von Theologie und Naturwissenschaften versuchten einige Theologen der Aufklärung auch eine konsequent ethische Interpretation der christlichen Glaubenswahrheiten; die "Übersetzung" der früheren Schöpfungstheologie in diesem Rahmen gelang jedoch nur unzureichend.

3. Der Vernunft- und Sittlichkeitsoptimismus der meisten Aufklärer stand in direktem und ausdrücklichem Gegensatz zur Erbsündenlehre.

4. Zahlreiche Theologen der Aufklärung suchten in diesem Rahmen die Erbsünde als Überwiegen der Sinnlichkeit gegenüber der Vernunft zu interpretieren.

5. Die Theologie der Aufklärung hat die Problemsituation häufig richtig erkannt, hat ihr jedoch dann nicht konsequent Rechnung getragen.

73 J. Kleutgen (1811-1883) redigierte die endgültige Version der Konstitution "De fide catholica" des 1. Vaticanums (1870). Vgl. *L. Gilen*, Art. Kleutgen, in: LThK^2 VI, 340.

Anregungen einer immanenten Kritik der Aufklärung hat sie nicht aufgenommen.

6. Auch die nachfolgende Theologie der Restauration und der Romantik, die nur von den umgekehrten Voraussetzungen der Aufklärung ausging, verblieb so in einer Situation "unbefriedigter Aufklärung".

XVII Der kritische Gebrauch des Weltbegriffs

Immanuel Kant und Georg Hermes

1. "Welt" als Grenzbegriff

Die Berücksichtigung, die die Philosophie Kants im Rahmen einer Theologie einnimmt, ist jeweils aufschlußreich für die Denkform dieser Theologie selbst. Immanuel Kant (1724-1804) hat sich selbst mit der Frage der Grenzziehung zwischen Philosophie und Theologie beschäftigt, vor allem in seinen Schriften "Der Streit der Fakultäten" und "Die Religion innerhalb der Grenzen der bloßen Vernunft". Er gelangt dort zu einer Grenzziehung zwischen "biblischer Theologie" und "reiner philosophischer Religionslehre", in welcher dann z.B. Karl Barth, der durchaus die Ironie erkennt, die in dieser Unterscheidung steckt, eine echte Ortsbestimmung der Theologie sieht.[1] Es ist im vorliegenden Zusammenhang weder möglich noch erforderlich, in eine ausdrückliche Diskussion der eigentlichen Intention der Kantischen Unterscheidung[2] einzutreten oder das Problem des Verhältnisses von Philosophie und Theologie prinzipiell anzugehen. Die vorausgesetzte Antwort auf diese Frage liegt in der gesamten Durchführung der vorliegenden Untersuchung. Kants - wohl tatsächlich leicht ironisch gemeinter - Vorschlag ist additiv:

> Ich getraue mir sogar in Vorschlag zu bringen: ob es nicht wohlgetan sein würde, nach Vollendung der akademischen Unterweisung in der biblischen Theologie, jederzeit noch eine besondere Vorlesung über die reine *philosophische* Religionslehre (die sich alles, auch die Bibel, zu Nutze macht), nach einem Leitfaden, wie etwa dieses Buch

1 Vgl. *K. Barth*, Die protestantische Theologie im 19. Jahrhundert, Zürich ^{3}1960, 274-278.

2 Vgl. dazu z.B. *K.-H. Crumbach*, Theologie in kritischer Öffentlichkeit. Die Frage Kants an das kirchliche Christentum, München 1977.

(oder auch ein anderes, wenn man ein besseres von derselben Art haben kann), als zur vollständigen Ausrüstung des Kandidaten erforderlich, zum Beschlusse hinzuzufügen.[3]

Sehen wir jedoch die Absicht der Untersuchungen Kants (zumindest auch) in der kritischen Untersuchung von Aussagen, in denen Worte wie "Gott", "Welt", "Freiheit" vorkommen, so ist die philosophische Religionslehre nicht ein nachträgliches Unternehmen, sondern eines, das als propädeutisches und kritisches in die theologische Untersuchung selbst eintreten muß. So meinte es vermutlich auch Kant, wenn er unmittelbar vor dem eben zitierten Vorschlag schreibt: "(...) denn eine Religion, die der Vernunft unbedenklich den Krieg ankündigt, wird es auf die Dauer gegen sie nicht aushalten."[4] Ein solches kritisches Programm ist im Grunde gar nicht weit von dem entfernt, das auch die mittelalterlichen Theologen im Auge hatten, wenn sie versuchten, die sprachlogischen Ergebnisse der propädeutisch aufgefaßten Studien der Logik und der Grammatik als kritisches Instrument in die theologischen Untersuchungen einzubringen.

Unter Kants jüngeren Zeitgenossen im Bereich der Theologie war Georg Hermes (1775-1831) jener, der am konsequentesten versuchte, dem kritischen Anliegen Kants, soweit er es für berechtigt hielt, innerhalb der Theologie Geltung zu verschaffen. Hermes geht ausdrücklich vom "wissenschaftlichen Zeitgeist" aus,[5] wobei "wissenschaftlich" soviel bedeutet wie die von der Philosophie begründeten Prinzipien kritischer Wissenschaft. Das Ziel ist die Begründung eines "vernünftigen Glaubens", für den die Philosophie nur in "negativem Gebrauch", also als kritisches Instrument, relevant wird.[6] Hermes bestreitet nicht, daß es christliche Lehren gibt, die philosophisch nicht erweisbar sind. Die Aufgabe des Theologen ist daher:

Er soll die *christlichen Lehren*, welche nur durch Offenbarung erkennbar sind, durch *Philosophie* nicht aussöhnen wollen mit der menschlichen Erkenntnis, daß er etwa die Möglichkeit oder Vorstellbarkeit ihres Inhalts zu zeigen oder auf welche Weise auch immer sie bey der Vernunft und Sinnlichkeit zu empfehlen versuche: aber er soll überall *philosophisch* zeigen (und nicht nur ohne zu zeigen es bloß behaupten), daß eine solche

3 *I. Kant*, Die Religion innerhalb der Grenzen der bloßen Vernunft, Kant-Studienausgabe, 6 Bde., hrsg. von W. Weischedel, Darmstadt [5]1983, IV, 657. - Band- und Seitenangaben der folgenden Zitate beziehen sich immer auf diese Ausgabe.

4 Ebd.

5 Vgl. *G. Hermes*, Dogmatik, Münster 1834 (Nachdruck Frankfurt 1968), I, 100-102. Dabei ist es bemerkenswert, daß Hermes ebd. 107f. den Geist der neuen Philosophie darin sieht, daß diese auf die Realität der Erkenntnis ausgeht, während sich seiner Auffassung nach die alte Philosophie mit dem Nominalen begnügte.

6 Vgl. ebd. 98f.

Aussöhnung oder Empfehlung durch die Natur der Sache *unmöglich*, und daher eine Forderung derselben (...) ganz *unvernünftig* sey; daß also zu ihrer Annahme in dieser Rücksicht nichts mehr verlangt werden könne, als daß sie der Vernunft nicht widersprechen; und daß ein solcher Widerspruch nicht zu erweisen sey, das soll er ebenfalls philosophisch zeigen.[7]

Auch ein nur negativer, kritischer Gebrauch der Philosophie Kants ist jedoch für die theologischen Aussagen von größter Relevanz. Kant beschäftigt sich ja auch mit Fragen wie z.B. dem bekannten Streit um Ewigkeit oder Zeitlichkeit der Welt, also mit Fragen, die zum traditionellen Kanon der Probleme theologischer Metaphysik gehörten, woraus sich sofort die Relevanz der Kantischen Analysen für die hier zur Diskussion stehenden Probleme ergibt.

Im vorliegenden Zusammenhang empfiehlt es sich, Kants "Kritik der reinen Vernunft" in umgekehrter Reihenfolge zu lesen (wobei es durchaus möglich ist, daß dies auch dem Entdeckungszusammenhang bei Kant selbst entspricht), also bei der "Transzendentalen Dialektik" zu beginnen, die genau jene bekannten Themen der theologischen Metaphysik behandelt. In der rationalen Kosmologie wird versucht, die Gesamtheit der objektiven Bedingungen der Erscheinung in einen Einheitsbegriff zu fassen, welcher unsere Erfahrungserkenntnis zur abschließenden Ganzheit vollenden soll. Wo die Vernunft nun versucht, die objektive Synthesis der Erscheinungen durch ein Prinzip der unbedingten Einheit geltend zu machen, verfängt sie sich zwangsläufig in Antinomien.

Es scheinet doch nichts klärer, als das von zween, deren der eine behauptet: die Welt hat einen Anfang, der andere: die Welt hat keinen Anfang, sondern sie ist von Ewigkeit her, doch einer Recht haben müsse. Ist aber dieses, so ist es, weil die Klarheit auf beiden Seiten gleich ist, doch unmöglich, jemals auszumitteln, auf welcher Seite das Recht sei, und der Streit dauert nach wie vor, wenn die Parteien gleich bei dem Gerichtshofe der Vernunft zur Ruhe verwiesen worden. Es bleibt also kein Mittel übrig, den Streit gründlich und zur Zufriedenheit beider Teile zu endigen, als daß, da sie einander doch so schön widerlegen können, sie endlich überführt werden, daß sie um nichts streiten, und ein gewisser transzendentaler Schein ihnen da eine Wirklichkeit vorgemalt habe, wo keine anzutreffen ist.[8]

Beide Positionen sind das Ergebnis folgender Vorgangsweise. Entsprechend der Eigentümlichkeit erfahrungsmäßiger Verknüpfung ordnet sich die Mannigfaltigkeit des Gegebenen in Reihen, in denen jedes

7 Ebd. 109.

8 *Kant*, Kritik der reinen Vernunft, a.a.O. II, 467.

Glied als bedingtes begriffen wird. Diese Zusammenordnung (Synthesis) in Reihen erstreckt sich auf vier Bereiche:

a. räumliches Messen und zeitliche Folge,

b. die Zusammensetzung aus Teilen,

c. die Verursachung und

d. die Abhängigkeit des Daseins im allgemeinen Sinn (die Frage nach dem schlechthin notwendigen Wesen).

Die Vernunft fordert nun den Begriff der Totalität, d.h. der absoluten Vollständigkeit nach dem Grundsatz: "(...) wenn das Bedingte gegeben ist, so ist auch die ganze Summe der Bedingungen, mithin das schlechthin Unbedingte gegeben"[9]. Kant stellt dabei fest, daß eigentlich von Anfang an das Unbedingte das Ziel der Vernunft ist, denn diese schlägt den Weg ein, "von der Idee der Totalität auszugehen, ob sie gleich eigentlich das *Unbedingte*, es sei der ganzen Reihe, oder eines Teils derselben, zur Endabsicht hat"[10].

Die unauflösbare Antithetik entsteht nun dadurch, daß alle vier Punkte auf zwei verschiedene Weisen beantwortet werden können, ohne daß entscheidbar wäre, welche Beantwortung falsch und welche richtig sei. Beim dogmatischen Weg wird versucht, die Geschlossenheit des Weltganzen dadurch sicherzustellen, daß man von der räumlichen und zeitlichen Begrenztheit der Welt ausgeht, der Teilbarkeit eine Grenze setzt, eine von der Ursachenkette freie Selbstbestimmung annimmt und schließlich die Abhängigkeit des Weltganzen von einem schlechthin notwendigen Sein behauptet. Beim empiristischen Weg dagegen wird das genaue Gegenteil behauptet. Die Antithetik dieser beiden Positionen besitzt ihre Schärfe nicht nur darin, daß gegensätzliche und unvereinbare Meinungen vorliegen, sondern daß gerade die offensichtliche Unmöglichkeit des Beweises der einen Annahme zum Beweis der jeweils anderen Verwendung findet.

Kant nimmt nun (zu Recht) an: Dort, wo sich das Denken in unauflösbare Widersprüche verwickelt, wo auch die Diskussion der Argumente nicht weiterhilft, muß der Fehler in den Voraussetzungen des Denkens liegen. Diesen Fehler zeigt er in seiner Erkenntnistheorie auf.

> Das Denken ist die Handlung, gegebene Anschauung auf einen Gegenstand zu beziehen. Ist die Art dieser Anschauung auf keinerlei Weise gegeben, so ist der Gegenstand bloß transzendental, und der Verstandesbegriff hat keinen andern, als transzendentalen Gebrauch, nämlich die Einheit des Denkens eines Mannigfaltigen überhaupt.[11]

9 Ebd. 402.

10 Ebd. 407.

11 Ebd. 275.

Wir können also nur dort die Kategorien des Verstandes in gegenständlicher Weise gebrauchen, wo Raum und Zeit als die Bedingungen der Möglichkeit von Anschauung gegeben sind.

Nur wenn wir eine nicht-sinnliche Anschauung hätten - was jedoch nicht der Fall ist -, könnten wir von einem "Noumenon", einem Objekt der nicht-sinnlichen Anschauung sprechen. Der Begriff eines solchen "Noumenon" ist nicht schon widersprüchlich; vielmehr handelt es sich um einen problematischen Begriff, da er auf keine Weise als objektive Realität erkannt werden kann.

> Der Begriff eines Noumenon ist also bloß ein *Grenzbegriff*, um die Anmaßung der Sinnlichkeit einzuschränken, und also nur von negativem Gebrauche. Er ist aber gleichwohl nicht willkürlich erdichtet, sondern hängt mit der Einschränkung der Sinnlichkeit zusammen, ohne doch etwas Positives außer dem Umfange derselben setzen zu können.[12]

Eine Anschauung der Totalität als solcher ist somit nicht möglich; eine solche Anschauung müßte den gesamten Bereich möglicher Erfahrung übergreifen und über ihn hinausführen.[13] So bestimmt Kant den Weltbegriff als jenen, der die Totalität der Erfahrung und so die letzte Bedingung derselben als solche denkt; "Welt" ist daher eine transzendentale Idee, die einen bloß regulativen, jedoch keinen für die Erkenntnis konstitutiven Gebrauch ermöglicht. Mit anderen Worten: Der Weltbegriff hat die Funktion, den Verstand und dessen Gebrauch auf ein bestimmtes Ziel zu richten und so die immer größere Einheit der Verstandeserkenntnisse nach einer Regel zu ordnen. Diese Funktion nennt Kant "regulativ". Genau dasselbe gilt auch für die Idee des "höchsten Wesens" in bezug auf "Welt":

> Das Ideal des höchsten Wesens ist nach diesen Betrachtungen nichts anders, als ein *regulatives Prinzip* der Vernunft, alle Verbindung in der Welt so anzusehen, *als ob* sie aus einer allgenugsamen notwendigen Ursache entspränge, um darauf die Regel einer systematischen und nach allgemeinen Gesetzen notwendigen Einheit in der Erklärung derselben zu gründen, und ist nicht eine Behauptung einer an sich notwendigen Existenz.[14]

Das Ziel der Erkenntnis selbst aber, nämlich die Totalität der Erfahrung und deren Grund, liegt gänzlich außerhalb der Grenzen möglicher Erfahrung; es ist ein *focus imaginarius*, ein Ziel, "in Aussicht auf welches die Richtungslinien aller seiner Regeln in einen Punkt zusam-

[12] Ebd. 282.

[13] Vgl. ebd. 564.

[14] Ebd. 547.

menlaufen"[15]. Diese Idee ist Bedingung jeder gegenständlichen Erkenntnis, vor allem aber Bedingung des Zusammenhanges der Erkenntnisse, also ihrer Systematik:

> Diese Vernunfteinheit setzt jederzeit eine Idee voraus, nämlich die von der Form eines Ganzen der Erkenntnis, welches vor der bestimmten Erkenntnis der Teile vorhergeht und die Bedingungen enthält, jedem Teile seine Stelle und Verhältnis zu den übrigen a priori zu bestimmen. Diese Idee postuliert demnach vollständige Einheit der Verstandeserkenntnis, wodurch diese nicht bloß ein zufälliges Aggregat, sondern ein nach notwendigen Gesetzen zusammenhangendes System wird.[16]

Es entspringt einer Täuschung der Vernunft, wenn sie meint, daß dieser Richtungslinie der Erkenntnis selbst wieder ein Gegenstand entspreche, wenn sie also ihre regulative Funktion als konstitutive mißversteht. Diese Illusion zeigt sich daran, daß bei einem solchen illegitimen Gebrauch die Vernunft sich in Antinomien verfängt (was der Ausgangspunkt unserer Überlegung weiter oben war). Wenn das Allgemeine der Welt nicht nur als Grenzbegriff, sondern als Faktizität gegeben wäre - als der unbedingte Grund der Einheit aller bedingten Erscheinungen -, so könnte das Besondere der Welterscheinungen daraus abgeleitet werden. Kant nennt diesen Gebrauch der Vernunft "apodiktisch". Das Allgemeine, die Totalität, ist uns aber nicht als Gegenstand der Anschauung gegeben, sondern nur als Regel der möglichen Erkenntnis aufgegeben, entsprechend dem hypothetischen Gebrauch der Vernunft.

> Der hypothetische Vernunftgebrauch geht also auf die systematische Einheit der Verstandeserkenntnisse, diese aber ist der *Probierstein der Wahrheit* der Regeln. Umgekehrt ist die systematische Einheit (als bloße Idee) lediglich nur *projektierte* Einheit, die man an sich nicht als gegeben, sondern nur als Problem ansehen muß; welche aber dazu dient, zu dem Mannigfaltigen und besonderen Verstandesgebrauche ein Principium zu finden, und diesen dadurch auch über die Fälle, die nicht gegeben sind, zu leiten und zusammenhängend zu machen.[17]

Der Weltbegriff als Begriff der Totalität ist und bleibt also problematisch und nur als problematischer legitim. Eine Grenzüberschreitung der Erkenntnis liegt vor, wenn ein Problem in eine Behauptung (eine "assertorische" Aussage) und so in die Illusion einer gegebenen Gegenständlichkeit verwandelt wird. Unter der Voraussetzung, daß diese grundsätzliche Grenze unserer Erkenntnis Anerkennung findet, hält es

15 Ebd. 565.
16 Ebd. 566.
17 Ebd. 567.

Kant für möglich, einen schlechthin notwendigen Grund der Welt zu denken (wobei jedoch entscheidend bleibt, daß "denken" nicht mit "erkennen" in eins gesetzt wird); ein solcher notwendiger Grund kann allerdings nach den Regeln möglicher Erfahrung niemals zum Gegenstand werden. Er stellt einen reinen Gedanken dar - ohne Rückhalt in der Erfahrung -, ist somit rein intelligibel. Als intelligibler Grund alles bedingten Daseins kann er ohne Widerspruch gedacht werden und steht somit auch ohne Widerspruch zu aller Erfahrungserkenntnis, kann aber innerhalb der theoretischen Erkenntnis, die immer aus beidem, den Kategorien *und* der Anschauung, besteht, nicht aufgefunden werden. Ideen wie die der "Welt" als Totalität und deren "unbedingter Grund" bleiben gegenstandslose Spekulation (im streng Kantischen Sinn von "gegenstandslos"), solange sie nicht aus anderen als rein theoretischen Erwägungen eine Begründung erfahren.

Wenn wir uns auf den Standpunkt Kants stellen, so bedeuten die vorangegangenen Untersuchungen, daß die "philosophische Religionslehre (die sich alles, auch die Bibel, zu Nutze macht)"[18] erkennt, daß mit Sätzen wie "Gott hat die Welt geschaffen" keinerlei Erkenntnis im Bereich der theoretischen Vernunft intendiert werden kann, sie keinesfalls im Zusammenhang einer theoretischen metaphysischen oder theologischen Kosmologie diskutierbar und entscheidbar sind.

Hermes meint nun, daß ein solcher Standpunkt für die Theologie nicht unannehmbar sei. Wenn wir mit Kant davon ausgehen, daß unser Wahrnehmen und Vorstellen auf die vorhandene Natur beschränkt ist, daß sich also wissenschaftlich-begriffliches Denken nur in diesem Bereich abspielt, so ergibt sich für Hermes, "daß wir uns keine Weise wie etwas aus Nichts werde, oder absolut anfange, vorstellen können, daß wir es also auch nie begreifen können"[19]. Die Idee der Hervorbringung aus Nichts interpretiert die unendliche Macht Gottes, die an nichts Vorgegebenem eine Grenze findet. Aber auch dies liefert keinen Begriff.

> Wenn Gottes Wille alles unmittelbar wirkte, so konnte der Mensch dieses noch denken durch den Begriff der unmittelbaren Erregung seiner eignen Kraft: wenn aber Gottes Wille schöpferisch hervorbringt, was nicht ist; so vermag kein Mensch mehr die Wirkung zu denken, und deswegen entschwindet ihm auch der Begriff von Gottes Macht wieder, welchen er zu haben schien.[20]

18 Vgl. weiter oben Anm. 3 und das entsprechende Zitat im Text.

19 *Hermes*, Dogmatik, a.a.O. II, 40.

20 *Ders.*, Einleitung in die christkatholische Theologie I: Philosophische Einleitung, Münster 1819 (Nachdruck Frankfurt 1967), 455.

Wenn wir daher von Gottes "schöpferischer Macht" sprechen, so müssen wir uns kritisch darüber Rechenschaft ablegen, daß wir ein Wort gebrauchen, "wovon es für die Vernunft des Menschen eine Idee gibt, wofür aber sein Verstand keinen Begriff mehr hat"[21].

2. Der praktische Gebrauch der Ideen

Nach Kant arbeitet die theoretische Vernunft mit Ideen als regulativen Prinzipien, denen kein erkenntnis-konstitutiver Charakter zukommt. Anders in der praktischen Vernunft. Bei diesem Übergang findet jedoch bei Kant auch eine Verlagerung dessen statt, was er unter "Ideen" faßt. Während in der "Kritik der reinen Vernunft" Gott, Welt und Seele die drei Ideen der reinen Vernunft darstellen, erscheinen in der "Kritik der praktischen Vernunft" als deren Postulate Gott, Freiheit und Unsterblichkeit.[22] Die Vorstellung von Freiheit nimmt also hier den Platz der Idee von Welt ein, während "Welt" sowohl beim Postulat der Freiheit (als notwendiger Voraussetzung der Unabhängigkeit von der Sinnenwelt und des Vermögens der Bestimmung des eigenen Willens nach dem Gesetze einer intelligiblen Welt) als auch beim Postulat des Daseins Gottes (aus der Notwendigkeit der Bedingung zu einer solchen intelligiblen Welt, um das höchste Gut zu sein) eingeführt wird. Damit zeigt sich, daß Kants kritisches Denken bei der Freiheit einsetzt.

> Der Begriff der Freiheit, so fern dessen Realität durch ein apodiktisches Gesetz der praktischen Vernunft bewiesen ist, macht nun den *Schlußstein* von dem ganzen Gebäude eines Systems der reinen, selbst der spekulativen, Vernunft aus, und alle andere Begriffe (die von Gott und Unsterblichkeit), welche, als bloße Ideen, in dieser ohne Haltung bleiben, schließen sich nun an ihn an, und bekommen mit ihm und durch ihn Bestand und objektive Realität, d.i. die *Möglichkeit* derselben wird dadurch *bewiesen*, daß Freiheit wirklich ist (...).[23]

Das darin enthaltene Wertpostulat ist also unabhängig von jenem theoretischen Totalitätsbegriff, kann aber auch nicht als theoretisch-spekulative Erweiterung der Erkenntnis verwandt werden.

[21] Ebd. 456.

[22] Vgl. *Kant*, Kritik der praktischen Vernunft, a.a.O. IV, 264.

[23] Ebd. 107f.

Folglich hilft uns diese Eröffnung nicht im mindesten in spekulativer Absicht, wohl aber in Ansehung des praktischen Gebrauchs der reinen Vernunft, zur Erweiterung dieses unseres Erkenntnisses.[24]

Da Kausalität eine Kategorie der empirischen Erkenntnis ist, darf diese nicht auf Gott angewandt werden, d.h., jede an Herstellung von Gegenständen orientierte Vorstellung ist im Zusammenhang der Interpretation von "Schöpfung" illegitim. Damit erledigt sich sowohl die Frage der Zeitlichkeit oder Ewigkeit der Schöpfung als auch die Frage, wie die göttliche "Verursachung" von Handlungen mit der Freiheit des Menschen vereinbar sei.

Folglich, wenn ich von Wesen in der Sinnenwelt sage: sie sind erschaffen; so betrachte ich sie so fern als Noumenen. So, wie es also ein Widerspruch wäre, zu sagen, Gott sei ein Schöpfer von Erscheinungen, so ist es auch ein Widerspruch, zu sagen, er sei, als Schöpfer, Ursache der Handlungen in der Sinnenwelt, mithin als Erscheinungen, wenn er gleich Ursache des Daseins der handelnden Wesen (als Noumenen) ist (...), weil die Schöpfung ihre intelligibele, aber nicht sensibele Existenz betrifft, und also nicht als Bestimmungsgrund der Erscheinungen angesehen werden kann (...).[25]

Der Ausdruck "Schöpfung der Welt" hat dann bei Kant seinen Ort bei der Frage nach dem Endzweck in moralisch-praktischer Hinsicht. Er drückt die Überzeugung aus, daß mit dem letzten Zweck, dem höchsten Gut, das durch die Sittlichkeit erlangt wird, auch die Glückseligkeit, die nicht selbst Bestimmungsgrund des Willens ist, miterlangt wird[26] (was die Postulate der Unsterblichkeit und des Daseins Gottes voraussetzt).

Für Hermes ist der Zweck der Schöpfung noch direkter die Glückseligkeit des Menschen, die aus der frei errungenen Sittlichkeit entspringt.[27] Damit ist eine Zweckmäßigkeit der Welt angenommen; allerdings gilt für Hermes (wie für Kant), daß diese Annahme nicht aus dem Bereich theoretischer Erkenntnis stammt, sondern eine Forderung der praktischen Vernunft darstellt.[28]

Kant war sich bewußt, daß gegen das Postulat der Zweckgeordnetheit immer wieder die Erfahrung des unverschuldeten Leidens angeführt wird, was zu all den Versuchen einer Theodizee geführt hat. Es ist jedoch schon aus dem bisher Gesagten klar, daß Kant die "Antwort"

24 Ebd. 267.

25 Ebd. 228f.

26 Vgl. ebd. 261-264.

27 Vgl. *Hermes*, Dogmatik, a.a.O. II, 107.

28 Vgl. *ders.*, Einleitung in die christkatholische Theologie, a.a.O. I, 465.

auf die Theodizeefrage und somit die "Rechtfertigung" des Schöpfungsglaubens nur in negativer Weise unternehmen kann, d.h. im Aufzeigen der unüberschreitbaren Grenzen unserer Erkenntnismöglichkeiten. Wir können mit der theoretischen Vernunft einen Begriff der *Kunstweisheit* der Einrichtung der Welt erreichen, und ebenso verfügen wir in der praktischen Vernunft über einen Begriff von einer "*moralischen Weisheit*, die in eine Welt überhaupt durch einen vollkommensten Urheber gelegt werden könnte"[29].

Aber von der *Einheit in der Zusammenstimmung* jener Kunstweisheit mit der moralischen Weisheit in einer Sinnenwelt haben wir keinen Begriff; und können auch zu demselben nie zu gelangen hoffen.[30]

Kant beruft sich zu Recht in diesem Zusammenhang auf Ijob. Entscheidend ist allein die Gerechtigkeit, der sittliche Lebenswandel. Die Antwort Gottes auf die Klagen Ijobs über die Nichtübereinstimmung von Moralität und Erfahrung des tatsächlichen Schicksals besteht nicht in einer Erklärung, sondern darin, "ihm die Weisheit seiner Schöpfung, vornehmlich von Seiten ihrer Unerforschlichkeit, vor Augen zu stellen"[31].

Im Vergleich dazu ist Hermes noch ganz dem Optimismus der Aufklärung verhaftet: Er meint, daß der Rest der Differenz von Sittlichkeit und Glückseligkeit in der praktischen Einsicht in die vernünftige Weltordnung letztlich nicht ausschlaggebend ist.

Untersuchen wir endlich die Leiden selbst, zumahl wenn wir diejenigen abziehen, welche wir durch eigne Schuld uns bereiten: so finden wir gar oft - Erfahrung bezeugt dies jedem, der auf seine eigne Lebensgeschichte achtet -, daß die Leiden, worüber wir einmahl klagten, wahre Wohlthaten, ja die eigentlichen Quellen unseres Glückes für uns gewesen seyen; so daß man hernach oft nicht weiß, wofür man Gott mehr danken solle, ob für die erduldeten Leiden oder für die genossenen Freuden. Was müssen wir also, wenn wir vernünftig urtheilen wollen, über diejenigen Leiden denken, deren wohlthätige Wirkung für uns wir jetzt noch nicht einsehen? Dürfen wir um ihretwillen Gottes Güte bezweifeln?[32]

Dies ist die moralistisch-rationalistische "Lösung" der "Freunde" Ijobs, nicht die Ijobs selbst (und nicht die Kants).

29 *Kant*, Über das Misslingen aller philosophischen Versuche in der Theodizee, a.a.O. VI, 115.

30 Ebd.

31 Ebd. 118.

32 *Hermes*, Einleitung in die christkatholische Theologie, a.a.O. I, 464f.

Es ist daher nicht verwunderlich, daß Hermes auch bei der Interpretation der Lehre von der Erbsünde hinter Kant zurückbleibt. In einem nicht von ungefähr dunklen Kapitel der "Religion innerhalb der Grenzen der bloßen Vernunft" behandelt Kant das radikal Böse, das deshalb radikal ist, weil es den Grund aller Maximen des sittlichen Handelns verdirbt. Dieses Böse, das nach Kant angeboren, aber doch uns von uns selbst zugezogen ist[33] (wie dies vereinbar ist, ist bei ihm schwer erklärbar, da er zwar auf die Phänomene der Geschichte verweist, aber keine geschichtliche Bedingtheit der Konstitution des Bewußtseins einbezieht), besteht zentral in der Umkehrung der Triebfedern der sittlichen Handlungen, insofern der Mensch

> (...) die Triebfeder der Selbstliebe und ihre Neigungen zur Bedingung der Befolgung des moralischen Gesetzes macht, da das letztere vielmehr als die *oberste Bedingung* der Befriedigung der ersteren in die allgemeine Maxime der Willkür als alleinige Triebfeder aufgenommen werden sollte.[34]

Aus dieser verheerenden Selbstbestimmung des Willens kann unter anderem auch eine Vorherrschaft der Triebfedern der Sinnlichkeit folgen, diese ist aber nicht selbst das Wesen des radikal Bösen. Bei Hermes hingegen besteht die Sünde Adams und Evas einfach darin, daß diese gegen die Anforderung der Vernunft das wählten, wozu die Sinnlichkeit riet,[35] was dann auch für die Nachkommenschaft gilt.

> Es ist also klar, daß der Offenbarungslehre über die uns angeerbte sündhafte Beschaffenheit vollkommen genug gethan würde, wenn wir diese Beschaffenheit ihrer Natur nach in einem angeerbten *Mißverhältnisse zwischen der Vernunft und Sinnlichkeit* setzten.[36]

Kant dürfte sich an diesem Punkt als der bessere "biblische Theologe" erwiesen haben als Hermes. Hermes war gelegentlich (und an entscheidenden Punkten) eben nicht zu sehr, sondern zu wenig Kantianer.[37]

33 Vgl. *Kant*, Die Religion innerhalb der Grenzen der bloßen Vernunft, a.a.O. IV, 680.

34 Ebd. 685.

35 Vgl. *Hermes*, Dogmatik, a.a.O. III, 59.

36 Ebd. 156f.

37 Die Lehren Hermes' wurden vom kirchlichen Lehramt 1835 verurteilt (DS 2738-2740). Die "Auseinandersetzung" mit den sog. Hermesianern stellt einen der unerfreulichsten Abschnitte der deutschen Kirchengeschichte des 19. Jh.s dar. Angesichts des Fehlens neuerer, gründlicher Untersuchungen zu Hermes kann auch die Feststellung von *R. Schlund*, Art. Hermes, in: LThK[2] V, 258, von der "Unvereinbarkeit seiner Grundposition mit dem kath. Glauben" lediglich als Wiedergabe der

Zusammenfassung

1. In der *theoretischen Vernunft* wird "Welt" als jene regulative Idee bestimmt, die zur Synthesis aller Erscheinungen in Raum und Zeit dient. Kant faßt damit "Welt" als einen Einheitsbegriff, der der Vernunft als transzendentaler (als Bedingung der Möglichkeit, eine Einheit des Empirisch-Mannigfaltigen zu denken), nicht jedoch als objektiv-gegenständlicher gegeben ist.

2. So weiß die aufgeklärte Vernunft um den Begriff der Welt als einen Grenzbegriff, der wohl einen regulativen, doch keinen erkenntniskonstitutiven Gebrauch ermöglicht. Die regulative Funktion des Weltbegriffs dient dazu, den Verstand entsprechend einer ordnenden Regel auf ein bestimmtes Ziel zu richten. Dadurch bleibt der Grenzbegriff "Welt" problematisch.

3. Die Überschreitung der Grenzen der theoretischen Vernunft durch den Versuch, die Idee von "Welt" erkenntnis-konstitutiv zu gebrauchen, führt die Vernunft in "transzendentalen Schein", der sich auch dadurch zeigt, daß sich Antinomien, unauflösbare Widersprüche, ergeben.

4. In der *praktischen Vernunft* können Ausdrücke wie "Schöpfung" oder "Schöpfer" eine Interpretation im Zusammenhang des Postulats der Freiheit und der Moralität erhalten.

5. Im radikal Bösen ist die Selbstliebe zur obersten Maxime der Handlungen erhoben.

kirchlichen Verurteilung, nicht aber als sachlich begründetes Urteil betrachtet werden.

XVIII Die Selbstauslegung des Absoluten in Welt-Geschichte

Der Deutsche Idealismus und die katholische Tübinger Schule

Die Begegnung der Theologie mit dem Deutschen Idealismus, repräsentiert vor allem durch die Theologen der Tübinger Schule im 19. Jh., stellt nur eine - noch dazu auf den deutschen Sprachbereich beschränkte - Episode dar. Diese Episode ist aber bedeutend, da in ihr Fragen von großer Tragweite aufgeworfen wurden. Zu eigentlichen "Ergebnissen" zu gelangen, war den Theologen dieser Periode nicht vergönnt. Das hatte auch äußere Gründe: Seit der Mitte des 19. Jh.s wurde die sogenannte Neuscholastik zur offiziellen Doktrin; und mit Berufung auf die Festlegungen des 1. Vaticanums von 1870 in der Konstitution "Dei Filius" (DS 3000-3045), die sich in mehreren Punkten direkt gegen den "Kantianer" Georg Hermes (1775-1831) und den "Idealisten" Anton Günther (1783-1863) richtete, wurde diese Bewegung unter dem polemischen Stichwort "Semirationalismus" verzerrend eingeordnet.

Eigentlich hatte aber schon 1835 der protestantische Theologe Ferdinand Christian Baur (1792-1860) in seiner weit ausgreifenden Arbeit "Die christliche Gnosis oder die christliche Religionsphilosophie in ihrer geschichtlichen Entwicklung"[1] die entscheidenden Probleme aufgezeigt, die sich aus einer Begegnung der Theologie mit dem Deutschen Idealismus ergeben. Wenn der Deutsche Idealismus, besonders die Systeme Schellings[2] und Hegels, aus der Tradition der Gnosis her-

1 Tübingen 1835 (Nachdruck Darmstadt 1967).

2 Baur konnte sich selbstverständlich noch nicht auf die Spätphilosophie Schellings beziehen, die dieser seit 1841 in Berlin vorlegte und die später unter dem Titel "Philosophie der Mythologie und Offenbarung" erschien. Der Durchbruch (die Wende) in Schellings Denken war jedoch schon in den "Philosophischen Untersu-

aus zu begreifen sind, so begegnet die Theologie im Deutschen Idealismus einer der Hauptformen ihrer selbst in ihrer neuzeitlich-gnostischen Form. Diese Begegnung hätte also zu einer Aufklärung über Gnosis in Form und Gehalt der idealistischen Philosophie wie auch zu einer Aufklärung über Berechtigung oder Nichtberechtigung gnostischen Denkens in der Theologie führen können. Auch die Tatsache, daß bei Philosophen und Theologen dieser Zeit das Johannesevangelium eine überragende Rolle spielte (Herder, Fichte, Schelling, Schleiermacher), hätte einen weiteren Hinweis für Analysen in dieser Richtung geben können. Faktisch wurde jedoch die Diskussion nicht mit der von der Sache her erforderten Konsequenz geführt, obwohl gerade Schelling die Problematik in größter Radikalität vorantrieb, so daß bei ihm schließlich die Grundvoraussetzung idealistischen Denkens, die reflexive Einholbarkeit des Grundes der Vernunft, selbst aufgegeben wurde. Während Schelling - worauf noch zurückzukommen sein wird - der Dialektik den Abschied gab und zum Historiker des Absoluten werden wollte, arbeiteten Theologen weiter an Reflexionssystemen der Dogmatik; und das 1. Vaticanum forderte eine rationale Beweisbarkeit für Gott als Schöpfer (DS 3026), während Schelling die Erinnerung vom Urbeginn der Dinge als *Erzählung* darstellen wollte.

Aus dieser Begegnung der Theologie mit dem Deutschen Idealismus seien zwei Beispiele herausgegriffen: Johann Sebastian Drey (1777-1853), der Grundkategorien seiner Theologie ausgehend von Schellings früher Philosophie entwickelte, und Franz Anton Staudenmaier (1800-1856), der unter dem Einfluß Hegels stand.

1. Anschauen des absoluten Hervorgangs

Die Denker des Deutschen Idealismus versuchten, die Spaltungen, die sich im unreflektierten Bewußtsein vorfinden, durch eine in den Ursprung des Bewußtseins zurückgehende und von diesem Ursprung dann beginnende Konstruktion aufzuheben. Die entscheidenden Spaltungen, die sich im Bewußtsein vorfinden, sind die zwischen Subjekt und Objekt und die von Unendlichem und Endlichem. Im Prinzip geht es also um die Vermittlung von Gott, Welt und Ich - und darin scheinen die alten Probleme der Schöpfungslehre deutlich durch. Vermitt-

chungen über das Wesen der menschlichen Freiheit" von 1809 erkennbar, auf die sich Baur auch bezog.

lung von Subjektivität und Objektivität: ist dies wirklich alles, worum es Schelling geht?

Es ist ein kühnes Wagestück der Vernunft, die Menschheit freizulassen und den Schrecken der objektiven Welt zu entziehen; aber das Wagestück kann nicht fehlschlagen, weil der Mensch in dem Maße größer wird, als er sich selbst und seine Kraft kennen lernt.[3]

Wenn Schelling hier vom "Schrecken der objektiven Welt" spricht, so dürfte dabei ein Weltverständnis im Spiel sein, das weder aus der Aufklärung noch von Kant stammt. Die "objektive Welt" wird bei Schelling - und wir sind hier durchaus bei der Philosophie des frühen Schelling (1795) - aus einem "Fall", einem "Sündenfall" erklärt:

Ein französischer Philosoph sagt: wir hätten seit dem Sündenfall aufgehört, die *Dinge an sich* anzuschauen. Soll dieser Anspruch einen vernünftigen Sinn haben, so mußte er Sündenfall im platonischen Sinn, als das Heraustreten aus dem absoluten Zustande, denken. Aber in diesem Fall hätte er eher umgekehrt sagen sollen: seitdem wir aufhörten, die Dinge an sich anzuschauen, sind wir gefallene Wesen. Denn, wenn das Wort: *Ding an sich*, einen Sinn haben soll, so kann es nur so viel heißen als ein Etwas, das kein *Objekt* mehr für uns ist, das unserer Tätigkeit keinen Widerstand mehr leistet.[4]

Gerade die von Schelling geforderte Umkehrung machte den platonisch-gnostischen Hintergrund deutlich: Das Heraustreten aus dem absoluten Zustand, der Indifferenz mit dem Absoluten, ist ein Fall, der uns als gefallene Wesen und in eins damit die Welt als objektive hervorbringt, die somit ganz (gnostisch) konsequent Schrecken hervorrufen muß.

Um den Schrecken der objektiven Welt zu überwinden, müßten wir ihren Hervorgang aus der höheren Einheit, an der wir teilhaben können, *wissen*. In diesem Wissen läge also die Erlösung. Nach Schelling kann die Vernunft dieses Wissen auch erlangen, aber es handelt sich dabei um ein "Wagestück" der Vernunft, die die von Kant gezogenen Grenzen überschreitet. Kant gab nur eine empirische Anschauung zu, Schelling wagt es, von einer intellektuellen Anschauung zu sprechen. Die intellektuelle Anschauung trägt deutlich ekstatische Züge, sie überwindet die Reflexion, ist jenseits der Reflexion und der durch diese bedingten Objektivität, sie ist Zusammenfallen der Gegensätze.

3 *F.W. Schelling*, Vom Ich als Prinzip der Philosophie oder über das Unbedingte im menschlichen Wissen, I, 157 (I, 81). Zitiert nach der Originalausgabe, Stuttgart 1856-1861, in Klammern die Band- und Seitenangabe nach der Ausgabe von M. Schröter, München 1927-1954 (so auch in den weiteren Zitaten).

4 *Ders.*, Philosophische Briefe über 'Dogmatismus und Kriticismus', I, 325f. (I, 249f.).

> Das höchste Moment des Seyns ist für uns Übergang zum Nichtseyn, Moment der *Vernichtung*. Hier, im Momente des absoluten Seyns, vermengt sich die höchste Positivität mit der Unbeschränkten Aktivität. (...) Wir erwachen aus der intellektuellen Anschauung wie aus dem Zustande des Todes. Wir erwachen durch *Reflexion*, d.h. durch abgenötigte Rückkehr zu uns selbst. Aber ohne Widerstand ist keine Rückkehr, ohne *Objekt* keine Reflexion denkbar. (...) Aber, wo sinnliche Anschauung aufhört, wo alles Objektive verschwindet, findet nichts als unendliche Ausdehnung statt, ohne Rückkehr in sich selbst. Würde ich die intellektuelle Anschauung fortsetzen, so würde ich aufhören zu leben. Ich ginge "aus der Zeit in die Ewigkeit"![5]

Diese intellektuelle Anschauung soll die Möglichkeit bieten, die Welt aus dem Geist zu erklären.

> Denn darin liegt das Wesen der geistigen Natur, daß in ihrem Selbstbewußtseyn ein ursprünglicher Streit ist, aus dem eine wirkliche Welt außer ihr in der Anschauung (eine Schöpfung aus Nichts) hervorgeht. Und darum ist keine Welt da, es sey denn, daß sie ein *Geist* erkenne, und umgekehrt kein Geist, ohne daß eine Welt außer ihm da sey.[6]

Aus ein und demselben Prinzip gehen daher die Gesetze der Natur wie die des Geistes hervor.[7] "Die Natur soll der sichtbare Geist, der Geist die unsichtbare Natur seyn."[8] Diese Möglichkeit leitet sich davon her, daß die Tätigkeit der Natur nichts anderes darstellt als die des denkenden Geistes. Nur eine täuschende Abstraktion hat nach Schelling Geist und Natur voneinander getrennt, weshalb das schöpferische, tätige Prinzip dann jenseits der Natur gesucht wird.[9]

Unter der Annahme einer solchen Einheit von Geist und Natur stellt sich aber die Frage, wie hier die Freiheit noch gewahrt werden kann. Erscheinen Geist und Natur bereits als endgültig gesetzt, so findet sich das Subjekt schon als endgültig gesetztes vor, das diese Setzung nur anschauen und konstruktiv einholen kann, nicht aber in sie in Freiheit eingreifen, also frei handeln kann. Die Synthesis, die Ineinssetzung von Geist und Natur, darf daher nach Schelling nicht als endgültig begriffen werden, sie muß übergriffen werden von der Identität von Freiheit und Notwendigkeit. Den Ort dieser Identität, an welchem somit auch die ursprünglichste Struktur der Wirklichkeit zur Sprache kommt, sieht Schelling in der Geschichte. Ihr Hauptcharakter liegt darin, daß sie die Vereinigung von Freiheit und Notwendigkeit dar-

5 Ebd. I, 324f. (I, 248f.).

6 *Ders.*, Abhandlungen zur Erläuterung des Idealismus der Wissenschaftslehre, I, 358 (I, 282).

7 Vgl. ebd. I, 360 (I, 284).

8 *Ders.*, Ideen zu einer Philosophie der Natur, II, 56 (I, 706).

9 Vgl. ebd. II, 45 (I, 605).

stellt und nur durch diese Vereinigung möglich sein soll.[10] In der Idee der Vorsehung findet Schelling diesen Begriff der Einheit ausgedrückt. Dieses System der Vorsehung liegt in der Überwindung der Gegensätze von Fatalismus und Atheismus, welche nur entweder Notwendigkeit oder Freiheit zur Geltung bringen, aber keine Vereinigung beider möglich machen.[11]

Die Idee der Vorsehung wirft allerdings - wie ja aus der Geschichte dieses Begriffs genügend bekannt - die Frage nach der Vereinbarkeit von Freiheit und schon vorweg Gesetztem wieder auf. Die Antwort Schellings darauf besteht darin, daß er die absolute Synthesis als "geschichtlich offen" konzipiert.

> Ist nun die Erscheinung der Freiheit notwendig unendlich, so ist auch die vollständige Entwicklung der absoluten Synthesis eine unendliche, und die Geschichte selbst eine nie ganz geschehene Offenbarung jenes Absoluten (...).[12]
>
> Wir können uns also keine Zeit denken, in welcher sich die absolute Synthesis, d.h., wenn wir uns empirisch ausdrücken, der Plan der Vorsehung, vollständig entwickelt hätte.[13]

Die letzte Periode der Geschichte

> (...) wird die seyn, wo das, was in den früheren als Schicksal und als Natur erschien, sich als *Vorsehung* entwickeln und offenbar werden wird, daß selbst das, was bloßes Werk des Schicksals oder der Natur zu seyn schien, schon der Anfang einer auf unvollkommene Weise sich offenbarenden Vorsehung war. Wann diese Periode beginnen werde, wissen wir nicht zu sagen. Aber wenn diese Periode seyn wird, dann wird auch Gott seyn.[14]

Gibt es aber eine Anschauung dafür, daß eine solche Identität von Freiheit und Notwendigkeit überhaupt möglich, also nicht schon im Ansatz widersprüchlich ist? Schelling meint, daß die intellektuelle Anschauung, der höchste Identitätspunkt überhaupt, sich objektiv vermitteln läßt: in der Kunst. "Denn die ästhetische Anschauung eben ist die objektiv gewordene intellektuelle."[15] Die Kunst wäre so das Symbol der Identität von Freiheit und Notwendigkeit, allerdings auch die Grenze des Begreifbaren:

10 Vgl. *ders.*, System des transzendentalen Idealismus, III, 593 (II, 593).

11 Vgl. ebd. III, 601 (II, 601).

12 Ebd. III, 603 (II, 603).

13 Ebd. III, 602 (II, 602).

14 Ebd. III, 604 (II, 604).

15 Ebd. III, 625 (II, 625).

Da nun jenes absolute Zusammentreffen der beiden sich fliehenden Tätigkeiten schlechthin nicht weiter erklärbar, sondern bloß eine *Erscheinung* ist, die, obschon unbegreiflich, doch nicht geleugnet werden kann, so ist die Kunst die einzige und ewige Offenbarung, die es gibt, und das Wunder, das, wenn es auch nur Einmal existiert hätte, uns von der absoluten Realität jenes Höchsten überzeugen müßte.[16]

Die Kunst wird zum Symbol dessen, was schon ist und was sein soll. Nur in der Schönheit erscheint das Unendliche endlich dargestellt.[17] Der Schrecken der objektiven Welt, der Widerspruch von Freiheit und Notwendigkeit, die Differenz von Unendlichem und Endlichem - all dies scheint Schelling gebannt und symbolisch vermittelt in der Kunst, die aus der intellektuellen Anschauung ein objektives Symbol der Identität, der Versöhnung der Gegensätze hervorbringt.

Der Tübinger Theologe Johann Sebastian Drey stand eindeutig unter dem Eindruck der Identitätsphilosophie des frühen Schelling und der Theologie Schleiermachers.[18] Vielleicht müssen wir jedoch sagen, daß diese Begegnung mit dem Deutschen Idealismus hinter den von Schelling auch schon in dessen früher Periode aufgeworfenen Fragen zurückbleibt, ihnen eigentlich die Spitze abbricht. Auch nach der Auffassung Dreys kann das Absolute niemals Erzeugnis der reflektierenden Vernunft sein, es kann erreicht werden nur in der intellektuellen Anschauung, die Drey mit Schelling annimmt. Aber die intellektuelle Anschauung hat keine konstitutive Funktion wie bei Schelling, sondern wiederholt nur eine ursprüngliche, schon vorausliegende göttliche Setzung.

Nicht der gemeine empirische Sinn erspähet das Göttliche, und der endliche Verstand ist unvermögend, sich zum Unendlichen zu erheben, wie die bloß im Endlichen reproduktive Einbildungskraft unfähig ist, es nachzubilden; nur im Gemüthe regt und bewegt sich das Göttliche, steigt von da auf in die höhere Anschauung als Idee und greift erregend und bestimmend über in den Willen, und in diesen drei Grundvermögen unseres Geistes ist das beschlossen, was wir Vernunft nennen. In sie also ist die ganze Religion von dem Schöpfer selbst ursprünglich gesetzt, in ihr wiederholt sich dieses göttliche Setzen bei jedem Individuum, alle religiösen Funktionen unseres Geistes sind Funktionen der Vernunft, in ihnen ist das ganze religiöse Leben des Menschen beschlossen.[19]

16 Ebd. III, 617f. (II, 617f.).

17 Vgl. ebd. III, 620 (II, 620).

18 Vgl. *J.R. Geiselmann*, Die katholische Tübinger Schule, Freiburg 1964, 374; *F. Schupp*, Die Evidenz der Geschichte. Theologie als Wissenschaft bei J.S. Drey, Innsbruck 1970.

19 *J.S. Drey*, Die Apologetik als wissenschaftliche Nachweisung der Göttlichkeit des Christentums in seiner Erscheinung, Mainz 1844, I, 273.

Schöpfungsbewußtsein artikuliert sich hier als Bewußtsein der Setzung des Absoluten - im Sinn des *genitivus subiectivus* und *obiectivus* zugleich: Das Absolute ist sich seiner selbst bewußt, und das Absolute bringt sich im Bewußtsein des Menschen zu Bewußtsein. Die Identitätsphilosophie wird hier doch wieder letztlich zurückgenommen, und ein traditioneller Schöpfungsbegriff wird als Schöpfungsbewußtsein formuliert. Dieses "ruht in der dunkel gefühlten, oder deutlich erkannten Voraussetzung, daß alles Endliche, was da ist, aus einem ewigen und absoluten Grunde nicht nur hervorgegangen, sondern auch mit diesem seinem zeitlichen Seyn und Leben noch in jenem Urgrunde wurzelt und von ihm getragen wird"[20]. Das Bewußtsein, daß alles an diesen Urgrund gebunden ist, verbindet auch alle einzelnen Dinge unter sich, woraus sich die Idee der "Einheit in der Allheit", des "Universums", ergibt.[21]

Der gnostisch-ekstatische Charakter der intellektuellen Anschauung Schellings, in der die Objektivität der Welt vernichtet und Geist mit Geist zur Identität gebracht wird, ist hier beseitigt, und an dessen Stelle tritt ein Gefühl (vgl. in Kap. XIX die Auffassung Schleiermachers, die auf Drey Einfluß hatte) des Gebundenseins aller Dinge an den Urgrund und der Verbundenheit aller Dinge in diesem Urgrund, der so zum Garanten eines harmonischen Weltbewußtseins wird. Dies gilt auch dann noch, wenn wir "Gefühl" in dem sehr ernst gemeinten Sinn verstehen, der in der Romantik galt, und es von allem "Sentimentalischen" frei halten. Drey sieht auch die Einheit von Mystik und Philosophie: "Mystik, die sich selbst versteht, ist auch zugleich Philosophie"[22]; aber er orientiert dann doch das "Gottes- und Weltgefühl" an einer Mystik der kosmisch-harmonischen Einheitsschau, die den absoluten Grund derselben als für sich seienden unangetastet läßt und die sich somit auch leichter in die Kategorien der offiziellen Doktrin einfügt. Demgegenüber folgt Schelling jener gnostischen "Schwärmerei" (deren "unorthodoxer" Charakter immer festgestellt wurde), welche das Absolute in die Geschicke des Endlichen hineinzieht, so daß die intellektuelle Anschauung die Einheit nur antizipiert, aber nicht garan-

20 *Ders.*, Kurze Einleitung in das Studium der Theologie mit Rücksicht auf den wissenschaftlichen Standpunkt und das katholische System, Tübingen 1819 (Nachdruck Darmstadt 1971), 1, § 1.

21 Vgl. ebd. 2, § 3.

22 *Ders.*, Über das Verhältnis des Mystizismus zum Katholizismus mit Nutzanwendungen für unsere Zeit, in: Theologische Quartalschrift 6(1824), 29 (Nachdruck in: *J.S. Drey*, Revision von Kirche und Theologie, Darmstadt 1971).

tiert. Schelling weiß genau, in welcher Tradition er mit der Annahme einer intellektuellen Anschauung steht:

> Wunderbar ziehen sich diese Ideen durch alle Schwärmereien der verschiedensten Völker und Zeitalter hindurch.[23]

Der dogmatische Irrtum liegt dort vor, wo diese intellektuelle Anschauung als objektiv aufgefaßt wird;[24] gerade das dürfte aber in der "ächten" Mystik Dreys der Fall sein, wenn sie "das Erste und Tiefste des Menschen im Höchsten sucht und findet"[25].

Dieser Unterschied muß besonders dort hervortreten, wo die gesamte Wirklichkeit als Geschichte, als Selbstauslegung des Absoluten gedacht wird. Daß Drey gerade im Bereich der Auffassung der Geschichte von Schelling beeinflußt ist, steht aufgrund seiner eigenen Aussagen außer Zweifel.[26] Schelling sagt, "daß in dem Christenthum das Universum überhaupt als *Geschichte*, als moralisches Reich, angeschaut wird, und daß diese allgemeine Anschauung den Grundcharakter desselben ausmacht"[27]. So ist dann auch für Drey das Reich Gottes die von der Schöpfung her dem Universum innewohnende Struktur.[28] Aber: Für Schelling *ist* das Absolute nicht ohne Geschichte, während für die Geschichte bei Drey Gott doch letztlich äußerlich bleibt:

> Gott, der als der ewig sich selbst gleiche ohne Geschichte ist, erlangt eine solche, indem er sich dem Menschen offenbart.[29]

Auch hier treten - durchaus im Sinn der traditionell dogmatischen Auffassung - jene Elemente bei Drey wieder auseinander, die Schelling in eins zu denken versucht. Damit aber wird der Risikocharakter, den Schelling der Geschichte zuspricht und der das Absolute selbst betrifft, zurückgenommen. Der Gedanke, daß wir mit unserem freien Handeln Mitdichter des Absoluten sind, muß für Schelling die absolute Synthesis, den vollständigen Plan der Vorsehung, dem philosophischen System entziehen. Für ihn ist Gott als der Dichter der Geschichte nicht unabhängig von uns, den Mitdichtern.

23 *Schelling,* Philosophische Briefe über 'Dogmatismus und Kriticismus', I, 326 (I, 250).

24 Vgl. ebd.

25 *Drey,* Über das Verhältnis des Mystizismus zum Katholizismus, a.a.O. 29.

26 Vgl. *Geiselmann,* Die katholische Tübinger Schule, a.a.O. 286f.

27 *Schelling,* Vorlesungen über die Methode des akademischen Studiums, V, 287 (III, 309).

28 Vgl. *Drey,* Kurze Einleitung in das Studium der Theologie, a.a.O. 19, § 32.

29 *Ders.,* Die Apologetik, a.a.O. I, 163.

> *Ist* er nicht unabhängig von uns, sondern offenbart und enthüllt er sich nur successiv durch das Spiel unserer Freiheit selbst, so daß ohne diese Freiheit auch er selbst nicht *wäre*, so sind wir Mitspieler des Ganzen, und Selbsterfinder der besonderen Rolle, die wir spielen.[30]

Demgegenüber ist das Reich Gottes für Drey schon ursprünglich im göttlichen Geist empfangen und realisiert sich in der Geschichte[31] und ist somit auch der theologischen Konstruktion im System zugänglich. Die Synthesis, die für Schelling nur im Kunstwerk aufscheint, für die Wissenschaft aber eine unendliche Aufgabe bleibt,[32] solange die Geschichte nicht an ihr Ende gekommen ist, wird so für Drey im System verfügbar:

> Daher ist die Geschichte für den wissenschaftlichen Denker und für den Künstler gleich interessant: der erste findet sein System, der andere seine Poesie in ihr realisiert.[33]

Drey gelingt es letztlich nicht, jene "Objektivität" von Glaubensaussagen über das Verhältnis von Gott und Welt zu durchbrechen, aufzuheben, wie dies Schelling durchgeführt hatte.

2. Begreifen des absoluten Hervorgangs

Anders liegt der Fall in der Auseinandersetzung Franz Anton Staudenmaiers mit der Philosophie Hegels. Staudenmaier arbeitet auf Hegels Reflexionsniveau und ist so auch in der Lage, genau den Punkt zu erfassen, an dem er Hegel nicht folgen kann - wobei er nicht von einer vorgegebenen dogmatischen Schranke ausgeht, sondern den unrealisierbaren Vernunftanspruch Hegels angesichts der unaufhebbaren Kontingenz der Welt in die Schranken weist. Für Hegel ist die Welt eine Erscheinungsform des Absoluten, ein notwendiges Moment der Selbstvermittlung des Absoluten. Dies kann allerdings nicht auf dem Weg empirischen Denkens über die Welt erfaßt werden. Erst die "spekulative Betrachtung der Natur des Endlichen, der Vermittlung, aus welcher das Unendliche hervorgeht, ist die Angel, um die sich das

30 *Schelling*, System des transzendentalen Idealismus, III, 602 (II, 602).

31 Vgl. *Drey*, Apologetik, a.a.O. II, Vorrede IV.

32 Vgl. *Schelling*, System des transzendentalen Idealismus, III, 623 (II, 623).

33 *Drey*, Ideen zur Geschichte des katholischen Dogmensystems, in: J.R. Geiselmann (Hrsg.), Geist des Christentums und des Katholizismus, Mainz 1940, 248.

Ganze, das Wissen von Gott und seine Erkenntnis dreht"[34]. Und auch hier wieder, wie bei Schelling, werden wir durch diese Erkenntnis - nun nicht durch intellektuelle Anschauung, sondern durch spekulative Betrachtung - von einem tiefen Schrecken befreit. Denn erst die spekulative Betrachtung ermöglicht, "daß wir uns von dem Schreckbilde des Gegensatzes des Endlichen und Unendlichen freimachen"[35]. Die spekulative Betrachtung muß, um diesen Gegensatz überwinden zu können, die dialektische Einheit der Verschiedenheit aufzeigen, Endliches und Unendliches also in einer höheren Identität begreifen.

> Die Antwort auf die Frage, *wie das Unendliche endlich werde*, ist (...) diese, daß es nicht ein Unendliches gibt, das *vorerst* unendlich ist, und das nachher erst endlich zu werden, zur Endlichkeit herauszugehen nötig habe, sondern es ist für sich selbst schon ebensosehr endlich als unendlich.[36]

Wirklich ist nur das Absolute, zu diesem selbst gehört jedoch als mit sich selbst Vermitteltem das Andere seiner selbst.

> Nur Gott ist; Gott aber ist nur durch Vermittlung seiner mit sich; er will das Endliche, er setzt es sich als ein Anderes und wird dadurch selber zu einem Andern, da er ein Anderes sich gegenüber hat. (...) Dies Anderssein ist der Widerspruch seiner selbst; es ist Gottes, denn es ist sein Anderes, und es ist dennoch in der Bestimmung des Andern Gottes.[37]

Die Welt ist somit ein Moment der Selbstvermittlung Gottes, ist damit notwendig.

Der Standpunkt der spekulativen Vernunft kann und darf nicht Zufälliges, rein Kontingentes als solches stehenlassen, bloße Tatsächlichkeit darf vom Systemwillen her nicht zugegeben werden.[38] Hegel versucht also, aus dem absolut vorausgesetzten Begriff Gottes die Bestimmtheit von Welt zu reflektieren. Dies geschieht nicht unvermittelt, da in diesem Begriff ja der Reflexionsweg, der in der Phänomenologie gegangen wurde, aufgehoben sein soll. Ist jedoch einmal der Standpunkt des absoluten Wissens erreicht, so meint Hegel den Weg der Bestimmung des Endlichen gehen zu können und auch zu müssen. Er setzt hier Unendlichkeit der Idee schon voraus; zur wahren Unend-

[34] *G.W.F. Hegel*, Vorlesungen über die Beweise vom Dasein Gottes, hrsg. von G. Lasson, Leipzig 1930, 152f.

[35] *Ders.*, Vorlesungen über die Philosophie der Religion, hrsg. von G. Lasson, Leipzig 1925, I, 148.

[36] *Ders.*, Wissenschaft der Logik, hrsg. von G. Lasson, Leipzig 1923, I, 143.

[37] *Ders.*, Vorlesungen über die Philosophie der Religion, a.a.O. I, 147.

[38] Vgl. *W. Weischedel*, Der Gott der Philosophen, Darmstadt 1983, I, 379-382.

lichkeit der Idee gehört für ihn, daß es zur Existenz der Welt kommen *muß*. Wäre nämlich Gott ohne die Welt, so wäre seine Unendlichkeit eine abstrakte, schlechte Unendlichkeit. Gott hätte an der Welt - wird diese nur als mögliche gedacht - eine Grenze, eine Schranke. Es gehört daher zur wahren Unendlichkeit Gottes, daß er eine endliche Welt setzt, den Unterschied von sich auch verwirklicht. Die Existenz der Welt ist also nichts Zufälliges, sondern gehört bereits zum Begriff Gottes selbst.

Dagegen setzt Staudenmaier die Erkenntnis, daß die Vernunft die Faktizität der Welt nicht aufheben kann, womit auch der Anspruch einer vollendeten Vernunftkonstruktion illusorisch wird. Die Reflexion findet eine Grenze an der Zufälligkeit, bei der sie Existenz und Idee nicht zur Deckung bringen kann, obwohl sie unaufhebbar nach einer solchen Identität ausgreift. Die Vernunft kann diese "eschatologische Differenz" nicht aufheben, sie muß ihre Grenze begreifen, "insofern als sie im Innern eines jeden Menschen und, dem entsprechend, in der Menschheit im Großen, eine stille, aber große *Sehnsucht* nach einem Kommenden erkennt, in welchem der Widerspruch des Seins und Lebens mit der Idee gelöst ist"[39]. Von da aus erfaßt Staudenmaier die Unwahrheit jenes Idealismus, "welcher sich gebärdet, aus dem menschlichen Gedanken heraus, also a priori eine Welt zu konstruieren, welche apriorische Konstruktion der Welt nur das absolute Vorrecht der Gottheit ist"[40].

Die Welt ist daher für Staudenmaier ein "Grundfaktum"[41], eine Tatsache, die sich nicht vollständig konstruieren läßt. Dabei kann er die Welt durchaus als das Nicht-Ich Gottes ansehen, welches als ideale Schöpfung von Ewigkeit her von Gott gedacht ist,[42] aber die faktische Existenz der Welt läßt sich daraus nicht deduzieren. Schon der vollständige Begriff der Welt ist von der endlichen Vernunft nicht adäquat erfaßbar.

> Nicht einmal den *Weltbegriff* als solchen vermag also der Mensch zu fassen und auszusprechen; schon dieser trägt dem Menschen gegenüber eine Unendlichkeit, wenn schon eine relative, endliche Unendlichkeit in sich.[43]

[39] *F.A. Staudenmaier*, Die christliche Dogmatik, Freiburg 1848, III, 363 Anm.

[40] Ebd. 81; vgl. *ders.*, Darstellung und Kritik des hegelschen Systems, Mainz 1844, 171ff.

[41] *Ders.*, Die christliche Dogmatik, a.a.O. III, 112.

[42] Vgl. *ders.*, Die Philosophie des Christentums, Gießen 1840, 833f.

[43] Ebd. 17.

Das absolute Wissen ist also für die menschliche Vernunft unerreichbar. Damit will Staudenmaier nicht einen "Restbereich" für die Theologie sicherstellen, sondern, ausgehend von Grundfaktizitäten, zeigen, daß die völlige Aufhebung der Vorstellung in den Begriff nicht möglich, somit auch eine völlige Vermittlung des Glaubens in Wissen undurchführbar ist.[44]

Staudenmaier hat ohne Zweifel Relevantes in Darstellung und Kritik zum Hegelschen System vorgebracht; der idealistische Denkrahmen selbst wird aber nicht zum Gegenstand der Analyse. In dieser Hinsicht hat Ferdinand Christian Baur Entscheidendes geleistet: Er identifiziert das Hegelsche System als Gnosis, noch bestimmter: als valentinianische Gnosis. Die Hegelsche Philosophie ist die begriffliche Konstruktion des Sophia-Mythos. Die Welt, das Anderssein Gottes, der noch nicht versöhnte Geist, spaltet sich nach Hegel in die zwei Seiten der physischen Natur und des endlichen Geistes, für den die Natur als das ihm selbst und Gott Äußerliche erscheint. Dazu Baur:

> Auf dieselbe Weise dirimirt sich in den gnostischen Systemen die ideale Welt, die Lichtwelt, das Pleroma, zur geschaffenen realen endlichen Welt, durch den Abfall der Sophia = Achamoth, die ebendarum als die unter Sophia von ihrer Mutter, der oberen Sophia, unterschieden wird, weil es in ihr nun mit jenem Unterschied, welcher in den Aeonen des Pleroma nur ein Spiel ist, ein sich selbst aufhebender Schein, zum vollen Ernst wird. Wir mögen sie nach ihrem Begriff im Ganzen als das außerhalb des Pleroma befindliche, von ihm abgefallene und getrennte Wesen, oder nach der Reihe ihrer wechselvollen Zustände betrachten, so erscheint sie recht eigentlich als der mit dem Andersseyn behaftete Geist, und dieses Andersseyn spaltet sich auch hier unmittelbar in seine zwei Seiten, die äußere Natur, die in dem valentinianischen System unverkennbar als der zur Äußerlichkeit objektivierte Geist sich darstellt, und den endlichen Geist, d.h. das Psychische, das seinem wahren Begriff nach der endliche Geist ist.[45]

Dies ist der für den hier interessierenden Kontext der Schöpfungslehre aufschlußreiche Zusammenhang, der selbstverständlich - darauf weist Baur ausdrücklich hin - in den gesamten Prozeß der Selbstvermittlung des absoluten Geistes einzuordnen ist[46] (was Baur auch im einzelnen darstellt). Dieser gesamte Prozeß geht im Hegelschen System auf die gleiche Weise wie in der Gnosis vor sich.

Man kann nun jedoch nicht sagen, Hegel hebe den gnostischen Mythos, der sich auf der Ebene der Vorstellung befindet, in den Begriff auf, da ja eben genau diese Aufhebung schon gnostisches Prinzip

44 Vgl. *ders.*, Darstellung und Kritik des hegelschen Systems, a.a.O. 19-25.

45 *Baur*, Die christliche Gnosis, a.a.O. 678.

46 Vgl. ebd. 681.

ist. Ob wir dann "absoluter Geist" oder "Sophia" sagen, ist ganz sekundär, und schließlich ist ja "Geist" gar nichts anderes als der entsprechende deutsche Begriff für den *noûs* der Gnostiker. Die Begegnung mit dem Deutschen Idealismus ist daher eine Episode in der langen Geschichte der Theologie, in der sich die Theologie mit dem Gnostischen in ihr selbst auseinandersetzt. Diese Problematik stellt sich für sie, seitdem das Johannesevangelium in den Kanon der Schrift integriert wurde (was ja bekanntlich auch erst spät und nicht ohne Zögern geschah), immer wieder. Wenn wir dies sehen, erkennen wir, daß etwa die Begegnung der Theologie mit der aristotelischen Philosophie im Mittelalter dem Sachgehalt wie der Argumentationsweise nach eine völlig andere Struktur aufweist (dort stand wirklich eine alternative Weltauffassung zur Diskussion) als die Begegnung der Theologie mit der "Philosophie" des Deutschen Idealismus.

3. Erzählen des absoluten Hervorgangs

Wohl das meiste zur Aufklärung des Typus der idealistischen Philosophie hat Schelling geleistet. Die Spätphilosophie Schellings wird dabei, wie Walter Schulz überzeugend aufgezeigt hat, als die Vollendung des Deutschen Idealismus aufgefaßt.[47] In ihr ist das zentrale Thema die Selbstbegrenzung der Vernunft (womit sich die Spätphilosophie Schellings mit der späteren Philosophie Fichtes trifft). Für unseren Zusammenhang entscheidend relevant ist nun, daß Schelling in dieser Selbstsetzung der Vernunft als endlicher mit Notwendigkeit (notwendig natürlich nur innerhalb der Denkschemata des Deutschen Idealismus) zur Explikation der Schöpfung gelangt.[48] Wenn Gott als absolute Tätigkeit der Abschluß der Konstitution der Vernunft ist, so muß er ebenso als deren Anfang gedacht werden. Aber: Die Vernunft, die sich schon als gesetzt vorfindet, muß, um sich selbst als solche setzen zu können, die absolute Tätigkeit aus sich heraussetzen, muß also Transzendenz setzen; als gesetzte weiß aber die Vernunft damit auch, daß Gott sich schon zur Welt gesetzt hat.[49] Die Dialektik von Setzen und Gesetzt-Sein betrifft jedoch das Absolute selbst, so daß dann bei Schelling Trinität und Schöpfung in einem innerlichen Zusammenhang

47 Vgl. *W. Schulz*, Die Vollendung des Deutschen Idealismus in der Spätphilosophie Schellings, Pfullingen ²1975.

48 Vgl. ebd. 253-258.

49 Vgl. ebd. 324-330.

erscheinen.[50] In seiner Spätphilosophie versucht er allerdings zu zeigen, daß Gott die real existierende Schöpfung nicht zu seiner Selbstverwirklichung braucht, daß er also die Schöpfung, in erster Linie die des Menschen, frei will.[51]

Das Sprachmaterial, mit dem Schelling arbeitet, ist aufschlußreich. Die Vernunft muß ihre Endlichkeit anerkennen, weil die Realität selbst der "nie aufgehende Rest" ist, wie es schon in den "Philosophischen Untersuchungen über das Wesen der menschlichen Freiheit und die damit zusammenhängenden Gegenstände" von 1809 heißt:

> Nach der ewigen Tat der Selbstoffenbarung ist nämlich in der Welt, wie wir sie jetzt erblicken, alles Regel, Ordnung und Form; aber immer liegt noch im Grunde das Regellose, als könnte es einmal wieder durchbrechen, und nirgends scheint es, als wären Ordnung und Form das Ursprüngliche, sondern als wäre ein anfänglich Regelloses zur Ordnung gebracht worden. Dieses ist an den Dingen die unergreifliche Basis der Realität, der nie aufgehende Rest, das, was sich mit der größten Anstrengung nicht in Verstand auflösen läßt, sondern ewig im Grunde bleibt. Aus diesem Verstandlosen ist im eigentlichen Sinn der Verstand geboren. Ohne dies vorausgehende Dunkel gibt es keine Realität der Kreatur; Finsternis ist ihr notwendiges Erbteil. Gott allein - Er selbst der Existierende - wohnt im reinen Lichte, denn er allein ist von sich selbst. Der Eigendünkel des Menschen sträubt sich gegen diesen Ursprung aus dem Grunde, und sucht sogar sittliche Gründe dagegen auf.[52]

Und dann folgt die Darstellung des Hervorgangs von allem "entsprechend der Sehnsucht, welche als der noch dunkle Grund die erste Regung göttlichen Daseyns ist"[53].

Wir brauchen den weiteren Weg des Hervorgangs durch Scheidung nicht zu verfolgen; wir kennen ihn aus der Gnosis, besonders in der Form, die Jakob Böhme der Gnosis gegeben hat.[54] Die Vernunft, die sich als setzende und gesetzte reflektiert, dann Transzendenz setzt und sich so als gesetzt erfährt, ist eben nichts anderes als der Lichtfunke, der *noûs* der Gnosis. In der Einleitung zu den "Weltaltern" von 1813 läßt Schelling keinen Zweifel an dieser Herkunft:

50 Vgl. ebd. 237-253.

51 Vgl. dazu *W. Kasper*, Das Absolute in der Geschichte. Philosophie und Theologie der Geschichte in der Spätphilosophie Schellings, Mainz 1965, 232-235. Kasper vertritt (gegen Schulz) die Auffassung, daß an diesem Punkt deutlich wird, daß Schelling hier idealistisches Denken überschreitet und in die Richtung eines personal-dialogischen Denkens weist, in welchem Dialektik also zur Dialogik wird.

52 *Schelling*, VII, 359f. (IV, 251f.).

53 Ebd. VII, 360 (IV, 252).

54 Vgl. *Baur*, Die christliche Gnosis, a.a.O. 616.

Dem Menschen muß ein Prinzip zugestanden werden, das außer und über der Welt ist; denn wie könnte er allein von allen Geschöpfen den langen Weg der Entwicklungen von der Gegenwart bis in die tiefste Nacht der Vergangenheit zurück verfolgen, er allein bis zum Anfang der Zeiten aufsteigen, wenn in ihm nicht ein Prinzip von dem Anfang der Zeiten wäre? Aus der Quelle der Dinge geschöpft und ihr gleich, hat die menschliche Seele eine Mitwissenschaft der Schöpfung. In ihr liegt die höchste Klarheit aller Dinge, und nicht so wohl wissend ist sie als selber die Wissenschaft. Aber nicht frei ist im Menschen das überweltliche Prinzip noch in seiner uranfänglichen Lauterkeit, sondern an ein anderes geringeres Prinzip gebunden. Dieses andere ist selbst ein gewordenes und darum von Natur unwissend und dunkel; und verdunkelt notwendig auch das höhere, mit dem es verbunden ist. Es ruht in diesem die Erinnerung aller Dinge, ihrer ursprünglichen Verhältnisse, ihres Werdens, ihrer Bedeutung. Aber dieses Ur-Bild der Dinge schläft in der Seele als ein verdunkeltes und vergessenes, wenn gleich nicht völlig ausgelöschtes Bild. Vielleicht würde es nie wieder erwachen, wenn nicht in jenem dunklen selber die Ahndung und die Sehnsucht der Erkenntnis läge.[55]

Jedes Wort in diesem Text ist gnostisch.[56] Dem Absoluten, in dem die Sehnsucht den Anstoß für den Hervorgang von allem aus dem dunklen Grund gibt, entspricht im Endlichen die Sehnsucht, die es zum Erwachen aus dem Dunkel führt. Schelling selbst bekannte von sich, daß er sich auf dem Weg zu jener Zeit fühlte, in der das Gewußte einfach erzählt werden sollte, wo "Wahrheit wieder zur Fabel und die Fabel zur Wahrheit wird"[57]. Gnosis ist eben trotz aller systematischer Ansprüche Mythos, und dieser ist der Sache nach (und möglicherweise auch der Etymologie nach) eben Erzählung, die auch Dialektik als Durchgangsstadium begreift.[58]

Es ist auch ganz konsequent, wenn Schelling dann nicht mehr von "intellektueller Anschauung" als Ausgangspunkt sprechen will, sondern ausdrücklich die "Ekstase" einführt. In der Ekstase wird das Subjekt außer sich gesetzt, muß seinen Ort verlassen, sich selbst aufgeben, damit ihm das absolute Subjekt - wie vorher gesagt: als reine Tätigkeit - aufgehen kann.[59] Schelling will damit zum Ausdruck bringen, daß das "Wissen" um Schöpfung und Geschaffensein gerade und nur dort erreichbar ist, wo das Wissen, das immer verobjektiviert und somit auch

55 *Schelling*, VIII, 200 (IV, 576).

56 Vgl. auch *J. Habermas*, Dialektischer Idealismus im Übergang zum Materialismus - Geschichtsphilosophische Folgerungen aus Schellings Idee einer Contraction Gottes, in: ders., Theorie und Praxis, Frankfurt 1972, 172-227, bes. 184-193.

57 *Schelling*, Die Weltalter, VIII, 200 (IV, 576).

58 Vgl. ebd. VIII, 201-206 (IV, 577-582).

59 Vgl. *Schelling*, Über die Natur der Philosophie als Wissenschaft, IX, 229 (V, 23).

das absolute Subjekt zum Objekt macht, aufgegeben wird. Dies ist die entscheidende freie Tat - der Anfang der Philosophie ist die Ekstase.

> Nur derjenige ist auf den Grund seiner selbst gekommen und hat die ganze Tiefe des Lebens erkannt, der einmal alles verlassen hatte, und selbst von allem verlassen war, dem alles versank, und der mit dem Unendlichen sich allein gesehen: ein großer Schritt, den Platon mit dem Tode verglichen. (...) Wer wahrhaft philosophieren will, muß aller Hoffnung, alles Verlangens, aller Sehnsucht los seyn, er muß nichts wollen, nichts wissen, sich ganz bloß und arm fühlen, alles dahingeben, um alles zu gewinnen.[60]

Was Schelling hier sagt, trifft sich fast wörtlich mit dem, was wir in dem in Kap. XII zitierten Text von Eckhart gefunden haben. "Wissen" um Kreatürlichkeit und damit "Wissen" um Schöpfung ist nur erreichbar im Ausgang von der Ekstase, die Nichtwissen bedeutet. Über die kritische Philosophie (Kant) hinaus führt Schelling zur *Krisis* als eigentlichem Ort, an dem endliche Vernunft und damit überhaupt Endlichkeit aufgeht.[61] Wo *Krisis* und *Ekstasis* eine solche Rolle spielen, muß konsequenterweise auch die *Katharsis* ("Reinigung") eingeführt werden, "denn nur dem Reinen offenbart sich das Reine"[62]. Hier, in Krise und Ekstase, wird Philosophie:

> Das freie, alles Wissens sich erwehrende Denken sieht sich nun gegenüber dem absoluten Subjekt. Es ist ein großer Moment, die eigentliche Geburtsstunde der Philosophie.[63]

Von hier aus ist auch die eigentliche Spätphilosophie Schellings in der Philosophie der Mythologie und Offenbarung zu verstehen. Allerdings wird in dieser, wie schon weiter oben erwähnt, die Absolutheit des Absoluten, seine Souveränität gegenüber seiner Offenbarung in der Geschichte stark betont, was auch schon in der Konzeption der Schöpfung relevant ist. Walter Kasper stellt dazu fest, daß hier nicht ein theogonischer Prozeß, sondern ein wirklicher Schöpfungsprozeß vorliegt.[64] Wir können dies allerdings auch anders bewerten. Jürgen Habermas charakterisiert diese Auffassung als "metaphysische Lebensversicherung gegen das Risiko einer Selbstpreisgabe Gottes an die Geschichte"[65]. In der frühen Philosophie Schellings wie auch - stärker noch - in der Philosophie der "Weltalter" steht "Gott" für etwas, was

[60] Ebd. IX, 217f. (V, 11f.).
[61] Vgl. ebd. IX, 243 (V, 37).
[62] Ebd. IX, 246 (V, 40).
[63] Ebd. IX, 237 (V, 31).
[64] Vgl. *Kasper*, a.a.O. 233.
[65] *Habermas*, a.a.O. 201.

erst sein wird. Die Versöhnung in der Kunst ist noch nicht die in der Geschichte, der dunkle Grund der Welt bleibt damit scharf im Blick, und die Korruption der Welt ist eine permanente praktische Herausforderung für die Freiheit des Menschen. Demgegenüber finden wir in der Spätphilosophie Schellings - wiederum mit Habermas - "einen Vorrang der ontologischen Fragestellung, dem das praktische Interesse an der Aufhebung der korrumpierten Welt untergeordnet wird; die Korruption selbst hat ihre Anstößigkeit eingebüßt"[66]. Wir können dies auch so ausdrücken: Zwei verschiedene praktische Haltungen angesichts einer unversöhnten, korrumpierten Welt werden in verschiedenen Schöpfungskonzeptionen expliziert, die jeweils auch eine verschiedene Interpretation dessen enthalten, was unter "Gott" verstanden wird. Aber wiederum: Wir begegnen hier der alten, in den verschiedenen Systemen der Gnosis nicht einheitlich beantworteten Frage, ob das Urlicht von sich aus die absolute Macht hat, die in der Finsternis des Kosmos zerstreuten Lichtfunken zurückzuholen, oder ob die Rückkehr der Lichtfunken und somit die endgültige Vollendung auch von der Freiheit des Menschen abhängt.

Wenn Schelling mit der Gnosis arbeitet, muß dies als berechtigt angesehen werden. Schelling hat versucht, den Prozeß der Mythologie und Offenbarung als reale Geschichte des Bewußtseins zu rekonstruieren. In der Periode der Mythologie ist das Bewußtsein zwanghaft beherrscht von seinen Vorstellungen; es gibt hier keine Möglichkeit, sich für oder gegen das im Mythos Vorgestellte zu entscheiden. Der mythologische Prozeß drängt jedoch gerade durch die wachsende Objektivität seiner Resultate auf eine Krise hin, in der das Subjekt als solches hervortritt. Diese Grenze ist erreicht in den Mysterienreligionen (in deren Umkreis auch die Gnosis gehört), bei welchen eine bewußte Identifikation mit den religiösen Vorstellungen als Möglichkeit des Bewußtseins hervortritt. An diesem Punkt tritt auch die Vorstellung einer Offenbarung in die Geschichte ein. Das Entscheidende ist hier das neue Verhältnis, das das Bewußtsein zu den Gehalten der Offenbarung (die in ihrem Inhalt dem Mythos gegenüber gar nicht verändert zu sein brauchen) gewinnt. Dieses neue Verhältnis besteht in der Möglichkeit der freien Annahme der Offenbarung. Die Offenbarung tritt aber noch immer als äußere Macht dem Bewußtsein gegenüber. Die philosophische Religion, die für Schelling das noch nicht Verwirklichte, aber Aufgegebene ist, müßte wiederum nicht in neuen Gehalten, sondern in einem neuen Verhältnis des Bewußtseins zu Mytholo-

66 Ebd. 205.

gie und Offenbarung bestehen, in welchem diese dann als eigene Möglichkeiten des Bewußtseins begriffen wären.

Schelling hat somit eindringlich darauf hingewiesen - und dies ganz unabhängig davon, ob er schließlich wieder einen bestimmten ontologischen Mythos privilegierte -, daß das Entscheidende einer philosophischen Theologie darin liegen müßte, eine Pragmatik zu entwerfen, mit der geschichtlich gegebene Vorstellungen in ihrer Funktion begriffen und als frei wählbare Optionen rekonstruiert werden.

Zusammenfassung

1. Im Deutschen Idealismus war die Frage nach der Schöpfung "aufgehoben" in der nach dem Verhältnis des Unendlichen zum Endlichen (im Bewußtsein) und nach dem Hervorgang des Endlichen aus dem Unendlichen.

2. Die Frage nach der Erbsünde war im idealistischen Denken "aufgehoben" in der Frage nach dem Grund der Unversöhntheit der Welt.

3. Schöpfung und Weltgeschichte wurden als Einheit gesehen (z.B. als einheitliches Moment der Selbstvermittlung des absoluten Geistes oder als verschiedene Darstellungsmodi der einen Offenbarung des Absoluten).

4. Die in idealistischer Denkform arbeitenden Theologen hielten trotzdem daran fest, daß die existierende Welt nicht ein Moment eines theogonischen Prozesses ist.

5. Im Deutschen Idealismus begegnete die Theologie dem Gnostischen in ihr selbst.

XIX Schöpfungsbewußtsein als frommes Gefühl oder als Paradox Friedrich Schleiermacher und Sören Kierkegaard

Wir beschließen die Reflexionen über historische Problemkonstellationen mit einigen Bemerkungen zu Friedrich D.E. Schleiermacher (1762 -1834) und Sören Kierkegaard (1813-1855). Dabei muß zweierlei auffallen. Zunächst, daß es sich um zwei *protestantische* Theologen und Philosophen handelt, und dann, daß sie beide der ersten Hälfte des 19. Jh.s angehören, so daß sich also die Frage nach der *katholischen* Theologie von dieser Zeit bis in unsere Gegenwart stellt. In Hinsicht auf die zweite Frage werden wir einfach feststellen müssen, daß innerhalb der katholischen Theologie in den hundert Jahren nach der Tübinger Schule bis in die Mitte unseres Jahrhunderts keine bedeutenden Versuche systematischer Theologie unternommen wurden. Die einzige Ausnahme dazu bildete die Bewegung des sog. Modernismus, die aber aufgrund der bekannten Verurteilungen nicht in einer Weise zum Tragen kam, daß die in ihr enthaltene "Systematik" in Hinsicht auf dogmatische Aussagen explizit gemacht worden wäre; und außerdem wäre noch das Verhältnis des Modernismus zu Schleiermacher genauer zu klären.[1] Als Karl Rahner in der Mitte unseres Jahrhunderts erstmals wieder einen bedeutenden Versuch systematischer Theologie vorlegte, knüpfte er genau dort an, wo die katholische Theologie vor ihm "aufgehört" hatte: bei Kant und der Transzendentalphilosophie, also bei einer Periode, die *vor* Schleiermacher und Kierkegaard liegt.

Die Behandlung von Schleiermacher und Kierkegaard legt sich aber auch deshalb nahe - und damit sind wir bei der ersten der oben-

1 Vgl. Ansatzpunkte dazu bei *P. Demange*, Schleiermacher et l'imputation de Modernisme, in: K.-V. Selge (Hrsg.), Internationaler Schleiermacher-Kongreß Berlin 1984, Berlin 1985, 1171-1184.

genannten Fragen -, weil sie verschiedene Paradigmen theologischen Denkens repräsentieren, die zwar zunächst in der protestantischen Theologie Bedeutung erlangten, die aber von der Sache her ebenso für die katholische Theologie gelten. Die beiden Paradigmen werden gewöhnlich als "liberale" und "dialektische" Theologie bezeichnet; das erste hat seinen (auf das 19. Jh. bezogenen) Ursprung in den Schriften Schleiermachers, das zweite in jenen Kierkegaards. Daß es sich hier um zwei verschiedene Denkmodelle handelt - ob sie wirklich radikal verschieden sind, wird noch zu erwägen sein -, hat Karl Barth (der hier für die dialektische Theologie steht) klar gesehen, wenn er von Schleiermacher sagt, daß dieser an die Spitze einer Geschichte der Theologie der neuesten Zeit gehört, daß sein Einfluß nicht ab-, sondern zugenommen hat, daß er also zu Recht der "Kirchenvater des 19. Jahrhunderts" genannt wird.[2] Andererseits aber meinte Barth, "daß sein (sc. Schleiermachers) Resultat die entscheidende Voraussetzung aller christlichen Theologie in Frage stellte in einer Weise, wie es seit den Tagen der alten Gnosis vielleicht nicht wieder geschehen war"[3]. Barth sah vollkommen richtig, daß Schleiermacher einen Begründungszusammenhang zwischen Dogmatik, philosophischer Theologie, Religionswissenschaft und Ethik als allgemeiner Geisteswissenschaft herstellen wollte.[4] Genau dies aber lehnte Barth mit aller Schärfe ab und stellte dem - nun unter deutlicher Aufnahme des Kierkegaard-Paradigmas - den christlichen Glauben als Paradox gegenüber. Eben eine solche Theologie war aber für einen Theologen wie Paul Tillich, der sich ausdrücklich, wenn auch mit Einschränkungen, zum Programm Schleiermachers bekannte,[5] einfachhin unannehmbar. Schon 1923 stellte er fest, "daß die Theologie des kritischen Paradox in der Suche nach einem Fundament ihrer Kritik zu einer Theologie des positiven Absurdum kommt"[6].

Diese Diskussion kann und braucht hier nicht weiter verfolgt zu werden. Es ging mit diesen kurzen Bemerkungen nur darum, den Grund dafür anzugeben, warum als letzter Punkt der historischen Pro-

2 *K. Barth*, Die protestantische Theologie im 19. Jahrhundert. Ihre Vorgeschichte und ihre Geschichte, Zürich ^{3}1960, 379.

3 Ebd. 424.

4 Vgl. ebd. 401.

5 Vgl. *P. Tillich*, Vorlesungen über die Geschichte des christlichen Denkens II, Stuttgart 1972, 74.

6 *Ders.*, Kritisches und positives Paradox (Eine Auseinandersetzung mit Karl Barth und Friedrich Gogarten), in: J. Moltmann (Hrsg.), Anfänge der dialektischen Theologie I, München 1966, 173.

blemkonstellationen Schleiermacher und Kierkegaard behandelt werden sollen: Mit diesen beiden Theologen und Philosophen sind wir tatsächlich bei Paradigmen der Theologie, die, mit bestimmten Weiterentwicklungen, noch in der Gegenwart weiter Geltung haben.[7] Im folgenden werden wir aus der breiten Problematik bei Schleiermacher und Kierkegaard nur jene Aussagen herausgreifen, die unmittelbar mit der Frage nach Schöpfung und Erbsünde zusammenhängen. Da es dabei aber immer um Funktion und Gehalt des Weltbegriffs geht, handelt es sich hier um Fragen, die bei beiden Autoren eine zentrale Rolle spielen.

1. Anschauung und Gefühl des Universums

Schleiermacher richtete 1799 (zunächst anonym) seine Reden über die Religion "an die Gebildeten unter ihren Verächtern". Er selbst hatte in seiner Studienzeit in Halle diese ganz unter dem Eindruck der Aufklärung stehende Bildungswelt kennengelernt, und er gehörte wohl auch selbst zu ihr. Aber er hatte vorher eine Herrnhuter Schule besucht; und für die Herrnhuter[8] war Religion zunächst gelebte Frömmigkeit und nicht Lehre, sie sollte geweckt, nicht unterrichtet werden. Die Herrnhuter standen der Beschäftigung mit Philosophie bewußt distanziert gegenüber, und in diesem Punkt ging Schleiermacher ebenso bewußt andere Wege. Aber die Form der Frömmigkeit, der er bei den Herrnhutern begegnet war, blieb für seine spätere eigene Konzeption prägend.[9] Und hier bestand eine Korrespondenz zum Lebensgefühl der Romantik, das einen unmittelbaren, nicht theoretisch oder praktisch vermittelten Zugang zur Wirklichkeit suchte. Gerade darin sah auch Schleiermacher das Wesen der Religion - der Religion, die jedem Menschen ursprünglich ist, die nicht von außen an ihn herangetragen, sondern auf die nur richtig hingewiesen werden, die also erweckt werden mußte.

7 Wie schon deutlich wurde und in den abschließenden Abschnitten nochmals deutlich werden wird, würde ich mich in die Nachfolge des Schleiermacher-Paradigmas einreihen, welches allerdings auch ganz andere Formen als die der Theologie Tillichs zuläßt.

8 Die Herrnhuter waren eine Bewegung des Pietismus, die von Mähren ausging (18. Jh.); sie übte eine starke gemeinschaftsbildende Kraft aus, die sich auch im Interesse an Fragen der Erziehung ausdrückte.

9 Vgl. *Barth*, a.a.O. 403; vgl. auch *R. Vierhaus*, Schleiermachers Stellung in der deutschen Bildungsgeschichte, in: Schleiermacher-Kongreß, a.a.O. 7f.

In dieser Ursprünglichkeit, Unmittelbarkeit des Gefühls und der Anschauung besteht das Eigentliche der Religion und gleichzeitig ihr Unterschied zu Wissenschaft und Praxis. In den "Reden" sagt Schleiermacher: Die Religion

> (...) begehrt nicht das Universum seiner Natur nach zu bestimmen und zu erklären wie die Metaphysik, sie begehrt nicht, aus Kraft der Freiheit und der göttlichen Willkür des Menschen es fortzubilden und fertig zu machen wie die Moral. Ihr Wesen ist weder Denken noch Handeln, sondern Anschauung und Gefühl.[10]

Wir haben hier zwei zentrale Punkte, von denen die Bestimmung von "Religion" abhängt: das *Gefühl* (den Begriff "Anschauung" wird Schleiermacher später wegen der Gefahr, im Sinne von Schellings "Anschauung" mißverstanden zu werden, vermeiden) und das *Universum*. Was bei Schleiermacher mit "Gefühl" positiv gemeint ist, wie es zu umschreiben ist, ist bis heute Gegenstand der Diskussion; abgrenzend ist jedenfalls klar, daß es *vor* oder *über* den theoretischen und praktischen Tätigkeiten liegt. Der adäquate Ausdruck des Gefühls ist daher weder der Begriff noch die Tat, sondern die Kunst,[11] vor allem der Gesang,[12] die Musik und die dazugehörige Bewegung. In der "Ästhetik" sagt Schleiermacher:

> Das Gefühl also in seiner momentanen Erregung findet seinen unmittelbarsten Ausdruck in Stimme und Bewegung. (...) Es liegen wesentlich zwei Künste auf der einen Seite: Musik und Mimik, so wie sich das Gefühl durch Stimme und Bewegung unmittelbar äußert. Als Ausdruck des Gefühls ist beides vereint. (...) Die Duplizität von Musik und Mimik erscheint zufällig.[13]

Schleiermacher erkannte, daß "Ursprünglichkeit" und "Kreativität" ihren ersten und adäquatesten Ausdruck im künstlerischen Bereich, in Musik und Tanz finden. Dieser Zusammenhang erinnert daran, daß im Alten Testament der ursprünglichste Ausdruck des Schöpfungsglaubens in den Psalmen, also im Gesang zu finden ist. Es ist auch auffällig, daß Schleiermacher die Formel von der "Schöpfung aus Nichts" - die ihm sonst ziemliche Schwierigkeit bereitet - hier als Interpretament der Musik heranzieht:

10 *Schleiermacher*, Über die Religion. Reden an die Gebildeten unter ihren Verächtern, hrsg. von H.-J. Rothert, Hamburg 1958, 28f.

11 Ansatzpunkt für die These der Selbständigkeit des Gefühls war die Diskussion über die Ästhetik im Anschluß an Kants "Kritik der Urteilskraft"; vgl. *J. Rohls*, Frömmigkeit als Gefühl schlechthinniger Abhängigkeit, in: Schleiermacher-Kongreß, a.a.O. 241f.

12 Vgl. ebd. 232.

13 *Schleiermacher*, Ästhetik, hrsg. von R. Odebrecht, Berlin - Leipzig 1931, 132.

Die Offenbarung durch Luft ist nicht constant, darum ist die Musik unmittelbar hervorbringend, ein Producirendes aus nichts.[14]

Der durch seine Hermeneutik einflußreich gewordene Schleiermacher ist sich also bewußt, wo die Formel der "Schöpfung aus Nichts" ihren ursprünglichen Verstehenshorizont hatte: in der Interpretation der Musik als Ausdruck eines Gefühls, als Offenbarung, die ihrerseits einer Offenbarung des Universums entspricht.

Wir stehen ständig unter dem Eindruck des Universums, und Religion bedeutet, diese partiellen Eindrücke als Teil eines Ganzen zu erfassen, wie Schleiermacher in den "Reden" ausführt:

(...) das Universum ist in einer ununterbrochenen Tätigkeit und offenbart sich uns jeden Augenblick. Jede Form die es hervorbringt, jedes Wesen dem es nach der Fülle des Lebens ein abgesondertes Dasein gibt, jede Begebenheit die es aus seinem reichen immer fruchtbaren Schoße herausschüttet, ist ein Handeln desselben auf Uns; und so alles Einzelne als einen Teil des Ganzen, alles Beschränkte als eine Darstellung des Unendlichen hinnehmen, das ist Religion.[15]

Die Beziehung Teil - Ganzes ist also wesentlich für Religion, denn nur innerhalb einer solchen können wir von der Anschauung des Universums sprechen. Es kommt vermutlich nicht von ungefähr, daß der mit der griechischen Philosophie so gut vertraute Schleiermacher auf die mythologisch-metaphysische Urkategorie von Ganzem und Teil zurückgriff und sie als für Religion maßgebend ansetzte. Tatsächlich ist ja die Einheit von Teil und Ganzem, gefühlt oder "angeschaut", für die Religion wichtiger als jene eigentlich sekundären von Endlichem und Unendlichem oder Einzelnem und Allgemeinem, die schon viel stärker dem Bereich der Reflexion angehören.

Die These von Schleiermacher ist wichtig: Religion ist nicht primär erfaßbar durch eine bestimmte Gottesvorstellung, sondern ist zunächst einmal eine Anschauung des Universums, eine Welt-Anschauung, ein Gefühl dessen, daß und wie die einzelne Erfahrung, der einzelne Eindruck, als Teil eines Ganzen erfaßt werden kann.[16] Die Gottesvorstellung ist dann (wenn überhaupt vorhanden) Ausdruck für ein bestimmtes Welt-Gefühl, eine bestimmte Ausprägung desselben, sie ist aber nicht ein primärer Ausdruck; dieser ist immer die Anschauung des Universums.

14 Ebd. 133.

15 *Ders.*, Reden über die Religion, a.a.O. 32.

16 Eine solche These machte eine Religionswissenschaft möglich, die nicht mehr an der Klassifikation von Gottesvorstellungen orientiert ist.

So wie die besondere Art wie das Universum sich Euch in Euren Anschauungen darstellt, das Eigentümliche Eurer individuellen Religion ausmacht, so bestimmt die Stärke dieser Gefühle den Grad der Religiösität.[17]

Unter dieser Voraussetzung erhält die Kosmo-Logie, die wir hier allerdings mit "Welt-Gefühl" wiedergeben müssen, eine ganz zentrale, grundlegende Rolle; die Gottesvorstellung ist von diesem Weltgefühl her bestimmt und nicht umgekehrt. Schleiermacher, der sich an die Gebildeten unter den Verächtern der Religion wendet, weiß, daß seine Äußerungen in den Ohren traditioneller Theologen oder Gläubigen blasphemisch klingen müssen. Dies hält ihn aber doch nicht davon ab, seine Auffassung von der Religion konsequent darzulegen:

Ihr, hoffe ich, werdet es für keine Lästerung halten, daß Glaube an Gott abhängt von der Richtung der Phantasie; Ihr werdet wissen, daß Phantasie das höchste und ursprünglichste ist im Menschen und außer ihr alles nur Reflexion über sie; Ihr werdet es wissen, daß Eure Phantasie es ist, welche für Euch die Welt erschafft, und daß Ihr keinen Gott haben könnt ohne Welt.[18]

Das Wort "Gott" steht also für die in der Phantasie vorgestellte, im Gefühl aufgehende Einheit der Welt, für die Ahnung, daß die vielen einzelnen Eindrücke und Erfahrungen, die uns ebenso erheben wie verwirren können, in einem Ganzen gegründet sind.[19] Hier wird natürlich von manchem der Pantheismusverdacht geäußert werden (so wie dies auch z.B. bei Scotus Eriugena und Nikolaus von Kues der Fall war), für den es geradezu als Kriterium gilt, daß bei dem entsprechenden Autor kein "echter" Schöpfungsbegriff gegeben ist. Aber: Der Begriff "Pantheismus" ist von rationalistischen oder suprarationalistischen Voraussetzungen her gedacht, von denen Schleiermacher (wie seine "Vorgänger") sich frei macht, so daß dieser Begriff auf Schleiermachers Religionsvorstellung auch nicht angewandt werden kann. Schleiermacher "denkt" von einem in steter Tätigkeit befindlichen schöpferischen Grund der Wirklichkeit her, der - als erahnt und gefühlt - in schöpferisch künstlerischer Tätigkeit zum Ausdruck gebracht werden kann. Und dieser Grund der Einheit des Universums ist auch dann, wenn ihn die schöpferische Phantasie als "Gott" bezeichnet, eben nicht "etwas", also etwas, was neben, vor oder über der Welt gedacht oder vorgestellt werden könnte. Wir dürfen nicht vergessen, daß für

17 *Schleiermacher*, Reden über die Religion, a.a.O. 38.

18 Ebd. 72.

19 Vgl. *M. Kähler*, Geschichte der protestantischen Dogmatik im 19. Jahrhundert, München 1962, 55.

Schleiermacher das Johannesevangelium *das* Evangelium ist, und das bedeutet für ihn (wie für die idealistischen Philosophen und die Romantiker), daß das göttliche Leben *im* menschlichen Leben zum Ausdruck kommt und alles andere eine illegitime und falsche Verobjektivierung darstellt.

Daraus erklärt sich auch die Form der Freiheit, die auf der Religion gründet.

> Nur der Trieb anzuschauen, wenn er aufs Unendliche gerichtet ist, setzt das Gemüt in unbeschränkte Freiheit, nur die Religion rettet es von den schimpflichsten Fesseln der Meinung und der Begierde. Alles was ist, ist für sie notwendig, und alles was sein kann, ist ihr ein wahres unentbehrliches Bild des Unendlichen.[20]

Religion schafft also Freiheit, und diese Freiheit versöhnt den Menschen mit der Wirklichkeit, "einem frommen Gemüte macht die Religion alles heilig und wert, sogar die Unheiligkeit und die Gemeinheit selbst"[21]. Damit stoßen wir an einen äußerst problematischen Punkt im Denken Schleiermachers: Der Wahrheitsgehalt, der in der - für den Protestantismus ja äußerst wichtigen - Vorstellung der Erbsünde enthalten ist, der sogar in Kants Lehre vom radikal Bösen anerkannt war, kommt in den Reden Schleiermachers in keiner Weise zu Geltung. In seiner Frömmigkeit ist kein Platz für das Gefühl einer gestörten Einheit der Welt, und daher ergibt sich aus seiner Religion auch kein Imperativ, sie bleibt rein kontemplativ, anschauend. Sie soll so sein,

> (...) denn die religiösen Gefühle lähmen ihrer Natur nach die Tatkraft des Menschen und laden ihn ein zum stillen hingebenden Genuß.[22]

Dabei können wir nicht sagen, daß Schleiermacher das Problem nicht gesehen hätte. In der Ethik von 1812/1813 wies er selbst hin auf "die sich aufdrängende Differenz zwischen dem Nichtsein des Guten und dem Sein des Bösen, welche man nicht finden kann, wenn man den Einigungsprozeß als Einheit betrachtet"[23]. Schleiermacher wollte aber die Religion von Moralität freihalten, und so siedelte er Religion in einem Bereich der Anschauung der Einheit an, der außerhalb der sich aufdrängenden Differenz in der Erfahrung der Wirklichkeit lag. Die notwendige Praxis der Aufhebung der Differenz, des Einigungsprozesses, schied damit aus der Kompetenz der Religion aus.

20 *Schleiermacher*, Reden über die Religion, a.a.O. 37.

21 Ebd.

22 Ebd. 39.

23 *Ders.*, Ethik (1812/13), Hamburg 1981, 34.

An diesem Punkt wird manchmal davon gesprochen, daß dies nichts anderes sei als die Religion des gebildeten, aufgeklärten Bürgertums, dem jedoch jede reale Macht fehlt - wogegen wiederum die nicht unerhebliche politische Tätigkeit Schleiermachers (auch in Predigten) angeführt wird. Vermutlich trifft jedoch keine der beiden Interpretationen den Kern der Sache. Schleiermacher lebte, vermittelt über den Pietismus, aus einer Tradition, in der die Kontemplation (= Anschauung) das Zentrum der religiösen "Tätigkeit" war. Diese Tradition ließ durchaus breiten Raum für praktische und kulturelle Tätigkeit, diese blieb aber doch ein "Außen" gegenüber dem "Eigentlichen". (Auch ein Mann wie Bernhard von Clairvaux konnte eine - im Vergleich zu Schleiermacher viel weiter reichende und wirksamere - politische Tätigkeit entfalten und doch mit aller Eindringlichkeit die Auffassung vertreten, daß das "Eigentliche" des Christentums in der mystischen Betrachtung liege.) Würden wir meinen, Schleiermachers Religionsauffassung mit Etiketten wie "bürgerliche Religion" oder "Kulturprotestantismus" erfaßt zu haben, so kämen wir jedenfalls in die Schwierigkeit, sagen zu müssen, daß eine ganze Tradition des Christentums "Kulturprotestantismus" war. Schleiermacher selbst ließ keinen Zweifel daran, aus welcher Tradition heraus er lebte, wenn er 1802 von einem zwanzig Jahre zurückliegenden Erlebnis berichtet, das er in einer Herrnhuter Gemeinde hatte:

> Hier ging mir zuerst das Bewußtsein auf von dem Verhältnis des Menschen zu einer höheren Welt. (...) Hier entwickelte ich zuerst die mystische Anlage, die mir so wesentlich ist und mich unter allen Stürmen des Skeptizismus gerettet und erhalten hat. Damals keimte sie auf, jetzt ist sie ausgebildet, und ich kann sagen, daß ich nach allem wieder ein Herrnhuter geworden bin, nur von einer höheren Ordnung.[24]

Es muß wohl nicht eigens betont werden, daß die Herrnhuter aus einer Tradition lebten, die uns in der Devotio moderna im 14. Jh. begegnet war (vgl. Kap. XII. 2), welche ihrerseits auch wieder weiter zurückverfolgt werden kann.

In den "Reden" hatte Schleiermacher nur in ganz allgemeiner Weise ausgesprochen, daß er im Christentum die erhabenste Form der Religion sah.[25] Die Rekonstruktion der Aussagen der Dogmatik im Rahmen seiner Religionsauffassung ist nun die Aufgabe, die sich

24 Aus Schleiermachers Leben in Briefen, hrsg. von L. Jonas - W. Dilthey, I, Berlin [2]1860, 294. Zit. in: *Vierhaus*, a.a.O. 7.

25 Vgl. *Schleiermacher*, Reden über die Religion, a.a.O. 161-173.

Schleiermacher in seinem Werk "Der christliche Glaube"[26] stellt. Der Ausgangspunkt ist wiederum das fromme Selbstbewußtsein, und ebenso gilt das als methodologische Klammer fungierende Grundprinzip formaler Art:

> Alle Sätze, welche die christliche Glaubenslehre aufzustellen hat, können aufgefaßt werden entweder als Beschreibung menschlicher Lebenszustände, oder als Begriffe von göttlichen Eigenschaften und Handlungsweisen oder als Aussagen von Beschaffenheiten der Welt; und alle diese drei Formen haben immer nebeneinander bestanden.[27]

Das fromme Selbstbewußtsein wird in der Glaubenslehre näher bestimmt als das "Gefühl schlechthinniger Abhängigkeit". Schleiermacher meint, den "Nachweis" dafür im unmittelbaren Selbstbewußtsein führen zu können, in welchem mit Welt zugleich deren schlechthinniger Grund gesetzt ist. Zunächst stellt er fest, "daß unser Selbstbewußtsein als Bewußtsein unseres Seins in der Welt oder unseres Zusammenseins mit der Welt eine Reihe von geteiltem Freiheitsgefühl und geteiltem Abhängigkeitsgefühl"[28] ist, und fährt dann wenig später fort:

> Allein eben das unsere gesamte Selbsttätigkeit, also auch, weil diese niemals Null ist, unser ganzes Dasein begleitende, schlechthinnige Freiheit verneinende Selbstbewußtsein ist schon an und für sich ein Bewußtsein schlechthinniger Abhängigkeit.[29]

Eine einfache Gleichsetzung des Bewußtseins nicht-schlechthinniger Freiheit mit schlechthinniger Abhängigkeit ist natürlich falsch.[30] Schleiermacher will damit jedoch ausdrücken, daß uns am Bewußtsein der begrenzten, endlichen Freiheit aufgeht, daß das Selbstbewußtsein sich immer schon gesetzt vorfindet, und daß uns im Bewußtsein dieser ontologischen Endlichkeit das Bewußtsein mitgegeben ist, "schlechthin" in etwas anderem gegründet zu sein. In diesem unmittelbaren Bewußtsein schlechthinniger Abhängigkeit ist auch die Bedeutung des Wortes "Gott" mitgegeben, da "eben das in diesem Selbstbewußtsein mitgesetzte *Woher* unseres empfänglichen und selbsttätigen Daseins durch den Ausdruck Gott bezeichnet werden soll, und dieses für uns die wahrhaft ursprüngliche Bedeutung derselben ist"[31]. In diesem Zusammenhang verteidigt sich Schleiermacher auch gegen den Vorwurf

26 1. Aufl. 1821/1822, hrsg. von H. Peiter, Berlin 1980; 2. Aufl. 1830, hrsg. von M. Redeker, Berlin 1960. Im folgenden wird hauptsächlich die 2. Auflage herangezogen.

27 *Ders.*, Der christliche Glaube, 2. Aufl., I, 163.

28 Ebd. 26.

29 Ebd. 28.

30 Vgl. *Rohls*, a.a.O. 251.

31 *Schleiermacher*, Der christliche Glaube, 2. Aufl., I, 28f.

des Pantheismus, da er das schlechthinnige Abhängigkeitsgefühl von der Beziehung auf die Welt "ganz sondert"[32]. Ob dies gegenüber den "Reden" eine Modifikation bedeutet, sei offengelassen.

Von hier aus kann nun Schleiermacher zeigen, was die Aussage über die Schöpfung bedeutet und was mit ihr nicht ausgesagt sein kann. Dem "frommen Selbstbewußtsein widerspricht jede Vorstellung von dem Entstehen der Welt, durch welche irgend etwas von dem Entstandensein durch Gott ausgeschlossen, oder Gott selbst unter die erst in der Welt und durch die Welt entstandenen Bestimmungen und Gegensätze gestellt wird"[33]. Die Lehre von der Schöpfung beinhaltet also nichts anderes als das, was im Gefühl der schlechthinnigen Abhängigkeit unmittelbar gegeben oder mitgesetzt ist. Damit ist für Schleiermacher klar, daß die theologische Aussage von der Schöpfung strikt von allen naturwissenschaftlich-kosmologischen Fragen zu trennen ist.[34] Auch das traditionelle "aus Nichts" in der Schöpfungsaussage findet hier seine Deutung, da das schlechthinnige Abhängigkeitsgefühl mit der Annahme eines unabhängig von der göttlichen Tätigkeit vorhandenen Stoffes unverträglich ist.[35] Eine positive Bedeutung kann dieser Aussage nicht gegeben werden, da die Entstehung der Welt nicht nach Art der menschlichen Tätigkeit bestimmt werden darf.[36] Die Frage einer zeitlichen oder ewigen Schöpfung der Welt schließlich, die die Theologie so lange Zeit beschäftigt hatte, scheidet überhaupt aus den durch das fromme Selbstbewußtsein entscheidbaren Fragen aus, da ihre Beantwortung den unmittelbaren Gehalt des schlechthinnigen Abhängigkeitsgefühls gar nicht betrifft.[37]

Schleiermacher macht unmißverständlich deutlich, daß vieles von dem, was in der traditionellen Theologie im Rahmen der Schöpfungslehre behandelt wurde, aus einer Zeit stammt, in welcher die Abgrenzung der Theologie von anderen Bereichen wie der Naturwissenschaft und der Metaphysik noch nicht genügend geklärt war, in welcher aber auch der Charakter vieler Texte der Schrift, aus denen die Grundlagen christlicher Theologie erhoben werden (z.B. Gen 1), nicht genügend scharf erkannt war.[38] Es kommt deshalb darauf an - wie Schleier-

32 Ebd. 29, Anm.

33 Ebd. 195.

34 Vgl. ebd. 196.

35 Vgl. ebd. 200.

36 Vgl. ebd. 198.

37 Vgl. ebd. 202.

38 Vgl. ebd. 196f.

macher schon in der ersten Auflage der Glaubenslehre fordert -, daß die "Grenzen gezogen werden für alle künftigen Versuche, über die Schöpfung etwas in der dogmatischen Theologie zu bestimmen"[39].

Vom selben Ausgangspunkt aus behandelt Schleiermacher auch die Lehre von der Erbsünde; er trifft dabei aber auf größere Schwierigkeiten als bei der Interpretation der Schöpfung. Sünde bedeutet für Schleiermacher alles, was die freie Entwicklung des Gottesbewußtseins hemmt.[40] Die Sünde ist also für ihn nicht Gegensätzlichkeit zum frommen Bewußtsein, sondern dessen schwache, unfertige Entwicklung.[41] Die Frage ist jedoch, wie diese Hemmung als gesellschaftlich und geschichtlich vermittelte im *unmittelbaren* frommen Selbstbewußtsein gegeben sein könne. Schleiermacher versucht, von seinem Ansatzpunkt aus durchaus konsequent, dieses Vermittelte doch wieder als zum ursprünglichen Selbstbewußtsein gehörig zu verstehen. So sagt er in der ersten Auflage der Glaubenslehre:

> Nun ist aber, wiewohl dunkel, doch gewiß streng genommen in jedem Moment des Selbstbewußtseins das ganze menschliche Geschlecht in unserem Ich mit eingeschlossen, und in sofern sagt dieses Bewußtsein auch die Allgegenwart der Sünde aus im Ganzen wie im Einzelnen, d.h. daß kein Einzelner jemals ohne Sünde war.[42]

Schleiermacher nennt dies ein "erweitertes Selbstbewußtsein". Es gelingt ihm aber auch später nicht, diesen Begriff systematisch fruchtbar zu machen,[43] er wird eher wieder etwas zurückgenommen. In der Parallelstelle in der 2. Auflage der Glaubenslehre sagt er zu dem Lehrsatz, daß aus der Erbsünde in allen Menschen die wirkliche Sünde hervorgeht:

> Aber jeder weiß es nicht aus seiner persönlichen Eigentümlichkeit her, sondern auf allgemeine Weise, sofern er ein Bestandteil der Gesamtheit ist, das heißt, mit seinem zum Gattungsbewußtsein erweiterten Selbstbewußtsein, mithin von jedem andern ebensogut als von sich selbst.[44]

39 *Ders.*, Der christliche Glaube, 1. Aufl., 148.

40 Vgl. *ders.*, Der christliche Glaube, 2. Aufl., I, 355; vgl. 357: "Erklärung der Sünde als einer durch die Selbständigkeit der sinnlichen Funktion verursachten Hemmung der bestimmenden Kraft des Geistes."

41 Vgl. *Kähler*, a.a.O. 79; *Barth*, a.a.O. 423f.

42 *Schleiermacher*, Der christliche Glaube, 1. Aufl., 301.

43 Diese Vorstellung des Einschlusses des menschlichen Geschlechts im Ich erinnert stark an den Urmensch-Mythos der Gnosis.

44 *Schleiermacher*, Der christliche Glaube, 2. Aufl., I, 399.

Individuelles, persönliches Gefühl und "Gemeingefühl" bleiben eben bei Schleiermacher doch nebeneinander stehen.[45] Das fromme Selbstbewußtsein ist auslegbar auf Mensch - Welt - Gott hin, wogegen geschichtliche und gesellschaftliche Bedingungen letztlich Äußerliches bleiben. Damit bleibt Schleiermacher eigentlich hinter seinen eigenen Einsichten in den "Reden" zurück. Dort hatte er, eindeutig über die Aufklärung hinausgehend, die Bedeutung der positiven, geschichtlichen Gegebenheiten stark betont. Es ist aber möglicherweise doch so, daß die für Schleiermacher zentrale methodologische Unterscheidung von "philosophisch" und "historisch"[46] sich auch in seiner Systematik in der Weise geltend macht, daß der allgemeine, philosophische Begriff des frommen Selbstbewußtseins von den historischen und damit auch den gesellschaftlichen Bedingungen abgehoben wird.[47] Damit aber bleiben letztlich das Schöpfungs-(Universums-)Bewußtsein und das Erlösungs- (und Erbsünden-)Bewußtsein unvermittelt nebeneinander stehen.

2. Der Übergang von Nichtsein zu Sein als Paradox

Die Schöpfungsproblematik hatte sich im Deutschen Idealismus in die Frage nach dem Verhältnis des Endlichen zum Unendlichen verwandelt - als Verhältnis, das im Selbstbewußtsein gegeben und in der Reflexion "verarbeitet" wird. Dafür lieferte die Philosophie Hegels das eindruckvollste und umfassendste System. Auch hier wurde das Endliche reflektiert, aber das Endliche als Moment des Unendlichen, des Absoluten. Der Einzelne, das Individuum, das Subjekt als "für sich" erschien als das noch Unbegriffene, das erst dort begriffen wird, wo es im Zusammenhang der Verwirklichung des absoluten Geistes "an und für sich" erfaßt wird. In der erreichten Synthese ist das Endliche, das Subjekt "aufgehoben", "versöhnt" mit dem Unendlichen.

45 Vgl. ebd. 376-378.

46 Vgl. *ders.*, Kurze Darstellung des theologischen Studiums zum Behuf einleitender Vorlesungen, hrsg. von H. Scholz, 1910 (Nachdruck Darmstadt 1973).

47 Vgl. *Kähler*, a.a.O. 82, weist darauf hin, daß Schleiermachers Betonung der Gemeinschaft nicht aus seinen philosophischen Prinzipien zu erklären ist, sondern aus schon mitgebrachten Voraussetzungen. Vgl. auch *F. Wagner*, Theologie im Banne des religiös-frommen Bewußtseins, in: Schleiermacher-Kongreß, a.a.O. 929f. Wagner zeigt, daß für Schleiermacher das religiöse Gefühl nicht im gesellig-gesellschaftlichen Verkehr gründet; das Gattungsbewußtsein wird von der höheren Allgemeinheit der "Totalität des Außer-uns" (Natur) umgriffen.

Gegen eine solche "Versöhnung" stellt Sören Kierkegaard die *Dialektik der Existenz*, in der die Differenz von Endlichem (als Subjekt) und Unendlichem als unüberbrückbar und der Versuch, sie im Denken aufzuheben, als illusorisch deklariert wird. Das Subjekt als existierendes, als Individuum kann nicht objektiv vermittelt werden, ohne gerade als Einzelner negiert zu werden.

> Hier wird nun keinen Augenblick vergessen, daß das Subjekt existierend ist, und daß das Existieren ein Werden ist, und daß daher jene Wahrheit von der Identität von Denken und Sein eine Schimäre der Abstraktion ist und in Wahrheit nur ein sehnsüchtiges Verlangen der Kreatur, nicht weil die Wahrheit dies nicht etwa wäre, sondern weil der Erkennende ein Existierender ist, und somit die Wahrheit nicht dies für ihn sein kann, solange er existiert. Wird das nicht festgehalten, so gehen wir sofort mit Hilfe der Spekulation in das phantastische Ich-Ich hinein, das die neuere Spekulation zwar gebraucht hat, aber wovon sie nicht erklärt hat, wie das einzelne Individuum dazu in Beziehung stehe, und Herrgott, mehr als ein einzelnes Individuum ist doch nun einmal kein Mensch.[48]

Die idealistische Spekulation, die die Welt und das Absolute aus dem Gegensatz vom Ich und Nicht-Ich konstruiert (Fichte), ebenso wie jene, die die Totalität ausgehend vom Gegensatz von Sein und Nichts konstruiert (Hegel), setzt eine Vermittlung von dem als Einzelnem Existierenden und dem Objektiven in der Reflexion voraus, die dem einzelnen Existierenden gerade in seiner Subjektivität, welche Entscheidung ohne Sicherheit in der Reflexion bedeutet, nicht nur nicht gerecht wird, sondern ihn sogar abschafft, für ungültig erklärt.

> Der Weg der objektiven Reflexion macht das Subjekt zu dem Zufälligen und damit die Existenz zu etwas Gleichgültigem, Verschwindendem. Fort vom Subjekt geht der Weg zur objektiven Wahrheit, und während das Subjekt und die Subjektivität gleichgültig werden, wird die Wahrheit es auch, und gerade dies ist ihre objektive Gültigkeit; denn das Interesse ist, ebenso wie die Entscheidung, die Subjektivität.[49]

Um als Einzelner wirklich zu existieren, muß der Mensch daher diese objektive Gleich-Gültigkeit überwinden. Nur der, der überzeugt ist, in seiner Entscheidung alles gewinnen oder verlieren zu können, nähert sich der Wahrheit. Wahrheit ist Leidenschaft, während nach traditioneller Auffassung Leidenschaft den "klaren Blick" gerade getrübt hatte. Nur die Leidenschaft öffnet überhaupt den Blick für die Unendlichkeit.

48 *S. Kierkegaard*, Abschließende unwissenschaftliche Nachschrift zu den Philosophischen Brocken, übers. von H.M. Junghans, Düsseldorf - Köln 1957, 187.

49 Ebd. 184.

In der Leidenschaft ist das existierende Subjekt in der Ewigkeit der Phantasie unendlich gemacht, und doch zugleich am allerbestimmtesten es selbst.[50]

Was Kierkegaard hier fordert, ist mehr als "Interesse" im heutigen abgeflachten Sinn von "etwas interessant finden", es ist ein Einsatz der ganzen Person, der Grenzüberschreitung bedeutet: Grenzüberschreitung (Transzendieren) vom Endlichen zum Unendlichen. Dies ist aber nie als Prozeß, als Vorgang realisierbar, sondern allein im Wissen um eine qualitative Differenz, die nur in einem *Sprung* erreicht werden kann, in welchem der Existierende durch die Leidenschaft über sich hinausgetragen wird, er gerade dadurch aber als Existierender eigentlich erst existiert. Solche Existenz als Hinaus-Stehen, als Überschreitung kann immer nur Ereignis, Moment, nie Besitz und Dauer sein.

Nur momentweise kann das einzelne Individuum existierend in einer Einheit von Unendlichkeit und Endlichkeit sein, die über dem Existierenden hinausliegt. Dieser Moment ist der Augenblick der Leidenschaft.[51]

Hat nun die Schöpfungsaussage ihren Ort in der Aussage über die Beziehung des Endlichen zum Unendlichen, so ist klar, daß diese Aussage hier bei Kierkegaard keinerlei Objektivierung zuläßt, ja, daß gerade in der Unmöglichkeit jeder Vergegenständlichung ihre Bedeutung liegt. Es ist nicht so, daß *auch* die Schöpfungsaussage paradox wird; vielmehr *ist* die Schöpfungsaussage selbst das Paradox, sie ist nichts anderes als der existentielle Vollzug des Paradox, das Hinausstehen des existierenden Subjekts in dem nie objektivierbaren Ereignis. Es gibt strenggenommen überhaupt nur ein "Wie" der paradoxen Wahrheit und kein "Was" derselben.

Objektiv wird akzentuiert: *was* gesagt wird; subjektiv: *wie* es gesagt wird. (...) Die Leidenschaft der Unendlichkeit ist das Entscheidende, nicht ihr Inhalt; denn ihr Inhalt ist sie eben selbst. Somit ist das subjektive Wie und die Subjektivität die Wahrheit.[52]

In der paradoxen Wahrheit wagt das existierende Individuum den Sprung auf seinen Ursprung hin.[53] Ein solcher Sprung setzt allerdings schon einen erreichten Absprung voraus, den Übergang von der ästhetischen zur ethischen Existenz. In jedem dieser Sprünge verwandelt sich qualitativ das Verständnis von "Welt". Auf der Stufe der ästheti-

[50] Ebd. 188.

[51] Ebd. 187.

[52] Ebd. 193f. Vgl. *K. Schäfer*, Hermeneutische Ontologie in den Climacus-Schriften Sören Kierkegaards, München 1968, 55.

[53] Vgl. *W. Schulz*, Die Vollendung des Deutschen Idealismus in der Spätphilosophie Schellings, Pfullingen ^{2}1975, 278.

schen Existenz wird die Welt (zu der auch der betrachtende Mensch selbst gehört) aus dieser Distanz heraus ohne eigene Teilnahme beobachtet und reflektiert. Diese objektive Welt ist Gegenstand des Genusses.[54] Es ist klar, daß auf dieser Stufe selbst dann, wenn eine objektive Reflexion über Endliches und Unendliches stattfindet, eine Beziehung von endlicher Existenz und ihrem Ursprung prinzipiell unmöglich ist. Diese Stufe ist also gleichsam dadurch definiert, daß auf ihr jenes Verhältnis, das in der Schöpfungsaussage existentiell zum Ausdruck gebracht werden soll, gar nicht möglich ist - und dem entspricht auch ganz genau, daß es auf ihr kein Bewußtsein von Sünde gibt. Auf dieser Stufe der Indifferenz hat der Mensch sich selbst noch nicht gewählt. Es gibt auf ihr nur

> (...) eine Vielfalt von Kenntnissen, Einsichten, Studien, Beobachtungen, welche für Dich doch keine Wirklichkeit haben, sondern von Dir ganz nach Laune benutzt und verknüpft werden.[55]

Auf dieser Stufe kann nur die Einsicht in die eigene Zufälligkeit vertieft werden,[56] es gibt aber keine Antwort auf die Frage der durchgängigen Zufälligkeit und so Gleich-Gültigkeit. Dies führt zur *Verzweiflung*;[57] entscheidend ist jedoch dann, daß diese Verzweiflung nicht selbst als Faktum beobachtet, sondern bewußt ergriffen, *gewählt* wird,

> (...) und was wählt man da, man wählt sich selbst, nicht in seiner Unmittelbarkeit, nicht als dies zufällige Individuum, sondern man wählt sich selbst in seiner ewigen Gültigkeit.[58]

Dieses Sich-Selbst-Wählen bedeutet den Übergang zur ethischen Existenz. Hier wird dem Menschen die Welt, die er vorher nur objektiv genossen hat, zurückgegeben, er kann sie nun - als ethisch Existierender - gebrauchen, ohne sie zu mißbrauchen.[59]

Kierkegaard sieht die ethische Lebensanschauung vor allem im antiken Griechenland verwirklicht.[60] Es ist daher auch durchaus verständlich, daß er Schleiermacher einen "Denker im schönen griechi-

54 Vgl. *Kierkegaard*, Entweder/Oder II, übers. von E. Hirsch, Düsseldorf 1957, 191.
55 Ebd. 211.
56 Vgl. ebd. 278.
57 Vgl. ebd. 206.
58 Ebd. 224.
59 Vgl. ebd. 189.
60 Vgl. z.B. ebd. 256.

schen Sinn" nennt.[61] Kierkegaard läßt auch durchaus die Möglichkeit gelten, die griechische Lebensanschauung mit Mystik zu verbinden - eine Form, die sich im Christentum auch tatsächlich häufig findet.[62] Das Leben erhält dadurch größere Fülle und Schönheit. Erst die ethische Stufe eröffnet ja den Blick auf die Welt als schöne (im Unterschied zur ersten Stufe, in der "ästhetisch" so viel bedeutet wie "sinnlich", "genußhaft"), denn: "erst wenn ich das Leben ethisch betrachte, erst dann sehe ich es nach seiner Schönheit"[63]. Die griechisch-ethische Auffassung von der Welt wird nach Kierkegaard erst durch Sokrates gewonnen, der die Frage nach dem Wesentlichen nicht in der Physik, in der Kosmologie sucht, sondern in der Ethik, so daß auch die Frage nach Gott eine Frage nach dem Menschen wird.

Für die sokratische Betrachtung ist jeder Mensch sich selber der Mittelpunkt, und die ganze Welt gewinnt allein in der Beziehung auf ihn einen Mittelpunkt, weil seine Selbsterkenntnis Gotteserkenntnis ist.[64]

Es ist nun klar - auch für Kierkegaard -, daß es ganz und gar nicht einfach ist, zu zeigen, daß das Stehenbleiben auf der Stufe der ethischen Lebensanschauung nicht völlig ausreicht. Und eigentlich wird dieses Nichtausreichen auch erst wirklich deutlich für den, dem der Sprung auf die religiöse Stufe geschenkt wurde. Wir können hier ausdrücklich nicht wie beim Übergang von der ästhetischen zur ethischen Existenz sagen, daß jemand den Sprung *wagt*, da dieser ja eben durch Gnade und Offenbarung bewirkt wird. Die Aporie (Ausweglosigkeit), die sich in der Ethik auftut, kann von sich aus nicht eine Spannkraft bewirken, die ausreichende Kraft für jenen Sprung geben würde. Die Aporie, auf die Kierkegaard in der Ethik hinweist, ist im Grunde die von Wollen bzw. Sollen und Können, ist der Widerstreit von idealer Forderung und realen Bedingungen der Verwirklichung.

Die Ethik ist noch eine ideale Wissenschaft, nicht nur in dem Sinne, in dem jede Wissenschaft das ist. Sie will die Idealität in die Wirklichkeit hineinbringen; dagegen besteht ihre Bewegung nicht darin, die Wirklichkeit in die Idealität emporzuheben. Die Ethik zeigt die Idealität als Aufgabe und setzt voraus, daß der Mensch im Besitz der Be-

61 *Ders.*, Der Begriff Angst, übers. und hrsg. von H. Rochol, Hamburg 1984, 17. Vgl. auch *H. Schröer*, Wie verstand Kierkegaard Schleiermacher? in: Schleiermacher-Kongreß, a.a.O. 1147-1155.

62 Vgl. *Kierkegaard*, Entweder/Oder II, a.a.O. 257.

63 Ebd. 293.

64 *Ders.*, Philosophische Brocken, übers. von E. Hirsch, Düsseldorf - Köln 1960, 9.

dingungen sei. Hierdurch entwickelt die Ethik einen Widerspruch, indem sie gerade die Schwierigkeit und die Unmöglichkeit deutlich macht.[65]

So ging auch die sokratische Ethik davon aus, daß der Mensch das Gute tun kann; tut er es trotzdem nicht, so muß dort angenommen werden, daß er das Gute noch nicht ausreichend verstanden hat. Ein echter Begriff der Sünde ist daher in dieser Konzeption gar nicht erreichbar.[66] Stellt sich die Ethik dem Problem der Sünde, dann verliert sie - so meint Kierkegaard - jeden Boden unter den Füßen.

Im Kampf um die Verwirklichung der Aufgabe der Ethik zeigt sich die Sünde nicht als etwas, das nur zufällig zu einem zufälligen Individuum gehört, sondern sie entzieht sich, indem sie in immer größere Tiefen entweicht, als tiefere und tiefere Voraussetzung, als eine Voraussetzung, die über das Individuum hinausgeht. Nun ist für die Ethik alles verloren; und die Ethik hat selber dazu verholfen, daß sie alles verlor. Es ist eine Kategorie zum Vorschein gekommen, die ganz und gar außerhalb ihres Bereiches liegt.[67]

An diesem Punkt führt nun Kierkegaard die Erbsünde ein: Die Sünde wird dadurch "erklärt", daß die Erbsünde vorausgesetzt wird. Diese Voraussetzung wird ausdrücklich als eine solche bezeichnet, die aus der Dogmatik stammt. Für die "erste" Ethik, die eine solche Voraussetzung nicht kennt und nach Kierkegaard nicht kennen darf, "mußte die Schwierigkeit sogar größer und ethisch rätselhafter werden, indem die Sünde des Einzelnen sich zur Sünde des ganzen Geschlechts ausweitete"[68].

Es geht Kierkegaard allerdings nicht darum, eine durch Anhäufung individueller Sünden entstandene Situation der "Sünde des ganzen Geschlechts" anzudeuten, der gegenüber der Einzelne in seiner ethischen Anstrengung scheitert, sondern es geht ihm darum, daß wirklich jeder einzelne Mensch (und so alle) Sünder ist in dem radikalen Sinn, daß daraus eine Unfreiheit entstanden ist, die es jedem einzelnen unmöglich macht, ethisch zu existieren. Hier geht es Kierkegaard eindeutig um die Potenzierung des Sündenbewußtseins, um daraus das Geschenk der Vergebung um so größer werden zu lassen. Damit soll nicht Kierkegaard der Prozeß gemacht, wohl aber eine objektive rhe-

65 *Ders.*, Der Begriff Angst, a.a.O. 13.

66 Vgl. *ders.*, Die Krankheit zum Tode, übers. von E. Hirsch, Düsseldorf - Köln 1957, 87-96.

67 *Ders.*, Der Begriff Angst, a.a.O. 16f.

68 Ebd. 18.

torische Figur aufgezeigt werden, die auch er selbst in ihrer Form genau gesehen hat:

> Zuerst geht das Christentum hin und legt die Sünde dergestalt als Position fest, daß der menschliche Verstand es niemals begreifen kann; und alsdann ist es wiederum die gleiche christliche Lehre, die sich daran macht, diese Position auf eine Art zu beseitigen, wie es der menschliche Verstand niemals begreifen kann.[69]

Zunächst wird also durch die Gottesvorstellung das Selbst unendlich potenziert, so daß dann das Bewußtsein der Sünde des Selbst eine größtmögliche Steigerung erfährt, wodurch die Beseitigung der Sünde als vollkommene Unmöglichkeit erscheint.[70] So ergibt sich eine verzweifelte Situation, die um so verzweifelter ist, als gerade das Entscheidende der Sünde die Verzweiflung ist.[71] Die "Lösung" kann dann nur im *paradoxen Glauben* bestehen - was Kierkegaard auch in (an Schelling erinnernder)[72] idealistischer Sprache ausdrücken kann:

> Folgendes ist nämlich die Formel, welche den Zustand des Selbst beschreibt, wenn die Verzweiflung ganz und gar ausgetilgt ist: indem es sich zu sich selbst verhält, und indem es es selbst sein will, gründet sich das Selbst durchsichtig in der Macht, welche es gesetzt hat.[73]

In diesem paradoxen Glauben ist für Kierkegaard die subjektive Wahrheit - und anderes ist für ihn ja gar keine Wahrheit! - von Schöpfung und Erbsünde enthalten. Alles ruht aber auf dem Bewußtsein der Sünde, und die Frage der Sünde gehört überhaupt nicht in den Bereich irgendeiner Wissenschaft, sondern ist Gegenstand der Predigt, in welcher nach Kierkegaard der Einzelne zum Einzelnen redet.[74]

So wie Kierkegaard die religiöse Existenz darstellt (und letztlich kommt es für ihn ja nur auf diese an), handelt es sich um eine in den Willensbereich gewandte Gnosis. Der Mensch hat ein "ewiges Selbst", aber er ist "unwissend" darüber, da die Alltäglichkeit die Verzweiflung verdeckt; was "Welt" genannt wird, ist eben diese Verzweiflung, die nichts davon weiß, die Unwissenheit ist.[75] Wie die Sünde in die Welt gekommen ist, kann keine Wissenschaft und keine Philosophie erklären, denn auch der Sündenfall ist ein qualitativer Sprung, der sich

69 *Ders.*, Die Krankheit zum Tode, a.a.O. 100.

70 Vgl. ebd.

71 Vgl. ebd. 79-81.

72 Zu Kierkegaard und Schelling vgl. *Schulz*, a.a.O. 274-279.

73 *Kierkegaard*, Die Krankheit zum Tode, a.a.O. 10.

74 Vgl. *ders.*, Der Begriff Angst, a.a.O. 12.

75 Vgl. *ders.*, Die Krankheit zum Tode, a.a.O. 39f.

jeder Logik entzieht.[76] Nur Gott, das radikal Andere, von dem der Mensch qualitativ unendlich verschieden ist, kann den Menschen erlösen; der dadurch ermöglichte Glaube ist der Sprung in den Ursprung. Daher hat der Mensch in der Welt keine Stätte, er muß sie aufgeben, er muß von der Welt entwöhnt werden.[77]

Da bei Kierkegaard alles auf den Willen konzentriert ist, besteht die Rückkehr in der radikalen Umkehr,[78] dem paradoxen Glauben, in einer Entscheidung, nicht in einer Erkenntnis (einer Gnosis). Deshalb kann es auch bei Kierkegaard keinerlei kosmologische Spekulation geben, da diese sich ja an die Erkenntnis richten würde. Die einzig entscheidende Unwissenheit ist die Sünde, und diese Unwissenheit wird nicht durch ein Wissen, sondern durch die Reue aufgehoben, die wiederum dadurch ermöglicht ist, daß Gott selbst in einer Entscheidung der Liebe dem Menschen (in der paradoxen Menschwerdung) offenbart, daß er den Zorn wegnimmt, der über der Schuld lag, daß er also der Versöhner ist.[79] Alles, was über die Beziehung von Mensch und Gott, über Schöpfung, über Sünde und Erlösung gesagt werden kann, ist hier Ereignis. Es kann nicht wie in der Gnosis "erkenntnismäßig" ausgelegt, erzählt oder systematisiert werden, sondern wird gleichsam zusammengezogen in den einzig entscheidenden Augenblick der Leidenschaft, des paradoxen Glaubens, in dem die Existenz als solche "wird" und so Schuld und Verzweiflung überwindet, in dem sie von Nichtsein zu Sein übergeht.

> Insofern er in der Unwahrheit gewesen ist und jetzt mit der Bedingung die Wahrheit empfängt, geht ja eine Veränderung mit ihm vor, so wie die von Nichtsein zu Sein. Aber dieser Übergang von Nichtsein zu Sein ist ja der der Geburt. Indes der, welcher *ist*, kann ja nicht geboren werden, und dennoch wird er geboren. Laßt uns diesen Übergang die *Wiedergeburt* nennen, vermöge deren er zum andern Male auf die Welt kommt ganz wie vermöge der Geburt, als ein einzelner Mensch, welcher noch nichts weiß von der Welt, in die er hineingeboren wird, ob sie bewohnt sei, ob es andere Menschen in ihr gebe; (...) so schuldet ja der Wiedergeborene keinem einzigen Menschen etwas, aber alles jenem göttlichen Lehrer, und muß, so wie jener über sich selbst die ganze Welt vergaß, wiederum über diesem Lehrer sich selbst vergessen.[80]

76 Vgl. *ders.*, Der Begriff Angst, a.a.O. 49-51.

77 Vgl. *ders.*, Erbauliche Reden in verschiedenem Geist, übers. von H. Gerdes, o.J., 240. 270.

78 Vgl. *ders.* Philosophische Brocken, a.a.O. 17.

79 Vgl. ebd. 15f.

80 Ebd. 16f.

Dies ist der Sinn der Predigt Kierkegaards von der Leidenschaft, dem Paradox, der Entscheidung, dem Augenblick, in dem sich alles ereignet - und "ist es nicht eine höchst pathetische Sache, aus dem nicht Sein ins da Sein zu treten?"[81]

Zusammenfassung

1. Nach Schleiermacher hängt die Geltung der Gehalte theologischer Aussagen davon ab, daß sie sich als Ausdruck des frommen Selbstbewußtseins rekonstruieren lassen.

2. Die Anschauung des Universums wie das Gefühl der schlechthinnigen Abhängigkeit rekonstruieren ein letztlich harmonisches Weltbewußtsein; Sünde und Erbsünde bezeichnen nur gehemmte Formen des frommen Selbstbewußtseins.

3. Nach Kierkegaard wird der Grund der Existenz in einem Sprung aus einer immer schon durch Sünde gekennzeichneten Situation im paradoxen Glauben erreicht.

4. Dieser Sprung liegt außerhalb der ethischen Möglichkeiten des Selbst, er kann also nur kraft der Erlösung geschehen.

5. In diesem Sprung wird der Übergang vom Nichtsein zum Sein Ereignis. "Schöpfung" wird also nicht (kosmologisch) gedacht, sondern ereignet sich existentiell.

[81] Ebd. 19.

Teil 3

Reflexion einiger Grundprobleme

I Schöpfungsglaube und theologische Rationalität

1. Fides quaerens intellectum

Wir müssen nun nochmals sehr grundsätzlich beginnen. Das in den vorangegangenen Kapiteln ausgebreitete historische Material kann ohne Zweifel ein bestimmtes gelehrtes Interesse beanspruchen, d.h., es handelt sich um Problemkonstellationen, die für das Verstehen der europäischen Geistesgeschichte relevant sind. Gerade aber wenn wir auch die Kapitel aus Teil 1 mit einbeziehen, müssen wir uns die berechtigte Frage stellen, ob die in den verschiedenen Formen der Schöpfungs- und Erbsündenlehre aufgeworfenen Probleme noch irgendeine Relevanz in der Gegenwart aufweisen.

Die Frage kann in verschiedener Richtung gestellt werden. Zunächst kann und muß sich der Christ fragen, welchen Sinn er diesen Glaubenslehren zuschreibt, und er muß sich fragen, ob und in welcher Weise diese Glaubenslehren sein konkretes Handeln beeinflussen. Weiterhin kann aber auch der Nichtgläubige das Recht beanspruchen, vom Gläubigen Auskunft über Sinn und konkrete Relevanz dieser Lehren zu erhalten. In Wirklichkeit sind aber diese beiden Fragerichtungen gar nicht so verschieden, da ja auch der Gläubige Mitglied einer kritischen Öffentlichkeit ist und die Fragen, die ihm gestellt werden, also auch immer zugleich solche sind, die er sich selber stellen muß. Schon deshalb ist es nicht möglich, die beiden Fragerichtungen zu trennen und anzunehmen, es entsprächen ihnen verschiedene Antworten oder zumindest verschiedene Dimensionen derselben Antwort, nämlich der ersteren eine esoterische, der letzteren aber (nur) eine exoterische. Dem könnte erwidert werden, daß es sich mit dem christlichen Glauben in ähnlicher Weise verhalte wie mit Literatur, Musik oder Kunst, aber auch wie mit Sport oder Jagd, die alle mit ihren Regeln und ihrer Geschichte jedem erklärt werden können, deren Faszination, Schönheit usw. sich aber nur dem Adepten eröffnen und nur ihm zugänglich sind. Dieser Auffassung muß allerdings entgegengehalten werden, daß so, wie etwa das Entzücken, das ein Werk der Poesie hervorruft, nicht Gegenstand der Literaturwissenschaft sein, wohl aber von dieser in seiner Berechtigung erklärt und begründet werden kann, so auch die Ruhe, die Sicherheit, die Freude oder die Angst, die eine Glaubenslehre mit sich bringen kann, nicht Gegenstand der Theologie sein können, und dennoch auch wieder von dieser her einer kritischen Untersuchung zur Klärung ihrer Legitimität unterworfen werden müssen.[1]

Das Prinzip der *fides quaerens intellectum* interessiert uns hier also nicht in seinem genauen historischen Sinn, sondern so, wie es seit Anselm von Canterbury zum Ausdruck der Forderung nach Rationalität in der Theologie in einem ganz allgemeinen Sinn geworden ist. Es besagt für uns in der Gegenwart also einfach Diskursfähigkeit, Kommunikationsfähigkeit des Theologen gegenüber dem Nichttheologen - ganz gleich, ob bei diesem vielleicht ein *intellectus quaerens fidem* vorliegt oder nicht. Diese Forderung der Kommunikationsfähigkeit kann in unserer Gegenwart um so eher erhoben werden, als wir nicht mehr im Rahmen eines Methoden-, Sprach- und so letztlich Rationalitätsmonismus denken, sondern vielmehr eine Pluralität von Methoden und Sprachen anerkennen. Dabei ist gar nicht vorausgesetzt, daß es eine eigene, von allen anderen grundsätzlich unterschiedene Sprache des Glaubens oder der Theologie gebe. Eine solche Voraussetzung, die möglicherweise der dialektischen Theologie zugrunde liegt, entspricht jedenfalls nicht der Tradition der katholischen Theologie, in welcher - nicht selten irrtümlicherweise, wofür gerade die Theologie der Schöpfung auch recht blamable Beispiele liefert - die Frage der "Familienähnlichkeit" theologischer und nichttheologischer Sprache(n) als echtes Sachproblem immer anerkannt wurde. Wir müssen uns darüber im klaren sein, daß auch ein so nützliches (wenn auch unter schmerzlichen Krämpfen erlangtes) Ergebnis wie das der Unterscheidung theologischer und naturwissenschaftlicher Sätze zunächst für die Theologie nur ein negatives Resultat der Selbstaufklärung ihrer Sprache lieferte und daß auch dieses negative Resultat einer weiteren und genaueren Interpretation bedarf. So sagt etwa die Abgrenzung, d.h. hier die genaue Unterscheidung naturwissenschaftlicher und theologischer Sprache noch gar nichts darüber aus, ob eine ebenso genaue Unterschei-

1 So ist es z.B. ein auffälliges Phänomen, daß in der Geschichte des Christentums die Furcht vor der Hölle stark motivierte und breite Gruppen erfaßte, während die Vor-Freude des Himmels oder der "neuen Erde" wesentlich weniger stark emotionale Wirkungen zeigte und eigentlich durchgängig nur bei Ausnahmeindividuen (z.B. Heiligen) als motivierend berichtet wird.

dung dort legitim ist, wo es um den (technischen, ökonomischen, politischen) *Verwendungs*zusammenhang naturwissenschaftlicher Ergebnisse geht. Ebenso ist ja auch z.B. noch nicht entschieden, ob es (wie in der Säkularisierungsthese behauptet wird) einen *Entstehungs*zusammenhang von naturwissenschaftlicher Denkform und christlichen bzw. alttestamentlichen Glaubenssätzen gibt, so daß dann auch mit einem *Verantwortungs*zusammenhang gerechnet werden müßte.

Die Diskussion solcher (hier nur beispielhalber angeführter) Probleme erfordert eben Diskursfähigkeit und Kommunikationsbereitschaft aller daran Beteiligten; für den Theologen drückt sich darin die wesentliche Voraussetzung einer *fides quaerens intellectum* aus. Daß dabei Grenzüberschreitungen wie im Fall der Ablehnung des kopernikanischen Weltbilds nicht von vornherein ausgeschlossen werden können, ist klar. Kommunikationsfähigkeit ohne Risikobereitschaft ist unmöglich, der Irrtum auch in sehr wesentlichen Fragen kann nicht ausgeschlossen werden. Ein Unfehlbarkeitsanspruch hat in dieser Kommunikationsfähigkeit keinen Platz, er ist kein Prinzip, sondern muß selbst Gegenstand der Analyse sein, d.h., er muß aus seinem historischen und sozialpsychologischen Hintergrund erklärt werden. Diskursfähigkeit setzt also mit der Risikobereitschaft auch Korrekturbereitschaft voraus.

Wie die historischen Analysen zur Genüge gezeigt haben, war gerade die Schöpfungslehre einer der wichtigsten Schnittpunkte, an denen die *fides quaerens intellectum* in der Auseinandersetzung mit Wissenschaft und Metaphysik herausgefordert war, wobei die Schöpfungslehre in enger Beziehung mit den verschiedenen Formen des kosmologischen Gottesbeweises stand. Prinzipien, die in dieser Auseinandersetzung festgehalten werden sollten, wurden auf dem 1. Vaticanum (1870) nochmals ausdrücklich betont (DS 3021-3025). Allerdings hatten die Konzilsväter des 1. Vaticanums eher idealistische Philosophie als moderne Naturwissenschaft im Blick. Theologen wie Vertreter des kirchlichen Lehramts hatten aus der Auseinandersetzung mit Galilei die Lehre gezogen, vorsichtig bei Stellungnahmen zu naturwissenschaftlichen Theorien zu sein. Vermutlich war auch das Bewußtsein vorhanden, daß die Kritik Kants am kosmologischen Gottesbeweis keine überzeugende Antwort gefunden hatte. Die Entwicklung der modernen Physik und Kosmologie schien hier jedoch neue Möglichkeiten zu bieten. Dies schien um so berechtigter, als ja auch Kants Raum- und Zeitbegriff, die ein entscheidendes Element seiner Diskussion einer endlichen oder unendlichen Welt darstellten, in der modernen Physik einer Kritik unterzogen wurden. Die Frage einer "ewigen" oder "zeitlich begrenzten" Welt wurde nicht mehr als eine zu aporetischen Konsequenzen führende metaphysische Diskussion angesehen, sondern trat im Rahmen naturwissenschaftlicher Theorien auf, welche also prinzipiell empirisch verifizierbar oder falsifizierbar waren. Besonders der als *big bang*- oder "Urknall"-Theorie bekanntgewordene kosmologische Entwurf,[2] der von einem zeitlichen Anfang und Ende des Kosmos spricht - wobei die Zeit wie der Raum, beide als Einheit begriffen, mit dem Kosmos "entstehen" -, rief das Interesse von Theologen hervor, sogar das von Pius XII. Mit einer Rede vor der päpstlichen Akademie der Wissenschaften im Jahr 1951 rief er den Eindruck hervor (um es vorsichtig auszudrücken), er meine, von theologischer Seite solle dieser Theorie der Vorzug vor anderen gegeben werden.[3] (Es ist ja nicht zu übersehen, daß es auch Theorien wie die von H. Bondi, Th. Gold und F. Hoyle gibt, die von einem "unendlich alten" Universum sprechen, auch wenn diese Theorie weniger Anhänger und so auch weniger Weiterentwicklung findet als die des "Urknalls".)[4] Diese Stellungnahme Pius XII. muß als bedauerlicher Fehler angesehen werden, der die *fides quaerens intellectum* an der falschen Stelle einsetzt.[5]

[2] Das Interesse, das kosmologische Fragen gegenwärtig finden, hat erfreulicherweise dazu geführt, daß diese Theorien auch in "allgemeinverständlicher" Weise dargeboten werden. Aus der inzwischen umfangreich gewordenen Literatur sei auf folgende Arbeiten hingewiesen: *P. von der Osten-Sacken*, Schöpfung aus dem Nichts. Das Geheimnis vom Ursprung des Universums, Düsseldorf 1981; *M.K. Munitz*, Cosmic Understanding, Princeton 1986; *P. Davies*, Gott und die moderne Physik, München 1986 (das in dieser Arbeit auf S. 282 als allgemein angenommene Verständnis von Religion teile ich nicht; Religion als "Modell für unsere Erfahrungen", das sich auf Nützlichkeit stützt, wie es Davies als - gewöhnlich nicht akzeptierte - Alternative ebd. andeutet, scheint mir ein durchaus brauchbarer Ansatzpunkt); *ders.*, Prinzip Chaos. Die neue Ordnung des Kosmos, München 1988; *S.W. Hawking*, Eine kurze Geschichte der Zeit. Die Suche nach der Urkraft des Universums, Hamburg 1988 (diese Arbeit ist m.E. die interessanteste der genannten; sie stellt auch den Zusammenhang mit den "klassischen" kosmologischen Theorien von Aristoteles, Galilei und Newton dar). - Vgl. auch *F. Hoyle* (Anm. 4) und *S. Weinberg* (Anm. 16).

[3] Vgl. *Pius XII.*, Le prove dell' esistenza di Dio alla luce della scienza naturale moderna, in: Discorsi e radiomessaggi di Sua Santità, XIII, Rom 1952, 393-406.

[4] Vgl. z.B. *F. Hoyle*, Das grenzenlose All. Der Vorstoß der modernen Astrophysik in den Weltraum, Köln - Berlin [2]1959, bes. Kap. 20.

[5] Es sei auch erwähnt, daß in den letzten Jahren eine Akkumulation von Argumenten gegen die Urknall-Theorie stattgefunden hat. Ein vielleicht entscheidendes Argument dagegen lieferte jüngst die ("zufällig" gemachte) Entdeckung von R. Giovanelli und M. Haynes von der Cornell University, die eine nur 65 Millionen Jahre alte Galaxie fanden, wogegen nach der Urknall-Theorie alle Galaxien mehr oder weniger gleich alt sind, ca. 20 Milliarden Jahre (was auch den bisher vorliegenden Beobachtungen entsprach) und "kurz" nach dem Urknall entstanden sind. - Astrophysiker sprechen gelegentlich schon vom "Ende des Big-Bang-Mythos".

Die Beurteilung können wir John Polkinghorne überlassen, der als kompetenter theoretischer Physiker aus Cambridge und inzwischen anglikanischer Kleriker wohl als unverdächtiger Kritiker gelten darf: "Eine solche päpstliche Unterstützung einer bestimmten wissenschaftlichen Theorie stellt ein ebenso peinliches falsches Verständnis dar wie der Widerstand seines Vorgängers Urban VIII. gegenüber den Ideen des Kopernikus und des Galilei."[6]

Fides quaerens intellectum bedeutet eben auch, aus der Geschichte und den in ihr geführten Diskussionen in bestimmten Fällen zu lernen, daß einzelne traditionelle Lehren gar nichts mit dem christlichen Glauben zu tun haben. Carl Friedrich v. Weizsäcker sagt völlig zu Recht, daß er "keine rationale Notwendigkeit für Christen, an einen Anfang der Welt in der Zeit zu glauben" sieht.[7] Von daher besteht also schon faktisch gar kein Grund, einer bestimmten kosmologischen Theorie den Vorzug zu geben, ganz abgesehen davon, daß für eine solche Bevorzugung jede methodologische Grundlage fehlt. Dabei sollten wir auch nicht vergessen, daß es gewöhnlich äußerst schwierig ist, bei Theorien wie jenen der Kosmologie unseres Jahrhunderts auch nur eine "Familienähnlichkeit" wissenschaftlicher und philosophischer oder theologischer Sätze mit der wirklich erforderten begrifflichen Genauigkeit festzustellen. Da ich keinerlei Kompetenz auf dem Gebiet der theoretischen Physik besitze, zitiere ich nochmals v. Weizsäcker, der vor nicht begründeten Folgerungen warnt: "Sieht man - immer unter der Voraussetzung eines endlichen Alters der Welt - keinen Sinn in der Frage, was in der Zeit vor dem Anfang der Welt geschehen sei, so braucht man ebensowenig Sinn in der Frage zu sehen, welche präexistente Ursache die Welt zum Dasein gebracht habe; eben die Welt, deren Sein vielleicht Bedingung der Möglichkeit eines sinnvollen Gebrauchs von Kausalbegriffen ist. Die Naturwissenschaft ist mit der religiösen Skepsis ebensowohl vereinbar wie mit dem Schöpfungsdogma."[8]

6 *J. Polkinghorne*, One World. The Interaction of Science and Theology, Princeton 1986, 66. (Übers. von mir.)

7 *C.F. v. Weizsäcker*, Die Tragweite der Wissenschaft. Schöpfung und Weltentstehung, Stuttgart [5]1976, 171.

8 Ebd. - Dies wird in manchen durchaus gut gemeinten theologischen Unternehmungen nicht berücksichtigt. So ist z.B. bei *U. Neuenschwander*, Glaube und moderne Naturwissenschaft, in: ders., Zwischen Gott und dem Nichts, Stuttgart 1981, 182, zu lesen: "Vielmehr scheint es so zu sein, daß eine intensive Beschäftigung mit den letzten Geheimnissen der Naturwissenschaften wieder vermehrt gerade in die religiöse Weltansicht hineinführt, gemäß dem alten Spruch, daß halbe Wissenschaft von Gott weg führt, ganze aber zu ihm hin." Dies ist der Pius XII.-Irrtum auf protestantischer Seite.

Im Prinzip ist diesem Satz v. Weizsäckers zum Verhältnis von Naturwissenschaft und Schöpfungsglaube nichts hinzuzufügen. In neueren Arbeiten zu diesem Thema[9] wird jedoch gelegentlich versucht, über diese alternative Vereinbarkeit hinauszugehen und eine spezifischere Interpretation gegenwärtiger kosmologischer Theorien zu geben. (Daß dabei vielleicht manchmal der Pius XII.-Fehler nun in umgekehrter Richtung begangen wird, kann nicht ausgeschlossen werden.)[10] Es sei dabei eine Interpretation herausgegriffen, die auch deshalb interessant ist, weil sich an ihr zeigt, wie selbst nach wissenschaftlichen Entwicklungen, die sogar Grundbegriffe wie Raum, Zeit und Kausalität neu bestimmen, philosophisch-theologische Argumente in beinahe unveränderter Form wieder auftauchen. Paul Davies stellt zunächst fest:

> Sofern das Universum durch bloßen Zufall entstanden ist, sind die Aussichten, daß es darin irgendeine erkennbare Ordnung gibt, geradezu lächerlich gering. Bei einem als willkürlichem Ereignis aufgetretenen Urknall wäre die Wahrscheinlichkeit dafür, daß sich das dabei entstehende kosmische Material bei höchster Entropie und im Ordnungszustand Null im thermodynamischen Gleichgewicht befindet, *ungeheuer* groß, und das ist noch sehr vorsichtig formuliert. Da es aber offensichtlich nicht auf diese Weise zum Urknall gekommen ist, kann man sich wohl nur schwer der Schlußfolgerung entziehen, daß der Zustand, in dem sich das Universum befindet, irgendwie aus der riesigen Anzahl verfügbarer Zustände "gewählt" oder herausgegriffen wurde, die sämtlich bis auf einen äußerst winzigen Bruchteil vollständig ungeordnet sind. Wäre aber tatsächlich ein solch außergewöhnlich unwahrscheinlicher Anfangszustand herausgegriffen worden, muß es dann nicht einen *Auswählenden* oder *Planenden* gegeben haben, der diese "Wahl" getroffen hat?
>
> Ein hilfreicher Vergleich besteht darin, sich den Schöpfer mit einer Stecknadel vorzustellen. Vor ihm liegt eine riesige "Einkaufsliste" von Universen, von denen ein jedes durch seinen Anfangszustand gekennzeichnet ist. Wählt nun der Schöpfer ein Universum aus, indem er einfach mit der Nadel irgendwo hinsticht, ist die Wahrscheinlichkeit, daß seine Wahl auf einen stark ungeordneten Kosmos ohne erkennbare Struktur oder Organisation fällt, überwältigend groß. Um ein geordnetes Universum zu finden, müßte der Schöpfer "Modelle" in so großer Zahl durchgehen, daß man sie nicht einmal auf ein Blatt von der Größe des gesamten beobachtbaren Universums schreiben könnte. Das Geheimnis, wie das Universum in seinen Zustand geringer Entropie geraten ist, hat die Vorstellungskraft mehrerer Generationen von Physikern und Kosmologen beschäftigt,

[9] Die eben im Erscheinen begriffene Arbeit *J. Audretsch - K. Mainzer*, Vom Anfang der Welt. Wissenschaft, Philosophie, Religion, Mythos, München 1989, konnte von mir noch nicht eingesehen werden.

[10] Vgl. z.B. *P. Davies*, a.a.O. 15: "Ob unsere Antworten richtig oder falsch sind, die Naturwissenschaft hat mittlerweile den Punkt erreicht, von dem aus ehedem religiöse Fragen auf wissenschaftlich haltbare Weise untersucht werden können." (Sic!)

von denen viele nur zögernd bereit waren, auf die Möglichkeit einer Auswahl durch eine Gottheit zurückzugreifen.[11]

Davies erwähnt in diesem Zusammenhang Leibniz nicht. Aber es kann kein Zweifel daran bestehen, daß dies genau die Leibniz-Konstruktion der möglichen Welten darstellt[12] (daß Leibniz nichts vom "Urknall" wußte, spielt dabei für die grundlegende Frage gar keine Rolle). Im Kap. XV des zweiten Teils ist jedoch darauf hingewiesen worden, daß schon zeitgenössische Kritiker fragten, ob dann für Gott überhaupt noch eine echte Möglichkeit der Wahl bestand, eine andere als die in einem umfassenden Sinn "beste aller möglichen Welten" zu wählen. Und Davies meint:

> Wenn es also nur *ein* logisch in sich stimmiges Universum gibt, hätte Gott letzten Endes gar keine Wahl.[13]

Derselbe Autor sieht dann natürlich, daß dies eine weitere Frage hervorruft:

> Falls es wirklich nur eine mögliche Art der Schöpfung gibt, warum brauchen wir dann überhaupt einen Schöpfer? Welche Aufgabe könnte er dann haben, außer daß er "auf den Knopf drückte", um die Sache in Gang zu setzen? Eine solche Aufgabe aber bedarf keines *Geistes* - da würde ein Auslösemechanismus genügen, und (...) in der Welt der Quantenphysik (wäre) nicht einmal der erforderlich. Bestreitet also diese Philosophie einer einzigen physikalischen Lösung für die grundlegende logisch-mathematische Gleichung des Universums Gottes Existenz? Keineswegs! Sie macht die Vorstellung vom Schöpfergott überflüssig, schließt aber keinen allumfassenden Geist aus, der als Teil jenes einzigartigen physikalischen Universums existiert: ein natürlicher Gott statt eines übernatürlichen. Selbstverständlich bedeutet in diesem Zusammenhang "Teil eines" ebensowenig "irgendwo im Raum befindlich" wie sich unser eigener Geist im Raum lokalisieren läßt, und es bedeutet ebensowenig "aus Atomen bestehend" wie unser Geist, im Gegensatz zum Gehirn, aus Atomen besteht. Das Gehirn ist das Medium, durch das sich der menschliche Geist ausdrückt. In ähnlicher Weise wäre das gesamte physikalische Universum das Medium, durch das sich der Geist eines natürlichen Gottes ausdrückt. In diesem Zusammenhang ist Gott der höchste, möglicherweise mehrere Beschreibungsstufen oberhalb der des menschlichen Geistes anzusiedelnde holistische Begriff.[14]

11 Ebd. 219f.

12 Es ist auch - dies sei nebenbei gesagt - auffällig, welch große Beachtung in den letzten Jahrzehnten die Leibniz-Theorie der "möglichen Welten" gefunden hat. Vgl. z.B. *B. Mates*, Leibniz über mögliche Welten, in: A. Heinekamp - F. Schupp (Hrsg.), Leibniz' Logik und Metaphysik, Darmstadt 1988, 311-341.

13 *Davies*, a.a.O. 285.

14 Ebd. 286.

Wir wollen hier nicht im einzelnen diskutieren, ob dies wirklich eine sich aus moderner Kosmologie nahelegende oder auch nur mit ihr vereinbare Interpretation ist, und auch nicht, ob die von Davies gewählte Begrifflichkeit (etwa "natürlicher" und "übernatürlicher Gott") als brauchbar angesehen werden kann. Was gemeint ist, kann so etwa verstanden werden. Dann stellt sich allerdings eine ähnliche Frage wie vorher: Werden wir - nach einem ohne Zweifel interessanten Weg durch die Kosmologie (der hier nicht wiedergegeben werden muß) - letztlich hier nicht wieder mit einer Problematik konfrontiert, die im Rahmen philosophischer und theologischer Konzeptionen etwa von Nikolaus von Kues diskutiert wurde (vgl. Teil 2, Kap. XIV), der wir aber im Prinzip auch schon bei Scotus Eriugena begegnet waren (vgl. Teil 2, Kap. XII)?

Wir sollten aber Interpretationen wie die von Paul Davies auch nicht überschätzen. Die Hoffnung dieses Autors, die moderne Kosmologie könne einen Weg zu Gott eröffnen,[15] wird keineswegs von der Mehrzahl der theoretischen Physiker oder Kosmologen geteilt. Um auch hier nur ein Beispiel anzuführen: Der bedeutende Physiker (und Nobelpreisträger) Steven Weinberg meint, daß das immer größere Verständnis des Universums nur immer mehr zeigt, wie sinnlos (*pointless*) es ist.[16] Wir werden dabei an die unabschließbare Diskussion zwischen Teilhard de Chardin, der eine zielgerichtete Entwicklung alles Lebens annimmt,[17] und Jacques Monod (ebenfalls ein Nobelpreisträger) erinnert, der in allem Kombinationen des Zufalls sieht.[18] - Vielleicht hätten wir doch besser bei von Weizsäckers Satz haltmachen sollen.

In Teil 1, Kap. I, ist auf Wittgensteins berühmten Satz hingewiesen worden: "Wir fühlen, daß selbst wenn alle *möglichen* wissenschaftlichen Fragen beantwortet sind, unsere Lebensprobleme noch gar nicht berührt sind."[19] Und er meint dann: "Die Lösung des Problems des Lebens merkt man am Verschwinden dieses Problems."[20] Wittgenstein

15 Vgl. ebd. 15.

16 *S. Weinberg*, Die ersten drei Minuten. Der Ursprung des Universums, München [3]1978, 212. - *J. Polkinghorne*, a.a.O. 64, verweist auf diese doppelte Interpretationsmöglichkeit.

17 Vgl. *P. Teilhard de Chardin*, Der Mensch im Kosmos, München 1965.

18 Vgl. *J. Monod*, Zufall und Notwendigkeit. Philosophische Fragen der modernen Biologie, München [4]1972.

19 *L. Wittgenstein*, Tractatus logico-philosophicus 6.52.

20 Ebd. 6.521.

selbst hat sich von der Ansicht, daß Sätze, die Lebensprobleme formulieren, keine Bedeutung (im präzisen Gebrauch von "Bedeutung" im "Tractatus") haben, in seiner späteren Philosophie deutlich distanziert, nicht aber von der Auffassung, die im ersten zitierten Satz ausgesprochen ist. Hier läßt sich weiterarbeiten. Sätze, in denen Lebensprobleme formuliert werden, können auf ihre Bedeutung (*meaning*) im Gebrauch hin analysiert werden, aber sie stellen eben ein anderes "Sprachspiel" als jenes der Wissenschaft dar.

Religion und Glaube[21] sind ein Mittel zur Bewältigung von Lebensproblemen, individuellen wie gesellschaftlichen; zu den Problemen des Lebens gehört selbstverständlich auch das Problem des Todes. Die Lebensprobleme zeigen sich im Streben nach Glück, nach "wahrem Leben", sie zeigen sich aber noch viel unmittelbarer in der Furcht, also in der Erfahrung von Bedrohung. Es besteht kein Grund, sich der alten Einsicht zu verschließen, daß Religion und Glaube ursprünglich (und konstitutiv?) etwas mit Furcht, mit Bannung einer Bedrohung zu tun haben. Kaum eine andere Glaubenslehre macht so wie die von der Schöpfung deutlich, welch zentrale Rolle die Erfahrung der Bedrohung durch das Chaos in allen Religionen spielt. Wie die Schöpfungslehre dem drohenden Chaos in Welt und Natur zu begegnen sucht, so sucht die Erbsündenlehre eine Erklärung für das immer wieder drohende Chaos im individuellen und gesellschaftlichen Leben des Menschen und der Menschheit zu liefern und versucht mit der Erklärung zugleich die Gefahr zu bannen. Und wahrscheinlich werden wir hier ein wechselseitiges Bedingungsverhältnis annehmen müssen: Erst die Überzeugung, der Gefahr Herr werden zu können, ermöglicht es, der Gefahr ganz ins Auge zu blicken. "Chaos" wird erst durch den Entwurf oder die Antizipation von "Ordnung" bestimmt, bleibt aber auch in dieser Bestimmtheit ein Grenzbegriff; und es ist zumindest *als* Grenzbegriff nur dort "erfaßbar", wo ihm ein Gegenbegriff der "Ordnung" gegenübergestellt ist. "Ordnung" wiederum wird von daher als Gegenbegriff zu dem entworfen, was in unbestimmter Weise als "Chaos" erfahren oder angenommen wird.

Die Rationalität der Religion in diesem Zweck-Mittel-Verhältnis muß sich dann dort erweisen, wo sich das Mittel (die Religion) angesichts eines Zwecks (der Bewältigung einer Bedrohung) bewährt. Die

21 "Religion" und "Glaube" werden hier nebeneinander gebraucht, obwohl ihre Begriffsbestimmungen nicht synonym sind. Es soll damit jedoch ausgedrückt werden, daß die Behauptung der dialektischen und existentialen Theologie, das Christentum sei Glaube, aber keine Religion, dem phänomenologischen Befund einfach nicht gerecht wird.

Überprüfung der Adäquatheit des Mittels, also der Religion, ist ein vielschichtiger Vorgang. In Extremfällen kann diese Überprüfung verhältnismäßig leicht sein. Versucht etwa jemand, auf die die Existenz der menschlichen Welt radikal bedrohende Bevölkerungsexplosion mit einem Glaubenssatz zu antworten, der praktisch auf den Satz "Gibt Gott das Häschen, gibt er auch das Gräschen" hinausläuft, muß er eine konstante und exponentielle Wundertätigkeit Gottes annehmen, die jedoch sogar dem traditionellen Verständnis von "Wunder" widerspricht. Die Irrationalität eines solchen "Glaubenssatzes" erweist sich also einfach dadurch, daß er sich in pragmatischer Hinsicht nie bewahrheitet hat und somit auch eine Hoffnung auf Bewahrheitung in der Zukunft pure Verantwortungslosigkeit wäre.

Während die Unvernünftigkeit mancher Vorschläge in die Augen springt, ist es gewöhnlich viel schwieriger, die Vernünftigkeit eines Vorschlags abzuschätzen oder gar zwischen alternativen Vorschlägen eine vernünftige Präferenz zu begründen. Das Glaubenssystem sucht angesichts der Bedrohung durch das Chaos eine mögliche Welt zu erfinden, in der die Bedrohung gebannt wäre. Diese mögliche Welt ist allerdings nicht die einzige der möglichen Welten, es gibt Alternativen (und so alternative Religionen oder Welt-Anschauungen). Die Wahl einer dieser möglichen Welten setzt nun nicht voraus, daß die Unvernünftigkeit aller anderen erwiesen wäre. Da es sich um Entscheidungen unter Risiko handelt, kommen wir über die Situation der Wette nicht hinaus (vgl. Teil 2, Kap. XVI zu Pascals Wette). Die Rationalität der Wette (= Glaube) besteht darin, daß zwischen Einsatz und möglichem Gewinn bzw. Verlust ein vernünftiges Verhältnis besteht. Es ist klar, daß in einer Situation verschiedene Wetten vernünftig sein können. Es ist aber ebenso klar, daß bestimmte Annahmen als sehr unwahrscheinlich angesehen werden müssen und so ein bestimmter Wetteinsatz unverhältnismäßig riskant wäre. Die frühe Christenheit z.B. ging davon aus, daß die Erlösung von der Welt im - in naher Zukunft eintretenden - Ende der Welt bestehe. In der Terminologie der Wette: Die frühen Christen setzten auf einen baldigen totalen Kursverfall aller weltlichen Werte. Unter dieser Voraussetzung war es vernünftig, nicht mehr auf diese weltlichen Werte zu setzen. Als sich jedoch die Erwartung des baldigen Weltendes als falsch erwies, mußte der vernünftige Wetteinsatz neu kalkuliert werden. Und so setzten die Christen der späteren Generationen auch wieder auf weltliche Werte; die Erwartung des Weltendes wurde zunehmend weniger handlungsbestimmend.[22] Sie hatten also eine modifizierte mögliche Welt entworfen, auf die sie nun setzten und von der aus die Prinzipien des Handelns entwickelt wurden. Ein solches Lernen durch Fehler ist vernünftig, und ein Mythos gibt - wie wir gesehen haben - die Möglichkeit, verschiedene Entwürfe durchzuspielen, also in praktischer Hinsicht auszuprobieren.

Es ist daher eine Frage der *fides quaerens intellectum*, zu untersuchen, ob der (ältere) Mythos der Weltschöpfung und der (jüngere) Mythos der Erbsünde, in dem der (ältere) Mythos einer ersten Sünde und einer Vertreibung aus dem Paradies enthalten ist, ausgedient haben oder ob sie Varianten enthalten bzw. ermöglichen, die einen vernünftigen, konstruktiven Beitrag zu Lebensfragen der Gegenwart leisten können. Vernünftige Selbstkritik wird nicht mehr als einen Beitrag erwarten (zu vielen Fragen hat der christliche Glaube nichts zu sagen) und wird ebenso nicht mehr als *eine* vernünftige Alternative erwarten, mit der nicht schon behauptet ist, daß konkurrierende Vorschläge unvernünftig sind. Der Absolutheitsanspruch einer Wette wäre selbstwidersprüchlich.

Wir können uns natürlich fragen, ob es überhaupt möglich und, wenn ja, ob es legitim ist, einen Mythos zielgerichtet einzusetzen. Ist es überhaupt möglich? Ergibt sich dabei nicht genau das, was Karl Kerényi "unechte Mythen" nennt, von denen er sagt: "Sie ergeben keine für sich bestehende, anspruchslose und zwecklose, von Spontaneität zeugende Mythologie. Und sie sind nicht auf das Urphänomen Mythos zurückzuführen (...)."[23] Allerdings, zweckfrei waren Mythen nun einmal nie, nur wird diese Zweckgebundenheit - auf Lebensprobleme hin - eben erst in späterer Analyse sichtbar; und damit ist dann auch gegeben, daß die ursprüngliche Spontaneität später tatsächlich nicht mehr zurückholbar ist (vgl. Teil 1, Kap. II). Im Wissen um seine Zweckgebundenheit ist unser Verhältnis zum Mythos immer ein "gebrochenes", und dasselbe folgt auch aus unserem Wissen um Alternativen zu einem Mythos. Die Arbeit mit einem in diesem Sinn "gebrochenen" Mythos bedeutet jedoch nicht schon, daß es dadurch zu einem "unechten" Mythos käme. In theologischer Rationalität muß sogar ausdrücklich gefordert werden, den Mythos ausschließlich in solcher analytisch be-

22 Wäre die Erwartung des Weltendes ganz aufgegeben worden, könnte man nicht mehr von einem Weiterbestehen des christlichen Mythos sprechen. Chiliastische Bewegungen, die immer wieder auftraten, hatten also (neben anderen Funktionen) auch die Funktion einer Identitätswahrung des christlichen Mythos.

23 *K. Kerényi*, Wesen und Gegenwärtigkeit des Mythos, in: ders. (Hrsg.), Die Eröffnung des Zugangs zum Mythos, Darmstadt 1976, 238.

wußtgemachten "Verfremdung" zu gebrauchen, um zu verhindern, daß er eine ideologische Funktion ausüben kann, wie sie Roland Barthes an modernen Mythen aufgezeigt hat: Indem in ihnen geschichtlich Gewordenes als Natürliches ausgegeben wird, werden sie undiskutierbar, stellen sich mit einer falschen Evidenz dar.[24] Daß der christliche Mythos auch als ein solcher "ideologischer" oder "falscher" Mythos verwendet werden kann, ist eine Tatsache der Geschichte und Gegenwart; dieser Pseudogebrauch ist jedoch nicht unser Thema.

Das Wissen um die geschichtliche Kontingenz des Mythos darf nicht überspielt werden. Auch dort, wo wir auf eine mythische Tradition zurückgreifen, deren Wurzeln sich vielleicht in vorgeschichtlicher Zeit verlieren, sind wir nicht auf dem Boden der "Natur", sondern auf dem Boden einer geschichtlichen Wirklichkeit.[25] Und in diesem Sinn kann dann gelten, was Kerényi (mit Berufung auf Carl Gustav Jung) sagt: "Nicht ganz vergessene, für unsere Zeit aber doch schon totgeglaubte Traditionen können sich wieder beleben, weil sie sich von zeitlosen Abgründen nähren, über denen die Insel des Menschen (...) immerfort gefährdet und angenagt schwebt."[26] In solchen Traditionen geht es immer in irgendeiner Weise um das "Heil", um die "Heilung", um die Abwehr oder die Eindämmung des "Chaos". Ein vorsichtiger, deutender Gebrauch von Symbolen einer solchen Tradition, der die Freiheit der Übernahme und Aneignung weder beschränkt noch aufhebt, könnte möglicherweise eben doch eine "psychische Ladung" (C.G. Jung)[27] freisetzen, die gerade jene Durchsetzungskraft ermöglicht, welche häufig auch bei rationaler Einsicht in eine Bedrohung nicht erreichbar ist. Es gehört durchaus zur Rationalität der *fides quaerens intellectum*, einzusehen, daß der Glaube ohne emotional erfüllende Symbole keine ausreichende Handlungsmotivation liefert, daß aber gerade die echte mythische Tradition solche Symbole enthält, während die "reine" Rationalität genau in diesem Punkt ein Motivierungsdefizit aufweist. Zu den Kennzeichen einer religiösen symboli-

24 Vgl. *R. Barthes*, Mythologies, Paris 1957, 215-217.

25 Deshalb ist auch in diesem Zusammenhang der Rückgriff auf ein "kollektiv Unbewußtes", aus dem heraus sich die Mythen bilden, problematisch. Zur Archetypenlehre Jungs, die diese Theorie expliziert, vgl. z.B. *C.G. Jung*, Der Mensch und seine Symbole, Olten 1968, bes. 67-99. Damit ist jedoch nicht gesagt, daß Jung nicht die Rolle des Mythos für das Bewußtsein und für das ebenso wichtige Unterbewußtsein in durchaus erhellender Weise charakterisiert hat, worauf gleich noch zurückzukommen ist.

26 *Kerényi*, a.a.O. 251.

27 *Jung*, a.a.O. 93, vgl. 99.

schen Welt dürfte es gerade auch gehören, daß sie diese emotionalen Bedürfnisse befriedigt. Es ist also selbst ein durchaus rationales Unternehmen, symbolische Sinnwelten auf ihr Motivierungspotential hin zu untersuchen und somit zu fragen, ob und in welcher Weise sie sinnvoll "verwendet" werden können. Diese Frage wird unten in Abschnitt 4 noch etwas weiter verfolgt werden.

2. Kosmisierung - Bannung des Chaos

Glaube als Entscheidung unter Risiko für eine mögliche Welt, in der das Chaos gebannt wäre, in Einheit mit einer Praxis, die dem je gegenwärtig drohenden Chaos Widerstand leistet - dieser Gedanke verbindet Elemente, die in dieser Form in der ursprünglichen Wirkweise des kosmologischen Mythos gerade *nicht* gegeben sind. Die Kosmologie hat in ihrem Ursprung (der natürlich nur sehr hypothetisch rekonstruiert werden kann) gerade die Funktion, die Entscheidung für ein bestimmtes System von Normen und Verhaltensweisen praktisch aufzuheben. Das heißt, sie verleiht diesem System Sicherheit, und zwar unverrückbare Sicherheit, insofern sie es nicht in einer möglichen Welt verankert, sondern in der "wirklichen" Welt, im "Ursprung des Kosmos" und damit in seiner unverrückbar bleibenden Form.[28] Es spricht also vieles für die Annahme, daß der Aufbau einer mythologischen Kosmologie ursprünglich einem Bedürfnis, genauer: einem Bedürfnis nach Sicherheit, entsprochen hat. Damit ist nicht gesagt, daß diesem Bedürfnis, mit dem keine anthropologische Konstante behauptet sein soll, in konstanter Weise unbedingt gerade eine Kosmologie (im herkömmlichen Sinn) entsprechen muß. Es ist auch denkbar, daß moderne Kosmologien diesem Bedürfnis prinzipiell nicht mehr entsprechen können. Wie aber erklärt sich dieser Zusammenhang eines bestimmten Bedürfnisses mit dem Aufbau einer mythologischen Kosmologie?

Der Mensch kommt in biologischer Hinsicht "unfertig" in die Welt. Die anderen Lebewesen sind instinktmäßig eindeutig ausgerichtet und geordnet; sie haben mit dieser Ordnung ihre "Welt" vorgegeben. Die Instinktdefizienz des Menschen bedeutet, daß ihm eine solche Welt nicht vorgegeben ist, sondern daß er sich seine Welt erst schaffen muß. Die Sicherheit des Instinkts muß also durch eine andere Sicherheit ersetzt werden: Der Mensch muß sich eine Ordnung geben, die sein

[28] Vgl. zum ganzen folgenden Abschnitt *P. Berger*, Zur Dialektik von Religion und Gesellschaft, Frankfurt 1967, 3-28.

Handeln und Vorstellen normiert. Die Gesamtheit dieser Normen und Vorstellungen wird "Kultur" genannt. Die Kultur ist ein Produkt der Gesellschaft,[29] allerdings so, daß die Gesellschaft mit ihren Regeln und Sanktionen selbst auch als zu ihr gehörig betrachtet werden muß. Durch die Gesamtheit der Regeln und Vorstellungen, die dann dem Einzelnen als "objektive" Macht gegenübertreten und von ihm im Bildungsprozeß internalisiert werden, ist die Erfahrung des Menschen einer bestimmten Gesellschaft geordnet, er hat somit seine "Welt". In der Übereinstimmung mit diesen Regeln und Vorstellungen findet der Mensch dann "Sinn" für sein Leben, welcher auch durch die Anerkennung der anderen bestätigt wird.

Eine solche Ordnung ist jedoch prekär. Gerade an Punkten, an denen die "Normalität" des Lebens an Grenzen stößt (Geburt eines Menschen, Pubertät, Hochzeit, Krankheit, Tod), sind besondere Sicherungen erfordert, um die Ordnung zu gewährleisten. Das Chaos bedroht immer wieder die Ordnung des Lebens, gefährdet somit auch die Sicherheit des Verhaltens. Eine ausreichende Stabilität wird letztlich nur erreicht, wenn diese Ordnung als Teil einer höheren, unbedingt stabilen Ordnung angesehen werden kann. Das Chaos muß "immer schon", "seit jeher", "im Anfang" ausgegrenzt, prinzipiell überwunden sein. Eine solche Stabilisierung ist nur durch Religion und Mythos erreichbar. Mit anderen Worten: Religion ist diese Stabilisierung in einem heiligen, mythischen Kosmos. "Alle nomischen Konstruktionen sind (...) dazu bestimmt, dieses Grauen in Schach zu halten. Aber erst der heilige Kosmos ist der absolute Höhepunkt dieser menschlichen Konstruktion. Er ist im wörtlichen Sinn deren Apotheose."[30]

Ein solcher heiliger Kosmos enthält natürlich auch die Gesamtheit des verfügbaren empirischen Naturwissens (Jahreszeiten, Sternbeobachtungen usw.), aber er geht darin nicht auf, sondern liefert gleichzeitig eine Erklärung für die Regeln gesellschaftlichen Verhaltens. Paul Feyerabend hat schon für vorschriftliche Kulturen die (wahrscheinlich noch genauerer ethnologischer Bestätigung bedürftige) These aufgestellt: "In der älteren Steinzeit gab es eine hochentwickelte und international bekannte Astronomie, die mit den Tatsachen übereinstimmte *und gleichzeitig* emotional befriedigte, *die sowohl physikalische als auch soziale Probleme löste*, und auf sehr einfache und sinnreiche

[29] Wir unterscheiden hier nicht "Gemeinschaft" und "Gesellschaft".

[30] *Berger*, a.a.O. 28.

Weise geprägt wurde."[31] Eine Kosmologie, die nicht beide genannten Funktionen erfüllt hätte, wäre als handlungsirrelevant abgetan worden, d.h., sie konnte gar nicht entwickelt werden; und nur genau die Verbindung der beiden Funktionen ermöglichte es, daß eine solche Kosmologie als emotional befriedigend angesehen wurde. In den Schriftkulturen läßt sich dies gut überprüfen.

Die Kosmogonien Ägyptens und Mesopotamiens sind großartige Beispiele dafür, in welcher Weise gesellschaftliche Ordnungen in einem heiligen Kosmos ihre letzte, unerschütterliche Stabilität erhalten. Zwischen dem Mikrokosmos des Volkes (das als größere Einheit Existenz und Leben des einzelnen Menschen einbettet) und dem Makrokosmos bestand hier nicht nur eine Entsprechung, sondern auch eine Kontinuität, repräsentiert an der Spitze gewöhnlich durch den Herrscher, der gleichzeitig eine sakrale Funktion innehatte. Demgegenüber stellt Israel religionsgeschichtlich gesehen einen Sonderfall dar.[32] In Israel wurde die letzte Basis der gesellschaftlichen Ordnung als in einem Bund gegründet angesehen, also in einer geschichtlichen Tatsache. Eine solche Begründung ist wesentlich unstabiler als eine durch Kosmisierung, da hier der Bruch des Bundes durch das Volk immer eine reale Möglichkeit bleibt.

Auf dieser Tatsache beruht das Pathos der prophetischen Mahnung. Auch die Schöpfungserzählung hatte in Israel nicht die Funktion der Kosmisierung, der kosmischen Garantie der Lebensordnung, sondern interpretierte nur die kosmostranszendente Macht des Gottes Israels, seine Freiheit, einen Bund mit Israel zu schließen. Die Schöpfungserzählung wurde ja auch im Exil genau zu dem Zweck formuliert, die Lebensordnung des Volkes auch nach dem Verlust des Landes und der gesellschaftlichen Selbständigkeit zu sichern, also den Erhalt des Bundes nicht an einen Ort zu fixieren, *nicht* aber zu dem Zweck, die Lebensordnung in einer Ordnung des Kosmos zu verankern. Im Prinzip hatte der Glaube Israels gar keine kosmologische Begründung. In ihm eröffnete sich zwar der Blick auf die Schönheit der Welt; wurde aber - wie dies an einigen Stellen der Weisheitsliteratur sichtbar wird - versucht, den Glauben an eine von Jahwe gestiftete Sinnordnung aus einem kosmologischen Fundament abzuleiten, so blieben diese Versu-

31 *P. Feyerabend*, Wider den Methodenzwang. Skizze einer anarchistischen Erkenntnistheorie, Frankfurt 1981, 407f. (Hervorhebungen von Feyerabend).

32 Israel war sich selber bewußt, daß es sich anders als die Ägypter und Mesopotamier verstand, wenn es seine Existenz in einem zweifachen Exodus begründete, im Auszug aus Mesopotamien (mit Abraham) und im Auszug aus Ägypten (mit Moses).

che unbefriedigend oder scheiterten. Aus dem Glauben ergab sich ein bestimmtes Weltverhältnis, eine Welt als sinnvoll erfahrbarer Lebensraum, nicht aber umgekehrt aus einer Welt-Anschauung der Glaube. Dies machte Israel zu einem Fremdkörper unter den anderen Völkern.

Das Christentum hat diese radikale Position nicht aufrechterhalten (obwohl vermutlich Jesus in diesem Punkt "jüdisch" und nicht "christlich" dachte). Der Weg, auf dem die Rekosmisierung eingeleitet wurde, führte allerdings nicht direkt über die Schöpfungslehre, sondern über die Inkarnationsvorstellung. Schon im 2. Jh., besonders deutlich bei Justinus (vgl. Teil 2, Kap. VI), wurde die Christologie und Soteriologie eng mit der Kosmologie verknüpft. Die Entwicklung der Lehre von der "Schöpfung aus Nichts" brachte Schwierigkeiten für diese enge Verknüpfung, da nun gefragt werden mußte, ob Christus ganz auf die Seite des Schöpfers oder auf die der geschaffenen Welt gestellt werden sollte. Eine Mittelstellung, wie sie bei Origenes noch vorlag, wurde unmöglich.[33] Streng dogmatisch gedacht war durch die christologische Formel des Konzils von Chalkedon (451) mit dem "unvermischt" der beiden Naturen in Christus zwar dem alttestamentlichen Transzendenzgedanken Rechnung getragen, aber die andere Seite der Formel, das "ungetrennt" der beiden Naturen, stellte doch wieder eine Kontinuität des weltlichen und göttlichen Bereichs her.[34]

Im Gedanken der Schöpfungsmittlerschaft des Logos lag die Möglichkeit, den "irdischen" und den "göttlichen" Bereich näher aneinanderzurücken. Nicht umsonst war der eigentliche "Bruch" mit dem Judentum in der Christologie (Konzil von Nikaia, 325) vollzogen worden. Die Israeliten sahen darin nicht nur ein Aufgeben der Einheit Gottes, sondern zugleich ein Aufgeben der radikalen Transzendenzvorstellung, die auch der Grund der "Entdämonisierung", der "Entzauberung" der Welt gewesen war. Und tatsächlich setzte seit dem 4. Jh. eine Resakralisierung ein, der auch ein verstärkter Aufbau eines heiligen Kosmos entsprach. Die Schriften des Pseudo-Dionysius Areopagita mit der parallelen Konstruktion einer himmlischen und einer irdischen (kirchlichen) Hierarchie entsprachen dieser Entwicklung, und so wird auch ihr späterer großer Einfluß erklärlich. Die Mikrokosmos-Makrokosmos-Vorstellungen, die auch im germanischen Bereich sehr stark

33 Vgl. *B. Studer*, Gott und unsere Erlösung im Glauben der Alten Kirche, Düsseldorf 1985, 120-122.

34 Strenggenommen wurde die Einheit auf die "Person" und gerade nicht auf "Natur(en)" bezogen. Da aber in der folgenden Zeit "Person" immer stärker naturhaft begriffen wurde, konnte dieser Ansatz auf lange Zeit nicht wirklich zum Tragen kommen.

waren, konnten nun integriert werden. Hier war nichts mehr zu spüren von der Zerbrechlichkeit des Bundes Israels mit Jahwe; es war wieder eine irdische Lebensordnung in kosmischen Formen legitimiert. "In dem gleichen Maße, wie die Transzendenz entradikalisiert wurde, gewann die Welt wieder an 'Verzauberung' (oder, wenn man will, wurde sie 'remythologisiert'). Wir möchten behaupten, daß es dem Katholizismus gelang, in einer gigantischen Synthese biblischer und außerbiblischer kosmologischer Vorstellungen eine neue Version kosmischer Ordnung aufzurichten."[35] So konnte dann die gesamte Lebensordnung, gerade auch in den destabilisierenden Momenten des Lebens, an denen die "Normalität" des Lebens durch das Chaos bedroht ist (vgl. oben), durch *rites de passage* (Sakramente) besetzt werden. Ein heiliger Kosmos überwölbte den Einzelnen, die Gesellschaft und schließlich die ganze Welt. In diesem Zusammenhang wird auch eine die gesamte Interpretationsgeschichte der Erbsünde durchziehende Zweideutigkeit des kategorialen Apparats verständlich: Kategorien historischer und ethischer Art stehen immer neben Naturkategorien. Die Befreiung von der Erbsünde in der Taufe ist ein "Bad der Wiedergeburt", durch das der Mensch dem "Reich der Finsternis" entrissen wird. Alljährlich wird der Christ der katholischen Kirche daran erinnert, daß er "Staub ist und zum Staub zurückkehren wird" (Aschermittwoch). Und am Ende seines Lebens wird er in "heiliger Erde" bestattet, als müßte auch dieser Teil des Kosmos noch von den Mächten des Chaos ausgegrenzt werden.

Dieser nur kurz angedeutete Befund ist zutiefst ambivalent. Gegenüber der rigorosen "Entzauberung der Welt", wie sie im jüdischen Glauben (der auf rein ethischen und geschichtlichen Kategorien gründet) enthalten ist, muß der heilige Kosmos der katholischen Kirche als ein "Rückschritt" erscheinen. Dies machte auch die Reformation in aller Deutlichkeit klar. Im Protestantismus hat deshalb auch das Alte Testament, besonders natürlich die prophetische Predigt, eine viel zentralere Stellung als im Katholizismus. Andererseits bleibt soziologisch der Befund: "Aus eben diesem Grund ist die katholische Sinnwelt so 'sicher' für ihre 'Bewohner' und übt bis auf den heutigen Tag eine so große Anziehungskraft aus. Der Katholizismus stellt in der modernen Welt die fortdauernde Präsenz der ältesten Sehnsüchte der Menschheit dar."[36]

[35] *Berger*, a.a.O. 117.

[36] Ebd.

Dieser Befund erklärt aber auch, warum eine so erbitterte Verteidigung eines "christlichen Weltbilds" stattgefunden hat, obwohl dabei gar keine Aussagen dogmatischer Art im strengen Sinn des Wortes zur Diskussion standen. Der "heilige Kosmos" durfte nicht "profanen" Wissenschaftsansprüchen preisgegeben werden. (Bemerkenswerterweise gab es im Unterschied dazu keine Auseinandersetzung zwischen dem Judentum und der modernen Wissenschaft.) Dieser heilige Kosmos des "christlichen Weltbilds" war natürlich in keiner Weise einfach das zu einer bestimmten Zeit (ausgehende Antike, Mittelalter) geltende "wissenschaftliche" Weltbild, sondern war in vielfacher Weise wertbesetzt. Die moderne naturwissenschaftliche Kosmologie, die versuchte, Theorien ohne Wertvoraussetzungen aufzubauen - dies war jedenfalls das Selbstverständnis der sie vorlegenden Wissenschaftler -, konnte daher prinzipiell eigentlich weder bei Nichtübereinstimmung mit diesem Weltbild in Konflikt geraten noch bei (äußerlicher) Übereinstimmung als Stützung dieses Weltbilds herangezogen werden. Damit aber fiel die durch die Kosmisierung erwünschte Sicherung des Normensystems (der Lebensform) weg, es ergab sich also das bekannte Phänomen des Plausibilitätsschwunds. Können die ethischen und gesellschaftlichen Imperative ohne kosmische Stützung aufrechterhalten werden?[37] Bevor diesen Fragen weiter nachgegangen werden kann, muß noch ein Blick auf diesen "Wertverlust" und seine Konsequenzen geworfen werden.

3. Die hermeneutische Relevanz des Nihilismus

Der im vorausgehenden Abschnitt angedeutete Wertverlust wurde von Nietzsche in ausdrücklich kosmologischer Terminologie thematisiert. Der Nihilismus, der "unheimlichste aller Gäste", wird mit Bildern beschrieben, die eine beinahe apokalyptische Form aufweisen:

> Wie vermochten wir das Meer auszutrinken? Wer gab uns den Schwamm, um den ganzen Horizont wegzuwischen? Was taten wir, als wir diese Erde von ihrer Sonne losketteten? Wohin bewegt sie sich nun? Wohin bewegen wir uns? Fort von allen Sonnen? Stürzen wir nicht fortwährend? Und rückwärts, seitwärts, vorwärts, nach allen Seiten? Gibt es noch ein Oben und ein Unten? Irren wir nicht wie durch ein unendliches Nichts?

37 Ein ganz ähnliches Problem hatte die Sophisten beschäftigt, als sie versuchten, die *théseis* von der *phýsis* zu lösen.

Haucht uns nicht der leere Raum an? Ist es nicht kälter geworden? Kommt nicht immerfort die Nacht und mehr Nacht?[38]

Die bedrängende Frage ist, ob es nicht überhaupt und prinzipiell unmöglich geworden ist, in diesem Kosmos einen für den Menschen zureichenden Logos zu finden, ob ihm also nicht die Instrumente genommen sind, eine Sinnstrategie zu erfinden, die mit kosmologischen Kategorien arbeitet. Es scheint hier nicht ein Chaos zu sein, das den Menschen bedroht und eine kosmologische Antwort provoziert, sondern ein dem Menschen gegenüber gleichgültiger Kosmos, der in ihm nur ein Gefühl der Heimatlosigkeit, der Ortlosigkeit im Kosmos zurückläßt, wie dies schon Pascal zum Ausdruck brachte:

Verschlungen von der unendlichen Weite der Räume, von denen ich nichts weiß und die von mir nichts wissen, erschaudere ich (...). Das ewige Schweigen dieser unendlichen Räume erschreckt mich.[39]

Pascal suchte vor der Unendlichkeit der Räume Zuflucht im Inneren des Menschen, im Herzen. Aber die Frage nach dem Subjekt *im* Kosmos ließ sich aus der Subjektivität nicht verdrängen, sie tauchte gerade *in* ihr wieder auf - und es ist aufschlußreich, daß genau an dieser Stelle das Stichwort vom "Nihilismus" geliefert wurde. Der Deutsche Idealismus suchte in einer Gewaltaktion Welt und Subjektivität miteinander zu vermitteln, was jedoch nur so möglich war, daß dieser Subjektivität nun die Funktion des Weltschöpfers zugeschrieben wurde, auch wenn es sich nur um eine ideelle Konstruktion der Welt handelt. Soll etwas begriffen werden, so muß es als Objektives aufgehoben, denkend vernichtet werden, um als eigenes Geschöpf des Geistes wieder entstehen zu können und so bewahrt zu werden. So interpretierte Friedrich Heinrich Jacobi Fichtes Idealismus mit Hilfe des Schöpfungsbegriffs:

Der menschliche Geist also, da sein philosophisches Verstehen schlechterdings nicht über sein eigenes Hervorbringen hinausreicht, muß, um in das Reich der Wesen einzudringen, um es mit dem Gedanken zu erobern, Welt-Schöpfer und - sein eigener Schöpfer werden.[40]

Und genau in diesem Zusammenhang führte Jacobi 1799 den Begriff des "Nihilismus" ein, um eine Philosophie zu charakterisieren, die wie jene Fichtes als ein Prozeß der Vernunft zu verstehen ist, "wodurch

38 *F. Nietzsche*, Die fröhliche Wissenschaft (Nr. 125), Ausg. Schlechta, München 1966, II, 127.

39 *B. Pascal*, Über die Religion und einige andere Gegenstände (*Pensées*), übers. von E. Wasmuth, Heidelberg [7]1972, 114f. (Fragm. 205 u. 206).

40 *F.H. Jacobi*, Werke III, Leipzig 1816 (Nachdruck Darmstadt 1968), 21.

alles außer ihr in nichts verwandelt wird und sie allein übrig läßt"[41]. Einige Jahre später, 1804, gab Jean Paul in seiner "Vorschule der Ästhetik" einem Paragraphen die Überschrift "Poetische Nihilisten", der mit den scharfsichtigen Bemerkungen beginnt:

> Es folgt aus der gesetzlosen Willkür des jetzigen Zeitgeistes - der lieber ichsüchtig die Welt und das All vernichtet, um sich nur freien *Spiel*-Raum im Nichts auszuleeren, und welcher den *Verband* seiner Wunden als eine *Fessel* abreißet -, daß er von der Nachahmung und dem Studium der Natur verächtlich sprechen muß. (...) Wo einer Zeit Gott, wie die Sonne, untergehet; da tritt bald darauf auch die Welt in das Dunkel; der Verächter des All achtet nichts weiter als sich und fürchtet sich in der Nacht vor nichts weiter als vor seinen Geschöpfen.[42]

Der Grund dieses Verlusts von Natur und letztlich von Welt liegt in einer Vorstellung der Freiheit, die an keiner natur- oder welthaften Vorgegebenheit normiert sein sollte, die sich also als Setzung schlechthin postulierte. Weder Natur noch Welt durften für die Freiheit normierend sein, und so mußten beide als frei von allen Zwecken und Werten angesetzt werden. Der Gedanke, daß aus Natur oder Welt irgendwelche Sanktionen für menschliche Handlungen abgeleitet werden könnten, mußte rigoros zurückgewiesen werden. Die objektive Welt mußte als Handlungsraum wertfrei entworfen werden, um Wertsetzung als exklusives Privileg der Setzung der Freiheit zu begreifen. Nietzsche hat diesen geschichtlichen Vorgang der Entwertung der Welt, des Wegfallens aller kosmologischen Werte deutlich beschrieben:

> Was ist im Grunde geschehen? Das Gefühl der *Wertlosigkeit* wurde erzielt, als man begriff, daß weder mit dem Begriff "*Zweck*", noch mit dem Begriff "*Einheit*", noch mit dem Begriff "*Wahrheit*" der Gesamtcharakter des Daseins interpretiert werden darf. Es wird nichts damit erzielt und erreicht; es fehlt die übergreifende Einheit in der Vielfalt des Geschehens: der Charakter des Daseins ist nicht "wahr", ist *falsch*, ... man hat schlechterdings keinen Grund mehr, eine *wahre* Welt sich einzureden ... Kurz: die Kategorien "Zweck", "Einheit", "Sein", mit denen wir der Welt einen Wert eingelegt haben, werden wieder von uns *herausgezogen* - und nun sieht die Welt *wertlos* aus ...[43]

Diese "Wertlosigkeit", d.h. Wertfreiheit der Welt ist jedoch, wie Nietzsche es ganz deutlich ausspricht, keine Tatsache, sondern ein Geschehen, ein Vorgang des "Herausziehens", der als geschichtlicher seinen

41 Ebd. 20.

42 *Jean Paul*, Werke in zwölf Bänden (Hrsg. N. Miller), IX (Vorschule der Aesthetik), München 1975, 31.

43 *Nietzsche*, Aus dem Nachlaß der Achtzigerjahre, hrsg. von K. Schlechta, a.a.O. III, 678.

Grund in einer freien Setzung des Menschen hat. Die Welt *ist* so, weil die Menschen einer bestimmten Zeit sie so als Handlungsraum entworfen, also *gewollt* haben.

Diese historische Setzung entspricht der Voraussetzung der "Welt" in der modernen Naturwissenschaft, die Werte aus ihrem theoretischen Rahmen prinzipiell ausgeklammert hat. Es ist jedoch klar, daß nicht die Naturwissenschaft als solche nihilistische Konsequenzen hat, sondern nur jene Denk- und Lebensform, die meint, aus dem unübersehbaren und unbestreitbaren Erfolg der aus dieser freien Setzung folgenden Wissenschaft und der damit verbundenen technischen Verwendung ableiten zu können, die Voraussetzung selbst sei unbeschränkt und unbefragt universalisierbar. Von daher war es richtig, daß der Begriff "Nihilismus" im Zusammenhang der Auseinandersetzung mit der Vorstellung unbegrenzter und unbeschränkter Tätigkeit und Selbstbestimmung, wie sie der Idealismus vertrat, geprägt wurde. Der Gedanke einer wertneutralen Welt, die als bloßes Material eines unendlichen theoretischen und praktischen Progresses aufgefaßt wird, ist jedoch keineswegs auf idealistische Philosophie beschränkt, sondern wirkt als unbefragte Voraussetzung in praktisch allen Formen der technischen Zivilisation liberaler wie marxistischer Prägung. Daß dieser Progreß in der Gegenwart an einem Punkt angelangt ist, an welchem das allgemeine Bewußtsein der Menschen nicht geprägt wird von dem Gefühl des Triumphes angesichts der "Beherrschung" der Natur oder dem der Sicherheit angesichts der "Verfügbarkeit" der Natur, sondern eher von dem der Furcht vor einer (technisch zur Verfügung stehenden) totalen Zerstörung, braucht nicht eigens hervorgehoben zu werden. Ob die Zerstörung dabei als langsamer, aber sich ständig beschleunigender Prozeß der Vernichtung der natürlichen Lebensbedingungen erwartet wird oder als eine plötzliche Entladung des ungeheuren Vernichtungspotentials, das die Menschheit aufgehäuft hat, ist dabei für die Dimension der Furcht sekundär. Daß die Furcht angesichts dieser Vernichtungsdrohung (noch) nicht zu gesellschaftlichen Ausbrüchen geführt hat, dürfte zu einem guten Teil einfach auf die beschwichtigende Propaganda über eine im Grunde "funktionierende" Welt zurückgehen, zum Teil auf die (historisch durch nichts begründete) Hoffnung, daß das unvorstellbare Ausmaß des Vernichtungspotentials politische Vernunft hervorrufen könnte, zum Teil aber auf die Resignation vieler Menschen, die - manchmal nach mutigen Versuchen des Widerstands - nicht mehr glauben, daß die Richtung auf selbstproduzierte Vernichtung hin geändert werden könnte.

Die Frage, ob und, wenn ja, wie diese drohende Selbstvernichtung der Menschheit gebannt werden kann, ist völlig offen. Die Theologie hat hier auch nicht eine privilegierte Position, es sei denn in dem Hinweis darauf, daß das Christentum seinen Eintritt in die Geschichte mit der Erwartung des baldigen Weltuntergangs genommen hat. Es kann und darf vom Christentum selbstverständlich auch nicht mehr als höchstens ein Beitrag zur Bannung dieser Gefahr erwartet werden. Ein solcher Beitrag kann allerdings nur dann relevant sein, wenn er von genau der Situation ausgeht, die als Bedrohung erfahren wird. Hans Georg Geyer sagt zu Recht: "Das Denken hat nur insoweit eine Chance, die Gottesfrage mit Präsenz und Anspruch auf Wahrheit zu entwickeln, als es sich desselben Ursprungs versichern kann, dem der nihilistische Gegensatz entspringt."[44] Es wird sich zeigen, daß damit keineswegs der christlichen Theologie ein schlechterdings fremder Ausgangspunkt von außen aufgedrängt wird.[45] Schon bei den vorher angeführten Zitaten konnte ja bereits rein semantisch die Beobachtung gemacht werden, daß im Zusammenhang der Beschreibung von "Nihilismus" in auffälliger Weise mit Sprachmaterial der christlichen Schöpfungslehre gearbeitet wurde. Inwieweit damit auch ein Sachzusammenhang gegeben ist, kann hier noch offen bleiben.

Es mag zunächst der ganz allgemeine Hinweis genügen, daß sich jedenfalls die Frage stellt, ob die durch die biblische Schöpfungslehre eingeleitete oder legitimierte "Entgötterung der Welt" etwas mit der späteren "Entwertung der Welt" zu tun hat. Ebenso, ob der biblische Auftrag, der sich im Zusammenhang des Schöpfungsberichts findet: "Macht euch die Erde untertan", etwas mit der späteren Auffassung zu tun hat, die Welt sei als reines, wertneutrales Material menschlicher Willenssetzung zu definieren.

Adorno hat die formal richtige Feststellung getroffen: "Nihilisten sind die, welche dem Nihilismus ihre immer ausgelaugteren Positivitäten entgegenhalten."[46] Dem Nihilismus ausgelaugte Positivitäten entgegenhalten, ist ohne Zweifel ein sinnloses Unternehmen. Die Frage ist nur die, was als Kriterium dafür gelten kann, wann eine Positivität "ausgelaugt" ist; und zu diesem Punkt finden wir bei Adorno kaum ausreichende Hinweise. Hans Jonas hat die provokative Frage gestellt, ob angesichts des Nihilismus der Gegenwart nicht die Kategorie des Hei-

44 *H.G. Geyer*, Theologie des Nihilismus, in: EvTh 23(1963), 90.

45 Selbst wenn dies der Fall wäre, müßte es nicht schon notwendigerweise als "Überfremdung" angesehen werden.

46 *Th. W. Adorno*, Negative Dialektik, Ges. Schr. Bd. 6, Frankfurt 1973, 374.

ligen wieder eingeführt werden müßte (und dies, obwohl er nicht meint, daß eine entsprechende Religion vorhanden wäre). "Nun zittern wir in der Nacktheit eines Nihilismus, in der größte Macht sich mit größter Leere paart, größtes Können mit geringstem Wissen davon, wozu. Es ist die Frage, ob wir ohne die Wiederherstellung der Kategorie des Heiligen, die am gründlichsten durch die wissenschaftliche Aufklärung zerstört wurde, eine Ethik haben können, die die extremen Kräfte zügeln kann, die wir heute besitzen und dauernd hinzuerwerben und auszuüben beinahe gezwungen sind."[47]

Wir können nun seit mehr als einem Jahrzehnt beobachten, daß ein Fundamentalismus katholischer wie protestantischer Art ziemlichen Zulauf findet, und nicht selten wird eine Resakralisierung auch von Vertretern der Kirchen forciert. Ich bin nicht der Meinung, daß diese Entwicklung das von Hans Jonas zur Sprache gebrachte Anliegen verwirklicht. Schon die Tatsache, daß wir ebenso einen islamischen Fundamentalismus beobachten können - der die Strukturen des Fundamentalismus unverhüllt zeigt -, muß zu denken geben. Auch er steht vermutlich teilweise im Zusammenhang zwar nicht unmittelbar mit der wissenschaftlichen Aufklärung, wohl aber mit deren technologischen und industriellen Konsequenzen, die ihrerseits nicht ohne gesellschaftliche Veränderungen durchgesetzt werden konnten. Diese Formen des religiösen Fundamentalismus (dem in den westlichen Gesellschaften mit deren angestrebter Trennung von Staat und Kirchen auch gefährliche Tendenzen eines politischen Fundamentalismus entsprechen, ohne daß sich die beiden Gruppen decken müssen) sind Regressionserscheinungen. Schon rein faktisch zeigt sich auch, daß diese Bewegungen nicht in der Lage sind, die extremen zerstörerischen Kräfte, von denen Jonas spricht, zu zügeln. Ganz im Gegenteil setzen sie selbst zerstörerische Kräfte frei, die - vielleicht vorschnell - als überwunden galten. Hans Jonas, dessen systematische Erfassung der Gnosis auch trotz vielen inzwischen hinzugekommenen Materialwissens weiterhin maßgebend ist, ist selbst der beste Zeuge dafür, daß Wiederherstellung auf regressive Weise unbrauchbar und gefährlich ist.

All dies entspringt einer unausweichlichen Fundamentalstruktur des Geistes als solchen: Daß er sich in gegenständlichen Formeln und Symbolen auslegt, daß er "symbolistisch" ist, ist Wesentlichstes des Geistes - und Gefährlichstes zugleich. Um zu sich selbst zu kommen, nimmt er wesensmäßig diesen Umweg über das Symbol, in dessen verlokkender Problemwirrnis er sich, ferne vom symbolisch darin verwahrten Ursprung und das Stellvertretende absolut nehmend, zu verlieren neigt - und nur in einer langen Rück-

[47] *H. Jonas*, Das Prinzip Verantwortung, Frankfurt 1984, 57.

bildung, nach erschöpfender Durchmessung jenes Umweges, vermag ein entmythologisiertes Bewußtsein sich den in dieser Verkleidung versteckten Ursprungsphänomenen auch begrifflich direkt zu nähern.[48]

Gegenüber dieser frühen Analyse von Jonas läßt seine spätere Äußerung vermuten, daß er einem völlig entmythologisierten Bewußtsein, einer erschöpfenden Durchmessung des Weges, die dazu führt, sich dem Ursprungsphänomen begrifflich direkt zu nähern,[49] nun zurückhaltend gegenübersteht. Dies trifft sich mit der Auffassung, die ich (in teilweiser Korrektur früher von mir selbst vertretener Entmythologisierungskonzepte) in der vorliegenden Arbeit zur Erwägung stelle. Die Forderung einer völligen Aufhebung des Mythos in den Begriff oder einer existentialen Interpretation des Mythos in einem total entmythologisierten Bewußtsein ist nicht erfüllbar, und ein völlig entmythologisiertes Bewußtsein ist gar nicht wünschenswert. Hieraus zu folgern, daß dadurch ein regressiver Fundamentalismus gerechtfertigt oder gewünscht wäre, wäre jedoch ein verhängnisvoller Irrtum und ein Mißverständnis der Auffassung, die auch den vorausgegangenen historischen Analysen zugrunde lag. Wir können die Metaphysikkritik des Logischen Positivismus und die Nietzsches ebensowenig verdrängen wie das, was wir aus der Säkularisierungsdiskussion und der Entmythologisierungsdebatte gelernt haben. Das Prinzip der *fides quaerens intellectum* bleibt ohne Einschränkung aufrechterhalten; entsprechend auch ein theologischer Rationalismus, der mit irgendeiner Form von religiösem Fundamentalismus unvereinbar ist. Rationalismus, der sich nicht selbstkritisch verhält, widerspricht sich jedoch bekanntlich selbst, und deshalb muß versucht werden, das vorliegende Theologieverständ-

48 *Ders.*, Augustin und das paulinische Freiheitsproblem, Göttingen ^{2}1965, 82. In Klammern steht nach dieser Stelle: "vgl. den langen Weg des Ersündendogmas bis auf Kierkegaard!" - Vgl. dazu aber auch die folgende Anmerkung.

49 Es wurde auch der Verdacht geäußert, daß die Meinung von Jonas, sich der Gnosis entmythologisiert begrifflich genähert zu haben, letztlich eine Illusion ist. Vgl. *M. Sommer*, Metaphysikkritik als Gnosis, in: W. Oelmüller (Hrsg.), Metaphysik heute? Paderborn 1987, 88: "Jonas' Gnosis-Werk ist selbst nichts anderes als die Endgestalt der Gnosis." Allerdings hat Jonas selbst später festgestellt, daß der begriffliche Schlüssel, den er angewandt hatte, also die existentialistische Lesung der Gnosis, zu einer gnostischen Lesung des Existentialismus herausfordert. Dies ist die Grundthese in *H. Jonas*, Gnosis, Existentialismus und Nihilismus, in: ders., Zwischen Nichts und Ewigkeit, Göttingen 1963, 5-25. - Dies fordert dann auch zur gnostischen Lesung jener Philosophien heraus, deren konsequente Entwicklung (wenn auch nicht in linearer, sondern dialektischer Entwicklung) der Existentialismus war. Vgl. dazu Teil 2, Kap. XVIII und XIX.

nis wenigstens ausschnitthaft anzudeuten.[50] Diese Überlegungen werden in bewußt essayistischer Weise vorgetragen.[51]

4. Randbemerkungen zum Vernunftgebrauch in der Theologie

Sowohl die Kritik metaphysischer Sätze durch den Logischen Positivismus als auch die im Anschluß an Nietzsche geäußerte Vermutung, die Metaphysik sei zu Ende (vgl. Teil 1, Kap. I), brachte die Theologie, die weithin mit metaphysischen Begriffen arbeitete, in Schwierigkeiten. Nun wurde es bekannterweise bald deutlich, daß das sog. Sinnkriterium des Logischen Positivismus, das zur Kritik der metaphysischen Sätze gedient hatte, weder ein analytischer noch ein empirischer Satz ist, also selbst jene Form aufwies, die metaphysischen Sätzen zugesprochen worden war. Darum die Folgerung: Ein selbst metaphysisches Kriterium kann nicht zur Kritik der Metaphysik verwendet werden. - In ähnlicher Weise wurde gegen Nietzsche eingewandt, die Grundlage seiner Metaphysik beruhe selbst auf einer Metaphysik der Macht, auf einer als metaphysisch zu bezeichnenden Zeitauffassung der Wiederkehr des Gleichen usw. Und so ergab sich eine ähnliche Folgerung wie die eben genannte. - Darüber hinaus zeigte es sich, daß die vom frühen Wittgenstein geäußerte Auffassung, die Lösung solcher Probleme bemerke man an deren Verschwinden, welche dann vor allem von Ernst Topitsch in die kulturgeschichtliche These gewandelt wurde, die Menschen gewöhnten sich so sehr an die Entzauberung der Welt, daß die alten weltanschaulichen Probleme sich von selbst erledigten, weil sie einfach gegenstandslos würden,[52] durch den faktischen Verlauf der Geschichte der an Wissenschaft orientierten Gesellschaften in unserem Jahrhundert keine Bestätigung fand. Also: nochmals eine ähnliche Folgerung wie die schon genannte.

50 Gegenüber dem Theologieverständnis, das in *F. Schupp*, Auf dem Weg zu einer kritischen Theologie, Freiburg 1974, enthalten ist, liegt kein prinzipieller Unterschied vor; es werden jedoch neuere Diskussionen um den Rationalitätsbegriff (ohne auf diese ausführlich einzugehen) berücksichtigt.

51 An dieser Stelle muß ich Phil Jacobs danken, der mich - zu meinem Erstaunen - darauf aufmerksam machte, daß die Frage des "theologischen Rationalismus" unter meinen ehemaligen Innsbrucker Studenten noch immer diskutiert werde und manche die berechtigte Frage stellten, was ich seinerzeit denn nun wirklich gemeint habe.

52 Vgl. *E. Topitsch*, Vom Ursprung und Ende der Metaphysik. Eine Studie zur Weltanschauungskritik, München [2]1972, 397. Erste Aufl. Wien 1958.

Es ist daher verständlich und begrüßenswert, daß in der Philosophie das längere Zeit verdrängte Thema der Metaphysik wieder breiter diskutiert wird.[53] In diesem Zusammenhang wird auch von Formen der "Heilsmetaphysik" gesprochen, die etwa bei Platon, Plotin, Thomas von Aquin usw. vorliegen,[54] die jedoch meist nicht als Thema der Philosophie anerkannt oder sogar als nicht möglich und sinnvoll bezeichnet werden.[55] Damit stellt sich sowohl von der heutigen Diskussion als auch von den in Teil 2 dieser Arbeit dargestellten historischen Konzeptionen her eindringlich die Frage: Soll die Theologie als Heilsmetaphysik formuliert und dargestellt werden? Meine Antwort ist klar und eindeutig: Nein. Wenn ich im folgenden Kapitel Whitehead und Rahner zitiere, so übernehme ich damit weder Whiteheads noch Rahners Metaphysik. Nun ist aber der Begriff der Metaphysik selbst keineswegs klar, so daß auch mit der Ablehnung der Theologie als Heilsmetaphysik nicht eindeutig gemacht ist, was hier abgelehnt wird. Im vorliegenden Zusammenhang reicht die traditionelle Bestimmung der Metaphysik als eine allgemeine Lehre vom Sein bzw. Seienden aus, die sich in transzendentaler Fragestellung etwa so aufbauen läßt: "Deshalb gründet die Möglichkeit des Fragens in einem rein apriorischen Vorwissen, das sich, da der Horizont der Fragbarkeit unbegrenzt ist und das Fragbare als etwas, das ist, gewußt wird, als apriorisches Wissen um das Sein, letztlich um das unendliche Sein Gottes erweist."[56] Es wird hier nicht diskutiert, ob eine solche Metaphysik apriorischen Vorwissens möglich und durchführbar ist (was ich bezweifle), sondern es wird nur gesagt, daß die Theologie ohne eine solche Metaphysik auskommt, ohne sich deshalb, wie Rahner meinte, "einem unkritischen und nur halb reflexen Vorverständnis der Ontologie auszuliefern"[57].

53 W. Oelmüller (Hrsg.), Metaphysik heute? a.a.O., gibt einen Einblick in diese Diskussion.

54 Vgl. *R. Specht*, in: Oelmüller (Hrsg.), Metaphysik heute? a.a.O. 177f.

55 Vgl. z.B. *H.M. Baumgartner*, in: Oelmüller (Hrsg.), Metaphysik heute? a.a.O. 256f. (der besonders dem Programm einer "Geschichtsmetaphysik in gnostischer Absicht" widerspricht).

56 *L. Oeing-Hanhoff*, Art. Metaphysik, in: LThK² VII, 364 (mit Bezugnahme auf E. Coreths Metaphysik). Diese Bestimmung gilt ebenso für K. Rahners Metaphysik, vgl. *K. Rahner - H. Vorgrimler*, Art. Ontologie, in: Kleines Theologisches Wörterbuch, Freiburg 1961, 269, wo ausdrücklich gesagt wird, daß ohne ein solches Seinsverständnis "kein Verständnis einer theologischen Aussage möglich wäre".

57 Ebd. 270. - Rahner kannte meine Auffassung und hat darüber auch mit mir in einer gemeinsamen Vorlesung in Innsbruck 1972/73 diskutiert. Leider wurden seine Antworten auf meine Einleitungen (vgl. *Schupp*, Auf dem Weg zu einer kritischen Theologie, a.a.O. 94-123) nie veröffentlicht. - Die Fragen um eine Theologie ohne

Damit ist nicht gesagt, daß die aus der Geschichte bekannten Versuche, den Schöpfungsglauben in deskriptiver Metaphysik auszudrükken, als falsch angesehen werden. Wohl aber wird behauptet, daß schon in der Geschichte genügend Ansatzpunkte vorliegen, die darauf hinweisen, daß dieser kategoriale Apparat kaum geeignet ist, dem Schöpfungsglauben eine begriffliche Form zu verleihen. Bonaventura z.B. hatte zunächst die Auffassung vertreten: Wenn die aristotelische Metaphysik und Naturphilosophie den begrifflichen Rahmen für die Schöpfungsaussage liefern soll, dann muß eben diese Aussage mit den in diesem begrifflichen Rahmen mitgegebenen Prinzipien vereinbar sein, d.h., die Aussage muß in diesem Kontext beweisbar sein. Als seine Kritiker ihm zeigten, daß dies nicht der Fall ist, zog er die Konsequenz, diese Metaphysik als ganze zu verwerfen. Der antiphilosophische Affekt, der damit verbunden war, ist eine andere Frage; die Reaktion selbst war aber nicht ganz unvernünftig. Sie entsprach der Einsicht, daß hier ein kategorialer Apparat vorlag, der keine adäquate Übersetzung des Schöpfungsglaubens zuließ.

Thomas von Aquin dagegen, dessen Rationalitätsbewußtsein ohne Zweifel reflektierter war als das Bonaventuras, versuchte eine Adaption durch Einschränkung der Beweisbarkeit der in dieser Metaphysik interpretierten Schöpfungslehre. Damit aber forderte er, daß das metaphysische Beweisbarkeitspostulat, das in der aristotelischen Metaphysik enthalten war, in der Theologie nur eine eingeschränkte Geltung haben darf. Die Frage ist dann allerdings, ob nicht durch eine solche Einschränkung nicht nur eine Modifikation eines vorgegebenen

Metaphysik diskutierten wir auch außerhalb dieser Veranstaltung. Rahner sagte mir dann einmal, eine solche Anschauung sei ihm "unheimlich". Auf meine Frage, ob er eine solche Form der Theologie aus seiner bekannten Pluralität von Theologien ausschließen würde, antwortete er mit einem von ihm oft verwendeten Satz: "Da bin ich mir gar nicht so sicher." (Dies ist natürlich nur eine Gesprächsnotiz und bedeutet in keiner Weise eine Legitimation.) Der Vertrauensvorschuß, den Rahner auch jenen Gesprächspartnern gab, mit denen er sogar in ganz grundsätzlichen Punkten nicht übereinstimmte, war jedoch ein immer wieder eindrucksvolles Beispiel genau jenes Handelns, das ich als dasjenige bezeichnen möchte, das für Christen charakteristisch sein sollte. Ich habe noch heute den Eindruck, daß das, was ich als dankbarer Gesprächspartner aus Rahners Gesprächspraxis lernte, weit über das hinausgeht, was ich aus seinen Schriften zur Theologie lernen konnte. Dabei sei um der historischen Gerechtigkeit willen hinzugefügt, daß Rahner die Behauptung des Umschlagtextes der Quaestio Disputata 64, ich bemühte mich, "die Ansätze Rahners weiter zu verfolgen", als schlichtweg falsch bezeichnete (auch dies ist nur eine Gesprächsnotiz, deren Sachgehalt aber - anders als bei der vorhergehenden - vermutlich überprüfbar ist). Eine ausdrückliche Stellungnahme zu der von mir vor vielen Jahren versuchten Theologie, die im Prinzip auch in der vorliegenden Arbeit fortgeführt wird, findet sich bei *K. Rahner*, Freiheit der Theologie und kirchliche Orthodoxie, in: Concilium 7(1971), 427-434.

Rationalitätsverständnisses erreicht wird, sondern vielmehr ein prinzipiell anderes entworfen wird. Al-Gazel hatte bereits im 11. Jh. behauptet, daß schon die Frage nach Ewigkeit oder zeitlicher Endlichkeit, in metaphysischer Kategorialität gedacht, nicht paradoxienfrei ist und deshalb der Versuch, die Schöpfungslehre in dieser Kategorialität zu formulieren, überhaupt aufgegeben werden sollte. Obwohl Averroes ihm widersprach, kamen doch seine recht verschlüsselten Unterscheidungen der Sprach- und Argumentationsebenen dem Anliegen Al-Gazels entgegen. Und die sich daran anschließende Diskussion um die "doppelte" Wahrheit kann als (wenn auch ungeschickter und mißverständlicher) Versuch verstanden werden, zu einer Unterscheidung verschiedener Sprachen zu gelangen (vgl. Teil 2, Kap. XI). In verschiedenen Formen beschäftigt uns diese Problematik über Kant und Wittgenstein bis heute.

Wir können die Frage jedoch heute vielleicht weniger dramatisch sehen. Nehmen wir z.B. Hilary Putnams Überlegungen zu einer "Vernunft nach Menschenmaß"[58], die durchaus für Fragen eines theologischen Vernunftbegriffs relevant sind. Dieses Beispiel ist nicht beliebig gewählt, sondern deshalb, weil für Putnams spätere Arbeiten[59] die Philosophie des späten Wittgenstein und Goodmans (zu dem er eher eine Parallelentwicklung darstellt) wichtig ist - sie spielen im übrigen auch in der hier vorliegenden Arbeit für methodologische Fragen eine erhebliche Rolle - und weil von hier aus der auch von mir vorausgesetzte pragmatische Ausgangspunkt in seiner Schlüsselstellung für die Beziehung von Analytik und Hermeneutik[60] deutlicher gemacht werden kann.

Hier geht es jedoch zunächst nur um die - für die oben aufgeführte Metaphysikkonzeption ja ganz zentrale - Annahme apriorischer Erkenntnis. Die Diskussion um A-priori-Wahrheiten hat sich in den letzten Jahrzehnten an Quines Artikel "Zwei Dogmen des Empirismus"

58 Ich übernehme diesen - auf Putnam zurückgehenden - Ausdruck aus dem Titel des Artikels von *W. Franzen*, "Vernunft nach Menschenmaß". Hilary Putnams neue Philosophie als mittlerer Weg zwischen Absolutheitsdenken und Relativismus, in: Philosophische Rundschau 32(1985), 161-197. Die von Franzen angemerkten Kritikpunkte sind ebenso weiterführend wie seine Hinweise auf Putnams Fragestellungen zu ähnlichen in der deutschen Philosophie.

59 Besonders wichtig *H. Putnam*, Vernunft, Wahrheit, Geschichte, Frankfurt 1982. Für weitere Arbeiten Putnams vgl. *Franzen*, a.a.O.

60 Vgl. *Schupp*, a.a.O. 151f.

von 1951[61] orientiert und ist inzwischen fast unübersehbar geworden.[62] Putnam gibt Quine zunächst in folgendem recht:

> Unsere Begriffe der Rationalität und der rationalen Revidierbarkeit sind nicht durch unveränderliche Regelverzeichnisse festgelegt, noch sind sie, wie Kant glaubte, unserer transzendentalen Natur einbeschrieben, und zwar aus dem sehr guten Grund, daß die ganze Idee einer transzendentalen Natur - also einer Natur, die wir *noumenal*, unabhängig von unserem historischen oder biologischen Selbstverständnis besitzen - unsinnig ist. Da unsere Begriffe von Rationalität und rationaler Revidierbarkeit das Ergebnis unserer nur allzu begrenzten Erfahrung und unserer nur allzu fehlbaren Biologie sind, ist damit zu rechnen, daß sich sogar Prinzipien, die wir als "a priori" oder "begrifflich" o. dgl. ansehen, im Lichte überraschender Erfahrungen oder unvorhergesehener theoretischer Neuerungen als revisionsbedürftig erweisen.[63]

Er fährt jedoch - und dies ist nun gegen Quine gerichtet - fort:

> Derartige Revisionen können nicht grenzenlos sein, sonst hätten wir keinen Begriff mehr von etwas, das wir noch als *Rationalität* bezeichnen können, aber es ist uns im allgemeinen nicht möglich, diese Grenzen zu formulieren.[64]

Und in einer neueren Arbeit nimmt Putnam sogar zumindest eine apriorische Wahrheit an, ein minimales Widerspruchsprinzip, das unbedingt angenommen werden muß, will man überhaupt von Rationalität sprechen können: "Nicht jede Aussage ist sowohl wahr als auch falsch"[65].

Kehren wir nun zu der Frage nach der Metaphysik in der Theologie zurück. In gegenwärtigen Metaphysikdiskussionen werden Putnams Thesen unter metaphysikäquivalenten Konzeptionen aufgeführt.[66] Es braucht nun nicht näher erläutert zu werden, daß im Rahmen solcher Zuordnungen das weiter oben ausgesprochene "Nein" zur Metaphysik in der Theologie seinen emphatischen Charakter einbüßt. Bezeichnen wir Putnams Thesen und Konzeptionen ähnlicher Art als "metaphysikäquivalent" - wogegen ich nichts einzuwenden habe -, so können wir auch ohne weiteres zugeben, daß die Theologie nicht ohne eine meta-

61 In: *W.V.O. Quine*, Von einem logischen Standpunkt, Frankfurt 1979, 27-50.

62 Vgl. z.B. *W. Stegmüller*, Vom dritten bis sechsten (siebten?) Dogma des Empirismus, in: Erkenntnis- und Wissenschaftstheorie, Akten des 7. Internationalen Wittgenstein-Symposiums 1982, Wien 1983, 232-244. Stegmüllers eigene Auffassung steht der Putnams in ihrer späteren, hier herangezogenen Form nicht fern.

63 *Putnam*, a.a.O. 117.

64 Ebd.

65 *Ders.*, Realism and Reason, Cambridge 1983, 101. - Vgl. dazu *Franzen*, a.a.O. 191f.

66 Vgl. z.B. *C.-F. Geyer*, Metaphysik zwischen Wissenschaft und Lebenswelt, in: Oelmüller, a.a.O. 19f.

physikäquivalente Grundlegung auskommen kann und soll. Metaphysik steht dann für die Explikation des in der Theologie zur Anwendung kommenden Rationalitätsverständnisses, das sogar eine apriorische Wahrheit enthalten kann.

Mit dem eben Gesagten ist allerdings die in der Diskussion um die metaphysische Bedeutung theologischer Begriffe enthaltene Frage noch nicht ausreichend beantwortet. Es gibt ohne Zweifel eine Anzahl von Theologen, die gern bereit sind, auch Glaubensaussagen wie der von der "Schöpfung aus Nichts" eine praxisregulative Funktion zuzuschreiben.[67] Die Mehrzahl von diesen wird aber fordern, daß sie lediglich *auch* eine solche praxisregulative Funktion, *zunächst* jedoch eine erkenntniskonstitutive Funktion haben. Meine Position besagt nun, daß Glaubensaussagen Wertaussagen sind (womit sie eine praxisregulative Funktion haben), die durch Bilder vermittelt sind, so daß Glaubensaussagen eine ästhetische Funktion haben. Ob damit auch gesagt ist, daß mit ihnen "etwas" erkannt wird, hängt davon ab, ob und in welcher Weise ästhetischen Erzeugnissen zugebilligt wird, "Erkenntnis" zu ermöglichen. Der Einwand, daß in dieser Position ein inzwischen überwundener Tatsachen-Werte-Dualismus vorausgesetzt sei, wird noch behandelt werden. Wir wenden uns zunächst der Frage des Ausgangspunkts, also der praxisorientierenden Funktion der Glaubensaussagen zu.

Die Behauptung, daß alle Glaubensaussagen eine praxisorientierende Funktion haben, wäre erst dann bewiesen, wenn dies bei allen einzelnen Glaubensaussagen auch tatsächlich gezeigt wäre - was hier natürlich nicht geleistet werden kann.[68] Allerdings meine ich, daß sämtliche Bilder, die in der Sprache des christlichen Glaubens gebraucht werden, nur verschiedene Ausdrucksweisen für einen ziemlich "einfachen" Imperativ sind. Damit soll nicht gesagt sein, daß diese Bilder vollständig in die Begriffssprache einer Ethik übersetzt werden könnten. Dies wäre wieder das Programm der existentialen Interpretation (das auch im oben angeführten Zitat von Hans Jonas noch vorlag)

67 Eine solche Interpretation wird von den meisten schon deshalb begrüßt werden, weil der empirisch wohl nachweisbare Befund, daß etwa der Glaube an Himmel und Hölle im Glaubensbewußtsein und in der entsprechenden Praxis eine viel größere Rolle spielt als die doch eigentlich grundlegendere Lehre von der Schöpfung - die als praktisch irrelevant bezeichnet werden kann -, ein erhebliches Mißverhältnis zwischen verbalem Glaubensbekenntnis und realer Relevanz aufzeigt. Wir können die Sache natürlich auch umkehren und sagen: Der empirische Befund zeigt in die richtige Richtung! Womit natürlich nicht Himmel und Hölle metaphysisch rehabilitiert werden.

68 Zur Sakramentenlehre vgl. *F. Schupp*, Glaube - Kultur - Symbol, Düsseldorf 1974.

in etwas veränderter Form. Und wenn gesagt wird, daß sie nicht vollständig in eine Ethik übersetzt werden können, so soll damit auch wieder nicht gesagt sein, daß in diesen Bildern darüber hinaus ein nichtethischer Rest enthalten sei. Es ist vielmehr gemeint, daß die Bildersprache des Mythos nie in irgendeine Begriffssprache vollständig übersetzt werden kann, so daß also nur durch eine ständige "Arbeit am Mythos" versucht werden kann, seine Bedeutsamkeit zu erfassen:

> Die Unerschöpflichkeit der mythischen Figur wird an ihrer Rezeption manifest, doch nicht in der Weise der bloßen Sichtbarmachung dessen, was als Präformation schon darin geruht haben mag. Es ist eine reelle Epigenesis. Sie kann jedoch nicht unabhängig gedacht werden von ihrem ständigen Ausgangspunkt, der für eine von "Quellen" abhängige Tradition nun einmal nichts anderes sein kann als der in die Schriftlichkeit eingegangene Endzustand einer unbekannten mündlichen Vorgeschichte.[69]

Es wurde schon früher (Teil 1, Kap. II) darauf hingewiesen, daß zu der Rezeption auch die formale Erfassung des Mythos gehört, also die Art und Weise, wie und als was der Mythos begriffen wird; so jedoch, daß diese Erfassung - die "Epigenesis" im obigen Zitat - nicht vom Ausgangspunkt abgelöst werden kann, sich also an diesem bewähren muß. Der historische Teil sollte zeigen, in welcher Weise gerade die Rezeption des Schöpfungsmythos einen signifikanten Prozeß der Klärung zumindest dessen mit sich brachte, was eine Glaubenslehre nicht bedeuten kann. Wenn also hier von einer praxisregulativen Funktion als zentraler gesprochen wird, so wird dies *einerseits* als eine Interpretationsweise verstanden, die in dieser Form nicht immer angenommen wurde (der Schöpfungsmythos wurde eben in verschiedenen Perioden tatsächlich als Information über die Weltentstehung aufgefaßt), die sich aber *andererseits* doch an den Quellen bewährt, und zwar bewährt auch in der Behauptung der jetzt angenommenen formalen Struktur. Um ersteres zu zeigen, muß die gesamte Rezeptionsgeschichte berücksichtigt werden, die beim Schöpfungsmythos vom Alten Testament selbst über die gesamte Geschichte bis zu Kant, Wittgenstein und anderen geht; und bei letzterem muß besonders das Alte und Neue Testament herangezogen werden, um zu zeigen, daß das formale Verständnis, das wir heute annehmen - nämlich: Glaubensaussagen sind praxisorientierend -, sich an diesen Quellen bewährt. Gleichzeitig wird

69 *H. Blumenberg*, Arbeit am Mythos, Frankfurt ^{4}1986, 305. Mit diesem Zitat ist nicht gesagt, daß ich christliche Dogmatik als Blumenbergsche Arbeit am Mythos verstehe. Eine Auseinandersetzung mit Blumenbergs Arbeit kann im vorliegenden Zusammenhang nicht geliefert werden.

gesagt, daß der theoretische Überschuß, der in dieser Rezeption aufgebaut wurde, nun kritisiert werden muß.

Damit wird, was ausdrücklich betont werden soll, nun keineswegs dem Programm der Enthellenisierung das Wort gesprochen. Die Entscheidung der frühen Generationen der Christen, sich mit der griechischen Philosophie auseinanderzusetzen und sie zu verwenden, war durchaus vernünftig und erfordert. Die Haltung Tertullians: "Was hat Jerusalem mit Athen zu tun?" hätte das Christentum auf eine irrationale Kleingruppe reduziert. Wenn wir also heute die Schöpfungserzählung nicht (mehr) als Kosmogonie auffassen, die mit der der Griechen verglichen werden kann, aus welcher sich später eine wissenschaftliche Kosmologie entwickeln konnte, so liegt dies innerhalb der Entscheidung für die griechische Philosophie und deren weiterer Entwicklung und hat nichts mit einer Enthellenisierung zu tun (die ohnedies undurchführbar ist).

Es dürfte nützlich sein, das eben Gesagte am Beispiel der Schöpfungsaussage kurz zu konkretisieren. Nehmen wir an - was in der Christologie noch aufzuweisen wäre -, daß der zentrale Imperativ der Verkündigung Jesu in der Kritik einer *do-ut-des*-Ethik (als zureichend gedachter) bestanden habe und demgegenüber gefordert werde, für den anderen etwas zu tun, auch wenn dies nicht durch eine Gegenleistung abgedeckt ist.[70] Mit einem etwas mißverständlichen Ausdruck können wir sagen, in diesem Imperativ komme der höchste, unbedingte Wert des Christentums zum Ausdruck. Und nehmen wir dazu an, die eschatologischen Bilder hätten die Funktion, den unbedingten Ernst dieses Imperativs zum Ausdruck zu bringen, indem sie sagen: Für das In-die-Tat-Setzen dieses Imperativs bleibt nur wenig Zeit; oder anders ausgedrückt: Diese Ethik soll, ohne alle neurotischen Folgeerscheinungen, unter der Warnung stehen, es könne im nächsten Moment der individuellen oder gesellschaftlichen Geschichte schon zu spät sein; wir müssen also immer damit rechnen, daß diese Möglichkeit für uns nicht unbeschränkt offen ist.

Wird dieser höchste Wert nun kosmisiert (vgl. weiter oben Abschnitt 2 dieses Kapitels), so wird die Welt als Lebensraum aufgefaßt, der nach diesem Wert strukturiert sein soll. Und wird dies bis zur letzten Konsequenz geführt, so heißt das, daß die so vorgestellte Welt ohne Vorgabe und ohne zu erwartende Gegenleistung, "aus Nichts" erschaffen wurde - ein Bild für den höchsten Wert innerhalb eines Sinn-

[70] Die Nähe dieser Konzeption zur sog. Liberalen Theologie sei dabei offen zugegeben.

postulats. Damit wird nicht gesagt, daß die Schriftsteller des Alten und des Neuen Testaments dies so aufgefaßt haben; es wird nur gesagt, daß wir dort genügend Ansätze dafür finden, daß wir es in unserer Gegenwart mit Bezug auf die Rezeptionsgeschichte so auffassen können. Wir verweisen also etwa auf den Bund als praktischen Imperativ und darauf, daß die Schöpfungserzählung als Voraussetzung des Bundes entworfen ist; und in der Bundesvorstellung ist enthalten, daß diesem (logisch, nicht zeitlich) eine "grundlose" Erwählung vorausgeht.

Hier taucht aber sicher wieder die oben bereits gestellte Frage auf: Wissen wir aber nun - im Glauben -, daß die Welt wirklich so entstanden ist? Gelangen wir hier zu einem Glaubenswissen? Ist ohne ein solches nicht der Glaube ohne jede Basis? Usw. Die Antwort darauf ist: Nicht alle Fragen sind in allen Welten sinnvoll. In der Welt der Bilder des Glaubens ist die in wissenschaftlicher Kosmologie (möglicherweise) sinnvoll stellbare Frage nach dem Ursprung des Kosmos nicht sinnvoll, ebensowenig wie die Frage nach dem Sinn des menschlichen Lebens innerhalb wissenschaftlicher Kosmologie sinnvoll gestellt werden kann. Da in der Bibel die Protologie von der Eschatologie her entworfen ist, können wir das, was Wittgenstein von jemandem sagt, der an das Jüngste Gericht glaubt, auch auf den Schöpfungsglauben anwenden:

> Nehmen wir an, jemand machte das zu seiner Lebensregel: den Glauben an das Jüngste Gericht. Was immer er tut, es schwebt ihm dabei vor. Nun denn, wie können wir wissen, ob wir sagen sollen, er glaubt, daß das Jüngste Gericht stattfinden wird, oder er glaubt es nicht?
>
> Ihn zu fragen ist nicht genug. Er wird vermutlich sagen, daß er Beweise hat. Er hat jedoch vielmehr das, was man einen unerschütterlichen Glauben nennt. Und der wird sich nicht beim Argumentieren oder beim Appell an die gewöhnliche Art von Gründen für den Glauben an die Richtigkeit von Annahmen zeigen, sondern vielmehr dadurch, daß er sein ganzes Leben regelt.
>
> Das ist eine viel stärkere Sache - sich Vergnügungen zu versagen, sich ständig auf dieses Bild zu berufen. In einem gewissen Sinne muß man so etwas den festesten Glauben nennen, weil dieser Mensch für diesen Glauben Dinge wagt, die er für andere, ihm weitaus besser demonstrierte Sachen nicht riskieren würde. Obgleich er (sonst) zwischen gut begründeten und nicht gut begründeten Sachen zu unterscheiden pflegt.[71]

Wittgenstein ist der Meinung, daß solche Aussagen durchaus sinnvoll sein können, ohne daß es aber deshalb schon sinnvoll ist, zu fragen, ob das, was in ihnen gesagt wird, existiert:

71 *L. Wittgenstein*, Vorlesungen und Gespräche über Ästhetik, Psychologie und Religion, Göttingen 1968, 88.

Warum sollte nicht eine Lebensform in einer Äußerung des Glaubens an das Jüngste Gericht kulminieren? Aber ich könnte auf die Behauptung, daß es so etwas geben wird, weder mit "Ja" noch mit "Nein" antworten. Auch nicht mit "Vielleicht" oder "Ich bin nicht so sicher".

Es handelt sich um eine Aussage, die solche Antworten möglicherweise nicht zuläßt.[72]

Wird nun mit traditionellen Kategorien, die wir aus der Philosophiegeschichte kennen, gearbeitet, so wird es sich nahelegen, zu sagen: Ich nehme hier einen Agnostizismus in der Theologie an, bzw. ich gebe die Lehre von der Analogie des Seins preis. Letzteres scheint mir weniger relevant zu sein, da diese Lehre zwar einer bedeutenden metaphysischen Tradition angehört, wir aber damit rechnen müssen, daß die geistesgeschichtlichen Voraussetzungen dieser Metaphysik in einer späteren Zeit nicht mehr gegeben sind, was mir der Fall zu sein scheint. Eher ist die Einordnung unter Agnostizismus relevant. Nun können wir zunächst feststellen, daß es in der gesamten Geschichte der Theologie eine starke Anziehungskraft der sog. Negativen Theologie gegeben hat.[73] Und wenn diese Tradition mit Mystik in Verbindung gebracht wird, so muß uns das nicht schon beunruhigen, wenn wir nur daran festhalten, daß Mystik und Praxis nicht einander ausschließen und daß es sich bei Mystik nicht um eine Ausnahmeerscheinung handelt, sondern um eine christliche Normalform. Dies ist aber zumindest seit Eckhart und den Bewegungen seit dem 14. Jh. (vgl. Teil 2, Kap. XII) eine akzeptable Annahme. Und Meister Eckhart hat wohl etwas für unseren Zusammenhang Entscheidendes klargemacht - weshalb auch eine seiner Predigten so ausführlich zitiert wurde -: Der Christ, der die christliche Praxis deshalb leistet, weil er sich einen Lohn von einer unter Gott vorgestellten Vergeltungsinstanz erwartet, kann gar nicht als Christ bezeichnet werden; er muß erst einmal von Gott lassen. Dies kann gemäß dem oben Gesagten auch so ausgedrückt werden: Wer die Kritik des *do-ut-des*-Prinzips deshalb aufgibt, weil er eine Kompensation auf einer *höheren* Ebene (in einem metaphysisch analog konzipierten Himmelreich) erwartet, der hat sich damit nicht von diesem Prinzip gelöst, er hat es vielmehr verschoben.

Wenn wir in diesem Zusammenhang von Agnostizismus sprechen, so müßten wir auch Sokrates als Agnostiker bezeichnen. Sokrates war

72 Ebd. 94.

73 Obwohl die Negative Theologie weithin mit gnostischen und neuplatonischen Denkformen arbeitete, scheint es nicht ausgemacht zu sein, daß sie nur innerhalb dieser Schemata formulierbar ist.

überzeugt, daß seine Praxis richtig und vernünftig war, ohne sich deshalb auf eine (metaphysische) Interpretation der ihm zur Verfügung stehenden Mythen oder symbolischen Sinnwelten einzulassen.[74]

Der Mythos bietet "ein, wenngleich metaphorisches Weltbild", das "eine Einsicht in das Allgemeine des Lebens eröffnet", "sein letzter Sinn ist nicht eine wunschgeborene Entstellung der Welt (...), sondern sittliche Orientierung"[75]. Der Einwand wird vermutlich wieder lauten: Wir wollen und brauchen aber Erkenntnis, wir wollen wissen, wenn auch nur im Glauben, daß es tatsächlich so ist und daß wir eben nicht nur metaphorisch sprechen. Ich kann dann nur schon Gesagtes wiederholen. Wer von "nur" metaphorisch spricht, der geht von der Voraussetzung einer einzigen gültigen Weltbeschreibung aus, der gegenüber alle anderen Weisen des Sprechens als abgestuft defizient erscheinen (vgl. Teil 1, Kap. II). Wenn wir dies aber nicht gelten lassen, so erscheint die Metapher als durchaus geeignetes und vielleicht als das einzig verfügbare sprachliche und bildhafte Mittel, um Orientierungsformen zum Ausdruck zu bringen.[76] Wir wollen hier nicht auf eine Diskussion über genauere Unterschiede von Mythos, Metapher, Symbol, Allegorie usw. eingehen. Es sei aber zumindest der Hinweis auf die Geschichte der Theologie erlaubt: Ich meine, daß innerhalb der theologischen Tradition z.B. die Schöpfungserzählung weitaus häufiger in Denkmustern interpretiert wurde, die wir heute der Metapher zuordnen würden, als in solchen, die wir in Entsprechung zu naturphilosohischem und naturwissenschaftlichem Wissen begreifen können. Es gibt gute Gründe für die Annahme, daß für das Sprechen von Welt als Kosmos die Metapher das einzig adäquate Ausdrucksmittel ist.[77] Möglicherweise stellt sich bei einer näheren Analyse metaphorischer Sprache heraus, daß eine solche Analyse eine Transformation der alten Analogiefrage darstellt.[78] Und schließlich, wenn theologische

74 Vgl. *Platon*, Apologie 39e-41c.

75 *S.K. Langer*, Philosophie auf neuem Wege. Das Symbol im Denken, im Ritus und in der Kunst, Mittenwald ^{2}1979, 178.

76 Vgl. *Oelmüller*, a.a.O. 27f.

77 Vgl. *H. Blumenberg*, Paradigmen zu einer Metaphorologie, in: Archiv für Begriffsgeschichte 6(1960), 20. Blumenberg fragt an dieser Stelle nach der Relevanz von absoluten Metaphern und nach ihrer historischen Wahrheit, wozu er feststellt: "Ihre Wahrheit ist, in einem sehr weiten Verstande, *pragmatisch*. Ihr Gehalt bestimmt als Anhalt von Orientierungen ein Verhalten, sie geben einer Welt Struktur, repräsentieren das nie erfahrbare, nie übersehbare Ganze der Realität."

78 Vgl. P. Henle (Hrsg.), Sprache, Denken, Kultur, Frankfurt 1975, Kap. 7. Vgl. auch *G. Söhngen*, Analogie und Metapher, Freiburg 1962.

Sprache als eine verstanden wird, die als kritische neue Möglichkeit eröffnet (vgl. weiter unten Kap. II. 1), so kann sie sich von der Sprachwissenschaft sagen lassen, daß Metapher (und Ironie)[79] die ausgezeichneten Mittel sind, durch die stereotyp gewordene Muster modifiziert werden können.[80]

Wir wenden uns nun der weiteren oben gestellten Frage zu: Wird bei einer solchen Konzeption nicht doch wieder ein Tatsachen-Werte-Dualismus vorausgesetzt, wie er in schärfster Form im "Tractatus" des frühen Wittgenstein vorliegt:

> Die Welt ist durch die Tatsachen bestimmt und dadurch, daß es *alle* Tatsachen sind. Denn die Gesamtheit der Tatsachen bestimmt, was der Fall ist und auch, was alles nicht der Fall ist.
>
> Die Tatsachen im logischen Raum sind die Welt.
>
> Die Welt zerfällt in Tatsachen.[81]
>
> Der Sinn der Welt muß außerhalb ihrer liegen. In der Welt ist alles wie es ist und geschieht alles wie es geschieht; es gibt *in* ihr keinen Wert - und wenn es ihn gäbe, so hätte er keinen Wert.[82]

Die theologische Konzeption bestünde dann darin, daß wir diese Dichotomie so stehenlassen. Nur würden wir dann nicht mehr dem frühen Wittgenstein folgen, der die Lebensprobleme, welche nach Beantwortung aller möglichen wissenschaftlichen Fragen noch gar nicht berührt sind, für unaussprechlich hält,[83] sondern wir würden nun dem späten Wittgenstein folgen und ein (theologisches) Sprachspiel einführen oder ein Sprachspiel von Glaubenssätzen. Eine solche Konzeption entspräche der "doppelten Buchführung", die Putnam kritisiert.[84] Es ist nun nicht möglich, die gesamte Tatsachen-Werte-Diskussion aufzurollen. Jedoch ist es erfordert, den Standpunkt klarzulegen, von dem aus hier argumentiert wird. Klammern wir einige überspitzte (und aus dem Kontext nicht gerechtfertigte) Formulierungen Putnams aus, so ergibt sich eine von Wittgenstein gar nicht so entfernte Position. Kurz gesagt: Der Tatsachen-Werte-Dualismus wird als unhaltbar angesehen, das

79 In diesem Zusammenhang wäre natürlich auf Kierkegaard zu verweisen. - Obwohl ich meine, daß Ironie eine durchaus brauchbare theologische Sprachform ist, die auch in der Bibel angewendet wird, verzichte ich hier darauf, dem näher nachzugehen.

80 Vgl. *M. Black*, Sprache, München 1973, 75.

81 *L. Wittgenstein*, Tractatus logico-philosophicus 1.11-1.2.

82 Ebd. 6.41.

83 Vgl. ebd. 6.52.

84 Vgl. *Putnam*, a.a.O. 202.

Resultat ist allerdings asymmetrisch, d.h., während die Tatsachenfeststellung der Wissenschaft sich als in erheblichem Maß wertbestimmt erweist, gilt umgekehrt nicht, daß sich die Wertauffassung als in gleichem Maß tatsachenbestimmt erweist. Damit verbunden ist die Auffassung, daß die in wissenschaftlicher Erkenntnis enthaltenen Werte zwar nicht neutral, aber doch mit selbst sehr entgegengesetzten Wertauffassungen vereinbar sind. Wir können Putnam zustimmen, wenn er sagt,

> (...) daß es uns in der Wissenschaft um den Versuch geht, eine Repräsentation der Welt zu konstruieren, die die Kennzeichen der instrumentellen Leistungsfähigkeit, der Kohärenz, der Komplettheit und der Einfachheit besitzt.[85]

Und wir können ebenso zustimmen, wenn er feststellt, daß damit ein reichhaltiges Wertesystem vorausgesetzt ist, das zu unserer Vorstellung der Eudämonie gehört.[86] Die vorher angesprochene Asymmetrie zeigt sich jedoch in dem einschränkend hinzugesetzten "so etwas wie" in Putnams Feststellung:

> Wir sind also zu dem Schluß gezwungen, daß zumindest *diese* Wertausdrücke so etwas wie eine objektive Anwendung, so etwas wie objektive Rechtfertigungsbedingungen haben.[87]

Und ferner sind diese Werte eben konsensfähig auch zwischen Gruppen, die im übrigen ganz verschiedene Eudämonieauffassungen haben.[88] Dies zeigte sich oben bereits (in Abschnitt 1 dieses Kapitels) in der Kompatibilität der modernen Kosmologie mit sehr verschiedenen Wert- und Sinnkonzeptionen. In Modifikation von Wittgensteins Satz könnten wir sagen: Auch wenn alle möglichen Fragen der wertbestimmten Wissenschaft beantwortet sind, so sind unsere Lebensprobleme durch die in den Tatsachenfeststellungen enthaltenen Werte nicht beantwortbar. Dies ist aber eigentlich auch Putnams Auffassung.

85 Ebd. 181.

86 Vgl. ebd.

87 Ebd. 183.

88 Es ist in diesem Zusammenhang aufschlußreich, daß sich Putnam die "Superbenthamianer" (ausgehend von Benthams Prinzip der Maximierung des allgemeinen Lustgrads) konstruiert, von denen dann ebd. 190 gilt: "im Laufe der Zeit wird es dahin kommen, daß die Superbenthamianer und wir schließlich in verschiedenen Welten leben". Warum diese Konstruktion, wenn Putnam im übrigen eher den marxistischen Materialismus im Visier hat? Warum ergab sich in der Sowjetunion nicht eine von der amerikanischen völlig verschiedene Wissenschaft, obwohl sie doch sehr verschiedenen Welten angehören?

> Die Ethik steht nicht *in Konflikt mit* der Physik, wie der Ausdruck "unwissenschaftlich" suggeriert; es ist einfach so, daß "gerecht" und "gut" und "Gerechtigkeitssinn" Begriffe einer Sprachebene sind, die nicht auf die Sprachebene der Physik *reduzierbar* ist.[89]

Versuchen wir, die Ergebnisse zusammenzufassen. Die Kritik der Tatsachen-Werte-Dichotomie ist (ohne Übernahme der Kuhn-Feyerabend-Theorie der Inkommensurabilität) bereits wichtig für die Einschätzung von "Welten" der Vergangenheit: Wir müssen damit rechnen, daß dort Tatsachen, Wissenschaft und Wahrheit in einem anderen Wertzusammenhang als dem heutigen stehen und daher erst nach dem Rückgang auf diesen für uns verständlich gemacht werden können. Hier begegnen wir im pragmatischen Begriff dessen, was z.B. als "Erklärung" anerkannt wird, den Problemen, die wir aus der Hermeneutik kennen.[90] Auch der in unserer Gegenwart gebrauchte Begriff von "Erklärung" steht in einem solchen pragmatischen Zusammenhang. Die Lebensprobleme können aber nicht durch Rückgriff auf die in der wissenschaftlichen "Welt" enthaltenen Werte gelöst werden (wenn auch nicht ohne diese). Wir wollen zwar keine doppelte Buchführung, aber verschiedene Sprachebenen erfordern doch verschiedene Bücher.

Wenn wir bei diesem Bild bleiben, lautet die nächste Frage: Warum sollen wir aber zur Orientierungshilfe für diese Lebensfragen das Buch der Bibel und die Bücher der christlichen Tradition aufschlagen?[91] Zunächst einmal einfach deshalb, weil es faktisch zahlreiche Menschen gibt, die von dort her ihre Orientierung beziehen - was einer kritischen Prüfung unterzogen werden muß.[92] Dies ist jedoch nicht der einzige Grund. Das Christentum ist in vielfacher Weise in die westliche und östliche Kultur eingegangen, und Blumenberg sagt zu Recht vom Mythos:

> Als eine der letzten Umformungen des Mythos erweist sich seine explizite Verschweigung. Noch in der Negation aller seiner Elemente stellt er sich als Diagramm einer Orientierung dar.[93]

89 Ebd. 195.

90 Dies ist auch Putnam bewußt; vgl. dazu *Franzen*, a.a.O. 183-187.

91 Zur Buchmetapher vgl. *H. Blumenberg*, Die Lesbarkeit der Welt, Frankfurt 1986.

92 Die Theologen sind hier in einer eindeutig besseren Lage als die Vertreter metaphysikäquivalenter Konzeptionen, die häufig feststellen müssen, daß ihr Rat gar nicht gefragt ist und ihre Kritik kaum wahrgenommen wird. Es ist in dieser Hinsicht ein positives Zeichen, daß Theologen mehr verärgerte Reaktionen hervorzurufen imstande sind als Philosophen.

93 *H. Blumenberg*, Arbeit am Mythos, a.a.O. 678.

Damit soll nicht eine weitere Version der Säkularisierungsdiskussion begonnen werden. Es kann aber auch nicht ausgeschlossen werden, daß es manchen Theologen recht kam, daß die Säkularisierungsthese, die Wissenschaft und Fortschrittsdenken aus biblischem Denken herleitete, kritisiert wurde - gerade zu einem Zeitpunkt, als das Fortschrittsdenken an Anziehungskraft verlor und sich Zweifel am Segen der Wissenschaft breitmachten. Die Bedeutung des biblisch-christlichen Hintergrunds für das Entstehen der modernen Wissenschaft kann tatsächlich in Zweifel gezogen werden. Die mittelalterliche Rezeption der griechischen und arabischen Wissenschaft und Naturphilosophie, die von der Kirche skeptisch bis feindlich betrachtet wurde, spielte hier eine große Rolle. Und die weitere Entwicklung war erst möglich, seit Aristoteles nicht mehr als *auctoritas* galt, sondern wie andere bei aller Achtung einer Kritik unterzogen werden konnte. Dies war wiederum ermöglicht durch eine generelle Kritik von Autorität(en) - was nun auch nicht gerade als Ausdruck christlicher Tugend aufgefaßt wurde. Wenn nun zwar der Entstehungszusammenhang der neuzeitlichen Wissenschaft anders rekonstruiert werden muß,[94] so bleibt doch bestehen, daß der Legitimations- und damit auch der Motivationszusammenhang der neuzeitlichen Wissenschaft nicht ohne Rückgriff auf die geschichtlich parallele Auslegung des Auftrags "Macht euch die Erde untertan" (Gen 1, 28) geschehen kann.[95] Ob dies die exegetisch korrekte Interpretation ist, ist damit noch nicht gesagt, und ebensowenig ist damit behauptet, daß die christliche Tradition nicht andere Interpretationen bereithält. Wir kommen aber nicht umhin festzustellen, daß - trotz Luthers Einspruch - seit der Renaissance ein Verständnis vorherrschte, das den Menschen in das Zentrum der Welt stellte und die Unterwerfung der Natur durch Wissenschaft und Technik ebenso wie die uneingeschränkte Nutzung der Natur als Ver-

[94] Vgl. z.B. *J. Mittelstraß*, Neuzeit und Aufklärung. Studien zur Entstehung der neuzeitlichen Wissenschaft und Philosophie, Berlin - New York 1970. - Es gab jedenfalls neben der Profanität der alttestamentlichen Schöpfungswelt auch die Profanität der griechischen Logoswelt, die von Anfang an in Richtung auf Naturgesetzlichkeit hin konzipiert war.

[95] Die Sache wird dann besonder prekär, wenn wir - wie es die wichtigen Diskussionen um das Induktionsproblem nahelegen - annehmen müssen, daß Werte und Annahmen über das "Wesen der Welt" in die Methode der Wissenschaft eingehen. Vgl. dazu *Putnam*, a.a.O. 250-255. Dann müßten wir doch damit rechnen, daß der instrumentelle Wissenschaftsbegriff der neuzeitlichen Wissenschaft nicht nur nachträglich motivierend und legitimierend, sondern schon im Ursprung konstitutiv etwas mit der Zielsetzung einer "instrumentalisierten Erde" zu tun hat, wir also in der Analyse nicht bei der Feststellung der geschichtlichen Parallelität stehenbleiben dürften.

wirklichung des Schöpfungsauftrags verstand,[96] während gleichzeitig die Erbsündenlehre immer weiter in den Hintergrund gedrängt wurde. Es ist doch damit zu rechnen, daß dieses "Diagramm der Orientierung" auch dort noch wirksam war, wo das Element der Berufung auf Gen 1, 28 bzw. auf dessen seit Jahrhunderten gängige Auslegung verschwiegen oder dieser Bezug vielleicht sogar vergessen wurde.

Damit soll nur gesagt sein, daß ein Modellwechsel einer Begründung bedarf - es sei denn, wir stellen uns auf den Standpunkt Feyerabends, falls dies überhaupt ein Standpunkt ist. In unserem Zusammenhang dürfte zur Begründung eines solchen Wechsels nicht zuletzt der ausdrückliche Hinweis auf das in der gesamten Theologiegeschichte ungelöste Problem des Verhältnisses von Schöpfungs- und Erlösungslehre (die die Erbsündenlehre enthält) nützlich sein. Wir müssen vielleicht noch schärfer sagen: Die beiden Bereiche standen in einer Spannung, die beinahe als antinomieartig bezeichnet werden könnte. Dies zeigte der historische Teil sehr deutlich, und es wird im abschließenden Kapitel nochmals aufgenommen werden. Geben wir offen ein ungelöstes Problem zu, so sind wir jedenfalls freier, aus den verschiedenen angebotenen Lösungen, von denen keine so ganz befriedigt, jene auszuwählen, die am plausibelsten scheint.[97]

Wird aber dann nicht die Theologie zu einem ziemlich beliebigen Spiel mit vieldeutigen Metaphern, einem Spiel, das keinem Rationalitätsbegriff auch nur nahe kommt, in dem also einfach dezisionistisch gearbeitet wird? Und muß dem nicht ein ebenso dezisionistisches Glaubensverständnis entsprechen? Es ist durchaus aufschlußreich, daß die strikte Gegenüberstellung von Rationalität und dezisionistischen Wertsetzungen dem logischen Positivismus und dem Existentialismus gemeinsam sind (vgl. Teil 1, Kap. I). Beide Konzeptionen trafen aber auf unüberwindliche Schwierigkeiten; der vorausgesetzte Rationalitätsbegriff war für wissenschaftliche Erklärung zu eng und der angenommene Dezisionismus für Handlung zu leer. Die weitere Entwicklung der letzten fünfzig Jahre ging dann - bei ganz unterschiedlichen Ausgangspunkten - in die Richtung eines erweiterten Rationalitätsbegriffs, mit dem versucht wird, eine allgemeinere Argumentationstheorie zu

96 Vgl. dazu die aufschlußreiche Typologie bei *U. Krolzik*, Die Wirkungsgeschichte von Genesis 1, 28, in: G. Altner (Hrsg.), Ökologische Theologie, Stuttgart 1989, 149-163, für die hier zur Diskussion stehende Periode bes. 155-163.

97 Vgl. dazu bei *Krolzik*, a.a.O. 149, die verschiedenen Grundtypen der Interpretation von Gen 1, 28. Die Zuordnung der Typen zu bestimmten politischen und gesellschaftlichen Ordnungssystemen im Laufe der Geschichte erscheint mir jedoch bei Krolzik zu rasch geschlossen.

entwickeln, innerhalb deren Gründe für die rationale Akzeptierbarkeit oder Plausibilität wissenschaftlicher Theorien (die eben nicht falsifizierbar sind) gleichermaßen geliefert werden können wie Gründe für die (ebenso nicht, wenn auch auf andere Weise nicht falsifizierbaren) handlungsbestimmenden Wertannahmen. Dabei stellt sich nun - ein wenig locker gesagt - für die Theologie etwas Tröstliches oder Amüsantes heraus. Während in den ersten Jahrzehnten unseres Jahrhunderts die Theologie größte Schwierigkeiten hatte, sich als rationales Unternehmen auszuweisen, scheinen die gegenwärtigen philosophischen Diskussionen um Rationalität Schwierigkeiten zu haben, ohne theologieverdächtige Postulate auszukommen: z.B. "herrschaftsfreie Kommunikation" (Habermas) oder die "regulative Idee eines gerechten, aufmerksamen, ausgeglichenen Intellekts" (Putnam) - und das bei Vertretern, die aus Richtungen kommen, welche einander zur Zeit des Positivismusstreits unversöhnlich gegenüberstanden. Das kann und darf nicht so mißverstanden werden, als bewege sich die Philosophie auf die Theologie zu. Dies ist einfach nicht der Fall. Wohl aber kann es in dem Sinn verstanden werden, daß eine Theologie, in der versucht wird, in Auseinandersetzung mit der Geschichte Sinnpostulate zu formulieren, wohl weniger Probleme damit haben sollte, als rationales Unternehmen anerkannt zu werden. Da entsprechende Darlegungen (z.B. von Helmut Peukert)[98] vorliegen, braucht dies hier nicht weiter ausgeführt zu werden.

Rationalität bedeutet im gegenwärtigen Kontext nicht, daß zu einer rationalen Aussage Zustimmung erzwungen werden könne, und bedeutet auch nicht, daß die Mehrheit dieser Aussage tatsächlich zustimmt. Es geht also um das nicht formalisierbare Abwägen von Plausibilitäten. Nehmen wir an - was ich hier nur wiederholen kann[99] -, daß in unserer Gegenwart nicht die Ethik von der Dogmatik, sondern umgekehrt die Dogmatik von der Ethik her begründet werden muß, so muß gezeigt werden, was an dieser Ethik für Christen entscheidend ist und wie dies in konkreten Situationen als plausibel erwiesen werden kann. Oben wurde gesagt, daß gemäß diesem ethischen Prinzip das *do-ut-des*-Prinzip als zureichendes gerade nicht gilt. Als Diskussionsgegenstände, an denen Plausibilität gezeigt werden könnte, bieten sich zahlreiche an: Wird das Nord-Süd-Problem ohne eine solche Durchbrechung der "legitimen Rechtsansprüche" gelöst werden können?

98 Vgl. *H. Peukert*, Wissenschaftheorie - Handlungstheorie - Fundamentale Theologie, Düsseldorf 1976.

99 Vgl. *Schupp*, Auf dem Weg zu einer kritischen Theologie, a.a.O. 137.

Wird das angehäufte Vernichtungspotential ohne "einseitige Vorleistungen" abgebaut werden können? Kann das biologische Überleben der Menschheit ohne Anerkennung eines "Rechts der Natur", das nicht nur auf *do-ut-des*-Angst beruht, gesichert werden? Usw. Es wird vielen scheinen, daß die in diesen und ähnlichen Fragen implizierten Antworten unvernünftig sind; der Nachweis der Unvernünftigkeit ist jedoch schwierig. Eine praktisch relevante Wette, daß das Sinnpostulat der Überschreitung des *do-ut-des*-Prinzips eine Chance bietet, das Chaos zu bannen, ist nicht unvernünftig. Und wer will, kann nun die gewohnten Metaphern "Gnade", "Erlösung", "Schöpfung aus Nichts" usw. gebrauchen. Ich meine sogar, sie könnten durch ihre Bildkraft motivierend wirken. All dies sind wichtige Metaphern dafür, daß unsere Welt nur durch eine nach dem *do-ut-des*-Prinzip unbegründete Vorleistung gerettet werden kann, wofür wenig Zeit bleibt. Zumindest die Eschatologie ist zu einer Rationalitätsprämisse geworden.

Zusammenfassung

1. Ein Mythos ist eine symbolische Sinnwelt.
Ein Mythos enthält ein axiologisches System.

2. Ein religiöser Glaube ist primär handlungsnormierend. Er verhält sich wie eine rationale Wette auf eine mögliche Welt.

3. Die Rationalität der Theologie besteht zunächst in der Analyse der Grundprinzipien eines Mythos und dann in der kritischen Untersuchung, ob und inwieweit solche Grundvoraussetzungen gegenwartsrelevant sein können.

4. Theologie ist nicht an Metaphysik gebunden. Sie kann jedoch in diesem Rahmen verstanden werden, wenn unter Metaphysik allgemeine lebensweltliche Voraussetzungen begriffen werden.

5. Die Ergebnisse der Naturwissenschaft - hier: der Kosmologie - sind mit religiöser Skepsis ebenso vereinbar wie mit dem Schöpfungsglauben. Mit dem Schöpfungsglauben kann eine wissenschaftliche Theorie weder kritisiert noch privilegiert werden.

II Zur Struktur der Schöpfungsaussage

1. Affirmation und Negation

Der Ausgangspunkt des Christentums war eine *Erlösungs*vorstellung im Rahmen einer *Ethik* (und einer entsprechenden Auffassung von Sünde) gewesen, die ihre besondere Dramatik durch die spezifische Endzeiterwartung erhalten hatte. Demgegenüber gehörte ein bestimmtes Weltverhältnis nicht zu den ausdrücklichen Verkündigungselementen des jungen Christentums, und schon gar nicht eine bestimmte Kosmologie. Ohne Zweifel ist in jeder Erlösungsvorstellung und in jeder Ethik eine bestimmte Anthropologie und in jeder Anthropologie ein bestimmtes Weltverhältnis enthalten. Sollte dieses implizite Weltverhältnis jedoch expliziert werden, so waren Kategorien und Vorstellungsschemata erforderlich. Da solche Kategorien und Vorstellungsschemata nicht zum ursprünglichen Verkündigungsinhalt gehörten, mußten sie aus der Umgebung herangezogen und gegebenenfalls modifiziert werden. Schon der Vorgang der Übernahme stellte natürlich einen Selektionsprozeß dar, da ja die herangezogenen Schemata einigermaßen adäquat sein mußten, um halbwegs kohärent mit den übrigen Elementen des Glaubens in Zusammenhang gebracht werden zu können. Mehr als "einigermaßen adäquat" und "halbwegs kohärent" zu sagen, wäre nicht korrekt und würde dem tatsächlichen historischen Vorgang nicht entsprechen. Wir können daher im Fall des Christentums (im Anschluß an das vorangegangene Kap. I. 2) von einer "sekundären" Kosmisierung sprechen.

Bevor dieser Selektions- und Modifikationsprozeß einsetzte, war schon eine wichtige Entscheidung gefallen: die Entscheidung, das "Alte Testament" in die Grundlagen des Christentums einzubeziehen. Diese Entscheidung war keineswegs selbstverständlich, wie wir an der bekannten, für die Praxis ungeheuer wichtigen Kontroverse über die Geltung der jüdischen Gesetzesvorschriften für Christen (vgl. Apg 11,

1-18; 15, 1-29) ablesen können. Wenn aber das als für das Alte Testament zentral angesehene jüdische Gesetz für Christen nicht verpflichtend sein sollte, warum sollte man dann überhaupt die heiligen Bücher der Juden übernehmen? Eine Entscheidung für diese Bücher mußte also auf jeden Fall mit interpretatorischen Modifikationen verbunden sein.[1] Der Standpunkt der Ablehnung der jüdischen Schriften war aber noch um die Mitte des 2. Jh.s durchaus möglich und sehr wirksam, wobei gerade auch die Frage der Schöpfung und des Schöpfergottes eine zentrale Rolle spielte. Markion vertrat die These, der Schöpfergott des Alten Testaments sei durch das Talionsprinzip (*do ut des*) vollständig bestimmt, es gehe ihm deshalb die Güte ab. Der Unvollkommenheit des Schöpfers entspricht die Unvollkommenheit seiner Schöpfung. Der Gott des Neues Testaments ist der Gott der Güte, der dem Schöpfer und der Schöpfung unbekannt ist. Das Alte Testament ist also nach Markion gerade in seiner der Gerechtigkeit entsprechenden Vorstellung von Schöpfer und Schöpfung[2] durch das Neue Testament nicht überboten, sondern widerlegt und muß zurückgewiesen werden. Diese - mit einer strengen Ethik verbundene - Lehre der markionitischen Kirche war bis ins 4. Jh. hinein einflußreich. Dieser Streit machte jedenfalls deutlich, daß die Übernahme der Schöpfungslehre der Genesis durch die Christen ein Interpretationsproblem mit sich brachte.

Die Entscheidung für das Alte Testament lieferte nicht schon eine eindeutige Kosmologie. Die weitere Entscheidung für eine Öffnung zu griechischer Kultur und Philosophie erforderte dann einen nicht unproblematischen Selektionsvorgang. Dieser war natürlich als solcher den frühen Theologen nur teilweise bewußt und wurde auch nur teilweise durchschaut, in bestimmter Hinsicht wurde er sogar verdeckt. Klar war, daß bei dieser Selektion die Weltbeziehung Epikurs und die damit verbundene Naturphilosophie und Kosmologie Demokrits ausgeschieden werden mußten. Komplizierter war der Selektions- und

1 Die christliche Terminologie des "Alten" und des "Neuen" Testaments ist selbst bereits ein Versuch, bei Übernahme der heiligen Bücher der Juden die damit verbundene Problematik durch eine Zeit-Terminologie zu bewältigen.

2 Markions Exegese der Gerechtigkeit im Alten Testament ist nicht korrekt (vgl. Teil 2, Kap. III), sie entspricht eher dem faktischen Gesetzesverständnis des späten Judentums. - Unabhängig davon ist aber Markions systematische Einsicht richtig: Das Verständnis von Gerechtigkeit entspricht dem Gottes- und dem Schöpfungsbegriff. Vgl. dazu, was weiter oben in Kap. I zur Kosmisierung als letzter Abstützung gesellschaftlicher Normen gesagt wurde.

Modifikationsvorgang gegenüber den beiden verbleibenden großen Entwürfen des Weltverhältnisses im Hellenismus, der Stoa und der Gnosis bzw. dem Neuplatonismus. Wir können es als die originelle Leistung der frühen christlichen Theologie ansehen, daß sie beide, Stoa und Gnosis, übernahm, aber nicht nur *nebeneinander*, sondern auch *gegeneinander* einsetzte, so daß jeweils das eine Schema die kritische Grenze dem anderen gegenüber darstellen konnte, ohne aber dadurch eine Synthese zu erreichen oder auch nur erreichen zu wollen. Die These des Christentums wäre dann also, daß die Wahrheit weder in der Stoa noch in der Gnosis bzw. im Neuplatonismus liegt, weder in der Summe von beiden noch auch in der Mitte zwischen beiden, sondern in der wechselseitigen Beschränkung, Erweiterung oder Korrektur. Auch dies ist aber eigentlich nicht ganz korrekt, da es sich letztlich bei Stoa und Gnosis nicht nur um verschiedene metaphysische Systeme handelt, sondern ebenso um verschiedene Zugänge zum Problem der Erkenntnis und der Wahrheit selbst, also auch um verschiedene Weisen der Argumentation und der Begriffsbildung. So ist ja genügend bekannt, daß die Stoiker (in Übernahme von den Megarikern) ein strenges System der Logik der Aussagen entwickelt haben, während in der Gnosis wie im Neuplatonismus Dreischritt-Schemata vorliegen, die als Dialektik (im modernen Sinn)[3] bezeichnet werden können. Parallel dazu wurde von den Stoikern eine objektive Wahrheit (das Lekton) angenommen, die allgemein zugänglich ist, während in der Gnosis eine ekstatische Wahrheit gesucht wurde, mit deren Besitz nicht selten die Behauptung verbunden war, daß Wahrheit eben nicht allgemein zugänglich ist.

Nun können Aussagen objektiver Wahrheit eigentlich nicht durch Behauptungen ekstatischer Wahrheit ergänzt oder entschränkt werden, so wenig wie Behauptungen ekstatischer Wahrheit in irgendeiner Weise durch Aussagen objektiver Wahrheit ergänzt, gestützt oder auch kritisiert werden können. Dementsprechend hat es keinen Sinn, zu sagen, man könne die Logik durch Dialektik transzendieren oder die Dialektik durch Logik kritisch einschränken. Das bedeutet, daß eine echte Diskussion (die eine gemeinsame Sprache, eine gemeinsame Logik und somit eine gemeinsame "Welt" voraussetzt) mit entscheidbaren Ergebnissen zwischen Vertretern dieser beiden Positionen eigentlich gar nicht stattfinden kann. Es kann immer nur erreicht

3 "Dialektik" bezeichnete bis in die Neuzeit vorwiegend das, was heute als "Logik" bezeichnet wird.

werden, daß - im besten Fall - die beiden Positionen durch die Diskussion klarer werden. Es ist natürlich auch nicht ausgeschlossen, daß ein und derselbe Theologe zu einem Zeitpunkt von der einen gegen die andere Position argumentiert und zu einem anderen Zeitpunkt die Argumentationsrichtung umkehrt. So argumentierte z.B. Augustinus in seiner Jugend im Prinzip stoisch gegen die manichäisch-gnostischen Theorien und später im Prinzip (wenn auch leicht eingeschränkt) manichäisch-gnostisch gegen die stoisch denkenden Pelagianer. Eine Synthese zu diesen beiden Argumentationen zu finden, war weder Augustinus selbst noch irgendeinem seiner Nachfolger möglich. Boethius z.B. sprach - zwar in ein und demselben Gedicht, aber in deutlich voneinander abgesetzten Teilen - einmal stoisch von dem "festgefügten Erdkreis" (*stabilis orbis*), dessen Ursachen (*causae*) erforscht werden können, und dann neuplatonisch von der "törichten Erde" (*stolida terra*), die mit "wuchtender Last" des "Geistes Leuchte" ermatten läßt (*effeto lumine mentis*).[4] Die stoische "Welt" und die neuplatonische "Welt" standen bei Boethius, wie bei vielen Autoren der späteren Zeit, in ganz unterschiedlichen Argumentationszusammenhängen.

Innerhalb der Strukturanalyse rücken unter dem Aspekt des Weltverhältnisses und der Weltbetrachtung Stoa und Aristotelismus in große Nähe, wie dies ja schon in Teil 2, Kap. IV über die griechische Kosmosauffassung deutlich geworden ist. Es wurde bisher bloß die Stoa aufgeführt, weil unter historischem Aspekt nur diese eine wirkliche Rolle für die Entwicklung der frühen christlichen Theologie gespielt hat, wogegen die aristotelische Naturphilosophie ebenso wie die alexandrinische Naturwissenschaft dafür nur von geringer Bedeutung war.

In diesen abschließenden Überlegungen geht es nun jedoch nicht mehr um Stoa und Aristotelismus, um Gnosis bzw. Neuplatonismus in ihrer genauen historischen Form (wobei wir ja bei jeder der beiden Richtungen verschiedene historische Formen unterscheiden müßten), sondern um das Strukturproblem, das auch dort noch bleibt, wo sich die Theologie von diesen historischen Ursprüngen weit entfernt hat. Es wäre daher korrekter, jeweils von stoisch_h = stoisch im Sinne des historischen Phänomens oder stoisch_s = stoisch im Sinne eines Strukturproblems zu sprechen und entsprechend von gnostisch_h und gnostisch_s. Damit wäre klar, daß dort, wo ein ähnliches Strukturproblem auftritt, eine historische Verbindung nicht schon mitbehauptet ist, eine

4 Vgl. *Boethius*, Trost der Philosophie, 1. Buch, 2.c., hrsg. v. O. Gigon, Zürich - München [3]1981, 6-9.

solche also eigens bewiesen werden müßte, wenn sie zusätzlich angenommen wird. Da in Teil 2 der Arbeit bereits deutlich gemacht wurde, wo solche historischen Verbindungen angenommen werden, dürfte es im folgenden erlaubt sein, auf den Index zu verzichten. Es sei jedoch nochmals darauf hingewiesen, daß auch "historische Verbindung" immer eine gebrochene Identität besagt. Jede neue Form derselben Herkunft stellt eine Transformation dar. Es ist eine schwierige und meist unentscheidbare Frage, wo aufgrund der Transformation nicht einmal mehr eine gebrochene Identität vorliegt. (Dies macht schon das Faktum der beiden großen christlichen Konfessionen deutlich, die jeweils von der anderen behaupten, dort seien Transformationen vorgenommen worden, die zu einem Identitätsverlust geführt haben.)

Wenn hier von einem Strukturproblem gesprochen wird, so darf dies nicht gegen die historische Problematik ausgespielt werden. Die Frage eines Strukturproblems steht methodisch nicht *vor* der historischen Analyse und ist auch nicht ein Ergebnis, das *nach* der historischen Analyse "übrigbleibt". Es geht also keineswegs darum, von "ewigen Themen der Theologie" zu sprechen, bei denen dann die historischen Fragen faktisch zu Randbedingungen würden. Die historische Arbeit selbst aber wäre als solche unzureichend, wenn sie nur beim Erzählen verschiedener Episoden stehenbliebe und sich nicht der Frage stellte, ob in diesen Episoden an ähnlichen Problemen gearbeitet wurde und wo wesentliche Differenzen auftraten. So gewinnt z.B. die Geschichte der Auslegung des Schöpfungsberichts erst dort Profil, wo diese unter dem (sicher nicht einzigen oder wichtigsten, aber doch auch historisch gegebenen) strukturellen Aspekt der Beziehung zur Frage der Weltentstehung analysiert wird. Dann kann sich etwa ergeben, daß zu einem historischen Zeitpunkt t_1 der Schöpfungsbericht primär eine Legitimationsfunktion für eine bestimmte Glaubensform (ohne eigenes Land, also auf die Suche nach einem Ort in der Welt bezogen) hatte und sich nur ganz sekundär auf Weltentstehung bezog, wohl aber als Information dazu verstanden wurde, daß zu einem historischen Zeitpunkt t_2 der Schöpfungsbericht aber primär als Information über die Weltentstehung angesehen wurde und zu einem Zeitpunkt t_3 über den Schöpfungsbericht gesagt wird, daß er weder primär noch sekundär, sondern überhaupt nichts mit einer Information über die Weltentstehung (im naturwissenschaftlichen Sinn) zu tun hat. Erst eine solche Strukturanalyse gibt eine Anleitung, historisch genau die verwendeten Begriffe von "Welt", "Weltentstehung", "Information",

"Wissenschaft" usw. zu analysieren.[5] Ebenso stellt die Frage der Beziehung der Menschen zu ihrer Welt, also die Frage der Grundkategorien ihrer Weltbeziehung, ein solches historisches Strukturproblem dar, das überhaupt erst als solches in das Blickfeld des Historikers kommt, da es ja rein historisch nie ein spezielles Thema der Theologie war.

Eine entsprechende Strukturanalyse hat z.B. Krolzik für die Interpretation von Gen 1, 28 unternommen. Dabei ergibt sich, daß das durch den Auftrag der Herrschaft über die Erde bestimmte Weltverhältnis jeweils dadurch erst eine konkrete Form erhält, daß zwei Fragen beantwortet werden: (a) Welche Auswirkung hat der Sündenfall auf die Herrschaft des Menschen über die Erde? Es ist die Spanne von unwesentlicher Beeinträchtigung bis zur vollständigen Aufhebung möglich. (b) Wird die Herrschaft mehr oder weniger hoch bewertet, und ist sie in eine eher statische oder eher dynamische Auffassung von der Welt eingebettet? Die verschiedenen Antworten auf diese Fragen ergeben dann unterschiedliche Typen der Interpretation, die jeweils in bestimmten Perioden vorherrschend waren.[6]

Eine solche Analyse ist selbstverständlich aus der Geschichte gewonnen. Das daraus ersichtliche Strukturproblem zeigt für die systematische Überlegung an, daß ein christlich-theologisches Modell innerhalb dieses Koordinatensystems entworfen werden muß. Es macht aber gleichzeitig deutlich, daß es ohne weiteres möglich und faktisch auch der Fall gewesen ist, daß einzelne Modelle anderen gegenüber kontradiktorische Antworten auf diese Fragen geben und somit untereinander unvereinbar sind, trotzdem aber zu der einen Interpretationsgeschichte gehören. Die Identität liegt in dem ziemlich formalen Koordinatensystem und nicht in einzelnen Modellen.

Kehren wir zurück zur Frage der Verwendung stoischer und gnostischer Modelle. Die Übernahme von (mindestens) zwei verschiedenen kategorialen Systemen - vorausgesetzt natürlich, daß solche vorhanden waren - war schon durch die Schriften des Neuen Testaments erfordert. Die Schriften der Synoptiker erfordern zu ihrer Auslegung ein positives, realistisches, "natürliches" Verständnis von Welt und Na-

[5] Durch die Einführung von "Strukturproblemen" ist also die Historismus-Frage gar nicht berührt; ein strukturanalytischer Ausgangspunkt ist ohne weiteres mit historistischen Konsequenzen vereinbar.

[6] Vgl. *U. Krolzik*, Die Wirkungsgeschichte von Gen 1, 28, in: Altner (Hrsg.), Ökologische Theologie, Stuttgart 1989, 149-163.

tur, während das Johannesevangelium[7] und die paulinischen Briefe zumindest ein gebrochenes Verständnis von Natur voraussetzen, jedenfalls ein Mißtrauen gegenüber dem, was uns als Natur und Welt entgegentritt; und die Apokalypse schließlich enthält eine radikale Verurteilung der gegenwärtigen Welt, die als ganze transzendiert werden muß. Nun ist natürlich weder das synoptische Weltverständnis stoisch (oder aristotelisch) noch das johanneische und paulinische gnostisch noch das apokalyptische neuplatonisch (eher im Sinn des Proklos als des Plotin). Aber *wenn* schon verschiedene kategoriale Rahmen unter den vorhandenen ausgesucht werden mußten, so legten sich eben solche Richtungen der Selektion nahe.

Sowohl bei den Israeliten der vorchristlichen Zeit als auch bei den ersten Generationen des frühen Christentums können wir ein positives Natur- und Weltverständnis voraussetzen. Problematisch war für die Israeliten nicht das Verhältnis des Menschen zur Natur und zur Welt, sondern das Verhältnis des Menschen zu seinem Gott. Die Natur als solche ist zuverlässig, und das Volk kann - vorausgesetzt, es erfüllt den Willen Gottes - sehr wohl ein Gelobtes Land in dieser Welt finden. Die Auffassung, daß die Welt mit Sternen, Sonne, Mond, Wasser, Erde usw. gut ist, hatte im Schöpfungsbericht ihren poetisch beredten Ausdruck gefunden; und auch in Zeiten äußerster Bedrängnis gab es keine Bewegungen, die diese Voraussetzung in Frage gestellt und den Grund der Bedrängnis in einem feindlichen Charakter der Welt gesucht hätten. Der Grund der Bedrängnis mußte im Menschen, in seinem Unglauben, in seinem mangelnden Gehorsam dem göttlichen Gesetz gegenüber gesucht werden. Auch die Synoptiker dachten im Grunde nicht viel anders. Auf dieser Basis konnte nach dem Ausbleiben des erwarteten Weltendes ein positives Verhältnis zur Welt entwickelt werden, selbst wenn es unter dem Zeichen der Vorläufigkeit bestimmten Einschränkungen unterworfen war. Nun war die stoische Autarkieauffassung natürlich keineswegs mit der Haltung des christlichen Glaubens vergleichbar - die späteren Diskussionen um die Gnade

[7] Die Frage eines implizit positiven Naturverständnisses trotz gebrochenen Weltverständnisses müßte näher differenziert werden. Vgl. *R. Bultmann*, Das Evangelium des Johannes, Göttingen [17]1962, 133: "So deutet auch bei Johannes die bewußte Bezeichnung der Offenbarung mit Begriffen, die irdische Güter bezeichnen, darauf hin, daß ein positives Verhältnis des menschlich-natürlichen Lebens zur Offenbarung besteht - nämlich gerade darin, daß jenes Leben unecht, uneigentlich ist, diese aber echtes, eigentliches Leben schenkt." Ähnliche Differenzierungen müßten auch bei den anderen neutestamentlichen Autoren vorgenommen werden. Im vorliegenden Zusammenhang genügt jedoch der Hinweis auf vorherrschende Tendenzen.

machen dies in aller Schärfe deutlich -; das Vertrauen in eine vernünftig geordnete, im Naturbereich zuverlässige Welt konnte aber durchaus in stoischen Kategorien ausgelegt werden. Auch das stoische Prinzip der Begründung dieser positiven Weltwertung, der Logos, konnte in Beziehung zum christlichen Logos als dem Schöpfungsmittler gebracht werden.

Der Gedankengang ist hier folgender: Mensch und Welt sind ihrer Natur nach prinzipiell in Ordnung. Eine Theologie, die auf dem Hintergrund eines solchen Schemas arbeitet, hat (1) verhältnismäßig wenig Probleme mit der Frage der Schöpfung (warum sollte sie nicht einen guten Gott als den Grund oder Ursprung einer solchen Welt ansehen, also damit über die Stoa "hinausgehen"?); sie braucht (2) das Übel nicht als ontologisches Nichts zu erklären, sondern ordnet es auf das größere Gut zu, nämlich die Harmonie der Welt als ganzer; sie hat (3) die Tendenz, christologisch die Inkarnation (als "Krönung" der Schöpfung) ins Zentrum zu stellen; sie gerät aber (4) in Schwierigkeiten, die biblische Behauptung der Notwendigkeit von Erlösung und Offenbarung zu erklären.

Gegenüber der Konstruktion des Menschen innerhalb einer als geordnet und schön gedachten Welt kann umgekehrt von einem ungeordnet gedachten Menschen her die Welt als ungeordnet, feindlich konstruiert oder von einer feindlich erfahrenen Welt her der Mensch in dieser Welt als Fehlkonstruktion betrachtet werden. Die Haltung gegenüber der Welt in all ihren Dimensionen, auch und besonders gegenüber dem Weltlichen im Menschen, ist hier radikal kritisch. Welt und Mensch werden aus einem Fall, einem Abfall, also ontologisch und zugleich ethisch erklärt. Leben und Licht sind demgegenüber das radikal Andere, das Entgegengesetzte, das nur aus einer Selbstoffenbarung des Anderen erkannt werden kann, die der Mensch als Erlösung erfährt. Dies ist das Schema der Gnosis. Die ersten Generationen des frühen Christentums, die von einer radikalen Erlösungsbedürftigkeit des Menschen ausgingen (Paulus) und die sich als die Gemeinde des Lichts in einer Welt der Finsternis verstanden (Johannes), waren natürlich von diesem Schema angezogen. Eine Theologie, die auf dem Hintergrund eines solchen Schemas arbeitet, hat (1) wenig Schwierigkeiten, die Macht und Realität des Bösen und so die Notwendigkeit einer Vernichtung dieser Welt zu behaupten; sie hat (2) keine Schwierigkeit, die Notwendigkeit von Erlösung und Offenbarung zu erklären; sie gerät aber (3) in Schwierigkeiten bei der Erklärung der schöpferischen Tätigkeit des - einen und guten - Gottes, d.h., die Erklärung der

Herkunft des Bösen wird schwierig; und sie hat (4) die Tendenz, entweder in der Christologie vom Kreuz (als radikaler Kritik und als Verurteilung und Ver-Nichtung des Weltlichen) her zu denken oder die Christologie doketisch zu konzipieren (dann wird im Kreuz nur die Nichtigkeit des Scheinleibes offenbar).

Die christliche Theologie wollte sich auf keines dieser Schemata festlegen, stand aber dennoch in der Schöpfungslehre einem stoischen, in der Erlösungslehre einem gnostischen Verständnis von Mensch und Welt näher. Schöpfungs- und Erlösungslehre waren jedoch nicht in zwei getrennte Aussagereihen zu gliedern; das Wissen um den Bedingungszusammenhang, in welchem die Schöpfungslehre als Implikation der Erlösungslehre begriffen wird, ging nie ganz verloren. Es war daher sachlich richtig, Schöpfungs- und Erlösungslehre nicht zu trennen und keine der beiden als alleiniges Konstruktionselement zuzulassen.

Damit allerdings war ein theologieimmanenter permanenter Konflikt gleichsam vorprogrammiert.[8] Die Schöpfungslehre forderte von sich aus eine "positivere" Weltsicht, als sie die "negative" Weltsicht der Erlösungslehre zuließ, ein Ausgleich ging immer auf Kosten eines der Elemente und forderte so die Kritik durch das andere heraus. Das Erbsündendogma hatte nun eigentlich die Funktion, den Ausgleich zwischen Schöpfungslehre und Erlösungslehre zu ermöglichen, also zu erklären, wieso in einer an sich guten Schöpfung die Erlösung dennoch unbedingt notwendig geworden ist. Tatsächlich leistete das Erbsündendogma jedoch diesen Ausgleich nicht. Vielmehr trat in seiner Interpretation genau dieselbe Polarität wie beim Weltverständnis auf: Entweder wurde die menschliche Natur - wie im stoischen Menschenverständnis - sehr positiv, also auch sehr wirkmächtig begriffen (Pelagius, der frühe Augustinus, Erasmus von Rotterdam), oder sie wurde - wie in der Gnosis - sehr negativ, also auch sehr ohnmächtig angesetzt (der späte Augustinus, Luther). Der katholischen Lehre etwa im Tridentinum blieb nur die Möglichkeit, sich von beiden Extremen abzusetzen, die Erbsünde also nicht als totale Verderbtheit, aber auch nicht bloß als Schönheitsfehler der menschlichen Natur zu bestimmen, ohne positiv sagen zu können (oder zu wollen), wie denn nun die Erbsünde aufzufassen sei (vgl. Teil 2, Kap. XIII). Ganz ähnlich wurde Jahrhunderte später auf dem 1. Vaticanum die Frage der Gotteserkenntnis

8 Vgl. *H. Blumenberg*, Die Genesis der Kopernikanischen Welt, Frankfurt 1981, 392: "In der christlichen Tradition hat es nie ein ausgewogenes Verhältnis von Schöpfungslehre und Erlösungsdogma gegeben."

aufgrund von Welterkenntnis bestimmt: Gott könne zwar aus den Werken der Schöpfung erkannt werden, aber diese Erkenntnis sei eben doch nicht evident und treffe auf nicht unerhebliche Schwierigkeiten.

Drückt sich hier eine Zwiespältigkeit, eine permanente, an verschiedenen Punkten auftretende Unentschlossenheit, ein unentschiedenes "sowohl - als auch" aus? Oder liegt darin das Bewußtsein, daß die christliche Dogmatik eigentlich doch recht undogmatisch ist, d.h. ganz und gar nicht auf *eine* Position festgelegt werden kann?[9] Die Anathema-Praxis der Konzilien, die jeweils ziemlich klar eine Position ausschloß, aber nie auch nur annähernd ebenso klar eine eigene Position behauptete,[10] legt es nahe, daß auch hier ein solches undogmatisches Vorgehen vorliegt. Es geht um das Abstecken eines Koordinatensystems, nicht aber um die Auszeichnung eines bestimmten Modells innerhalb desselben.[11] In Hinsicht auf das Weltverständnis würde dies mit Bezug auf das stoische und das gnostische Weltverständnis als christliche Position einen praktisch undefinierbaren Indifferenzpunkt ergeben: Das stoische Weltverständnis wäre durch das gnostische kritisch einzuschränken und umgekehrt das gnostische durch das stoische. Und da es sich bei Gnosis und Stoa, wie oben angedeutet, auch um methodologisch verschiedene Denkmodelle handelt, wäre dieser Indifferenzpunkt nicht nur faktisch, sondern prinzipiell undefinierbar. Die Bewegung wäre dann die, daß z.B. von einem gnostischen Weltverständnis her ein stoisches kritisiert würde, aber eben nur so, wie dieses stoische vom gnostischen her entworfen werden kann, und umgekehrt. Die christliche Wahrheit läge dann in dieser Denkbewegung als affirmativ-kritischer selbst und nicht in einer ausformulierbaren

9 Damit soll natürlich nicht behauptet werden, daß dieses Bewußtsein für die Entscheidungen der Institution z.B. des kirchlichen Lehramts der kath. Kirche in den Jahrhunderten seit dem Tridentinum leitend gewesen sei. Eher war das Gegenteil der Fall. Ansätze, diesem Bewußtsein als einem Resultat geschichtlicher Erfahrung Raum zu geben, waren auf dem 2. Vaticanum wirksam. Diese Ansätze wurden leider in den letzten Jahren wieder entschieden zurückgedrängt. Es ist jedoch zu fragen, ob nicht eine "problematische" Theologie an Stelle einer "dogmatischen" einzig in der Lage ist, den historischen Gegebenheiten Rechnung zu tragen. Die Tradition, also ein wichtiges "Kriterium" theologischer Aussagen, läßt sich einfach nicht als Entfaltungsprozeß identischer Aussagen rekonstruieren.

10 Es ist ein Irrtum, zu meinen, das kontradiktorische Gegenteil eines verurteilten Satzes sei jeweils die Lehre der Kirche.

11 K. Rahner drückte dies im Gespräch drastischer aus: "Die Dogmen sind wie Straßenlaternen, sie zeigen uns die Richtung in der Nacht; nur ein Betrunkener hält sich daran fest."

These. Das Koordinatensystem kann nicht - jedenfalls nicht auf derselben Ebene - selbst als Modell dargestellt werden.[12]

Damit ist allerdings noch nicht gesagt, welche der beiden Positionen zu einem bestimmten Zeitpunkt in der Geschichte des christlichen Denkens jeweils privilegiert worden *ist*, und schon gar nicht ist damit gesagt, welche in unserer Gegenwart privilegiert werden *sollte* - selbstverständlich im Bewußtsein, daß in jedem Fall diese Privilegierung nur die halbe Wahrheit bedeutet, daß aber vermutlich diese halbe Wahrheit genau jene ganze Wahrheit ist, die zu einem bestimmten Zeitpunkt der Geschichte erreichbar ist. In der Geschichte sind die Linien oft nicht eindeutig zu ziehen. Vor allem ist auch die Zwischenstellung des Neuplatonismus zu beachten, der ja in der christlichen Denkgeschichte und in der Geschichte seiner idealistischen und gegenidealistischen Nachfolger eine ungeheuer wichtige Rolle gespielt hat. Die Welt ist dort gegenüber dem Einen nicht negativ gewertet, wohl aber neutralisiert. Eine stoische Eigenwertung ist ausgeschlossen, ohne daß aber die Welt eine gnostische Negativwertung erhält. Die Welt hat hier nur insofern eine Bedeutung, als sie transparent gemacht wird hin auf das Eine, dessen Licht allein sie im Sein erhält und vom Nichts als Dunkelheit unterscheidet. Dieses Licht hat aber nur die eine Funktion, den Weg zu weisen zu der Quelle allen Lichts, die jedoch allem Weltlichen gegenüber schlechthin transzendent ist und deshalb nur in totaler Negation alles Weltlichen angedeutet werden kann.

Ein solches Weltverhältnis kann den Rahmen für verschiedene Weltentwürfe in pragmatischer Hinsicht geben. Es kann dazu führen, daß die Welt, der gesamte Kosmos, als Symbol, als Abglanz des Unsagbaren aufgefaßt wird und versucht wird, alles Weltliche ästhetisch zu transformieren, transparent zu machen auf das Göttliche hin. Das Weltliche ist auch hier neutralisiert, hat keinen Eigenwert, auch wenn uns Späteren die Ergebnisse dieses Weltverständnisses als höchste, in sich bewunderungswürdige Kunstwerke erscheinen. Aber das setzt schon voraus, daß in einem völlig gewandelten Bezug zu den Dingen diese Erzeugnisse zu "Kunstobjekten" geworden sind. Ein solches Weltverständnis kann aber auch, wird die Transzendenz "subjektiviert", d.h. in ein unendliches Transzendieren-Können des denken und handeln könnenden Subjekts individueller oder gesellschaftlicher Art ver-

12 In dieser Hinsicht liegt das Hauptinteresse der vorliegenden Arbeit auf diesen Koordinatensystemen und weniger darauf, nun ein eigenes Modell vorzulegen, obwohl abschließend auch auf ein solches Modell hingewiesen werden wird.

wandelt, dazu führen, daß Welt eben rein als neutrales Material dieses permanenten Selbsttranszendierens angesehen wird.[13]

In der späten Antike spielte der Neuplatonismus für das Christentum ohne Zweifel eine ungeheuer große Rolle, vor allem durch den Einfluß des Origenes, der Kappadokier, des Pseudo-Dionysius Areopagita und nicht zuletzt des Augustinus (der sogar dem gnostischen Dualismus einigen Raum gab, was bei den ersteren nicht der Fall war). Zu klären wäre allerdings der Grund für diesen Einfluß in bezug auf das Weltverhältnis. Bei Origenes und bei den Kappadokiern lag ein ausgeprägt asketisches und mystisches Ideal vor, in welchem eine Vergleichgültigung alles Weltlichen enthalten war. Dieser Denk- und Handlungsrahmen wurde allerdings durch die spätestens seit dem 4. Jh. einsetzende "Verweltlichung" des Christentums zurückgedrängt. Gegenüber der Negation setzte sich die Affirmation stärker durch. Bleiben konnte allerdings die ästhetische Variante des Neuplatonismus, in der das Weltliche als transparente Manifestation, Offenbarung des Göttlichen angesehen wurde - allerdings so, daß in der kirchlichen Realität der Charakter der Aufhebung zusehends verdrängt wurde, so daß dort, wo die radikale Negation in ihren verschiedenen Formen (Scotus Eriugena, Katharer, Eckhart) auftrat, diese nun als häretisch bezeichnet werden mußte. Ob dies mit einem Stärkerwerden des stoischen Erbes verbunden war, müßte genauer untersucht werden. Jedenfalls traten dann in der Renaissance wie später in der Aufklärung stoische Vorstellungen - allerdings oft gerade gegen das Christentum gewendet - stark in der Vordergrund.

Die christliche Theologie wurde in der späteren Neuzeit immer unsicherer in der Bestimmung des ihr entsprechenden Weltverhältnisses. Dies zeigt sich auch im engeren Sinn des Naturverständnisses, in welchem versucht wurde, sich auf ein Naturrecht zu stützen, aber gleichzeitig Naturwissenschaft zensuriert wurde, wo sie vermeintlichen Glaubenssätzen nicht entsprach. Solche Inkohärenzen haben selbstverständlich überhaupt nichts mit einer Dialektik von Affirmation und Negation zu tun und schon gar nichts mit einem vernünftig undogmatischen Verständnis des Christentums. Diese Unsicherheit in der Bestimmung des christlichen Weltverständnisses führte auch dazu, daß das Christentum zu keiner brauchbaren Bestimmung seines Verhältnisses gegenüber dem in der Wissenschaft enthaltenen Weltverständ-

13 Dies ist häufig in marxistischen wie in kapitalistischen Konzeptionen gegeben.

nis gelangte und so auch zu der damit verbundenen "Entwertung" der Welt (vgl. Teil 3, Kap. I. 3) letztlich nichts mehr zu sagen wußte.

Die Vorstellung, die Welt der Natur sei einfach neutrales Material der Selbsttranszendenz des Menschen, hat sich als falsch und in ihren Folgen als im wahrsten Sinn des Wortes katastrophal herausgestellt. Ihre Folgen bedrohen nicht nur die erhoffte Selbsttranszendenz, sondern schon die Existenz des Menschen - wobei hier die Menschheit in ganz konkretem Sinn gemeint ist. Die Fakten, die dies belegen, sind so bekannt, daß es müßig wäre, sie hier aufzuzählen. Die Menschheit ist daran, ihre natürlichen Lebensbedingungen zu zerstören; und sie hält weiterhin ein Vernichtungspotential aufgehäuft, das ein Vielfaches von dem ausmacht, was ausreicht, um die gesamte menschliche Welt zu zerstören. Es geht nun selbstverständlich keineswegs darum, die Erfolge der Naturbeherrschung in Frage zu stellen oder ihren Wert herabzumindern. Wohl aber stellt sich die Frage, ob nicht in der Gegenwart die *Bewahrung* der Natur einen eindeutigen Vorrang vor der technischen Verwendung der Natur erhalten muß. Dafür gibt es genügend Gründe, die sich aufdrängen, ohne daß dafür eine christliche religiöse Begründung erfordert wäre. Und es ist ja auch die Frage, ob nicht die Christen selbst sehr radikal nicht nur umdenken, sondern vor allem auch ihre Praxis verändern müssen, um einen konstruktiven und möglicherweise sogar paradigmatischen Beitrag in dieser Situation liefern zu können.

Erhält die Bewahrung der Natur einen zentralen Stellenwert, so ist zu erwarten, daß die stoischen Elemente der kulturellen Tradition an Bedeutung gewinnen. Der Gedanke der Harmonie des Menschen mit der Natur als praxisnormierende Vorstellung spielt eine erhebliche Rolle in der gegenwärtigen Diskussion, und es ist offensichtlich, daß hier ein stoisches Modell Verwendung findet.[14] Aufgrund des am Beginn dieses Abschnitts Gesagten ist es daher fast unvermeidlich, daß die christlichen Schöpfungsvorstellungen, die mit stoischen Kategorien arbeiteten, in der Gegenwart eine starke Anziehungskraft ausüben müssen. Es war daher zu erwarten, daß die Lehre von der Inkarnation, durch welche der gesamte Kosmos geheiligt ist, in den Vordergrund rücken würde. Besondere Bedeutung konnte dabei das skotistische Theologumenon der unbedingten Inkarnation erhalten, die Auffassung also, daß die Menschwerdung Gottes nicht durch die Sünde veranlaßt

[14] Vgl. *S. Toulmin*, The Return to Cosmology. Postmodern Science and the Theology of Nature, Berkeley - Los Angeles - London 1985, 262f.

ist, sondern unabhängig davon das Ziel und die Krönung der Schöpfung darstellt. Innerhalb der katholischen Theologie unseres Jahrhunderts gab es nun - und zwar schon bevor diese Konzeption durch die Ökologieproblematik aktualisiert wurde - bedeutende Entwürfe, in denen die Welt von der als Grund und Ziel der Schöpfung verstandenen Inkarnation her als geheiligt, gleichsam sakramental begriffen wurde. Karl Rahner kennzeichnete eine solche Konzeption als "eine Lehre über die kosmische und, wenn das Wort erlaubt wird, transzendentale Bedeutung der Inkarnation"[15]. Und bei Teilhard de Chardin lesen wir, "daß sich die göttliche Allgegenwart in unserem Universum durch das Netz des totalen Christus überträgt"[16]. Neuerdings finden wir jedoch auch in der protestantischen Theologie Entwürfe eines sakramentalen Schöpfungsverständnisses, das auf die Inkarnation gegründet wird,[17] oder Entwürfe, die eher von der Immanenz des göttlichen Geistes in der Materie ausgehen.[18] Besonders attraktiv dabei ist, daß sich hier eine Möglichkeit zu bieten scheint, naturwissenschaftliche Erkenntnisse in Verbindung mit Glaubensaussagen zu bringen (Theorie offener Systeme; anthropisches Prinzip usw.), wie es auch in neueren Arbeiten katholischer Theologen versucht wird.[19]

Eine Auseinandersetzung mit diesen Konzeptionen übersteigt den Rahmen des hier Möglichen, schon deshalb, weil an diesem Punkt eine klare Darlegung der vorausgesetzten Christologie unabdingbar wäre.

15 *K. Rahner*, Die zwei Grundtypen der Christologie, in: ders., Schriften zur Theologie X, Zürich - Einsiedeln - Köln 1972, 232. Rahner dachte ohne Zweifel im Rahmen dieser Konzeption. Wie jedoch gerade dieser Artikel zeigt, war er sich der Problematik derselben bewußt.

16 *P. Teilhard de Chardin*, Der göttliche Bereich, Olten-Freiburg [3]1963, 142. Vgl. *ders.*, Der Mensch im Kosmos, München 1959, 305, wo von Christus als dem "Prinzip universeller Lebenkraft" gesprochen wird.

17 Vgl. *S. Daecke*, Säkulare Welt - sakrale Schöpfung - geistige Materie. Vorüberlegungen zu einer trinitarisch begründeten Praktischen und Systematischen Theologie der Natur, in: EvTh 45(1985), 261-276; *ders.*, Anthropozentrik oder Eigenwert der Natur? in: Altner, a.a.O. 277-299.

18 Vgl. *J. Moltmann*, Gott in der Schöpfung. Ökologische Schöpfungslehre, München 1985.

19 Vgl. *S.N. Bosshard*, Erschafft die Welt sich selbst? Die Selbstorganisation von Natur und Mensch aus naturwissenschaftlicher, philosophischer und theologischer Sicht, Freiburg 1985. Ebd. 211: "Die Komplexifikation der Strukturen nimmt ein solches Ausmaß an, daß sie symbolhaft an den Überfluß und die Fülle der innertrinitarischen Liebesbewegung erinnert. Die Schöpfung verherrlicht mithin den Schöpfer durch eine die Komplexität steigernde Selbsttranzendenz, sie nimmt *Teil an seiner Herrlichkeit*, indem sie sich in Selbstverwirklichung, Selbstvervielfältigung und Selbstvervollkommung mit dem göttlichen Leben und Schaffen vereint."

Ich muß hier also ein offen zugestandenes Begründungsdefizit in Kauf nehmen und kann nur eine mehr oder weniger thethische Darstellung der zugrundeliegenden Position liefern.

Die Schöpfungslehre ist in Abhängigkeit von der Soteriologie zu entwickeln. Die Soteriologie aber ist nicht ontologisch, sondern ethisch zu konzipieren, kann also nicht unabhängig von geschichtlich-gesellschaftlichem Handeln begriffen werden. Damit ist auch gesagt, daß Evolutionstheorie, Theorien offener Systeme, Kosmologien mit anthropischem Prinzip - so interessant sie auch für sich genommen sind - nicht der geeignete Begriffsrahmen für die Explikation der Schöpfungslehre sein können. Hier zu versuchen, eine christologisch-kosmologische Begründung im Sinne der (stoischen) Logos-Theologie der frühen Apologeten, der trinitarischen Metaphysik einiger mittelalterlicher Theologen oder der Ausfaltungs-Einfaltungs-Theologie des Nikolaus von Kues zu unternehmen, scheint mir ebenso unmöglich zu sein wie der Versuch (der letztlich auf diese zurückgeht), eine auf Hegelscher Entäußerungsmetaphysik beruhende Theologie neu zu beleben. Diese Formen der Theologie sagen einfach zu viel. Es sei hier auf die vorsichtigen Äußerungen von Rahner verwiesen, der die beiden Typen einer heilsgeschichtlichen und einer metaphysischen Christologie (der die oben erwähnte Charakterisicrung der kosmischen/transzendentalen Bedeutung entspricht) gegenüberstellt und dann zu bedenken gibt,

> (...) ob nicht doch der zweite metaphysische Grundtyp der Christologie einen Überschuß über das hinaus aufweist, was als Implikation, eindeutige Folgerung aus dem ersten Grundtyp abgeleitet und legitimiert werden kann. (...) Es könnte sein, daß Aussagen, die für unser abendländisches, durch Chalcedon gebildetes Ohr als Aussagen dieses zweiten metaphysischen Grundtyps klingen und so ein Plus enthalten, auch einmal (und vor allem da und dort in der Schrift) nur gemeint waren als emphatischer Ausdruck im Sinn des ersten Grundtyps.[20]

Obwohl ich den ersten Grundtyp der Christologie ziemlich anders als Rahner auffassen würde, stimme ich seiner Gegenüberstellung zu und halte seine Vermutung, daß der zweite Christologietyp nur auf emphatischen Ausdrücken des ersten beruht, für richtig. Genau dieser Überschuß aber war und ist die Grundlage all der Versuche, den Kosmos als göttlichen Bereich aufzufassen. Auch wenn deren Vertreter den Verdacht, es gehe hier um eine Resakralisierung der Natur und des Kosmos, mehr oder weniger empört zurückweisen würden, kann doch

20 *Rahner*, a.a.O. 236f.

dieser Verdacht bei zahlreichen Äußerungen innerhalb ihrer Konzeptionen nicht recht ausgeräumt werden.[21]

Es ist durchaus verständlich, daß viele Menschen unserer Zeit meinen, wir sollten der Natur wieder mit Ehrfurcht begegnen und in ihr etwas Heiliges sehen, um ihrer Zerstörung Widerstand leisten zu können. Wir müssen uns dabei aber im klaren sein, daß die biblische Tradition dafür keinen Beitrag leisten kann. Der Bruch mit jeder Form der Vergöttlichung der Natur steht am Ursprung der biblischen Religion, und an diesem Punkt ist eine eindeutige kritische Grenze markiert. Die Affirmation von Welt und Materie, wie sie auch auf dem vierten Laterankonzil (1215) gegen die Katharer zum Ausdruck gekommen ist, wendet sich kritisch gegen die Negativwertung der Materie, anerkennt den materiellen Bereich, liefert aber keinerlei Grundlage für den Gedanken einer auch nur sekundären Sakralisierung der materiellen Welt. Der heilige Kosmos, den die katholische Kirche in ihrer Praxis aufgebaut hatte (vgl. Teil 3, Kap. I. 2), war immer ein mehr oder weniger intendiertes Zugeständnis gewesen; konsequent und mit der biblischen Tradition kohärent war er nie.

Der Einwand wird nun lauten, hier werde wieder genau von jenem Anthropozentrismus her argumentiert, der Welt und Natur menschlicher Verfügung unterwirft - was gerade die Zerstörung der Natur hervorgerufen hat. Es ist aber wiederum zu beachten, welchen Beitrag die biblisch-christliche Tradition zu Fragen der Gegenwart leisten kann und welchen nicht. Die biblische Tradition, wie sie in Gen 1 zum Ausdruck kommt, enthält tatsächlich einen Anthropozentrismus. Wir müssen aber genau zusehen, was damit gemeint ist. Die Pointe des Schöpfungsauftrags in Gen 1, 26-30 liegt ja nicht nur in dem, was der Herrschaft des Menschen übergeben ist (die Erde, die Tiere), sondern ebenso in dem, was nicht darin enthalten ist: die Herrschaft des Menschen über den Menschen.[22] Aber auch die Herrschaft über Erde und Tiere ist nicht unbegrenzt. Mit dem in der Schöpfung begründeten Herrschaftsauftrag ist der Ruheauftrag des Sabbat verbunden, der ausdrücklich auf die Schöpfungserzählung bezogen wird (Ex 20, 8-11) und der auch die Umwelt - die Tiere werden ausdrücklich genannt - umfaßt. Damit hängt auch die Institution des Sabbatjahres zusammen, die

21 Vgl. z.B. *Daecke*, a.a.O. 295, der von "sekundärer" Heiligkeit spricht, so daß die Natur zwar nicht in sich selbst "heilig" (*holy*), wohl aber "geheiligt" (*sacred*) durch Gott ist, und zwar geheiligt durch die Inkarnation.

22 Vgl. *J. Ebach*, Schöpfung in der hebräischen Bibel, in: Altner, a.a.O. 114.

aus dem Sabbat abgeleitet wird (Ex 23, 10-12). Sie wird nicht mit Nützlichkeitserwägungen begründet, ist im Rahmen des Nützlichkeitsdenkens unbegründet und sagt einfach: "Nicht das letzte herausholen!"[23] In Zusammenfassung dessen, was von Gen 1 her zur Frage der Anthropozentrik gesagt werden kann, schließe ich mich Jürgen Ebach an:

> Wenn erst *der* Mensch herrschte, wenn nicht mehr Menschen über Menschen herrschten, dann würden all die Formen der Ausbeutung der Natur entfallen, die eine Form der Ausbeutung von Menschen durch Menschen sind. Mit der Minimierung solcher Ausbeutung der Natur wäre viel gewonnen. Eine weitergehende Auffassung von der Gleichwertigkeit von Menschen und Tieren bzw. allen Mitgeschöpfen hat ihre Würde. Mit der biblischen Schöpfungsgeschichte läßt sie sich kaum begründen.[24]

Auch die bekannte Stelle Röm 8, 18-25, die davon spricht, daß die ganze Schöpfung in Wehen liegt und darauf wartet, mit den Kindern Gottes von der Knechtschaft befreit zu werden, weist in dieselbe Richtung. Wir können dies auch auf die Formel bringen: Die Theologie der Ökologie ist eine Implikation der Theologie der Befreiung. Dies entspricht dem prinzipiellen Zusammenhang, der besagt, daß die Schöpfungslehre eine Implikation der Soteriologie ist. Damit ist nicht eine einfache Unterordnung behauptet, wohl aber ein unlöslicher Zusammenhang. Eine aus diesem Zusammenhang gelöste Theologie der Schöpfung oder der Natur ist nicht durchführbar.

Es soll dadurch allerdings nicht ausgeschlossen werden, daß Ausdrucksformen emphatischen Charakters möglich sind, die einem Lob der Schöpfung vielleicht auch zweckfrei Form geben. Damit käme die neuplatonische Komponente wieder zur Geltung. Es wird sich jedoch zeigen, daß auch diese Ästhetik nicht aus dem genannten Zusammenhang gelöst werden kann. Zunächst ist jedoch noch nach der Interpretation der Freiheitsgeschichte in christlicher Sicht zu fragen, insofern durch sie die Welt, die Welt-Anschauung, eine spezifische Färbung erhält. Dadurch wird aus einem anderen Blickwinkel her deutlich, daß die Übernahme der stoischen Affirmation kritisch eingeschränkt werden muß.

23 Ebd. 124.

24 Ebd. 116.

2. Der irreversible Schaden

Das Selbstbewußtsein der Menschen der (europäischen und amerikanischen) Neuzeit enthielt als ein wesentliches Postulat, daß der Freiheitsraum des Menschen in einem jeweils offenen Raum des Entwurfs besteht. Seit der Aufklärung mußte daher die Lehre der Erbsünde als das große Ärgernis angesehen werden, da durch sie die Möglichkeiten des Menschen und so die Möglichkeiten seines Entwurfs unter ein zumindest privatives, einschränkendes Vorzeichen gesetzt schienen. Im Idealismus wie im Marxismus wurde eine ideale Gesellschaft, ein Reich der Freiheit und der Vollkommenheit der menschlichen Selbstbestimmung projiziert. Dem steht eine in verschiedenen Kulturen vorhandene Überlieferung entgegen, die von einem verlorenen Paradies erzählt, von einem historischen oder transhistorischen Fall, der für die aktuelle Situation des Menschen verantwortlich ist. Auch die Bibel kennt - wie jeder weiß - eine solche Überlieferung, auch wenn jedenfalls das Alte Testament darin "nur" von physischen Folgen dieses Sündenfalls spricht. Seit Augustinus wurde diese Überlieferung in der Weise gedeutet, daß damit auch eine sittliche Verderbtheit weitergegeben sei, die nur durch die göttliche Gnade (die Erlösung) überwunden werden könne.

Es ist bekannt, daß in den letzten Jahrzehnten versucht wurde, die Erbsündenlehre neu zu interpretieren, wobei davon ausgegangen wurde, daß die menschliche Natur von vornherein geschichtlich und gesellschaftlich begriffen werden muß. So kann dann die Erbsünde beschrieben werden als ein Situiertsein des Menschen, das jeder freien Selbstbestimmung vorausliegt.[25] Der Mensch erscheint als in eine geschichtlich kontingente, also nicht naturhaft bestimmte Situation gesellschaftlicher Defizienz hineingeboren, von der her seine eigenen Handlungen mitbestimmt sind und an der er mitschuldig wird, sofern er sich ihr nicht konkret handelnd widersetzt. Gar nicht so viel anders lesen wir bei Adorno: "Was immer der Einzelne oder die Gruppe gegen die Totalität unternimmt, deren Teil sie bildet, wird von derem Bösen angesteckt, und nicht minder, wer gar nichts tut. Dazu hat die Erbsünde sich säkularisiert."[26]

[25] Vgl. *P. Schoonenberg*, Der Mensch in der Sünde, in: Mysterium Salutis II, Einsiedeln - Zürich - Köln 1967, 928-935.

[26] *Th. W. Adorno*, Negative Dialektik, Gesammelte Schriften 6, 241.

Wir können natürlich außer der Soziologie auch die Tiefenpsychologie heranziehen, um zu zeigen, daß die stoische und pelagianische Autarkievorstellung von einer Selbstdurchsichtigkeit und Selbstbestimmungsmöglichkeit des Menschen ausging, die der Analyse der empirischen Gegebenheiten nicht standhält, wenn einmal unter die Oberfläche des Bewußtseins gegraben wird. Und wir können zu Recht darauf hinweisen, daß Augustinus, der in seinen späteren Jahren unnachgiebig den Pelagianismus bekämpft hat, gerade in seinen autobiographischen "Bekenntnissen" den - erst viele Jahrhunderte später wieder aufgenommenen - Weg zu einer solchen "tieferen" Analyse der Psyche gewiesen hat.

In solchen Versuchen der Interpretation ist immer die richtige Einsicht vorausgesetzt, daß damit gerechnet werden muß, daß das Wort "Erbsünde" nicht wirklich schon den Leitfaden der Überlegung abgeben kann. Karl Rahner hat dies deutlich gemacht, als er sagte: "Methodologisch darf wohl (...) gesagt werden, daß es auf das Wort 'Erb*sünde*' letztlich nicht ankommt, sondern damit *auch* eine kirchliche Sprachregelung gleichsam disziplinärer, wenn auch gewichtiger und respektfordernder Art gegeben ist, die von der Sache selbst und ihrer möglichen Aussage zu unterscheiden ist."[27] Die Frage natürlich ist, was diese "Sache" selbst ist.

Die Struktur des mythologischen wie des späteren soziologischen Gedankengangs ist die einer Ätiologie; d.h., es wird versucht, die gegenwärtige Situation durch die Vergangenheit zu erklären (*aitía* = Ursache), also hier die als "verfahren" angesehene Situation des Menschen durch ein "Vergehen" der Menschen in der Vergangenheit. Soll diese "verfahrene" Situation *alle* Menschen betreffen, muß angenommen werden, daß das "Vergehen" am Beginn der Menschheit liegt und seither in irgendeiner Weise "weitergegeben" wurde, also "weiterwirkt". Dabei liegt dann natürlich ein großer Unterschied darin, ob dieser Beginn als jener begriffen wird, in welchem der Mensch geschaffen wurde (babylonischer und gnostischer Mythos), oder ob dieser Beginn zwar an den Anfang der Menschheit gesetzt wird, aber erst *nach* deren Erschaffung (biblischer und augustinischer Mythos). Die Ätiologie ist im ersten Fall metaphysisch und transhistorisch, im zweiten Fall historisch. Die "Sache" der Erbsünde in einem ganz allgemeinen Sinn war dann also - in einem ersten Ansatz - die Behauptung, daß die "verfah-

27 *K. Rahner*, Die Sünde Adams, in: ders., Schriften zur Theologie IX, Einsiedeln - Zürich - Köln 1970, 263.

rene" Situation des Menschen durch ein *geschichtliches* Vergehen des Menschen zu erklären ist. Es blieb dabei allerdings problematisch, daß das Alte Testament nur physische Folgen dieses Vergehens kannte, während seit Augustinus sittliche Folgen angenommen wurden. Die weitere Diskussion ging dann hauptsächlich um die zwei Fragen, wie erstens überhaupt sittliche Qualitäten übertragbar seien und wie zweitens eine Tat eines Menschen so sein könne, daß ihre Folgen nicht durch die Tat von Menschen wiedergutgemacht werden können, sondern einer göttlichen Erlösung bedürfen.[28] Diese in ihrer geschichtlichen Entwicklung äußerst komplizierten Fragen sollen hier nicht weiterverfolgt werden.

Es könnte jedoch auch einmal direkt auf den biblischen Mythos zurückgegangen werden: Darin ist davon die Rede, daß eine endliche Tat des Menschen, die Überschreitung einer (von Gott gesetzten) Grenze im Gebrauch der Natur (der Genuß der Früchte eines bestimmten Baums) einen irreversiblen Schaden der physischen Natur des Menschen (als göttliche Strafe) nach sich gezogen hat. Nun wurde schon in der Einleitung (Teil 1, Kap. II) betont, daß der Mythos strukturbildend für den Handlungsraum des Menschen ist, also neben und mit der ätiologischen Funktion auch eine entscheidend pragmatische Funktion hat. In dieser Hinsicht könnte die "Sache" der Erzählung des Ursprungs der Sünde eine wichtige bewußtseins- oder gewissensbildende Funktion für die Christen der Gegenwart erhalten. In einer allerdings etwas veränderten, aber dem biblischen Befund des Alten Testaments ziemlich nahestehenden Interpretation könnte die von der Aufklärung so bekämpfte Lehre von der Erbsünde nun selbst eine aufklärende Funktion erhalten. Die Aufklärer und bestimmte ihrer Nachfolger bis in die Gegenwart gehen davon aus, daß "der" Mensch zwar gesellschaftlich an seiner Selbstbestimmung gehindert werden kann, daß aber - und dies wird gar nicht ausdrücklich reflektiert - die *natürlichen* Voraussetzungen (in ihm und in seiner natürlichen Umwelt) für die menschliche Selbstbestimmung immer vorhanden seien. Die Erzählung von der Ursünde hingegen spricht von der Wirklichkeit

28 Diese Frage war (auch noch für Augustinus) im Rahmen der römischen Rechtskategorien unbeantwortbar; sie fand eine "Lösung" erst im Bereich des germanischen Rechts (vgl. Anselm von Canterburys "Cur Deus homo"), in welchem sich die Größe der Schuld (auch) nach dem "Beleidigten" richtete, also eine unendliche Schuld gegenüber dem unendlichen Gott auch bei einer endlichen Tat des Menschen möglich war. Eine unendliche Schuld aber konnte von einem endlichen Subjekt nicht wiedergutgemacht werden.

und somit selbstverständlich von der Möglichkeit, daß "der" Mensch im Umgang mit seiner Welt, mit der Natur, schuldhaft die physischen, natürlichen Lebensbedingungen so verändert, daß die gesamte folgende Menschheit unter *wesentlich* verschlechterten Bedingungen ihr Leben führen muß.

Was hier der Mythos erzählt, also zumindest als Möglichkeit menschlichen Tuns behauptet, lag *faktisch* in der Geschichte bisher außerhalb der Reichweite menschlichen Tuns. Natürlich brachte jeder Krieg irreparablen Schaden mit sich, und wie wir in der Fortsetzung der Geschichte der Sünde hören - in der Kainserzählung -, war dann auch tatsächlich Brudermord die nächste Sünde. Jede Vernichtung oder Verstümmelung eines Menschen, jede Vernichtung eines Werks der Kultur bringt einen irreparablen Schaden hervor, aber auch der mörderischste Krieg mit allen Zerstörungen, die sinnloseste Vernichtung von Lebensbedingungen (Zerstörung der Felder, Brunnenvergiftung usw.) konnte nicht die Dimension der Beschädigung der *gesamten* natürlichen Lebensbedingungen oder die Beschädigung der Natur der *gesamten* Menschheit mit sich bringen. Der "böse Traum" des Mythos, daß "der" Mensch die Physis der gesamten folgenden Menschheit schädigt, wofür es bisher immer an Modellen gefehlt hatte, ist in unserer Gegenwart als Möglichkeit in die Wirklichkeit getreten, d.h., er stellt eine reale Handlungsmöglichkeit des Menschen dar. Erstmals kann "der" Mensch "dem" Menschen, d.h. der Menschheit, physisch irreversiblen Schaden zufügen, der von der Zerstörung der natürlichen Umwelt über die Schädigung der genetischen Grundlagen bis zur totalen Vernichtung gehen kann. Diese Möglichkeit hat apokalyptische Dimensionen.

Es wäre daher zu überlegen, ob nicht die *Apokalyptik*, die in der Theologie unseres Jahrhunderts (ganz im Unterschied etwa zu vielen religiösen Bewegungen des Mittelalters) gegenüber der Eschatologie eher Verlegenheit hervorgerufen hat, in ihr Recht wieder eingesetzt werden muß. Damit käme die Theologie auch angesichts der Konjunktur der Apokalyptik in der gegenwärtigen Kultur ihren kritischen Aufgaben nach. Denn die Apokalypse bot und bietet zahlreiche Gelegenheiten zu kurzschlüssigen Identifikationen, welche in Wirklichkeit die kritisch identifizierende Kraft der apokalyptischen Texte entschärfen und unschädlich machen.

Die Apokalyptik verwendet in großem Ausmaß Kategorien der *Angst*. Handlungen, die unter dem Einfluß der Angst zustande kommen, galten gewöhnlich als weniger der Verantwortung unterworfen, weil durch die Angst die klare Einsicht und die freie Entscheidung als beeinträchtigt angesehen wurden. Es wäre jedoch zu fragen, ob nicht damit gerechnet werden muß, daß in bestimmten Situationen nur die Angst die Menschen zur Vernunft und zur Übernahme ihrer Verantwortung bringt.[29] Das Christentum hat eine lange und alles andere als ruhmreiche Geschichte im Umgang mit Angst und Furcht. Wäre es möglich, die Angst nicht wie früher zur Erzeugung von Irrationalität, sondern gerade von Rationalität einzusetzen, also das Potential der Apokalyptik, die Menschen zur Vernunft zu bringen, explizit zu machen? Wenn wir dabei vom Vernunftgehalt der Apokalyptik sprechen, sollten wir uns klar darüber sein, daß wir eigentlich tautologisch reden: Apokalypse bedeutet schon dem Wort nach ein Aufdecken, ein Enthüllen, und dies hat nichts mit einem nur wenigen zugänglichen Geheimwissen zu tun. Die besondere Sprachgestalt der Apokalypse steht nicht im Gegensatz zu öffentlichem Vernunftgebrauch; das Unvorstellbare und doch als real Anvisierte der totalen Herrschaft des "Drachen" läßt sich nur metaphorisch zur Sprache bringen.

Die in der Apokalyptik enthaltene Drohung der totalen Vernichtung steht in ihrem Bildgehalt in Korrespondenz zu dem der Schöpfung, die eine Welt aus dem "Nichts" entstehen läßt. Der Drache in Apk 12, 9 und 13, 1-4 ist bewußt auf die Texte von der Schöpfung und der Geschichte der Sünde bezogen. Das Meer, aus dem das Tier heraufsteigt (Apk 13, 1), ist das Chaos, die Urflut, dem die Schöpfungswelt abgerungen wurde; es ist aber auch - in der Situation des Verfassers der Apokalypse des Johannes - das Meer, über das die römischen Herrscher gekommen waren. Im Widerstand gegen die geschichtlich zerstörerische Macht ist die schöpferische Überwindung der Macht des Chaos gegenwärtig. Reale Geschichte und mythischer Ursprung sind ineinandergespiegelt zur Metapher des Tieres, das sich alle Macht und Gewalt anmaßt, dessen Anmaßung aber enthüllt wird, wenn begriffen wird, daß die Macht des Tieres nur in der Nachahmung besteht (Apk 16, 13f.).[30] Die enthüllende Kritik des falschen Anspruchs gibt die Antwort auf die Frage, wer die Macht hat, mit dem Tier Krieg zu führen (Apk 13, 4). Die Apokalyptik sieht die Geschichte als eine des Abfalls und Verfalls, ohne dies aber als langsame Deka-

29 Es wurde bereits darauf verwiesen, daß die Beziehung von Angst und Religion nicht von vornherein negativ beurteilt werden sollte.

30 Vgl. *J. Ebach*, Apokalypse. Zum Ursprung einer Stimmung, in: Einwürfe 2, München 1985, 48-51.

denzgeschichte aufzufassen, bei der wir uns beruhigen könnten. Sie rechnet mit einer Endkatastrophe, nicht um ihren Leser in resignativer Angst erstarren zu lassen, sondern um ihm durch die Enthüllung die Kraft zu einem Widerstand zu vermitteln, der eine radikale Absage an die zerstörerischen Mächte enthält, die sich in politisch-geschichtlicher Praxis kristallisiert haben und an denen die gesamte Welt teilhat. Denn die ganze Erde läuft dem Tier voll Bewunderung nach (Apk 13, 3f.). Deshalb verkündet die Apokalypse einen neuen Himmel und eine neue Erde, wenn der erste Himmel und die erste Erde vergangen sind und es kein Meer (= Urflut-Chaos) mehr gibt (Apk 21, 1). Wiederum werden die Bilder der Schöpfung verwendet, nicht um sich in ein billiges Jenseits zu flüchten, sondern um den katastrophalen Zustand der Gegenwart anzuklagen. "Furcht - Kritik - Hoffnung, all das könnte gemeint sein, wenn wir im Augenblick der uns drohenden größten Gefahr von Apokalypse reden."[31] Die Möglichkeit, irreversiblen Schaden hervorzurufen, wirft ein Licht auf die Konstitution von Welt: Die Welt des Menschen kann auch nicht existieren; der Widerstand gegen die Vernichtung wird daher zur ersten Pflicht des Menschen. "Also ist das *Nein zum Nichtsein* - und zuerst zu dem des Menschen - im Augenblick und bis auf weiteres das Erste, womit eine Notstandsethik der bedrohten Zukunft das *Ja zum Sein*, das dem Menschen vom Ganzen der Dinge zur Pflicht wird, in kollektive Tat umsetzen muß."[32]

Selbstverständlich wird die erforderliche Tat, werden die erforderlichen Taten nicht nur Sache der Christen sein, aber eben *auch* Sache der Christen, die sich in Solidarität mit der Menschheit verstehen müssen. Der Bildgehalt der christlichen Sprache, der Glaubensinhalt, wird dabei jedoch seine spezifische Gestalt haben: Es soll verhindert werden, daß etwas wie die Erbsünde geschieht; der Mensch als "Bild Gottes", der schafft und nicht vernichten will, soll erhalten bleiben.

3. Wirklichkeit und Möglichkeit

"Weltbegriff heißt hier derjenige, der das betrifft, was jedermann notwendig interessiert."[33] In diesem Satz legt Kant den Akzent auf "jeder-

31 Ebd. 11.

32 *H. Jonas*, Das Prinzip Verantwortung, Frankfurt 1984, 250.

33 *I. Kant*, Kritik der reinen Vernunft, hrsg. von W. Weischedel, Darmstadt 1966, II, 701.

mann" und "notwendig" und konstituiert damit eine Transzendentalphilosophie. Das tun wir nicht, aber trotzdem bleibt Kants Satz wichtig. Denn "Welt" ist in unserem Zusammenhang tatsächlich durch das konstituiert, was jedermann interessiert - wobei unter Interesse nicht eine oberflächliche und beliebige Neugier verstanden wird, sondern jenes Interesse, das wirklich notwendig ist, weil nur aus ihm heraus Leben als lebenswert und somit als sinnvoll erscheint. In diesem Sinn sprechen wir hier von "Welt" als "Lebenswelt",[34] so wie wir von "Zeit" als "Lebenszeit" sprechen, als Zeit also, die als geschichtlich und gesellschaftlich bedingt erfahren wird, in der wir aber durch die Unumgänglichkeit des Handelns zur Stellungnahme herausgefordert sind, entsprechend dem, was uns eben wirklich interessiert. Die Bibel nennt dies "Kairos", und somit gehören im theologischen Verständnis "Kosmos" und "Kairos" engstens zusammen. Wird dabei eine durch menschliches Versagen in der Geschichte beschädigte Welt in Betracht gezogen, so wachsen die beiden genannten Begriffe zusammen, d.h. konkretisieren sich in der Metapher *sárx* (vgl. Teil 2, Kap. V). Die Schöpfungserzählung macht jedoch deutlich, daß die Welt des Menschen eigentlich nicht so sein sollte, wie sie tatsächlich ist. In metaphorischer Weise macht diese Erzählung deutlich, daß die Welt gut sein und als Ordnung aufgefaßt werden könnte. Durch solche Bilder ist jene Welt bestimmt, die den Christen interessiert. Er weiß dabei, daß dies nicht eine Welt ist, die jedermann interessiert; er ist jedoch überzeugt, daß diese Welt-Anschauung allgemein verständlich gemacht werden kann.

Es ist nun danach zu fragen, ob in den biblischen symbolisch-bildhaften Vorstellungen von Welt formale Elemente, Strukturen und Funktionszusammenhänge aufweisbar sind, die

(a) eine gewisse Invarianz innerhalb des biblischen Denkens aufweisen,

(b) dort nicht nur neben anderen Vorstellungen vorhanden sind und ohne Schwierigkeit eliminiert werden könnten, sondern eine axiomanaloge Funktion aufweisen, also eine bestimmte konstruktive Funktion haben,

[34] Damit wird also keineswegs Husserls Begriff der "Lebenswelt" eingeführt, der doch wieder auf eine "konkrete Logik des Seins" hinausläuft und der letztlich an wissenschaftlicher Rationalität orientiert bleibt. Vgl. *C.-F. Geyer*, Metaphysik zwischen Wissenschaft und Lebenswelt, in: W. Oelmüller (Hrsg.), Metaphysik heute, Paderborn 1987, 15.

(c) auch in der weiteren Denkgeschichte der Theologie, wenn auch teilweise gebrochen und synthetisch mit anderen Elementen, eine solche konstruktive Funktion innehatten, und

(d) in den Kategorien gegenwärtigen Denkens aussagbar sind.

Wir nehmen nun an, daß die Bedingungen (a) bis (d) von folgenden axiomanalogen Grundvoraussetzungen erfüllt werden:

(1) Der grundlegende Erfahrungsraum ist der der Geschichte; Zeit wird als Geschichte = Handlungsraum = Lebensraum gedacht. Geschichte ist durch Kontinuität ebenso bestimmt wie durch Abbruch, Katastrophen und Hoffnung auf Anderes, Neues; von daher ist die Vorstellung von Welt konstituiert.

(2) Damit zusammenhängend - und funktional von diesem Geschichtsdenken begründet - wird Wirklichkeit von der Möglichkeit her gedacht. Wirklichkeit und Möglichkeit werden im Rahmen von Ordnung = Gerechtigkeit konzipiert, die von Chaos = Unordnung geschichtlich ständig bedroht sind.

(3) Welt im Sinn eines menschlichen Lebensraums zeigt sich als eine zu gestaltende und nicht rein vorgegebene.

(4) Freiheit wird nicht nur als ein Element unter anderen gesehen, sondern als Ursprung und Ziel dieses Weltverständnisses.

(5) Freiheit als selbst bedrohte erfordert Widerstand gegen eine sie verunmöglichende Welt.

In formaler Weise, also (1) bis (5) insgesamt bestimmend, sind für dieses Weltverständnis

(A) ethische,

(B) ästhetische

Kategorien maßgebend, wobei im christlichen Verständnis mit einem Vorrang von (A) gerechnet werden muß. Dies ist jedoch eine schwierige Frage, die eine präzise Bestimmung des Verhältnisses von Ethik und Ästhetik voraussetzen würde, welche hier nicht geleistet werden kann.[35]

Eine solche Konzeption (1) bis (5) unter dem formalen Verständnis von (A) und (B) läßt sich innerhalb einer gegenwärtigen Religionsphilosophie formulieren. Zum Vergleich können z.B. folgende Sätze von Alfred North Whitehead herangezogen werden:[36]

35 Bei *Wittgenstein*, Tractatus logico-philosophicus 6.421, heißt es: "Ethik und Aesthetik sind eins."

36 Mit den folgenden Zitaten ist nicht gesagt, daß ich mich Whiteheads Kosmologie anschließe, wie sie in *ders.*, Prozeß und Realität. Entwurf einer Kosmologie, Frank-

Gott ist diejenige Funktion in der Welt, aufgrund deren unsere Absichten auf Ziele gerichtet werden, die in unserem eigenen Bewußtsein für unsere eigenen Interessen unvoreingenommen sind. Er ist dasjenige Element im Leben, vermöge dessen sich Urteile über die Tatsachen der Existenz hinaus auf Werte der Existenz erstrecken. Er ist dasjenige Element, vermöge dessen sich unsere Absichten über Werte für uns selbst hinaus auf Werte für andere ausdehnen.

Seine Zweckbestimmung ist immer verkörpert in den besonderen Idealen, die für den wirklichen Zustand der Welt relevant sind. (...) Er ist nicht die Welt, sondern die Wertung der Welt. In Abstraktion vom Lauf der Geschehnisse ist diese Wertung eine notwendige metaphysische Funktion. Ohne sie könnte es keine eindeutige Bestimmung der Begrenzung geben, die für Vollendung erforderlich ist. Aber in der wirklichen Welt konfrontiert er das, was darin wirklich ist, mit dem, was für sie möglich ist.[37]

Die hier entwickelte metaphysische Lehre findet die Grundlagen der Welt eher in der ästhetischen Erfahrung als - wie bei Kant - in der kognitiven und begrifflichen Erfahrung. Ordnung ist daher immer ästhetische Ordnung, und die moralische Ordnung besteht nur aus gewissen Aspekten der ästhetischen Ordnung.[38]

Die christlich-theologische Konzeption unterscheidet sich in entscheidender Weise von der hier angeführten, insofern in ihr eine Wertung "in Abstraktion vom Lauf der Geschehnisse" ausgeschlossen ist und es somit auch keine "notwendige metaphysische Funktion" gibt. Darin liegt die *differentia specifica* des christlich-theologischen Weltverständnisses gegenüber dem allgemeinen (*genus*) des religionsphilosophischen, wie es hier exemplifiziert wurde (es gibt natürlich auch andere religionsphilosophische Bestimmungen, die dann auch andere Spezifizierungen erfordern). Im biblischen Verständnis wird Welt als Lebensraum aufgefaßt, der an der Erinnerung an geschichtliche Vergangenheit orientiert ist, um daraus in kritischer und schöpferischer Antizipation Gegenwart zu gestalten und Zukunft zu entwerfen. Eine metaphysische Abstraktion von diesen Geschehnissen ist nicht möglich. Insofern dieser geschichtliche Ort als Raum der auf dem Spiel stehenden Gerechtigkeit als der letztlich entscheidenden Wirklichkeit begriffen wird, treten in aller Deutlichkeit Freiheit und Handeln als die Ermöglichung dieses Entwurfs von Wirklichkeit ins Bewußtsein.

Sprechen wir von Erinnerung an geschichtliche Vergangenheit, so ist damit immer reale Geschichte und nicht mythologische Urgeschichte gemeint. Auch die Schöpfungserzählungen sind schöpferische Momente in realer Geschichte und haben ihre Funktion in dieser und für

furt 1979, ausgeführt ist. Dasselbe gilt auch für Theologieentwürfe, die Whitehead folgen, z.B. die Arbeiten von Charles Hartshorne.

37 *A.N. Whitehead*, Wie entsteht Religion? Frankfurt 1985, 117f.

38 Ebd. 80.

diese Geschichte. Sie zielen nicht auf einen transhistorischen Anfang der Welt, sondern auf die Bewältigung einer je besonderen geschichtlichen Situation durch die Frage, wie die Welt sein sollte. Die Bewältigung einer solchen Situation erfordert eine realistische Beurteilung der Welt. So dient die Schöpfungserzählung in Gen 2-3 einer solchen realistischen und zugleich kritischen Beurteilung der tatsächlichen Situation und kommt zu dem Ergebnis: Diese Welt ist nicht die beste aller möglichen Welten.[39] Entscheidend dabei ist, daß diese Ätiologie nicht in einem zeitlichen Kontinuum gedacht wird, sondern als modale Differenz von Wirklichkeit und Möglichkeit, deren Darstellungsweisen die der Vergangenheit und deren gegenwärtiger Folgen ist. Das heißt, es wird nicht der gegenwärtigen Wirklichkeit eine vergangene Wirklichkeit gegenübergestellt; vielmehr wird die gegenwärtige Wirklichkeit als nichtnotwendige verstanden, also selbst in die modale Differenz von Wirklichkeit und Möglichkeit gestellt. Ist die gegenwärtige Wirklichkeit nicht die beste aller möglichen Welten, so kann und muß sie als Herausforderung und Aufgabe verstanden werden. Wir können also an dem, was der Fall ist, nicht schon ablesen, was der Fall sein soll. Jürgen Ebach bezeichnet diese besondere Struktur der Schöpfungsaussage als "utopische Erinnerung"[40]. Die gegenwärtige Wirklichkeit wird als gebrochene erfahren, die Erfahrung des Bruchs wird an dieser utopischen Erinnerung deutlich. In der besten aller möglichen Welten herrscht keine Gewalt; in der realen Welt, die eigentlich mit Kain beginnt, herrscht Gewalt. Trotzdem muß die Geschichte von der besten Welt weiter erzählt werden - einfach deshalb, damit nicht die erfahrene Wirklichkeit als die beste aller Welten erscheint.[41] Es kann in der Geschichte und im Handeln, das vom Menschen in der Geschichte gefordert ist, nicht darum gehen, die beste aller möglichen Welten herzustellen, sondern nur darum, zu verhindern, daß in der zweitbesten Welt die Gewalt als unhinterfragbare Wirklichkeit bestätigt und affirmiert wird. Deshalb ist die utopische Erinnerung unverzichtbar. Die Apokalyptik, die vom drohenden Abbruch spricht, hat dabei die Funktion, deutlich ins Bewußtsein zu rücken, daß es eine drittbeste Welt nicht mehr geben wird. Nach der Flut wurde nur die Erhaltung der zweitbesten Welt in Aussicht genommen (Gen 8, 22); wird jedoch vom

39 Die Leibnizsche Terminologie hat auch Eingang in die Exegese gefunden; vgl. *J. Ebach*, Schöpfung in der hebräischen Bibel, in: Altner, a.a.O. 110.

40 Ebd.

41 Vgl. *ders.*, Ursprung und Ziel, Neukirchen 1986, 46f.

Menschen auch diese Möglichkeit verspielt, so führt das zum Ende, zur Katastrophe.

An diesem Punkt dürfte eine kurze Zwischenbemerkung erforderlich sein. In den letzten Jahren wurde verschiedentlich im Zusammenhang der immer drängender werdenden Fragen der Bewahrung der Umwelt, also einem "konservativen" (*conservare* = bewahren) Programm, die Forderung nach dem "Abschied von den Illusionen"[42], dem "Abschied vom utopischen Ideal"[43] laut. In diesem Kontext könnte sich nahelegen (wie es auch tatsächlich bei zahlreichen hierarchischen Vertretern der Kirche der Fall ist), eine nur auf Bewahrung zielende Formulierung der christlichen Lehre zu fordern, also dem subversiven Charakter utopischer Erinnerung den Abschied zu geben. Hier liegt jedoch ein schwerwiegendes Mißverständnis vor. Ist vom Abschied von der Utopie die Rede, so ist meist Ernst Bloch im Visier. Wir wollen nun nicht in die Diskussion eintreten, ob Bloch dabei richtig interpretiert wird, es geht im vorliegenden Zusammenhang ja nur um die Formulierung christlichen Glaubens. Es genügt daher, zu sehen, welcher Konzeption hier der Abschied gegeben werden soll. Hans Jonas macht dies unmißverständlich klar, wenn er sagt, daß die Kritik der Utopie gar nicht so ausführlich durchgeführt werden müßte,

> (...) wenn nicht der marxistische Utopismus in seinem engen Bund mit der Technik eine "eschatologisch" radikalisierte Version dessen darstellte, wohin ganz uneschatologisch der weltweite technologische Impetus im Zeichen des Fortschritts ohnehin unterwegs ist - das heißt, wenn nicht die *Technologie*, als wirkende Macht an sich, eine *quasiutopische* Dynamik enthielte.[44]

Die christliche Utopie ist durch eine solche Kritik nicht nur nicht getroffen, sondern enthält selbst eine Kritik, die sich mit jener teilweise trifft. Die utopische Erinnerung, die in der Schöpfungserzählung formuliert wird, besteht gerade darauf, daß die beste der möglichen Welten nicht produziert werden kann und sich auch nicht durch eine immanente Dynamik der herrschenden Verhältnisse ergibt. Es geht vielmehr gerade darum, diese herrschenden Verhältnisse - zu denen in der Gegenwart auch die Herrschaft der Technologie gehört - als von Menschen hergestellte zu erfassen und somit den darin auch enthaltenen Gewaltzusammenhang zu durchschauen. Die Kritik der Illusion,

42 *C. v. Krockow*, Politik und menschliche Natur. Dämme gegen die Selbstzerstörung, Stuttgart 1987, 2. Teil.

43 *H. Jonas*, Das Prinzip Verantwortung, Frankfurt 1984, 5. u. 6. Kapitel.

44 Ebd. 388.

die Gewalt könne schlechterdings geschichtsimmanent aufgehoben werden, gehört dabei zum realistischen Verständnis der Wirklichkeit ebenso wie die Kritik der Vorstellung, es dürfe oder solle alles so weitergehen, wie es ist. Die erinnerte Utopie der besten der möglichen Welten fordert zur verantworteten Kritik an all jenen Entwicklungen heraus, welche die zweitbeste Welt in die Katastrophe treiben. Die Erinnerung an die beste Welt gehört mit der Erinnerung an die verspielten Möglichkeiten so zusammen, wie es Gen 2-3 deutlich machen. Ist dies nun sehr verschieden von dem, was Hans Jonas fordert?

> Der Vorstellung des Übels bedarf schon die *Theorie* der Ethik so sehr wie der Vorstellung des Guten, und dann sogar mehr, wenn das letztere unserm Blick undeutlich geworden ist und erst durch die Drohung antizipierten neuartigen Übels wieder neu verdeutlicht werden muß. In einer solchen Lage, die uns die heutige zu sein scheint, wird also die bewußte Anstrengung zu selbstloser Furcht, in der mit dem Übel das davor zu rettende Gute sichtbar wird, mit dem Unheil das nicht illusionär überforderte Heil - wird also Fürchten selber zur ersten präliminaren Pflicht einer Ethik geschichtlicher Verantwortung werden.[45]

Im christlichen Schöpfungsglauben geht es nicht um ein illusionär überfordertes Heil, sondern um den Widerstand gegen ein nicht-illusionäres Unheil. Dieser Widerstand ist aber nur dort möglich, wo das faktisch Gegebene nicht als naturhaft Notwendiges, sondern als geschichtlich Hervorgerufenes begriffen wird, als ein Wirkliches, das von einer Möglichkeit her in Frage gestellt werden kann, nicht um schlechterdings negiert zu werden, sondern um in seinem prekären und ständig bedrohten Charakter der zweitbesten Welt erhalten zu bleiben. Eine solche "konservative" Glaubenshaltung ist kritisch gegenüber aller Wirklichkeit, in der der Mensch als "Bild Gottes" bedroht ist,[46] d.h. gegenüber allen Verhältnissen, in denen der Lebensraum des Menschen der Gerechtigkeit widerspricht.

Die kritisch wertende Formulierung der Frage nach der Wahrheit von Wirklichkeit ist bei Jesus von Nazareth deutlich erkennbar. Die wahre Wirklichkeit ist nicht identisch mit dem, was der Fall ist, sondern mit dem, was noch nicht der Fall ist. Wirklichkeit wird somit kritisch betrachtet von der aus dem faktisch Gegebenen nicht einfach deduzierbaren Möglichkeit her. Insofern dieses Verständnis von Wirklichkeit (als Reich Gottes) von Jesus gefordert und in seiner konkret-praktischen Relevanz in seinem Tod als unausweichlich qualifiziert

45 Ebd. 392.

46 Zu "Bild Gottes" vgl. *Ebach*, Ursprung und Ziel, a.a.O. 37-47.

wird, hat die symbolische Redeweise von Jesus als dem Urbild oder Logos der Schöpfung ihren Sinn. Mit Bezug auf Jesus und unablösbar von dieser Herkunft kann dieses Wirklichkeitsverständnis von Johannes in seinem Prolog und von Paulus (Röm 8; Christushymnus Kol 1, 14-20) kosmologisch universalisiert werden.

Die gläubige Vernunft als die Fähigkeit, Mögliches zu entwerfen, erweist sich dem Wirklichen gegenüber als zugleich entsprechend und widersprechend. Der Begriff der Möglichkeit verdoppelt die Wirklichkeit nicht, sondern verhält sich affirmativ und zugleich kritisch zu ihr. Er besagt weder reine Potentialität noch kontinuierliche Perfektibilität; er wird herausgefordert durch die Erfahrung von Negativität, also von der Erfahrung, daß eine bestimmte faktische Wirklichkeit Leben und Gerechtigkeit verunmöglicht. Die Negation erweist sich als die wertend treibende Kraft des Denkens und der geschichtlichen Praxis, worin - nämlich sowohl im Denken wie in der Praxis - sich herausstellen muß, ob und wie die Wirklichkeit ihre Wahrheit erlangen könne. Welt ist in diesem Sinn als ein geschichtliches Universum begriffen, in welchem der Mensch auch für die in ihr enthaltene Objektivität von Welterfahrung die Verantwortung übernehmen muß. Genau diese Objektivität und der Herrschaftsbereich über Objekte stellen aber jenen Problembereich dar, an dem die Verschiedenheit der Welt-Anschauungen manifest wird. Geht auch der Handlungsbereich des Menschen in objektivierbarer "Anschauung" auf, so enthält diese "Anschauung" von Welt die Naturkausalität als totale und grundlegende Kategorie, die außer dem "an sich" kein "für sich" und kein "für sich als für den anderen" mehr zugibt bzw. dieses unter den Begriff von Aktion und Reaktion subsumiert. Demgegenüber behauptet die christliche "Anschauung" von Welt, daß in ihr die "Anerkennung" des anderen und der lebenswerten Um-Welt die oberste Kategorie sein soll. Insofern jedoch diese Anerkennung weithin nicht geschieht, ist solche "Anschauung" von Welt die kritische Folie, von der aus die Wirklichkeit der Kritik unterzogen werden muß.

Die Schöpfungsaussage, als mit der Erbsündenlehre verbundener praktischer Imperativ verstanden, der in "utopischer Erinnerung" die Spannung von Wirklichkeit und Möglichkeit offenhält, ist eines jener christlichen Theologumena, die bei dem Versuch, sie in ihrer Struktur zu erfassen, besondere Schwierigkeiten bereiten (wobei wir gar nicht behaupten wollen, sie nun endlich richtig erfaßt zu haben - die Epigenese des Mythos geht vermutlich und hoffentlich noch weiter). Das Aufeinandertreffen von biblischem und griechischem Weltverständnis war - so fruchtbar es war - doch auch problematisch wegen der deutlichen Überlegenheit des kategorialen Apparats, den das griechische Verständnis zur Verfügung hatte (vgl. Teil 3, Kap. II. 1). In diesem Apparat lag aber auch ein Weltverständnis, das sich dem biblischen gegenüber sperrte. Im antiken Weltverständnis fielen Wirklichkeit und Möglichkeit zusammen.[47] Damit geriet das christliche Denken in Gefahr, die utopische Erinnerung der Schöpfungserzählung als Beschreibung der Wirklichkeit zu lesen, als "wahre Kosmologie". Dies setzte sich auch im Mittelalter noch fort, dort wurde jedoch, zunehmend im späten Mittelalter seit Duns Scotus, durch den Schöpfungsbegriff die wirkliche Welt als nur eine der möglichen Welten angesehen.[48] Wirklichkeit und Möglichkeit wurden also auf verschiedene metaphysische Ebenen verlegt. Der Überschuß der Möglichkeiten wurde dann von Leibniz rationalisiert und gleichsam neutralisiert, indem er die wirkliche Welt zur besten aller möglichen Welten erklärte. Während Leibniz noch versuchte, die Sünde Adams samt ihren Folgen in die beste aller möglichen Welten einzukalkulieren, rationalisierten die Aufklärer die Erbsünde weg, so daß der Unterschied der wirklichen Welt und möglicher Welten überhaupt vergessen werden konnte. Erst nach Hegel wurde der Verdacht immer stärker, daß die wirkliche Welt eben doch nicht die beste aller möglichen Welten ist, daß es aber auch nichts nützt, einen Gott dafür verantwortlich zu machen, sondern daß Gründe dafür im Handeln der Menschen in der Geschichte gesucht werden müssen. Das darin wirksame eschatologische Denken half der Theologie, ihr eigenes Weltverständnis neu zu überlegen. Das Weltverständnis, das im christlichen Glauben zur Sprache kommen soll, löste sich aus dem Bereich einer deskriptiven Kosmologie und wurde als *veritas salutaris* aufgefaßt, in der - wie Rahner sagt - "die Welt und ihre Existenzweise so begriffen werden müssen, daß sie Raum und inneres Moment dieser zeitlichen Freiheitsgeschichte sein können"[49].

Wenn wir genau hinsehen, können wir nun feststellen, daß dies die eigentliche Frage war, die zur Formulierung der *creatio ex nihilo* auf dem vierten Laterankonzil führte (vgl. Teil 2, Kap. XII): Wird Materie als ewiges und endgültig böses Prinzip aufgefaßt, so wird der Lebensraum des Menschen auch als Verwirklichung der Freiheit zerstört,

47 Vgl. *H. Blumenberg*, Die Genesis der kopernikanischen Welt, Frankfurt 1981, 440f.

48 Vgl. ebd.

49 *K. Rahner*, Theologische Bemerkungen zum Zeitbegriff, in: ders., Schriften zur Theologie IX, a.a.O. 315.

unmöglich gemacht. Eine vorausliegende ewige Materie würde (ganz gleich ob als indifferentes oder als Gegen-Prinzip gedacht) die Wirklichkeit letztlich undurchdringlich und fremd machen und so auch Zeitlichkeit als in Geschichte zu realisierende Freiheit verunmöglichen. So gesehen ist es sinnvoll, die Formel der "Schöpfung aus dem Nichts" (der *creatio ex nihilo*) nicht als Ursprungs-Theorie, sondern als Sinnpostulat zu interpretieren. Diese Interpretation besagt, daß es in der Formel gar nicht so sehr um die Konstitution der Wirklichkeit geht, sondern um die Bedingungen der Möglichkeit des Verstehens von Welt als Möglichkeit, d.h. als in Freiheit zu verwirklichende Möglichkeit des Sinnentwurfs in ethischer und ästhetischer Hinsicht. Eine Welt, die als gut und schön betrachtet werden kann, steht auf dem Spiel.

Es liegt hier also ein Sinnpostulat vor, das jedoch im Zusammenhang der faktischen Geschichte gesehen werden muß, und dies heißt: Es muß immer im Zusammenhang der Erbsündenlehre gesehen werden, also im Wissen darum, daß wir aus einer Geschichte auch verlorener Möglichkeiten herkommen, daß die beste aller möglichen Welten außerhalb unserer Reichweite liegt. Aber die zweitbeste Welt soll vor der Zerstörung bewahrt werden. Die Materie und somit die Natur ist gut, dies ist die Wertaussage des vierten Laterankonzils; die materielle Welt ist nicht die Bedrohung durch das Chaos. Aber: Die menschliche Freiheit kann im geschichtlichen Handeln diese Welt so gestalten oder verunstalten, daß die materielle Natur des Menschen und damit seine Welt bleibenden Schaden erleidet. Dies ist in der Aussage des Tridentinums (und der früheren Konzilsaussagen, auf denen sie beruht) enthalten. Nicht die Materie, sondern der Mensch mit seiner Freiheit stellt das potentielle Chaos dar. Der Sinn des Schöpfungsdogmas in seinem gesamten Kontext ergibt sich also in seinem Gebrauch, dem Widerstand gegen die Zerstörung, gegen das vom Menschen produzierte aktuelle und potentielle Chaos. Das Schöpfungsdogma hat seinen Sinn als kritischer Imperativ geschichtlichen Handelns. Und an diesem Punkt kann eben doch, wenn auch mit aller Vorsicht, vom "Absoluten" gesprochen werden, wie etwa Weischedel es versucht:

Mögen wir auch nicht in der Klarheit des Begriffs und im umrissenen Bilde formulieren können, was der künftige Mensch sein soll, so steht doch der, den die Sorge um den Menschen bedrängt, zuweilen - ihm selber unbegreiflich - plötzlich vor der Gewißheit, daß einiges von dem, was an sich in den Möglichkeiten des Menschen steht, nicht sein soll, und zwar absolut nicht sein soll: etwa die Möglichkeit, einen anderen Menschen zu töten, oder die Judenverfolgung oder ein die Menschheit auslöschender Atomkrieg. Hier tritt eine schwer faßbare Gewißheit ans Licht, die, wenn sie sich auch nur negativ ausspricht und sich auch wohl kaum als Prinzip formulieren läßt, dennoch eine Anzeige darauf gibt, daß es eine, wenn auch noch so verborgene, innere Notwendigkeit gibt, die den rechten Weg des Menschen leitet.[50]

4. Die Kunst des Möglichen

Bei den alttestamentlichen Schöpfungsaussagen hatte sich herausgestellt, daß sich der ursprüngliche Ort der Schöpfungsaussagen in den Psalmen findet, in einer literarischen Form also, deren dichterische Qualität von niemandem bestritten werden kann (vgl. Teil 2, Kap. III). Auch dort, wo eine stärker reflektierende Absicht am Werk ist - wie in den Schöpfungserzählungen des Jahwisten und der Priesterschrift oder in den Schöpfungsaussagen der Weisheitsbücher -, läßt sich an der ästhetischen Form und oft auch der ästhetischen Intention kaum zweifeln. Die enge Verbindung ethischer und ästhetischer Wertung ist schon in den Schöpfungserzählungen grundgelegt, und eigentlich müßten wir sagen, daß die Verbindung ethisch - ästhetisch nur das wieder zusammenbringt, was in der biblischen Sprache als vor einer solchen Trennung liegend aufgefaßt wird. Wenn in der Genesis von den Bereichen des Geschaffenen jeweils abschließend gesagt wird, "daß es gut war", müssen wir sehen, daß unser Wort "gut" viel zu eng ist, um das hebräische *tob* wiederzugeben. Claus Westermann gibt folgende Bedeutungen an: "angenehm, brauchbar, zweckmäßig, schön, freundlich, recht, sittlich gut", und er weist darauf hin, daß dieses "gut" keine konstatierbare Qualität besitzt, sondern in einem funktionalen Sinn, also als "gut für . . .", gemeint ist.[51]

Es ist daher nicht verwunderlich, daß die biblischen Autoren immer wieder eine Sprache verwenden, um das Lob der Schöpfung zum Ausdruck zu bringen, die wir als künstlerisch bezeichnen. Ein logischer Positivist würde uns vermutlich nahelegen, dieses ästhetische Element doch ernster zu nehmen und zu begreifen, daß es in den biblischen Erzählungen um die bildhaft-dichterische Darstellung eines "Lebensgefühls" geht und schon alles erreicht wäre, wenn im Gläubigen ein ähnliches "Lebensgefühl" hervorgerufen würde (vgl. Teil 1, Kap. I. 2). Demgegenüber sei jeder Versuch, die biblischen Schöpfungs-

50 *W. Weischedel*, Philosophische Grenzgänge, Stuttgart 1967, 27.

51 Vgl. *C. Westermann*, Genesis, 1. Teilband, Neukirchen 1974, 229.

erzählungen als Welterklärung zu lesen, ein Mißverständnis. Daß es unterschiedliche Weisen gibt, die Welt zu beschreiben (in einem sehr allgemeinen Sinn des Wortes), war nun auch unser methodologischer Ausgangspunkt (vgl. Teil 1, Kap. II). Damit haben wir aber im Prinzip gar nichts Neues gesagt. Daß neben Metaphysik und Wissenschaft auch das Lob eine durchaus adäquate Welterfassung darstellt, hat z.B. schon Richard von St. Viktor im 12. Jh. deutlich ausgesprochen:

> Man muß wissen, daß wir ein und denselben Gegenstand auf verschiedene Weise durch das Denken (*cogitatio*) erfassen, durch Überlegung (*meditatio*) erforschen und durch Anschauung (*contemplatio*) bewundern. (...) Das Denken ist ohne Mühe und Frucht; in der Überlegung ist Mühe mit Frucht. Die Anschauung bleibt ohne Mühe mit Frucht.[52]

Die Art und Weise, in der von den biblischen Schriftstellern die Welt bewundernd angeschaut wird, hat jedoch ihre spezifische Struktur. In der Bibel steht das ästhetische Moment der Weltbetrachtung in konstitutiver Weise im Zusammenhang mit dem Bilderverbot. Gott selbst ist nicht anschaubar; die Aussagbarkeit Gottes ist nur möglich in der Indirektheit weltlicher Vermittlung. Weil aber die Welt die Aussage über Gott vermittelt, muß sie selbst als strikt nichtgöttlich qualifiziert werden; sie darf weder vergötzt noch dämonisiert werden. Der Bruch mit jeder Form von Naturfrömmigkeit ist für das biblische Denken konstitutiv und gilt uneingeschränkt. Auch das Lob der Schöpfung bezieht sich nicht auf eine Welt "an sich", sondern auf die Welt, wie sie aufgrund geschichtlicher Erfahrung Gestalt gewonnen hat. Kein Versuch, das Heil in unvermittelter Versöhnung mit der Natur gewinnen zu wollen, kann sich auf die biblische Tradition berufen. Es gibt in dieser Tradition keine Möglichkeit für den Menschen, mit Selbstverständlichkeit seinen Ort innerhalb der Natur einzunehmen. Eine solche Selbstverständlichkeit ist unmöglich, weil das Verständnis von Natur nicht selbstverständlich ist, sondern nur aus der Geschichte verstanden werden kann. Auch noch die Setzung einer Natur "an sich" ist eine geschichtlich gewordene Setzung, eine Tat innerhalb der Geschichte der Freiheit, in welcher der Mensch sich freisetzt, indem er sich der Natur gegenübersetzt. Ebenso kann die Ästhetik, die sich auf dieser Linie bewegt, nicht eine einfache Transparenz der Natur suchen, sondern muß die geschichtliche Erfahrung mit Natur und Welt zum Ausdruck bringen.

[52] *Richard von St. Viktor*, De gratia contemplationis, PL 196, 66f.

Die geschichtliche Erfahrung von Natur, wie sie in der Kunst unserer Gegenwart in vielfachen Formen zum Ausdruck kommt, trifft sich in vielem mit jener, die als das vorläufige Ende christlicher Erfahrung gelten kann. Marino Marini z.B. interpretiert sein künstlerisches Schaffen in bemerkenswerter Weise:

> Wenn Sie meine Reiterstatuen aus den letzten zwölf Jahren nacheinander ansehen, so werden Sie bemerken, daß der Reiter die Herrschaft über sein Pferd jedesmal etwas mehr verliert, daß die wilde Angst des Tieres ständig zunimmt, daß es aber vor Schreck erstarrt ist, anstatt sich aufzubäumen oder zu fliehen. All das, weil ich glaube, daß wir dem Ende einer Welt entgegengehen.[53]

Kunst ist so in eins Ausdruck einer unversöhnten Welt und Widerspruch gegen dieselbe. Sie bringt die Bedrohung durch das Chaos zum Ausdruck und sucht zugleich dadurch, daß sie der Bedrohung Form verleiht, dieselbe zu bannen, so wie die Macht des Behemot und Leviatan dadurch gebrochen werden soll, daß sie in die ästhetische Form des Hymnus gebracht wird. Nicht die Abbildung einer Harmonie ist hier das Leitbild, sondern der Versuch, das Chaos durch Form zu überwinden. Darin bildet die Kunst als schöpferische Tätigkeit das ab, was mit Schöpfung gemeint ist, so wie es eben in der geschichtlichen Erfahrung der zweitbesten der möglichen Welten einzig noch möglich ist. Wird der Trauer über die tatsächliche Wirklichkeit eine ästhetische Form verliehen, so drückt die Form den Widerstand gegen diese Wirklichkeit aus, und dies ist ihre Weise, der Hoffnung Ausdruck zu geben, daß diese Wirklichkeit noch Möglichkeiten offenläßt. Hier kann ein Satz Adornos ohne weiteren Kommentar theologisch beansprucht werden:

> Weil aber der Kunst ihre Utopie, das noch nicht Seiende, schwarz verhängt ist, bleibt sie durch all ihre Vermittlung hindurch Erinnerung, die an das Mögliche gegen das Wirkliche, das jenes verdrängte, etwas wie die imaginäre Wiedergutmachung der Katastrophe Weltgeschichte, Freiheit, die im Bann Necessität nicht geworden, und von der ungewiß ist, ob sie wird. (...) Die ästhetische Erfahrung ist die von etwas, was der Geist weder von der Welt noch von sich selbst schon hätte, Möglichkeit, verheißen von ihrer Unmöglichkeit.[54]

Ist es aber möglich, außer vom Kunstschönen, das geschichtlicher Erfahrung Form gibt, auch von der Schönheit der Natur, des Kosmos zu sprechen? In der Geschichte der Theologie finden wir zahlreiche Hin-

[53] *E. Roditi,* Dialoge über Kunst, Frankfurt 1973, 96.

[54] *Th. W. Adorno,* Ästhetische Theorie, Ges. Schr. 7, Frankfurt 1972, 204f.

weise auf eine solche Sicht, etwa in der starken neuplatonischen Tradition, die vor allem durch Pseudo-Dionysius Areopagita und seine Nachfolger repräsentiert ist. Wir finden aber auch im Bereich der heutigen Naturwissenschaft Forscher, die von der Ordnung des Kosmos so beeindruckt sind, daß sie von der Erhabenheit dieser Ordnung sprechen. Trotzdem dürfte hier Vorsicht geboten sein. Richard von St. Viktor macht in der obengenannten Stelle darauf aufmerksam, daß es einen wesentlichen Unterschied macht, ob wir Dinge durch Überlegung erforschen oder durch Anschauung bewundern. Es wäre nun sicher unrichtig, das Erforschen auf eine objektive Wahrnehmung der Welt zu beziehen, das Bewundern aber auf eine subjektive Wahrnehmung. Beides sind Tätigkeiten, die in einem pragmatischen Zusammenhang stehen, aber dieser Zusammenhang ist eben ein jeweils verschiedener. Und deshalb gilt auch hier, was Wittgenstein sagt: "Um zur Klarheit über ästhetische Ausdrücke zu kommen, muß man Lebensformen beschreiben."[55] Die Lebensform, innerhalb deren biblische Ausdrücke über Schönheit stehen, ist geprägt durch die geschichtliche Erfahrung eines erhofften Lebensraums. Auch auf die Gefahr hin, daß hier wieder der Vorwurf der anthropologischen Verkürzung erhoben wird, sei doch gesagt, daß in biblischer Tradition das Lob des Kosmos eine Grenzaussage jenes Lobes ist, das sich auf den erhofften Lebensraum bezieht. Der Versuch, diesen Zusammenhang umzukehren und die Frage nach dem Ort, an dem der Mensch Gerechtigkeit finden könne, durch den Hinweis auf die Schönheit der Ordnung des Kosmos zu beantworten, stößt schon in der Bibel auf deutliche Grenzen. Harmonie bleibt ein utopischer Grenzwert, der auch an einer Ordnung des Kosmos nicht abgelesen werden kann. Das Lob der Schöpfung, der ursprünglichste Topos der Schöpfungsaussagen, ist eine freie Tätigkeit - schöpferisch im wahrsten Sinn des Wortes -, die durch keine Beobachtung der Dinge der Welt erzwungen werden kann.[56] Wir können uns auch nicht mit dem Hymnus beruhigen, daß über diesem Sternenzelt ein guter Vater wohnen muß. Es gibt keine Garantie, daß der Kosmos auch weiterhin ein Lebensraum für den Menschen bleibt, ein "Haus" für den Menschen ("Ökologie" enthält genau dieses Wort: *oikós* = Haus). Daß die Welt diese Möglichkeit für uns weiter offenhält, ist nur

55 *L. Wittgenstein,* Vorlesungen und Gespräche über Ästhetik, Psychologie und Religion, Göttingen 1968, 32.

56 Vgl. *C. Link,* Die Transparenz der Natur für das Geheimnis der Schöpfung, in: Altner, a.a.O. 170.

dadurch zu erreichen, daß der drohenden Zerstörung immer wieder Form abgerungen, daß dem Chaos Widerstand geleistet wird. Das Lob der Schöpfung ist nicht vorgegeben, sondern aufgegeben, es ist der ästhetische Ausdruck eines Sinnpostulats. Sollte die Menschheit ihren Lebensraum endgültig zerstören, erübrigt sich auch die Frage, ob die Himmel dann immer noch Gottes Ruhm singen.

5. Eine Möglichkeit: Selbstbeschränkung und Lebensfreude

Der Umgang mit der Welt, wie er in den vorausgehenden Abschnitten angedeutet worden ist, erfordert ein radikales Christentum. Dies mag auf den ersten Blick verwunderlich erscheinen. Sind doch die radikalen Formen des Christentums in der Tradition häufiger dort anzutreffen, wo mit gnostischen und neuplatonischen Schemata gearbeitet wurde, wo also eine "neue Welt", ein "neuer Mensch" usw. erwartet wurde, und weniger in jenen Richtungen, in denen eher stoische Schemata Verwendung fanden. Und doch fordert heute die Bewahrung *dieser* Welt und *dieses* Menschen eine radikale Praxis.

Der rücksichtslose Verbrauch der natürlichen Lebensvoraussetzungen, der gleichzeitig zu einer Schädigung der natürlichen Welt größten Ausmaßes geführt hat, treibt auf einen Punkt zu, an welchem die Welt des Menschen samt dem Menschen selbst einen irreversiblen Schaden erleidet. Angesichts dieser Entwicklung ist Umkehr erfordert. Dies ist zunächst gar keine spezifisch christliche Forderung. Wir können sie im Bericht des Club of Rome nachlesen:

> Wir sind schließlich überzeugt, daß jeder vernünftige Versuch, einen dauerhaften Gleichgewichtszustand durch geplante Maßnahmen herbeizuführen, letztlich nur bei grundsätzlicher Änderung der Wert- und Zielvorstellungen des Einzelnen, der Völker und auf Weltebene von Erfolg gekrönt sein wird. (...) Nur ein echtes Verständnis der Bedingungen, unter denen die Menschheit an diesem Wendepunkt der Geschichte steht, kann die notwendigen Triebkräfte freisetzen, welche die Menschen dazu bringen können, persönliche Opfer zu bringen und die notwendigen Änderungen politischer und wirtschaftlicher Machtstrukturen anzuerkennen, um einen Gleichgewichtszustand zu erreichen.[57]

Es ist offensichtlich, daß Sorge für die natürliche Umwelt und politische Sorge für die Mitmenschen eng zusammenhängen. Es wäre sinn-

[57] *D. Meadows*, Die Grenzen des Wachstums. Bericht des Club of Rome zur Lage der Menschheit, Stuttgart 1972, 174.

los und unverantwortlich, von denen freiwillige Opfer zu fordern, die noch gar nicht genug zum Leben haben. Dennoch bleibt bestehen: Eine grundsätzliche Änderung der Wert- und Zielvorstellungen aller ist unumgänglich geworden. Und eine solche grundsätzliche Änderung bedeutet Umkehr, nicht im Sinne von Zurückkehren etwa zu archaischen Naturvorstellungen, sondern Abkehr von traditionellen Wertvorstellungen (z.B. ständiges Wachstum der Produktion) und Abbruch von Entwicklungen, von denen wir heute einsehen müssen, daß sie zur Katastrophe führen.

Diese Umkehr bedeutet unter anderem Selbstbeschränkung beim Verbrauch in sehr großem Ausmaß. Hier wie in den anderen genannten Punkten besteht diese Forderung für Christen wie für Nichtchristen in gleicher Weise, und niemand wird vernünftigerweise vom Christentum eine allgemein gültige Motivation zur Durchsetzung dieser Forderung erwarten können. Wohl aber kann die Frage gestellt werden, ob es möglich ist, durch Erinnerung revolutionäre, d.h. umkehrende Wertvorstellungen aufzufinden, die als weiterhin nicht eingelöste - und in diesem Sinn utopische - eine zugleich kritische und motivierende Hilfe zur Bewältigung gegenwärtiger (Über-)Lebensfragen leisten können. Dies ist ein sinnvolles Unternehmen auch dann, wenn wir erkennen, daß die heutige Bedrohung der totalen Vernichtung unserer Welt durch den Menschen selbst keine Analogie in der Geschichte hat.

Es scheint nun tatsächlich, daß innerhalb der westlichen Kultur die christliche Überlieferung auf eine wirksame Geschichte freiwilliger Selbstbeschränkung verweisen kann. Askese ist nur ein anderer Ausdruck dafür. Allerdings darf mit dem Wort "Askese" nicht die Vorstellung von Weltverneinung verbunden werden. Askese kann aus verschiedener Motivation heraus geschehen, und es ist sogar fraglich, ob die aus verschiedener Motivation heraus geschehene Askese wirklich noch unter ein und denselben Begriff fällt, da die korrespondierende Praxis vermutlich nicht wirklich ein und dieselbe ist. So ist die christliche Forderung der Selbstbeschränkung eine Form der Askese, die nicht zu verwechseln ist mit den gnostischen Vorschriften asketischer Art, welche tatsächlich auf einer Weltverneinung beruhen.[58] Daß es

[58] *A. v. Harnack*, Das Wesen des Christentums (Ausg. Siebenstern), München - Hamburg 1964, 57, faßte "weltflüchtig" und "asketisch" in eins und kam unter dieser Zusammenfassung ebd. 62 zu der Feststellung, das Evangelium sei *nicht* asketisch aufzufassen. - Die beiden Begriffe müssen jedoch getrennt werden. Deshalb betrifft

sich dabei nicht um ein sekundäres Element der christlichen Tradition handelt, ist daraus ersichtlich, daß es nicht nur in den ersten Generationen des Christentums stark wirksam war, sondern daß in praktisch allen Reformbewegungen, die eine Rückkehr zum ursprünglichen Christentum forderten, immer die Forderung nach einem einfachen und anspruchslosen Leben erhoben wurde. Nun gab es diese Forderung in ganz unterschiedlichen Perioden, also in ganz verschiedenen geschichtlichen Situationen. Es ist etwas anderes, ob sie - wie in den ersten Jahrhunderten - gegenüber dem raffinierten Leben in der späthellenistischen und römischen Welt erhoben wurde oder ob sie gegenüber der reich gewordenen Kirche im Mittelalter aufgestellt wurde. Immer aber war sie mit paradigmatischem Handeln verbunden. Dieses paradigmatische Handeln mit monastischem Leben zu identifizieren, wäre nicht korrekt, obwohl tatsächlich solche Paradigmata immer wieder (auch) zu monastischen Vereinigungen geführt haben. Jedenfalls seit dem 14. Jh., sehr deutlich in den Bewegungen der Beginen, der Waldenser und der Lollarden, wurde die Forderung nach dem einfachen und anspruchslosen Leben ausdrücklich als allgemeines, laikales Prinzip angesehen, das also nicht bestimmte privilegierte Gruppen betreffen, sondern zum Grundbestand christlichen Lebens selbst gehören sollte.

Es ist durchaus aufschlußreich und für unseren Zusammenhang relevant, daß die "klassischen" Formulierungen der beiden uns hier speziell beschäftigenden Lehren, also der Schöpfungs- und der Erbsündenlehre, genau im Zusammenhang von Interpretationen dieses asketischen Umgangs mit der Welt geprägt wurden. Ebenso aufschlußreich ist, daß wir hier wiederum den beiden schon herangezogenen Grundschemata von Gnosis und Stoa begegnen. Die Erbsündenlehre wurde in der Auseinandersetzung mit dem Pelagianismus entwickelt - allerdings so, wie eben Augustinus den Pelagianismus verstand bzw. mißverstand. Die Lehre von der Askese bei Pelagius enthielt Elemente der stoischen Auffassung der Selbstgenügsamkeit (*autarkeia*), die vom Außenstehenden (zu denen auch Augustinus gehörte) als Ausdruck der Selbstgerechtigkeit angesehen werden konnte. Unter dieser Perspektive war eine Korrektur erfordert. Vor allem aber ging die pelagianisch-stoische Auffassung von der Voraussetzung einer unbeschädigten Natur aus, innerhalb welcher die Freiheit in Selbstgenügsamkeit erreich-

auch Nietzsches bekannte Kritik des asketischen Christentums nicht die hier aufgestellte Forderung.

bar wäre. Demgegenüber insistierte Augustinus darauf, daß unser Ausgangspunkt eine geschichtlich durch den Menschen beschädigte Natur ist.[59]

Unsere Probleme heute sind selbstverständlich ganz anderer Art als die des Augustinus und Pelagius. Soviel jedoch kann aus dieser Tradition in sehr formaler Weise als weiterhin (oder in unserer Gegenwart aus ganz anderen, neuen Gründen) geltend angesehen werden: Das geforderte anspruchslose Leben, die freiwillige Selbstbeschränkung im Umgang mit Natur und Welt, geht von einer durch den Menschen geschichtlich schon beschädigten Natur aus. Und was hier bewahrt werden soll, ist keine "unberührte" Natur mehr; irreversible Schäden sind bereits eingetreten, es geht jedoch darum, durch Selbstbeschränkung zu verhindern, daß Schäden apokalyptischen Ausmaßes eintreten. Zu Selbstgerechtigkeit ist jedenfalls überhaupt kein Anlaß.

Wesentlich problematischer als die Verwendung der stoischen Lehre der Selbstgenügsamkeit waren jedoch die Voraussetzungen der gnostisch-asketischen Lehre. Die hier wirksame Voraussetzung eines möglichst sparsamen Gebrauchs von Welt lag in der Auffassung, die Materie als solche sei böse (vgl. Teil 2, Kap. VII und XII). Ob bei den Katharern die Forderung nach dem einfachen und anspruchslosen Leben (gegenüber dem Reichtum der Kirche) das primäre Element war und der metaphysische Dualismus nur die hinzugezogene Ideologie, oder ob umgekehrt die Ideologie der Ausgangspunkt war, braucht hier nicht entschieden zu werden. Entscheidend ist, daß auch hier die Lehre mit einem paradigmatischen Handeln, verwirklicht vor allem in den "Vollkommenen", verbunden war und dieses paradigmatische Handeln in einem Minimalgebrauch von materieller Welt bestand. Der ideologischen Voraussetzung, daß die materielle Welt böse sei und von einem bösen Gott stamme, ist die Kirche genau durch die Schöpfungslehre begegnet, indem sie auf dem vierten Laterankonzil festlegte, daß nach christlicher Auffassung die *gesamte* Weltwirklichkeit, also auch die materielle Welt, von dem einen Gott stammt, also als gut anzusehen ist.

Diese theoretische Aussage wäre aber geschichtlich unwirksam geblieben, hätte sie nicht eine Korrespondenz in paradigmatischem Handeln gefunden, wie es vor allem durch Franz von Assisi und dessen er-

[59] Diese sehr wohlwollende Interpretation ist im vorliegenden Zusammenhang ausreichend. Zu den sehr problematischen Folgerungen, die Augustinus mit seiner Erbsündenlehre verband, vgl. Teil 2, Kap. IX.

ste Nachfolger verwirklicht wurde:[60] Der Minimalgebrauch von materieller Welt sollte hier verbunden sein mit einer liebevollen Zuwendung zu dieser materiellen Welt. Es bleibt ein provozierendes Faktum, daß auch in der weiteren Geschichte, und zwar auch von entschiedenen Gegnern des Christentums, dieses paradigmatische Handeln des Franz von Assisi als die reinste Verwirklichung des christlichen Glaubens anerkannt und respektiert wurde. Und nicht weniger provozierend ist es, daß sich Franz von Assisi auch nicht in das Konfessionsschema pressen läßt.[61] Sein paradigmatisches Handeln erlaubt es, einfach von Christentum zu sprechen, dem gegenüber konfessionelle Unterschiede als sekundär erscheinen. Ihm ging es im echten Sinn des Wortes um Ursprüngliches, das zugleich Utopisches ist. Im sparsamen Gebrauch der Güter der Welt, im Bewußtsein, daß aber *alle* an diesen Gütern in gleicher Weise teilhaben sollen, in der liebevollen Anerkennung des Wertes dieser Güter, lag eine konkrete Theologie der Schöpfung, die Selbstbeschränkung mit Lebensfreude zu verbinden imstande war.[62] Daß hier eine Praxis vorlag, die aus utopischer Erinnerung hervorging, sah sein Biograph Bonaventura sehr klar, wenn er sagt, Franz von Assisi habe den Zustand vor der Sünde wiederherstellen wollen (Bonaventura sagt sogar: er stellte diesen Zustand wieder her), indem er alle Geschöpfe miteinander versöhnte.[63] Bei Franz von Assisi lag eine dialektische Bewegung von Verzicht auf Welt und Wiedergewinnung von Welt mit einer neuen Weltbeziehung vor. Der Verzicht bedeutete, keine Macht über die Geschöpfe - Menschen wie Umwelt - ausüben zu wollen, und dies ermöglichte einen freien Umgang mit der Welt, in welchem die Welt auch als schön erfahren wurde, ohne daß sie dadurch einen sakralen oder numinosen Charakter erhalten hätte. Er

60 Wie schwer es war, dieses paradigmatische Handeln im Bereich der Kirche zu verwirklichen, zeigen die tiefen Erschütterungen, die der Franziskanerorden in den ersten Generationen erlitt und die schließlich zu einer "gemäßigten" Praxis führten, welche allerdings die "radikale" Kritik durch die Spiritualen nicht verhindern konnte.

61 Dafür aufschlußreich ist *K. Reblin*, Freund und Feind. Franziskus von Assisi im Spiegel der protestantischen Theologiegeschichte, Göttingen 1988.

62 Vgl. z.B. *L. Boff*, Zärtlichkeit aus Kraft. Franz von Assisi mit den Augen der Armen gesehen, Düsseldorf 1983; *R.D. Sorrell*, St. Francis of Assisi and Nature. Tradition and Innovation in Western Christian Attitudes toward the Environment, Oxford 1989.

63 Vgl. *Bonaventura*, Engel des sechsten Siegels, übers. von S. Clasen, Werl/Westfalen 1962, 318. Vgl. auch *Boff*, a.a.O. 63-66.

fand seinen Ausdruck in provozierendem Handeln und in Dichtung, und beides wurde besser verstanden als theoretische Lehrsätze.

Es wurde schon darauf hingewiesen, daß mit dem Ruhegebot des Sabbat auch der Imperativ verbunden ist, nicht alles zu tun, was möglich ist. Vielleicht wird ein bedeutendes Element der geforderten Praxis im Lassen bestehen. Nietzsche hat diese Forderung als die wahre und bleibend gültige des Christentums - und dies im Zusammenhang einer scharfen Kritik des weltverneinenden Christentums - aufgestellt:

> Es ist falsch bis zum Unsinn, wenn man in einem "Glauben", etwa im Glauben an die Erlösung durch Christus das Abzeichen des Christen sieht: bloß die christliche *Praktik*, ein Leben so wie der, der am Kreuze starb, es *lebte*, ist christlich ... Heute noch ist ein *solches* Leben möglich, für *gewisse* Menschen sogar notwendig: das echte, das ursprüngliche Christentum wird zu allen Zeiten möglich sein ... *Nicht* ein Glauben, sondern ein Tun, ein Vieles-*nicht*-tun vor allem, ein anderes *Sein*.[64]

Selbstbeschränkung, um unsere Welt vor irreversiblem Schaden zu bewahren, ist schon deshalb erfordert, da ohne diesen asketischen Umgang mit den Gütern dieser Welt die begrenzt zur Verfügung stehenden Ressourcen über kurz oder lang nur noch in kriegerischer Auseinandersetzung "verteilt" werden können, wodurch einmal mehr der Einsatz des ungeheuren angehäuften Vernichtungspotentials in gefährliche Nähe rückt. Solche asketische Selbstbeschränkung ist nicht ein Mittel für "höhere Werte", die durch eine solche Praxis erlangt werden sollen, sondern stellt einen Wert in sich dar, korrespondierend dem Wert der Bewahrung dieser Welt. Eine franziskanische Variante des christlichen Mythos dürfte in unserer Gegenwart die pragmatisch richtige sein.

Zusammenfassung

1. Der biblisch-christliche Mythos ist primär soteriologisch-christologisch. Die Vorstellungen von Schöpfung und Erbsünde explizieren sowohl Voraussetzungen wie Zielannahmen der Erlösungsvorstellung.

2. Die Schöpfungserzählung sagt nicht, wie die Welt entstanden ist, sondern wie sie sein soll; sie ist erinnernde Antizipation einer mögli-

[64] *F. Nietzsche*, Der Antichrist, hrsg. von K. Schlechta, Darmstadt 1966, II, 1200.

chen Welt. Diese mögliche Welt ist bestimmt vom Prinzip der Gerechtigkeit und Schönheit.

3. Die Erzählung von der ersten Sünde macht deutlich, daß die geschichtliche Welt nur eine zweitbeste mögliche Welt ist; sie erklärt, daß menschliches Handeln irreversiblen Schaden hervorrufen kann.

4. Die Gottesvorstellung im Schöpfungs- und Ursündenmythos hat die Funktion, aufzuzeigen, daß im Umgehen mit der Welt eine unbedingte Grenze des Handelns existiert: es gibt Dinge, die unbedingt nicht geschehen dürfen (z.B. Vernichtung des Lebens, Verunmöglichung der Freiheit).

5. Der christliche Schöpfungsglaube läßt keine Naturfrömmigkeit zu, fordert aber - um des Menschen willen - die Bewahrung der Natur. Selbstbeschränkung wird damit zu einer der Sorge um Gerechtigkeit gleichwertigen Aufgabe.

Abkürzungsverzeichnis

Abkürzungen der Bücher der Bibel nach: Die Heilige Schrift. Einheitsübersetzung, Stuttgart 1981

BKV	Bibliothek der Kirchenväter, Kempten 1911ff
BZAW	Beihefte zur Zeitschrift für die alttestamentliche Wissenschaft
CR	Corpus Reformatorum, Berlin 1834ff, Leipzig 1906ff
CSEL	Corpus scriptorum ecclesiasticorum Latinorum, Wien 1866ff
DS	Enchiridion Symbolorum (H. Denzinger - A. Schönmetzer), 23. Aufl., Freiburg 1965
EvTh	Evangelische Theologie, München 1934ff
LThK	Lexikon für Theologie und Kirche, 2. Aufl., Freiburg 1957-1967
PG	Patrologia Graeca (J.P. Migne), Paris 1857-1866
PL	Patrologia Latina (J.P. Migne), Paris 1878-1890
RGG	Die Religion in Geschichte und Gegenwart, 3. Aufl., Tübingen 1957-1965
ThW	Theologisches Wörterbuch zum Neuen Testament (G. Kittel), Stuttgart 1953-1979
VT	Vetus Testamentum, Leiden 1951ff
WA	M. Luther, Werke (Weimarer Ausgabe), 1883ff
ZAW	Zeitschrift für die alttestamentliche Wissenschaft, Berlin 1881ff
ZThK	Zeitschrift für Theologie und Kirche, Tübingen 1891ff

Namensverzeichnis

Die Zahlen in Kursivdruck verweisen
auf Seiten mit Literaturangaben.

Sachverzeichnis